新编21世纪史学系列教材

世界当代史

第3版

李世安 著

Contemporary World History

中国人民大学出版社
·北京·

内容简介

本书坚持唯物史观，以马克思主义中国化时代化最新成果为指导，全面、均衡地反映第二次世界大战结束至今世界历史的发展进程：围绕时代主题，叙述影响当代世界历史发展的主要国家和地区的历史，兼及其他国家和地区的情况；在叙述战后国际政治激烈变化的同时，歌颂人类在社会、经济等方面取得的成就，揭示世界多极化、经济全球化深入发展的历史；通过典型事例，揭示当代世界的矛盾、冲突、斗争与合作，展示波澜壮阔、丰富多彩的世界风云，突出和平与发展是不可逆转的历史潮流这一主题；强调尽管目前贸易保护主义抬头、单边主义盛行、地缘政治紧张、地区冲突不断，世界处于百年未有之大变局，但“世界多极化、经济全球化”不可阻挡，团结合作、共建人类命运共同体，是世界人民的梦想与追求。

本书吸收了国内外最新教学科研成果，提供了大量最新信息。为增加可读性与直观性，本书还选配了一些精彩的材料（档案材料、文献资料和史论）与图片，力图做到图文并茂。为方便读者研究，每章还附有推荐阅读书目。

作者简介

李世安　英国前首相张伯伦奖学金获得者，英国伯明翰大学历史学博士、博士后，美国杂志*American Abstracts*特邀撰稿人，中国人民大学历史学院教授、博士生导师，中国历史研究院中国历史学学科体系学术体系话语体系研究中心特邀研究员，国家社科基金历史学科组评委，中宣部马工程首席专家，教育部教材局专家组成员。1997年被教育部和人事部授予“全国优秀留学回国人员”称号。2007年获宝钢教育基金优秀教师奖。曾任中国人民大学历史系主任、西欧北美史研究中心主任，中国人民大学学位评定委员会成员、欧洲问题研究中心兼职研究员、人权研究中心学术委员会委员，重庆师范大学学术委员会委员，南开大学世界近现代史研究中心学术委员会委员，中国社会科学院世界历史研究所学术委员会副主任，中国社会科学院“胡绳青年学术奖”历史学科评审委员会委员，教育部教学指导委员会委员，中国世界近代现代史研究会会长，中国人权理事会常务理事，中国史学会名誉理事，《世界历史》期刊编委，中国人民大学复印报刊资料《世界史》期刊主编等，并担任河北师范大学、山东师范大学、山西师范大学特聘教授，以及内蒙古民族大学、湖南师范大学、贵州师范大学兼职教授等。

研究方向为世界现代史和国际关系史。著有《太平洋战争时期的中英关系》《一只看得见的手：美国政府对国家经济的干预》《美国人权政策的历史考察》《欧洲一体化史》等20多部专著与教材（包括独著与合著）。作为首席专家参与编写马工程教材《世界现代史》，作为主要专家参与编写马工程教材《国际共产主义运动史》。在英国剑桥大学出版的著名杂志*Modern Asian Studies*发表长篇论文Britain’s China Policy and the Communists，1942—1946和The Extraterritoriality Negotiations of 1943 and the New Territories等；此外，还在《中国社会科学》《历史研究》《世界历史》《史学理论研究》等国内著名期刊上发表论文100余篇。

2005年，主持的教育部重大项目“历史学12门主干课教学内容改革研究”获国家级教学成果奖二等奖。参与教育部重大项目“反法西斯战争时期的中国与世界研究”，结项成果为九卷本《反法西斯战争时期的中国与世界研究》（担任第七卷《战时英国对华政策》的第一作者），获第六届教育部人文社会科学优秀成果奖一等奖。多次获高等学校科学研究优秀教学成果奖和北京市哲学社会科学优秀成果奖。获2007年第五届“吴玉章哲学社会科学优秀奖”。

序

齐世荣

人类正在跨入信息时代，在新的时代里，科学知识在推动人类社会前进的过程中将起到越来越重要的作用。当前，人们对自然科学和技术的重要性认识得比较充分，但是我们也不可忽视社会科学（包括历史学在内）的价值。正在建设中国特色社会主义的我国人民，特别是各级领导干部，迫切需要丰富自己的历史知识，认真总结中外历史经验。1996 年 6 月，江泽民同志在纪念中国共产党成立 75 周年座谈会上发表的《努力建设高素质的干部队伍》这篇讲话中，着重讲了学习历史的问题。他说："希望我们的各级领导干部，认真地读一点历史，首先要了解中国的历史。中国的发展离不开世界，为了适应扩大国际交往的需要，更好地学习借鉴世界各国的长处，还要了解世界的历史。以史为鉴，可以知兴替。"

在历史学科的各个分支中，世界当代史具有特殊的重要性。我国世界历史学界近年来通常把 1945 年以后的历史称作当代史。但仍有许多人把整个 20 世纪的历史称作现代史：20 世纪初至第二次世界大战结束为现代史的第一阶段；1945 年至今为现代史的第二阶段。[①] 20 世纪是人类历史上变化最大、最快、最剧烈的世纪，1945 年以后尤为突出。这段历史离我们最近，在许多方面对今天有着直接的、重大的影响。生活在当今世界的人们，不能不了解 20 世纪的历史。例如，我们要弄清为什么必须走改革开放的道路，就必须了解 20 世纪历史的一个基本特点就是世界在经济、政治、文化各个方面日益联系成为一个息息相关而又充满矛盾的整体。在这样一个时代，"现在任何国家要发达起来，闭关自守都不可能。我们吃过这个苦头，我们的老祖宗吃过这个苦头"[②]。再如，只有当我们对 20 世纪，特别是第二次世界大战以后科学技术的飞速发展和一系列重大突破有了充分认识以后，才能深刻理解邓小平关于"科学技术是第一生产力"的科学论断。

研究当代史，有许多困难。一是一方面材料太多，很难搜集齐备，并充分掌握；但

---

① 西方学者过去通常把 1500 年以后的历史都称作"现代史"（Modern History），近几十年来也有不少人主张应当单独划分出一个"当代史"（Contemporary History）的阶段，但现代史（或译为当代史）始于何时，则说法不一。

② 邓小平．邓小平文选：第 3 卷．北京：人民出版社，1993：90.

另一方面又有许多史料尚未公布，仍在保密之中。二是当代史所涉及的事件有些尚在演变之中，有些则结束不久；所涉及的人物有些还在活动之中，有些则刚刚去世，历史学家距离所要论述的事件和人物太近，故难以做出准确的分析和恰当的评价。三是研究当代史的人们由于与所论述的问题有直接或间接的关系，涉及国家、民族、阶级、党派以及个人的荣辱利害等等，比较难以保持冷静的科学分析态度。梁启超就曾说过他的《戊戌政变记》具有许多主观成分。“吾二十年前所著《戊戌政变记》，后之作清史者记戊戌事，谁不认为可贵之史料？然谓所记悉为信史，吾已不敢自承。何则？感情作用所支配，不免将真迹放大也。”① 陈寅恪由于他的祖父陈宝箴和父亲陈三立于清末在湖南积极推行新政，被那拉氏革职永不叙用，触及往事，易动感情，故不愿研究晚清的历史。他对学生石泉（刘适）说：“其实我对晚清历史一直是很注意的，不过我自己不能作这方面的研究，认真作，就容易动感情，那样，看问题就不客观了，所以我不作。”②

撰写当代史，虽然有上述种种困难，但也有有利的方面，最主要的是作者能有时代感，即作者对时代精神，以及对具体的事件和人物，能有比后人更深刻的领会和更确切的认识。法国年鉴学派史学家布洛赫说：“在大多数情况下，相对而言，时代愈近，事情就愈清晰。”“在历史学家审阅的所有画面中，只有最后一幅才是清晰可辨的。”③ 再者，从史学史角度看，许多伟大的历史著作都属于当代史的范畴，例如希罗多德的《历史》、修昔底德的《伯罗奔尼撒战争史》；我国的《春秋》《史记》《汉书》等史学名著，其中一部分写的也是当代史。马克思的《路易·波拿巴的雾月十八日》，更是当代史的一部杰作。正如恩格斯所说：“他对活生生的时事有这种卓越的理解，他在事变刚刚发生时就对事变有这样透彻的洞察，的确是无与伦比。”④ 通史与断代史、专门史、专题史的研究都不可偏废，都应予以重视。撰写通史的历史学家，应当对断代史、专门史或专题史下过工夫；反之，撰写断代史、专门史或专题史的历史学家也必须在通史方面打下牢固的基础。王国维说：“夫天下之事物，非由全不足以知曲，非致曲不足以知全。”⑤ 蒙文通根据他多年的研究经验，总结说：“必须通观，才能看得清历史脉络，故必须搞通史，但又必须在一段上有深入工夫，只有先将一段深入了，再通观才能有所比较。”⑥

李世安同志治学勤奋，英年有为。他在撰写这本《世界当代史》以前，已经出版过《太平洋战争时期的中英关系》《一只看得见的手——美国政府对国家经济的干预》等专著。他走的是博通与专精相结合的路子。我相信，沿着这条正确的道路走下去，李世安同志必将在历史研究方面取得更大的成就。今天 35 岁至 50 岁这一代中青年史学工作者，肩负着承前启后、振兴中国史学界的重任。“雏凤清于老凤声”，这是可以预期的。

1998 年 8 月 28 日

---

① 梁启超．中国历史研究法．北京：东方出版社，1996：110.

② 石泉．甲午战前三十年间晚清政局概观．燕京学报，1996（2）：119.

③ 布洛赫．历史学家的技艺．上海：上海社会科学院出版社，1992：37-38.

④ 马克思，恩格斯．马克思恩格斯选集：第 1 卷．2 版．北京：人民出版社，1995：582.

⑤ 王国维．国学丛刊序//民国丛书：第四编·93·综合类：观堂别集：卷四．上海：上海书店，1992：9.

⑥ 蒙默．蒙文通学记．北京：三联书店，1993：107.

前言

第二次世界大战结束后，饱受战争之苦的世界各国人民开始恢复经济、重建家园，人类迎来了和平发展的新时代。在反法西斯战争胜利的基础上，东欧国家获得了解放，建立了社会主义制度；越南、朝鲜等国家也先后获得了民族独立，建立了社会主义制度；中国革命的胜利，改变了世界的政治面貌，壮大了世界和平民主的力量。社会主义作为一种新兴的社会制度，已经无可争议地确立了它在历史上的地位；而战后亚非拉国家掀起了民族独立和民族解放的高潮，更推动着世界走向和平、民主和进步的新时代。

但是战后和平、民主和进步的历史，并不是一帆风顺的，而是在曲折中发展前进。早在第二次世界大战末期，由于国家利益的不同，盟国之间就产生了分歧。大战结束后，战时盟国失去了共同的敌人，建立在共同目标上的合作立即失去了基础，曾经是盟国的大国之间产生了矛盾和斗争。在第二次世界大战中，美国的经济和军事力量空前发展。战后，盟国之间的矛盾尖锐化。为了争霸世界，美国推行反对苏联和其他社会主义国家的政策，发动了冷战。其做法导致了资本主义阵营与社会主义阵营的斗争，这种斗争，被称为东西对抗。后来，由于苏联逐渐偏离了社会主义道路，与美国对峙，两个阵营的斗争演变为美苏争霸的两极格局。

美苏的霸权主义，遭到世界人民的反对。亚非拉国家在取得民族独立以后，为捍卫国家与民族的利益，进行了长期的斗争。发展中国家召开了亚非会议，确立“和平共处五项原则”为处理国家关系的准则，开展了不结盟运动，形成了七十七国集团。七十七国集团的形成，标志着第三世界的兴起。第三世界国家与发达资本主义国家的斗争，在世界当代史上又被称为南北斗争。

历史在发展，时代在进步。由于世界政治经济发展的不平衡，世界政治格局出现了大动荡、大分化和大改组的局面。经过战后短暂的恢复与发展，欧洲迅速复兴、日本经济起飞，形成了新的力量中心，资本主义阵营出现了分裂；社会主义阵营也产生了中苏分歧和东欧社会主义国家要求改革以摆脱苏联控制的情形，加深了社会主义阵营的分裂。

邓小平同志曾经指出，在战后一个时期内，曾经存在的社会主义阵营现已不复存在。由于资本主义发展不平衡的规律，西方帝国主义集团也已四分五裂。在这种激烈变化的时代，世界政治经济出现了多极化发展的趋势。冷战经过 20 世纪 50 年代的高潮后，在 20 世纪 60 年代走向缓和，再经过 70 年代和 80 年代的发展，到 20 世纪 90 年代初，随着东欧剧变和苏联解体，冷战结束，两极格局寿终正寝。

东欧剧变和苏联解体的原因极其复杂，除了美国和西方推行“和平演变战略”“解放战略”“鼓励苏联朝着开放社会演变战略”等，利用人权手段对苏联和其他社会主义国家进行颠覆破坏的外因，苏联内在的问题和失误是解体的根本原因。戈尔巴乔夫在改革中背离马克思主义、脱离苏联国情、照搬西方做法，放弃了共产党的领导，致使苏联“不战而败”。

然而，东欧剧变和苏联解体并不是社会主义的失败，而只是国际共产主义运动遭到的暂时性挫折。冷战结束后，社会主义并没有由于苏东剧变而失败，社会主义运动仍然在发展，执政的社会主义国家都在探索社会主义发展的不同道路。其中中国特色社会主义道路已经取得了震惊世界的巨大成功，正在对国际政治经济产生深刻影响。世界其他国家的共产党也有不同程度的发展，社会主义运动仍在资本主义世界徘徊。

冷战结束后，由于美苏对抗消失，经济全球化进程加快。经济的发展需要引进资金，而国际投资的日益增长，引起了资本的国际化；经济的发展同样需要繁荣对外贸易，使之成为国际交往中最为活跃的环节和各国经济发展中不可缺少的组成部分。国际金融和贸易的国际化，使各国之间相互依存的关系更加密切；同时，人类面临着许多共同问题，都需要对话与合作才能解决。在这种情况下，世界进入和平、发展与合作的新时代。

在和平、发展与合作的新时代，发展中国家抓住了难得的历史机遇，迅速崛起。经济发展迅速的发展中国家，被称为“新兴市场国家”。在这些新兴市场国家中，中国、印度、巴西、俄罗斯和南非的发展速度最快，对世界的影响很大，因此又被称为“金砖国家”。新兴市场国家的出现，进一步推动了世界的和平、发展与合作。但当代社会仍然存在三大矛盾，即资本主义与社会主义的矛盾、发达资本主义国家与发展中国家的矛盾、资本主义国家内部的矛盾。这三大矛盾的存在与发展，深刻影响着当代世界历史的发展和变化。

虽然美苏两极矛盾消失，但被冷战所掩盖的各种其他矛盾却暴露出来，给世界带来了新的问题与挑战。这些问题有民族问题、宗教问题、国际恐怖主义问题、气候问题、国际贩毒活动问题、疾病问题，以及其他种种不稳定、不确定、不安全的因素。由于这些问题的存在，国际政治、经济、军事安全等要素相互交织，争夺战略要地、战略资源、战略主导权的斗争此起彼伏，地缘、宗教、文化冲突同政治经济矛盾相互作用，重大事件不断发生。

美国为了保持其唯一超级大国的地位，变本加厉地推行霸权主义和强权政治，为抢占战略要地，发动了海湾战争、阿富汗战争、伊拉克战争等，并支持一些地区性战争，把世界搞得很不安宁；还大搞北约东扩、支持欧盟东扩、推行“颜色革命”，企图用美国方式一统天下。

21 世纪以前，不公正、不合理的国际政治经济旧秩序没有根本性的改变，在联合国、国际货币基金组织等国际组织内，美国和西方国家仍然占据主导地位。这些组织难以反映发展中国家的呼声，不能有效维护第三世界国家的利益。因此，冷战结束后东西矛盾和南北矛盾，不仅没有从根本上得到解决，而且以新的形式表现出来。更为严重的是，由于存在旧的、不合理的国际政治经济秩序，而世界经济又是一个整体，美国和西方一旦发生经济危机和金融危机，就会殃及全球。

从二战末期开始，以电子计算机技术为核心的第三次产业革命蓬勃开展。到 20 世纪末，人类社会迈入了信息化时代。科学技术的飞速发展，使社会生产力极大提高，社会面貌日新月异，世界各国之间的交往比历史上任何时代都要方便和快捷，推动着经济全球化的深入发展。然而，经济全球化是一把双刃剑，它一面使全球经济迅速发展，一面产生了极大的负面影响。这些负面影响主要表现在南北差距的不断扩大上，也表现在各国国内贫富差距的扩大上。这些问题不解决，全球的和平、发展与合作就会受到影响，共同面临的各种问题，例如全球性生存危机、气候恶化、资源匮乏、物种减少、人口爆炸、耕地面积减少、核战争威胁、艾滋病蔓延，以及恐怖主义猖獗等，都不可能得到彻底的解决。

进入 21 世纪后，国际力量对比进一步转变，国际格局也相应变化。

在经济全球化进程中，资本主义的基本矛盾依然存在，这导致资本主义经济危机不断。2007 年，美国发生次贷危机，引发了 2008 年全球金融危机。在金融危机打击下，美国和西方经济受到重创，此后复苏乏力，综合国力增长缓慢；由于利益不同，西方其他国家与美国的矛盾冲突不断，美国的领导地位下降，和西方不再是铁板一块。

与美国和西方相反，中国欣欣向荣。这得益于中国特色社会主义体制机制集中力量办大事的制度优势，使中国在经济全球化进程中沉着应对各种危机与挑战，化危为机，克难攻坚；勤劳勇敢的中国人民蕴藏着无穷的创造力。中国正在和平崛起，经济强劲增长。同时，其他发展中国家也在不断进步，新兴市场国家力量不断壮大。中国和其他新兴市场国家在联合国中的地位不断提高，作用不断增强。

联合国不再是轻易被美国用来推行霸权主义的工具，而是逐步成为维护战后和平发展的全球治理机构，作用日益突出。美国因此逐步推行单边主义和贸易保护主义，意在绕开联合国独立行事。2016 年特朗普当选总统后，如此行径达到高峰。

特朗普政府在“美国优先”的口号下，肆意破坏以国际法为基础的国际秩序：大搞双重标准，粗暴干涉他国内政，将军事、经济、外交和舆论挑衅常态化；不再支持联合国工作，不仅长期拖欠会费，而且先后退出了教科文组织和人权理事会；在其他领域也不断“退群”，例如退出旨在应对气候变化的《巴黎协定》、关于核问题的《伊核问题全面协议》等；更为恶劣的是，在 2020 年新冠疫情期间，美国中断向世卫组织拨款。鉴于美国对联合国的影响力尚存，其上述做法造成了联合国机制运行不畅，威胁到联合国的权威，影响了全球治理体系的有效运行，阻碍了世界的和平、稳定与发展。

中国坚决维护联合国权威，主张不断完善全球治理体系。早在 20 世纪 50 年代，中国就提出了和平共处五项原则。这个原则被国际社会广泛接受。1955 年万隆会议通过的十项原则，就是在此基础上制定的；而 20 世纪 60 年代兴起的不结盟运动，其指导思想也是在此基础上形成的。

进入21世纪第2个10年后，中国一如既往地践行《联合国宪章》宗旨，主张改进和完善全球治理体系，维护国际体系和国际秩序的正义性、有效性和权威性。中国坚定地宣布，世界上只有一个体系，那就是以联合国为核心的国际体系；只有一套规则，那就是以《联合国宪章》为基础的国际关系基本准则。中国的立场和决心为世界和平发展注入了动力，提振了世界人民和平发展的信心。党的十八大以来，中国在习近平新时代中国特色社会主义思想指引下，阔步前进，实现了第一个百年奋斗目标，正在为实现第二个百年奋斗目标继续奋斗，以中国式现代化全面推进中华民族伟大复兴。中国式现代化是走和平发展道路的现代化，为发展中国家走向现代化提供中国经验。同时，习近平总书记提出的“一带一路”倡议和“构建人类命运共同体”的中国理念、中国方案，描绘了清晰的路线图，为人类社会发展提供了新智慧和新方案。

目前，世界至少还面临五大挑战：地缘局势紧张、气候危机、全球互不信任、数字世界黑暗面及新冠疫情全球大流行等。然而，人类社会发展史是一部人类不断战胜各种挑战和困难的历史。当代世界，人类互联互通、休戚与共，各国紧密相连、命运一体。只有团结合作、同舟共济、共同奋斗，才能共度时艰、应对各种挑战、克服各种困难，携手共建人类命运共同体，迎来一个更加美好的未来。因此，各国应当以人为本，克服经济发展带来的各种社会弊病，国际社会则需要建立公平合理的秩序，保障人类社会的健康、公平和公正发展。

为了科学、客观和较为完整地再现世界当代史，作者坚持以马克思主义唯物史观为指导，以毛泽东思想、邓小平理论、“三个代表”重要思想、科学发展观和习近平新时代中国特色社会主义思想为理论基础，坚持“守正出新”原则，从新的角度分析问题，使用新史料，尝试新的研究方法，力求编写一本体例新、观点新、内容新、信息量大的世界当代史著作，客观反映当代世界的历史潮流，揭示站在前沿引导历史发展的时代力量，力图简明扼要地叙述当代史的基本内容。

本书没有沿袭历史写作的传统理论框架，而是把理论观点与史实叙述有机结合，以战后“和平与发展”的时代主题为基本线索，展现风云激荡、波澜壮阔的世界当代历史，力争做到论从史出，再现历史原貌。本书突出了中国在当代世界和平与发展进程中的地位与作用，记录中国智慧和中国力量，努力实现最新教学和科研成果的转化，提升中国世界当代史研究在世界史坛的话语权，力图使学生在学习本书后，能掌握世界当代史的基本线索和基本内容，较为全面地了解当代世界的历史，不仅增进对主要大国历史的了解，而且丰富对世界各地区主要国家历史的了解，在掌握历史知识的同时，逐步提高分析国际问题的能力。最后，本书还注意给读者留下思考的空间与余地。鉴于水平有限，谬误之处在所难免，恳请专家学者批评指正。

2025年4月18日

目录

插图目录

第一章
战后的世界和平、民主与进步

第一节　战后的世界和平

一、联合国的诞生

在第二次世界大战的隆隆炮声中，盟国赢得了世界和平。战后需要解决的第一个问题，是建立一个维护世界和平的国际体系。早在战时，盟国就开始了这项计划的筹备工作。

1941 年 8 月 14 日，美国总统罗斯福和英国首相丘吉尔签署的《大西洋宪章》发表，其中提出建立一个“广泛而永久的普遍安全制度”的建议。这一建议虽然没有明确说明这一制度就是联合国，但是建立“广泛而永久的普遍安全制度”的确需要成立一个普遍的国际组织。

同年 9 月 24 日，苏联宣布同意《大西洋宪章》的基本原则，并明确提出战后“只有通过一个新的国际关系组织”，才能“将各民主国家联合在一个永久同盟中”，实现“持久和正义的和平”。苏联首次将“广泛而永久的普遍安全制度”的提法上升到建立“国际关系组织”的高度。同年 12 月，苏联在与波兰的联合宣言中，公开倡议战后成立一个“新的国际关系组织”，并且强调这个新的国际组织“不应当是既没有权利又没有手段来防止侵略的那个可悲的国际联盟的重演”，同时提出了未来国际组织应该遵循的一些基本原则，即它应当拥有维护世界和平的权利和手段。

1942 年 1 月 1 日，中、美、英、苏等 26 个反法西斯盟国共同签署了《联合国家宣言》，接受了《大西洋宪章》的宗旨与原则。但由于当时战争尚未结束，还没有来得及商讨战后成立维护世界和平的国际组织的细节。《联合国家宣言》的签署，具有深远的历史影响，后来成立的“联合国”一名，就来源于“联合国家”的提法。

英国虽然签署了《大西洋宪章》和《联合国家宣言》，但并不主张建立联合国，而主张在欧洲、东方（亚洲、太平洋）和西半球三个区域各设一个区域理事会，即欧洲理事会、太平洋理事会和西半球理事会。在区域理事会之上设一个小规模的、只负责协调各区域组织工作的“世界理事会”。该理事会由美、英、苏、中及区域理事会轮流选举的其他国家组成。很明显，英国的方案是想恢复其在传统地区的影响力。这一方案与美国的想法不一，也遭到了中国的反对。

中国主张成立联合国，反对丘吉尔建立区域理事会的设想。1943年4月，宋子文赴美，公开向罗斯福表示，丘吉尔在欧、亚各设一个区域理事会的建议实际上等于恢复强权政治，中国不能同意。宋子文的主张得到了罗斯福的赞同。由于英国国力不断衰落，其世界利益需要得到美国的支持，最终不得不与美国保持一致，放弃了设立区域理事会的主张，同意了设立战后国际和平组织的计划。

1943年，第二次世界大战出现了转折，苏联由战略防御转入战略反攻；而以美国为首的美、英联军在太平洋、北非和地中海战场也取得了主动权，德国和日本法西斯的失败只是一个时间问题。这时，盟国不仅考虑如何更快地赢得战争，而且开始考虑如何缔造战后世界和平的具体问题。

1943年3月，美国战后对外政策咨询委员会向美国政府提出了一项建立战后普遍国际组织的方案。同年8月，罗斯福总统在第一次魁北克会议上正式向丘吉尔首相提出了战后以美、英、苏、中为中心建立国际和平组织的建议。

1943年10月30日在莫斯科召开的苏、美、英三国外长会议上，美国提出了战后建立联合国的问题。经过讨论，会议决定邀请没有出席会议的中国代表参加，共同发表一个《关于普遍安全的宣言》，即《四国宣言》。于是在会议结束时，苏、美、英、中四国外长共同发表声明，提出成立战后国际和平组织。宣言说，为了维护国际和平与安全，有必要尽速根据一切爱好和平的国家主权平等的原则，建立一个普遍性的国际组织，所有国家无论大小均得加入为会员国；战后除非在共同协商后，为实现本宣言内所预期的目的，否则不得在其他国家领土内使用军队。

四国《关于普遍安全的宣言》为未来联合国组织的建立拟定了基本原则。这些原则是：战后国际和平组织具有普遍性，其基础是国家主权平等原则，其宗旨是维护国际和平与安全。这个宣言肯定了四大国在建立国际组织中的特殊地位，并强调由于中国人民抗日战争对世界反法西斯战争的重大贡献，中国作为四大国之一的地位应受尊重。

四国《关于普遍安全的宣言》通过后，建立战后国际和平组织的工作开始进行。但是建立联合国的过程并不是一帆风顺的。1943年11月28日至12月1日，美、英、苏三国在伊朗首都德黑兰举行会议。这次会议讨论了三国配合作战，开辟第二战场，迅速击溃德、意、日法西斯等问题。此外，会议的重要议程之一是讨论战后世界的安排。各国从各自的战后利益出发，提出了不同的打算，斗争非常激烈。建立战后国际和平组织的问题，就成为盟国之间为争取利于自己的战后安排而进行讨价还价的筹码。

在德黑兰会议上，美国总统罗斯福从称霸世界的全球战略考虑，提出了削弱德国、分裂德国的方案。他主张把德国分割为五个部分，每一部分都是一个独立国家。此外基尔运河区和汉堡地区，将由联合国家或四大国管辖，鲁尔和萨尔也将置于联合国家或整个欧洲托管机构的监督之下。英国首相丘吉尔则从维护大英帝国利益出发，主张只适当削弱、分割德国，但要求在欧洲建立某种联邦，以扩大英国势力并抗衡苏联。他所要建立的欧洲联邦，是将德国南部各省，如巴伐利亚、巴登、符腾堡、帕拉蒂纳特等与德国其余部分脱离，并入中欧多瑙河沿岸的多瑙河联邦。斯大林从苏联国家安全和世界和平的立场出发，不仅坚决反对德国军国主义的复活，反对任何有可能使德国重新成为侵略国家的解决方案，而且也坚决反对英国关于建立多瑙河联邦的方案。出于策略考虑，苏联在对战后是否分割德国的问题上不置可否，既没有明确表示反对，也没有提出分割方案。此外在对波兰的战后处理上，由于涉及战后利益的其他问题，苏联与美国和英国的意见也不统一。

为了说服斯大林同意成立联合国，在 11 月 29 日的会谈中，罗斯福提出希望讨论成立“将来世界体制”的问题，并建议在联合国家的基础上建立一个世界性组织。开始时斯大林建议成立两个组织：一个是欧洲组织，另一个是远东组织或世界组织。但是到 12 月 1 日，斯大林表示赞同罗斯福的意见，即战后建立的组织，应该是世界性的而不是区域性的。

在此基础上，1944 年 7 月 18 日，美国提出了“普遍国际组织暂定草案”，明确提出建立联合国家和平组织的问题。美国还邀请中、英、苏三国在敦巴顿橡树园会议上讨论其关于建立联合国家和平组织的建议。但是苏联担心美国借此组织反苏，因此在成立联合国家和平组织的问题上态度并不积极。

苏联在军事上的强大使罗斯福认识到不应该也不可能把苏联排斥在未来的联合国家和平组织之外，因此他开展了各种工作，努力争取苏联参加联合国家和平组织。在 1944 年 8 月到 10 月的敦巴顿橡树园会议上，罗斯福在 9 月明确提出希望苏联参加联合国家和平组织。虽然苏联在创始会员国、安理会投票程序及其他一些问题上与美国存在分歧，但是由于美国的要求，苏联表示赞同成立联合国家和平组织，分歧留待以后解决。1944 年 10 月，会议通过了《关于建立普遍性国际组织的建议案》。不过，这个建议案并没有就成立什么样的国际组织达成共识。

该建议案通过后，美、英、苏之间的分歧不断扩大。在德国崩溃前，苏军向西推进，1944 年 10 月已占领了罗马尼亚、保加利亚。英国对此十分不安，英军立即准备进入希腊，以防止苏军占领该国。丘吉尔首相意识到，苏军的挺进将使英国战后在欧洲的扩张变得困难，而他希望与斯大林达成协议瓜分东欧和南欧。于是他立即专程前往莫斯科，向斯大林提出在巴尔干划分势力范围的建议。这一建议当然不可能扭转局面，因为苏军事实上占领了该地区许多国家。不过斯大林也做了让步，他允许英国进入希腊，但条件是要让希腊共产党参加即将组建的希腊政府。

美国和英国都希望借口阻挡苏联在东欧的“扩张”，侵占西欧。而苏联则希望保住其在西部的边界，以确保国家安全。因此，三国在苏联边界问题上的斗争非常激烈。斯大林提出应以 1941 年的苏联边界为准，而不能以 1921 年和 1937 年前的苏联边界为准。由于从波罗的海到巴尔干的任何小国，都可能是西方侵略苏联的跳板，因此还必须保证这些国家不要成为反苏基地。在这些问题上苏联的立场非常坚定。

在这种情况下，罗斯福认识到如果美国不在一些问题上向苏联让步，苏联就不会真正同意成立联合国家和平组织。为了换取苏联的支持，在1945年2月的雅尔塔会议上，罗斯福在德国问题上做出让步，他不再坚持把德国变成一个农业国，也未就德国问题做出决定；还承诺美军将在战后两年内撤出欧洲；在波兰和其他问题上，美国也做出了一些妥协。在这种情况下，斯大林最终做出让步，同意加入这个组织。就这样，在矛盾与斗争中，各国逐步达成一致。雅尔塔会议做出了成立联合国家和平组织的决定，这个组织被命名为“联合国”。

1945年4月25日，联合国在美国旧金山召开了制宪会议，制定了《联合国宪章》。6月26日为会议闭幕日，后来被联合国定为“宪章日”。1946年1月10日至2月14日，联合国第一届大会第一阶段会议在英国伦敦举行，成立了有关组织机构。这是联合国的成立大会，会议决定总部设在美国纽约。

知识链接

《联合国宪章》

（1945年6月26日）

我联合国人民
同兹决心
欲免后世再遭今代人类两度身历惨不堪言之战祸，
重申基本人权，人格尊严与价值，以及男女与大小各国平等权利之信念，
创造适当环境，俾克维持正义，尊重由条约与国际法其他渊源而起之义务，
久而弗懈，
促成大自由中之社会进步及较善之民生，并为达此目的：
力行容恕，彼此以善邻之道，和睦相处，
集中力量，以维持国际和平及安全，
接受原则，确立方法，以保证非为公共利益，不得使用武力，
运用国际机构，以促成全球人民经济及社会之进展，用是发奋立志，
务当同心协力，以竟厥功。
由我各本国政府，经齐集旧金山市之代表各将所奉全权证书，互相校阅，
均属妥善，议定本联合国宪章，并设立国际组织，定名联合国。

——张宏毅. 当代世界史资料选辑：第一分册. 北京：北京师范学院出版社，1990：208-209.

联合国的诞生是盟国合作的成果，联合国的成立是人类历史上划时代的大事，它体现了战后和平、发展与合作的历史潮流，标志着人类有了一个和平、发展与合作的权威论坛，世界和平有了一个重要的保障机制。

但是，在联合国诞生的过程中，除中国发表了看法外，没有其他发展中国家的声音，也没有除美、英外的其他资本主义盟国的声音，更没有反映轴心国中反对侵略战争的人民的想法。因此，联合国纯粹是战胜国制造的一个战后国际和平组织，其建立是大国政

治的产物，刚成立时就不可避免地带有局限性，战后也长期为大国操纵和控制，甚至成为美苏争霸的舞台。联合国需要改革，使之在维护国家主权和平等的基础上，成为真正为世界人民谋福利的国际和平组织。

二、布雷顿森林体系的建立

战后迫切需要解决的另一个问题，是如何缔造新的国际货币体系，以促进世界经济的恢复和发展。在这样的要求下，诞生了布雷顿森林体系。

第二次世界大战爆发前，国际货币制度是金本位制度，即以黄金为货币的基础与标准。1880 年英国首先采用，到 1900 年美国采用后，金本位制度正式形成。但是，第一次世界大战引起了世界经济的崩溃，金本位制度发生危机。1929 年至 1933 年的经济危机，更使之遭受沉重打击，迫使英、美等国家先后放弃了金本位制度，而采取自由贸易政策和保护关税政策。1939 年英国实施了严格的外汇管理办法。第二次世界大战爆发后，已经陷入危机的国际金本位制彻底崩溃，国际货币体系失去了标准与基础，分裂为几个相互竞争的货币集团，各国货币竞相贬值，动荡不定。

在这一背景下，英、美两国开始考虑如何营造一个战后有利于自己的国际经济环境，即如何重组战后国际经济秩序。为了本国利益，它们一致认为问题的关键，是建立一个稳定的、有利于自己的国际贸易和国际货币金融体系。英国希望建立一个以英镑为中心的国际货币体系，而美国则希望建立以美元为中心的国际货币体系。两国先后提出了各自的方案，并进行了激烈的斗争。

1943 年 9 月 15 日至 10 月 9 日，美英两国在华盛顿召开了讨论建立战后国际货币体系的会议。在会上，双方达成了妥协。华盛顿会议结束后，美英双方签订了一份“试行协议”。这个协议，就是布雷顿森林体系的基础。此后，美英两国成立了联合专家组，于 1944 年 4 月拟定了《关于建立国际货币基金组织的专家联合声明》，供各国政府考虑。

1944 年 7 月 1 日至 22 日，44 个国家的 730 位代表，在美国新罕布什尔州的布雷顿森林举行了联合国货币金融会议，讨论建立战后国际货币体系问题。会议主要研究如何具体落实华盛顿会议的内容，结束时通过了《联合国货币金融协议最后决议书》以及两个附件，即《国际货币基金组织协定》和《国际复兴开发银行协定》，总称“布雷顿森林体系”。1944 年 12 月 27 日，国际货币基金组织成立，总部设在华盛顿。

布雷顿森林体系建立了一个以美元为中心的世界货币体系，其主要内容包括两点：第一，美元与黄金挂钩；第二，其他国家货币与美元挂钩，即同美元保持固定汇率关系。

布雷顿森林体系具有重要的历史意义，在世界货币金融体系的发展史上具有重要地位，对战后世界经济的恢复、发展和稳定起到了积极作用。但它的建立，主要是美英两个国家为维护自身战后利益而进行斗争、达成妥协的结果，故而带有明显的西方金融霸权主义色彩。

三、雅尔塔体系与战后世界和平

联合国的诞生和布雷顿森林体系的建立，标志着战后世界和平体系的形成。这个体系就是雅尔塔体系。一般来说，雅尔塔体系是指以雅尔塔会议决议为中心建立起来的一种国际体系，内容包括第二次世界大战中盟国召开的所有重要会议发表的宣言、公开或秘密达成的一切协定，如 1943 年 10 月的莫斯科三国外长会议及其后四国签订的《关于普遍安全的宣言》；开罗会议、德黑兰会议、敦巴顿橡树园会议、雅尔塔会议、布雷顿森林会议、波茨坦会议等其他会议所签订的一系列协定；与战败国签订的一系列和约等。

在保障雅尔塔体系的国际秩序中，最重要的是联合国和布雷顿森林体系（包括国际货币基金组织、国际复兴开发银行、关税及贸易总协定）等国际机制。虽然在雅尔塔体系下形成的国际秩序仍然存在不公正问题，在维护世界和平的国际机制中，还是美、苏等大国占据主导地位，缺乏其他国家的声音，但雅尔塔体系是在历史上各种国际体系特别是凡尔赛-华盛顿体系经验教训的基础上形成的新和平体系，基本适应了战后时代发展需要，并保障了战后世界和平。迄今为止，虽然战后发生了冷战，冷战结束后又发生了各种地区性战争，但是世界大战并没有再发生，和平的钟声仍然鼓舞着全世界爱好和平的人们创造幸福美好的生活。

第二节　战后和平民主力量的发展壮大

一、战后苏联的和平与建设

虽然战后和平把苏联带入了经济恢复和发展的时期，德国的战败使苏联从帝国主义的威胁下暂时喘过气来，但战争的破坏仍使苏联面临着严重的困难。工厂、铁道、矿山被破坏；战前，苏联人口约为 1.94 亿，有 3 000 多万人死于战争，死伤人数约占人口总数的四分之一，战后约 2 500 万人无家可归。

在国际上，苏联的经济恢复也面临不利环境。盟国在打败德、意、日法西斯后，失去了共同的敌人，相互之间产生了矛盾。从反共的意识形态出发，美国和西方开始采取反苏政策。战争结束后，西方国家立即停止了对苏联的援助，不再根据《租借法案》向苏联运送物资。依据《波茨坦公告》，苏联本应从战败国得到赔偿，然而在要求德国赔偿时却受到西方抵制。

在这种情况下，苏联自力更生，斯大林并不指望西方帝国主义的帮助，苏联人民也并没有被国内外的困难吓倒，他们以英勇的气概开始重建家园。为了恢复经济，苏联开展了社会主义建设运动，并于 1946 年开始了新的五年计划。在人民的努力下，苏联国民经济很快得到了恢复与发展。然而，在工业上，斯大林由于担心西方重工业占优势，强调优先发展重工业；在农业上，农业集体化模式虽有一定作用和影响力，但苏联的农业一直未能搞好；在军事上，为了对抗帝国主义，苏联保留了一支强大的红军，还尽力发展核武器，这给经济增加了负担。因此，苏联经济虽然在斯大林晚年得到恢复，但依然存在不少问题。其中，最大的问题是没有转换经济发展模式、融入世界经济。

知识链接

关于苏联国民经济恢复与发展五年计划
（1946—1950）的法令（节录）

（1946 年 3 月 18 日）

苏联重新进入因希特勒德国背信弃义的进攻而中断了的社会主义和平建设时期。

还在卫国战争期间，苏联就已顺利开始了对被占领地区遭到破坏的经济的恢复工作，在战后时期依据确定和指导苏联经济生活的国家远景发展规划，继续恢复和进一步发展国民经济。

苏联最高苏维埃规定，苏联 1946—1950 年恢复与发展国民经济五年计划的主要任务是，重建遭受战争灾难的地区，把工农业恢复到战前水平。然后大大地超过这一水平。

——张宏毅. 当代世界史资料选辑：第一分册. 北京：北京师范学院出版社，1990：66.

战后初期苏联未能完全融入世界经济有着复杂而深刻的国际原因。苏联原本是有成功经验的，在 1929 年至 1933 年的经济危机中，苏联适应世界经济的发展，适时调整经济政策，实行对外开放，大量引进外国资金、人才，大办合资企业等，促使经济高速发展，取得许多重大工业成就，为在第二次世界大战中击溃德国法西斯，准备了雄厚的物质基础。但是战后美国推行敌视苏联的政策，在冷战的特殊背景下，苏联要想融入资本主义世界经济体系，就要放弃国家主权而受制于美国。这种国际环境决定了苏联必须自力更生，走自己的路，用自己的办法发展本国经济，捍卫社会主义的成果。在经济并不十分发达，国内物资短缺，美国和西方不断封锁的情况下，苏联国防任务繁重。为了最大限度地发展经济，发展重工业，苏联不得不继续实行计划经济体制。而为了对抗美国和西方的封锁，苏联组织东欧社会主义国家发展地区性贸易，也就是顺理成章的事。

历史事实证明，苏联奉行独立自主的经济政策而没有完全融入世界经济，非但不是苏联政府的错误，反而是根据当时情况做出的正确决策。继续实行计划经济的结果是苏联变得十分强大。苏联的强大，就是对寻求解放的世界其他国家和民族的鼓舞，也是对世界和平的贡献。

二、东欧人民民主国家的建立

在苏联的建设取得巨大成就的同时，社会主义在许多国家也取得了成果。第二次世界大战胜利后，东欧国家先后建立了人民民主国家，并开始了社会主义革命和建设。由于国情不同，这些国家走上社会主义道路的情形也不相同，但大部分都是在苏联的帮助下建立起来的。

苏联的对外政策有三个目标：一是巩固反法西斯战争的胜利成果，保住苏联在东欧的地位与影响。斯大林曾公开说，这场战争与以往战争不同，谁解放了领土，谁就应该把自己的社会制度推行到他们的足迹所到之处。二是确保安全，即建立安全地带，把东欧建成缓冲区。三是建立和平的国际环境，以医治战争创伤，恢复国民经济。

因此，斯大林的主导思想是英、美、苏合作主宰世界，苏联在战略上不是进攻，而应处于防御地位。但斯大林的政策中带有大国沙文主义成分，损害了他国利益，给西方反苏提供了借口，针对东欧的政策也在当地人民心中种下了仇恨的种子。斯大林宣称，邻国的许多领土是属于苏联的。以波兰为例，为了重建1941年的苏波边界，波兰东部的一部分领土被划归苏联；又如波罗的海三国，根据1939年8月斯大林与希特勒订立的条约也属于苏联势力范围；芬兰虽然独立，但被苏联吞并了大片土地；战前东普鲁士北部三分之一的领土也被并入苏联；此外苏联还占有罗马尼亚的摩尔达维亚，以及捷克斯洛伐克的部分土地。在亚洲，斯大林采取安抚政策，他认为真正的危险在欧洲。

苏联红军在1944年和1945年西进攻打德国时，解放了波兰、南斯拉夫、捷克斯洛伐克、阿尔巴尼亚、保加利亚、罗马尼亚和匈牙利。这些国家后来都建立了亲苏政府，先后成为社会主义国家，但这些国家建立的过程中都曾遭到西方的反对。

南斯拉夫联邦人民共和国成立于1945年11月29日。南斯拉夫共产党领导人铁托担任部长会议主席。由于在第二次世界大战中苏联没有支持铁托领导的游击队，而支持了南斯拉夫流亡政府，加上战后在里亚斯特地区的领土归属问题上，苏联支持英美把该地区划归意大利，苏南关系恶化。南斯拉夫采取独立于苏联的政策，主张大小国家一律平等，大国不应主宰小国命运，成为唯一不受苏联控制的社会主义国家，公开向苏联挑战。

捷克斯洛伐克在1945年4月就建立了民族解放阵线联合政府，由流亡政府总统贝奈斯担任总统，由左翼社会党人费林格担任总理。基于在慕尼黑被出卖的经历，捷克斯洛伐克不愿依靠西方，而选择了与苏联结盟。1945年6月，捷克斯洛伐克举行战后第一届国民议会选举，共产党获多数票，成为第一大党。于是，共产党人哥特瓦尔德担任联合政府总理，总统仍是贝奈斯，他坚决表示要建立与苏联的友好关系。

波兰在苏联红军的支持下，于1944年7月在卢布林成立了民族解放委员会，1945年1月改名为临时政府。斯大林曾向西方保证波兰自由选举。当时情况复杂，英美不承认卢布林临时政府，苏联则不支持流亡伦敦的原波兰政府。后来，英美苏三国达成协议，1945年6月，卢布林临时政府扩大为民族统一临时政府。伦敦流亡政府的成员、波兰农民党领袖米科拉伊契克担任总理，他是波兰唯一被西方承认的政治家。虽然波兰工人党总书记哥穆尔卡担任副总理，但波兰的政治实权掌握在他手中。由于当时工人党还不能确定大选的最后结果，所以议会选举被推迟了两年，1947年1月19日才进行总统选举。战后最初几年波兰的政治充满暴力与斗争，苏军驻在波兰，而且波兰军队中也有苏军指挥官。虽然苏联用军事力量保证波兰成为社会主义国家，但是波兰天主教会仍然开展活动，波兰大多数人也都信仰天主教，这成为后来促使波兰发生剧变的一股强大力量。

在罗马尼亚，情况又有所不同。1944年8月，国王米哈依领导了一次推翻安东尼斯库的政变，而后支持盟国。苏军由此迅速进入罗马尼亚，罗马尼亚军队随苏军打到匈牙利，但是苏军乘机强占了罗马尼亚的比萨拉比亚。1946年11月罗马尼亚进行自由选举，共产党获胜。1947年2月罗苏条约签订，苏联承认罗马尼亚政府。12月，国王米哈依被迫流亡国外，罗马尼亚共和国宣告成立。

虽然保加利亚未与苏联并肩战斗，但1944年丘吉尔就允诺战后保加利亚是苏联的势力范围。1944年9月，苏军进入保加利亚，未遭到英美的任何反对。保加利亚工人党有一位战前就已得到人民拥护的领袖季米特洛夫，战时在苏联，1944年回国，主持9月成立的祖国阵线政府。保加利亚共和国在1946年9月15日宣告成立，但在10月举行的议会选举中，反对派却取得了令人震惊的成功。议会中选出101个反对派议员，这些议员受到政府镇压，1947年8月反对派首领佩得科夫被捕并被处死。在处决他之前，英美政府不断抗议，但是保加利亚政府置之不理。西方认为在这件事上斯大林没有履行其国际义务，从而加速了冷战的爆发。

匈牙利战前是反共国家，战时是希特勒的仆从国。苏军进入匈牙利后，于1945年4月进行议会选举，但共产党所得票数较少，只获得了17%的选票，而小农党获得了57%的选票。1946年2月，匈牙利废除帝制，成立人民共和国，由小农党领导人纳吉·费伦茨任总理。匈牙利共产党的失败主要是由于匈牙利天主教力量强大，1940年赴莫斯科的共产党领导人拉科西在此时回国，立即改变了匈牙利的政治形势，由他担任内政部长和保卫部长，真正控制了大权。在1947年8月的选举中，共产党获胜。1948年6月，共产党和社会民主党合并为匈牙利劳动人民党，由拉科西任总书记。1949年颁布新宪法，匈牙利成为人民民主国家。

1944年11月29日，阿尔巴尼亚人民在共产党领导下解放了全国，组建了政府。1946年1月，阿尔巴尼亚制宪会议（后改为人民议会）正式宣布成立阿尔巴尼亚人民共和国。

德国东部由苏联占领，与英美冲突不断。1949年9月20日德意志联邦共和国成立后，东德也于1949年10月7日宣布建立德意志民主共和国。

从东欧八个社会主义国家的成立来看，除南斯拉夫外，其余国家都与苏联红军或苏联的帮助有关。东欧社会主义国家建立起来后，立即面临如何结合本国情况进行社会主义建设的问题。在这方面，苏联也给予东欧各国很大帮助，双方在平等互利的基础上，通过谈判签订了友好合作互助条约。苏联在石油、电力、能源、贸易等方面的援助，对东欧国家经济的恢复起了重要作用。

东欧一些国家也开始从本国实际出发，独立探索适合本国国情的社会主义建设道路。保加利亚工人党总书记季米特洛夫早在1946年就提出："各个国家人民向社会主义过渡，将不会照搬相同模式，不会完全按照苏联道路。"因此东欧国家在建设社会主义的过程中，不断改革，进行了不同模式社会主义道路的探索，取得了社会主义建设的巨大成就。东欧各国走上社会主义道路，是历史的必然与进步。东欧各人民民主国家的成立，壮大了世界和平、民主的力量，顺应了战后和平与发展的时代潮流。

三、中华人民共和国的诞生

战后，中国陷入内战。但是在短短的三年内，中国人民解放军就打败了国民党反动派，取得了中国革命的胜利，建立了中华人民共和国。

中国革命的胜利，是靠中国人民自己的力量取得的。雅尔塔会议把中国东北定为苏联势力范围，把中国南部定为美国势力范围。抗日战争胜利后，美、苏各按《雅尔塔协定》办事，美军支持国民党抢占东北以外的城市和地区，苏联则欲恢复在中国东北的特权。苏联对外政策的重心首先在欧洲，其次才是亚洲，苏联希望亚洲平安无事，以便集中力量在欧洲进行争夺，并迅速增强国力以反抗西方的侵略，为此需要尽一切努力避免与美国直接对抗，其对华政策是利己主义的。

首先，苏联不顾中国反对，从中国东北搬走了一切可能搬走的机器与设备，间接掠夺了中国；其次，为了避免与美国直接对抗，苏联宣布承认当时的国民党政府。斯大林也完全错误地低估了中国共产党的力量，并且因为中国共产党将马克思列宁主义与中国革命实践相结合，走农村包围城市的道路，而把中国共产党看成“农民党”。抗日战争时他公然对美国总统特使赫尔利说，他不相信中国共产党会取得胜利。

尽管苏联持这种态度，中国人民还是在中国共产党和毛泽东同志的领导下，走自己的路，打败了国民党反动派，并在1949年10月1日宣告了中华人民共和国的成立。中国的外交政策是保障本国独立、自由和领土主权的完整，拥护国际和平和各国人民间的友好合作，反对帝国主义的侵略政策与战争政策。中华人民共和国的成立，增强了社会主义阵营的力量，给资本主义阵营以极大的打击。

由于当时冷战已经爆发，苏联在国际上的处境比较孤立，因此，中国革命取得胜利后，苏联表示了极大的欢迎，并发展了与中国的友好关系。而由于美国的封锁，中国也乐于发展与苏联的关系。因此，1949年12月，毛泽东主席亲自访问莫斯科。经过长时间谈判，1950年2月14日，两国签订了《中苏友好同盟互助条约》，苏联给中国提供了3亿美元贷款，并答应放弃在中国东北的特权，以及在1952年归还大连、旅顺等。中苏关系进入了一个友好时期。

中国革命的胜利具有极其深远的世界历史意义：

首先，中国革命的胜利，冲破了雅尔塔体系的桎梏。中国不再是被美苏瓜分的势力范围，而是一个世界大国，土地辽阔、人口众多、战略地位重要，在世界上具有举足轻重的地位。

其次，新中国的成立，加强了世界和平民主的力量，沉重打击了帝国主义和殖民主义，给第三世界国家和人民的民族解放斗争树立了榜样。在中国革命胜利的鼓舞下，亚非拉民族独立和解放运动风起云涌，整个世界发生了翻天覆地的变化。

最后，新中国的出现，增强了社会主义阵营的力量，推动了社会主义运动的发展，使世界和平有了保障。

新中国的成立，受到世界各国的普遍欢迎。世界各国均认为腐败无能的国民党的失败是必然的，中国共产党领导下的人民政府将给中国带来光明。包括英国在内的一些资本主义国家也承认了新中国政府，希望改善与中国的关系。

在1950年6月前，美国既反对中国共产党领导的革命，又不愿退出一个将由中国共产党领导的中国市场。在新中国成立之初，美国抱着无可奈何的心情看待中华人民共和国的成立，幻想中国会与苏联产生矛盾，从而转向西方阵营。美国的冷战重点在欧洲，所以在朝鲜战争爆发前，并没有采取激烈措施反对中国。

第三节　战后亚洲历史的进步

一、菲律宾、马来西亚和印度尼西亚的独立

战后，时代呼唤和平、民主与发展，亚洲人民在这种时代潮流下，开始为独立、自由而战，开展了轰轰烈烈的民族独立和解放运动，亚洲的历史翻开了新的篇章。

战后初期，西方帝国主义国家为了争夺亚洲殖民地，互相拆台、不能合作。开始，美国借口反对“欧洲殖民主义”，不给英、法等殖民主义支持，冷战在西方的亚洲政策上还没有起到决定作用。而苏联虽然不把英、法、荷当成主要敌人，但从意识形态出发，自然给予了亚洲各国人民支持，这客观上鼓舞了这些国家与地区的抗争。

太平洋战争时期，菲律宾人民在反对日本侵略者的斗争中牺牲了100多万人。国民经济遭到破坏，工业被摧毁，农业生产受阻。政治上，美军于1944年10月在菲律宾游击队配合下登陆，并成立了亲美、保守的菲律宾政府，而菲律宾共产党领导的游击队遭到了反动政府的镇压。1945年，共产党游击队的领导人先后被政府杀害。菲律宾人民要求摆脱美国的控制，结束半殖民地状态，为此举行了大规模示威游行，美国被迫允许菲律宾在1946年4月举行大选。

通过这次选举，美国给予菲律宾名义上的独立，扶持亲美的罗哈斯担任总统。在议会选举中，有六位共产党员当选，但都被美国操纵的国会取消资格。于是菲律宾共产党在路易斯·塔鲁克领导下组织了农民起义，并在吕宋岛建立根据地。政府军对游击队进行了残酷扫荡，1954年，打垮了游击队。在镇压菲律宾游击队的过程中，美国给予了大力支持。

美国并不认为菲律宾共产党领导下的革命是菲律宾人民希望改革和进步、改善人民生活、解除无地和负债农民负担的独立运动。相反，美国认为菲律宾游击队是世界共产主义运动的一部分。但这种估计是不符合实际的，因为菲律宾共产党几乎没有得到共产国际的支持，而是根据国情，独立领导本国人民革命。

第二次世界大战后，美国虽然允许菲律宾独立，但提出了许多附加条件，要求在菲保留100个美军基地，并租借99年。直到1959年，美国在菲军事基地才减少到25个，它们成为美国在20世纪90年代称霸太平洋、遏制中国的重要战略基地。美国与菲律宾在1947年签订的《美菲军事基地协定》《美菲军事援助协定》以及1951年签订的《美菲共同防御条约》，使菲律宾实际仍然处于半殖民地状态。

美国为了防止菲律宾共产党掌权，一面承认菲律宾独立，一面给予反动政权大量援助与支持。独立后的菲律宾政府是反苏反共的，其国内政局不稳，经济发展缓慢，人民生活贫困。

美国还支持法国重返越南建立殖民统治。欧洲殖民者企图重建亚洲殖民地时，在马来西亚遇到了最顽强的抵抗。

在太平洋战争时期，马来西亚人民在马来西亚共产党领导下，对日本的侵略进行了

顽强反抗和英勇战斗。战时，盟国支持马来西亚共产党的抗日战争，并承认其贡献。但是，马来西亚共产党领导的游击队都是中国移民，即马来籍华人。在马来西亚的三个民族中，只有华侨抗日，而马来人、印度人则与日本人合作，希望在日本卵翼下，摆脱英国殖民统治，实现独立。

开始，英国返回马来西亚没有遇到共产党的抵抗。马来西亚华人希望与英国合作，通过议会和宪法途径，取得马来西亚的独立。因此，他们把武器埋在地下，走出丛林，进行合法斗争。在 350 万马来西亚人口中，华人有 200 万，马来人和印度人共 150 万，种族矛盾尖锐。马来人不肯让华人加入政府，害怕华人强大，因此要把华人居多的新加坡从马来西亚分离出去，这一做法遭到了马来西亚华人的反对。不过当英国妄图重建殖民地时，遭到了马来西亚三个民族的共同反对。

战后英国经济衰退，马来西亚的橡胶和锡是重要的战略出口物资，所以英国不允许马来西亚独立。在英国执政的工党奉行与保守党相同的殖民政策，而马来西亚人民为反对英国殖民主义进行了坚决斗争。1946 年，马来西亚成立了“全国联合组织”，保卫人民的权利和统治者的权力。马来西亚华人也积极参加斗争，加入工会，号召罢工。他们遭到英国殖民者的镇压和马来人的迫害，于是在共产党领导下，重返丛林，开展武装斗争。在英勇的反英斗争中，他们从未得到过马来人的同情与支持，相反 10 万马来警察甚至协助英国派出的 1 万军队进入丛林围剿华人游击队。

虽然共产党领导的华人游击队仅有 6 000 人，但他们得到几十万华人农民的支持，战斗精神顽强。要断绝游击队的粮食与物资供应，必须把这几十万华人农民迁走，而这是办不到的。在华人农民的支持下，华人游击队抵抗近十年之久。

在共产党领导的华人游击队的打击下，英国被迫让步，同意通过谈判实现马来西亚的独立，不过只和马来人及右翼华人谈判，拒绝同游击队谈判。1955 年，不支持华人游击队的华人与马来人以及印度人，在马来人拉赫曼与华人谭成洛的领导下，组成了马来西亚联盟党，要求独立，并得到全国人民拥护。马来西亚联盟党于 1957 年与英国达成协议，马来西亚联邦取得独立，但仍是英联邦成员。由于国家的独立，共产党领导的华人游击队也就放弃了反英斗争，马来西亚逐步实现了和平，英国在东南亚革命风暴的打击下逐步退出。1965 年，新加坡退出马来西亚联邦，宣布成立独立国家。

日本投降后，荷兰企图恢复在印度尼西亚的殖民统治。在英国的帮助下，荷军从欧洲开到印尼，但只能在主要城市建立统治，不能控制广大农村。印尼人民开展了独立运动与武装斗争，并于 1945 年 8 月 17 日宣布独立，建立了印度尼西亚共和国，苏加诺为总统。

荷兰由于国力衰弱，无力镇压印尼的民族独立运动。美国打着反对殖民主义的招牌欲争霸世界，也不支持荷兰重建殖民统治。而一贯推行现实主义政策的英国，也建议荷兰应像英国放弃马来西亚与缅甸一样，放弃印尼。英军于 1946 年撤退，在这种情况下，荷兰只好妥协，于 1946 年 11 月与印度尼西亚共和国代表谈判，承认印尼在爪哇、苏门答腊和马尼拉的主权，条件是印度尼西亚共和国必须与荷印联军占领下的婆罗洲等地组成联邦，尊荷兰女王为国家元首。印尼人民对此强烈不满，继续斗争，要求完全独立。1947 年荷兰出动了所谓的“警察”，发动了侵略印度尼西亚共和国的第一次殖民战争，遭到顽强抵抗，劳而无功，被迫于1948年1月与印尼签订停战协定。

1948年12月，荷兰又向印度尼西亚共和国发动了第二次殖民战争，企图以军事力量给印尼强加一个傀儡政府。荷兰的侵略再次遭到印尼人民的顽强抵抗。印尼人民到处开展游击战争，各派政治领导人也都不愿做荷兰的傀儡，这使荷兰侵略者陷入了人民战争的汪洋大海之中。1949年12月，荷兰被迫承认印尼独立，8.5万名军人和政府人员撤出印尼。不过荷兰侵略军仍占有西伊里安岛，直到1962年才同意将其归还。

1945年至1954年，亚洲民族解放运动取得了伟大胜利。前半期，美国出于与欧洲殖民者争夺亚洲殖民地的目的，没有给英、荷等殖民国家支持。新中国成立后，特别是朝鲜战争爆发后，美国重新调整了其亚洲政策，把中国和苏联看成扩张的威胁，全力支持法国在越南的殖民活动。朝鲜战争的爆发是冷战达到高峰的标志，彻底改变了美国在殖民问题上的态度，转而支持一切殖民主义活动，并直接卷入殖民战争。

二、法国殖民统治在越南的结束

日本于1945年3月在越南建立了一个“独立”的“越南共和国”。这个傀儡政权以原越南皇帝保大为首脑。在日本投降时，保大由于没有军队，被迫退位，把政权交给了胡志明领导的越南独立同盟。越盟很快控制了河内、西贡及其他大城市。1945年9月2日，胡志明宣布越南民主共和国成立。

当时美国借口反对欧洲殖民者，在亚洲排挤英法，并不关心越南是否由共产党控制。罗斯福总统同情胡志明，史迪威将军也支持胡志明领导的游击队。但当冷战开始后，美国杜鲁门政府就决心推翻越南胡志明政府，支持法国恢复在越殖民统治。英国则从一开始就支持法国。越南北纬16度线以南的地区，由盟军司令蒙巴顿指挥。虽然蒙巴顿理解亚洲人民要求独立的感情，但是英军驻越南南部司令道格拉斯·格雷希却不然，他是一位凶恶的殖民主义者，尽一切努力帮助法国恢复在越南的殖民统治。当时法国在越南并没有军队，英国也仅有几百名士兵，所以格雷希利用日军来“恢复秩序”。日军在英国军官指挥下，与越南共产党领导的军队作战，这种情况连美军司令麦克阿瑟也感到耻辱，他说：“如果有什么东西会令我血液沸腾的话，那就是我们的盟国使用日军在印度支那及爪哇去重新征服我们承诺要解放的弱小民族。”

1945年12月25日，5万法军到达越南后，英、印军队才撤走。英国支持法国殖民统治的原因有两个：第一，如果法国不恢复在越南的殖民统治，那么英国有何理由恢复在南亚和东南亚的殖民统治？第二，法国是欧洲战后唯一的强国，是英国可以依靠来反德或反苏的潜在盟国。为了在欧洲更好地合作，英国主动帮助法国恢复在越南的殖民统治。

但是，逆时代潮流是行不通的，法国在越南的殖民统治不可能维持下去。1946年春，法国占领了越南南方，并与占领北方的中国国民党军队商议撤兵。蒋介石为了把军队调回中国打内战，自然照办。而胡志明当时还没有做好对法军作战的准备，于是允许少量法军进入北方，但作为交换，法国应承认越南共产党在北方建立的越南民主共和国，法国则要求在越南南方建立的越南共和国成为法兰西联邦成员。为此，胡志明去巴黎谈判，但谈判破裂。回国后，他立即号召人民为越南的统一而战。于是，法军准备消灭越南民主共和国。1946年11月23日，法军首先炮轰海防，打死6 000名越南人。12月19日，法国发动了全面侵略战争，法军源源不断地从欧洲开来。原越南皇帝保大从胡志明领导的越南民主共和国逃走，于1949年3月与法国签订条约，在法占区西贡组建政府，自立为国家元首，保留法国在越所有特权。

在战争的前五年，法军占优势地位。然而，1949年中国革命的胜利改变了这一局面。越南得到中国支持，大量武器从中国运往越南。同时由于冷战升级，美国开始支持法国。朝鲜战争的爆发，使这种支援加速。1950年至1954年，美国给予法国30亿美元援助，使之维持战斗，但争取独立的越南人民顽强抵抗。到1952年，法军死伤9万人，遭到其国内人民的批评。1953年11月，法军被诱入越南西北部的奠边府。1954年3月，越南人民军在中国帮助下，发动了奠边府战役。1954年5月奠边府战役结束，越南大胜，法军1.5万人被歼灭。

奠边府战役的胜利，有力地支持了正在日内瓦召开和平解决朝鲜和印度支那问题的国际会议上的亚洲各国代表。在日内瓦会议（1954年4月26日至7月21日）上，中国总理周恩来郑重要求欧洲殖民者撤出亚洲。会议还签订了一系列协议，其中《越南、老挝、柬埔寨三国交战双方停止敌对行动的协议》规定在印度支那全线停火，并在北纬17度线以南建立军事分界线。越南事实上被分为南方与北方。虽然法军在1956年4月完全撤出，越南反对法国殖民主义的斗争取得完全胜利，但是由于冷战，美国立即介入了越南的南北斗争，引发了伤亡巨大的越战。

三、印度的独立与印巴分立

冷战开始后，美苏都没有直接插手印度事务，而是任凭英国为所欲为。战后印度的独立是英帝国解体中的重大事件之一。

在历史上，英国征服印度的手法之一是用印度人打印度人，统治印度的手法则是分而治之。印度民族众多，宗教信仰不同。英国征服印度后，利用各民族和各教派之间的矛盾进行统治，由此加深了印度各民族与各教派之间的积怨，给战后印度的独立带来巨大困难，并导致了国家的分裂。英国从征服印度之初就遭到印度人民的激烈反抗。

1885年印度国大党成立，要求印度独立。英国为了巩固在印度的统治，玩弄了一些手法。1909年进行所谓改革，允许一些英国政府信任的印度人加入印度的所谓“总督委员会”，为英国政府服务，同时宣称这就是逐步让印度人参加政府管理。但英国最拿手的策略还是分而治之。

1935年，英国通过法令，把印度分为11个省，各省拥有自己的议会，但在行政上由英国人控制；同时规定，不同宗教信仰的人在不同的地区选举，在此基础上建立印度联邦，由总督管理。这一法令使各种族、各宗教之间的矛盾更为尖锐。1939年后，战争给了英国一个极好的机会，总督直接进行统治，不再依靠印度人。这引起了印度人的强烈反抗，他们认为太平洋战争是印度争取独立的机会，绝不会前门驱虎，后门进狼，他们不会让日本人成为新主人。因此，在国大党的领导下，印度人民掀起了反英斗争。这迫使英国于1942年春派出著名政治家克里普斯到印度，企图稳定局势。他答应战后让印度独立，但同时宣布，如果穆斯林想独立，英国也将让他们自由选择，这就种下了分裂的种子。

印度国大党认为英国的上述做法是分而治之，因此坚决反对。1942年秋，国大党发动了非暴力不合作运动，要求独立。英国逮捕了甘地、尼赫鲁，同时扶持由真腊领导的穆斯林联盟，穆斯林势力迅速扩大，使其成立巴基斯坦国的要求成为不可阻挡的潮流。这种情况下，甘地与尼赫鲁担心英国让印度“独立”是为了使真腊建立“巴基斯坦”。

1945年8月，日军投降，艾德礼已经担任英国首相。在印度问题上，他面临两条路：一条是继续殖民统治，但要加强军队与警察建设，这是英国无力承担的；另一条是英国撤出印度，让其独立。英国只能走第二条路，但不甘心就此撤出，因而再施分而治之的手段使印巴分离，以便尽可能保留英国的影响力。

这时印度的派别斗争十分激烈，真腊在1945年8月16日号召把这一天定为“直接斗争日”，以显示穆斯林力量的强大和反对国大党的立场。当天在加尔各答发生了暴力冲突，群众死伤两万。这一事件，使战后建立统一而独立的印度成为泡影。1947年，派别斗争更趋激烈。当时印度总人口为4.8亿，穆斯林人口占四分之一，为1.2亿，此外还有1 200万基督徒，喀拉拉邦的基督徒支持印度共产党。印度有3 000个种姓与次种姓，562个土邦，阶级矛盾尖锐、社会贫富不均和种族歧视严重，损害了印度的团结。

1947年2月，印度总督魏菲尔离任回国，由蒙巴顿勋爵接任。蒙巴顿按英国政府的指令，准备让印度独立，以促成巴基斯坦的建立。他宣布英国将在1948年6月把政府权力交给印度人，并开始与尼赫鲁及真腊谈判交接工作。在谈判中，真腊坚决要求建立独立的巴基斯坦国，英国决心强迫国大党接受这一方案。为了迫使尼赫鲁同意，蒙巴顿又宣布只给半年时间作为印度独立的准备期。1947年8月15日，英国将权力移交给有关各方。蒙巴顿威胁说，如不同意巴基斯坦独立，尼赫鲁将需要对移交权力后印度出现的混乱负责。这就迫使尼赫鲁不得不与真腊达成分裂印度的协议。

蒙巴顿还提出，旁遮普与孟加拉邦自行决定加入印度还是巴基斯坦；其余560个土邦，自主选择是否加入印度和巴基斯坦，如果不愿意加入，则仍然受英国管理。英国对军队、警察及工业设施都进行了分配，这些分配方案加剧了印度种族与宗教派别之间的仇杀与战争。

锡克族人也把分裂看成创立一个由锡克人统治的国家的机会。因此，在旁遮普、德里、加尔各答等地都出现了种族冲突。情况十分明显，英国的政策将导致印度分裂与动乱，为此英国派出了5.5万人组成的军队到旁遮普以防意外出现。

在英国支持下，1947年8月14日，巴基斯坦宣布独立；8月15日，印度宣布独立。8月16日英国宣布勘分两国国界，并派出工作团。然而，上述事件并未给独立的印度带来福音，而是引起了南亚次大陆不同种族与宗教派别的人们的仇杀与大逃亡。1947年8月至9月，从印度逃往巴基斯坦途中被杀的穆斯林人数在20万至50万之间。巴基斯坦则出现了有组织的“暴乱”，意在驱逐印度教徒与锡克教徒，许多印度教徒被杀。甘地为制止在加尔各答的仇杀，亲自赶到当地并发表演说，结果不幸被一位狂热的印度教徒开枪杀害。

甘地虽死，但他以死维护人民利益的精神感动了印度教徒，发生在印度的仇杀于是停止。但是在旁遮普，锡克人仍在驱逐穆斯林。相互仇杀和逃亡的结果是在巴基斯坦西部（今巴基斯坦）只有少数印度教徒留下，在巴基斯坦东部（即今孟加拉国）则有3 000万印度教徒留下。印度有14万穆斯林逃往巴基斯坦或孟加拉国，不过仍有几百万穆斯林留下。在东旁遮普，印度教徒与锡克教徒矛盾丛生，锡克教徒虽然仇视巴基斯坦，但也仇视印度，他们想从印度控制下独立。

印巴分裂后留下的最大问题是克什米尔查谟土邦的归属问题。该土邦王公是印度教徒，但其臣民大部分是伊斯兰教徒，因此在加入印度或巴基斯坦的问题上举棋不定。不过影响克什米尔查谟土邦的政治人物不是土邦王公，而是克什米尔党的领袖穆罕默德·阿卜杜拉。阿卜杜拉的观点与国大党一致，主张建立一个不分宗教的、统一的世俗印度国家。在这个国家内，不同信仰的人民可以和睦相处。而克什米尔查谟土邦的伊斯兰教徒则要求加入巴基斯坦。

1948年10月，巴基斯坦鼓励边界上的帕坦人部落进攻克什米尔，帕坦人很快就占领了整个克什米尔。克什米尔王公逃往印度求助，印度承诺给予军事支持，而这位土邦王公在没有与臣民和政治领导人协商的情况下，同意克什米尔加入印度。于是尼赫鲁立即派出军队到克什米尔，并答应赶走帕坦人后，让克什米尔人民举行公民投票以决定克什米尔的命运。在克什米尔，穆斯林和印度教徒都要求锡克人阿卜杜拉领导他们反对巴基斯坦支持下的帕坦人的侵略。阿卜杜拉是尼赫鲁的亲密朋友和崇拜者，他请求印军帮助。在印军的帮助下，克什米尔人赶走了帕坦人。这导致巴基斯坦正规军直接参加帕坦人的战斗，印巴两国开始战争。

这时，联合国加以干预，在美国操纵下，安理会最终于1948年8月31日通过了《关于克什米尔问题的决议》，要求停火并由人民来决定克什米尔的命运。这是美国首次插手克什米尔问题。1949年1月1日，双方签订了停战协定，印度占领克什米尔三分之二的领土，巴基斯坦占领三分之一，从此克什米尔一分为二。但是停战协定未能消除克什米尔危机，印巴双方都怀着敌意，并都企图占有整个克什米尔。巴基斯坦更担心有朝一日印度将实现南亚次大陆的统一，从而摧毁巴基斯坦来之不易的独立。后来，尼赫鲁未能履行让克什米尔人进行全民投票的承诺，这削弱了印度在克什米尔的地位，使印巴冲突和克什米尔问题长期不能解决，成为冷战对峙时期美苏争夺的焦点之一。

推荐阅读书目

彭树智. 世界史·当代卷. 北京：高等教育出版社，2006.

王绳祖. 国际关系史. 北京：世界知识出版社，1996.

徐天新，梁志明. 世界通史·当代卷. 北京：人民出版社，1997.

罗伯特·特里芬. 黄金与美元危机——自由兑换的未来. 北京：商务印书馆，1997.

Linden C A. Khrushchev and the Soviet Leadership，1957-1964. Baltimore：The Johns Hopkins University Press，1966.

Philips C H，Wainwright M D. The Partition of India：Policies and Perspectives

1935－1947. London：George Allen & Unwin，1970.

Smith H. The Russians. Chicago：Quadrangle Books，1976.

Grenville J A S. The Major International Treaties 1914－1973：A History and Guide with Texts. London：Methuen and Co. Ltd. ，1974.

Grenville J A S. The Collins History of the World in the Twentieth Century. London：Harper Collins Publishers，1994.

McCauley M. Communist Power in Europe，1944－1949. London：Palgrave Macmillan，1977.

第二章

战后美国、加拿大和西欧主要国家的恢复与重建

第一节　战后美国与加拿大的经济恢复

一、战后美国的重建

战后美国面临着经济转轨的重大任务，最初几年呈现出富足与繁荣的假象。战争中，美国虽然军事力量空前膨胀，生产迅速发展，但战后却面临着诸多困难。首先是物资短缺，工业混乱，人民生活受到影响。许多美国士兵在欧洲时，部队供应较好，有欧洲人缺乏的罐头食品、香烟、打火机、手表、钢笔等生活必需品，但当回到美国，他们的欧洲新娘却惊异地发现，新郎脱下军装后，简直是一贫如洗。其次是通货膨胀迅速，影响人民生活。美国面临的任务是把战时经济转入和平经济，人民要求取消战时物价和工资控制。杜鲁门在这种情况下推行“公平施政”，继承了罗斯福的国家干预经济原则和新政内容。

但是，罗斯福新政受到许多人批评，例如前总统塔夫脱攻击国家干预会使人民丧失独立和事业，因此杜鲁门担任总统后在施政时极其小心。到 1945 年 9 月，杜鲁门得到了参众两院大多数民主党人的支持。而保守的南方民主党与共和党结盟，反对杜鲁门新政。虽然杜鲁门尽力改善与国会的关系，在给国会的第一份咨文中提出的 21 点政府纲领都很温和，当然其中包括了一些新政内容，如发放失业保险金、实现充分就业等等，但只取得了部分成功，在民权问题上，仍遭到保守的南方民主党及共和党的反对。

杜鲁门在 1945 年和 1946 年放松了物价控制，因此工会要求结束对工资的冻结。1945 年 11 月，强有力的“联合汽车工会”举行罢工，反对通用汽车公司的工资政策，要求加薪。1946 年 4 月，在约翰·刘易斯领导下，40 万煤矿工人举行罢工。5 月，铁路

工人大罢工。杜鲁门认为这是工人在向他宣战，于是以美军总司令名义威胁所有罢工工人赴欧洲参军，同时也给工人加了工资，如此软硬兼施才使铁路工人取消了罢工。上述事实说明，美国政府已不能再控制工资的增长。

在经济上，杜鲁门最大的失败是未能抑制通货膨胀。因为政府不得不放弃战时物价控制的做法，又无法抑制物价上涨。同时与国会在这个问题上互相推诿、互相指责，在1946年11月的国会选举中，杜鲁门声望下降，民主党大败，共和党在参众两院都获得多数票。

黑人问题是美国国内最严重的问题。美国有2 000万黑人，他们在第二次世界大战中参军，“为自由战斗”。由于在军队中饱受歧视，复员后，他们不愿再住贫民窟和受种族歧视。南方黑人不愿再忍受被剥夺选举权的状况，要求取消通过文化测验才能有选举权的法令。当时的美国存在着种族隔离，黑人在公共场所的活动严格受限，如进餐馆、进舞厅、坐汽车、上学校都要与白人分开。南方还存在私刑。基于此，黑人展开斗争要求平等，组织有色人种协进会开展立法斗争，希望通过合法途径改善黑人处境。杜鲁门开始很谨慎，但很快就大胆地处理黑人问题。因为黑人的投票权越来越重要，为争取选票，他采取了一些有利于黑人的措施，虽未能说服国会通过民权立法，但在1948年2月建立了“民权问题总统委员会”，得到了广大黑人的支持。

在国内问题上，总统与国会不和，塔夫脱与保守派支配着国会，反对杜鲁门的新政。他们重订了累进税法案，使之有利于富人。杜鲁门帮助农民以及改进公共住房、公共教育和社会福利等方案，都遭到国会抵制。1947年，国会通过了最重要的反动措施《塔夫脱-哈特利法案》，限制工会权力。杜鲁门否决了这一法案，但国会再次否决杜鲁门使法案获得通过。

虽然阻力重重，但是杜鲁门新政仍取得了成果，美国经济成功地从战时转到和平状态，美国人担心的战后萧条和危机并未发生，其主要原因是欧洲需要美国向其出口产品，这给了美国工业发展的机会。虽仍有失业，但大部分退伍军人找到了工作。1945年至1949年，美国经济走向繁荣。1946年，出口是进口的两倍，美国成了西方的依靠和世界银行。

二、战后加拿大的重建

与美国一样，战前加拿大的对外政策是孤立主义。但从1900年以来，加拿大就认为唯一的敌人是美国，因为美国的《门罗宣言》包括了加拿大的势力范围——拉丁美洲北部。加拿大是英国自治领，所以英国也十分担心美国对加拿大的野心，英国国防部甚至拟定了秘密作战计划，当美加发生战争时，英军将在纽约与波士顿登陆以保卫加拿大。

20世纪30年代的加拿大十分保守。第二次世界大战时加拿大虽随英国反对德国，并于1939年9月10日对德宣战，但由于国内矛盾，加拿大政府向国人宣布不征兵参加对德战争。征兵问题引发了英裔与法裔加拿大人的分歧，最后只得通过1942年公民投票来解决。投票结果显示，在魁北克省，有72%的法裔加拿大人反对征兵，而在其他地区，有80%的英裔加拿大人赞成征兵。因此，直到1944年，所征的加拿大军队才被送往海外。在此之前，加拿大还以志愿军形式参加了反对希特勒德国的战斗，也和英军一起参加了保卫香港的战斗，还参加了意大利战役和诺曼底登陆。

加拿大的经济长期依赖对英、美及其他国家的海外贸易。1929年至1933年的世界性经济危机沉重打击了加拿大经济，工人失业，农民无以为生，各省财政濒于崩溃。虽然执政的贝内特政府采取措施进行改革，力图重振经济，但实际要到1935年加拿大经济才开始缓慢恢复。第二次世界大战给加拿大经济的恢复提供了机会，因为战场不在北美，加拿大成为西方仅次于美国的第二大后方供应地。在威廉·莱昂·麦肯齐·金（1921—1926、1926—1930、1935—1948三度出任总理）的领导下，战时经济发展很快。在战争结束前，加拿大已经成为世界贸易大国。

从第二次世界大战结束至20世纪60年代初，加拿大经济经历了空前的繁荣，并在西欧经济的恢复中发挥了一定作用。例如，在战后英国的货币危机中，美国在1945年给予了37.5亿美元贷款；加拿大则给予了12.87亿美元贷款，占英国所得国外贷款的四分之一。欧洲移民在20世纪50年代和60年代大量进入加拿大，使加拿大人口迅速增加，促进了经济的繁荣。1931年加拿大人口只有1 040万，1951年有1 400万，1961年达1 820万，1979年增加到2 370万，1989年更上升到2 620万。

另外，美国资本流入及美加经济合作也是加拿大经济发展的重要原因。20世纪50年代和60年代对加拿大西部各省石油与天然气等矿产资源的开发和利用，使该地区的经济力量迅速增强，也使加拿大的经济和人口重心逐步西移，改变了人口地理分布。1957年，加拿大西部原油产量已高达1.81亿桶。加拿大的钢铁、电力、石化工业发展也十分迅速，各种制成品大量出口。同时，传统物资，如牛肉、奶制品、木材、水产品、土豆和威士忌等出口量也大幅度提高。到20世纪60年代末，加拿大已经是一个经济发达的现代化国家。1970年，在资本主义国家中，加拿大人均国民生产总值居第三位。1976年以来，加拿大参加了西方主要资本主义国家举行的经济首脑会议，成为西方七大国之一。

二战结束后直至20世纪60年代初，加拿大在经济迅速发展的同时，开始向福利国家的目标迈进。加拿大联邦政府首先从社会立法上保证福利国家的建立。1946年联邦政府与除安大略省和魁北克省外的各省签订了《税收租借协定》。该协定规定：个人所得税、公司所得税和遗产税由联邦政府征收，各省则获得相应的资助作为补偿。安大略省于1952年小范围地加入了这一协定。到1955年，联邦政府所征税额占75%，各省、市政府所征税额仅占25%。由于掌握了财源，联邦政府才得以建立福利国家。为此，联邦政府建立了“有条件资助”计划，资助的项目都属于各省权力范围，如健康、教育和福利领域，只要各省设立的项目符合联邦政府的要求和标准，都可得到部分或全部的资助。

1949年，联邦政府在医疗领域设立了九个有条件的资助项目。1951年通过了《老年保障法案》，由联邦和各省共同管理养老金项目。1952年，向除魁北克省外的各省大学提供资助。1957年，又设立全国医疗保险项目。从20世纪50年代到60年代初，联邦政府设立的“有条件资助”项目达数百项。到1967年，“有条件资助”款项占联邦对各省所有财政转让的83%，从1946年的5 800万加元上升到1968年的15亿加元。到70年代，加拿大社会福利制度进一步完善。1977年，议会通过了《财政安排法案》，规定联邦政府的资助要保证主要社会福利项目，资助金将与加拿大的经济增长挂钩，这就保证了福利费与经济发展同步增长。

1957 年前，在加拿大连续执政长达 22 年之久的自由党，一贯奉行凯恩斯主义经济政策，主张国家干预，增加就业机会，扩大社会福利，以达到刺激经济、保持繁荣的目的。自由党的政策在促进加拿大战后经济繁荣和福利国家创建的过程中，起了决定性作用，并对此后加拿大各届政府产生了巨大的影响。

第二节　战后联邦德国和法国的重建

一、战后联邦德国的重建

德国是战败国，需要在战争的废墟上重建国家。苏、美、英、法四国按波茨坦会议精神，分区占领了德国。1945 年 5 月，在德国历史上意味着一个旧时代的结束和一个新时代的开始。德国必须从零开始，抛弃过去，面向未来。美、英、法三国控制了德国西部，把它们的意识形态和价值观强加在德国人民身上。

虽然是战败国，但德国西部占领区经济恢复迅速。由于西方国家的反苏反共考虑，在第三帝国时期为纳粹政府效力的德国工厂主、工业家及各行各业的专业人士没有受到处分。在世界舆论的压力下，他们为了自己的生存，被迫服从占领区政府。因此，德国虽然战败，但并未丧失发展经济必备的人才，其中包括经济和管理人员、工程技术人员和熟练工人。若要重新培养上述人才，至少需要 10 年时间。这些人员的延续，使 20 世纪 50 年代联邦德国经济的起飞成为可能。

战后德国大城市虽然到处是死尸，但衰败只是一种假象。盟国在 1945 年惊异地发现德国工业能力极其强大：经过战争的打击，其钢铁工业产量只减少了 10%，其他主要工业受到的损失并未超过 20%，工业潜力巨大。不过，战后德国经济的恢复也需要克服巨大的困难，其中最严重的是难民问题和生活必需品的短缺问题。德国人在战争最后几周仍然顽强战斗，一方面相信军事当局即将投入一种新式武器来拯救他们，同时等待英美加入其抵抗苏联的战争；另一方面，在东线抵抗苏军的主要目的是让幸存的德国海军到东普鲁士撤退德国难民。于是，成千上万的东普鲁士难民涌入德国西部的汉堡等城市，无数流落在外的德国人也在努力重返家园。

战争中，数百万人从东部逃到西部。战争结束后，按《波茨坦公告》，波兰遣返了战时到波的德国人。为了扩大版图，波兰驱逐了数百万德国人，以使波兰占领区成为波兰的一部分。在捷克斯洛伐克也是这样，大量德国人被驱逐。据统计，共有 1 000 万德国人除身上的衣服外，身无分文地回到德国西部地区。大量的难民，给饱经战火、亟待重建的德国带来很大困难。德国城市居民粮食定量很低，仅够维持生命。工业和生活都缺煤，所有的街灯由于缺乏燃料而无法照明，美丽的柏林公园内的树木也被砍伐作为燃料。由于缺乏交通运输工具，给约 2 500 万无家可归的难民及各种其他人提供生活必需品也是非常困难的事。

在和平之初，由于缺乏电话和邮政设施，德国人彼此间没有通讯往来，居住在法兰克福的人不知道波恩发生了什么事情。只有生活在乡村里的德国人情况略好一些，他们有自己的房屋、土地、面粉、牛奶、蔬菜及肉类，用农产品向城里人交换波斯地毯以及珠宝。盟军士兵也用香烟和生活必需品向德国人交换昂贵的照相机和手表。在当时，香烟实际上成了一种货币。

从1945年到1949年，盟军占领德国早期，德国人主要努力抵制盟国对德国经济严苛的指令性管理，以及软化盟国削弱德国工业的决心。西方盟国毫不怀疑德国重建国家的能力，但却担心德国发达的工业和军事潜力。盟国认为德国人并未真心屈服、洗心革面、重新做人，只是由于战败而被迫服从。德国军国主义是对欧洲和平的威胁，历史证明德国的价值观是国家至上、不惜损害邻国利益。希特勒只是把普鲁士军国主义传统推向了顶点，野蛮地使用了武力。

1939年至1942年德国的胜利是以屠杀数百万人为代价的，所以在第二次世界大战结束时，盟军怀疑每一个德国人都曾与法西斯分子合作。当盟军和西方各国看见大量死亡的德国人及骨瘦如柴的幸存者，才逐渐缓和与德国人的关系。为了欧洲的安全，盟国认识到如果不对7 000万德国人加以改造，世界和平就得不到保障，为此必须采取必要的措施。

在这个问题上，虽然美、英、苏三国的认识不一样，但都认为对德国进行改造的前提是消灭纳粹的政治领导。三大国在1944年到1945年间达成的所有协议都规定，占领德国的目的是削弱德国，使之对邻国不再构成威胁。要减少德国军队，首先要消灭“德军总参谋部”这个充满普鲁士军国主义传统的机构。按1944年的摩根索计划，盟国将不允许德国发展重工业、生产汽车及工具机，只允许发展轻工业。德国将不再拥有鲁尔工业区，而成为一个农业国。对于战争期间制定的这一对德报复性惩罚计划，战后西方各国均认为太不现实，无法实现。如果德国没有工业品出口，怎能养活7 000万德国人呢？如果没有鲁尔的煤与钢铁，欧洲的工业发展将受到影响。如果对德国进行掠夺，盟国将为养活7 000万德国人付出沉重代价。所以，1945年至1949年，盟国占领德国的经济政策是矛盾的：一方面，拆走德国工厂的机器以摧毁德国工业，防止潜在的战争危险，并使德国不再成为世界市场上的竞争对手；另一方面，英国和美国认识到冷战已经开始，德国西部的繁荣和欧洲的强大在冷战中极其重要，因此必须重建德国。这样，到1952年前，所有限制德国重工业发展的计划都被抛弃了，德国也接受了一些限制条件，例如不能生产核武器与毒气。最后西方努力重建德国工业，彻底抛弃了摧毁德国强大的卡特尔和银行家控制经济制度的政策。

在复活德国工业的同时，美国和英国按它们的模式来改造德国。首先，逮捕、拘留战犯和大批重要纳粹党徒。大批德国战俘被送到国外充当劳动力。但德国自己缺乏劳动力，在战争中有350万人死亡和失踪、几百万人伤残、几百万战俘仍被关押。因此战后初期，德国妇女承担着繁重的体力劳动，如清理废墟上的砖瓦等。1948年，西方各国的德国战俘被遣送回国。西方在采取惩罚性措施的同时，强迫德国人接受再教育，实行“非纳粹化”，通过新闻媒介和学校向德国人民灌输英美的“民主”价值观，同时用各种手段逐步鼓励德国人脱离政治。在英、美、法占领德国期间，尽管有许多荒谬、矛盾甚至反动的做法，非纳粹化及重新教育还是取得了积极成果。

战后德国的“瓦砾妇女”

首先，1945 年 11 月在纽伦堡审判战犯，揭发罪行，共有 12 人被判死刑，戈林在狱中自杀。其次，所有的德国人都必须填写调查表，接受审查。在实际填表的 4 450 万德国人中，几百万由于想升官发财或被迫加入民族社会主义工人党的人，都被宣告无罪。在英、美、法占领区，有 20.9 万人受审。在苏占区有 1 700 万人填表，但只有 1.7 万人受审，此外还有数百万人不经审判被关进集中营。后来苏方宣布，其中 1 667 人是纳粹罪犯，23 060 人有罪，150 425 人涉罪，另有 100 多万人是共犯，总计有 500 万人没有经过审判而被关押。

尽管采取了上述非纳粹化措施，还是有罪犯逃脱了惩罚，有的纳粹分子并未完全受到正义的审判。特别是第三帝国时代的法官，除少数人外，仍然坐在战后德国西部地区法庭的审判席上，而纳粹政权的绝大部分官员、职员仍然在政府机构为新主工作。造成这种状况的原因之一是英、美、法三国认为民族社会主义工人党的成员太多，不能一一处理。除了犯有最严重罪行的人，其余一概不追究。

其实，战后大多数德国人的思想的确发生了巨大变化。盟国的“再教育”起了一定作用，但这不是主要原因。一些德国人对过去并没有羞愧感或感到有罪，他们首先想的是如何生存和重建家园。他们并不想与过去决裂，不过希特勒已死，德国必须面对现实、面对未来。西方也曾担心德国军国主义的复活，亨利·摩根索在 1945 年写了一部小说，在书中，他十分担忧，认为一些未知的德国人正在秘密计划一场复仇战争。然而七十多年过去了，摩根索的猜测并没有成为现实。战后德国人彻底放弃了复仇的想法。除极端分子外，大多数人接受了深刻的教训。

英美对德国西部进行的非纳粹化运动使德国人对英美生活方式，特别是美国生活方式十分感兴趣。他们看到好莱坞电影的精彩，看见占领军士兵物质生活条件的相对富裕，所想的就是如何赶上去。因此 1945 年完全不同于 1918 年，1918 年德国沉浸在羞辱与复仇气氛中，而1945年德国关心的是如何生存下去。于是1945年成为德国与历史决裂的转折点，普鲁士精神、征服与扩张在失败的废墟上被抛弃了。当然，这种转变的实现并不是一个简单的过程，需要若干年才能完成，1945年只是开端。当时对德国历史感到羞愧和有罪的德国人只是少数。许多德国人仍然崇拜希特勒，并相信德国最后一定会复兴，只是没有采取行动，盟国担心的地下纳粹运动和"狼人"运动并未发生。

英、美、法、苏占领德国，使德国人感到了完全的失败，感到自身不应徒劳地准备复仇，而应开始建设。基于此，西方各国并未觉得需要一个世纪才能改变德国人的思想。德意志联邦共和国建立两年后，由于冷战的开始，西方需要一个强大的联邦德国作为盟国反苏，因此经济上全力支持联邦德国，为其复兴奠定了基础。在苏联占领区，斯大林也用他的办法教育普通德国人，并培养一代在苏联成长的德国领导人。

经过西方和苏联对德国的"再教育"，德国的政治生活开始恢复。1945年重建了共产党、社会民主党，成立了资产阶级性质的反法西斯政党——基督教民主联盟和自由民主党，这些政党的出现标志着德国人民经过反思，开始了民主化进程。国家政治生活的正常化，为经济的发展提供了良好的国内条件。

二、战后法国的重建

法国在战时投降德国，组织了维希傀儡政权。战后，法国面临国家重建的任务。当时的法国非常混乱。在第二次世界大战中，为了反抗德国的占领，法国人民团结起来组成了全国抵抗委员会，在戴高乐领导下反抗德国法西斯。在全国抵抗委员会中，力量最强大的是共产党，最弱小的是人民共和党。1944年法国解放后，抗德基础上的联合立即结束，法国向何处去？是共产党掌权，还是戴高乐掌权？是内战，还是英美联合占领法国？这些问题成为世界关注的焦点。法国共产党领导的游击队组织严密、装备精良，但当其领导人莫里斯·多列士1944年11月从莫斯科回国，要求与其他各党合作，参加戴高乐领导的临时政府时，共产党在政府中却只得到一些不重要的职位。

戴高乐任总统后的第一年行事很谨慎，对维希政府官员进行了审判。总理赖伐尔被判死刑，元首贝当虽被判死刑，但很快改为终身监禁。虽然有7 037人被宣布判处死刑，但实际只有767人被处死。总共有16.7万人被审判，但其中大半被宣判无罪，仅2.7万人被判监禁。到1950年，只剩5 000人还关在狱中。戴高乐迫于国内压力，没有对维希政权下结论，而是留待后人评论。直到今天，对德国维希傀儡政权的评价在法国历史学界仍是禁区。

法国临时政府面临的最大问题是如何恢复经济。人民缺乏粮食和燃料；交通被战争破坏，必须重建桥梁与铁路。因此临时政府从国家实际情况出发，开始干预经济，由国家接管工业。1945年，临时政府实行大银行、保险、煤气、电气、煤及其他大公司国有化政策，此外实行"工业民主"，即在所有的大公司成立"联合委员会"，规定凡雇用55个工人以上的公司，在联合委员会中都要有雇员代表任职。然而这种工业民主只是表面形式而已。虽然工人争得了日益增加的福利和保险费，但各公司老板仍然控制着财权，加之通货膨胀，工人的生活水平未能提高。制止法国的通货膨胀需要实行货币紧缩政策，但戴高乐对此持反对态度。他为了保持个人的威望，下令提高工资，致使通货膨胀无法扼制。戴高乐希望建立一个高度集权的总统制国家，这遭到了共产党与社会党的反对。其所有对外政策，包括对德政策及对印度支那和中东的政策，都遭到了失败。

在这种情况下，戴高乐仍然错误地认为法国离不开他。他在 1946 年 1 月 20 日辞职以示威胁，认为法国人民将会要求他继续担任总统，但法国人民并没有这样做。后来戴高乐承认对形势认识不够是他一生中所犯的一个重大政治错误。1946 年 10 月，法国以微弱多数通过了由社会党和共产党居多的议会制定的宪法，建立了法兰西第四共和国。这部宪法遭到戴高乐派的强烈反对，法国有三分之一的人未参加投票，有 800 万人反对，但有 900 万人支持。这部宪法具有一定的进步意义，它给予妇女选举权，并规定议会权力在下议院，从而巩固了现代法国资产阶级民主制。

1947 年，法国经济更趋恶化，食物短缺严重，煤产量降低，工人实际工资下降，全国工人开始罢工。人民共和党及社会党反对罢工，而共产党支持罢工，于是三党的合作出现裂隙。同时，法国当局重建殖民地的政策及东西方冷战局势的发展，使共产党与人民共和党及社会党的合作日益困难。在这种情况下，担任总理的社会党人拉马迪埃罢免了内阁中所有共产党部长的职务。此后 30 年中，共产党人再也未能在法国政府中任职。法国右翼则试图推翻第四共和国，忠于戴高乐的将军们秘密谋划政变，企图使戴高乐重新上台。

戴高乐本人更是想找一个政党为工具上台执政。1946 年秋，他开始搜罗支持者，在全国领导开展了“拯救法兰西”运动，到处演讲，反对第四共和国。在对外政策上，法国企图把莱茵地区和鲁尔地区从德国分裂出去的计划未能实现，英美合作支持联邦德国的做法也使法国在其德占区处境孤立。戴高乐在第一任总统任职期间就萌生了把法国建设成为独立于英美和苏联之外的第三种力量的想法，因此 1944 年赴莫斯科与苏联签订了一个友好条约。但这仅是一种梦想，因为冷战很快就把世界分为了东、西方。

在殖民地问题上，法国企图恢复殖民统治，在马达加斯加、中东、阿尔及利亚和印度支那都使用了武力，这使法国陷入第三世界人民争取独立的斗争中长达二十多年，耗尽了资源，削弱了力量，最后以失败告终。

在战后政治、经济、外交困境中，法国开始走向新的起点。法国人清楚地认识到，如果没有德国经济的恢复与法德合作，法国经济的恢复是不可能的，问题是如何合作。戴高乐认为，法德合作的条件应是先把德国变成一个弱小的次等伙伴，因此他要剥夺德国的萨尔、莱茵兰和鲁尔，使之国际化，并组成一个独立的欧洲国家。然而，这一计划不仅遭到德国反对，也遭到英美反对。由于冷战，法国担心苏联的威胁；同时国内经济的恢复也依赖美国援助。这一切都不允许法国孤立于英美苏之外。国内外的压力迫使法国政府重新制定政策。对内，1947 年 1 月国民议会采纳了“莫内计划”。这个计划以戴高乐任命的法国国家计划委员会高级专员让·莫内的名字命名。莫内生于 1888 年，其主要经济思想是国内和国际合作，合作是解决法国和欧洲问题的必要手段。这一思想，不仅对法国经济的发展有重大影响，而且对西欧经济合作和建立共同市场有巨大影响。莫内计划并不是由国家去控制工业生产，而是由国家就如何解决燃料、能源的供应，如何促进交通、钢铁、水泥等工业的发展，以及如何提高农业生产等问题，拟订具体办法。其目的是在三年内把法国工农业产量提高到1939年的25%。

知识链接

计划委员会高级专员让·莫内向戴高乐将军提出的关于现代化和重新装备计划的建议（节录）

（1945年12月4日）

为了生存，法国必须把战争期间遭受破坏的东西重建起来。但是，为了恢复法国在技术飞速发展的这个世界的地位，应当改变法国的生产条件。没有这方面的现代化，就不可能提高法国人的生活水平，因为在当今的世界里，生活水平主要取决于个人的劳动生产率，而生产率本身则取决于劳动者所掌握的机器工具和生产组织。

——黄安年. 当代世界史资料选辑：第二分册. 北京：首都师范大学出版社，1996：253.

莫内计划只是为恢复法国经济制定的一个紧急行动计划，而莫内领导的法国国家计划委员会则成了一个长远机构。该机构的职责是拟订法国的经济建设计划，如五年计划等。莫内计划的实施使法国经济明显好转。对外政策上，1947年3月签署了《英法同盟互助条约》（即《敦刻尔克条约》），作为密切西欧政治经济合作的第一步。

1947年6月，马歇尔计划颁布，美国国务卿马歇尔在哈佛大学宣布援助欧洲的条件是欧洲要进行合作。这一计划得到法国欢迎，为迅速实施，欧洲各国在英法两国的倡导下，于巴黎召开了欧洲国家外长会议。马歇尔计划的目的之一是控制欧洲，但也提出欧洲最终将独立于美国，这是法国十分欢迎的。戴高乐派立即抓住这一点，要求成立一个建立在国家基础上的、统一的欧洲联邦。英国虽仍认为自己独立于欧洲大陆之外，但也赞成通过合作来促进西欧各国的经济发展，从而防止革命的爆发和苏联影响的扩大。于是，尽管战后早期各国的政策不一，却也出现了在美国支持下英法合作领导欧洲的格局。

战后法国充满了矛盾，使法兰西第四共和国从成立开始就政局不稳。1946年至1958年，整个第四共和国时期共有22届政府，寿命最短的只有四天，最长的也仅一年多。法国个人主义传统严重，政党和派别太多，影响了议会制政府的发展。

引起法兰西第四共和国政治混乱的原因是多方面的。

首先，战后法国经济恶化，主要原因是工业结构不合理。在法国工业中占主导地位的是小业主。直到1956年，法国仍有49.9万个小工厂，平均每个工厂只雇用11个工人。

其次，法国的农业也很落后，小农经济占主导地位，农产品价格的涨幅甚至比工业品还要大。因此，1945年至1948年通货膨胀严重、工资增长滞后、食物短缺，引起了人民不满，工人罢工不断。在法兰西第四共和国成立后12年，工人的生活完全没有改善，财富分配不均。1947年5月之后，法国共产党虽被排斥在政权之外，但他们对历届政府的批评得到了人民的支持，即使在冷战中，法国共产党也一直得到人民拥护。只是1956年后遭到社会党人的攻击，法国共产党占有的选票才从战后的23%下降至15%。

再次，法兰西第四共和国遭到右翼势力及1947年后重新投入政治活动的戴高乐的破坏。在1951年，右翼的选票只有26%，但到1956年已上升至32%。而执政的联合党派仍在争吵不休，听凭右派势力的发展。

最后，对外殖民侵略和军备开支大大加重了法国战后第一个十年的经济负担，其支出超过了法国从马歇尔计划中得到的援助总数，消耗了10%的国家预算。在对外殖民侵略中，法军共死亡7.5万人。这加重了法国人民的痛苦，也加深了国内政治危机。1954年越南人民在奠边府的胜利，导致当时的法国政府下台。

法兰西第四共和国实行莫内计划后，经济有了增长，但却不稳定。按莫内计划，在每一个经济部门都成立了现代化委员会。该委员会在莫内秘书处的领导下，由工业家、国家官员和工会共同努力完成五年计划。1947年1月法国开始第一个五年计划，目标是实现煤、电力、钢铁、水泥、农业机械和运输的现代化。在第一个五年计划期间，虽然法国在现代化、效率和技术上取得了一些成效，但19世纪的企业和农业还大量存在，所以经济状况很糟，财政状况恶化，直接影响人民生活的住房和消费问题。

第二个五年计划（1953—1957）期间的情况也与第一个五年计划时期一样，未能根本改变法国落后的经济。虽然工农业有所发展，但大部分人的生活水平并没有提高，到戴高乐重返政坛后，法国的繁荣与现代化才得以实现。1958年5月戴高乐上台，结束了第四共和国的短暂统治。

第三节　战后英国和意大利经济的恢复与发展

一、战后英国福利国家的建设

从1945年年中至战争结束，如果没有美国帮助，英国政府已无力维持战时英国人民的基本生活。战后英国财政枯竭，要维持占领区人民的最低生活，运往德国英占区的食品都要从本就很少的美元储备中支付。战时根据租借法案由美国提供的食物、原料和武器都不是无偿的，而是需要偿还。

但战后英国最重大的问题，并不是经济，而是政治，是由谁来统治英国的问题。在1945年7月的选举中，工党以393票对213票获胜。丘吉尔是战争英雄，为什么选举会落败？而工党领袖艾德礼又为何突然崛起？这主要由于人们已不再信任保守党的社会经济政策。英国人民对20世纪30年代经济萧条带来的苦难记忆犹新。战后几百万部队面临遣散，人民需要工作解决贫困，而保守党代表富人，因此大批过去从不关心政治的工人和士兵加上工党传统的支持者，选择了号称实行“社会主义”政策的工党。

工党执政后，主要落实1942年的《贝弗里奇报告》，其内容有两点：一是保证充分就业，二是给人民提供基本生活需要。一个家庭，无论其成员是否有工作，都应享有医疗保健服务，死亡时国家给予安葬，这就是著名的“从摇篮到坟墓”政策。上述内容是战后英国成为福利国家的基础。保守党实际上也同意上述计划，例如战时内阁在1944年就通过了《教育法》，要改革教育制度，使人人有机会上学，但其一开始就怀疑政府能否为福利国家支付如此巨大的开支，因此人民不再相信保守党。

工党上台后，立即把福利主义变成行动，通过了《1946年国民保险法》和《1946年国民健康服务法》。前一项法令规定参保职工在失业、退休、怀孕、工伤、疾病和死亡的情况下，可以向政府申请补助；后一项法令决定改善和增加医疗保险设施，使居民享受免费治疗。而其他承诺都只停留在理论上。在实践中，艾德礼政府以实用主义态度逐步振兴英国经济。

工党政府首先考虑人民生活，在物资供应短缺时执行定量供给，但基本食品由政府给予津贴。其次，英国虽然实行国有化，但只在一些明显而必需的部门实行这一政策，例如英格兰银行。煤矿、民航、铁路、煤气、电力等在1947年底也由国家控制，给予其雇员及股东赔偿金。但其他商业银行和保险公司并未国有化。英国的工业化是为资产阶级服务的，虽然已经国有化的企业名义上由“人民所有”，但工人并没有参加管理，而是由政府指定从前的经理进行管理。这种“国有化”实际上换汤不换药，对英国工业影响不大。反过来，工党政府极力限制工人罢工，限制工会权力，在1946年通过了《工会争执与工会法》，基本体现了英国人的诉求。因为当时大多数英国人并非“社会主义者”，他们要求更合理地分配国家财富，只是为了提高生活水平。工党的国内政策，对英国经济恢复起了一定作用。

工党政府对外的经济政策，主要是寻求美国的帮助。战后英国生产不出足够的产品出口，贸易减少到战前的三分之一，赚不到足够的美元购买美国产品，出现了“货币缺口”。加之战时开支欠下大量债务，影响了英国工业的发展，军事工业也需要转产，以适应国内外市场的需要。

为了弥补“货币缺口”，1945年8月，英国派出著名的经济学家凯恩斯到华盛顿就一笔贷款谈判，用于偿还战时据租借法案所欠债务。美国给了英国37.5亿美元的贷款，利率为2%，以解决英国的货币短缺问题，从1951年开始分50次偿还。这笔贷款并不能满足英国的需要，于是加拿大借了英国另外12.87亿美元贷款。两笔贷款基本满足了英国的紧急需要，以及在德占领区的需要。但是美国规定上述贷款不能用于整个英镑区，这一条件给英国带来了问题，双方产生了矛盾。

首先产生了“英镑结余”问题，即如果所有英镑区国家要求兑换其手中的英镑股票、债券，英国将无钱可兑。这笔钱的数目达33.55亿美元。美国的贷款条件使英国怀疑其在“反对英国殖民主义”，不愿插手英联邦及殖民地事务。这笔33.55亿美元的债务就像一把利剑插在英国经济的心脏上。1945年12月，美国在和凯恩斯签订的贷款条约中规定，在英国收到美国贷款后的一年内，所有英镑区国家的现金交易都应该自由兑换。至于巨大债务，有关各方可达成协议，支付小部分，大部分在1951年时可自由兑换。英国别无选择，只好接受这一条件。

1947年2月，英国承兑了这笔贷款，同时允许英镑区国家现金交易自由兑换。其结果是灾难性的，英国财政部无法控制所有要求兑换美元的国家的需求，出现了不仅现金交易要兑换，而且其他国家结余也要兑换的局面。英国经济还不足以承受这种负担，于是外汇再次被控制。按照1944年布雷顿森林会议的精神，不能限制各国货币的交换，英镑可自由兑换美元，汇率应由国际货币基金组织来固定。由于各国缺少美元，不能与美国进行贸易，就要成立世界银行提供贷款。布雷顿森林体系的自由汇率这一支柱不合乎战后西欧实际，所以暂时被抛弃。英国规定1950年至1958年，英镑只可以部分兑换，到1958年12月才可以完全自由兑换美元。

工党政府上述国内外经济政策对英国经济的恢复起了重大作用。到1948年，英国工业产量比战时提高了36%。然而由于财政状况恶化，又由于1947年冬天气特别寒冷，雪下得太大，全国又缺煤，于是出现了人为的金融危机，失业人数上升，食品定量少，工人工资低，影响了普通人的生活。在此情况下政府却要求工人多生产，人民要求结束这种状态，工党政府面临危机。

英国的财政困难使其不能支持外交，因此不得不减少在海外的殖民侵略活动，实行非殖民化。

这一时期英国的外交政策围绕如何更好地捍卫英帝国利益而进行。外相贝文支持丘吉尔镇压希腊共产党的政策，他认为英国不能丢掉地中海，德国的复兴将比苏联的存在更危险。他不赞成与苏联直接对抗，相反同意罗斯福的看法，即美、英、苏三国应结成一个强大的世界同盟以避免战争，也可以在各自的地区捍卫和平。因此，他比美国还要更先接受苏联在东欧和中欧的特殊利益与安全考虑。他认为可以与斯大林商讨有关问题，不希望战后盟国分裂为东、西两大集团，而且他在任何情况下都十分怀疑美国的政策，在1945年12月与斯大林谈话时十分清楚地表明，英国不希望与苏联发生对立，但条件是苏联不要渗入英国势力范围和削弱英国世界地位。然而后来在土耳其和伊朗问题，以及对德政策上，英苏由于利害关系发生冲突，双方关系恶化。

不过贝文从未放弃与苏联合作的想法，丘吉尔于1946年3月在美国密苏里的富尔顿发表了关于“铁幕”的讲话，贝文认为不妥。他认为公开谴责苏联只会起反作用，所以直到1948年，在对苏问题上，贝文都比较克制和耐心，他担心的主要是德国是否仍将在欧洲发挥作用。由于担心美国完全撤离欧洲，他鼓励法国在欧洲发挥作用，然而又反对过分削弱德国，反对法国把鲁尔从德国分裂出去的想法。为此，贝文努力促成了1947年3月4日签订的《敦刻尔克条约》，其主要内容是防止德国侵略，使英法成为西欧国家的核心，并且不毁坏与苏联合作的机会。1947年，英国面临巴勒斯坦与希腊两个难题，既不想退出地中海地区，又因为财力不继，只得依靠美国帮助，所以在1947年将巴勒斯坦问题提交联合国解决。

贝文出于反共考虑，支持腐败的希腊皇家政府。但由于财力有限，于1947年2月21日通知美国，英国对希腊的援助将在3月结束。不过在军事上，英国一直支持希腊，直到1949年政府军击败希腊共产党游击队为止。

1947年6月，美国通过了马歇尔计划，贝文立即响应，东西方分界变得十分清楚。美国开始从经济上支持西欧，但当时还没有给予其强有力的军事支持。贝文不愿法国过分强大，因此反对法国起主导作用的西欧经济与军事联盟。1947年12月伦敦外长会议讨论德国未来命运时，贝文没有就是否应加强西欧的经济与军事联系表态。但1948年2月捷克斯洛伐克共产党接管国家政权，这一变化被西方视为苏联的扩张，改变了贝文的想法。英国和西欧开始寻求美国的核保护。然而当时美国原子弹很少，1948年柏林危机之后，原子弹才部署到英国，作为对苏联的威慑。于是贝文和欧洲其他领导人不得不考虑建立欧洲人自己的防卫体系。在贝文的努力下，1948年3月，英、比、荷、卢、法签订了《布鲁塞尔条约》，其目标虽然是促进西欧的经济合作，但第四条规定缔约国之间应提供军事援助。尽管此条约在前言中把德国当成潜在的敌人，但是这一条约适用于反对欧洲的任何“侵略者”，即暗指苏联。贝文是《布鲁塞尔条约》的缔造者之一，英国参加该条约意味着艾德礼与贝文完全丢掉了英国长期不结盟的传统外交政策。但应注意，事实上英国只是部分地抛弃其传统，无论工党还是保守党政府，都不想加入一个统一的西欧，不愿加入一个超级欧洲国家。因为英国相信与西欧大陆国家结盟并不是唯一有利于英国的方式，世界范围的英联邦价值才更高。同时贝文相信，尽管与西欧联盟，也不能强大到保卫自己，必须有美国加入才行。他希望《布鲁塞尔条约》是一个更大的大西洋同盟的前奏，1949年成立的北大西洋公约组织正是他所希望的。从这个意义上说，贝文也是北大西洋公约组织的创始人之一。

战后至1950年，工党政府的政策促进了英国的社会进步和经济发展。第二次世界大战的胜利改变了英国社会传统的阶级界限，这是因为战时所有阶级面临共同的危险，矛盾有所调和，但阶级结构仍保留了下来，阻碍着战后的发展。其主要表现是英国的教育制度不允许下层阶级中有才能、但没有钱的儿童有读书的机会。战后首任工党政府虽然不是社会主义政府，但却引导英国向新方向发展，逐步采取措施，通过社会立法来满足各阶层人民的需要。英国战后社会财富分配比较平均，工党政府奠定了福利国家的基础。与欧洲各国相比，英国在1945年至1950年更加富足，销售市场也更广阔。

战后最初几年对几百万战前有钱人来说是“艰苦”的年代，但穷人的处境有所改善，他们首次不必担心失业、生病、饥饿或死后无人埋葬，这是英国未曾有过的奇迹。经济恢复的主要原因是政策得当。工党财政大臣克里普斯在1947年经济危机中实行严厉的经济政策，其内容是限制工资增长，缩小支出。1946年至1948年，英国还实行面包定量供应以渡过危机。1951年艾德礼政府下台，工党只以3%的微弱选票败北。人们并不是不满意工党政府的政策，而是工党内部出现了问题：主要领导人年纪过大，克里普斯1950年10月死于癌症，贝文1951年4月逝世，而艾德礼病倒在床；同时，工党内部发生分裂，威尔逊等人因不同意在英国实行完全的医疗免费制度而辞职，大多数工党支持者也不愿再继续社会主义性质的改革；再加上经济恢复缓慢，工党领导的改革热情下降。上述情况导致保守党上台，继续执行福利国家的政策、保证充分就业。这些承诺，也是保守党一直执政到1964年的基础。

丘吉尔77岁重新回到唐宁街十号，然而保守党的政策已经改变。丘吉尔政府的财政大臣巴特勒宣布，保守党不再执行战前政策，而要更多地解决穷人问题。保守党希望奉行人民一致同意的政策，用凯恩斯主义来治愈周期性经济萧条。巴特勒的发言人麦克米伦则保证保守党政府每年将修建30万套住房。这一保证，保守党政府在其任期内做到了。但是由于英国经济恢复仍然十分缓慢，保守党在1964年被迫下台。

在海外事务和对外关系上，英国订立了五个目标：第一，尽可能加强英美联盟；第二，发展核武器，通过参加核大国俱乐部发挥世界大国的作用，并保持军事独立；

第三，保卫英国在亚洲和中东的战略利益和世界经济利益；第四，促进英联邦团结，使之调整为一种新型关系；第五，在不赞成欧洲紧密联系的情况下，帮助西欧建设防务联盟。上述政策使英国在世界事务中能继续保持发言权，并且继续获得国内急需的海外工业原料。

为了促进英美联盟，英国强调两国的历史联系，强调英国处理国际事务的悠久历史与经验可以为美国提供借鉴。但英美联盟的道路并不平坦，虽在战后有许多共同利益，例如在欧洲防务和反苏问题上立场一致，但双方也有分歧，特别是中东问题分歧很大，集中反映在 1956 年苏伊士运河事件上。1945 年至 1946 年，英美对外政策还比较一致，而 1946 年以后，英美合作就开始出现问题。

由于 1946 年美国不同意与英国共享原子弹机密，英国决定独立发展核武器，并于 1952 年首次试验成功第一颗原子弹，1957 年成功进行了氢弹试验。但是在核武器问题上，英国仍然要和美国合作。这是因为英国未能发展自己的导弹，只得向美国购买，以装载核弹头。1962 年 12 月，英国首相麦克米伦与美国总统肯尼迪在巴哈马达成协议，由美国供给适合英国核潜艇使用的北极星式导弹。

英美之间的合作对英法关系产生了深远影响，戴高乐认为英国选择与美国合作，是想把法国降为二等国家。因此，戴高乐在 1963 年否决了英国加入共同市场的申请。法国发展了自己的核导弹，并拒绝参加北约的核防卫委员会。英国发展核武器的政策遭到国内人民的反对，1958 年就开始爆发大规模群众反对核试验的示威游行。对外政策的五个目标在实际贯彻中也出现了很多困难。对欧洲，英国执行传统的均衡政策，和美国一样，希望加强与欧洲的关系，但只鼓励欧洲合作，而置身于欧洲之外。这种政策遭到了法国的反对。

二、战后意大利政治经济的发展

战后前两年，意大利迅速恢复到正常状况，政治稳定，经济发展。1945 年意大利的国民生产总值只有 1938 年的一半，经过三年努力，已达到战前水平。战争结束时，意大利没有被分占，而是由英美军队占领。为了防止意大利发生革命，英美支持 1943 年成立的巴多里奥政府。意大利人民在第二次世界大战中进行了解放战争，推翻了墨索里尼统治，提高了国际地位，所以英美没有像对待德国一样严厉惩罚意大利。苏联按照《雅尔塔协定》不干预属于西方势力范围的事务，以确保西方不干预苏联在东欧的势力范围，所以也在 1944 年 3 月承认了巴多里奥政府。

意大利有 25 万游击队员，在共产党领导下，于英美军队到达前解放了北部许多城市。但是战后共产党并未利用他们的军事力量夺取政权，1944 年 3 月，意大利共产党总书记陶里亚蒂从莫斯科回国后，立即下令与意大利国王政府及一切反法西斯政党合作。战后，他命令游击队放下武器，走合法斗争道路以建立“民主进步”政府。1946 年，意大利进行了全民投票，决定成立共和国，废除君主制。在投票选举中，最大的三个党赢得了较多选票：在意大利政治中占支配地位的天主教民主党得票占 35%，社会党占 21%，共产党约占 19%。天主教民主党获胜，由加斯贝利担任总理。

这次选举奠定了战后意大利的政治格局，形成了由天主教民主党一党执政，共产党及社会党一直只处于反对党地位的政治特点。此后历届选举中，天主教民主党的选票不低于38%，而共产党选票上升到30%左右，其余政党没有一个拥有超过10%的选票。战后意大利经济恢复较快，原因之一是绝大多数城市没有成为废墟。北部工业城市基本完好无损，易于恢复生产，而南部农业区只要经过一两年就可恢复生产。另一原因是1944年9月北部成立了反法西斯统一战线民族解放委员会，1945年6月南北双方成立联合政府，由加斯贝利组阁，政局相对稳定。同时，美国通过联合国救济和恢复署向意大利提供了资金，后来又通过马歇尔计划给予意大利经济援助。

在对外政策上，1947年2月10日意大利签订了和平条约，失掉了殖民地，放弃了在阿尔巴尼亚及巴尔干侵占的土地，但是西方各国因此不要求意大利赔款，巴尔干诸国和苏联所要求的赔款也被英美压低到最小数目，而且由美国资助或贷款赔偿。美国希望意大利强大以对抗国内革命和苏联可能的威胁。在签订和平条约后，意大利得到马歇尔计划援助，并加入联合国，在美国的支持下，以令人吃惊的速度成为西欧四大强国之一，排名英、法、联邦德国之后。

战后意大利政治由天主教民主党支配。美国从反苏反共立场出发，支持天主教民主党，反对意大利共产党，认为意大利在地中海与亚得里亚海有极重要的战略地位，是防止共产主义扩大到东南欧的堡垒。为了防止意大利共产党掌权，美国还支持了一个非常秘密的反共组织，称为“双刃剑”。这个组织的反共活动到1990年经法庭公开审判，才被揭露出来。从冷战需要出发，美国支持所有国家的一切反共分子。

1947年，是意大利政局发展极其关键的一年。这年5月，天主教民主党领袖、联合政府总理加斯贝利在访美回国后，迫使共产党人和社会党人退出联合政府。从此，意大利政府为右翼控制。美国给了意大利大量经济支持，仅1948年至1952年，就得到了14亿美元的援助与贷款。马歇尔计划的重要目的之一是使欧洲反共国家密切合作，其手段是联合欧洲各国共同制定欧洲复兴计划。1948年4月西欧16个国家成立了欧洲经济合作组织，总部设在巴黎，意大利是欧洲经合组织成员之一。美国一直怀疑意大利是否会坚决反共，这是因为在1948年的选举中，虽然天主教民主党获胜，但共产党仍受到人民普遍欢迎。美国利用马歇尔计划削弱和消灭欧洲各国共产党的目的，在意大利并未实现。

意大利共产党奉行议会道路，宣称通过议会实现社会主义。在国际事务中，意大利共产党20世纪40年代和50年代支持苏联，例如，支持1948年2月苏联对捷克斯洛伐克问题的处理，反对意大利加入北约、欧共体，不反对1956年苏联入侵匈牙利。但很快意大利共产党就不再听从苏联指挥，而以“欧洲共产党”之名独立。

由于战时的痛苦体验，意大利战后的外交政策趋向和平，努力避免一切对外冲突，睦邻友好是外交政策的核心，地区外交立场带有非常强烈的中立倾向，但在全球战略上，执政的天主教民主党完全追随美国，忠于北约和欧共体。

战后意大利政局也有不稳因素，其主要原因是执政的天主教民主党为巩固自身地位，与各个党派结盟，以应对共产党的威胁。在天主教民主党与其他政党的联合政府中，就存在分配政府各部职位的问题，个人野心使政局不稳。从1944年至1988年，意大利有

47 届政府，平均不到一年发生一次更迭。天主教民主党并不是一个天主教性质的党，而是一个反共的党，它得到南方保守农业地区的支持，却无力消除共产党，因为共产党由北部工业区工人支持。

天主教民主党自 20 世纪 50 年代以来，一直执行反对意大利共产党、亲美亲西欧的政策。意大利经济发展的最大问题是南北差距较大，南部是农业区，十分落后。从加斯贝利开始，意大利政府实行改革，力图缩小南北差距。50 年代在南部进行土地改革，缩小大地产规模，把国有土地分给农民，还建立了“意大利南方基金”，资助包括道路、沟渠和灌溉系统在内的基础设施建设。政府还在南部建立了一些工厂，但收效不大，在南部进行的改革并未达到预期效果。

1945 年至 1963 年，意大利经济飞速增长，尤其是 1958 年至 1963 年，增长速度相当快，被称为“经济奇迹”。除了美国的援助外，意大利经济政策颇有特色。天主教民主党政府的一贯特点是国家干预工业，实行混合经济制度，即国有化经济与私有经济并存。从 1950 年开始，国家对住房、运输、铁路、公路、电视、电话和农业的投资不断增加，并发展石化工业，刺激生产。1957 年，意大利加入欧共体，取消关税，有利于进出口的发展和私人企业的发展。意大利汽车、办公用品、橡胶、纺织品、化工品及家用电器得到迅速发展，并在世界市场上具有很强的竞争力。

但是，意大利工业化奇迹是以廉价劳动力为基础的。意大利南部有大量廉价劳动力，工人工资很低，经济增长带来的财富又被用于再投资。1963 年之后，经济发展的高效率、高投资、低工资情况结束了，人民要求增加工资。产量的增加，也使工资有可能产生有规律的增长，于是意大利又出现通货膨胀，经济增长变得不稳定。更重要的是 20 世纪 60 年代第三次科技革命蓬勃发展，高技术的应用使工业不再需要大量廉价劳动力，于是意大利又落到世界工业强国之后，即使在经济增长最快的 1963 年，也呈现北部富裕、南部贫困，地区之间贫富差距扩大的情况，这给意大利经济的进一步发展带来隐患。1968 年至 1969 年，意大利经济稳步增长的情况结束，出现了危机，社会矛盾尖锐，革命思潮复兴。

推荐阅读书目

黄安年. 二十世纪美国史. 石家庄：河北人民出版社，1989.

黄安年. 当代世界史资料选辑：第二分册. 北京：首都师范大学出版社，1996.

沈炼之. 法国通史简编. 北京：人民出版社，1990.

张友伦. 加拿大通史简编. 天津：南开大学出版社，1994.

温斯顿·丘吉尔. 英语国家史略. 北京：新华出版社，1985.

乔治·博卡. 意大利共和国史话. 北京：东方出版社，1987.

Morgan K O. The People’s Peace：British History，1945－1989. Oxford：Oxford University Press，1990.

Hogan M J. The Marshall Plan：America，Britain and the Reconstruction of Western Europe，1947－1952. Cambridge：Cambridge University Press，1989.

Donovan R J. Conflict and Crisis：The Presidency of Harry S. Truman，1945－1948. New York：Norton，1977.

Richard Goff，Walter Moss，Janice Terry，et al. The Twentieth Century and Beyond：A Global History. New York：McGraw-Hill，2007.

第三章

冷战的爆发与高潮

第一节　冷战的爆发

一、盟国分裂的开始

盟国之间的分裂，在雅尔塔会议后就公开化了。雅尔塔会议之后，罗斯福虽然公开宣布《雅尔塔协定》是历史的新开端，但是在私下，他对斯大林是否会执行协定的内容表示怀疑，并向丘吉尔表示要对苏联采取强硬政策。这时，苏联发现英美与德军秘密接触，安排在西线的停战事宜，斯大林对此提出抗议，东西方关系开始蒙上阴影。

1945 年 4 月 12 日，罗斯福逝世，影响了美、苏关系的格局，之后杜鲁门上台。杜鲁门有强烈的反苏反共倾向，当政时期，美国对苏政策日趋强硬。英国首相丘吉尔是一个顽固的反苏反共分子，战争期间虽与苏联合作，但是从来没有掩饰过反苏反共的立场。战争的结束，使反苏反共的活动又猖狂起来。

1945 年 3 月英美联军已渡过莱茵河，接着越过雅尔塔会议划定的军事分界线向前推进。此时，丘吉尔向杜鲁门发出一封电报，希望他采取措施阻止苏军向西推进。在电报中，丘吉尔首次提出“铁幕”这个名词来描述苏联，说苏联“已经把铁幕拉上”。后来在 1946 年 3 月的富尔顿讲话中，他公开阐述了这一观点。丘吉尔希望杜鲁门不要执行《雅尔塔协定》关于占领德国的规定，西方不应从苏占区撤军。他说，这至少可以与苏联讨价还价，使苏联退出柏林。杜鲁门当时未采纳这一建议。如果采纳了，那么冷战将立即开始。杜鲁门之所以没有采纳丘吉尔的建议，是因为当时西方人民公认苏军是打败德国的主要力量，对苏联十分钦佩。

杜鲁门虽然反苏反共，但是他仍想与苏联合作建立联合国。他担心没有苏联，建立联合国的计划将流产。1945年4月25日，联合国家在旧金山讨论了《联合国宪章》，但在否决权问题上产生了分歧，未能达成一致意见。于是杜鲁门在5月派霍普金斯到莫斯科，与斯大林讨论在雅尔塔及旧金山未解决的问题。他们就波兰问题、中国问题等做了充分讨论。斯大林同意伦敦的波兰流亡政府人员加入新的波兰政府，并保证不干预波兰内政；在亚洲，斯大林保证1945年8月8日对日宣战，并尊重中国在中国东北的主权；在联合国安理会否决权问题上，斯大林也做了让步，这使1945年6月25日《联合国宪章》的起草能顺利完成。

霍普金斯的莫斯科之行为波茨坦最高首脑会议铺平了道路，波茨坦会议的目的是构筑一座从战争到和平的桥梁。由于各方在利益与战争目标上的分歧日益明显，会议从1945年7月17日一直开到8月2日。军事需要形成的盟国团结因素已经消失，美、英、苏三国更加互不信任。在波茨坦，美驻苏大使哈里曼与斯大林开玩笑说："元帅阁下，你现在如果在柏林，一定会很自豪吧！"但斯大林则回答："沙皇亚历山大早已到过巴黎。"他指的是1814年打败拿破仑之后，沙皇亚历山大一世到巴黎主宰欧洲事务。这种唇枪舌剑，暗示了当时几大国对立的气氛。

杜鲁门、斯大林、丘吉尔之间互不信任。1945年7月16日美国原子弹爆炸成功，但是杜鲁门并未告知斯大林，也不让英国与美国同享原子弹机密。美国原子弹的威力使斯大林相信强大的苏军已经不再是他手中的王牌，于是他下令研制苏联自己的原子弹，双方从分歧开始走向对抗。

1945年7月28日，英国新首相艾德礼代替丘吉尔参加会议。在讨论中，波兰问题最难解决。苏联坚持波兰边境西移，以西尼斯河为界。由于苏军已经占领波兰，西方被迫让步，但声明这些德国领土仅仅由波兰"管理"，最终要等与德国签订和平条约后再解决。苏联坚持要求德国赔偿，最后美、英、苏三方达成协议由各占领区分别赔偿；苏联可参与索赔，从中得到德国10%的工业设备作为赔偿，此外还可得到15%的工业设备用来换取苏占区的工农业产品。

波茨坦会议的中心议题是如何处理德国，会议抛弃了把德国分裂为许多小国的想法，确定了"保持德国统一，但由盟国分区占领"的原则。成立"盟国管制委员会"监督整个德国事务，但各占领区总司令可全权处理各区事宜。虽然会议规定"在占领德国期间，应视其为一个统一的经济整体"，但事实上各国在占领区各行其是，这就使德国经济不能成为整体，反而造成了分裂。波茨坦会议虽然在一些问题上达成协议，但十分空泛，实际充满分歧与冲突。因此，与其说美、英、苏三大国在缔造和平，不如说在划分势力范围、瓜分世界。

二、美国世界战略的调整

战后美国凭借雄厚的实力，推行霸权主义政策。给欧洲贷款，帮助欧洲发展，完全是为了其自身的利益，是借此使欧洲国家同美国实现自由贸易和自由兑换货币。

战时，罗斯福想与英国和苏联共同瓜分世界，每一个国家负责担任其所在地区的"警察"。1945年美苏相争并未导致对抗，美国士兵强烈要求早日回国。杜鲁门也不愿在

斯大林、杜鲁门与丘吉尔在波茨坦会议上

和平后仍然维持一支数量很大的欧洲部队。因为国内经济问题严重，杜鲁门想早日平衡预算。美国虽然占领了德国和日本，但只保持了最低水平的开支，对英国和其他盟国的援助也只限于给予贷款或剩余的战争物资。

但当苏联的势力范围在中欧、东欧建立后，美国最高决策层发生分歧，进行了政策调整。在美国统治集团内部，一部分人想反击苏联，而另一部分人则想与苏联达成关于德国的协定，默许苏联在东欧建立社会主义国家。双方不断争论，直到 1947 年才统一到反苏反共的冷战路线上。

在美国的世界政策中，对中国的政策是一个十分重要的部分。为了控制中国，美国支持蒋介石打内战，给了蒋介石大量军事援助。在抗日战争结束后，美国动用空军和海军把 50 万国民党军队运到日本军队撤走的地方，抢占大城市和其他地盘。同时，美军也直接参加抢占这些地方的活动，共有 5.3 万名美国海军陆战队员在中国北方的战略要地登陆。

从 1945 年到 1949 年，美国给蒋介石政府运去大量武器弹药。1946 年 1 月，美国派乔治·马歇尔调停国共内战，希望共产党加入蒋介石领导下的政府，试图用和平手段使共产党交出武器、最终失去政治影响力。但即使这样，蒋介石也不愿停战，因此马歇尔调停失败。由于国共内战，美国不再以中国为侵略亚洲的基地，而选择日本作为替代。

一般认为，英国前首相丘吉尔 1946 年 3 月 5 日在美国密苏里州富尔顿的威斯敏斯特学院发表题为《和平砥柱》的演说，标志着冷战的开始。这种说法不无道理，因为丘吉尔发表这个讲话前，曾与杜鲁门及美国国务院官员进行交谈，因此他的讲话，并不仅仅代表他本人的意见，更是代表了美国政府的意见，只不过美国人借丘吉尔之口说出了自己的想法罢了。美国冷战政策的出笼，经历了一个复杂的变化过程。

三、杜鲁门主义与冷战的爆发

1947 年是美国对外政策定型的关键一年。杜鲁门总统推行反苏政策，前驻苏大使、反共专家乔治·凯南被调到美国国务院政策计划处，研究如何阻止苏联向东地中海与土耳其扩张。同年，马歇尔计划出炉，其目的是迅速恢复欧洲经济，以抵制苏联势力的扩张和共产主义的传播。

美国在东亚做了战略调整，由于对南京国民政府的失望，转而在太平洋地区依靠日本与菲律宾防御苏联。基于这一考虑，日本很快得以建立海陆空军队防卫体系。因为宪法规定日本不得拥有军队，所以改头换面建立了全国警察保卫队，1960 年后改名为“国民自卫队”，拥有军舰、空军及坦克。麦克阿瑟将军甚至在 1947 年就要与日本签订和平条约，从而使其摆脱战败国地位，但这种做法遭到苏联、中国的反对。美国对日本的帮助使右翼保守党掌握了政权，共产党及激进左派被清洗，日本此后一直倾向西方。

美苏对抗的主要原因之一是意识形态的强烈对立。西方国家相信，按共产主义的国际主义原则，苏联共产主义一定会无情地向欧洲、亚洲和富有石油的中东扩张；而苏联则担心帝国主义国家的侵略。1945 年，西方与苏联都不知道彼此势力范围的边界到底在什么地方，这时只有占领德国的界线划分已经清楚，因此美国驻德占领区司令克莱在 1946 年 5 月截留了德国给东欧各国的赔偿金，美苏斗争公开化。

美国的反苏活动，首先是反对苏联拥有核武器。美国自认为是唯一拥有核武器的国家，不必担心与苏联的军事对抗；然而也认为苏联迟早会生产出核武器，因此必须达成国际限制核武器生产的协议，以防止苏联生产核武器与美国进行核竞赛。为此，美国拟订了“巴鲁克计划”，1946 年 6 月，建议成立一个“联合国国际原子能组织”，来检查核材料及原子能工厂，但美国坚持自己必须保留原子弹。显然，美国核监督的目的是检查和禁止苏联生产核武器。因而苏联提出了反建议：必须在销毁美国原子弹之后，才能谈禁止生产核武器的事宜。这样，美国的如意算盘落空。同时，苏联决心赶上美国，而美国不愿失去原有优势，双方核竞赛加强，世界从对抗逐步滑向冷战。

为了对付苏联，美国对斯大林的对外政策进行了反复研究，认为苏联要向西欧扩张，然而估计错误。真实情况是，苏联主要关心其在中欧、东欧的势力范围是否巩固，由于战争中损失太大，不愿冒险与西方进行战争。美驻苏大使乔治·凯南在 1946 年 2 月给华盛顿的一封 8 000 字电报中，错误地认为苏联不是根据国际形势，而是根据传统的不安全本能制定政策，将耐心等待，用致命一击打倒以美国为首的西方国家。所以，苏联不会与西方订立条约或妥协，西方要与苏联和平共处也是完全不可能的，苏联在寻求对世界的完全控制，美国的国际影响将完全被摧毁。

凯南警告说，美国危在旦夕，只有诉诸武力才可扭转局面。他断言，只要遇到抵抗，苏联就会撤回，但在通常情况下却不会。他强调，苏联的目的是革命和追求无限的全球目标。他认为西方又面临着 20 世纪 30 年代希特勒式的对手。为了避免“绥靖”，必须使用“遏制”手段，不允许苏联用公然侵略和颠覆的手段扩张。美国应该给苏联的邻国提供武器和经济援助，使之抵抗苏联。正好这时苏联在德国问题上不让步，在联合国与美国意见又不一致，美国领导人就错误地认为凯南的分析是正确的。又由于苏联拒绝从伊朗北部撤军，凯南的8 000字电报送达华盛顿不久，伊朗危机就爆发了。

伊朗危机坚定了美国进行冷战的决心。伊朗是一个亲德国的国家，在战时是西方向苏联进行物资援助的主要通道。英国为确保石油利益，出兵占领了伊朗南部；苏联为确保巴库油田的安全，以确保援苏通道为借口，出兵占领了伊朗北部。伊朗国王被迫让位给自己的儿子，与英苏签订了条约，英苏军队答应战后6个月内撤出伊朗。战后，苏联在西方压力下，允诺于1946年3月撤出伊朗北部。但同时，苏联加紧支持其占领地区的少数民族独立运动，建立了分裂主义政府。苏军为保证分裂政府的安全，还禁止伊朗中央政府军队进入北方对其进行镇压。苏联还向伊朗政府要求维持其在北部的石油利益，并允许北部省份自治。

伊朗危机在联合国引起激烈辩论，美国强烈支持伊朗，要求苏联撤军。1946年5月，苏联被迫撤走，伊朗收回了在北部的石油主权，以武力实现了统一。美国认为伊朗事件给了苏联一个教训，只要斗争，苏联就会退缩，于是加强了反对苏联的决心。美国在表面上宣布，支持伊朗是保卫自由世界，如果苏联控制了伊朗，下一个目标将是土耳其、阿富汗及整个中东地区。但事实上美国却借机向中东扩张，以获得石油。

中东在传统上是英国势力范围，美国的石油蕴藏量已不够满足战后的需要，在对中东的贸易上，又遇到英国的阻碍。因此，美国要求扩张，夺取中东的石油资源。

美国进行冷战的另一个借口是土耳其问题。1946年夏，苏联提出要求土耳其修改战时在有关会议上签订的关于黑海海峡的条约。土耳其在1936年就已经完全获得了该海峡的主权，苏联要求修改有关条约的目的，只是使之由国际控制。

战时，罗斯福与丘吉尔认为斯大林的要求是合理的、正义的。但是在1946年8月，英美出于冷战考虑，拒绝了苏联的要求，东西方关系趋向紧张。苏联的要求被拒绝后，美国乘机向土耳其扩张，把土耳其纳入遏制苏联的“防御圈”内。美国在土耳其问题解决后，又利用希腊内战来打击苏联。1946年至1947年冬，希腊共产党领导的游击队与腐败的希腊政府军展开了激战。英国为确保在该地区的利益，从经济上、军事上支持希腊政府。这时美国散布一种舆论，鼓吹西方正受到苏联领导的长期的、严重的共产主义威胁，苏联利用各地共产党颠覆这些国家，在西方制造混乱；同时造谣莫斯科制定了一个总计划，一切都在围绕这个计划进行。然而事实并非如此！从道义上说，苏联肯定会支持各国由共产党领导的革命，然而当时苏联处于守势，力量还不足以与西方抗衡。

其实苏联并没有这样一个夺取世界的总计划。第二次世界大战结束前后，法国共产党、意大利共产党领导的游击队力量强大，如果苏联要支持他们夺取政权，局势将会十分复杂。因此苏联信守与西方划分势力范围的诺言，没有支持这两个西方国家的共产党游击队。希腊共产党也只从邻国共产党那里得到武器支持，并未得到苏联的支持。但美国和英国却认定希腊共产党的总后台是苏联，其实希腊共产党得到的是南斯拉夫、阿尔巴尼亚、保加利亚、罗马尼亚等国的援助。

在希腊游击队的打击下，英国无力帮助希腊政府。1947年2月，英国通知美国自己不能再承受支持希腊造成的财政负担。于是美国政府决定接手支持希腊，以实现其在全球遏制共产主义的目标。但要这样做必须征得国会同意，而当时共和党人控制了参议院，他们不愿给杜鲁门政府更多的经费支持，他们已经阻碍了杜鲁门在国内实行的新政，现在又企图在其对外政策上挑毛病。虽然他们一致反苏，但杜鲁门还是极其小心地做了参议院的工作，得到了参议院外交委员会主席范登堡的支持。于是 1947 年 2 月 27 日杜鲁门在白宫会见国会领袖，提出援助希腊的计划。

1947 年 3 月 12 日，杜鲁门在国会发表讲话，大肆渲染敌人对美国和自由的威胁。虽然他的讲话中没有提到苏联，但人人都清楚他指的敌人是谁。他宣布美国的政策是“支持正在抵抗武装的少数人和外部压力企图使之屈服的自由人民，帮助自由独立的国家保持独立”，然后要求给予希腊、土耳其财政援助，允许美国军事和政府人员前往帮助希腊、土耳其政府。美国参众两院以大多数票通过了杜鲁门的国情咨文。

上述讲话，被称为“杜鲁门主义”。世界舆论认为杜鲁门主义是美国对外政策的转折点，美国冷战政策公开化，冷战爆发。美国认为 1945 年以来，欧洲重建十分缓慢，经济萧条和人民生活困难将引起革命。为了遏止共产主义运动在欧洲的扩大，必须使欧洲强大繁荣。因此从反共的目的出发，美国国务卿马歇尔于 1947 年 6 月 5 日在哈佛大学公布了马歇尔计划，提出对欧洲进行援助。但马歇尔计划的目的是对付欧洲的饥荒和重建欧洲，不仅未提反对共产主义，而且提出所有欧洲国家，包括苏联，都在其援助范围之内。

一周后，马歇尔重申苏联在援助范围内。不过他考虑到美国援助德国，必然会与法国产生矛盾。那么如何克服这一矛盾？最好的办法是不提美国将给哪些国家援助，而要欧洲国家达成协议，提出需要美国援助什么。欧洲人必须联合提出方案，即使不是全部国家，至少也应是许多国家联合提出，然后美国根据方案进行援助。英国立即认识到这不仅是美国的经济援助，而且是美国参加欧洲反对苏联的行动，所需要的只是法国参加支持马歇尔计划。英国外交大臣贝文立即到法国与有关人员讨论，但法国坚持必须邀请苏联立即到巴黎参加马歇尔计划的讨论。于是苏联外长莫洛托夫接到了出席巴黎会议的通知，他知道这个计划是为遏制苏联而制定，如果苏联参加，势必受到各种约束，受到美国控制。如果苏联不参加，则必然会遭到反对，所以他宣布按时出席巴黎会议。在会上，莫洛托夫非常直率地批评了马歇尔计划的反共反苏目的，并号召东欧国家抵制马歇尔计划。已经接到出席通知的捷克斯洛伐克因此宣布不参加会议。

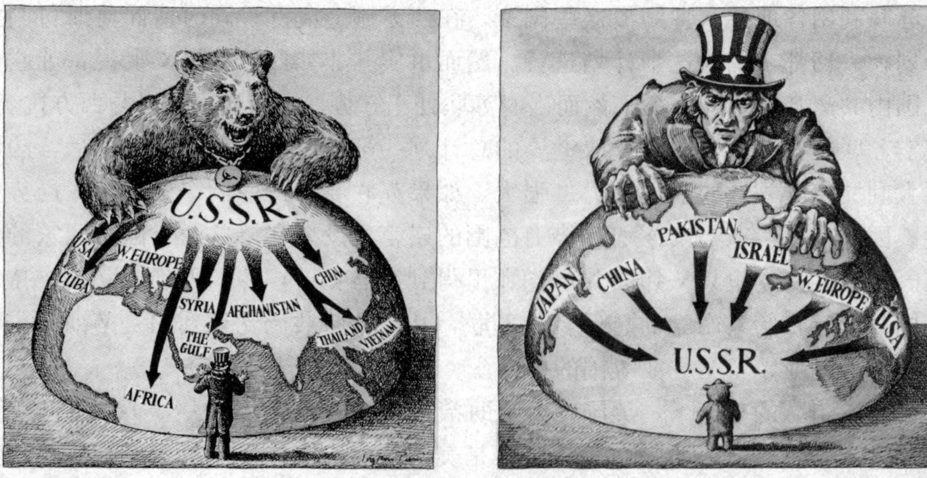

漫画：冷战中的苏联与美国

此后，欧洲17个国家的部长和代表及德国西部占领区的三个军政长官于1947年9月在巴黎开会，拟订了一个四年计划来恢复欧洲经济，并且建立了欧洲经济合作组织。各国拟订了参加该组织的计划，联邦德国在1949年10月成为该组织的正式成员。美国国会于1948年成立了美国经济合作署，负责实施马歇尔计划。1948年至1952年，美国共向欧洲国家提供了129.92亿美元的经济援助及技术援助。这样，马歇尔计划实现了使欧洲经济一体化的第一个目标。从1948年起，欧洲各国经济开始恢复。

马歇尔计划的实施，使美苏关系恶化到顶点。美国提出杜鲁门主义和实施马歇尔计划后，决心把西部德国占领区建立为一个国家。这样美国首先破坏了《波茨坦公告》关于维护一个统一的德国的决定，导致了1948年苏联封锁柏林，引起了战后最直接和最严重的危机。

四、杜鲁门的“第四点计划”和“军援法”

美国不仅向欧洲扩张，还对亚洲、非洲和拉丁美洲国家进行侵略和渗透。为此，杜鲁门于1949年1月20日提出了一个向亚非拉国家扩张和渗透的计划，史称“第四点计划”。这个计划是美国对欧扩张的马歇尔计划的翻版。第四点计划打着给亚非拉落后国家提供技术援助和经济援助的幌子，支持一切亚非拉国家的反动政权镇压人民革命。到1953年底，美国已向亚非拉国家提供了40亿美元的经济援助，使许多国家的反动政权得以苟延残喘。

但是对欧洲的马歇尔计划和对亚非拉的第四点计划，都只提供经济和技术援助。美国政府认为这还不足以帮助世界各国反动政府反苏反共和反对革命，应该直接给予军事援助。因此1949年4月21日，美国政府向参议院提出了“军援法”草案。9月23日，美国参众两院通过了这一法案。10月16日，杜鲁门总统签署。军援法的通过，使美国的军事与外交进一步结合起来，使美国在冷战中从经济援助为主转向军事援助，加快了冷战的进程，使世界更加动荡不安。

第二节 欧洲冷战高潮

一、布拉格事件

1948年冷战出现高潮，发生了布拉格事件，这是杜鲁门主义和马歇尔计划对苏联在中欧和东欧的影响提出了挑战，苏联被迫有所反应而引起的。由于美国和西方影响的扩大，波兰、匈牙利和捷克斯洛伐克的民族主义开始抬头，这些国家政局动荡。在这种情况下，苏联感到有必要加强对东欧各国的控制，于是在1947年9月成立了欧洲共产党和工人党情报局，由东欧九国共产党与工人党代表参加，总部设在贝尔格莱德。苏联的主要意识形态理论家日丹诺夫为欧洲共产党和工人党情报局的成立提供了理论依据，他从理论上指出战后世界已经被分裂为两个阵营，一个是帝国主义的反民主阵营，另一个是反对帝国主义的民主阵营。由于美国在世界各地建立基地、进行扩张，民主阵营必须团结起来反对帝国主义。

然而东欧各国并没有因为欧洲共产党和工人党情报局的建立而顺从苏联的指挥，相反离心倾向抬头。波兰共产党领导人哥穆尔卡就提倡另辟波兰式社会主义道路，不走苏联模式的社会主义道路，具体来说就是不搞农业集体化，这使他执政不到一年就被撤换。

对局势影响最大的是布拉格事件。这次事件并非苏联指挥，也不由捷克斯洛伐克共产党策划，而是冷战条件下一次必然要发生的事件。

捷克斯洛伐克政府是一个联合政府，有共产党员，也有非共产党员，贝奈斯是战前就开始担任总统的非共产党人。1947年、1948年内阁发生危机，总理哥特瓦尔德任用共产党人为内政部长，控制了国家安全局与警察部门。这引起非共产党人部长的抗议，以辞职相威胁，要求总统调解。1948年2月20日，由共产党人担任的内政部长拒绝重新任用8名非共产党高级警官。同时共产党动员了全国工人和支持者于2月22日在布拉格集会，以支持内阁中的共产党部长做出的决定。

虽然内阁大多数人投票赞成非共产党人部长辞职，但是总统贝奈斯不同意，他认为不能组织没有非共产党人参加的政府。结果，哥特瓦尔德利用武装民兵和警察接管了布拉格。这引起了反共学生的示威游行，但很快被镇压下去。共产党组织了全国“行动委员会”，清除反共分子，撤换非共产党人部长，免除非共产党人在各级政府中的职务。捷克斯洛伐克共产党有军队作为后盾，而捷克民主党的一些人也愿意与共产党合作，使共产党成立的新政府有了代表性。

贝奈斯总统认为捷克斯洛伐克将发生内战，他不能再待在这个国家，还认为如果不答应哥特瓦尔德的要求，苏联会出兵干涉。于是在选举前的1948年2月27日，他批准了新成立的由共产党支配的内阁。

布拉格事件对西方来说具有极大的影响力，美国借此要求西欧密切合作，反对苏联集团。西方相信苏联会像对待捷克斯洛伐克一样，反对建立一个“西德”国家。这就加速了西方各国签订西欧联盟，即《布鲁塞尔条约》。当时法国仍然担心德国复兴，并企图使盟国控制德国的鲁尔。但英国外交大臣贝文向法国保证，法国可以依靠1947年3月签订的《敦刻尔克条约》。该条约规定，如果德国入侵法国，英国将立即给予法国军事援助。贝文担心苏联胜过担心德国，他希望建立一个西欧联盟反苏，而不是希望欧洲统一，他希望在西欧各国保留其国家主权的条件下，订立互助防卫条约。在他的努力下，英、法、比三国外长在1948年3月17日签订了《布鲁塞尔条约》，目的之一是防止德国侵略，但更重要的是防止苏联侵略。这一条约在北约成立前初步加强了欧洲与美国的联系。

二、第一次柏林危机

布拉格事件后，西方决心在德国西部建立一个国家与苏联抗衡，这就引起了苏联的抗议。1948年3月20日，苏联退出盟国管制委员会，结束了四国共同占领德国的局面。1948年6月1日，英美等国在伦敦举行会议，决定建立德意志联邦共和国，6月底开始了德国西部货币改革。对此，苏联认为西方违背了四国占领柏林的协定，西部占领区的货币改革违背了德国经济是一个整体的宣言。因此在6月24日，苏联切断了苏占区与西方的联系，封锁柏林，引起了第一次柏林危机。在1945年，英、法、美曾与苏联达成协议，西方可使用一条铁路、一条高速公路和两个机场进入柏林，后来又增加了一条铁路和一个机场。然而1948年1月，苏联开始检查英美军车及客车，4月1日关闭了两条铁路，到6月24日，完全切断了西方进入柏林的所有通道及通信设施，只允许空路畅通。

美国和西方一些国家在苏联允许下向柏林空运大量物资，这使柏林人看到美国和西方的富裕和力量，使战后处于经济贫困中的东德人民对美国和西方产生幻想，大量东德人逃往西方。从这个意义上说，苏联允许美国和西方向柏林空运，是一个失败的决策。

美军空运煤炭到柏林

西方无视苏联的封锁，一意孤行建立德意志联邦共和国。1948年9月1日，德国西部占领区议会在波恩开幕，会议选举阿登纳为议会主席。1949年5月通过德意志联邦共和国基本法，同时英、美、法通过《占领法规》，仍然保留对西德的控制权。基本法规定，德意志联邦共和国不得重新建立武装；鲁尔工业区虽未从德国分裂出去，但由盟国控制；三国占领区长官改名为高级专员。德意志联邦共和国基本法于1949年5月24日生效，1949年9月12日进行总统选举，特奥多尔·豪斯当选为总统。

1949年9月20日，德意志联邦共和国正式成立，定都波恩。阿登纳被任命为总理，开始了阿登纳时代。

封锁柏林是战后美苏最激烈的对抗，使冷战进入冲突阶段。苏联的封锁未能阻止联邦德国的建立，反而在西方造成不良影响。于是1949年1月，斯大林与美国记者谈话，准备与美国谈判，解除对柏林的封锁。1949年5月，苏联解除了对柏林的封锁，第一次柏林危机结束。然而西方并未投桃报李，反而开始对东德进行封锁，停止运送物品。为对抗西方，苏联也支持建立了德意志民主共和国，德国自此分裂为两个国家。

三、北大西洋公约组织的建立

1947年和1948年的冷战危机使美国重新考虑其对外政策，决心援助西欧的防务。但是，战后美军大量复员，在欧洲的美军数量很少。于是美国在1949年4月4日成立了北大西洋公约组织，其成员包括布鲁塞尔条约国加上美国、加拿大、意大利和冰岛，挪威、丹麦和葡萄牙不久也参加进来，希腊与土耳其于1952年加入，联邦德国则在1955年加入。北约防御的范围包括阿尔及利亚、联邦德国、柏林的英法美占领区、奥地利西部及维也纳等地。

这样，美国的“防御线”扩大到了欧洲，所谓的“防御”实质上是全球性扩张，北大西洋公约组织条约第五条规定，如果缔约国中任何一国受到侵犯，所有其他国家均应援助。北大西洋公约组织的成立，标志着美国世界霸权地位的确立。

在西方反苏反共的喧嚣声中，加拿大也起了推波助澜的作用。其给西欧的经济援助，对西欧经济恢复很有帮助，在战后英国的货币危机中，给英国的援助为12.87亿美元，占英国所得国外援助的四分之一，其余是美国提供的37.5亿美元。

第三节　美国冷战政策的升级

一、战争边缘政策与大规模战略报复政策

20世纪50年代是冷战最为激烈的十年。当时世界被划分为两大阵营，各自处于美、苏的影响之下，这两个国家后来被称为“超级大国”。它们的特点不仅是国力强大，并且都拥有核武器，进行着激烈的核竞赛。1949年8月，苏联成功爆炸了第一颗原子弹，1953年氢弹试验成功。虽然苏联没有美国在导弹研究上发展得那样快，但缩小了双方差距。这一切使美国大为不安，因为失去核优势就意味着失去霸主地位。因此，核竞赛加剧。

1950年，美国调整了冷战政策，认为仅仅给西欧和其他国家提供经济和军事援助是不够的，必须提供美军战斗部队。为了遏制共产主义在亚洲的扩张，美军直接入侵朝鲜。1950年9月，美国派战斗部队到欧洲，加入了北约的防御体系。三个月后，艾森豪威尔被任命为北约最高司令官。这一任命，标志着美国“新遏制”政策的开始。1953年1月20日，艾森豪威尔就任总统，世界进入了最激烈的冷战时期。

美国在欧洲进行冷战，但在亚洲却已升级到“热战”。国务卿杜勒斯提出了美国对外政策的基本原则，这一原则认为美国的价值观是对外政策的基础，为传播美国的道德观念和原则，必须主动反对共产主义。杜勒斯批评杜鲁门政府的遏制政策，认为这是对苏联和共产主义的消极反应。美国应该主动进攻，使苏联及其他社会主义国家放弃“非法”取得的东西，即要消除苏联在中欧和东欧的影响。他主张绝对不能与苏联和解，在必要

时不惜用核武器保卫“自由世界”。

杜勒斯指责第三世界的民族解放运动，说其只有两种选择，或者亲西方，或者靠苏联；或者选择“美好社会”，或者选择“邪恶社会”。为了反对苏联和其他社会主义国家，他提出了“战争边缘政策”。这一政策是一种威胁性冒险政策，即如果社会主义国家发动战争，例如中国解决台湾问题等，美国将进行大规模的战略报复，其目的是阻止革命战争。与“战争边缘政策”相联系，杜勒斯于1954年1月12日提出了“大规模战略报复”的新策略，这一策略将允许美国使用核武器打击战略目标。但是，随着核竞赛加剧，英国发展并拥有了自己的核武器，法国也在发展自己的核武器，这使美国认识到核战爆发的可能性及危险性。为避免核大战，美国开始重视常规战争，在发展核武器的同时，大力发展常规武器，帮助西欧、韩国和台湾国民党当局发展军备，使之对抗苏联和其他社会主义国家。同时，美国威胁要对苏联、中国、朝鲜民主主义人民共和国使用核武器。公开警告苏联与中国，美国的打击目标不只限于发生战争的国家，无论在哪一个地方发生了社会主义国家与以美国为首的西方任何国家的战争，美国都将打击。美国上述政策遭到了苏联和中国的反对，苏联立即做出反应，针锋相对地表示，如果欧洲国家进攻苏联，苏联也将实行报复性战略打击美国。

艾森豪威尔完全采纳了杜勒斯的政策，但他比杜勒斯更加老谋深算，在坚决反苏反华反共的同时，相信各社会主义国家之间有民族主义的不同，应该加以利用，即挑拨社会主义国家之间的矛盾。在艾森豪威尔领导下，美国在全世界发动了全方位的冷战。

二、美国对亚洲的侵略和《东南亚集体防务条约》

在亚洲，艾森豪威尔上台后加紧了反华活动。1954年12月，美蒋签订了《共同防御条约》。1955年1月，艾森豪威尔政府取得国会同意，宣布美国军队可以在需要时出兵“保护”中国的金门、马祖。艾森豪威尔与杜勒斯曾认真考虑过对中国的战争，包括使用核武器。美国遏制中国的主要目标是企图使中国势力不超出中国大陆沿海一带。但中国坚决反对美国的侵略政策，并解放了一些沿海岛屿，准备解决台湾问题，实现国家统一，而美国始终不敢发动侵华战争。

艾森豪威尔上台后做的第一件大事就是结束朝鲜战争，参与朝鲜战争是美国亚洲冷战政策的一个失败。艾森豪威尔是军人出身，他进行冷战不凭感情，而凭冷静的军事计划。在朝鲜战争中，美军遭到中朝军队沉重打击，伤亡惨重，军费开支巨大，这引起美国人民反对。因此，艾森豪威尔认为美军继续陷在朝鲜战争的泥潭中是很愚蠢的，可又不敢使用核武器，因为这遭到了美国人民及世界人民的反对，英国首相艾德礼曾亲自到华盛顿反对美国使用核武器。因此从1951年起，停战谈判开始。但韩国的李承晚坚决反对和平谈判，只是在美国压力下，才被迫同意。1953年7月27日，中朝代表与美方代表签订了《朝鲜停战协定》。艾森豪威尔政府在1953年10月1日与韩国签订了《美韩共同防御条约》，规定如果朝鲜从北方发动进攻，美军将帮助韩国。在此借口下，美国将军队部署在韩国，作为其侵略亚洲的先头部队。停战协定的签署，并不是朝鲜半岛统一的第一步。相反，它实现了美国战后建立一个亲美的韩国的设想。在美国的阻挠下，朝鲜半岛至今仍未统一。美国在亚洲的冷战全面铺开：在韩国支持李承晚；在菲律宾镇压游击队；在马来西亚、越南、老挝、柬埔寨和缅甸等地支持英法殖民主义者，反对当地人民的民族解放斗争。

亚洲烽烟四起，冷战实际上成为局部“热战”。然而美国的侵略遭到可耻的失败，表现最突出的是在越南，战后法国在越南重建殖民地的活动一再失败。艾森豪威尔与杜勒斯从多米诺理论出发，决定支持法国。美国设想，如果越南落入共产党手中，亚洲各国将先后成为社会主义国家。1954年，美国不仅向法国提供武器，还派出了空军飞行员帮助作战，但是日益增多的美援并不能扭转局面。1954年3月至4月，法国一再要求美军直接参战。然而艾森豪威尔害怕中国的卷入，一直拖延未决。1954年5月7日，越南人民取得奠边府大捷后，美国决定接受南北分治方案，因为一个亲美的南部越南可以作为美国侵略东南亚的基地。从此美国取代了法国在越南的角色，但是十分担心北部越南解放南部越南，因此决心使用美国军队反击越南人民争取民族解放的斗争。这时美国认定中国是东南亚民族解放运动的后盾，必要时将对中国使用原子弹。一般来说，艾森豪威尔认识到核战的后果，不敢轻易动用，但制定了几个原则：当苏军开赴西欧、中国解决台湾问题或攻打日本时，美国才使用原子弹。不过他后来承认，这也只是核讹诈而已。

为了反对中国和苏联，艾森豪威尔与杜勒斯尽一切努力，要在亚洲建立一个类似在欧洲建立的反苏军事组织。1954年9月，在美国活动下，签订了《东南亚集体防务条约》，签字国有美国、英国、法国、澳大利亚、新西兰、巴基斯坦、泰国和菲律宾。该条约主要内容为彼此援助和发展各签字国的军事实力，柬埔寨、老挝和越南南方都被包括在其防御范围之内。然而，《东南亚集体防务条约》并未像北约那样规定签字国应自动提供军事援助，英、法也并未承担提供军事援助的义务。因此，这一条约的实施完全依赖美国。

在中美关系上，1958年8月至9月发生了台湾海峡危机。蒋介石梦想反攻中国大陆，于是大陆封锁了台湾海峡，并炮击金门、马祖。蒋介石想借机使美国卷入战争，艾森豪威尔下令第七舰队支持蒋介石，但严令禁止使用核武器。由于没有美国陆军的直接支持，蒋介石没有力量反攻大陆。大陆也暂时停止进攻台湾，只是炮击金门、马祖，严惩蒋军。中美之间的战争避免了，但是艾森豪威尔政府仍然支持蒋介石集团窃据联合国安理会席位，拒绝承认中华人民共和国政府是中国唯一的合法政府。

三、美国的中东政策与《巴格达条约》

在中东，艾森豪威尔与杜勒斯的政策目标是防止苏联渗入，以确保美国得到中东石油。因此，美国的政策是维持中东现状。这一政策使英国殖民统治在中东得以苟延残喘，使英美两国在中东的合作一直延续到1956年苏伊士运河战争。1956年春，艾森豪威尔与英国首相艾登合作，撤回对阿斯旺水坝的财政支持，逼迫埃及总统纳赛尔下台。当纳赛尔决定把苏伊士运河国有化时，美国又向埃及施加了强大压力，但这一切都未能吓倒纳赛尔。当英法武装侵入埃及时，美国政府面临国内极大压力，艾森豪威尔既想排斥英法，又要防止苏联势力发展，所以希望停火。但苏伊士运河战争的结果，是埃及战胜了英、法两大殖民国家，迫使其在1956年11月签订停战协定。美国虽然主张英国、法国、以色列三国军队撤走，但由于一贯支持以色列，而引起了阿拉伯国家的反对。

苏伊士运河战争后，艾森豪威尔于1957年1月5日提出了美国的中东政策，史称"艾森豪威尔主义"。其内容是，美国可以使用部队"保护"中东国家的独立。这一政策得到了美国国会的批准，美国借此公开干涉伊拉克革命，和英国一起武装干涉黎巴嫩和约旦，从而破坏了阿拉伯国家的团结，使中东形势复杂化。此前，美国还于1955年2月24日，策动土耳其、伊拉克等国签订了《巴格达条约》，结成军事集团反对苏联。

此外，美国在中东地区还利用中央情报局进行颠覆活动。例如1953年，艾森豪威尔下令中央情报局策划推翻伊朗萨摩台政府。美国认为这个政权是亲苏的，于是中央情报局在伊朗军队中进行活动。伊朗军队于1953年8月逮捕了萨摩台，流亡的国王巴列维回国复位。这使伊朗倾向西方，依附美国。

四、美国独霸拉美与多米诺理论

拉丁美洲是美国的后院，从1823年《门罗宣言》发表以来，美国就不允许他国染指拉美，战后更借口反对共产主义扩张，企图独占拉丁美洲。为了自己的利益，美国支持一切腐败、独裁和反动的政权，颠覆和反对革命进步的拉美国家政府，镇压其民族革命。其中最为典型的是对危地马拉和古巴的颠覆与破坏。

1950年担任危地马拉总统的阿本斯上校，在经济上执行民族主义政策，推行国有化方针。他把未耕土地及属于美国公司的交通和港口设施国有化，其中包括势力强大的波士顿联合果品公司侵占的部分土地。为了达到国有化目的，阿本斯上校日益依靠工会中的共产党员及其政府中的反美成员。艾森豪威尔和杜勒斯根据中央情报局的报告断定，危地马拉政府内有共产党渗入。

杜勒斯为维护美国利益，决心颠覆危地马拉政府，以反共为理由干涉危地马拉内政，说阿本斯的国有化是国际共产主义运动对西半球的威胁。1953年8月艾森豪威尔的多米诺理论开始形成，1954年4月才公布，艾森豪威尔当即表示，如果允许危地马拉落入共产党手中，那么共产主义就将传入美国的邻国及边界地区。美国绝不能坐视不管，于是艾森豪威尔下令美国中央情报局组织推翻阿本斯政府的活动。

1954年6月，流亡美国的危地马拉反动分子在美国的支持下回国，把阿本斯赶到国外。从此危地马拉处在右翼军人独裁统治之下，人民过着悲惨的生活。而美国波士顿联合果品公司为了维持在危地马拉种植香蕉的便利，全力支持右翼军事独裁政权，危地马拉的政治、经济状况进一步恶化。美国政府的上述做法，遭到全世界人民的批评，但艾森豪威尔则声称他这样做是为了消除共产党对危地马拉的控制以及捍卫《门罗宣言》。根据多米诺理论，美国不仅支持危地马拉的军事独裁政权，还支持拉丁美洲所有右翼独裁政权，反对经济与社会改革，以保证美国公司在这些国家的利益。

但在古巴实行这一策略时，美国遭到了可耻的失败。古巴由巴蒂斯塔进行独裁统治，经济主要依靠蔗糖，但是甘蔗的栽种与生产完全由美国控制。如果不赶走美国公司、进行改革，农民的生活要改善是不可能的。而为了维护利益，美国坚决支持反动的巴蒂斯塔进行统治。

从19世纪末起，美国政府就一直担忧，古巴如果成为任何一个欧洲大国的军事基地，都将对美国构成威胁，因为古巴距美国佛罗里达州仅九十多海里。因此美国的政策是，不管什么人在古巴掌权，只要亲美，就给予支持；反之，则加以反对。虽然卡斯特罗领导的古巴革命得到美国人民的同情，但是因为艾森豪威尔政府认为卡斯特罗领导的是共产党游击队，所以给予了坚决反对。

1959年1月，卡斯特罗领导古巴人民推翻了巴蒂斯塔统治，夺取了政权。古巴革命取得胜利，卡斯特罗在革命胜利后宣布进行改革，实行国有化、没收大地产等。然而这些工厂和地产大部分为美国所有，因此美国对古巴实行贸易禁运。这一做法大大便宜了苏联，卡斯特罗转而寻求苏联支持，苏联不失时机地给予古巴援助并购买古巴蔗糖，以活跃古巴经济。于是美国进一步进行干预，利用中央情报局在危地马拉训练反对古巴革命政府的流亡分子。但当时，这些反动的流亡分子在古巴没有市场，艾森豪威尔不敢立即支持他们进行军事反攻。同时，卡斯特罗得到了拉美国家的普遍支持，这就埋下了1961年“猪湾事件”的导火线。

1959年1月8日卡斯特罗进入哈瓦那

五、第二次柏林危机

在德国问题上，美国也咄咄逼人。当时的主要问题是德国的未来如何、统一的条件是什么。苏联提出只要民主德国的利益得到保证，就支持两德统一。苏联的目标只是反对联邦德国重振军备和参加北约，所以赫鲁晓夫极力缓和欧洲紧张局势。美国则要苏联拿出诚意，于是苏联于1955年5月与奥地利签订了和平条约，以苏联撤军为前提，换取奥地利的中立。但奥地利问题的缓和并未使美苏在德国问题上取得一致看法。

1955年7月在日内瓦会议上，苏联提出统一的德国不能参加北约，这立即遭到美国的反对。赫鲁晓夫也拒绝了艾森豪威尔提出的“开放天空”的建议，即美苏开放领空，相互检查军事设施，以缓和双方的核竞赛。

双方尽管斗争尖锐，但还是同意遵守《日内瓦协议》，和平共处。然而两国的缓和未能持久，1956年发生了苏伊士运河战争，美苏之间的关系又趋恶化。进而，1958年11月发生了第二次柏林危机。

1955年9月，苏联分别承认了联邦德国和民主德国，并与之建立了正式外交关系。但美、英、法三国占领军仍以“保卫自由世界”为名，驻扎在西柏林，这明显是以西柏林为反苏反共基地。1958年3月，联邦德国议会决定以原子弹武装联邦德国军队，遭到民主德国的反对。苏联决心以此为契机，拔掉西柏林这个反共钉子。11月27日，苏联照会美、英、法三国政府，声称将与民主德国签订和平条约，从而结束西方对西柏林的占领。西方国家坚决反对苏联的要求，赫鲁晓夫为了不影响与西方在欧洲的“缓和”战略，被迫让步，使第二次柏林危机不了了之。

除德国问题之外，美苏在欧洲其他问题上趋向缓和。美国虽然鼓吹要在中欧和东欧击退苏联的扩张，但事实上按《雅尔塔协定》承认了中欧和东欧为苏联势力范围。例如 1953 年 6 月 16 日到 17 日，东柏林少数人被西方煽动上街游行反共，民主德国其他城市也相继发生类似事件，政府无力镇压，苏联驻民主德国部队立即出动，迅速平息了动乱。而美国却束手不管，不愿冒与苏联发生核战争的危险支持民主德国的反政府运动。

在 1956 年发生的波兹南事件和匈牙利事件中，美国中央情报局曾建议美国政府以武器支持匈牙利，但是艾森豪威尔认为苏联不会容忍华沙条约国的分裂，一定会战斗到底，所以美国不宜卷入。他实际承认波兰和匈牙利为苏联的势力范围，所以美国在联合国只提出抗议，并未采取什么行动。由于美国对波兹南事件和匈牙利事件极其小心，其国内反动分子指责杜勒斯在挑起这些国家的暴动后，却不给予具体支持，导致暴动失败。不过，美国虽然承认了苏联在东欧的势力范围，但却通过各种方式实行颠覆，希望其“和平演变”。由美国中央情报局资助的“自由欧洲”电台对民主德国和苏联进行虚假宣传，攻击共产主义和社会主义制度，反对苏联，鼓吹西方生活方式。总的来说，艾森豪威尔政府直到 1960 年都遵循一个原则，即美国不干预已经由苏军控制的国家和地区，甚至不支持苏联阵营内与苏联发生矛盾、分歧的国家。

艾森豪威尔政府奉行的冷战政策遭到全世界爱好和平的人民的反对，甚至遭到英国官方人士的反对。根据最近披露的一些档案材料，1954 年英国内阁召开了一次秘密会议，会上丘吉尔政府的一位高级阁员认为杜勒斯是比苏联人更威胁世界和平的人，这一论断得到了西方各国的普遍赞同。

美国的侵略政策与战争政策迫使苏联进行战争准备，苏联把主要精力集中在发展军事力量上。于是美苏开始了核竞赛，双方部署的核武器都可以把对方摧毁好几次。不过艾森豪威尔、马林科夫和赫鲁晓夫都认识到，在核战争中，任何一方都不可能赢得胜利，因为一方的首次核打击不可能完全摧毁另一方的核报复能力，被打击的一方仍有足够的核武器可以摧毁打击方。所以冷战发展到 20 世纪 50 年代中期，世界历史首次出现了一种由美苏扮演超级大国、相互牵制的关系。为避免彼此摧毁，双方尽量避免直接的战争，但这并不妨碍其纵容和支持小国之间的战争。为保持这种关系，双方开始了禁止核试验的谈判。

第二次柏林危机之后，杜勒斯生病，其影响力减小。1958 年 1 月，美苏两国签订了文化、技术和教育协定。1959 年 5 月杜勒斯去世，赫脱接替美国国务卿之职。美苏关系进一步缓和。1959 年 9 月赫鲁晓夫应邀访问美国，后又邀请艾森豪威尔访苏，并决定于 1960 年 5 月在巴黎举行美、苏、英、法四国首脑峰会。然而，美国 U-2 高空侦察机入侵苏联领空事件使双方关系恶化。美国自 1956 年就派间谍飞机侵入苏联领空，1960 年 5 月 1 日，苏联导弹部队击落了一架在斯维尔德诺夫斯克（今叶卡捷林娜堡）火箭基地侦察火箭发射试验的 U-2 飞机。

美国原本以为机毁人亡，于是宣布 U-2 飞机是研究气象，误入苏联领空。但苏联把俘获的飞行员及其他无法抵赖的间谍罪证公布于世，戳穿了美国的谎言。艾森豪威尔竟摆出一副冷战面孔声称，为了国家安全，美国有权到苏联进行间谍飞行。赫鲁晓夫十分害怕U-2飞机事件影响即将召开的巴黎会谈，因此迟至5月5日，才在苏联最高苏维埃会议上宣布这一事件。在国内强硬派压力下，赫鲁晓夫对美国采取了强硬立场。

5月14日，赫鲁晓夫抵达巴黎参加会谈。他要求美国政府就U-2飞机侵苏一事道歉，并要艾森豪威尔发表声明说这架飞机侵苏并不是艾森豪威尔的命令。艾森豪威尔拒绝，于是赫鲁晓夫拒绝参加四国首脑峰会，并取消了对艾森豪威尔访苏的邀请，不愿再与任期将满的艾森豪威尔总统谈判，而是等待美国新总统上任后再发展双边关系。

综上所述，艾森豪威尔政府支配西方对外关系八年，使20世纪50年代成为战后最重要也最危险的十年。艾森豪威尔和杜勒斯用简单的冷战思维“反对国际共产主义”，把世界简单地分成“自由世界”与“共产主义世界”，反苏反华，把冷战从“遏制”政策上升到“战争边缘政策”，使世界再次面临大战危险，也使局部战争不断。美国以反共为借口，干涉第三世界国家的内部事务，到处侵略扩张。

第四节　朝鲜战争与冷战高潮

一、美苏分占朝鲜半岛

第二次世界大战结束后，为打击日军，1945年8月12日苏军进入朝鲜，美国军队还远在大洋彼岸。为了抢占地盘，美国仓促向苏联提出以北纬38度线为界，以北的日军由苏联受降，以南由美军受降。苏联接受了这个建议，在北方解除了日军武装，并支持朝鲜共产党进行民主革命。美军此时还未到达朝鲜南部，为避免出现权力真空，居然命令日军就地维持秩序，打击游击队，正如英国在越南命令日军镇压越南人民一样。1945年9月8日，美军才到达朝鲜南部，这时当地政局一片混乱。为了扩大影响，美国扶持亲美的李承晚集团掌握政权，而李承晚是一位极端反共的民族主义者，他准备用武力统一朝鲜半岛。

从1945年至1950年，在苏联帮助下，朝鲜半岛北部社会进步，人民安居乐业，军事力量十分强大。而朝鲜半岛南部仍然落后、腐败，十分混乱。情况明显，如果发生内战，北方必胜。为了向美国施加压力，使美军早日撤出朝鲜半岛南部，苏军于1948年12月撤出了朝鲜半岛北部，只留下军事顾问团，美军也急于撤出朝鲜半岛南部。美军顾问团认为朝鲜半岛不是美国保卫太平洋的理想基地，日本、菲律宾及太平洋群岛才是最好的防线。因此，美军驻扎在朝鲜半岛南部没有价值，但撤走前在朝鲜半岛南部建立一个亲美的政府是符合美国利益的。

因此，1947年底，美国把朝鲜问题提交联合国。在美国操纵下，1948年联合国在朝鲜半岛南部进行总统选举，成立政府。1948年8月15日，通过选举成立了以李承晚为总统的大韩民国政府。朝鲜半岛北部见状，于1948年9月9日宣布成立以金日成为国家元首的朝鲜民主主义人民共和国。朝鲜半岛自此出现了两个政权并存的局面。1949年6

月，美军撤走，留下了500人的军事顾问团。由于两个政府都想统一半岛，苏军、美军撤走后，朝鲜半岛内战一触即发。

美国此时并不重视朝鲜问题，也不重视亚洲的冷战。1950年1月5日，杜鲁门宣布不插手中国内战，即不干涉台湾问题，这表明美国准备彻底抛弃台湾国民党当局。这一讲话遭到极右反共分子的反对，艾奇逊于1月12日被迫召开记者招待会解释杜鲁门的讲话。虽然他说美国不会对共产党国家执行“绥靖政策”，将保卫其在太平洋的利益，防线包括阿留申群岛、日本，直到菲律宾，但是仍然未强调反华。他说中国是蒋介石无能、打了败仗而失掉的，并非美国丢掉的，美国根本阻挡不了中国共产党的胜利。他在讲话中省略了朝鲜和中国台湾，有意不提这两个地方。

当时杜鲁门与艾奇逊之所以没有积极反对中国，是因为他们相信中国有自己的国家利益，不可能投入苏联怀抱。然而当1950年2月《中苏友好同盟互助条约》签订后，看到中国已经站在苏联一边，于是立即采取强硬措施反华。朝鲜战争的爆发加速了这一进程。

二、朝鲜战争与冷战

1950年6月25日，朝鲜半岛内战爆发的当天，美国即把中国纳入其防御范围内，并命令第七舰队入侵台湾海峡，阻止中国解决台湾问题。同时，美国打着联合国旗号武装干涉朝鲜半岛内战。6月27日，美国向联合国安理会提出武装干涉朝鲜半岛内战的提案，而苏联曾于1月13日因要求开除台湾国民党当局在联合国的席位未果而拒绝出席安理会会议，此时仍拒绝出席，这就犯了一个战略错误，错过了行使否决权的机会，而安理会否决权正是苏联为防止类似事件的发生，与美国斗争才争取到的。于是美国议案获得通过，由美国等16国组成“联合国军”，干涉朝鲜半岛内战。

第一周，韩国军队溃不成军，一直退到釜山，朝鲜半岛解放几近完成。7月5日，美军驻日部队第24师第1团史密斯特遣队在釜山投入战斗，不过美国陆军仍经不起朝鲜人民军的打击，节节败退。于是美国派出海军陆战队，在优势火力的支持下，很快阻止了朝鲜人民军的进攻，并开始反击。1950年夏，美军成功地进行了仁川登陆，迫使朝鲜人民军后撤，美军推进到北纬38度线附近。苏联已经明确表示不介入朝鲜半岛内战，中国则希望通过和平谈判解决朝鲜半岛问题，但是公开宣布中国不参战的条件是美军不能越过北纬38度线，否则中国只有出兵抵抗。

美军低估了中国人民的决心和中国军队的战斗力。联合国军总司令、美国远东司令麦克阿瑟将军认为中国军队不能抵抗世界上装备最精良、训练最好、击败过希特勒的美国胜利之师，中国不敢出兵朝鲜，因此让美军越过了北纬38度线。1950年10月25日，中国人民志愿军首批部队跨过鸭绿江，进行抗美援朝战争。虽然苏联并未向中国提供重大军事援助，但是中国人民靠自己的力量在朝鲜战斗，打败了不可一世的美国侵略者，迫使其退到北纬38度线以南，并于1953年7月27日在朝鲜板门店签订了停战协定。

美军卡车越过“三八线”

知识链接

苏联的核武器

——为什么朝鲜战争没有演变成一场核战争

有一件事情，我们至今也不敢说“我们现在知道了”。这就是苏联拥有核武器这一事实到底在多大程度上阻止了美国在战争中使用这种武器。苏联在 1949 年夏天爆炸了它的第一个核装置。当朝鲜战争开始时，苏联仅拥有为数不多的核武器。美国作为一个从 1945 年就开始拥有核武器的国家，此时核武库中已有 200 多枚核弹。在美国的远程轰炸机部署完毕，可以随时打击苏联城市时，苏联还没有能力将核武器投送到美国。显然，核力量的天平是偏向美国的。但是，一旦美国用核弹轰炸了在朝鲜或者中国东北的中国军队，就可能导致苏联发起毁灭性的报复性打击。驻在中国东北的苏联轰炸机可以轻易地对釜山地区进行打击，这将造成数以万计的美军伤亡并杀死数百万的朝鲜人。我们现在知道的一件事就是，朝鲜战争拉开了超级大国核军备竞赛的序幕。在战争结束时，美国的核武库中已经拥有 800 枚核弹，苏联也有了 200 枚。

——莫里斯·艾泽曼．美国人眼中的朝鲜战争．陈昱澍，译．北京：当代中国出版社，2005：23.

朝鲜战争具有极其重大的历史意义，在冷战发展史上具有深远影响。

第一，战争的结果证明了中国是世界政治中不可忽视的强大力量，是与美苏同等重要的世界大国。中国军队在这次战争中的胜利，使中国受到全世界的尊重，这对后来中外关系的发展具有重大影响。

第二，美军侵朝的失败彻底改变了美国的冷战策略。美国不再只把欧洲看成冷战的重点，亚洲也成了冷战第一线，中国则成为美国在亚洲的主要敌人。美国不再设想与中国实现关系正常化，中美双方开始对立，直到1972年才结束冷战状态。朝鲜战争爆发后，美国政府立即向国会要求巨额预算以“保卫朝鲜半岛南部、台湾、菲律宾和支持法国在印度支那的殖民战争”。美国不再提反对英、法殖民主义，而是三国勾结共同镇压殖民地人民的革命运动。

不过，杜鲁门与艾奇逊在朝鲜问题的态度上与麦克阿瑟略有不同。杜鲁门、艾奇逊入侵朝鲜是出于政治考虑，从冷战思维出发，美国参战是为了向全世界表明其反共的决心，美国不允许共产党在世界任何地方推翻现存社会制度。而麦克阿瑟则不同，他一直认为反共第一线在亚洲。既然已经爆发了“热战”，就必须用一切手段打击朝鲜民主主义人民共和国，包括使用原子弹。如果中国参战，则应轰炸中国东北。为此，他发表了大量言论，并访问中国台湾，说美国准备实施“保卫”计划。

麦克阿瑟的讲话遭到中国人民乃至世界人民的反对，连美国的亲密盟友英国也反对，要求美国政府澄清对华政策。杜鲁门政府见状不得不把麦克阿瑟免职，并寻求机会与中国谈判，结束战争。麦克阿瑟被免职，标志着美国继续冷战政策，而不是进行“热战”或世界大战。

第三，朝鲜战争使美国制定了“有限战争”的策略，并首次使用。所谓“有限战争”，就是把战争局限在朝鲜半岛，不扩大到中国，以免引起世界大战；同时，战争中只使用常规武器，不使用原子弹。后来美国遵循这一战略，在侵越战争中虽然一败再败，直至输掉，也始终未使用核武器。这一理论，至今仍在使用。

第四，朝鲜战争影响了美国的政治，使之更趋右倾。第二次世界大战后，杜鲁门政府抛出了杜鲁门主义、马歇尔计划，支持联邦德国和北约。美国由于拥有原子弹优势而十分自信，在欧洲进行冷战的同时，国内政治相对平静。但是，1949年8月苏联成功爆炸了第一颗原子弹，改变了力量的对比。而此时揭露出，是英国原子能科学家克劳斯·富克思把制造原子弹的秘密给了苏联，美国上下一片惊慌，要大抓国内苏联间谍。朝鲜战争爆发后，参议员麦卡锡带头追究谁使美国失去了中国，要国务院有关官员负责，掀起了歇斯底里的白色恐怖浪潮，迫害进步人士。美国政府走向反共极端，冷战加剧，使20世纪50年代成为亚洲冷战史上最为激烈的十年。但在欧洲，由于苏联的退让，则出现了冷战“结束”的假象。

第五节　冷战与苏联

一、苏联应对美国发动的冷战

在美国和西欧与苏联的对抗中，苏联始终处于守势，并不想侵略西方。但美国和英国等西方国家为了自己的利益，不断阻止苏联势力的扩大，在反共旗帜下发动了冷战，苏联被迫应战。

斯大林开始是准备与西方妥协的，他只想在中欧和东欧建立对苏联友好的国家。并且在波兰、捷克斯洛伐克、保加利亚和罗马尼亚，他原本并不坚持建立由共产党领导的国家，更不鼓励西方共产党革命。这是因为经过第二次世界大战，苏联虽然胜利，但国民经济亟待恢复，需要一个和平环境。

然而西方步步进逼，美国和西欧国家筹建联邦德国，引起斯大林的警觉。继而关于德国东西部达成协议、实现统一的努力失败，冷战开始。联邦德国军队的重建、以美国为首的西方结盟反苏，使斯大林不能不做准备。杜鲁门主义的提出和马歇尔计划的出笼都是为了复兴西方、反对苏联，因此苏联的应战是正义的。美国的原子弹，显而易见将用来反苏，因此苏联势必要发展自己的核武器以图自卫。

在冷战初期，英美不停地制造事端、阴谋以反对苏联。例如，从1949年到20世纪50年代初，美国策划了阿尔巴尼亚前国王诺格在阿尔巴尼亚的复辟，其目的是在阿尔巴尼亚掀起反苏浪潮，颠覆亲苏政权。流亡国外的阿尔巴尼亚反动分子在美国帮助下登陆，但被击败。此后数年，美国一直支持他们进行了数次登陆，但全部被打败。英国向立陶宛、爱沙尼亚、拉脱维亚派出许多间谍组织暴动，但都被苏联抓住，他们的阴谋被一一粉碎。面对西方的颠覆与破坏，苏联不得不进行准备。为了国家的生存，苏联政府围绕反击西方的侵略和威胁制定了政策，不过仍希望缓和与西方的关系，不愿发生直接对抗，这种政策对维护世界和平发挥了巨大作用。但斯大林逝世后，情况有所改变。

1953年4月，斯大林死后仅一个月，苏联就对朝鲜停战谈判施加影响，促使各方早日签订停战协定。而从2月开始的与奥地利签订和平条约的谈判，也在加紧进行。1953年夏，苏联指示捷克斯洛伐克政府释放一位两年前在布拉格从事间谍活动被捕的美国记者。同时苏联领导人马林科夫发表了和平讲话，宣称没有什么问题是不可能通过谈判来解决的。接着，苏联恢复了与希腊、以色列，甚至南斯拉夫的外交关系，还宣布要与中东各国，特别是土耳其、伊朗和睦相处。

1954年夏天，苏联与中国一起参加了日内瓦会议，会上达成了有关解决印度支那战争的协议。苏联做出了巨大让步，1955年5月15日，签订了与奥地利的和平条约。日内瓦会议后，东西方关系进入了一个新时代。但苏联的一系列让步并未达到其主要政策目标，即防止西欧，特别是联邦德国的重新武装，东西关系的缓和也并未使美国和西欧放弃北大西洋公约组织。

1955年2月，马林科夫下台，赫鲁晓夫上台，准备进一步改善与西方和南斯拉夫的关系。1955年5月，赫鲁晓夫访问了南斯拉夫首都贝尔格莱德，苏南关系正常化。1955年7月，赫鲁晓夫在苏联共产党中央秘密会议上发表演讲，声明必须避免与西方发生冲突。苏联应该有机会可以使第三世界国家加入其阵营，如果独立国家不愿倒向苏联，也可以鼓励它们奉行对苏联友好的政策，因此不必与西方发生战争。1955年9月，联邦德国总理阿登纳访问苏联，双方关系正常化。

但是，赫鲁晓夫的政策不仅是防御，也带有进攻色彩，因此人们认为这一时期的冷战是苏美争夺世界。例如，1955年11月与12月，赫鲁晓夫与布尔加宁访问了印度、缅甸和阿富汗，并应阿富汗的邀请，派军队支持其与巴基斯坦之间的军事冲突；同时给予印度、缅甸经济援助，采取措施改善与中国和东南亚各国的关系。1955年7月在日内瓦召开了美苏等国最高级会议，会后，苏联与埃及进行了武器交易，寻找机

铁托和赫鲁晓夫

会扩大影响。

赫鲁晓夫认为资本主义一定会灭亡，共产主义一定会在全世界胜利，但是不同社会制度的国家可以和平共处。他认为印度的独立是非暴力议会道路的成功。他甚至想和西方反对共产主义的社会党人结成工人阶级统一联盟，使西欧国家脱离美国。上述内容，就是人们所说的“和平共处”、“和平竞争”和“和平过渡”的“三和”路线。

1956 年 4 月，布尔加宁与赫鲁晓夫访英。但这次访问并不成功，英国首相艾登指责苏联鼓动埃及总统纳赛尔反英，并通过捷克斯洛伐克向埃及供应武器，打破了中东的均势。

总之，赫鲁晓夫上台后推行的路线开始缓和东西方矛盾，同时改变了过去苏联在冷战中处于被动的局面，使世界从僵硬的武装对峙转为没有战争的争霸。不过，虽然美国竭力反苏，防止共产主义向西欧和世界其他地方扩散，但在东欧问题上基本上按《雅尔塔协定》划分的势力范围行事，没有公开干涉苏联在东欧的活动。

二、苏联与东欧

赫鲁晓夫上台后，在 1956 年 2 月召开的苏联共产党二十大上做了秘密报告，以“反对个人迷信”为名，大反斯大林。他对斯大林耸人听闻的攻击在东欧引起强烈反响，造成了东欧局势的动乱。赫鲁晓夫在苏联释放斯大林时期的政治犯，推行经济改革，如提高农产品价格、增加农业投资、发展轻工业、解决住房困难及提高最低工资等等。上述做法进一步挑起了东欧要求摆脱苏联控制、发展经济、走各国自己的社会主义道路的情绪，由此引发了一系列事件。

首先是波兹南事件，即波兰对苏联发起的挑战。斯大林逝世后，波兰首先发难是有原因的。斯大林为了苏联的安全，决心牢牢控制波兰。这是因为对苏联来说，波兰的战略地位极其重要，苏联绝不允许波兰再出现铁托式的人物。因此当 1948 年波兰统一工人党第一书记哥穆尔卡试图改革，走波兰式社会主义道路时，斯大林罢免了他，并在 1951 年把他关入监狱。而哥穆尔卡的对手，波兰总统贝鲁特则被任命为第一书记。贝鲁特过去是第三国际成员，主张学习苏联模式。而斯大林本人在处理波兰问题时犯了大国沙文主义错误，例如任命波籍苏联元帅罗科索夫斯基为波兰代总理兼国防部长，罗科索夫斯基组建了一支40万人的波兰军队。

斯大林由于担心联邦德国要求收回战后划给波兰的西里西亚和东普鲁士领土，又派大量苏军驻扎波兰。因此，波兰成为华沙条约组织中最重要的反西方成员国。在经济上，波兰与苏联关系最为密切，是经互会的成员。经互会成立于1949年，全称为经济互助委员会，是苏联组织建立的社会主义国家经济互助组织。经互会成立初期只是作为对付西方合作和马歇尔计划的一种措施，在经济上并没有真正发挥作用。由于波兰照搬苏联模式，强调重工业与军事工业，所以消费工业不振，人民生活水平下降；农业集体化收效甚微，1955年前，只有10%的可耕地集体化。1949年，波兰天主教与政府关系急剧恶化，1952年教会特权被取消，主教和牧师被捕关押。上述措施引起了具有强烈宗教情感的波兰人的不满。然而只要苏联控制不放松，波兰就不可能真正独立。因为波兰军队由苏军军官指挥，强大的苏军驻扎在波兰领土上，可随时扑灭任何动乱。

因此，斯大林逝世后，波兰并未立即发生动乱，只是由于赫鲁晓夫路线贯彻到波兰，才出现波兹南事件。当时贝鲁特手握大权，但按苏联的指示，必须实行“集体领导”，不能由一人同时兼任总理和第一书记，贝鲁特被迫让步。这样，党内出现了改革派，奉行与苏联步调一致的政策，释放了政治犯，其中包括哥穆尔卡。在这种政治气氛下，各种观点出现，西方影响也发生了作用。改革派与正统派的争论激化。

赫鲁晓夫大反斯大林的秘密报告对推行斯大林路线的贝鲁特及波兰共产党等是一个沉重打击，这是贝鲁特几周后因心脏病死于莫斯科的主要原因之一。继任第一书记的是奥哈布，他执行比较现实主义的政策，进行政治经济改革。这种突然的变化导致了波兰危机，危机最先发生在1956年6月上旬。当时波兰重要工业城市波兹南的斯大林机车车辆厂的工人要求增加工资和降低所得税，由于未得到及时答复，工人进行了示威游行，并发生了攻打党政机关、警察局等的暴力行动。随后波兰当局进行了镇压，这次事件死伤三百余人。

之后，波兰共产党中央政治局陷入了混乱与分裂。有人认为波兹南事件是“敌特”挑动的反革命事件，而改革派则认为是人民合法表达愤怒、要求脱离苏联控制的自发事件。不久，波兰成立了“工人委员会”，哥穆尔卡成为反对派领袖，提出了改革方案。1956年10月中旬，危机达到高潮。10月19日，波兰共产党召开二届八中全会。赫鲁晓夫未经邀请就亲率一个代表团到达华沙，波兰暂时休会，与赫鲁晓夫谈判。赫鲁晓夫意识到，如果波兹南问题处理不当将危及他的改革与地位，所以应避免使用苏军进行镇压。哥穆尔卡则使赫鲁晓夫确信他是一位坚定的共产主义者，所希望的只是纠正斯大林的错误，波兰虽然要求独立于苏联，但仍将是苏联的盟友。

赫鲁晓夫经过调查，知道波兰局势严峻，广大人民支持哥穆尔卡，一旦动武，波兰军队也将站在哥穆尔卡一边。因此赫鲁晓夫同意由波兰共产党独自解决本国事宜，然后返回苏联。年底，波兰共产党党内的亲苏派被撤换，苏联保证不干预波兰内部事务。波兰成了独立自主的社会主义国家，哥穆尔卡也履行了对苏联的承诺，仍然是华沙条约组织成员，也未支持匈牙利事件。

其次是匈牙利事件。匈牙利在第一书记拉科西领导下，奉行苏联模式社会主义。拉科西在党内独裁，消灭政治对手，甚至下令绞死内政部长累克，对任何改革计划都加以反对。苏联在大反斯大林后，感到他不适宜再担任第一书记，于是1956年6月迫使其辞职，由其助手格罗代替。但格罗并不是一位受人民支持的领导人，对匈牙利日益抬头的民族主义及苏联共产党二十大对匈牙利的冲击并不重视。

1956年3月，匈牙利成立了以知识分子为主体的裴多菲俱乐部。在波兹南事件后，裴多菲俱乐部向匈牙利共产党提出让曾任部长会议主席的纳吉上台等要求。10月23日，匈牙利首都布达佩斯的学生上街游行，支持波兹南工人罢工。开始，示威是和平的。但到了黄昏，示威者与军警产生冲突，发生了暴乱。

10月24日，匈牙利政治局做出让步，任命纳吉为总理，格罗仍为第一书记。纳吉是深受拥护的共产党领导人，他发表了告全国人民书，试图制止暴乱。同时，格罗同意请苏军进行干涉。政治局感到事态严重，暴乱已经扩散至全国，而匈牙利军队是否予以镇压是个问题。此时有的人把暴乱称为起义。10月24日，苏联特使苏斯洛夫和米高扬抵匈，他们同意纳吉的观点，即苏军的干涉是错误的，并同意免去格罗的职务，由谨慎的改革派卡达尔接替。苏联首要考虑的是平息事态，以免匈牙利事件的影响传播到捷克斯洛伐克、罗马尼亚和保加利亚。匈牙利共产党做了极大努力使苏联撤军，但客观效果造成了一种印象，即匈牙利反苏、反对苏军占领取得了胜利。

10月29日，米高扬与苏斯洛夫回到苏联。第二天，纳吉宣布匈牙利将成立多党制政府。不过当他宣布匈牙利退出华约时，他的政治生命也就完结了，因为苏联绝对不允许匈牙利投入西方阵营。苏联认为英、法正在苏伊士运河危机中焦头烂额，自顾不暇；而美国顶多只限于抗议；波兰正忙于内部事务；南斯拉夫不可能干预匈牙利内政。因此在与中国、保加利亚、罗马尼亚、捷克斯洛伐克商议，并取得一致意见后，苏联决心镇压匈牙利暴乱。干预借口由卡达尔提供。这时卡达尔与纳吉已经分道扬镳，他认为纳吉及其支持者是反革命。11月1日卡达尔离开布达佩斯，11月3日成立工农革命政府，要求苏联出兵平息匈牙利反革命叛乱。同日，苏军坦克攻入布达佩斯。纳吉逃到南斯拉夫大使馆避难，但在离开大使馆时被捕，后来被判死刑。

卡达尔虽然在苏联坦克的帮助下恢复了权力，却努力实现了匈牙利真正的独立。他接受苏联要求，即不允许匈牙利成立多党制政府，也不能中立，必须站在苏联一边。但他也向苏联提出两点要求，即允许匈牙利像波兰一样，有一些自治权利；同时可以选择自己的道路建设社会主义。这两点要求正是赫鲁晓夫推行的东欧政策，因此苏联完全同意。很快，全世界惊奇地发现，卡达尔在社会主义阵营内进行了大胆的改革。在经济领域，卡达尔奉行新的路线，减少中央控制，允许一定范围存在私有企业，这使匈牙利成为世界上最开放的和经济发展效率最高的社会主义国家。赫鲁晓夫平息了因反对斯大林而在波、匈引起的动乱后，就把外交重点转向了全世界。

三、赫鲁晓夫的全球战略

赫鲁晓夫十分强调核武器的重要性，因此十分注意发展核工业。1957年10月，苏联成功地发射了世界第一颗人造地球卫星，表明苏联的科技发展已经走在美国前面。这使美国艾森豪威尔政府限制军备的政策失败，并使肯尼迪决心缩小美苏核技术之间的差距，于是美苏核竞赛加剧。

斯大林的对外政策主要集中在欧洲，而赫鲁晓夫则转向全球。由于美国承认了苏联在东欧的地位，双方在欧洲关系缓和。但在世界其他地区，双方则继续进行争夺。在中东，苏联支持埃及和叙利亚，反对西方在这些国家建立军事基地，帮助埃及修建了阿斯旺大坝。尽管如此，苏联并未赢得阿拉伯世界的友谊。1956 年 11 月苏伊士运河危机，苏联只是对英法进行威胁，并未采取实质行动。而美国支持以色列，同时也想控制阿拉伯国家。在亚洲，苏联与中国的关系从一开始就很微妙，斯大林一定程度上把中国视为苏联的伙伴，例如要求中国主要进行农产品生产等。中国为了大局、为了维护斯大林的威信和社会主义国家之间的团结，没有公开一些矛盾。斯大林逝世后，赫鲁晓夫口头上说要采取措施改善与中国的关系，然而从 1956 年 2 月苏联共产党召开二十大后，两国共产党关系恶化。

新中国成立之初，虽然宣布“一边倒”，但是却奉行独立自主的外交政策。赫鲁晓夫大反斯大林，推行“三和一少”的政策，特别是丢掉革命原则，与美国妥协，瓜分世界，这些都遭到了中国共产党的反对。而赫鲁晓夫仍妄想中国共产党服从苏联共产党不正确的政治路线，因而两党发生分歧。中国当时仍需要苏联的经济援助，但 1960 年 7 月，苏联政府废除了两国经济技术合作的各项协议，赫鲁晓夫把两党分歧扩大到两个国家的层面上，损害了两国的关系。

从 1961 年苏联共产党二十二大开始，苏联共产党及其控制下的一些社会主义国家的政党开始攻击中国。中国共产党被迫反击，于 1963 年至 1964 年先后发表九篇文章，评论苏联共产党中央攻击中国的公开信，开始了对赫鲁晓夫修正主义的批判。中苏之间的论战，表明了国际共产主义运动的分裂。

四、第三次柏林危机

这时又爆发了第三次柏林危机。由于西方利用西柏林进行反苏反共宣传，大量民主德国甚至东欧的人士经西柏林逃往西方。苏联和民主德国都想结束这种状况，而西方却想继续利用西柏林进行冷战，拒不撤走。于是，赫鲁晓夫威胁要与民主德国签订和平条约，从而把整个柏林交还民主德国，届时民主德国就可行使对西柏林的主权，苏联还将把柏林的空运和陆路控制权完全归还民主德国。

进入 20 世纪 60 年代，美苏关系不断恶化。美、苏、英、法原定于 1960 年 5 月 16 日在巴黎召开最高级会议，准备解决柏林问题与德国问题。然而美国 U-2 间谍飞机入侵苏联领空，于 5 月 1 日被击落，恶化了美苏关系，巴黎最高级会议被取消。1961 年赫鲁晓夫与肯尼迪举行维也纳会议，但一无所得。1961 年 6 月 3 日，肯尼迪与赫鲁晓夫的会谈讨论了民主德国人士逃往西方的问题，赫鲁晓夫希望把西柏林归还民主德国，肯尼迪则表示西方绝不会在西柏林问题上让步。苏联与民主德国签订和平条约一事就此无限期地拖延下来。

大批民主德国人士逃往联邦德国，引起了严重的社会问题，联邦德国政府不堪重压。而美国政府考虑到美苏斗争已经激化到矛盾一触即发的地步，因此希望建立柏林墙来缓和双方的矛盾。于是美国联邦调查局在民主德国进行了鼓动民主德国政府修建柏林墙的阴谋，特工人员在民主德国政府中宣传大量民主德国人民逃亡到联邦德国将使民主德国崩溃的消息。这种宣传引起了民主德国党和国家领导人的担心，因此做出了修建柏林墙的决定。

民主德国政府担心苏联反对修建柏林墙，所以采取先斩后奏的办法，修好后再报告赫鲁晓夫。1961 年 8 月 13 日，在东、西柏林的边界先拉起铁丝网，后来又修起水泥墙，并设立武装岗楼。柏林墙修好后，苏联认为这是一个很好的解决办法，因此对既成事实予以支持。美国与西方国家在事后几天，才不痛不痒地假装抗议民主德国修建柏林墙。

柏林墙

美国政府还指示联邦调查局向联邦德国政府施加压力，控制新闻媒体，让其不要刊登鼓励联邦德国人民反对柏林墙的文章。联邦调查局还奉命防止民主德国人民冲击柏林墙的事件发生。在美国特工的努力下，民主德国人民没有冲击柏林墙。事实证明，柏林墙并不是西方宣传的那样，由苏联为进行冷战而修建、人为划分了欧洲冷战的界限、是共产党的“铁幕”等。客观而言，柏林墙是冷战的产物，但柏林墙的修建，美国和苏联都要负责任。

这时古巴导弹危机发生，美苏斗争达到危机高峰。战后，古巴人民在卡斯特罗领导下进行革命，推翻了亲美的巴蒂斯塔政府，并于 1959 年 1 月 1 日建立了古巴革命政府，要求苏联给予援助。1960 年苏古达成协议，苏联给予古巴贷款，并且购买古巴蔗糖。1961 年 4 月，美国支持的古巴流亡分子在猪湾（吉隆滩）登陆，企图颠覆古巴政府，但被古巴军队歼灭。这次登陆的失败，使古巴完全转向依靠苏联。

美国的政策是消灭古巴革命政权，以免革命扩散到整个拉美。而苏联则要巩固在古巴取得的地位，并向拉美扩张。1962年，赫鲁晓夫决定在古巴部署防御性导弹，以保卫古巴。由于这一行动使美国处于苏联导弹的射程之内，美国立即表示反对，美苏进入了核战争边缘。赫鲁晓夫在取得美国不再进攻古巴的保证后，撤出了部署在古巴的导弹。从结果上看，美苏在这一事件中打成了平手。虽然苏联被迫撤走导弹，但美国保证此后不再公开入侵古巴。

而古巴的存在对拉丁美洲及世界其他国家和地区形势的发展，也具有重大影响，如古巴支持厄瓜多尔等中美洲国家的革命等。赫鲁晓夫的对外政策令苏联共产党中央政治局其他成员感到担心，加上赫鲁晓夫在国内进行的改革成效不大，特别是农业上没有成功，因此苏联共产党中央政治局决定撤换他。1964年10月，当赫鲁晓夫到黑海疗养时，莫斯科宣布了他下台的消息。

推荐阅读书目

白建才．美苏冷战史．西安：陕西师范大学出版社，1996.

黄正柏．美苏冷战争霸史．武汉：华中师范大学出版社，1997.

雷蒙德·加特霍夫．冷战史：遏制与共存备忘录．伍牛，王薇，译．北京：新华出版社，2003.

约翰·W. 梅森．冷战（1945—1991）．余家驹，译．上海：上海译文出版社，2003.

Arthur M. Schlesinger，Jr. A Thousand Days：John F. Kennedy in the White House. Boston：Houghton Mifflin Company，1965.

Christian F. Ostermann. Uprising in East Germany，1953：The Cold War，The German Question，and The First Major Upheaval Behind the Iron Curtain. Budapest and New York：Central European University Press，2001.

John Lewis Gaddis. We Now Know：Rethinking Cold War History. New York：Oxford University Press，1997.

Peter Calvocoressi. World Politics since 1945. 6th ed. London：Longman，1991.

David Caute. The Great Fear：The Anti-Communist Purge under Truman and Eisen hower. London：Simon & Schuster，1978.

Vadney T E. The World since 1945：A Complete History of Global Changes from 1945 to the Present. 2nd ed. New York：Penguin Books，1992.

第四章

冷战的缓和与局部战争

第一节 美苏主宰世界

一、冷战中美国面临的困境

20 世纪 50 年代冷战的发展给 60 年代带来了危机。1960 年 11 月，民主党参议员、极端反共的肯尼迪当选为美国总统。他没有外交活动经验，推行了全球反共战略和全面扩张战略，恶化了与苏联的关系，并遭到第三世界国家的强烈反对。肯尼迪上台前攻击艾森豪威尔政府以及竞选对手尼克松对古巴的政策太软弱，并表现出一副强烈好战的面孔。肯尼迪上台后即把冷战危机推向高峰。

艾森豪威尔政府留下了几个棘手的问题，这些问题发展到 1961 年上半年，已经到了快要爆炸的地步。这几个问题是柏林问题、古巴问题和印度支那问题。由于 U-2 飞机事件之后美苏关系恶化，赫鲁晓夫公开宣布苏联将支持世界上一切“民族解放运动”，使苏联过去在冷战中的防御政策变成了进攻政策，出现了美苏两个超级大国争斗的局面，冷战发展到一个新阶段。

肯尼迪认为赫鲁晓夫的讲话是对自由世界的挑战，即苏联将支持一切国家反帝反殖的所有起义和运动，因此美国坚决充当反共领袖，保卫“自由世界”。但是，美国在承担这一任务时显得力不从心。1961 年 4 月，古巴、越南和老挝同时发生危机，肯尼迪陷入手忙脚乱之中。4 月 19 日，美国支持古巴流亡分子入侵猪湾，但被彻底击溃。第二天，肯尼迪就下令检查美国援越的军事、政治、经济准备，以防越南共产党夺取南越政权。4 月 26 日，美国在老挝处境恶化，处于灾难边缘。由美国支持的富米·诺萨万和文翁·占巴塞领导的右派政府和军队遭到沉重打击，而苏联支持的巴特寮部队节节胜利，致使美国在老挝几无立足之地。于是，肯尼迪开始考虑轰炸越南南方和中国南部城市。4月29日，美国政府讨论了派军队到泰国和越南的可能，但未做出决定，只派了700人军事代表团到越南南方。这一决定在5月得到国会批准，同时增派400名特种部队，并向越南南部傀儡政权提供了大量军事援助，使南越军队从15万增加到17万。此外，美军也被派驻泰国。在老挝，由于美国向赫鲁晓夫施加强大压力，苏联减少了对巴特寮的援助。

但是南越形势的发展越来越不利于美国，吴庭艳集团腐败无能，南越军队士气低落，政权岌岌可危。于是美国决定直接进行军事介入，1961年秋，曾任侵朝美军司令的马克斯韦尔·泰勒向肯尼迪建议派遣8 000人的美国战斗部队。美军总参谋部甚至做了错误估计，认为只要派4万美军到南越，就可以消除越南共产党的"威胁"，如果越南北方和中国派军队到南越支持越南共产党游击队，那只消派12.8万名美军到南越，就可以击退他们。同时，总参谋部还讨论了轰炸越南北方的计划。副总统约翰逊更是叫嚷一定要消灭东南亚的共产党，否则美国将失去太平洋。

肯尼迪对只派几千美军到南越就可改变该地区军事形势的建议表示怀疑，而且也曾公开表示反对派遣大部队到南越，但在1963年10月，即被刺身亡前，他已经撕毁了《日内瓦协议》，向南越派出了1.6万人的美军部队。美国决心独立干预南越事务，消灭南越共产党游击队。为此，肯尼迪拒绝了英国参加南越作战的要求。同时，美国在太平洋地区的盟国泰国、韩国、澳大利亚及菲律宾几乎都没有帮忙，法国还劝美国不要陷入南越泥潭。

为了对付第三世界的革命，肯尼迪抛出了"灵活反应战略"，即通常所说的"特种战争"。其战略是，用经过训练的特殊部队进行反游击战，消灭游击队，这样可以不冒与苏联发生战争的风险。"灵活反应战略"首先在南越使用。在古巴，肯尼迪继续艾森豪威尔的反动政策。1961年4月17日，美国支持流亡分子入侵古巴，但18日和19日两天，流亡分子就被卡斯特罗打垮。美国本来准备进行军事干涉，以拯救被打垮的这伙入侵歹徒。然而苏联宣布，如果美国干预，将出兵保卫古巴。于是美国只好眼看这些亡命之徒被消灭。共有一千多人被俘。

此后，中央情报局进行了多次暗杀活动，企图杀死卡斯特罗，例如设计了有毒的雪茄烟，在饮料中下毒等，但这些阴谋活动一一失败。除古巴之外，其他拉美国家政局也不稳定，社会动乱，面临革命的风暴，这使美国如同坐在火山口上。为了缓和危机，美国决定推行与苏联缓和关系的政策。

1961年6月，肯尼迪与赫鲁晓夫举行了维也纳最高级会谈，双方达成一定妥协：美国在老挝问题上让步，让受美国排斥的梭发那·富马重新执政，实现中立化，而赫鲁晓夫则保证要限制越南北方和中国对南越游击队的支持。此前双方于1961年5月召开了第二次日内瓦会议，经过14个月的艰苦谈判，于1962年7月签订了条约，同意老挝"中立"，组成以梭发那·富马亲王为首的多党联合王国政府。但在其他问题上，双方均未放弃自己的立场。

这一时期的冷战围绕着第三世界人民的民族解放战争而进行。美国到处侵略，但到处碰壁。苏联公开宣称支持一切"民族解放运动"，并给予许多国家财政援助。但是许多反对帝国主义和殖民主义的第三世界国家都是由民族主义者领导，他们既想摆脱西方统治，又不想依附苏联。因此，赫鲁晓夫的对外政策并未给苏联带来好处。然而，美国和苏联在冷战中的这种针锋相对的斗争，很快就因古巴导弹危机而发生逆转，美苏由对抗转变为合作主宰世界。古巴导弹危机翻开了冷战史上新的一页。

二、美苏主宰世界

美国支持古巴流亡分子，在1961年4月猪湾登陆失败后，又拟订了推翻卡斯特罗革命政府的特别计划，于1961年12月开始执行。这一计划不仅从政治、经济上孤立古巴，还包括了各种暗杀卡斯特罗的计划。美国派出特工队炸毁、破坏古巴的桥梁、重要交通设施、石油冶炼厂和糖厂，甚至派人毒死古巴农民喂养的小鸡、毒死收获庄稼的农民。同时派人在古巴卖给苏联的糖中放毒，离间苏古关系。这样做的目的是在古巴制造灾难和混乱，引起人民起义，然后美军好借机入侵。直到1962年10月古巴导弹危机前几天，肯尼迪还下令将推翻卡斯特罗政府的特别计划升级。

在这种背景下，古巴请求苏联帮助。赫鲁晓夫面对美国在全球的侵略和对苏联的蔑视，决定把导弹部署在古巴，以制止美国狂妄的反苏叫嚣。美国的确欺人太甚，使苏联不能忍受。例如1962年春，美国国防部长麦克拉马拉及其他政府官员公开自吹美国核武器已大大超过苏联，并说如果发生战争，苏联将被消灭。而肯尼迪1962年3月在美国《星期六晚邮报》上发表文章说，局势的发展可能导致美国首先攻打苏联，苏联必败。赫鲁晓夫深知苏联核武器还落后于美国，但如果把武器部署在古巴，就将作为一种核威慑力量，不仅能使古巴不受入侵，而且可增加苏联在全球抗衡美国的力量。因此他不顾葛罗米柯及米高扬等苏联其他领导人的劝阻，下令于1962年4月至8月把导弹运往古巴。

漫画：古巴导弹危机

8月29日，美国U-2飞机在古巴上空拍下了苏联技术人员正在构筑SAM地对空导弹发射架的照片，于是美国国会授权肯尼迪总统在需要时可以使用武力干涉。肯尼迪知道SAM地对空导弹只是防御性导弹，根本不会对美国构成威胁，同时他也知道赫鲁晓夫不会蠢到发动核战争的地步。肯尼迪不想挑起不必要的危机，但是决心以核讹诈为手段，在一定程度上掀起反苏浪潮。所以从一开始，古巴导弹危机就注定是一场虚惊。

9月12日，肯尼迪举行记者招待会，宣布“如果苏联在西半球建立军事基地，美国将尽一切力量保护自身安全和盟国安全”。肯尼迪的上述讲话并未使赫鲁晓夫害怕，他低估了美国可能采取行动的程度。他还认为如果肯尼迪发现苏联在古巴修建了发射场，那么一定不敢冒核战之险，而是将掩盖真相。按赫鲁晓夫的设想，肯尼迪在此前已经允许苏联向古巴运送了大量武器，而且对赫鲁晓夫宣称坚决保卫古巴的讲话无可奈何，那么，在美国大选前，由于担心反对派攻击，肯尼迪不可能因苏联问题影响他在国内的地位。9月前，美国反苏的活动集中在西柏林问题上。第三次柏林危机使美国面临要么放弃柏林，要么与苏联打仗的局面。

1962年10月14日，美国U-2飞机再次拍下了苏联正在古巴构筑导弹发射架的照片，不过当时不知道其主要结构。这时西方在莫斯科的间谍奥勒格·彭可夫斯基提供了有关情报，事后他被苏联国家安全委员会逮捕并处以死刑。10月14日之后，美国国家安全委员会进行了激烈辩论，最后得出结论：不论冒什么风险，都必须迫使苏联撤走导弹。美国军方希望空袭古巴，摧毁导弹发射场。肯尼迪开始也准备制造借口攻打古巴，但是考虑到1941年日本突袭珍珠港给全世界带来的恶劣影响，他接受了英国驻古巴大使奥姆斯比·戈尔的建议，在海上封锁古巴。美国部队做好了战争准备，包括使用携带核弹头的B-52轰炸机。

10月24日，两艘苏联船抵达距古巴海岸线500海里的美国对古巴封锁线后，被迫停下。美国要求苏联立即撤走导弹，美苏冲突的重心从西柏林一下转移到古巴。苏联驻美国大使馆参赞亚历山大·福民于当天递交了赫鲁晓夫给肯尼迪的信，信中提出要求，如果美国保证不攻击古巴，那么苏联可以撤走导弹。27日，赫鲁晓夫再次给肯尼迪去信，同意撤走导弹，但也要求美国从土耳其撤走导弹。

这时发生了两起U-2飞机事件，使危机达到高潮。首先是一架入侵古巴的U-2飞机被苏联导弹击落，驾驶员被击毙。这一事件并非克里姆林宫的命令，而是苏联在古巴的军事指挥官擅自行动。美军认为这是苏联精心策划的升级行动，美军总参谋部要求肯尼迪立即下令对古巴进行空中打击，并入侵古巴。同时，美国另一架U-2飞机侵入苏联领空，在西伯利亚被击伤。美国宣称U-2飞机入侵苏联领空并非蓄谋，而是“偶然事故”。肯尼迪本人为此感到棘手，下令不再派出U-2飞机，因为下一次“偶然事故”将使局势更加危险。但是美国U-2飞机在古巴被击落的消息在苏联引起的冲击比在美国大，赫鲁晓夫认为局势的发展将失去控制，因此决定如果美国做一些让步，他就撤走导弹，交换条件就是美国保证不入侵古巴，同时从土耳其撤走美国导弹。

知识链接

赫鲁晓夫给肯尼迪的信（节录）

（1962年10月27日）

现在全世界都感到不安和期待我们采取明智的行动。宣布我们的协议、宣布冲突已根本消除，这对各国人民来说将是最大的愉快。我认为这个协议具有重大的意义，因为它将是一个良好的开端，特别是它将有助于达成关于禁止试验核武器的协议。

——张宏毅. 当代世界史资料选辑：第一分册. 北京：北京师范学院出版社，1990：123.

当10月27日肯尼迪获知苏联的上述要求后，明白了苏联并不想发动核战争，因此立即下令撤回对苏联在古巴的导弹基地进行打击的命令，同时要求司法部长罗伯特·肯尼迪与苏联驻美国大使会晤。苏联驻美国大使安拉托利·杜布雷林半小时后赶到美国司法部，双方进行会谈。罗伯特给了苏联大使一道最后通牒：在第二天，即星期日，要么苏联撤走导弹，要么美国轰炸古巴迫使苏联撤走；同时美国将撤走部署在土耳其的“朱庇特”导弹，这样做并不是害怕苏联，而是早有此打算。美国表示接受赫鲁晓夫的第一个要求，即如果苏联撤走导弹，美国就不入侵古巴。

当晚，肯尼迪下令做好入侵古巴的准备。第二天，美国国务院从广播中听到莫斯科电台消息，即赫鲁晓夫接受美国提案，答应部署在古巴的21枚“进攻”式苏联导弹将在联合国监督下撤出古巴，但条件是美国不能入侵古巴，也不能入侵西半球任何国家。美国承诺美军不再入侵古巴，同时申明本来就准备撤走在土耳其的导弹。至此，古巴导弹危机结束。虽然双方仍然存在紧张关系，但苏联在11月同意撤走部署在古巴的远程轰炸机，使双方关系完全缓和。

知识链接

肯尼迪给赫鲁晓夫的信（节录）

（1962年10月28日）

我现在就立即回答你10月28日的广播信件，尽管正式的文本还没有送到我手里，因为我认为迅速着手解决古巴危机是非常重要的。我认为对维持和平负有重大责任的你和我都知道局势发展本来正在接近事情可能变得无法驾驭的地步。因此我欢迎这封信，认为这是对和平的重要贡献。

——张宏毅．当代世界史资料选辑：第一分册．北京：北京师范学院出版社，1990：126．

古巴导弹危机虽然过去，但却具有划时代的意义。

首先，它使美国重新评估了核战争政策。国防部长麦克拉马拉得出了一个结论，即在有限战争中，不能使用核武器。核武器的作用只是威慑，不能使用。因为使用原子弹必将导致彼此的摧毁。这一结论促使美苏合作主宰世界，危机结束后，美苏在1963年建立了热线，以避免今后可能出现的麻烦问题。

其次，这两个超级大国发现了彼此的共同利益，即防止其他国家也拥有核武器，核武器只应控制在美苏手中。为此，1963年8月，美苏签订了《部分禁止核试验条约》（《禁止在大气层、外层空间和水下进行核武器试验条约》），为了进一步发展核武器，条约允许进行地下核试验。

1968年7月1日签订了一个更为重要的《防止核扩散条约》，要求签字国不把核武器转移扩散到非核国家，或帮助其制造核武器。但限制核扩散的政策注定失败。因为古巴导弹危机结束后引起了世界各国的反思：依靠美苏是安全的吗？在危机期间，美国并未与北约成员国协商，这不但使成员国不满，而且使其感到如果真与苏联发生战争，美国为避免本土遭受核打击，将不会给予欧洲支持。

而在社会主义阵营一方，古巴是导弹危机的现场，但苏联根本不与古巴协商，卡斯特罗也有被出卖的感觉。因此法国、中国等国公开否定两个超级大国的做法，并发展自己的核武器。而且由于世界需要和平使用核能，许多国家都先后有了核反应堆。美苏不管以什么名目想进行核垄断，都只是梦想。虽然美苏合作主宰世界是古巴导弹危机的最后结果，但在合作时争夺也加剧了。从20世纪60年代到70年代，美苏军备竞赛加剧，互不信任。苏联在波兰与民主德国部署了导弹，美国也在联邦德国与意大利部署了导弹，双方在第三世界的争夺更为激烈。

古巴导弹危机最重大的历史意义是给了第三世界国家信心，只要坚持反对帝国主义的侵略，就能争取民族自由、国家独立。危机后，美国不敢公然入侵古巴，古巴屹立在加勒比海岸，成为美国的心腹之患，至今仍令美国感到头疼。美国虽然采取各种封锁措施，企图消灭古巴，但最后一一失败。例如 1962 年古巴就被排斥在美洲国家组织之外，但是拉丁美洲国家拒绝按美国要求办事，拒绝对古巴进行贸易禁运；美国也未能阻止北约成员国与古巴进行贸易，如加拿大就成为古巴最重要的贸易伙伴。美国对古巴的颠覆与破坏直到 1964 年 4 月才基本停止，美国控制古巴的企图完全失败。古巴导弹危机之后，美苏既合作又争夺，最集中地表现在东南亚的冲突上。

第二节 冷战时期的东南亚

一、冷战时期的缅甸

战后，东南亚人民掀起了民族解放运动，各国先后独立。但是荷兰及法国等殖民主义国家企图重建在印度尼西亚及印度支那的统治。它们在美国的支持下卷土重来，使东南亚国家陷入了长期动乱与内战。为了向东南亚扩张，美国在泰国建立了军事基地，侵略越南，干涉老挝革命。美国还在菲律宾设立军事基地，到处侵略。战乱使东南亚经济落后，人民遭受巨大灾难。

缅甸于 1948 年 1 月独立，但独立后立即陷入混乱。独立时英国强加给缅甸一部英式“民主宪法”，这部宪法完全不适合缅甸的具体情况。独立后直至 1958 年，缅甸由吴努担任政府总理，实行独立的外交政策。吴努力图摆脱西方的控制，走中间道路，与印度和中国都建立了友好关系。

缅甸独立后，发生内战。缅甸共产党的两个组织“白旗”与“红旗”进行合作，控制了缅甸南部大部分地区，几乎占领首都仰光。吴努只得依靠奈温将军维持统治，并长期与共产党游击队作战。而缅甸共产党由于内部不团结，未能取得最后胜利。双方斗争激烈，直至今天，缅甸政府仍未能有效控制缅甸边远地区。

缅甸资源丰富，出口大米、木材及矿产。缅甸外长吴丹曾在 1962 年和 1966 年两次被选为联合国秘书长。但是“金三角”毒品走私为害甚大。

由于种族冲突和美国干预，缅甸的经济发展极其缓慢，政局动荡。1958 年吴努被迫让奈温担任总理。1960 年奈温组织了全民选举，但结果仍然是吴努获胜。于是奈温在 1962 年发动了一次流血军事政变，组成以他为首的军政府，上台后，宣称他的国家是社会主义的，只有他的社会主义能救缅甸。奈温统治了缅甸 26 年，宣称他的缅甸式社会主义道路是一条佛教式中间道路。他对工业和银行实行国有化，但在其他方面均采取西方的做法。经济政策很不成功，导致经济情况非常糟糕。奈温借了大量外债，1973 年为 2.31 亿美元，到 1988 年，达到了 38 亿美元。缅甸人口增长过快，粮食生产不能使 3 800 万人吃饱饭，人民生活水平为亚洲国家中最低。缅甸人民对此强烈不满，要求改革。1987 年 9 月，学生在仰光开始示威游行。77 岁的奈温将军被迫于 1988 年夏宣布辞职。之后缅甸进行了改革，释放政治犯、自由选举。但仅一个月，在 1988 年 9 月，索芒将军发动军事政变，成立军政府，在“恢复法律与秩序”的幌子下，又开始镇压学生及持不同政见者。1989 年，他将缅甸改名为“默安马”（Myanmar，英文 Burma 的缅文音译），保证各政党自由，并于 1990 年 5 月举行全民选举。但是他很快逮捕了所有的反对派领导人，包括昂山素季，她的父亲曾为缅甸独立做出不朽贡献。昂山素季组织了一个新的政党，即“全国民主联盟”，她由于鼓吹民主、批评奈温而被捕。军政府也组织了一个御用政党“全国统一党”。

1990 年，缅甸举行选举，全国民主联盟取得胜利，在国会赢得多数席位。但是军政府拒不承认选举结果，昂山素季仍被软禁。1992 年，军政府宣称，如果她离开缅甸，就可获释，但昂山素季拒绝。西方为了鼓励缅甸朝民主方向发展，于 1991 年授予昂山素季诺贝尔和平奖。直到 1995 年 7 月，昂山素季被软禁六年之后才获释，获释后继续与军政府斗争，争取使缅甸军政府承认 1990 年大选结果。

缅甸军政府不愿把政权交给选举产生的政府，因此继续执行镇压政策。军政府严厉镇压西北和东北边境的少数民族与造反部族、西南部信仰伊斯兰教的人民和学生运动。在采取一系列措施后，缅甸政局稳定，国内长达几十年的内战基本结束，经济开始发展。但美国和西方国家依然极力干预缅甸内政，宣称缅甸没有人权，阻止其加入东盟，企图让其变成西方的附属国家。同时，美国和西欧需要缅甸的资源和市场，因此仍然与缅甸保持关系，进行贸易。外国石油公司大举入侵缅甸，使其成为外国的投资市场。

二、印度尼西亚

印度尼西亚是东南亚最大的国家，人口超过了英国与德国的总和，绝大多数人信奉伊斯兰教，但也有许多少数民族集团。战后，印尼人民为独立进行了英勇斗争。1945 年 8 月，印尼在苏加诺等人领导下宣布独立，控制了爪哇及苏门答腊。荷兰企图重建在印尼的殖民统治，计划先控制爪哇及苏门答腊之外的各岛，建立州，然后再占领整个印尼。但荷兰殖民者军队数量少，跟随宣称到印尼接受日军投降的英军一同抵达印尼。

荷兰殖民者一到印尼就遭到人民和军队的坚决反抗。1946 年 11 月英军撤退时，荷兰被迫与印度尼西亚共和国代表谈判，签订了《林芽椰蒂协定》，承认苏门答腊和爪哇已成立的共和国是当地事实上的政府。后来荷兰虽先后对印尼发动了两次殖民战争，但都由于印尼人民的反抗和世界人民的反对以及美国插手而告失败。第一次侵略印尼的战争发生在 1947 年 7 月，荷兰殖民军很快打败了印度尼西亚共和国的军队，但却不能征服印尼。因为荷兰总兵力虽然有 15 万，但大部分用于占领产粮区及种植园等战略要地，要继续战争则力不从心。这时美国为控制印尼，操纵联合国进行干预，迫使荷兰停火及恢复谈判。

但是在 1948 年签订的《伦维尔协定》中，印尼沙里佛丁政府对荷兰做了较大让步，这遭到印尼人民反对，因此沙里佛丁下台，由哈达组成内阁。哈达执行反共亲美的政策，1948 年 9 月下令消灭驻扎在茉莉芬的亲共部队 29 旅，同时在全国镇压共产党人。经过 12 天的激战，29 旅才被打败，共产党领导人慕梭及沙里佛丁等人被杀。这次对共产党的镇压使印度尼西亚共和国的军事力量消耗殆尽，反对荷兰的军事能力降低到只能开展游击战争的水平。于是荷兰借机于12月19日开始了第二次殖民战争，不久便占领了印度尼西亚共和国首都日惹。苏加诺、哈达、沙里尔等政府官员都被逮捕，印度尼西亚共和国危在旦夕。这时全世界对印尼局势表示了极大关注。

在这关键时刻，美国给了印尼哈达政府坚决的支持。这是因为此时美国在亚洲的战略考虑是支持反共政权，防止共产主义的扩张。因此，几个月前镇压了印尼共产党的哈达政府就受到了美国的青睐。美国要求荷兰让印尼独立，否则将终止对荷兰的援助。荷兰被迫参加了1949年8月至11月在海牙召开的圆桌会议并在会上提出了联邦方案，其内容为印度尼西亚共和国所在的爪哇和苏门答腊应与荷兰控制的15个外岛州组成印度尼西亚联邦共和国，而印尼联邦与荷兰、荷属苏里南和库拉索共和国组成"荷兰印尼联邦"，承认荷兰女王为最高元首，保护在印尼的荷兰人的财产，同时印尼向荷兰偿还50亿盾的债务。但这一方案遭到了印尼人民的强烈反对。

1950年8月，印尼联邦众议院宣布解散联邦，完全摆脱荷兰的控制而独立。从1949年至20世纪80年代中期，印尼由苏加诺与苏哈托统治。在1958年前，苏加诺按西方议会模式实行宪政，但利用军队来削弱议会与政府的权力。印尼虽然有四个党，其中包括共产党，但都未能掌权，国内充满冲突与动乱。

在对外政策上，苏加诺坚决捍卫民族独立。他之所以表面上实行议会制，主要是为了从西方得到援助。他参加了"英联邦科伦坡计划"，同时也寻求苏联的援助。苏加诺是第三世界不结盟运动的领导人之一，1955年在印尼召开了万隆会议，周恩来、尼赫鲁等人参加。在西方，特别是在美国，反共人士都认为不结盟运动是反对西方的运动。

1958年苏加诺开始了独裁统治，他消除了由选举产生的议会和各政党的影响，剥夺了司法独立及新闻自由，在印尼实行有指导的"民主"，同时企图消灭共产党。然而手下的军人开始策划反对他，1965年10月，苏哈托将军借口有五个将军被共产党人杀死，而发动了反对苏加诺的政变。共产党及其支持者遭到镇压，被杀害的人超过5万。事变后，虽然苏加诺仍为总统，但苏哈托实际掌握了政权。

苏加诺反对帝国主义，但是他在东南亚采取扩张主义政策，特别是与马来西亚对立。他指责马来西亚联邦是西方的殖民前哨，1963年和1964年，两国还发生了武装冲突。后来英国、澳大利亚、新西兰等英联邦国家调集军队，才阻止了苏加诺对马来西亚的进攻。

在1965年10月政变前，苏哈托就以反共著称，上台后，立即中断了与中国和苏联的关系，转向西方，由美国供给印尼武器。尽管印尼资源丰富，并且是亚洲最大的石油生产国，但其经济发展十分缓慢。迄今为止，印尼仍是贫穷的第三世界国家，贫富悬殊，外债巨大。1991年，其出口收入的三分之一用于偿还外债。印尼实行亲西方政策，禁止共产党活动，引起广大人民的不满。苏哈托对持不同政见者实行镇压。1996年，印尼国内政局动乱。7月27日爆发了政治暴乱，由政府蓄意干预民主党内部事务，造成民主党分裂而引发。暴乱发生后，政府进行镇压，有124人被牵连为"刑事犯罪嫌疑人"，有11人被控为"颠覆罪"，其中包括民主人民党主席苏查特米科及印尼福利工联主席巴巴汉。政府的高压，使印尼政治气氛紧张。这次政治暴乱是多种原因造成的，其中宗教矛盾及社会财富分配不均是引起动乱的根本原因。苏哈托为了保证1997年5月进行大选，采取措施在军队、政界提拔亲信、打击异己，同时集中力量发展经济，并缓和因贫富差距造成的经济危机。1997 年 5 月苏哈托再次担任总统。

印尼从 1969 年开始实行第一个五年计划。1995 年至 1999 年第六个五年计划时期，印尼在苏哈托的富国方针下实现了经济发展，但却是以牺牲穷人利益为基础的。此时印尼年均经济增长率为 7%左右，已经成为中等经济国家，但全国有 2 250 万人仍生活在贫困线以下。

在对外关系上，苏哈托改善了印尼与马来西亚和新加坡的关系。印尼是东盟的成员国，该组织在促进各成员国之间的贸易与和平上起了积极作用。印尼在柬埔寨和平进程中也起了一定作用。1976 年，葡萄牙从东帝汶岛撤走，印尼占领东帝汶，并镇压了当地的民族解放运动。当地 70 万人中，五分之一被杀或失踪。1991 年 10 月 28 日，东帝汶人民举行的和平示威游行又遭镇压，印尼内乱不断。苏哈托执行与中国发展友好关系的政策，欢迎高层互访，愿把面向 21 世纪的两国友好关系推向新阶段。这种积极态度，不仅有利于两国人民，也有利于亚太地区的和平、稳定和繁荣。

1997 年 7 月亚洲金融危机爆发，印尼金融市场持续动荡，货币大幅度贬值，失业人数增至 1 350 万，加之旱灾造成粮食减产，食品供应困难，物价飞涨，人民生活水平急剧下降，贫富悬殊问题日益突出。这种情况使印尼局势急剧动荡，社会矛盾加剧，一系列骚乱事件发生，造成了生命财产的重大损失。1998 年 5 月 13 日下午到 15 日凌晨，仅在首都雅加达和周围地区就有五千多人死亡，三千多座建筑、一千多辆机动车被毁坏。苏哈托被迫于 5 月 21 日辞职，由副总统哈比比继任总统。

三、马来西亚和新加坡

20 世纪 60 年代初，马来西亚联邦盛产橡胶与木材，成了东南亚最富有的国家。1957 年国家独立后实行西方议会制，但从一开始就面临许多问题，最严重的是民族问题和宗教问题。在民族问题上，存在着马来人、华人及印度人之间的矛盾。马来人虽是多数民族，但却面临与华人的竞争。华人人数虽少，却十分富于进取。后来三方达成妥协，组成联盟党共同执政，但占支配地位的仍是马来人，其领袖为阿卜杜拉·拉赫曼亲王。拉赫曼是一位保守却宽容的亲王，1957 年至 1970 年担任首相（即总理）。马来人与华人仍然经常发生种族矛盾，在新加坡与婆罗洲最激烈。马来西亚的经济发展主要取决于世界市场对其资源的价格变动，因此经常出现经济危机。在对外关系上，1981 年莫哈曼德任总理后，奉行亲美政策。到 20 世纪 90 年代，马来西亚开始进行政治经济改革。

新加坡华人占大多数，1965 年在李光耀与人民行动党的领导下，新加坡独立。除渔业资源之外，新加坡缺乏其他自然资源，但是政府治理有方，重点改变经济结构，发展服务业、旅游业及本地工业，实行法治，很快使之成为东南亚的金融和工业中心。新加坡 310 万人在东南亚享有最高生活标准。新加坡从亚洲最穷的国家之一，一跃成为“亚洲四小龙”之一，其经济起飞的经验值得推广。

四、泰国经济的发展

泰国是东南亚经济最发达的国家之一，1997年人口为6 040万。20世纪80年代，泰国经济高速发展，年均增长率为8%，号称亚洲“第五小龙”。经济起飞的原因很多，其中最重要的是美国的支持。在冷战中，泰国由于支持美国进行越南战争而享受美国的最惠国待遇，经济得到迅速发展。泰国资源极为丰富，盛产锡、钨、橡胶和大米。首都曼谷是商业与交通中心，珠宝业十分发达。

泰国是一个王国，但实权操纵在军方手里，政变频仍。1945年至1993年，就发生了六次成功的政变，其他未成功的政变不计其数。泰国和日本是19世纪末20世纪初仅有的两个没有沦为欧洲和美国殖民地或半殖民地的亚洲国家。但是在19世纪，老挝、柬埔寨占有了泰国的部分土地。泰国被许多国家包围，使其必须与周边各国和睦相处。因此，其对外政策具有多样性。它的北部与缅甸接壤，两国保持着友好关系；西南与马来西亚相邻，两国宣布共同反共，但泰国不愿卷入任何战争。

泰国最大的问题是东北与老挝和东南与柬埔寨的关系问题。其中最尖锐的是民族问题，泰国有800万操老挝语的少数民族。20世纪60年代，泰国支持美国侵略越南，同时指责美国在老挝镇压共产党不力，而且认为1962年美国中立老挝的政策将导致共产党革命在老挝的胜利。1973年美军撤离越南，1976年撤出泰国，这使泰国不得不调整与邻国的关系。1967年东盟成立，泰国是主要成员国之一。1976年后，泰国更希望与东盟其他同盟国发展友好关系。20世纪90年代，大量越南难民、柬埔寨难民涌入泰国，给泰国带来许多问题，使之穷于应付。

1996年11月泰国进行大选，新希望党获胜，成立了以差瓦立·永猜裕总理为首的新政府。差瓦立政府对内发展经济，对外立足东盟，面向世界，奉行“一个中国”政策，发展中泰友好关系。但是泰国的经济发展缺乏坚实基础，主要以旅游业为主，是一种典型的“泡沫经济”，一遇风波，就会出现危机。不久，旅游业饱和，外国抽走资金，导致1997年5月发生金融危机，并波及整个东南亚。泰国政府面临调控经济、发展经济的艰巨任务。

五、多难的柬埔寨

1945年3月，在日本投降前夕，柬埔寨国王诺罗敦·西哈努克亲王就宣布柬埔寨独立。在法国殖民者返回柬埔寨后，西哈努克领导了独立运动，并在1954年取得胜利。法国侵略军被迫撤出，柬埔寨获得真正的独立。西哈努克亲王从1945年至1970年一直是柬埔寨最受尊敬的政治家，为了在柬埔寨实行议会政治，他在1955年2月举行了一次法国式的公民投票，3月让位于其父苏马里特亲王，自己开始扮演政治领袖的角色，组织了人民社会同盟（萨克姆党）。

20世纪60年代，西哈努克亲王努力发展与中国的友好关系，奉行中立政策，因此遭到美国的强烈反对。1970年他访问北京时，其政权被首相朗诺发动政变推翻。这次政变使柬埔寨的中立政策成为不可能。在朗诺集团领导下，柬埔寨允许美军及南越伪军入侵以摧毁建立在越柬边境的越南共产党基地和供应线。于是西哈努克转而与柬埔寨共产党联合，反对美国侵略、反对朗诺反动集团。1975年，越战结束，美国也无力再干涉柬埔寨内政。

1975年4月，柬埔寨共产党（亦称“红色高棉”）领导全国人民，打败反动政府，迅速攻克金边，并解放了全国。但是越南执行扩张主义政策，推行地区霸权。1978年12月越南军队在苏联支持下入侵柬埔寨，并且建立了由越南控制的政权。大批越南军队驻扎在柬埔寨，直到1989年9月才撤走。越南的入侵，遭到柬埔寨各派爱国力量的坚决反对。1982年7月成立了以西哈努克亲王为主席的民主柬埔寨联合政府，领导全国人民进行抗越救国战争。

柬埔寨人民的抗越救国战争得到全世界人民，特别是中国人民的支持。但是在越南撤出后，金边政府与民主柬埔寨联合政府继续内战，实现和平是一项艰巨的任务。1990年1月，澳大利亚提出的“和平计划”为联合国安理会五个常任理事国所接受，成为解决柬埔寨问题的基础。该计划要求金边政府与民主柬埔寨联合政府立即停火，实现和平，然后再成立联合政府。1991年10月23日，双方签订了《巴黎和平条约》。1991年，西哈努克亲王从北京回国。在联合国观察小组监督下，遣散各派军队，其中红色高棉3.5万人，皇家部队1.8万人，反共的全国解放阵线8 000人。三派共同组成“全国联合抵抗阵线”。在联合国监督下，柬埔寨于1993年举行大选，并成立了由奉辛比克党和柬埔寨人民党组成的联合政府。但是联合政府第一首相拉那烈与第二首相洪森之间存在尖锐矛盾。1997年7月6日，忠于拉那烈和洪森的两派军队在金边交火，柬埔寨烽烟再起。后经东盟国家调停，8月2日，洪森和拉那烈都同意停火，并定于1998年5月进行大选。

总之，在冷战时期，西方殖民主义者与美国的侵略给东南亚人民带来巨大灾难，使该地区充满动乱与内战，并给该地区冷战结束后的发展遗留下许多问题。1989年，老挝人口只有390万，人均国民生产总值只有156美元；柬埔寨人口为659万，人均国民生产总值低于100美元；越南人口为6 500万，其人均国民生产总值仍与1984年一样，为100美元。在冷战中，受到美国直接侵略和受害最严重的国家是越南。

第三节 越南和老挝的抗美救国战争

一、《日内瓦协议》签订后的印度支那形势

1954年签订的《日内瓦协议》并未给印度支那带来持久的和平。在日内瓦会议上，越南按北纬16度线被分为两个部分。胡志明在北方建立了越南民主共和国。在南方，美国则支持吴庭艳成立了反共的越南共和国。

与越南为邻的老挝没有被分裂。法国人撤退后，只留下少数人作为顾问，没有外国

军队进入建立军事基地。《日内瓦协议》的重要内容之一是由选举决定老挝政府的组成，以及由选举决定南、北部越南是否统一，不允许外国军队援助北部越南或南部越南军队。但从一开始，越南南北双方都从国外得到武器弹药和支持。

艾森豪威尔和杜勒斯对日内瓦会议十分不满，认为那是对共产主义的“绥靖”，是自由世界的失败。但他们保证“只要没有越南北方对南方的侵略”，美国将不使用武力改变《日内瓦协议》。美国认为，如果越南举行选举，胡志明必然会当选，因此要求越南选举应在联合国监督之下。同时美国积极动员各种力量极力支持南部越南“共和国总统”吴庭艳。在美国支持下，吴庭艳虽然表示遵守停战协定，但是拒绝在《日内瓦协议》上签字，还拒绝参加按《日内瓦协议》规定应在1956年7月举行的选举。

《日内瓦协议》签订之后，老挝也陷入了地区、部落和派别斗争。共产党领导的巴特寮及“老挝爱国阵线”在北部强大起来，而美国则支持老挝王室政权和反共的“人民大会党”。美国向南部越南与老挝派去了军事顾问，但老挝的王室军队从未成为一支有战斗力的军队，无力对付巴特寮游击队。美国人的到达和美元的注入，只是使这两个反共政权更加腐败，从而更加失去人民的支持。反之，越南共产党和巴特寮却得到人民的广泛支持。

赫鲁晓夫上台后，苏联追求向全球扩张，摆开了与美国争夺的架势。苏联全球扩张政策的重心是过去未及的地区。在埃及，苏联支持纳赛尔的革命；在古巴，苏联大量购买古巴蔗糖以打破美国对古巴的经济封锁；在非洲，苏联支持比属刚果民族革命领袖卢蒙巴；在东南亚，苏联则支持越南共产党。

二、越南人民抗美救国斗争的胜利

吴庭艳集团实行独裁、反对民主、腐败无能，遭到南越人民的反对。从1959年起，南越人民开始了反对吴庭艳集团的武装斗争，建立游击区。1960年12月20日组成了南越民族解放阵线，1961年2月15日组成了南越人民解放武装力量。美国为了支持吴庭艳政权，从1961年开始“特种战争”，派遣教官和顾问帮助南越军队镇压人民武装斗争，从1962年起，派出美军直接与越南人民作战。美国侵入越南是冷战的高峰。美国给南部越南军队提供了大量武器和金钱，并派遣50多万美军参战。西方各国并非一致支持美国，英法只给美国提出有关建议，但没有派出部队；澳大利亚与新西兰只派出了几千人的部队到南越支持美国军队；泰国与菲律宾也只是象征性地派出了少量部队。

美军侵越遭到越南人民的坚决反抗，广大人民，特别是农民，紧跟南越人民解放武装力量战斗，越战越强。越南人民的抗美救国斗争得到了世界爱好和平的人民的支持，苏联与中国虽然没有直接参战，但都向越南提供了大量武器和其他援助，使之能继续抵抗美国侵略。

美军在越南受到沉重打击，在美国掀起了反战运动。美国青年厌恶战争，有数百万人逃避兵役。由于美军损失惨重，死亡人数不断增加，从1968年开始，美国人民日益认为不应该进行这场战争。在侵越战争中，有5.7万美国人死亡，30多万人受伤。他们受

陌生土地上的牛仔

到的创伤不仅是肉体上的，而且是精神上的。因为战场在稻田和农村，全体越南人民都反对美国侵略者，全民皆兵，使美军分不出哪些是越南共产党的军队，哪些是人民。美国军队因此怀疑每一个越南人都是共产党，于是滥杀无辜。

这种情况使美国的侵略战争变得极为残酷，给越南人民带来极大痛苦，也使正直的美国人深感内疚。1965 年 3 月，美军开始轰炸越南北方。美国在侵越战争中轰炸北部越南的炸弹比美军在整个第二次世界大战中使用的炸弹还多。同时，美军还在侵略战争中使用了化学弹，破坏了大片森林，毒死了无数人民。据估计，在战争期间，越南北方军队死亡约 90 万人，伤 200 万人，平民死亡 100 万人；越南南方军队死亡约 100 万人，伤 60 万人。所以在整个美国侵越战争中，越南军队死亡约 190 万人，受伤约 260 万人，受到化学武器与生物武器间接影响致残和受伤的人也有 10 多万。

1969 年，尼克松上台后，开始考虑美军撤出越南和停止“战争越南化”计划。1973 年 1 月 27 日，美国同越南南北双方代表共同签订了《巴黎协定》，保证在 60 天内撤出军队。美军撤走后，1975 年春，越南南方人民武装力量向美国支持下的越南共和国傀儡政府发动总攻，4 月 30 日解放了西贡，5 月 1 日解放了全国，越南人民的抗美救国斗争胜利结束。

推荐阅读书目

刘迪辉，等. 东南亚简史. 南宁：广西人民出版社，1989.

卫林，等. 第二次世界大战后国际关系大事记（1945—1986）. 北京：中国社会科学出版社，1991.

约翰·F. 卡迪. 战后东南亚史. 姚楠，等译. 上海：上海译文出版社，1984.

雷蒙德·加特霍夫. 冷战史：遏制与共存备忘录. 伍牛，王薇，译. 北京：新华出版社，2003.

Brown A，Kaser M. The Soviet Union since the Fall of Khrushchev. 2nd ed. London：Palgrave Macmillan，1978.

Brown A，Kaser M. Soviet Policy for the 1980s. London：Palgrave Macmillan，1982.

Findley C V，Rothney J A M. Twentieth-Century World. Boston：Houghton Mifflin College Div，1998.

第五章

冷战时期的美国和加拿大

第一节　美国的衰落

一、“新边疆”与“伟大社会”的失败

战后至20世纪60年代，美国经济空前发展，这使美国对外侵略的野心膨胀，在冷战中咄咄逼人。但进入70年代后，美国发生经济衰退，侵略处处碰壁，特别是侵越战争引起了美国社会的动乱与人民的抗议，霸权主义受阻。第二次世界大战后的经济繁荣，使美国变成了一个富裕的社会，然而两极分化，出现了大量贫民。1962年，1/4的美国人，约4 200万人处于可怕的贫困之中，其中包括一半的黑人、单亲家庭成员、妇女、儿童、老人、病人及缺乏教育和专长的穷人。

贫穷导致严重的社会问题。为解决问题，1961年民主党参议员肯尼迪上台后，提出了“新边疆”的口号，其内容包括一系列社会经济改革方案，如减税、增加失业津贴和社会保险金、提高最低工资标准、对房屋建筑和贫民窟提供经费和重新开发萧条地区、联邦援助和教育农民、消除种族歧视、抑制经济衰退、发展空间技术等。肯尼迪的上述政策取得了一定成就，但其中许多提案因被国会否决而难以实行。

知识链接

肯尼迪关于“新边疆”的演说

不论我们是不是在寻求“新边疆”，“新边疆”已经是既成事实……未知的科学与空间领域，未解决的和平与战争问题，尚未征服的无知与偏见的孤立地带，尚无答案的贫困与过剩的课题。现在是使这个国家再度行动起来的时候了。

——韩铁，李存训. 美国通史：第6卷. 北京：人民出版社，2002：209.

1963年11月肯尼迪遇刺身亡后，其“新边疆”政策由约翰逊总统发展为“伟大社会”政策。约翰逊总统在1964年的就职演说中宣布要“和贫穷做无条件斗争”，把美国建成一个“伟大社会”。上台后，联邦政府投入了几十亿美元用于福利和反贫穷项目。他的政策取得了一些成就，到1973年，美国贫穷人口的数目从半数下降到11%，但仍然存在严重的社会问题，如种族歧视、失业、学生暴乱和犯罪率上升等。美国人民反对侵略越南的示威游行达到高潮。

二、“新联邦主义”与“水门事件”

1969年，尼克松担任总统。在内政上，他实行新经济政策以对付通货膨胀和恶化的财政状况，同时减少联邦政府对经济的干预，增强州和地方政府在经济中的作用。这一政策被称为“新联邦主义”。他取消了对“伟大社会”项目的拨款，使美元贬值。还在一个时期内对工资和物价进行控制，然而收效甚微，失业与通货膨胀恶化。再加上1973年至1974年阿拉伯石油价格上涨，美国出现了经济萧条。

在对外政策上，尼克松比较成功。他推行新的收缩的全球战略，缓和了紧张局势，任用哈佛大学教授基辛格为国家安全委员会顾问，1973年又任命基辛格为国务卿。基辛格在处理当代问题上显示出杰出战略家的才能。在基辛格的帮助下，尼克松改变了反华政策，改善了对华关系。1972年2月尼克松应邀访华，中美双方在上海发表了《联合公报》，两国关系走向正常化。

尼克松的最大成就之一，是使美国退出了越战。在竞选中，尼克松承诺结束侵略战争，但计划让越南人打越南人，美国装备南部越南军队对抗北部越南军队，使战争越南化。在减少地面部队的同时，加强轰炸使战争升级，以炸迫和，这又使战争延续了一段时间。1970年4月，美国和南越军队还入侵了柬埔寨。在越南人民的打击下，尼克松政府最后在1973年1月27日与越南签订了《巴黎协定》，从而结束了越战。

基辛格很有技巧地处理了与苏联的关系，使双方关系走向缓和，签订了《防止核扩散条约》，进行了裁军谈判；同时调整了与西欧和日本的关系，提出与西欧建立“平等伙伴关系”。

1972年11月，尼克松得到超过60%的选票连任。但1972年6月竞选时发生的水门事件一度使他处于较弱地位。尼克松的对外政策有利于美国与西方；其对内政策比较温和，也收到一定成效。但美国政治黑暗，充满阴谋。在水门事件前一年，政敌为了打击尼克松，开始把政府秘密文件披露给报界。白宫为了反击设立了“特别调查组”调查真相，这个调查组成员也是尼克松竞选班子成员，他们于1972年6月17日在华盛顿水门大厦民主党竞选总部窃听民主党信息时被发现。此前尼克松并不知道此事，但因为曾极力阻止法院调查事件真相，被认为违反了美国宪法，对民权构成了威胁。参议院很快弹劾尼克松，使他在1974年8月9日被迫辞职，成为美国历史上第二位被弹劾的总统。第一位受弹劾的总统是内战后的安德鲁·约翰逊，他虽受弹劾，但弹劾案以一票之差未获通过。

尼克松下台后，副总统福特担任总统。福特在美国人眼中是一位清廉的政治家，但却不能胜任工作，与国会的关系也很糟，而 1974 年至 1975 年美国经济进一步恶化，对福特极其不利。福特总统仍然任用基辛格为国务卿，在 1973 年至 1975 年中东阿以危机中，基辛格往来于以色列等中东国家之间，进行“穿梭外交”。在他的努力下，1978 年 9 月埃及与以色列达成协议，结束了双方的敌对状态。

福特总统在尼克松被弹劾辞职后不久便赦免了尼克松，这一做法对他产生了负面影响。福特的能力实际上被低估了，因为在尼克松下台后，他在恢复美国人民对政府的信心方面做了许多事，外交上也取得了一些成就。只是由于赦免尼克松，他在 1976 年 11 月的选举中败北，卡特当选总统。

三、美国经济的衰退与卡特主义

卡特是美国内战以来首位来自南方的民主党总统，与白宫没有任何联系，他的上台是美国人民要求政治上有所改变所致。卡特上台后强调其政府将与过去决裂，他不是尼克松式的“帝国主义总统”，而是美国人民的总统。卡特的对内政策是建立一个有效和廉洁的政府，削减福利计划，减少国家对企业的干预，主张平衡预算和收支。他希望削减军事支出、减税、减少失业。

1977 年 1 月 31 日，他向国会提出“一揽子刺激经济计划”，国会在提出大量意见后，同意了计划。但 20 世纪 70 年代的石油危机沉重打击了美国经济，失业增加，人民生活水平下降，政府几乎不能控制经济的发展。1978 年，卡特采取传统方式，限制就业人数，控制工资与物价，结果引起煤矿工人大罢工。于是卡特政府实行了反对工会的《塔夫脱-哈特利法案》，认为必须减少美国对石油的浪费，节约能源。但这一政策遭到人民反对，因为对普通美国人来说，自由就是小轿车加便宜汽油。此外，卡特削减联邦预算、控制信贷等措施阻碍了房地产业和汽车工业的发展，导致了美国 1980 年上半年的经济衰退。

在对外关系上，卡特继续推行缓和与苏联关系的外交政策。1979 年 6 月 18 日与苏联签订了第二阶段限制战略武器条约，削减双方的核导弹，并使之保持平衡。在对华政策上，卡特政府于 1979 年 1 月 1 日宣布终止与中国台湾的“外交关系”和美蒋“共同防御条约”，实现了美中关系正常化。

卡特对外政策的最大特点是推行人权外交，他称之为“美国对外政策的核心与灵魂”。卡特政府利用人权外交攻击苏联，干涉他国内政，对第三世界的人权外交在拉美表现得最为突出。他取消或削减对拉美一些亲美军人政府的军事援助或经济援助，迫使这些国家按西方议会模式选举民选政府。后来人权外交被里根、布什和克林顿政府发挥，冷战结束后，在拉丁美洲、非洲等地大搞“多党民主”，企图使这些国家进入西方民主的轨道。然而在卡特总统执政后期，美苏关系恶化，冷战再度升级，这主要是美苏在中东争夺石油所致。为了确保中东石油输出，卡特希望以色列与埃及达成和平协议。

1978 年 9 月，经过 14 天的努力，卡特使以色列总理贝京与埃及总统萨达特签订了和平协议，实现了埃以和平。美国的中东政策因苏联入侵阿富汗而变得强硬，卡特政府特别关注苏联势力向波斯湾地区的渗透。正如卡特于 1980 年 1 月 30 日在国情咨文中所宣称的那样：“任何企图控制波斯湾地区的外部势力都将被认为是对美国根本利益的侵犯。我们将采取任何必要手段，包括武装力量在内，来反击这种企图。”这就是被称为美国波斯湾新政策的“卡特主义”。

而伊朗国内的动荡，使局势更为恶化。在伊朗，卡特延续历届美国政府的政策，支持伊朗国王。伊朗国王在军队支持下控制了全国，确保了美国在海湾的利益。伊朗国王的反动统治，引起了人民的反对。美国中央情报局和国务院提供了大量有关资料，但卡特并未认真对待。直到 1978 年秋，卡特政府才开始考虑伊朗国王是否会被推翻的问题。1979 年 1 月，伊朗国王离开伊朗，由伊朗伊斯兰宗教领袖阿亚图拉·霍梅尼掌权。

1979 年 10 月 22 日，美国不顾伊朗方面的抗议，让已被推翻的国王赴美就医。于是伊朗扣押了美国驻伊大使馆 63 名工作人员，要求美国把伊朗国王送回受审。人质危机引起全世界的关注。卡特对伊朗进行经济制裁，冻结了伊朗在美国的所有资产，并于 1980 年 4 月中断了两国外交关系。同月，派了一个营救小队前往伊朗，但遭到失败，八名营救队员死于伊朗。人质危机使卡特在美国公众中失去威信，并成为他在下届总统选举中失败的原因之一。这些人质后来虽经卡特政府与伊朗谈判获释，但人质获释是在里根就任总统后的 1981 年 1 月 20 日实现的。

卡特政府遭到通货膨胀、经济危机及 1979 年至 1980 年石油价格上涨的打击。卡特在 1980 年选举失败后发表电视讲话，把他的下台归因于石油危机以及国会制造的麻烦。然而这些并非最主要原因，他下台的最主要原因是美国社会向保守方向发展。

里根上台得益于美国社会 20 世纪 70 年代末的三个发展倾向：第一，战后大批生长在美国、比较开明的东北部年轻人搬到南部及西部居住，他们在 1980 年的选举中正好成为适龄选民，大都支持共和党。第二，20 世纪 70 年代美国出现了如 18 世纪和 19 世纪初思想大解放时曾出现的福音教派的复兴运动。福音派教徒对现实不满，鼓吹回到“原教旨”去。这些人充斥于各种集团，他们主张减少国家干预经济，鼓励自由竞争；认为人工流产不合法；反对人类进化；反对妇女解放，认为妇女不应工作，应回到厨房；等等。第三，卡特政府时期国内经济恶化，加上民主党内发生分裂，参议员爱德华·肯尼迪在民主党内与卡特争当候选人，削弱了民主党力量。而里根则承诺减少政府对经济的干预、减税、降低通货膨胀、增加军备以捍卫美国的世界利益等，表示反对人工流产、反对妇女解放以拉选票。里根的保守主义倾向得到 20 世纪 70 年代末美国社会保守势力的支持，因此轻松击败卡特而上台。

第二节　里根与布什的保守主义

一、里根经济学

上台后，面对严重的社会经济问题，里根推行了保守主义的“里根经济学”，其理论基础是芝加哥大学米尔顿·弗里德曼的货币供应学派的学说。这一学派反对福利主义和社会主义政策，主张减少国家对经济的干预，允许自由竞争。根据这一学派的理论，里根提出的主要政策是减税。里根政府认为降低税收将使公司赚钱，消费者手中钱多了，将会有更多的投资与就业机会，由此解决失业问题与福利问题。

知识链接

里根总统的第一次就职演说（节录）

（1981年2月20日）

我们国家的事业一直在向前发展。但现在我们的合众国正面临着巨大的经济困难。目前这次通货膨胀在我国历史上乃是历时最长、持续最久的一次，我们都深以为苦。它严重干扰我们的经济决策，使节约储蓄者反受其累，把那些为谋生而挣扎的年轻人和靠固定收入为生的年长者一齐推向困境。它使我国千百万人的生计陷入毁灭的威胁之中。

——李剑鸣，章彤. 美利坚合众国总统就职演说全集. 陈亚丽，吴金平，顾中行，等译. 天津：天津人民出版社，1996：448.

但这一政策实施的结果却是灾难性的，乔治·布什在任副总统时曾与里根竞选共和党候选人，他称里根经济学为“巫术经济学”，因为这一政策的目标无法协调，使美国预算不能平衡，国债增加。

1981年和1982年美国经济陷入萧条，产生了巨额赤字。虽然萧条使通货膨胀受到控制，然而失业率上升到10%，全国失业人口有1 100万，黑人与少数民族受到的打击更为沉重。美国出现大罢工，而里根却通过立法反对工会的罢工。1981年美国航空交通管制工会罢工，政府下令，如果工人不复工，就一律开除，迫使工会终止罢工。在里根统治时期，种族歧视和贫困也日益严重，犯罪和吸毒人数增加，美国社会更加腐败。

从1983年开始，美国经济好转，并且直到1990年都呈繁荣状态。这一时期美国经济增长的原因很多，例如资源丰富、赤字和国防开支增加等刺激了生产。1987年后，世界油价下跌对美国经济也很有帮助。但里根经济学在实践中被证明是错误的，而且成为20世纪90年代初美国战后最严重、持续时间最长的经济萧条的主要原因。减税非但没能使投资者增加，反而使国债在五年内增加了680亿美元。而且由于赤字增加，银行家和投资者担心银行利率将猛升，从而导致股市暴跌。例如1982年整年股市下跌，1987年10月发生“黑色星期一”，股市暴跌。里根经济学虽然扩大了消费需求，但却削弱了国家对经济的宏观调控，使脆弱的美国经济承受不住任何较大的冲击。20世纪80年代末，美国成为主要工业国中贸易赤字最大的国家。

里根的对内政策在政治、社会上十分保守，反对工会，支持资方。如1981年他下令开除美国航空交通管制工会所有罢工工人，此外还削弱了美国强大的劳联-产联的作用，使工会会员人数大大减少。1987年劳联-产联工会会员只占全国在职工人的17%，比1979年的24%下降了7个百分点。里根强烈反对妇女与男性平等，公开反对《平等权利法案》，反对人工流产，反对同工同酬，反对黑人和少数民族与白人在就业问题上平等，减少了给美国政府设立的民权和平等就业委员会的拨款，并且反对延长1965年的选举法案。但里根的上述提案先后被国会否决。

二、“星球大战”计划与“零的选择”方案

里根的对外政策概括起来就是反苏反共。他认为世界动乱的根源在苏联，因此大力增加国防经费，扩军备战。从1980年至1986年，国防支出每年增长10%。1980年为1 420亿美元，到1986年上升到3 686亿美元。1983年，里根宣布了其战略防御计划，即“星球大战”计划。“星球大战”的基本思想是使美国比苏联更能有效地反击核攻击，从而可以在未来核战争中击败苏联。里根知道苏联由于经济力量相对弱小，不可能制定可与美国匹敌的核军备计划，美国将保持优势。

然而里根的“星球大战”计划没有也不可能改善美苏关系，美苏核军备竞赛仍在继续。但美苏关系从1985年开始改变，这不是因为美国的压力，而是由于苏联领导集团的变化和苏联经济的恶化。戈尔巴乔夫上台后，向西方退让，以致1988年春，里根在访问莫斯科回国后居然劝说美国国会，说戈尔巴乔夫是可以信赖的，会遵守与美国达成的协议。1987年12月8日，美苏双方在华盛顿签署了全部销毁两国中程和短程导弹条约。这一条约改善了双边关系，出现了有限的缓和。

里根政府的中东政策仍然是卡特政府政策的延续。美国以巴基斯坦为基地，支持阿富汗反政府武装反对苏联占领军和阿富汗政府军。美国不愿以武力迫使以色列与阿拉伯国家谈判从而解决巴勒斯坦问题。1982年以色列入侵黎巴嫩后，美国派出800名海军陆战队队员进驻黎巴嫩，担任维和部队，但1983年10月，241名海军陆战队队员在营房内被反美伊斯兰教徒杀死，美国被迫从黎巴嫩撤走海军陆战队。

里根在1982年9月1日提出的中东和平方案承认巴勒斯坦是解决中东问题的关键，承认巴勒斯坦人享有某种自治权，不承认以色列对约旦河西岸和加沙的主权，不承认以色列吞并耶路撒冷。然而，里根的这一“新政策”并未根本改变美国偏袒以色列的一贯立场，仍然反对建立独立的巴勒斯坦国，不承认巴勒斯坦解放组织。

美国对外政策最为活跃的地区是中美洲和加勒比海地区，其重点是防止苏联影响扩大，确保这些地区与国家亲美。1979年3月，格林纳达建立了人民革命政府，宣称走“社会主义道路”，发展与苏联和古巴的关系。美国于是尽力颠覆格林纳达政府，于1983年10月派兵占领了格林纳达，消灭了该岛的左翼政权。美国干涉中美洲，因为中美洲国家爆发了古巴式革命和游击战争，里根政府为了抑制共产主义的扩张，确保对这一地区的控制，坚决支持各国反动的军事独裁政权，反对人民革命。尼加拉瓜桑地诺民族解放战争胜利后，建立了民族复兴政府，宣称是社会主义国家。美国对尼加拉瓜实行全面禁运和经济制裁，并支持反政府游击队；在萨尔瓦多和洪都拉斯训练反对派武装，企图打回尼加拉瓜，推翻革命政府。但这一阴谋一直未能实现。

里根在1984年连任总统后，进一步缓和与苏联的关系。在第二任任期内，里根曾五次会见戈尔巴乔夫。他认为个人的关系可以克服意识形态的分歧，他开始同意撒切尔夫人的看法，即戈尔巴乔夫是一位新的可信任的人。在1981年以后的谈判中，里根提出的“零的选择”方案直到1987年才实现。所谓“零的选择”方案，即如果苏联撤走部署在

东欧的SS20导弹和其他中程导弹，美国将不在欧洲部署潘兴Ⅱ导弹和巡航导弹。但这个方案并不包括美国部署在欧洲以外的导弹和苏联部署在西伯利亚的导弹。苏联反对上述提案，这又引起美国反对大力削减双边核武器。

1986年10月，里根与戈尔巴乔夫在冰岛首都雷克雅未克举行会晤，虽然双方在削减战略武器和欧洲中程导弹等问题上达成意向性协议，但里根拒绝了戈尔巴乔夫提出的让美国放弃“星球大战”计划的要求。戈尔巴乔夫的反对也是暂时的，因为他决心削减国防开支并争取西方援助，不久便进行了妥协。1987年12月，戈尔巴乔夫与里根签署了《苏美消除两国中程导弹和中短程导弹条约》及一系列条约，建立了新的美苏关系。

里根在中美洲执行反共反革命的政策与其追求缓和的对外政策目标相矛盾，他因此遭到了美国人民的反对和国会的抵制。美国人对越战的教训记忆犹新，他们不关心谁在尼加拉瓜和萨尔瓦多执政，只是不愿让美国士兵去国外送死。国会反对支持尼加拉瓜的“自由战士”，要求美国的援助只严格限于非军事方面。不过美国对尼加拉瓜的经济制裁，以及中央情报局在尼加拉瓜港口布雷训练反政府军队等，使尼加拉瓜处于战时经济体制，达到了破坏尼加拉瓜经济的目的。

当美苏关系缓和、苏联切断了给桑地诺革命政府的援助时，桑地诺政府只得同意进行自由选举。在西方的反对下，桑地诺民族解放阵线在选举中失败。这样，里根政府在中美洲反对共产主义的政策取得成功。

相反，里根的中东政策则不成功。伊朗霍梅尼政权反美，在两伊战争中，美国支持伊拉克，甚至出动军舰轰炸伊朗石油设施。为了换回在黎巴嫩被扣押的八名人质，美国非法走私军火到急需军火的伊朗，从而发生了举世闻名的“伊朗丑闻”。其经过是，在黎巴嫩有八名美国人质被扣押，美国政府确信这是霍梅尼的“真主党”所为。为了换回这些人质，美国政府未通知国会而秘密向伊朗运送其急需的武器。这一交换的策划者是美国中央情报局的奥列弗·诺斯中校，其后台为里根的国家安全顾问约翰·波因德克斯特。

里根的亚洲政策仍以日美合作为基础，在稳定发展与中国关系的同时，主张维持台湾海峡现状，通过民间组织形式，保持与中国台湾的半官方关系。总之，里根的对外政策是坚定地反共，以“星球大战”构筑的军事实力为后盾，在威胁的同时，缓和与苏联的关系，对苏东进行渗透，以实现“和平演变”。里根的这一外交策略为布什所继承，对苏东剧变起了一定作用。里根第二任任期内，美国经济虽然繁荣，但里根经济学的一些恶果已经显现，例如赤字增长等，因此里根遭到人们反对。在他任期将满时，共和党内充满派系斗争及经济丑闻，里根最亲密的朋友和政治助手、司法部部长埃德温·米斯因此辞职，在里根离任前的美国大选中，共和党形势很不乐观。

民主党候选人是马萨诸塞州州长迈可·杜卡基斯，他治理该州有方，改善了州内经济，得到了许多美国人的拥护。杜卡基斯的竞选伙伴是杰西·杰克逊，一位很有吸引力的黑人民权领袖。但是美国当时的条件还没有成熟到让一位黑人当选副总统。选举的交锋主要集中在国内问题上：杜卡基斯认为需要高税收，布什则承诺不再增税。当时美国经济走势较好，收支状况改善，失业率已下降到5%，布什作为在职副总统而受益，在1988年11月8日当选总统。

三、布什与“世界新秩序”

布什上台后，遭到参众两院众多民主党人的反对。因此在开始时，布什的国内政策十分谨慎。然而里根经济学带来的恶果日益明显：赤字继续增长，经济开始恶化。1990年出现战后最严重的萧条，而且一直延续到1992年。故而尽管布什在竞选时做了不增税的保证，还是提高了非直接税税率。由于经济恶化与失业增加，他受到广泛指责。然而在一个短时期内，他的声望曾达到高峰，这主要得益于巴拿马事件的处理，美军出兵巴拿马，抓获反美将军诺列加，并指控其贩毒。布什的做法得到美国统治阶级与中产阶级的支持，但却遭到世界的谴责，特别是在拉美引起了恐惧，拉美十分担心美国的“炮舰政策”。

给布什带来最高声誉的是海湾战争。1990年8月2日，伊拉克由于与科威特在石油开采、领土争端和两伊战争的外债等问题上矛盾未解决，出兵占领了科威特。这一行动遭到联合国谴责，安理会通过了要伊拉克撤军的660号决议。布什为保卫美国在中东的石油利益，决心以武力打败伊拉克，于是开始了以“沙漠盾牌”为代号的打击伊拉克计划，以空军为主组成多国部队干预伊拉克入侵科威特事件。

美国国会内的民主党人反对使用武力，主张通过谈判和制裁使伊拉克屈服，但布什政府于1991年1月17日发动了代号为“沙漠风暴”的军事行动，在六周内结束战斗。由于基本没有美国人员伤亡，布什的声望达到最高峰。但他的中东政策并没有成功，当科威特被解放后，布什出于各种考虑，不得不决定停战。因此海湾战争的结果并不如布什预料的那样好，伊拉克总统萨达姆并未下台，其在国内的声望并未受损害。同时阿以冲突仍然继续，虽然在马德里召开了谈判会议，但1991年秋及1992年初也未取得成果。

布什当政时期意想不到的最大成果是苏联解体。布什上台伊始，提出了新的对苏政策，“鼓励苏联朝着开放社会演变”，促使苏联“和平演变”，这对苏联解体产生了重大影响。

第三节　冷战缓和时期的加拿大

一、加拿大的政党政治

冷战缓和时期，加拿大联邦危机不断，但经济迅速发展。加拿大是多党制国家，即任何政党只要得到少数超过其他政党的选票，就可以联合其他小党组阁。加拿大党争并不厉害，影响其国内政治的主要因素是联邦政府与各省之间的矛盾，以及法裔加拿大人与英裔加拿大人之间的矛盾。加拿大政治比较开明，政治制度有包容性。其原因在于加拿大是一个移民国家，没有经过长期的封建专制统治，较少受到封建主义传统的束缚和影响，而且移民大多数来自英国、美国和法国，有西方民主传统，加上加拿大地广人稀，生存空间大，艰苦的“拓荒”生活使社会更具有宽容精神，并善于用民主方式解决不同种族、不同宗教、不同语言、不同地区所代表的利益问题。数十年中加拿大发展了一种独特的政治制度，使之出现了双语政策、多元文化政策、土著居民政策等。

战后加拿大主要由自由党和进步保守党轮流执政，其他全国性政党及地区政党和利益集团在政治中的作用不大。自由党成立于1873年，是一个具有改革性质的政党。战时，自由党由担任加拿大总理的威廉·莱昂·麦肯齐·金领导，代表垄断资产阶级的利益，亲美。进步保守党的前身是19世纪的托利党，1942年正式命名为进步保守党，该党主要代表银行保险业、铁路运输业和能源工业等垄断资本和大农场的利益，亲英。两党的主要区别在于，自由党奉行凯恩斯主义，主张国家干预经济，促进经济的发展，并建立福利国家。具体来说就是增收私营企业税，增加国家投资，刺激经济发展，扩大就业和推进社会福利。而进步保守党对内主张减少国家对经济的干预，注重私人企业的积极性；对外主张放宽限制，吸引更多的外资。战后在加强同美国的关系上，进步保守党与自由党没有原则性分歧。

1945年，加拿大进行选举，自由党获胜，威廉·莱昂·麦肯齐·金再次担任总理。自由党在政策上十分开明，努力促使立法进步、建立社会安全保障制度、解决人民的住房问题等。威廉·莱昂·麦肯齐·金1948年由于生病而把总理职位让给斯蒂芬·劳伦特，影响很快就消失了。

由于自由党主张无限制地与美国实现贸易互惠，美资大量涌入，引起大多数加拿大人的反对。在1957年的选举中，自由党失败，进步保守党获胜。进步保守党领袖约翰·迪芬·贝肯任总理。1963年，自由党重新执政，由皮尔逊任总理。1968年，特鲁多担任自由党领袖，取代皮尔逊担任总理。除1979年至1980年间，进步保守党领袖克拉克曾短期组阁外，特鲁多一直担任总理至1984年。

战后至1959年，加拿大联邦政府的权力得到巩固。一方面在实行福利制的过程中，联邦政府逐步介入本来属于省权范围的经济和社会领域，省政府的活动范围不断缩小，依赖联邦政府提供资助的领域越来越大。另一方面，加拿大司法制度也发生了有利于联邦政府的重大变化。1949年加拿大最高上诉法院"英帝国枢密院司法委员会"被废除，由最高法院代替。以往枢密院在联邦权和省权发生抵触时，判决往往强调"省权至上"，结果在很大程度上限制了自治领的权力。1949年以后，情况发生了根本的改变，根据《英属北美法案》第96条的规定，加拿大最高法院和各省最高法院的法官由联邦政府任命，这意味着联邦权力的加强。

二、加拿大联邦制危机

20世纪60年代以来，随着魁北克民族主义的兴起和西部地方主义的抬头，联邦政府与省政府关系渐趋紧张，联邦制发生危机。魁北克是法裔加拿大人聚居的省份，其人口占该省总人口数的80%。魁北克省的法裔顽强地保持了本民族独特的语言、宗教、法律和传统的生活方式。1867年加拿大自治领成立时，之所以要采取联邦制，就是因为法裔担心在英裔人口占多数的统一国家中会失去特权，而联邦制可以保持法裔的特权。但是1960年，莱萨奇领导的自由党开始在魁北克执政，反对联邦政府的集权化政策，竭力维护法裔传统和文化，奉行魁北克自治主张。

1970年10月，分离组织魁北克解放阵线的成员绑架了英国贸易专员和魁北克劳工部长，引起十月危机。自由党总理特鲁多宣布实施《战争措施法案》，派联邦军队进驻魁北克省蒙特利尔市，以稳定形势；同时采取措施缓和与魁北克省的矛盾，防止国家分裂，这次危机才得以平息。

1976年11月，主张独立的魁北克人党在省议会大选中获胜，从而成为该省执政党，统一的加拿大此后面临历史上最严重的分裂威胁。与此同时，西部各省与其他各省的矛盾也尖锐起来。这是因为1973年世界石油危机之后，加拿大政府为稳定国内油价，缓和中、东部的经济困难，对西部石油价格实行双轨制，即出口石油与国际挂钩，而国内油价则低于国际价格。这使西部利益受到损害，引起当地人民的强烈反对。

为解决魁北克问题及各省与联邦政府的矛盾，联邦政府坚持召开从1963年开始的联邦与各省的年协商会议。年协商会议由联邦总理与地方各省省长参加，共同解决矛盾。同时，还采取了一些强硬措施加强中央集权。最主要的措施是修改宪法，调整和确定联邦与省两级政权之间的权力分配问题。1971年6月，联邦政府和各省曾在不列颠哥伦比亚省维多利亚市举行修宪谈判，提出了《维多利亚宪章》，明确了加拿大的联邦制不可动摇。但是由于会后魁北克省拒绝批准该方案，该宪章未能通过。1976年魁北克人党在魁北克省执政后宣布法语为该省唯一的官方语言。

1979年，魁北克省政府又建议将魁北克变为“主权-联系”国，即把加拿大联邦制改为会员国制，使魁北克在政治上取得独立，只是在经济上与加拿大其他省保持联系。对此，特鲁多总理做了大量工作，维护加拿大统一。在1980年初魁北克省政府举行关于“主权-联系”国的公民投票前夕，特鲁多向魁北克法裔保证，如果“主权-联系”国方案被否决，他将重新推动修宪活动，改革联邦制度。这一行动成为“主权-联系”国方案在公民表决中失败的重要原因之一。

接着特鲁多立即召集各省总理举行修宪会议，并在1981年11月就修宪达成协议。但魁北克省认为在协议中其特殊性与特权要求并未得到充分反映，因此拒绝签署协议。1982年4月，英国女王伊丽莎白二世赴加，宣布加拿大议会拥有行使和修改殖民时期拟订的《英属北美法案》的权力。《英属北美法案》是1867年7月1日生效的宪法，它的通过标志着加拿大的成立。该法按分权原则划分了加拿大中央与地方各自的权限，但把财产、贸易、税制、邮政、军队、货币、刑法等国家重要大权划分给了加拿大自治领议会，只把一些地方公共事务权力留给了各省。这样，许多省签署了《1982年宪法法案》。然而，仍是由于魁北克拒绝签署，修宪问题仍未解决。

1984年2月，特鲁多总理因国内经济衰退而辞职。在1984年9月的大选中，进步保守党的马尔罗尼当选，出任总理。马尔罗尼执政后，强调“民族和解”和“振兴经济”，这使魁北克省的执政党——魁北克人党决定在竞选纲领中不再提出独立的要求。1986年5月，魁北克省要求对《1982年宪法法案》进行修改，该省政府间事务部长吉尔·雷米勒宣布，如果满足五个条件，魁北克就将承认该法案的合法性。这五个条件是：明确承认魁北克是一个特殊社会；保证在移民事务方面有更多的权力；限制联邦政府的开支权；承认魁北克拥有否决权；魁北克有权参与最高法院法官的任命。

1987年，联邦政府与各省总理在渥太华北部的米奇湖举行会议，经过讨价还价，达成《米奇湖协议》。该协议基本上接受魁北克省提出的五个条件，正式确认魁北克省为特殊社会。因此，魁北克省同意签署《1982年宪法法案》。但是由于曼托巴和纽芬兰省议会拒绝在1990年6月的最后期限批准《米奇湖协议》，联邦政府争取魁北克签署《1982年宪法法案》的努力失败。为解决这一问题，马尔罗尼在1990年底又成立了国家统一委员会和修宪特别委员会。但在其任期内，修宪问题未能解决。1993年马尔罗尼因财政赤字、经济衰退及政府丑闻而下台，在1993年10月的大选中，自由党领袖克雷蒂安担任总理，为继续巩固联邦而努力。但到1998年初为止，魁北克问题非但没有得到解决，反而越来越激烈。

同时，在财政安排计划上，联邦政府与各省的矛盾也很尖锐。加拿大议会曾在1977年通过《1977年财政安排法案》，使各省的财政收入增多，在社会福利项目的管理上获得更多支配权，大大减弱了联邦在这些领域的指导和监督权。为了改变这种状况，当《1977年财政安排法案》于1982年失效后，联邦政府立即采取措施收回了部分财权并宣布：从1982年至1987年的五年，联邦政府将削减向各省转让的款项。虽遭各省反对，但联邦议会还是通过了这一法案，从而保证了加拿大中央政府的财权统一，维护了国家统一。

三、加拿大的对外政策

加拿大早在第二次世界大战爆发后，就开始执行亲美的外交政策。1939年9月，加拿大对德宣战。1940年8月，美国总统与加拿大总理在奥格登斯堡达成协议，宣布成立加美联合防务常设委员会。1941年4月，两国为了最大限度生产军工产品，决定互相提供资源。

战后，加拿大在国际事务中紧跟美国，1949年加入北大西洋公约组织，1958年与美国签订了北美防空协定，还积极参与支持美国的国际事务。加拿大外长莱斯特·皮尔逊（1948—1957）由于在联合国积极支持美国，而得到美国赞扬。1956年他因帮助美国调解埃及苏伊士运河危机而获得诺贝尔和平奖，同时为支持希腊、土耳其、德国等国加入北约立下了汗马功劳，得到美国高度赞赏。加拿大的国际地位随之得到提高。从1976年开始，加拿大参加西方七国首脑会议。

在实行亲美外交的同时，加拿大也十分注意发展与英联邦及亚太国家的关系。1970年10月13日，加拿大与中国建立外交关系，正式承认中华人民共和国。

推荐阅读书目

张象．当代世界史资料选辑：第三分册．北京：首都师范大学出版社，1996．

哈罗德·史塔生．艾森豪威尔——推动和平．杨光，等译．北京：世界知识出版社，1992．

理查德·尼克松．尼克松回忆录．北京：商务印书馆，1978．

威廉·爱德华·洛伊希滕堡. 总统身后——从杜鲁门到里根. 顾学稼，等译. 成都：四川人民出版社，1992.

詹姆斯·麦格雷戈·伯恩斯. 爱德华·肯尼迪评传. 辛耀文，译. 北京：新华出版社，1980.

David Mervin. Ronald Reagan and the American Presidency. London：Routledge，1990.

George Brown Tindall，David E. Shi. America：A Narrative History. New York：W. W. Norton & Co Inc.，2000.

Herbert S. Parmet. J F K：The Presidency of John F. Kennedy. USA Penguin Books，1984.

Robert Bothwell，Ian Drummond，John English. Canada since 1945：Power，Politics and Provincialism. Toronto：University of Toronto Press，1989.

Richard Nixon. RN：The Memoirs of Richard Nixon. New York：Simon & Schuster，1990.

第六章

冷战时期的德国、英国、法国和意大利

第一节 冷战缓和时期的德国

一、联邦德国政治的稳定

战后美苏争夺的中心在欧洲。美苏的争夺，改变了战后德国的命运。1945 年 6 月 5 日，苏、美、英、法四国军事司令官签署了关于占领德国的声明，在宣布对德国行使政府权力的时候，并没有反对德国作为一个整体存在下去。西占区和东占区的分界线基本上在 1944 年 9 月的占领区议定书中确定，三个西方占领区之间的界线在 1945 年 7 月 26 日最后确定。但是由于东、西方对德政策的分歧与对抗，战后维持“一个德国”的政策成为不可能。

1947 年 6 月 5 日，美国国务卿马歇尔发表演说，提出了“欧洲复兴计划”，即美国向欧洲国家提供经济援助，帮助其恢复经济。德国西占区和其他西欧国家接受了这一计划，从而被纳入了“西方国家”体系。苏联、德国东占区和一些东欧国家拒绝参加“欧洲复兴计划”，东西方分裂加剧。1947 年 12 月 19 日，美国总统杜鲁门向国会提出“欧洲复兴计划”咨文，1948 年 4 月 2 日美国国会通过了《对外援助法案》，马歇尔计划正式实施，东西方冷战格局正式形成。

受冷战政策影响，美国采取措施统一西部德国占领区。1946 年 12 月 2 日，美英达成协议，合并英美占领区。1947 年 1 月 1 日在英、美、法三国外长会议上，法国同意将其占领区合并，成立西占区。于是形成苏联的“东占区”与西方三国“西占区”对峙的局面。后来经过第一次柏林危机，柏林分裂出现两个对立的市政府。在这次危机中，苏联与美、英、法三国在柏林进行了激烈斗争，使德国分裂进一步加剧。美、英、法积极在西占区成立德国国家，1948年9月1日，由西占区各州代表组成的西部德国议会委员会在波恩开幕，会后即开始新国家基本法的起草工作。同时西方三国也开始起草占领法规，为成立联邦德国做准备。同年6月，西占区进行币制改革。

1949年8月14日，德国西占区举行第一届联邦议院选举。9月7日，联邦众议院和参议院成立。12日，特奥多尔·豪斯当选总统。15日，阿登纳当选总理。20日，德意志联邦共和国成立，定都波恩。21日，盟国高级委员会宣告成立。这样，西方首先采取行动建立了联邦德国，造成了战后数十年德国的分裂。联邦德国的政治体制遵循四个原则：民主制、法制、联邦制和福利制。联邦德国基本法（即宪法）的原则是多党制，经济政策是首任经济部长路德维希·艾哈德博士提出的“社会市场经济制度”，其基本内容是“自由竞争、企业自由、国家干预和保护，以及社会保障”。

1948年6月，德国西部地区实行了货币改革。这是战后西德最重大的经济举措，用德意志联邦共和国的新马克取代没有价值的旧马克，使人民对新马克充满信心。币制改革很快取得成效，经过短时期的通货膨胀，在1949年选举之前，物价开始稳定。接着是马歇尔计划对德援助，这两者的结合使联邦德国经济迅速复兴。1949年，联邦德国国民收入总额是470亿马克，到1955年已达850亿马克。1955年联邦德国的个人消费总额比1949年增加了64%，也比1955年美国的个人消费总额高17%。联邦德国的外贸总额居世界第三位，1949年黄金与外汇储备为零，1955年上升到230亿马克，并从债务国一跃成为债权国。

二、联邦德国的经济奇迹

1949年至1963年，阿登纳担任总理。在他的治理下，联邦德国奇迹般发展，故这一时期被称为“阿登纳时代”。阿登纳执行一条明确的政策：要使联邦德国从外国的限制中解放出来。这些限制包括：鲁尔由于生产钢铁与煤而被国际共管；萨尔在投票时仍与法国有联系；不允许联邦德国有自己独立的对外政策，1949年4月10日通过的西方起草的《占领法规》规定，联邦德国的对外政策必须服从盟国，其外交政策最高控制权属英、法、美派来的专员。因此，在1949年9月，联邦德国还不是一个真正的主权国家。

阿登纳是一位精明的总理和能干的外交家。他采取以退为进的办法争回了联邦德国主权。他必须做出让步，必须在亲西方和亲民主德国之间进行选择。结果他选择了亲西方的道路，与西方各国合作。

但是在冷战中，阿登纳明白，美国要创造一个强大的反苏的欧洲，就必须依靠一个繁荣的联邦德国。这样，联邦德国将成为一个与美国平等的伙伴，获得完全的主权。对此他巧妙地利用了联邦德国的上述地位，向美国保证反苏反共，同时要求停止解散联邦德国工业、削弱联邦德国的行为。他使西方确信，不必担心民族主义和侵略势力在联邦德国复活，还尽力证明联邦德国对西欧的统一与防卫是必不可少的。阿登纳使用了一切手段来达到上述目的，他的政策遭到顽强的民族主义者、联邦德国社会民主党领袖库特·舒马赫的反对。舒马赫尤其反对与法国的和解。尽管如此，阿登纳的政策还是取得

康拉德·阿登纳

了成果，1951 年 5 月 2 日，联邦德国成为欧洲委员会的正式成员国，向独立与平等迈进了一步。西方使德国工业解体的措施放慢，最后停止。

1950 年 5 月，法国外长舒曼提出了“舒曼计划”，把法国、联邦德国全部煤钢生产置于一个欧洲其他国家都可参加的共同的联营机构管理之下。舒曼计划的实质是把西欧组成一个联盟，从而使法国不用担心联邦德国的侵略。因为法德双方都不可能在没有自己国家控制重工业的情况下去重建军备、反对另一个国家。鲁尔也是法国担心的问题，但借舒曼计划和欧洲煤钢联营，这一问题也就一齐解决了。阿登纳认识到这是联邦德国获得平等权的机会，于是由衷地表示赞同。

1950 年 6 月 20 日，法国邀请意大利、荷兰、比利时、卢森堡等国在巴黎召开会议，就建立欧洲煤钢联营的管理机构和经济条款等问题举行谈判。1951 年 4 月谈判结束，阿登纳首次访问巴黎，签署《欧洲煤钢联营条约》。这一条约成为上述六国在 1958 年正式成立欧共体的第一步。阿登纳的另一成就是他坚持不放弃萨尔，充满耐心地等待时机收回萨尔。1957 年，萨尔人得到全民公决的机会，重新加入联邦德国。

舒曼计划的成功，弱化了法国对联邦德国军事工业的担心。1950 年 10 月，法国总理普利文提出了一个办法解决法国人担心的联邦德国可能复活军国主义的问题，即在军事领域创造一个类似经济领域的“舒曼计划”，这就是著名的“普利文计划”。该计划要求建立一支欧洲军队，要求并只允许少量联邦德国军队参加。1952 年 5 月 27 日，法、意、荷、比、卢和联邦德国在巴黎签订了《欧洲防务集团条约》（又称《巴黎条约》）。虽然 1954 年 8 月法国国民议会否决了这一条约，但只是延迟批准，因为美国与北大西洋公约组织需要联邦德国军队参加欧洲防务。阿登纳非常明白，联邦德国参加该条约，就意味着将争得平等国家的身份，因此他积极加入。

1954 年 9 月，欧洲五国，即布鲁塞尔条约国——英、法、比、卢、荷和北大西洋公约组织成员国意大利、加拿大、美国在伦敦召开会议，联邦德国被邀参加。10 月，会议改在巴黎召开，签订了《巴黎协定》，同意联邦德国加入西欧联盟和北约，但对重振军备加以限制，即不允许联邦德国生产核武器和生化武器。《巴黎协定》的签署，标志着西方对联邦德国占领的结束，从此联邦德国恢复了完全的主权。同时，法国和联邦德国在萨尔问题上也达成协议，同意在《巴黎协定》生效后三个月，由萨尔当地居民自决归属问题。

阿登纳的上述政策和成果，仍然遭到舒马赫的批评。舒马赫担心阿登纳的政策会导致联邦德国回到希特勒时代。阿登纳则希望进行完全的改革，他反对共产主义，希望首先恢复德国的主权和国家尊严，实现统一。联邦议会支持阿登纳的对外政策和重振军备政策。这种做法使联邦德国军国主义有所复活，退伍军人要求恢复希特勒时代的光荣，因此在 1954 年 2 月通过了《征兵法》。不过联邦德国人反对在本国部署核武器。

阿登纳是亲英美的，他反对苏联提议的一个中立、没有军备的德国可以重新统一的方案。所以在阿登纳时代，联邦德国根本不可能改进与苏联和民主德国的关系。不过，总的来看，阿登纳的外交政策是成功的。但是其对内政策却不受欢迎，主要原因是不信任其内阁成员，还在背后操纵他们。

联邦德国经济奇迹的出现，主要是靠人民“为了生活得更好”而进行的努力。此外，早期执行“社会市场经济制度”、定期得到马歇尔计划援助、朝鲜战争和 1958 年欧共体成立所带来的机遇也是重要原因。同时，联邦德国劳动力资源丰富，这也为其工业发展提供了有利条件。

但是，联邦德国工业生产中也出现了一些问题，其中最大的问题是失业和通货膨胀，从民主德国和意大利等地来的劳工增加了失业率，仅 1973 年从地中海各国来的劳工就有 260 万。

三、联邦德国的改革

20 世纪 60 年代是西方历史的转折点，联邦德国的发展集中反映了这一情况。老一代政治家正在消失，年轻一代开始步入政坛并支配政局。西方生产的发展以及福利政策的实行、大学教育的普及等，使年轻人思想活跃。他们充满了时代感与责任感，充满浪漫主义、理想主义和享乐主义，成为一个复杂的混合体。在东欧也是这样，东欧的变化，包括波兹南事件与布拉格之春，在某种程度上说也是情感的一种表达。

在美国，20 世纪 60 年代，西部各地大学生参加了黑人民权运动，他们得到新一代总统肯尼迪的支持。然而在其他许多地方，老一代仍控制一切。肯尼迪时代随着肯尼迪被刺杀而结束，侵越战争吞噬着年轻人的生命，反战成为年轻人斗争的焦点，他们对统治阶级越来越失望，对现实不满，要求改革。

在联邦德国，年轻人反思："我的父辈在战争中干了些什么?"在联邦德国出现了非常奇怪的现象，即没有人提起纳粹，因为联邦德国人认为，这样做只会引起年轻一代的分裂。极右分子也曾积极活动，但只有短命的复兴。在联邦德国政坛，选民转向为基督教民主联盟投票。而基督教民主联盟的竞选伙伴是自由民主党，这反映了联邦德国政治的保守倾向。左派不能容忍这一联盟，提出反对，但没有效果。左派开始失望，对社会不满，强烈要求改革。

巴黎及欧洲各地的学生运动给联邦德国持不同政见者以鼓舞，学生运动兴起，到处示威游行。1967 年 6 月 2 日，伊朗国王访问柏林，引起示威游行，警察开枪打死一名学生。这一事件引发了联邦德国各地学生的示威游行。学生运动的结果是：联邦德国人民要求改革。一些政治家，如社会民主党领袖勃兰特认识到这些新一代选民的力量，开始争取他们。

在 1969 年 9 月的大选中，基督教民主党联合阵线选票减少，而社会民主党选票大增。虽然基督教民主党仍然是联邦德国的主要大党，但其合作伙伴自由民主党由于选举失败，转而支持社会民主党。社会民主党在勃兰特领导下组成新政府，推行新政策，开始了与自由民主党合作的时代，进行全面改革。

勃兰特时年 55 岁，没有在纳粹政权中担任过职务。19 岁移民挪威，后逃到瑞典，1947 年恢复联邦德国公民身份，十年后任柏林市长。他既反专制，又反共，但却对东西方缓和做出了一些贡献。在外交上，他推行"新东方政策"，这种政策的基本思想是：立足西方阵营，打破联邦德国与东方的对抗僵局，全面缓和、改善同苏联、东欧国家的关系，特别是改善同民主德国的关系，建立和发展经济、文化、贸易往来，逐步摆脱联邦德国在政治和外交上的某些被动局面，特别是摆脱美国控制，扩大和增强外交活动的范围与能力，提高自己在国际上的政治地位，为将来德国问题的解决创造新环境。

阿登纳时期，实行亲西方政策，以实力和地位谋求德国统一。联邦德国不承认民主德国。阿登纳拒绝承认波兰吞并西里西亚，并决心最终收回这块领土。再加上阿登纳表达的反共决心，使人们相信，只要有一点机会，联邦德国就将构成对民主德国和波兰的威胁。但勃兰特上任后宣布承认民主德国，并接受民主德国边界。1970 年 8 月，勃兰特访问莫斯科，"揭开了历史新的一页"。他要求结束与苏联的敌对关系，希望东、西欧结成伙伴，为此签订了《苏德条约》。

1970 年 12 月，勃兰特访问华沙，签订了《波德条约》，向华沙犹太区在第二次世界大战时受纳粹迫害致死的 50 万犹太人致哀。1971 年 9 月，他参加签订了《柏林四强协定》，1972 年 12 月，签订了联邦德国与民主德国的条约，1973 年 12 月签订了《捷德条约》，完成了与东欧国家的一系列条约。1970 年 3 月，他访问民主德国，为双方关系的缓和奠定了基础。不过当时民主德国领导人不愿与联邦德国关系正常化，而苏联共产党领袖勃列日涅夫考虑到两德关系缓和，特别是西方承认民主德国现状，是符合苏联利益的，两德之间的贸易也有益于不景气的东欧经济，因而迫使民主德国共产党领导人乌布利希与勃兰特达成协议。

勃兰特的东方政策，给联邦德国带来巨大好处。因为它标志着联邦德国得到国际性承认，同时，两个德国的运动也停止了。由于勃兰特抛弃了“哈尔斯坦主义”，即阿登纳在1955年9月提出的如果哪个国家承认民主德国，联邦德国就断绝与该国的联系，这就增加了联邦德国的活动空间，发展了与东欧的贸易。通过上述活动，联邦德国向世界表明，它不再满足于较低的国际地位，不再满足于“经济巨人政治侏儒”的形象。内政上，勃兰特也进行了具有深远历史意义的改革，其中心是给人民更大的民主，从而在国内开创了一个新时代，社会民主党接受了大量年轻的德国公民。

但是，1973年至1974年世界石油价格下跌引起联邦德国经济滑坡，其经济增长率从1969年的8%降到1975年的1%。而勃兰特由于失察，任命实际上是民主德国间谍的贡特·纪尧姆担任重要助手，于1974年5月6日被迫辞职，其继任者是赫尔穆特·施密特。施密特是社会民主党战后最有能力的总理，他与勃兰特的理想主义不同，崇尚实干，有实践经验，有能力，有决断。正因为如此，也树敌不少。

在对内政策上，施密特努力降低通货膨胀，使之下降到6%以下；他主张提高政府的效率；提倡竞争，使失业率下降至4%～5%；在减少预算和使财政恢复正常上，施密特治理下的联邦德国比西欧各国都好。

在施密特时代，联邦德国的恐怖活动比较嚣张。著名工业家汉斯·马丁·施勒叶于1977年被绑架，恐怖分子提出释放条件。当施密特拒绝恐怖分子的条件时，施勒叶即被杀掉。类似的恐怖活动还有很多。同年10月，一架喷气式客机被劫持，机上有86名人质，后来由联邦德国特种部队救出。不过，这一恐怖浪潮很快过去，联邦德国没有发展为警察国家。

在对外政策上，施密特推行“稳定”与“均势战略”，奉行立足西方、发展与东方关系的“双轨政策”。他十分关心美苏达成关于平衡洲际导弹的协议，主张发展西欧自己的导弹，以免美国在发生核危险时撤离欧洲，或当第三次世界大战在欧洲爆发时，联邦德国将成为战场而被摧毁。

1979年12月，在施密特劝说下，北大西洋公约组织才做出决定，执行“双轨政策”：通过谈判，使苏联完全撤走在欧洲的导弹。如果没有结果，将在欧洲部署美国导弹，而其中极具杀伤力的潘兴Ⅱ导弹将部署在联邦德国。

当时美国即将上台的里根并不关心这一问题，也没有与苏联进行认真谈判。里根政府认为，在欧洲发生有限的核战争是不可避免的。直到1981年里根才重视这一问题，1983年美国部署在欧洲的导弹赶上苏联的数目后，才迫使苏联谈判，使美苏核裁军成为可能。1987年12月里根与戈尔巴乔夫签订了核裁军条约，但这一条约实际上来自施密特的建议。

施密特的对内、对外政策都取得了一定成果，然而由于20世纪80年代西欧经济衰退，联邦德国经济状况也未能好转，影响了施密特的政治前程。在1980年的大选中，他和竞选伙伴自由民主党击败对手，获得胜利。然而1982年他与自由民主党的关系破裂，因为联邦德国经济继续恶化，失业率上升到7%，自由民主党要求减少政府开支，用于失业和福利事业，遭到社会民主党的拒绝。于是自由民主党转而支持基督教民主联盟，

10月5日，施密特政府被迫中途下台，基督教民主联盟主席赫尔穆特·科尔成为总理，接着科尔在1983年的选举中获胜。

第二节 冷战缓和时期的英国

一、大英帝国的解体

由于战后民族解放运动的高涨以及本国国力的下降，英国被迫进行调整，结果是大英帝国的瓦解。但是英国并不甘心放弃殖民地，在殖民地独立时，想尽量保存经济利益、政治影响和军事基地，给殖民地国家留下了无穷后患。

在塞浦路斯，英国有重要的军事基地。1955年塞浦路斯要求独立，英国、希腊和土耳其三国召开外长会议讨论该岛独立问题，但未能找到解决该岛成立自治政府的办法。塞浦路斯80%的居民是希腊族人，要求与希腊合并，而余下的土耳其族人则想与土耳其合并。英国十分需要在塞浦路斯的军事基地，因为1956年苏伊士运河事件后，已经失去了在埃及的军事基地。英、希、土三方在1959年才达成协议，建立独立的塞浦路斯共和国。希、土都保证支持塞浦路斯独立，但要给予少数民族——土耳其族人特殊的安全保障。通过这一方式，英国解决了塞浦路斯独立的问题，保留了在该国的两个军事基地。但这是英、希、土三国强加给塞浦路斯的独立方案，给该国政治留下了后患。到1974年，该岛分裂为希腊族人与土耳其族人控制的两个部分，双方分歧至今仍未解决。

在马来西亚，英国对马来西亚共产党领导的夺取政权的革命进行了血腥镇压。约有六千名游击队员在丛林里战斗，到1954年游击战才停止，马来西亚联邦成立，新加坡自治。1956年，新加坡完全独立；1957年，英国被迫从西非撤走，黄金海岸独立，国名为加纳；尼日利亚1960年独立；塞拉利昂1961年独立；冈比亚1965年独立。这样，英联邦就变成了多种族国家构成的集团。

但英国仍不甘心让殖民地完全独立。对于民族独立运动，麦克米伦1960年曾在联合国说："谁敢说这是稳定、解放和进步？"然而民族解放的浪潮不可阻挡。20世纪60年代英国式议会统治在南部非洲结束，南部非洲陷入内战。但是英国不愿从东非和中非撤走，因为白人殖民定居者在这些地方积累了大量财富，掌握着政权。这些国家的独立，意味着他们将丧失一切。只是由于当地人民的斗争，英国才最终被迫退出。1961年，保守党政府与坦噶尼喀达成协议，坦噶尼喀与桑给巴尔一起组成坦桑尼亚而独立。乌干达1962年独立。在肯尼亚，有三万白人殖民者定居，他们的影响力较大，所以肯尼亚的独立是通过武装斗争而获得的。肯尼亚吉库龙人组成秘密军事组织，爆发了大起义，英国进行了残酷的军事镇压，肯尼亚独立运动领导人拒绝投降，被关进监狱。1963年，肯尼亚最终独立。1964年，尼亚萨兰改名为马拉维而独立，北罗德西亚改名为赞比亚而独立。大英帝国不可避免地走向崩溃。

二、丘吉尔、艾登与麦克米伦政府

1951 年至 1955 年，丘吉尔政府的主要成就在外交领域。这一时期的英国外交由外相艾登主管。艾登在 20 世纪 20 年代就进入英国政府从事外交工作。他在 1938 年与张伯伦的“绥靖政策”决裂，战争中担任战时内阁外相，所以在人民中享有威望。战后艾登非常积极地参与由法国总理普利文提出的创造欧洲军队的普利文计划，但不是以成员国身份参加，而是以盟国身份参加。

1955 年 10 月，英国与美国、加拿大及欧洲煤钢共同体六国一起签订了《巴黎协定》，同意联邦德国和意大利加入《布鲁塞尔条约》，使西欧联盟得以扩大。《巴黎协定》同意联邦德国加入北约，而条件是联邦德国不能进行核试验及生产生化武器。这是艾登支持联邦德国恢复主权及在与西欧、美国、加拿大联盟上的成功，但艾登坚持独立于欧洲大陆的政策。他外交政策的第二个成功是主持了 1954 年的日内瓦会议，使法国从印度支那的困境中解脱出来。在埃及问题上，艾登曾准备从苏伊士运河撤军，但向埃及政府要求，紧急情况下应允许英国重获该军事基地。他的这一方案遭到保守党议员的反对而未能执行。由于英国未能及时对埃及的民族独立运动做出让步，后来发生了埃及人民反英的苏伊士运河危机。

1955 年 4 月，丘吉尔由于年纪过大，加上身体有病，同意退休。5 月，进行选举，艾登担任首相。然而艾登虽长于外交，但处理内政无方，英国经济继续恶化。1956 年，艾登批准入侵埃及，造成苏伊士运河危机。入侵失败后，他受到保守党与工党的批评，又由于健康状况不好，只得到西印度群岛治病，而任命巴特勒代理首相。

英国首相安东尼·艾登告诉英国人民，苏伊士运河是“对我们所有的人生死攸关的大事”

1957年1月，艾登辞职，麦克米伦任首相。麦克米伦曾在英国政府担任过住房、国防、外交及财政大臣，经济上奉行凯恩斯主义，主张扩大政府预算；政治上提倡保守主义，主张阶级调和。他强调英国传统的贵族观点，但却接近人民。20世纪60年代英国的学生运动，帮助麦克米伦实现了其国内政策。他认为工人阶级不是资产阶级的敌人，而是打败德国皇帝与希特勒的“坚强的人”，工人会支持给他们带来好处的政策，失业是罪恶，应消灭失业。他是第一位通过电视等新闻媒介宣传自己的首相，通过大肆渲染，麦克米伦政府的内外政策得到了较多人的支持。

苏伊士运河危机之后，麦克米伦认识到英国经济无力承担巨大的海外扩张任务，英国无力再扮演世界大国的角色。如果不采取措施，英国的反苏和反殖民地革命政策将导致经济进一步恶化。于是他大幅度削减军费，在1957年的国防白皮书中宣布英国防务依靠核威慑，把军队人数从70万减少到40万，废除征兵制，实行职业兵制，但仍然执行远离欧洲的外交政策。1957年签署的《罗马条约》创立了欧洲经济共同体，英国由于不愿削弱其与英联邦国家的关系，未能成为欧共体创始国。但是为了不被完全孤立，于1959年设想成立“欧洲自由贸易联盟”，其成员国有奥地利、丹麦、挪威、瑞典和瑞士。1960年1月4日，英国、瑞典、丹麦、挪威、瑞士、奥地利和葡萄牙签订《斯德哥尔摩条约》。5月3日该条约生效，欧洲自由贸易联盟正式成立，在成员国之间消灭关税，但没有对外采取共同关税，这是其与欧共体的不同之处。

英国之所以不愿加入欧共体，有两条原因：第一，欧共体对外来进口的农产品统一征收关税，其目的是保护法国和联邦德国低效率的农业生产，而英国可以自由地从新西兰、澳大利亚、加拿大和其他世界各地进口廉价农产品，因此欧共体的政策不符合英国的国家利益；第二，英国希望保留本国主权，不愿受欧共体一些超国家机构的控制。

麦克米伦的经济政策产生了效果，1957年至1958年的经济萧条很快过去，1959年和1960年英国出现经济增长。借此东风，麦克米伦在1959年的选举中获胜，连任首相。但在其第二个任期（1959—1963）中，英国却出现了比过去任何时期都严重的经济危机。1962年，失业人口达到80万，英国政府不能再保证充分就业。而依靠美国导弹的核威慑力量的费用开支不低于常规武器的开支，对英国经济是一个重负。英国被迫减少对世界事务的干预，不再充当世界领袖。由于经济远远落后于欧共体六国，1961年8月，英国提出申请加入欧共体。但1963年，戴高乐否决了英国的申请，说英国与英联邦的联系及其在太平洋地区的利益，使英国不可能成为欧共体完全的伙伴国。

1961年，英国财政大臣劳埃德被迫推行控制工资的政策，引起铁路、邮政及护理等行业工人的罢工，麦克米伦无法再继续统治。此时出现了“安全丑闻”与“桃色事件”，即国防大臣普罗富莫卷入了苏联驻英武官的失密丑闻和与此事件有关的与基勒小姐的性关系丑闻。这最终导致1963年10月工党领袖威尔逊取代麦克米伦，入主唐宁街10号。

英国人民最关心的是国内事务，他们的注意力完全集中在国内经济问题上，主要体现为工资和工会权力问题。1979年前，保守党与工党的经济政策实际没有区别，其共同点是实现充分就业，政府扶助衰退的工业以促进经济发展。上述政策取得了巨大的成果，从1957年至1964年，人民生活水平迅速提高，住房条件改善，社会服务机构十分有效率，免费医疗制度使穷人免去了忧愁，人民实际工资提高，有很好的受教育机会，实现了充分就业，退休工人有了较高的退休金。虽然英国社会还没有实现平等，但只要努力工作，有能力的人绝不会再因阶级的局限而被埋没。

知识链接

英国的制式改革

1965 年 5 月，英国政府发表声明，决定将度量衡制式改为公制。然而由于民众的保守习惯，政府的不做妥协，允许逐步实施这种改变，并在若干年内保持英制与公制并存。采用公制是 1964 年当选的工党政府的一项承诺，旨在实现国际标准化和技术进步。

——特里·布劳斯. 20 世纪看得见的历史. 周光尚，望震，薄景山，译. 北京：中国社会科学出版社，2006：316.

然而英国为上述成果付出了代价，国家为工业提供津贴，使工业发展缺乏竞争性，从而使生产效率降低，税收也不合理。虽然英国人连低收入者也有自己的住房，在这方面远远超过欧洲各国，但由于经济发展缓慢，人民生活的改善相对较慢。英国政府为了提高国内生产效率，大力削减进口消费品并努力增加汽车、电冰箱、洗衣机及电视机的出口。这一政策虽有收效，却引起周期性危机，即闻名于世的英国经济“走走停停”的弊端，其经济年均增长率仅为 2%～3%，高的年份为 5.8%，低的年份为 0.9%。到 20 世纪 70、80 年代，英国与邻国的经济差距扩大。

三、威尔逊、希思与卡拉汉政府

威尔逊政府（1964—1970）为改进英国经济进行了探索，认为政府应大力干预经济，要求学习德国和法国的指令性计划生产。威尔逊试图把工资与生产效率挂钩，1965 年由政府规定物价和工资。但到 1967 年，英国经济就发生了问题，英镑贬值，这使英国被迫放弃了在中东的殖民活动。威尔逊进一步扩大国家控制，把全国钢铁工业重新国有化。威尔逊和工党遇到两大难题：第一个是与工会的关系问题。工党的低工资政策导致工人罢工，但威尔逊政府是依靠工党支持才上台的，而工党又依靠工会的支持才得以存在。所以政府不敢通过限制工会罢工和要求增加工资的立法，这就成为工党改进英国经济所面对的难题。工党认为如果工会权力过大，就会使工业部门劳资之间的关系处于不平衡状态。为了改善与工人的关系，威尔逊希望英国能加入欧共体，振兴经济，得到工人支持。但 1967 年 11 月，戴高乐再次否决了英国的申请。

为了改善失业状况，威尔逊政府继续进行教育改革，使中小学培养出具有综合素质的人才，使高等学校培养专才。然而威尔逊政府忽视了技工学校教育，这就不能满足经济发展的专门需要，而且使大批年轻人缺乏专业技能，在就业市场上难以找到出路，面对的是失业、吸毒，从而产生了社会问题。

第二个是北爱尔兰问题。内战之后的 1920 年至 1921 年，爱尔兰被分裂为两部分，但这一结果从未被爱尔兰南部人民接受。北部六个郡成立了北爱尔兰自治政府，其支持者是占人口大多数的新教徒，他们主张与英国合并，而信奉天主教的少数人则反对。北爱尔兰自治政府对少数信奉天主教的北爱尔兰人实行歧视性政策，这些政策得到英国内阁的批准。

于是北爱尔兰人成立了北爱尔兰共和军，其奋斗目标是使北爱尔兰与爱尔兰统一，他们与北爱尔兰政府发生了尖锐冲突。为了加强英国在北爱尔兰的统治，1969年英国派军队进入该地区。然而，这不仅未能稳定局势，相反，爆炸、暗杀等恐怖活动迅速增加。最严重的是1972年1月30日发生的“流血星期日惨案”。北爱尔兰法律禁止游行示威，所以英国部队以游行示威违法为名，向当天在伦敦德里市游行示威的天主教民权运动组织成员开枪，打死16人。此后，北爱尔兰共和军暴力活动升级。

1973年7月13日，北爱尔兰共和军在贝尔法斯特市炸死11人。1979年，第二次世界大战时期的著名元帅蒙巴顿勋爵和18名士兵一起被打死。到1992年，已有三千民众和士兵死亡。英国试图寻找一个解决办法，但至今未果。

1972年3月，英国政府通过每天与北爱尔兰政府联系的方式，直接控制了北爱尔兰事务。1973年12月，英国与北爱尔兰政府达成《桑林格德尔协议》，规定天主教徒与新教徒一样可共享北爱尔兰政权。这样，英国把行政权交还北爱尔兰政府。但这一协议遭到北爱尔兰新教工人的反对，这些新教工人都是英国移民或其后代。

北爱尔兰问题不仅影响了工党的地位，也给以后各届政府带来麻烦。1985年11月双方又签订了《英爱协定》，规定英国政府给北爱尔兰政府一些权力，让天主教徒可以共享政权。而北爱尔兰政府也保证，北爱尔兰是否与爱尔兰统一，必须由当地大多数人决定。但北爱尔兰新教徒反对，他们认为让天主教徒参加北爱尔兰政治是对他们的背叛。北爱尔兰共和军及天主教的政党新芬党也反对这一协定，这些都使北爱尔兰问题长期得不到解决。

威尔逊政府由于面临经济问题、社会问题和北爱尔兰问题，在1970年6月的选举中失败，保守党领袖希思担任首相，与保守党的贵族传统完全决裂。为了改善英国的经济状况，希思取消国家干预，依靠市场经济以减少政府津贴与福利、奖励勤劳工作的工人和有成效的企业、减税、放弃控制工资。在减少福利这一方面，他甚至取消了英国中小学在校生中餐免费喝牛奶的传统。希思的上述做法遭到人们的反对，不得不在1971年放弃。希思政府的失败主要是由于与工会发生尖锐矛盾。1971年希思政府通过了反对工人的《工业关系法》，严格限制工会在组织罢工、要求增加工资等方面的活动。

1973年，由于世界石油价格上涨，英国经济更是雪上加霜。希思政府没有对策，只好恢复对价格与工资严格的控制。希思政府对经济的干预甚至超过了工党政府，这就导致了1974年2月英国煤矿工人要求增加工资的大罢工。煤矿工人的罢工使英国电力不足，英国被迫实行每周三天工作制。此时，希思未能处理好与罢工工人的关系，他要求1974年2月举行选举，并深信自己一定会胜利。在竞选中，他愤怒地质问“究竟谁在治理英国”，表现出强烈的自信心。然而出乎意料的是，他以极少数票之差，被工党击败。威尔逊重主英国政治。

不过，希思政府取得了一个很大的成绩，即向议会提出了英国加入欧洲共同市场的决定。1972年7月13日，议会通过了法令，1973年1月1日，英国加入了共同市场。虽然保守党与工党内都有反对派，但工党党内在加入欧共体问题上分歧更大，威尔逊遭到强烈反对。1971年10月，工党代表大会甚至投票反对加入欧共体。反对者认为英国加入欧共体的条件不合理。欧共体允许英国有六年的过渡期，此后，除少数例外，英国将向从英联邦和美国进口的食品加税，其后果是英国的食品价格将比世界食品价格高，但欧共体内部却对各成员国农产品实行保护政策。这样英国就要为共同市场的农业保护预算付出很多的钱，自己却得不到好处。因此，议会中的反对者提出了强烈抗议，并总结了理由：第一，加入欧共体将丧失国家主权；第二，欧共体不成功的农业政策将损害英国很有效率的农业；第三，英国将对欧共体交纳大笔预算费用，付出的代价太高昂。威尔逊抓住选民心理，在竞选中承诺当选后为英国加入共同市场争取更好的条件，并把是否加入欧共体交付全民投票公决，所以威尔逊在1974年2月当选首相。

威尔逊执政后实现了其在竞选中提出的政府与工会之间的“社会契约论”，废除了1971年希思的《工业关系法》，作为条件，他要求工会保证限制工资的增长，于是威尔逊消除了政府与工会的对立。到1974年10月，形势发展有利于工党。尽管距1974年2月大选才过了几个月，为巩固工党执政以来取得的成绩，威尔逊又要求提前大选。结果工党大胜，威尔逊仍然担任首相。这时工党做了让步，煤矿工人结束了罢工，英国又恢复了五天工作制。

然而英国经济状况并未好转，1975年之前，通货膨胀率已达24%。工人不顾威尔逊与工会达成的“社会契约论”协议，要求提高工资。于是威尔逊再次恢复强制性工资政策，这引起了与工人的矛盾，威尔逊被迫在1976年3月辞职。威尔逊虽然辞职，但他执政时带给英国的影响并未消失，比如成立了国家企业署，其目的是通过政府投资来刺激新企业的发展；还成立了英国国家石油公司，为开发北海石油而努力。这些政策后来都取得了成效，不过威尔逊扩大对国家经济进行干预的政策，受到了保守党严厉的批评。

1976年4月，詹姆士·卡拉汉继任首相。卡拉汉首先要巩固他在白厅的地位。因为当时大多数工党党员人心浮动，卡拉汉随时有可能下台。于是他与自由党结盟，从而在议会得到支持，使他的政府能支撑到1979年选举。

在经济上，英国已陷入很深的经济危机，卡拉汉面临的最大问题仍然是怎样控制通货膨胀、保持英镑汇率。为此，他继续采取控制工资增长的政策，并削减公共开支。经过卡拉汉的努力，英国经济开始恢复，通货膨胀率在1977年下降到16%，1978年下降至8%，但失业率仍然为8%，约有150万失业人口。限制工资的政策降低了工人的生活水平，从1978年开始，工人与政府谈判，要求增加工资。卡拉汉宣布，为了降低通货膨胀率，1979年工资的增加仍将控制在通常的5%。他的这一政策，使工人的工资不能满足生活需要，必须申请社会福利补贴才可勉强生存下去，于是卡拉汉遭到人们的反对。

1979年5月，英国举行大选。此时，卡拉汉由于不同意苏格兰和威尔士自治的提案，又失去了自由党和苏格兰民族主义者的支持，因此在选举中失败。保守党的撒切尔夫人得以当选，担任新首相。撒切尔夫人于1975年取代希思担任保守党主席。她和希思一样，没有特权背景，是一个食品商的女儿，是战后通过艰苦努力而成长起来的英国新一代政治家的代表。她上台后，给英国带来了新的气象。

四、撒切尔夫人治理英国的新政策

撒切尔夫人为治理英国提出了新政策，即放弃国家对经济的干预，推行减税和私有化。这一政策包括以下内容：第一，私有化。先使国有企业提高效率，自负盈亏，国家不再补贴。当企业盈利后，就卖给私人。第二，限制工会权力，恢复雇主与雇员之间的平衡与相互制约关系。第三，降低直接税，鼓励有钱人的积极性。此外，撒切尔夫人还采取了其他一些措施：执行货币紧缩政策，提高利率；把由市政当局管理的出租房屋，即国家为改善人民住房条件，修好后低价出租给穷人的房屋，减价卖给房客；社会福利只限于给老人与病人，特别不能给罢工工人。

撒切尔夫人的上述政策，实际上是美国里根经济学在英国的翻版，是以牺牲穷人利益为代价的，虽然可以暂时刺激经济，但会引起贫富两极分化，最终仍不能解决英国的经济问题。撒切尔夫人上台之后，正面临1979年至1980年世界石油价格暴涨的打击，经济恶化，通货膨胀率上升到20%。但政府却把财政负担从直接税转移到非直接税，更加重了穷人负担。而且撒切尔夫人降低累进税和直接税的决定得到了有钱人的支持，这是她在后来选举中接连取胜的社会基础。

撒切尔夫人的政策，特别是紧缩银根的货币政策和高利率政策，使英国经济受到沉重打击，失业人口达300万。撒切尔夫人放弃了战后历届政府的充分就业政策，遭到人民的反对。在1981年秋的民意测验中，撒切尔夫人是1940年继张伯伦之后最不受欢迎的首相。她之所以在1979年后的十年中连续当选，主要是因为工党处于分裂状态。工党内极左、中左和右派三派斗争极其激烈，右派于1981年分裂出去，组成社会民主党，后来与自由党组成联盟。在这一时期，工党能否存在都成了问题。但即使在工党分裂的状况下，在1979年、1983年和1987年的三次选举中，撒切尔夫人的选票都从未超过44%。

在1983年6月的选举中，撒切尔夫人由于英国在与阿根廷的马尔维纳斯群岛之战中的胜利而提高了声誉，这对她当选起了一定作用，但工党政策的失误是撒切尔夫人重新当选的主要原因。工党在竞选中提出了两个政策：第一，工党如果当选，英国将退出欧共体；第二，英国将单方面进行核裁军。这两个政策在当时遭到大多数英国人的反对。撒切尔夫人在第二个首相任期内进行了激烈的经济改革，进一步削减公共支出，减少预算赤字，加快国有企业的私有化。她的上述政策取得了一些效果，例如，英国电信公司、铁路公司和煤气公司卖出后，大赚了一笔钱。

在国际上，撒切尔政府增加部署美国巡航导弹的经费；在国内，增加了警察、法庭等部门经费以“维护法律与秩序”，同时通过了限制工会权力的改革法案。

尽管撒切尔夫人极力打击和限制工会，却不能消除全国矿工工会的罢工。1984年3月，英国煤矿工人进行了大罢工。撒切尔政府施展分化瓦解的手段，使诺丁汉和德比郡的矿工不参加罢工，从而注定了全国煤矿工人罢工的失败。但撒切尔夫人的经济政策继续遭到严厉的批评。失业人口的上升、公共开支的减少，使中央政府与各地方政府为经费的分配争吵不休。此时，北爱尔兰共和军又给她制造了麻烦。1984年北爱尔兰共和军对正在举行保守党年会的布雷顿大饭店实施爆炸活动，几乎把撒切尔夫人炸死。当1987年选举临近时，为了拉选票，撒切尔夫人停止削减公共开支经费，通货膨胀率从1981年的11%下降到4.4%，而且政府规定的购买住房的抵押贷款利息很低，受到人民欢迎。但英国经济形势严峻，制造业萎缩，其中200万个工作职位消失，失业人口在300万以上。

在对外政策上，撒切尔夫人坚决支持美国和北约，甚至允许美国于1986年4月利用英国军事基地袭击利比亚。她反对所有的共产党国家，因而使其“铁娘子”称号带上强烈的反共色彩。她深刻地认识到戈尔巴乔夫将是背叛社会主义并与西方合作的人，因此于1987年3月底访问莫斯科，为苏东剧变制造了气氛。

在香港回归中国问题上，撒切尔夫人起初十分强硬，要尽花招，企图继续霸占香港，不归还中国。但邓小平坚持香港必须在1997年回归中国，并且要求英国按中国条件完好无损地归还香港。鉴于中国的强大，撒切尔夫人只好同意。撒切尔夫人的对外政策处处带有保守性，例如，她反对任何损害南非的经济制裁，其理由是黑人受到的伤害将更大。在世界各国都反对南非种族隔离政策的时候，她坚持这一政策，就大大损害了英国的形象，并使她在英联邦中处境孤立。

在欧洲，她抵制欧共体的方针政策，反对其对英国的干预。她是一位自由贸易主义者，反对欧共体的关税和农业政策，特别反对欧共体对法国和德国农民的经济资助。

1987年大选临近时，英国经济形势比过去几年要好。而这时由于工党分裂，右派组成社会民主党与自由党联盟，力量削弱。虽然出现了一位工党新领袖尼尔·金洛克，而且成功地团结了工党其余各派，但金洛克没有注意策略，他在竞选中提出，当选后要从英国撤走所有核武器，这就遭到一部分人反对，使他失去许多选票。因此在1987年的大选中，撒切尔夫人再次当选。但其得票率仍与1983年一样，仅为42.3%。工党得票率为30.8%，联盟党得票率为22.6%。

撒切尔夫人在第三个首相任期内宣称“继续革命”。她想取消1945年工党政府建立的一整套为人民服务的机构。这些机构的服务项目包括：社会福利和安全保障体系，全国免费医疗制度，国家资助教育制度等。然而英国人民的感情发生了变化，不再支持她，因为她的政策严重损害了穷人利益。事实还证明：从英国铁路公司到自来水公司的私有化，只有利于投资者，而不利于穷人。在撒切尔夫人的治理下，英国分裂为富有的南方与萧条的北部工业地区。应当指出，撒切尔夫人上述政策也有积极的一面，即英国工业更具效率和竞争力。

从1981年到1987年的六年中，英国经济的确出现了史上少见的增长，虽然增长率较低。到1988年，英国经济开始出现问题，伦敦股市暴跌之后，财政大臣奈杰尔·劳森认为这是由于放松了对货币的控制。为了防止英镑升值过高而影响出口，他走向反面，把利率又降得过低。1988年4月，撒切尔政府通过了减税预算，削减个人累进税，但增加间接税，把中央政府的开支削减到地方政府水平等政策。但是由于总的税额没有减少，这个计划仍有利于有钱人而损害穷人利益。

这时，通货膨胀率再度上升，利息升高，反过来沉重打击了用贷款购买住房的人。

1989 年财政大臣劳森辞职，“撒切尔经济奇迹”行将结束。撒切尔夫人在任时对人民打击最为沉重的是“人头税”政策。她推行人头税的目的是为地方政府增加收入，然而收人头税的方式极其不公平，征税时不问贫富，一律按人头征收同样数目的税额，这就使贫困但人口较多的工人交的税比有钱人多。这种有利于富人的税收政策引起了社会动乱，英国到处发生示威游行。

1990 年，保守党内发生分裂，一派支持撒切尔夫人，另一派则要求其下台。如果撒切尔夫人继续当政，保守党极有可能在下次大选中失败。在这种情况下，为确保保守党在下次选举中的胜利，撒切尔夫人被迫于 1990 年 11 月 22 日辞职，并由支持她的财政大臣约翰·梅杰接任首相。梅杰担任首相后，邀请撒切尔夫人的竞选对手迈可·赫塞尔廷入阁，从而结束了保守党的分裂状况。

撒切尔夫人下台后，其政策在英国遭到否定。她在任时反对一切社会主义性质的政策，如福利政策，摧毁工会权力和限制劳动力自由。在经济上鼓吹自由市场理论，反对国家计划或干预经济，推行有利于富人的政策，这些都加深了英国社会的不平等，例如在税收政策上，富人与中产阶级一样都交 40%的税，加重了中产阶级的负担。英国 20%的富人占有国民收入的三分之一，而社会下层人民中 20%的人却只占有 1%的国民收入。撒切尔夫人的经济政策产生的最大恶果是失业人口的长期增加和赤贫人数的增加。从 1979 年至 1987 年，失业比例从 6%增加到 19%。1990 年撒切尔夫人下台时，英国失业人口超过 200 万，同时通货膨胀更加严重。这给其后任梅杰留下了一个沉重的负担。

从经济增长的角度看，撒切尔夫人的政策有成功的一面。1980 年至 1982 年的萧条结束后，英国经济相对增长，一直延续至 1990 年。但这种增长主要是服务行业的发展导致的，与其他国家相比，英国制造业基本没有发展，而且从 1991 年至 1992 年产量开始下跌。撒切尔夫人的私有化政策还造成了电话、煤气、自来水等公司的严重垄断。

第三节　冷战缓和时期的法国

一、戴高乐与法国

戴高乐上台，对法国具有重要意义，开始了法国不寻常的历史发展时期。戴高乐上台的直接原因是阿尔及利亚人民的独立斗争引发的法国政治危机。战后法属殖民地开始了争取民族独立的新时代，法国被迫在 1954 年签订了《日内瓦协议》，同意撤离越南，1956 年又被迫同意突尼斯及摩洛哥的独立。

但阿尔及利亚的情况却不同，法国人认为阿尔及利亚是法国的一部分，因为在阿尔及利亚有一百多万法国人，既有亿万富翁又有各种下等工人，他们住在阿尔及利亚已有一代以上。所以从殖民主义观点出发，法国政治领导人宣称阿尔及利亚属于法国，并且在法兰西第四共和国宪法上写道：“没有阿尔及利亚，法国将不存在。”上述宣言完全是错误的，阿尔及利亚是被法国占领的，在阿尔及利亚有九百多万信奉伊斯兰教的阿拉伯人，他们受到残酷的压迫与剥削，要求独立的斗争完全是正义的。

第二次世界大战后，戴高乐曾同意阿尔及利亚成立自治政府，但时间和方式必须由法国决定。然而，阿尔及利亚人民决心通过斗争赢得彻底的解放。从1954年11月开始，在阿尔及利亚解放阵线的领导下，人民举行了武装起义，揭开了争取独立的序幕。法国殖民当局对此进行血腥镇压，但阿尔及利亚人民越战越勇。

1958年春，法国政府不堪重负，开始考虑从阿尔及利亚撤走的问题，但是法国在阿尔及利亚的将军和殖民当局拒绝这样做。于是导致了政局不稳、第四共和国的垮台和戴高乐的复出。

1958年3月下旬，法国内阁因无力处理阿尔及利亚问题而下台。三周后总统科蒂仍然无法组织一个新政府，于是向戴高乐问计。戴高乐并未给予明确的答复，科蒂总统转向普菲姆林。普菲姆林是一位曾被法国驻阿尔及利亚军队开除军职的政治家，科蒂总统希望他担任总理的这一决定立即遭到法国驻阿尔及利亚军队的反对。阿尔及利亚伞兵第10师师长马絮少将和驻阿尔及利亚法军总司令萨朗将军公然反对。第二天，巴黎就发生了各种示威游行。驻阿尔及利亚法军的叛乱，有可能引发法国内战。

5月13日，普菲姆林已组成新政府，并得到议会多数支持。但由于巴黎局势混乱，戴高乐于5月15日发表讲话，不指责驻阿尔及利亚法军的叛乱行为，只谴责法国的多党政治，要求由一个全国人民信任的领袖来拯救法国。同时，马絮将军计划派伞兵部队空降巴黎，占领政府的重要部门。在这种情况下，戴高乐曾经非常模糊地表达了他的观点，即他如果不能合法担任总统，那么将利用驻阿尔及利亚法军来夺取政权。因此，戴高乐与驻阿尔及利亚法军的关系成为历史学家争论不休的问题，戴高乐是不是这次反对活动的幕后操纵者？

5月28日下午，马絮开始空运伞兵，法国处在内战边缘。傍晚，科蒂总统被迫要求戴高乐组阁，并接受戴高乐解散议会、制定新宪法的要求，同时给他六个月时间行使特殊权力。当这一消息传到阿尔及利亚，驻阿尔及利亚法军立即停止了叛乱。就这样，1958年6月1日，经国民议会批准，67岁的戴高乐再次成为政府总理，科蒂仍为总统。

很明显，没有驻阿尔及利亚法军的威胁，戴高乐不可能上台。但当戴高乐重新上台后，他立即认识到法国不可能继续统治占阿尔及利亚人口绝大多数的阿拉伯人，阿尔及利亚迟早要独立。因此，他决定让阿尔及利亚在符合法国利益的情况下独立。戴高乐政府对阿尔及利亚奉行两面派政策，在访问阿尔及利亚时，一方面说他理解法国定居者的想法，另一方面又不提“阿尔及利亚是法国的”这句话。这使大多数法国人和阿尔及利亚人对戴高乐都寄以希望，希望戴高乐按他们各自的利益办事。

阿尔及利亚人民在解放阵线领导下沉重打击了在阿法国殖民者，这促使戴高乐考虑与解放阵线签订解决阿尔及利亚问题的协定。否则，戴高乐政府仍将重蹈历届法国政府的覆辙而垮台。定居阿尔及利亚的法国人也认识到这一点，因此他们当中的极端分子就企图推翻戴高乐，进行了30次暗杀活动。1962年8月，在一次暗杀活动中，戴高乐所乘的轿车被14颗子弹打得弹痕累累，戴高乐及其夫人幸免于难。

1961年2月，阿尔及利亚法国殖民者成立了军队秘密组织，即闻名于世的“OAS”，宣称如果法国政府放弃阿尔及利亚，他们就将像阿尔及利亚解放阵线一样，在巴黎进行恐怖主义活动。

1961年3月30日，戴高乐宣布将与阿尔及利亚解放阵线在埃维安进行和平谈判。在四名退休将军的帮助下，军队秘密组织策划于4月公开叛乱。但这一阴谋被戴高乐及时制止。在埃维安的谈判中，军队秘密组织极力进行破坏，但未能阻止法国政府在1962年3月18日签订完全同意阿尔及利亚解放阵线条件的协议。6月，军队秘密组织放弃了在阿尔及利亚毫无希望的斗争，大多数在阿尔及利亚的法国人移民到法国本土居住。4月8日和7月1日，法国和阿尔及利亚分别举行了公民投票，7月3日，阿尔及利亚独立。

戴高乐上台后，于1958年8月制定了新宪法，称《第五共和国宪法》，于1959年1月生效。这部宪法规定：总统为一国之首；总统在全国危机时，有权采取一切措施克服危机；总理由总统任命。这就大大加强了总统权力，削弱了总理权力。总理在政府中只起次要作用，而总统几乎决定一切重大问题，把总理及各部部长只看成文官和贯彻总统意志的工具。虽然在理论上，议会保留了相当权力，政府对议会负责，但由于戴高乐任命的所有总理都是戴高乐派人士，而绝大部分部长都是技术专家而非政客，这就使政府各部部长远离了议会，从而避免了政治的不稳定状况。

戴高乐于1958年12月21日被选为法兰西第五共和国首任总统，1962年地位进一步加强后，他就规定总统由全民直选，从而避免受议会控制，同时把总统任期改为七年。从1958年至1969年，法国的经济现代化发展极其迅速，这主要是由于戴高乐推行混合经济制度，在私有制基础上，实行国家干预、计划经济刺激生产。戴高乐坚持融入欧共体，不再执行传统的保护政策。因此法国工业在20世纪60年代赶上了英国，其工业增长速度在60年代为5.8%。法国农业也迅速现代化，从1955年至1970年，法国农民的数目减少了三分之一，农业工人数目减少更多。战后农业雇工占全国劳动人口的四分之一，但到60年代只占16%。这一时期法国经济的最大问题是通货膨胀，失业率较高（从未低于4%），引起工人罢工和抗议。这种情况由于社会生产的财富分配不均、贫富悬殊而更加恶化。

戴高乐执政时期的对外政策，主要是努力恢复法国的大国地位。1958年9月，他向英美提出，应由美、英、法三国共同主宰世界。他发现通过欧共体，法国可重获在世界上的领导地位，摆脱欧洲在政治、经济上依赖英美的局面，因此他致力于欧共体的发展。1963年1月，签订了《法德友好条约》，埋葬了法德世仇，代之以新的合作关系。

为了拥有世界大国地位，他发展了核武器，向美国发出信号，法国在北约中必须享有与美英一样的平等地位，否则将退出北约。1959年4月，他禁止美国在法国部署核武器。1966年7月，法国退出北约军事一体化机构，同时小心维持与北约的政治关系。但在冷战中，法国在政治上支持北约的一切重大行动，例如1958年第二次柏林危机，1961年第三次柏林危机，以及1962年古巴导弹危机。

在其他涉及第三世界的事务中，戴高乐反对美国的政策。他劝美国政府撤离越南南部；在1967年中东战争中，不支持以色列；于1967年访问加拿大，又支持加拿大法裔公民在魁北克闹独立。他到处出访、到处伸手，但一无所获。而上述政策被认为是反美政策，因此在法国国内引起担忧。到1968年，戴高乐的对内、对外政策越来越为人们所不满，其中最重要的是社会不公带来的痛苦。到5月，终于酿成法国巴黎的大危机。

这次危机是从巴黎大学开始的，学生走上街头示威游行，反对学校严格的规章制度，要求教育改革，要求更多自由。学生中的激进分子甚至挂出红旗，公开号召“革命”。示威学生人数达50万，成千上万各行各业的人们也走上街头，反对现存的官僚体制。这种情况反映了20世纪60年代至70年代西欧社会经过经济改革后的变化。这些学生和群众的示威，可以称为“半个革命”。真正成功的革命并没有爆发，因为有组织的工人并没有参加学生和教师们的斗争。大多数工人虽然对当局不满，他们的实际工资下降，失业人数增加，但法国工会寻求的不是革命，而是更好的工作与生活条件。并且，这次危机只发生在巴黎，法国其他地区仍然十分保守，所以示威活动很容易被镇压下去。

但是戴高乐在这次危机中惊慌失措，他让总理蓬皮杜去处理危机，自己则于5月29日躲到了外地的法国兵营，在军队支持下，第二天才敢回到巴黎。蓬皮杜向学生做了许多让步，许诺改革。戴高乐则通过电台反复要求全民支持。到6月，由于学校放假，许多学生回家，这场危机才完全平息。

虽然戴高乐渡过了这次危机，但严重的政治经济问题仍然存在，他的威信已经扫地，于是决定举行全民公决，看法国人民是否仍然需要他的领导。1969年4月27日，法国举行了全民投票，有52%的人反对戴高乐，他被迫宣布辞职。

戴高乐的辞职立即使法国社会稳定下来。因为戴高乐从政坛消失意味着高度集权的总统权力的削弱，这就安抚了法国政府内外的反对派。但戴高乐的对外政策，即戴高乐主义，并未随其退隐而消失，它成为旧政府向新政府过渡的桥梁。

戴高乐辞职后，蓬皮杜担任总统。他是一位谨慎的保守党人，然而却进行了旨在缓和社会矛盾的改革。在政治上，他保证不建立戴高乐式的专权政府，而主张民主，还在全国建立了地方委员会和工商协会，以实现法国工商业各部门之间的合作。经济上，1969年他提出了改革方案，其要点是法郎贬值，并向国际货币基金组织贷款，使法国现代化，使之能参与国际竞争。这一现实主义计划完全与戴高乐主义的经济思想决裂，在戴高乐时代，这被认为是有损法国民族尊严的事。这一改革，为法国经济发展奠定了基础。1974年之前，法国工业化发展迅速，从1969年至1973年，国民生产总值以每年5.6%的速度增长。通货膨胀得到控制，失业率很低。

在对外政策上，他放弃了戴高乐否决英国加入欧共体的政策，从而极大地改善了英法关系。除此之外，他奉行戴高乐的其他对外政策。然而蓬皮杜的政治经济改革是有限的。总理戴尔马斯曾提出一个更为激进的改革方案，想在法国建立一个肯尼迪式的“新社会”，但遭到蓬皮杜的反对。1972年7月，蓬皮杜罢免了戴尔马斯，任命了一位更保守的总理皮雷·默斯墨。蓬皮杜由于癌症死于1974年4月，此后法国经济开始衰退。

二、法国左翼政党、右翼政党之争

法国政治并非英美式或联邦德国式的直接的两党或三党之争，法国政党极多，所以是左翼政党与右翼政党之争。有两个政党构成右翼的中心：戴高乐主义的“共和国民主人士联盟”和吉斯卡特·德斯坦建立的“独立共和党”；左翼则主要是共产党与社会党。但1978年后，法国共产党衰落，在1986年国民议会选举中，仅获得35个席位，引起了法国政坛的巨大变化。

社会党领导人是密特朗，他奉行一条具有法国民族特点的民主社会主义路线，主张非中央集权，减少总统制政府的权力，工人当家做主。他严厉批评戴高乐式的专权，最大的成绩是与法国共产党联盟在1981年击败德斯坦，结束了23年来由右翼支配政坛的局面。1981年前，法国由德斯坦治理。德斯坦曾是反戴高乐主义者，但为了击败左派，与戴高乐派合作，选用了戴高乐派领导人希拉克担任总理。起初，希拉克既不支持德斯坦的改革开放，也不同意他的欧洲政策，两人矛盾频发。

在1974年和1975年，德斯坦和希拉克才开始合作推行改革。改革内容包括：制定一系列给予妇女权利的法律，实现男女平等；给单亲家庭更多的福利；允许人工流产；如果夫妻双方同意或婚姻破裂，就可以离婚；在医疗卫生福利上增加资金投入，提高最低工资；对从北非来的移民制定相应政策；严格控制政府干预个人活动，如电话窃听等；避免政府过分干预私人企业，给予人民较大的自由。这些改革在国民议会讨论时遭到戴高乐主义者的反对，在左翼的帮助下才得以通过。希拉克十分清楚地认识到，如果支持德斯坦，就要与戴高乐主义及其政党分手。

希拉克与德斯坦在社会政策和外交政策上有很大分歧。德斯坦倾向于与西欧合作和欧共体的建设，这遭到希拉克的反对。1976年8月，希拉克辞职以抗议德斯坦对他领导的政府的干预。没有希拉克的支持，德斯坦推行的改革遭遇挫折，加上1973年至1974年和1979年至1980年的世界石油危机，法国经济和德斯坦都受到严重打击。希拉克辞职后，德斯坦任命雷蒙·巴尔为总理。巴尔原任财政部长，上台后即开始执行货币紧缩政策。这一政策虽然迅速降低了通货膨胀率，但却不可避免地带来大量失业。1978年后，巴尔又逐步开始减少国家对工业的控制与干预。

1978年至1979年初，巴尔的政策有了明显成效：政府取得预算平衡，工业产量增加，汇率稳定，通货膨胀减缓。但中东危机与第二次世界石油涨价又使法国经济脱离常轨：通货膨胀率和失业率又开始上升，法国出现经济萧条。

在上述情况下，社会党开始得到人民的支持。社会党领袖密特朗为了吸引左翼，发表了一个“社会主义”的纲领，从而战胜共产党候选人马克斯成为左翼候选人。他的纲领集中在减少失业、维护民族利益、提高最低工资、向有钱人征税、进行宪法改革、减少总统权力等方面。右翼德斯坦击败了希拉克，但是在全国大选中，传统支持右翼的人对德斯坦专权的总统作风不满，加之被密特朗的竞选方案吸引，纷纷投票支持密特朗。于是密特朗以1 570万对1 460万选票的微弱多数获胜，在1981年5月的选举中当选总统。

密特朗上台后，为得到左翼和中间派支持，广泛吸收各派人士参加政府，使得1947年以来，法国共产党首次有四名党员担任政府部长。密特朗在延续德斯坦政策的同时，开始兑现其竞选纲领的内容。例如在政治上降低中央集权的程度，给各地区当局更大的权力；在经济上实行大规模国有化，向富人加税，提高最低工资，增加福利开支。在1982年前，法国只有20%的工业国有化，但1982年后已有三分之一的工业为国家所有，国有化范围主要集中在军工、冶金、电子、计算机、化学以及还没有私有化的医疗保险公司和银行。密特朗还丢弃了巴尔的货币紧缩政策。

上述密特朗的“复兴计划”使法国政府收入增多，提高了最穷阶层人民的工资，在住房、政府部门及国营企业中创造了许多工作机会。但是许多法国人对密特朗的社会主义政策缺乏信心，同时私有企业缺乏投资，产量减少，失业人数很快上升到200万，通货膨胀率在1981年10月已达15%，赤字迫使法郎贬值。

1982年6月，密特朗对政策来了个180度的大改变，转向紧缩政策并削减公共开支，执行德斯坦和巴尔的政策，转向市场经济。法国经济虽然由此得到恢复，但生产效率的提高又导致失业人口增加。1984年至1986年，密特朗进一步实行紧缩政策，导致其声望直线下降。在1986年国民议会选举中，密特朗领导的社会党取得了比预期要好的成果。不过，虽然社会党仍是第一大党，但右翼联盟取得了277票的明显多数。左翼联盟已经分散，如果重建，也只能得到251张选票。同时真正引起法国震惊的是，在此次国民议会中出现了一个种族主义的、反犹太人和移民的法西斯政党“国民阵线”，他们得到近十分之一的选票。

选举之后，法国就出现了史无前例的由社会党人担任总统、由右翼支配议会的局面。由于需要议会支持，1986年3月，密特朗要求右翼最大党派共和国民主人士联盟领导人希拉克组织政府。但希拉克组阁也面临巨大困难，因为他受到右翼独立共和党的反对。希拉克上台后，实行私有化政策。他的私有化计划虽经密特朗阻止，但却得到议会的支持。私有化带来的工人处境的恶化引起罢工，1986年12月，发生了法国铁路工人大罢工，铁路瘫痪了一个月之久。1987年1月，罢工波及所有国有企业。希拉克被迫在工资和工作条件上进行妥协，工人才同意复工。法国社会开始出现混乱，失业工人达250万，农民处境恶化，学生运动兴起，示威游行不断。在对外政策上，密特朗坚持发展欧共体，并且在其中发挥着领导作用。与其前任一样，他坚定地保持法国独立的核打击力量。

在1988年春的总统选举中，密特朗以54%的得票率当选总统，并任命在国民议会中得票最多的罗卡特担任总理。罗卡特政府继续执行私有化政策，经济继续增长，通货膨胀率下降。然而政府严格控制国有企业工人工资的政策导致了20世纪80年代末连续不断的罢工。可以说，这一时期法国的经济政策取得了成果。而主要问题是失业率一直在10%左右，这种情况延续到90年代。

法国的政治问题越来越复杂，密特朗虽然停止执行传统的社会主义性质的政策，但他和社会党越来越不受欢迎。他任命克雷森女士取代罗卡特，但她仍然不受欢迎。失业问题严重，引起了法国人民对北非移民的广泛敌意。据1991年官方估计，法国有400万北非阿拉伯移民，他们没有工作，主要居住在巴黎与马赛。种族主义政党“国民阵线”以反对移民和反对犹太人为口号，得到许多人支持。在1992年3月的地区性选举中，社会党只比“国民阵线”多2%的选票。

20世纪90年代，法国人民对欧共体的态度也不同，1992年9月在是否批准《马斯特里赫特条约》（简称“马约”）问题上分歧很大，法国担心统一的有7 900万人口的德国对法国造成威胁。最终只是出于限制德国的目的，法国才同意批准“马约”。

第四节　冷战缓和时期的意大利

一、冷战时期的意大利社会经济

在冷战时期，意大利社会十分混乱，爆发了各种反对政府的运动，其中学生运动特别活跃。在联邦德国和法国，学生运动很少得到工人支持。英国学生运动只限于大学校园，而意大利则不同，激进的学生运动得到工人运动的支持。20 世纪 60 年代，学生上街举行示威游行反对政府，他们的行动得到了产业工人强有力的支持。1969 年夏，学生运动转为工人罢工，要求增加工资，改善工作条件。政府被迫在 1970 年通过劳工立法，给予工会更多权力。

冷战缓和以后，意大利经济发展缓慢。导致这一局面的诸多因素中，有两个最为主要：第一是意大利南北之间经济发展不平衡的问题；第二是意大利经济发展的结构性矛盾问题。

南北发展不平衡，一直是制约意大利经济发展的主要问题之一。20 世纪 70 年代后，这一问题更加突出。长期以来，意大利北方工业经济发达，而南方是农业地区，非常落后。南方经济发展的缓慢，影响了整个意大利经济的增长速度。70 年代爆发的世界石油危机进一步打击了意大利经济，使其增长速度放慢。虽然年经济增长率仍然超过 3%，但一年比一年低。1983 年社会党人克拉克西当选总理，进行财政改革，压缩公共开支，削减社会福利，打击偷税漏税，将固定财产列入征收个人所得税范围，把一些亏损的国营企业出售给私人等等。于是经济开始健康发展，通货膨胀率下降到 5%，失业率也有所下降。但是影响意大利经济发展的根本问题仍然存在，南北差距日益扩大。在 20 世纪 90 年代，意大利南部有 20%的人失业，北部失业率仅为 7%，北部生活水平比南部高两倍以上。

意大利经济发展的结构性矛盾主要是公有经济和私人经济的结构不合理，中小企业过多，缺乏大垄断企业。20 世纪 70 年代后，意大利经济发展存在的结构性矛盾更加突出。

在意大利国民经济中，公有企业和合作经济十分发达，这使意大利公有经济的成分很高。意大利的公有经济分为“直接公有企业”与“间接公有企业”。“直接公有企业”，是指资本完全属于国家、直接由中央政府或地方政府经营的企业，包括铁路、邮电、公共交通、电力、自来水、医院等；而“间接公有企业”，指杂有私人资本的国有企业，由国家通过控股公司加以控制，其资金来源可以有多种形式，经营方式同私人企业差不多。1981 年，意大利公有经济占国内生产总值的 25.1%，解决全国就业人口的 26.8%，占全国固定资本总投资的 49.7%，在国民经济中占有举足轻重的地位。

然而在这一时期的意大利经济中，占据主体地位的仍然是私人经济。意大利的私人企业，主要是以家族为基础的中小企业，在意大利经济中非常活跃。在意大利，雇员人数在 100 人以下的企业，被称为小型企业；雇员人数在 100～499 人的企业，被称为中型企业；而人数在 500 人以上的企业，则被称为大企业。意大利的大企业不多，35.5 万家制造业企业中，大企业只有 627 家，只占企业总数的 0.18%。根据欧洲委员会 1990 年公布的数据，在制造业部门中，意大利大企业的比重仅占 0.13%，中小企业占 99.87%。

而意大利中小企业的规模不大，由中小企业组成的集团，规模也都很小。例如 20 世纪 80 年代，意大利有一个由数家小企业合并而成的集团，叫作“罗奇奥尼集团”，1985 年，雇员不足 70 人。中小企业规模不大，资金不充足，缺乏在世界市场上的竞争能力，限制了意大利经济的进一步发展。

二、冷战时期的意大利政治

冷战时期的意大利政治非常腐败。天主教民主党和社会党联盟与黑手党勾结，阻止共产党进入政府。这种做法导致了黑手党的猖獗和意大利政府的堕落、腐败。

意大利黑手党是当今世界上最大的犯罪组织。从波旁王朝时代的帮会组织发展成为今天的跨国犯罪集团，它经历了一百多年的罪恶史。一百多年来，黑手党敲诈勒索、走私贩毒、恐吓凶杀、控股投机、设赌局、开妓院，几乎是无恶不作。一百多年来，它不断向政界、军界、企业、股市和金融业渗透，不断地垄断经济、操纵政府、干扰时局、制造灾难，从而成为超级犯罪集团。

早在 1948 年意大利议会大选时，年仅 20 多岁的意大利政府官员朱利奥·安德烈奥蒂奉总理阿尔契德·加斯贝利之命与黑手党进行交易，让黑手党去威胁支持意大利共产党的选民。作为交换，政府保证日后警方不再追捕黑手党成员，并在公共工程项目承包的申请等方面给予黑手党特殊照顾。意大利政府与黑手党的勾结，有力地阻止了共产党在选举中获胜，使意大利共产党失去了组织政府的机会。后来，安德烈奥蒂曾任七届意大利政府总理，并且成为战后意大利历史上任职时间最长的天主教民主党元老。

黑手党反共有功，不断得到意大利政府的照顾。1972 年安德烈奥蒂担任总理后，与黑手党的关系更加密切。他在 20 世纪 70 年代和 80 年代曾先后两次会见黑手党头目巴达拉门蒂和邦达德，并出席了一次黑手党首脑会议。安德烈奥蒂曾授意黑手党于 1979 年 3 月杀死罗马《政治观察》杂志社社长佩科雷利并于 1982 年 9 月杀死刚上任的巴勒莫省督达拉基耶萨将军夫妇。安德烈奥蒂还于 1987 年 9 月 20 日会见了在逃的黑手党第一头目里纳。更有甚者，安德烈奥蒂借罗马最高法院刑事司司长卡尔内瓦莱之手，为黑手党翻案，仅 1990 年一年就推翻了对黑手党的 416 项判决。

像安德烈奥蒂这样卷入与黑手党丑闻的政府高官为数不少，其中包括 1980 年至 1981 年 5 月任总理、多年担任最主要执政党天主教民主党书记的福拉尼，曾连任两届意大利政府总理的克拉克西，多年担任天主教民主党书记的德米塔，1988 年 4 月至 1989 年 5 月担任意大利政府总理的戈里亚，以及后来在意大利政坛影响巨大的力量党领袖贝卢斯科尼等人。

黑手党得到政府的庇护，在意大利无恶不作，严重威胁社会安全。在正直人士和政府官员的不断呼吁和要求下，意大利政府被迫从 20 世纪 80 年代中期开始逮捕与审判黑手党人。仅 1986 年，就有 475 名黑手党头目与骨干分子受到惩办，黑手党一号人物里纳也落入法网。后来安德烈奥蒂也被送上了法庭。但是由于黑手党的势力强大，打击工作困难重重。

除黑手党外，影响意大利政治发展和社会安定的还有一些反政府组织。在这些组织中，最著名的是“红色旅”。“红色旅”的目标是摧毁现行政治结构，重建意大利。他们的策略主要是炸铁路、列车等。1978 年 3 月，“红色旅”曾绑架了天主教民主党领袖莫罗，要求交换被政府关押的 13 名“红色旅”成员。当政府拒绝这一要求后，他们就杀害了莫罗。“红色旅”的恐怖活动到 20 世纪 80 年代达到高峰。另一个臭名昭著的地下秘密组织叫“格拉地奥运动”。这是一个冷战期间组织的秘密军事集团，其目的是反对共产党控制意大利，他们在20世纪70年代至80年代制造了一系列爆炸事件，加剧了意大利社会的动乱。

第五节 欧共体的诞生

一、欧共体的建立

第二次世界大战使欧洲格局发生极大变化，促使“欧洲联合”“欧洲统一”的思潮盛行。1942年，丘吉尔就提出过“欧洲合众国”的设想。1943年3月，在纽约召开第五次泛欧大会，鼓吹战后建立欧洲联盟。1944年底，部分欧洲国家的抵抗运动代表和德国反纳粹团体代表经多次会议后发表声明，战后要以单一联邦的形式联合起来。战后西欧各国从自身的利益出发，为了恢复经济，同时出于担心被苏联威胁，被美国抛弃，就开始考虑西欧的政治经济合作。

1947年3月英法签订了《英法同盟互助条约》，即《敦刻尔克条约》。这一条约带有军事性质，英国的目的是以英法条约为核心，把西欧组织起来。法国则想同英国结盟，阻止德国东山再起，确立欧洲安全体系。这一条约实际上是西欧政治经济合作的开始。

随着冷战的开始，美国决心帮助建设一个强大的西欧，从而达到抗衡苏联的目的。1947年6月颁布的马歇尔计划目的就是援助欧洲复兴以反对苏联，该计划给予欧洲援助的先决条件是欧洲经济合作，共同制定受援计划，这就促进了西欧各国的初步合作。1948年3月，英、法、比、荷、卢五国签署了《布鲁塞尔条约》，这一条约虽然是以军事同盟为核心的政治、经济、文化合作条约，但它是西欧联合的一种实践。1948年4月，西欧17个国家参加了欧洲经济合作组织（OEEC）。1949年8月成立欧洲委员会，研究欧洲联合问题。

到20世纪50年代，欧洲联合的步伐加快。1950年，欧洲国家签署了欧洲《人权公约》。1951年4月，法国、联邦德国、意大利、荷兰、比利时、卢森堡六国签订了《欧洲煤钢联营条约》，1952年8月成立了欧洲煤钢共同体（ECSC），英国没有参加这一机构。

上述六国经过几年合作，在经济上取得巨大成功，于是在1957年3月签订了《罗马条约》，成立了欧洲经济共同体（EEC）和欧洲原子能共同体（Euratom），该条约于1958年1月1日生效。《罗马条约》是建立欧洲共同体大厦的基础，其最初目标是消除在欧洲各国之间自由贸易、资本流动等的障碍，但直到20世纪90年代初，这些目标仍未实现。欧共体总部设在布鲁塞尔，最高决策机构为各国首脑会议。首脑会议之下为部长理事会，监督机构是欧洲议会，仲裁机构为欧洲法院。

在实际运作中，周期性的各国首脑会议从1974年以来被称为欧洲委员会，三年召开一次，为欧共体确立指导方针，更详细的原则由部长理事会拟订。在最初阶段，由各国部长组成的部长理事会在表决时必须实行“合格多数”表决原则，即如果没有法国、联邦德国和意大利同意，其他三个成员国荷兰、比利时、卢森堡即使达成一致意见，也不能使某项决定通过，必须得到上述三国中至少两国的赞同，这项决定才能通过。换言之，联邦德国、法国、意大利任何一国都不可能否决其他五国同意的事情。这种表决制遭到戴高乐的反对，1965年6月，他为此抵制欧共体。直至1966年1月达成所谓“卢森堡妥协案”，即任何国家都有权否决影响其重大利益的决定，法国才重回欧共体。

欧共体总部设主席，其总部官员及由各国任命的委员组成的欧共体“内阁”对政策制定也有很大影响，他们提出方针、政策、措施、决议，但需经部长委员会同意。欧洲议会有权解雇欧共体总部官员，但无权任命。欧共体总部是一个协商性咨询机构，1979年改由欧洲各国人民直接选举，欧洲法院则仲裁各国之间的各种纠纷。

二、从欧共体到欧盟

欧共体成立后，于1968年建立了关税同盟，取消了共同体内部的关税壁垒，对外实行共同外贸政策。1962年起，实施共同的农业政策，设立共同农业基金，用于补贴农业落后的欧洲各国农民。由于联邦德国和法国农业比较落后，大笔资金主要用于补贴这两个国家的农民。但在欧共体扩大后，特别是英国加入后，这一农业政策引起了成员国之间的矛盾，并成为欧共体长期存在的主要问题。因为欧共体的预算由各成员国提供，英国农业相对发达，从农业基金中得不到什么津贴，而有三分之二的预算用于农业，所以撒切尔夫人上任后，提出要减少英国向欧共体提供的经费。

欧共体成立后，对欧洲各国经济发展起了促进作用。从1959年至1960年，共同体六国国内生产总值年均增长率为5.5%，高于美国的4.35%和英国的3%。但也存在许多问题，除了共同的农业政策，欧共体制度、货币政策都存在问题。1973年英国参加欧共体后，围绕上述问题发生争论，并一直难以取得较为一致的意见。

撒切尔夫人反对提高欧洲委员会的作用，反对把它作为欧洲最高权力机关，并强调各国议会的作用，捍卫英国主权。在经济政策上，她反对欧共体采取的对世界贸易的保护性立场，攻击在共同的农业政策下，欧共体农民制造了昂贵的、堆积如山的牛油和多如海洋的酒，用大量的钱去补贴不在本国纳税的农民，但同时却提高欧共体的食物价格，使之高于世界价格。因此英国主张自由贸易，支持欧共体，只是支持它消除各成员国之间的贸易壁垒。

上述争论在1985年得到初步解决。当年12月，在卢森堡欧洲委员会上，各国首脑原则上同意采纳“单一欧洲法案”。该法案于1986年2月签署，包括两部分：第一，签订一个条约，达成政治合作。同时规定必须要有三个或三个以上国家才能行使否决权，以此来限制否决权。第二，修改《罗马条约》，在1992年底消除所有存在于欧共体各国之间的自由贸易障碍。这一法案使《罗马条约》建立欧共体的设想开始成为现实。

但是这个法案的两个部分——“政治”和“贸易”却以完全不同的速度发展。政治上发展缓慢，欧共体委员会主席德洛尔缺乏策略，在劝说撒切尔夫人同意增加欧洲委员会权力上未能成功，政治一体化进展极慢。

经济上一体化进程不断向前推进，但是在不断斗争中前进的。1988年9月，德洛尔召开专家会议，讨论欧洲货币统一问题，拟订了“德洛尔计划”。这个计划的目的是创造一种单一的统一货币，分三个阶段来实现：第一阶段从1989年6月开始，各成员国共同草拟一个关于货币统一的条约。第二阶段在签订条约后，创造满足实现货币统一的条件。然后进入第三阶段，即获得统一，届时在欧共体内使用统一的单一货币。

撒切尔夫人认为这样做将削弱国家主权，因而加以反对。1990年10月，她勉强同意英国加入欧洲固定汇率组织。但在1992年9月，由于英镑与意大利里拉汇率过高，按规定，英国又退出了欧洲固定汇率组织。

1991年12月，欧共体各国达成合作共识，作为德洛尔计划的一部分，签署了“马约”，以建立一个更紧密的联邦。“马约”预示着欧洲一体化的列车驰向经济和货币联盟阶段。在签订“马约”后，1993年10月29日，欧共体改称欧盟。

推荐阅读书目

丁建弘．战后德国的分裂和统一．北京：人民出版社，1996．

沈炼之．法国通史简编．北京：人民出版社，1990．

赫・赫德，德・普・韦利．意大利简史．北京：商务印书馆，1975．

皮埃尔・热尔贝．欧洲统一的历史与现实．北京：中国社会科学出版社，1989．

W．N．梅德利科特．英国现代史：1914—1964．张毓文，等译．北京：商务印书馆，1990．

Flockton C，Kofman E. France．Boston：Chapman，1989．

David Childs．Britain since 1945：A Political History．London：Routledge，1992．

Urwin D W．The Community of Europe：A History of European Integration Since 1945．London：Routledge，1995．

Alfred Grosser．Germany in Our Time：A Political History of the Postwar Years．New York：Penguin，1974．

Paul Ginsborg．A History of Contemporary Italy 1943-1988．New York：Penguin，1990．

第七章

战后拉丁美洲

第一节　战后拉丁美洲概况

一、战后拉丁美洲的发展及问题

20 纪上半叶以前，世界斗争的中心在欧洲与亚洲，拉丁美洲不受重视。战后，这个地区的民族民主运动出现了空前的高涨，引起了世人注意。在冷战中，拉丁美洲成为美苏争夺的重要地区之一，社会经济发展受到冷战的巨大影响。

战后，美国加强了对拉丁美洲的掠夺，引起了当地人民的反抗。哥伦比亚、秘鲁、哥斯达黎加、尼加拉瓜、洪都拉斯、萨尔瓦多、巴拿马和危地马拉等国，为反对美国的侵略、反对本国的独裁统治进行了英勇斗争。在这些革命中，产生了对拉丁美洲历史影响最大的人物之一，出身于阿根廷的革命思想家、英勇的游击战士埃内斯托·切·格瓦拉。

切·格瓦拉是阿根廷人，他参加了古巴革命，是古巴领导人卡斯特罗最亲密的战友和得力助手，为古巴独立做出了巨大贡献。古巴革命取得胜利后，切·格瓦拉为开展世界革命，辞去了在古巴党、政府和军队中的一切职务，于 1965 年到非洲领导刚果游击战争。不久他辗转到玻利维亚，希望点燃拉丁美洲的革命烈火，使革命的星星之火，在整个拉丁美洲燎原。

切·格瓦拉曾在 1960 年出版了《游击战》一书。在这本书中，他提出了在拉丁美洲开展“游击战”的三个基本原则：第一，人民的力量可以战胜反动军队；第二，并不一定要等待一切革命条件都成熟，起义中心可以创造这些条件；第三，在不发达的美洲，武装斗争的战场基本上应该是农村。切·格瓦拉的这些游击战争思想在拉丁美洲非常受欢迎，对拉丁美洲当代史有巨大影响。

在古巴革命和切·格瓦拉思想的影响下，从20世纪60年代初开始，危地马拉、哥伦比亚、委内瑞拉、秘鲁、阿根廷等二十多个国家出现了上百支游击队，共产党领导的武装斗争蓬勃发展，革命的烈火燃遍了拉丁美洲。

知识链接

《创造一个、两个、三个和许多越南》

（格瓦拉的讲话摘录）

要到敌人正在打仗的地方去打仗；要打到他们的家里，打到他们寻欢作乐的地方，要全面地展开战斗。不能让他们有一分钟的喘息时间。要从各个方面袭击他们，要让他们感到，他们所经过的每一个地方，都有猛兽在等候着他们。

——费尔南多·迪耶哥·加尔西亚，奥斯卡·索拉. 切·格瓦拉. 徐季琼，李志华，译. 北京：北京出版社，1998：171.

在一次战斗中，由于敌众我寡，切·格瓦拉被玻利维亚军队打伤、逮捕。被捕后，切·格瓦拉坚贞不屈，表现出革命者的伟大人格。后在美国中情局指使下，玻利维亚军队杀害了他。切·格瓦拉虽然逝世，但为世人景仰。

拉美经济落后，外债累累。以1988年为例，巴西外债为1 200亿美元，墨西哥为1 074亿美元，阿根廷为596亿美元，委内瑞拉为350亿美元，智利为208亿美元，秘鲁为190亿美元，哥伦比亚为172亿美元。截至1996年底，拉美国家外债总额达6 070亿美元，比1995年底增加210亿美元，增幅为3.5%。墨西哥和巴西仍是拉美国家中欠债最多的国家，两国外债总额达3 350亿美元，占拉美国家外债总额的55%。据1997年的统计，虽然拉美经济有了长足发展，但仍有2.1亿人生活在贫困之中。

《时代周刊》1960年8月8日对格瓦拉进行了报道，认为他是介于赫鲁晓夫和毛泽东思想之间的人物

因此，在20世纪最后几十年，拉美许多贫苦农民主要以种植非法但能多赚钱的古柯叶为生，在墨西哥则种罂粟，导致毒品问题日益严重。美国利用拉美的外债及毒品问题，对其内政进行干预，企图控制拉丁美洲。但拉美国家紧密团结，于1975年组成了“拉美经济体系”等组织，切实维护拉美国家的利益。

二、教会在拉丁美洲政治生活中的作用

教会对拉丁美洲社会发展具有重大影响。历史上，拉丁美洲各国都信奉天主教，天主教一直是统治阶级的统治支柱之一。但是这种情况从20世纪60年代起发生了重大变

化，教会开始成为拉丁美洲各国政府的反对派。在20世纪90年代之前，拉美各国主要由军政府统治，人民缺少民主权利。因此，教会在反对军政府滥用国家权力、反对财富极端不平等和社会不平等上起到重要作用。

1968年，拉丁美洲各国主教集中到哥伦比亚的麦迪伦城欢迎教皇保罗二世。在欢迎会上，他们发表了著名的宣言，述说了拉美人民的饥饿、贫穷与灾难，反对僧侣和教士为有钱人服务，要求教会为穷人与被压迫者说话。

1978年，拉丁美洲各国主教又在墨西哥的普布拉城开会，大多数进步主教主张采取新的行动，实现社会公正。他们反对秘密屠杀人民，主张捍卫工会权利，为被排斥在玻利维亚与秘鲁主流社会之外的印第安人说话，等等。他们组织了许多天主教社团，讨论人们关心的生活与政治问题。在巴西，这些社团得到极大发展。到20世纪90年代，成千上万的这种社团已经在农村和城市贫民区建立起来，有五十多万穷人参加。这些社团引导着人们的行动，例如讨论是否进行示威游行，或采取什么行动方案等。他们向政府提出要求解决人民的住房问题，向社区提供电力和医疗设施等。他们的方式一般是非暴力的。

而拉丁美洲的军政府或独裁政府都明白，如果采取强硬措施镇压这一在全国和全世界都有影响的强大教会，将有很大风险，所以只好被迫容忍一些教会的政治活动。当然，拉美的一些军政府也借口反对共产主义的渗透而杀害教会人士。如在萨尔瓦多，20世纪70年代军政府残酷镇压人民。虽然教会成为唯一可以自由发言的地方，但1980年，军政府在一次宗教集会上，枪杀了萨尔瓦多大主教奥斯卡·罗慕罗。

总的说来，教会不是采取革命行动反对政府，而是站在鲜明的立场上反对社会不公正与经济剥削——这是拉美社会的主要特点之一。但是应当指出，教会之所以站在穷人一边，不是因为爱人民，而是出于反对共产主义的需要。如果教会不站在穷人和人民大众一边，那么穷人和人民就会转向无神论的马克思主义，从中寻求解放的道路。战后马克思主义在拉丁美洲传播得很快，各国都出现了游击运动，希望通过游击战推翻反动政府，建立社会主义国家。尽管这样，梵蒂冈与教皇约翰·保尔仍然十分恐惧地注视着拉丁美洲教会的活动。他们害怕拉丁美洲的主教、神父及修士们在阶级斗争和政治斗争十分尖锐的拉丁美洲学到马克思主义思想，因此采取措施，特别是强调反无神论，企图消除马克思主义思想的影响。

教会虽然在拉美社会进步中起了一定作用，但并不是左派。而且教会严重阻碍着拉丁美洲社会经济的发展，其中最关键的是计划生育问题。教会在这个问题上十分保守，其允许的唯一生育控制手段是按妇女月经期推算的安全期避孕法，不准使用避孕药及避孕套，更不准人工流产。但安全期避孕法不可靠，因此成百万妇女由于不断生育而遭受苦难和危险，同时导致了婴儿死亡率高和贫困等现象。有许多理由可为高生育率辩护，但不论是什么原因引起的高生育率，都会使人口过多而抵消经济进步所带来的成就。因此，拉丁美洲经济有所发展的同时，广大人民过着悲惨的生活，到处有乞丐、小偷与妓女，城市贫民与成百万农民营养不良。

20世纪90年代初，只有两个欧洲裔占多数的国家——阿根廷与乌拉圭——生育率低。拉美人口年均增长率为3.4%，每21年，人口就增长一倍。如果不控制人口，现代化所带来的成就对城市贫民与农民将没有任何帮助。拉丁美洲的文化传统十分复杂，不仅有印第安人的文化，还有欧洲各国移民所带来的不同国家的文化，非洲奴隶带来的黑人文化，以及20世纪由北美、亚洲劳工带来的文化。占支配地位的语言有两种，巴西讲葡萄牙语，其余国家除海地讲法语外，都讲西班牙语。但同时，各地各种印第安语言仍然通行。这一情况使拉美各国的民族问题变得十分复杂，印第安人的悲惨处境正越来越受到世界各国关注。

第二节　哥伦比亚、秘鲁和智利

一、哥伦比亚

哥伦比亚推行美国模式的民主制，有通过选举产生的总统与国会。但具有选举权的人只是少数，广大人民实际上被剥夺了选举权，例如，1910年至1930年推行文化资格考试，90%的人民失去了选举权。这就使保守的社会精英们能继续控制权力，哥伦比亚主要由保守党与自由党两大政党轮流执政，在20世纪前半期，主要由保守的地主阶级统治。咖啡和香蕉是哥伦比亚的主要出口物资，美国的波士顿联合果品公司垄断了香蕉的种植与出口。

20世纪30年代，一些自由派人士进行了改革。1940年改革派领袖豪尔赫·盖坦提出了激进的土地改革计划，但遭到自由党右派及保守党的反对。愤怒的工人和无地的农民在盖坦领导下进行斗争，要求改革，但遭到了镇压。1948年盖坦被政府暗杀，引起了人民起义。各地人民反对政府，占领工厂，没收地主的土地。政府派军队镇压，几千起义者被杀，哥伦比亚处在白色恐怖之中。

1950年保守党人劳雷亚诺·戈麦斯上台执政，执行亲美政策，镇压农民运动，国内爆发了游击战争。此后，哥伦比亚的政治表现出两种特征：一是暴力镇压，二是经济自由。但镇压不能解决根本问题，而经济自由即听任外国的剥削和经济无序发展。哥伦比亚的地理环境特殊，多为山区、河谷和高原，各地区相互隔绝；同时交通不发达，缺乏通信手段，因此成为游击队十分理想的活动区域。哥伦比亚人在共产党领导下，进行游击战争。警察进行恐怖统治，全国有各种武装匪帮，整个哥伦比亚处于无政府状态。到20世纪60年代中期，20万哥伦比亚人死于战乱。到90年代初，哥伦比亚仍充满暴力。

冷战结束后，哥伦比亚与秘鲁、尼加拉瓜、萨尔瓦多和危地马拉等国同样，通过谈判与宪法改革，游击队与政府达成协议，政府保证妥善安置游击队员，游击队则以政治党派身份参加到国内政治生活中来，这使得游击战在哥伦比亚基本结束。但是哥伦比亚政府进行的改革太少且无效率，并没有帮助无地的农民。在城市，20世纪70年代以来的世界性经济萧条打击了哥伦比亚产业工人。哥伦比亚主要依靠种植咖啡豆出口，但咖啡的世界市场价格经常波动，并且一般都很低。于是处于相互隔离状态的农民就转而种植一种“新庄稼”，即毒品原料古柯叶。在80年代末，哥伦比亚贩毒的猖獗是拉美其他国家所不能比的。

20世纪90年代，哥伦比亚政府试图与贩毒集团订立条约，修改宪法，从而结束暴力与贩毒。目前哥伦比亚的政治与社会都在向前发展。

二、秘鲁

秘鲁居民主要是印第安人，几个世纪以来生活方式基本没有什么变化。但是在大城市，西方传统与20世纪生活方式占据主导地位。秘鲁在20世纪由各种形式的寡头政府统治，1990年前，政府未能充分利用本国资源，特别是石油和矿藏，延误了发展本国工业的时机。

秘鲁的主要出口物资有糖、棉花、羊毛、铜和石油（有时包括鱼）。在秘鲁经济成分中，美国资本占有很大份额。秘鲁经济时好时坏，主要因为出口的商品在世界市场的价格时高时低。沉重的外债增加了秘鲁的负担，在经济恶化时，穷人受到的打击最为严重。即使到20世纪90年代，贫富悬殊仍然十分惊人，7%的巨富与最下层40%的赤贫阶级形成鲜明对比。印第安人占总人口的三分之一，极其贫困。儿童营养不良，人民食不果腹。90年代初，由于饮水污染，又开始流行原已绝迹的霍乱。

1924年，秘鲁著名领袖维克托·劳尔·阿亚·德拉托雷建立了美洲人民革命联盟，进行反对美帝国主义的改革，实行国有化。但不久就把改革计划束之高阁，因为为了获得权力和总统职位，他转而争取中产阶级。战后，秘鲁人民的民族民主革命热情高涨。1947年，秘鲁政府宣布其领海为二百海里。到1962年，秘鲁人民行动党成员贝朗德·特里当选总统，曾试图改革。1965年，在中部山区爆发了由30万印第安农民参加的反美反寡头统治的农民起义，拉开了农民游击战争的序幕，使计划中的改革无法进行。

1968年，当秘鲁经济萧条最严重时，以胡安·贝拉斯科为首的军人发动政变，推翻了贝朗德政府。贝拉斯科同情被压迫的印第安人与穷人，宣布军政府将改革“不合理的社会、经济秩序”，结束经济依附于外国的局面。他试图进行一场社会经济革命，最先进行土地改革，他把沿海最大的糖业用地没收为国有，消灭了沿海及秘鲁高地的地主。到1975年前，秘鲁40%的土地易主，城市50万贫民中四分之三的人分到了土地。工厂工人建立了一种工业社会组织，与农村公社相似。他还实行把外国公司主要是美国公司国有化的政策。

1975年8月，弗朗西斯科·莫拉莱斯中将又发动政变，推翻了贝拉斯科政权。莫拉莱斯上台后宣布结束土改，鼓励国内外投资，宣布全国实行紧急状态法，激化了社会阶级矛盾。这时贝拉斯科改革带来的一些消极因素也出现了，虽然一些工人与印第安人得到了帮助，但改革并未取得预期成果。政府人为规定食物价格的目的是帮助城市贫民，但却打击了农民。到20世纪70年代中期，由于世界经济萧条，铜价和其他商品价格下跌，打击了秘鲁经济。军政府在焦头烂额之际，把政权交还给文官政府。

1980年举行大选，贝朗德再次当选总统。贝朗德上台后，抛弃了前军政府的政策，恢复秘鲁传统的为中产阶级服务的政策，同时大借外债，这些政策导致了人民的失业、贫困。反对派组织了游击队，同时具有马克思主义思想的人士学习中国革命经验，也开展了游击战争。尽管遭到镇压，但到20世纪90年代上半叶他们仍坚持战斗。1985年秘鲁大选中，美洲人民革命联盟（亦称为阿普拉党）的阿兰·加西亚当选总统。加西亚年轻有为，为了促进工业的发展，他发动了一次经济改革。他不是共产党人，却拒绝付给外国公司利息，其政府不再为偿还外债而使人民进一步贫困化。他的这一政策引起外国政府和银行的反对，但得到人民的拥护。

美国最初的反应是充满敌意，但经过认真考虑，美国和西方国家认为拉美国家外债太多，根本无法偿还，外国银行不如降低债务，这总比拉美国家废除债务、从而引起贸易停顿为好。为了美国和西方利益，一些外国银行或减轻了债务，或把拉美国家的债务还本付息日期推迟。但秘鲁经济继续恶化，犯罪增加，毒品泛滥。

革命游击队“阳光之路”领导的游击战争节节胜利，已占领了首都利马附近的城镇，秘鲁有 55 个市长被游击队杀死。政府军对游击队进行了残酷镇压，仅 1989 年就杀死了 3 000 名无辜人民，人民对秘鲁政府十分失望。1990 年 6 月，一位日本移民的儿子藤森当选总统。

藤森是一位大学教授，竞选时承诺进行改革。他上台后，首先决心镇压“阳光之路”游击队。在 1991 年采取了紧急权力法，双方斗争十分尖锐。1992 年 9 月，在利马一次特工行动中，政府军抓获了“阳光之路”游击队的领导人古斯曼，但“阳光之路”游击队继续战斗。直到 1994 年经过谈判，政府保证“阳光之路”游击队可以政党身份参加国内选举，对游击队员给予妥善安置，双方才签订协议，宣告内战结束。藤森还对经济体制进行了大刀阔斧的改革，以推行自由市场经济为核心，实行私有化、对外开放，改革财政金融体制，减少政府干预。改革成效显著，恶性通货膨胀被抑制，投资环境改善，国内外投资踊跃。1994 年秘鲁经济增长率达到 12.9%，居世界之首。世界看好秘鲁，有人甚至预言它将成为拉美的“一条龙”。在 1995 年大选中藤森取得连任，并谋求第三个任期。

三、智利

智利人主要是西班牙人、印第安人及欧洲其他国家移民的后代。由于种族之间通婚，相对来说没有种族偏见。目前智利还有约 30 万纯印第安人，在他们当中，南部的阿劳坎人试图保留印第安人的生活方式。

智利富有矿产与金属，因此 20 世纪 90 年代前，已经成为拉美最发达、城市化程度最高的国家。从 20 年代开始，智利经济就依靠单一商品硝酸盐，后来又依靠铜矿。当世界市场上述矿产价格波动时，就会影响智利经济发展，并引发国内诸多问题。30 年代末，智利工人阶级力量大增，组成了由共产党、社会党、民族党、激进党和劳工联盟等党派组成的人民阵线，其代表塞尔达当选总统。但他实行温和政策，不触动议会制。

战后，美国垄断资本大量涌入。随着冷战的升级，右翼势力发展。1946 年，魏地拉当选总统，1948 年，他曾宣布共产党为非法。1945 年至 1955 年，虽然世界铜价上涨，但智利的铜产量却下降，因此发生经济萧条。20 世纪 60 年代，由于没有解决农村贫苦农民的问题，他们大量涌入城市，引起了住房、教育与就业问题。智利人口稀少，1980 年只有 1 120 万人，购买力低下，不可能支持国内大规模工业的发展。

在20世纪90年代前，没有一个政党解决了智利的国内问题，这些问题包括政党之间的斗争和中产阶级与富有阶级之间的斗争。1964年至1973年，智利一些政治领导人企图解决上述问题，但都以悲剧性后果收场。究其原因，除国内反动势力外，更主要的是美国的破坏。1964年总统选举开始，共产党与社会党联合，推出有能力的社会主义者萨尔瓦多·阿连德任候选人，得到了绝大多数选票。右翼党派的选票居第二位，基督教民主党居第三位。基督教民主党候选人弗雷号召“自由革命”，保证不危害公民权与财产权，阿连德则号召社会革命，实现社会公正。

萨尔瓦多·阿连德

美国总统约翰逊决心采取一切措施阻止阿连德当选，不允许拉丁美洲再出现一个古巴。美国中央情报局给了弗雷大量竞选资金，而右翼党派也决定支持弗雷。阿连德在1958年的选举中差一点获胜，在1964年的选举中再次遗憾败北。弗雷上台后，进行了大胆的改革，从1964年至1967年得到了约3.27亿美元的美国援助。因此他对长期存在的美国占有智利铜矿问题，并不采取国有化方式解决。相反，他决定由国家来购买部分美国公司，逐步使之属于智利。国家实行中央计划经济，地方经济则多样化。

智利发展了造纸工业和石化工业，为了扩大贸易，1969年5月参加了由秘鲁、玻利维亚、厄瓜多尔及哥伦比亚组成的“安第斯山条约组织”，获得了一个较大市场。弗雷也决心进行农业改革，以打破大地产存在的局面。1964年至1967年，世界铜价迅速上升，智利铜产量也提高了，国内经济形势大好。但好景不长，1967年后，铜价下跌，通货膨胀严重，人民举行大规模罢工。然而，弗雷政府不采取措施恢复经济、改善人民生活，反而进行血腥镇压。所以在1970年总统选举到来时，社会各阶层和各阶级出于不同动机都反对弗雷当选，右翼也推出了自己的代理人，这就给了阿连德很好的机会。

美国总统尼克松和国家安全委员会顾问基辛格博士认为不能让阿连德当选，因为他的当选意味着结束古巴的孤立状态，马克思主义将在南美洲得到传播。于是美国尽力阻止，智利军方右派得到美国中央情报局的支持，策动政变以防止阿连德当选总统。但智利陆军总司令施奈特将军忠于宪法，反对政变阴谋，后被美国中央情报局刺杀。这种残酷的行为激怒了智利的将军们，使已经计划好的政变阴谋未能得逞。另一位捍卫宪法精神的将军取代了施奈特将军的职位，一切都按宪法程序办事。选举结果是阿连德获胜，他获得36.3%的选票，但右翼候选人也得到34.99%的选票，基督教民主党获得27.8%的选票。选举结果表明，阿连德虽然当选，但他的社会主义革命观点并未得到全国范围的认同。

阿连德担任总统的三年，成为智利历史上纷争不断的时期。他的支持者谴责美国阻挠了阿连德为改善人民生活而实行的马克思主义正确道路。对大多数智利人来说，由于阿连德死于军事独裁者之手，而且与皮诺切特1973年至1990年的残酷军事统治形成对比，他不仅成为左派的旗帜与正义的化身，而且也成为要求改变智利现状的人们的旗帜。阿连德就任总统后，经济形势对他的政权极其不利。20世纪60年代末起，世界铜价开始下跌。到70年代初，跌得更为厉害，通货膨胀极其严重。阿连德政府依靠工人，故提高工资、控制物价、改善人民生活。但上述福利措施并未取得根本性效果，经济的增长被通货膨胀抵消。

在处理在智利的外国大公司问题上，1971年，全国各派都支持阿连德对美国在智利的铜矿公司实行国有化，而且考虑到美国铜矿公司多年来获得的厚利及对智利的剥削，不应给予赔偿金。美国其他在智利极有影响的大公司，如福特汽车公司和国际电话电报公司，也被智利实行国有化。但当阿连德对美国在智利的银行等进行国有化时，遭到了工业巨头们的反对。

这时，智利的各种问题日趋尖锐。阿连德的前任弗雷曾经进行了有力的土地改革，但阻力很大，难以完成，并遭到强烈反对。阿连德上任后，加速土地改革，更遭到反对。在经济上，阿连德推行社会主义计划经济政策，扩大国家对经济的干预，引起了中产阶级的不满。而小店主害怕失去自己的产业，对阿连德也持怀疑态度。同时，阿连德未能很好地引导工人推进他的“社会主义革命”，导致工人们占领工厂，迫使政府通过有利于他们的立法和采取有利于他们的措施。

阿连德领导的是一个左翼联合政府，其内部从温和社会主义者到共产主义者都有，有的人甚至想把智利建设成为一个社会主义国家。阿连德本人是一位有经验的政治家，仍然希望保留议会制度，所以对联合政府中要建立苏式社会主义国家的派别不予支持。他为了解决智利的政治经济问题，想开创一条拉美式的社会主义道路。因此在1973年前，阿连德一直控制住自己，表现出既想掌权又不会采取过激行动的姿态，其目的是取得主张改革的基督教民主党人的支持。

阿连德也没有学习古巴模式，没有用武力解散议会，消灭反对党；也没有使用镇压方式进行统治。为了实现智利式社会主义，他提出了一个宪法修正案，建议把国会变成人民代表大会，并把宪法修正案付诸全民公决。但在1972年，国会反对这一做法。对此，阿连德没有强行把国会改为人民代表大会，充分表现了其政治统治的温和性。

由于经济的继续恶化，阿连德开始寻求弗雷的基督教民主党支持。在该党的支持下，阿连德的联合政府得到全国大多数人的拥护。然而1973年，经济更加恶化，通货膨胀率高达150%。美国尼克松政府对阿连德政府的仇视和破坏是智利经济恶化的原因之一，但并不是主要原因。智利经济恶化的主要原因是阿连德实行的政策不适合当时的情况，由于没有经验，他过早破坏私有工业，导致工厂主不愿与政府合作，而政府又没有对策改进这种状况。总之，政策过左，打击面宽，无法调动人们的生产积极性。

当然，美国的经济封锁也给智利造成了困难。1968年至1970年，智利从美国处得到了156亿美元。但1971年至1973年，只得到1 800万美元。美国基本停止了给智利的援助与贷款。尼克松政府的经济封锁，使外国私人投资在智利枯竭。经济的恶化，引起人们的不满和反对。从1972年夏天开始，罢工就明显增多，到1973年形势更为严重，支持者与反对者都上街游行。但是在1973年春天的总统选举中，阿连德的支持率不仅没有降低，反而增加到43%，不过仍少于反对派的55%，这反映了阿连德政府的脆弱性。

阿连德在向拉美式社会主义道路过渡时，没有制定政策以得到中产阶级下层，即店主、小生意人的支持，这使其经济改革缺乏广泛支持。1973年夏，除罢工与游行外，智利还出现了恐怖活动，形势十分混乱。阿连德为寻求解决办法，与基督教民主党进行谈判，谈判失败后，转而寻求军队的支持。他首先任命了一位温和派将军普拉兹为国防部长，但不久由于各方压力，普拉兹将军辞职，于是阿连德任命另一位将军皮诺切特为国防部长。阿连德相信皮诺切特会支持宪政。但军方却正在策划军事政变。1973年9月10日，政变发生。政变者按拉美传统要求阿连德流亡国外，遭到阿连德拒绝，并从家里赶到总统府。于是叛军开始攻打总统府，叛军的轰炸机使总统府着火，阿连德死于战斗之中。

皮诺切特政变成功之后，对阿连德政府成员和支持者进行了残酷镇压。这是智利自一个世纪前的内战以来最血腥的军事政变。“疑犯”被关押在足球场。成千上万的“反对者”被捕入狱，大批人被杀害。据估计，被杀害的有5 000至15 000人之多。在军政府的刺刀下，城市贫民和农民的希望被粉碎。

皮诺切特政府禁止任何政治活动，国会不再起作用，政党活动转入地下。他颁布了戒严令，直到1988年才取消。在这15年内，皮诺切特政府对反对派进行了无情镇压，人们在街上或家中会突然没有任何理由而被逮捕，不受审判就会“失踪”。“失踪”对于拉美人来说，是当代最可怕的遭遇之一。据估计，在智利，共有3 000人“失踪”，阿根廷有30 000人“失踪”，危地马拉有35 000人“失踪”，萨尔瓦多有9 000人“失踪”，海地有15 000人“失踪”。

皮诺切特政权遭到全世界的谴责，而美国却给予其强有力的支持。美国担心古巴把社会主义革命传播到拉丁美洲各国，对美国在西半球的侵略利益构成威胁，所以在孤立古巴的同时，支持一切拉美的反共政权。美国给了智利大量贷款，帮助皮诺切特恢复经济，同时给予了大量援助，使皮诺切特能购买美国军火与食物。尼克松政府与福特政府尽一切力量支持皮诺切特。卡特总统上台后，推行人权外交，指责智利违反人权，减少了对皮诺切特政府的援助。但这一政策来得太晚，皮诺切特政权已经站稳了脚跟。

智利军政府反对阿连德式的社会主义，支持自由市场经济。市场的力量使供求平衡，智利经济开始好转，几年内通货膨胀率下降到10%以下。在20世纪70年代后半叶，国民经济增长率保持正常，出现了举世闻名的“智利奇迹”。但这只是短期的，许多问题仍未解决，例如大量失业与债务；而且由于智利经济主要依靠铜矿出口，80年代铜价下跌给了智利经济沉重的打击；归还旧债也使智利经济负担沉重。

在政治上，皮诺切特不仅受到国内人民的反对，也受到国际范围的批评。1986年，里根政府为干涉拉美内政，利用“人权”为借口批评皮诺切特，联合国也在同年通过决议，谴责智利政府违反人权。皮诺切特宣布他将担任总统直到1997年，但这一决定遭到其他将军的反对。1983年，智利共产党领导了曼努埃尔·罗德里格斯爱国阵线，开展武装斗争，反对皮诺切特军事独裁统治。1986年9月，爱国阵线暗杀皮诺切特未遂。对此，皮诺切特进行了又一次残酷镇压，逮捕了许多反对党领袖。但爱国阵线进行了英勇斗争，直至1997年5月仍然坚持游击战争。

1987年，教皇约翰·保罗二世访问智利，使皮诺切特受到更多人的批评。属下的将军们对他的独裁也日益不满，要求他把政权交还文官政府。1988年，皮诺切特宣布要进行选举，准备执政至1997年。他遭到了人民的反对，智利爆发了大规模示威游行。1985

年至1988年，智利经济增长很快，经济状况大大改善，这使皮诺切特充满信心。1988年，他宣布解除戒严令，并准备于1989年进行大选。1989年12月，71岁的律师艾尔文仅以微弱多数击败皮诺切特当选总统，并于1990年3月就职。但皮诺切特并没有退休，仍然担任智利军队总司令之职。因此，20世纪90年代智利的任务就是避免军事独裁，改善社会经济，包括医疗卫生、教育住房的改革，保证就业，消除贫困等。

第三节 阿根廷、乌拉圭、巴西和委内瑞拉

一、阿根廷

阿根廷是南美第二大国，面积比西欧还大，但人口稀少。其经济依靠粮食作物和养羊业，出口农产品。第二次世界大战前，英国是阿根廷最大的投资者，投资铁路和工矿企业。阿根廷人口主要集中在城市，20世纪上半叶，阿根廷人口增加迅速，重要原因是从意大利和西班牙涌入大量移民。这使阿根廷成为拉美最欧化的国家，阿根廷的“西方传统”，就是指意大利与西班牙传统。

第二次世界大战前，阿根廷由有钱的寡头进行统治，广大人民被排除于政权之外，并且没有享受到阿根廷经济在20世纪发展所带来的利益。工人、小业主、小工厂主及工薪阶层没有组织起来参加选举活动，而阿根廷工会有西班牙无政府主义和工团主义传统，并且受到严厉镇压，领导人都被关进监狱，因此未能有效地组织工人进行捍卫权利的斗争。1930年，军政府实行了有限的民主政治。但阿根廷崇拜纳粹德国，只是在第二次世界大战的最后阶段，为了避免被盟国排斥，才被动对德宣战。

阿根廷军事政变频繁。1943年，以“联合军官集团”为核心的军人发动政变，其领导人为胡安·贝隆。贝隆实行了一种社会主义性质的福利计划，提高工资，规定最低工资，给人民退休金。贝隆采取了计划经济和国家干预经济的做法，进行工业化，工人处境得到改善。他的夫人伊维塔利用国家资金设立了以她名字命名的给孤儿和穷人的福利基金。伊维塔1952年因病去世，举国哀悼，这种场面在历史上是没有先例的。所以，贝隆得到人民支持。他的政策被称为“贝隆主义”。

然而，1949年阿根廷经济滑坡，原有社会矛盾开始激化。教会、军队和政治寡头集团对人民群众支持贝隆感到害怕。1955年9月，军队发动政变，贝隆被迫流亡国外。此后，阿根廷军事政变频仍。几十年来，军事当局一直企图消灭贝隆主义，但它却得到城市人民的支持。在经过许多政治暴力之后，1973年贝隆返回阿根廷，再次当选总统。但当选九个月后逝世，由他的第三位夫人、当时的副总统玛丽亚·埃斯特拉接任总统。但她完全控制不住恶化的经济和政治形势。1976年3月，军方发动政变，陆军司令魏地拉出任总统。在阿根廷历史上，这一届政府镇压人民最为血腥，“失踪”的人约有三万。在经济上，魏地拉早期实行严格的货币控制，这导致阿根廷于20世纪80年代出现了通货膨胀与萧条。

流亡中的贝隆

为了摆脱困境，1982 年，由加尔铁里领导的军政府决定出兵收复 1833 年被英国侵占的阿根廷领土马尔维纳斯群岛。4 月 2 日，阿根廷军队占领了马尔维纳斯群岛中的南乔治亚岛与桑威奇岛。英国决心进行远征，4 月 25 日，英军越洋至马岛，击退南乔治亚岛上的阿军。在联合国调解下，阿根廷也同意和平解决马岛争端，开始把海军从马岛撤回本土。但在回归路上，5 月 2 日，英国炸沉了阿根廷巡洋舰贝尔格拉诺号。这一事件引发了争议，撒切尔夫人被指责精心策划了这一事件，其目的是阻止和平解决马岛问题。此后阿根廷对英军的入侵进行了顽强抵抗，但终因装备和力量弱于英国而失败。1982 年 6 月 14 日，斯坦利港陷落，阿根廷守军投降。

阿根廷军政府收复马岛的行动得到举国一致支持，然而失败后，军政府又失去了人民的支持。1983 年 10 月大选，激进党获胜，军政府让位给文官政府，由劳尔・阿方辛任总统。阿方辛面临许多经济问题：通货膨胀率高达 2 000%；外资都从阿根廷撤走。为此，阿方辛以牺牲工人利益为代价，实行保守的经济政策，对工资和物价进行控制。但他的经济政策没有取得预期成果，状况一再恶化。在政治上，他诉诸法律，1985 年审判和关押了前军政府成员。但是军方势力仍然十分强大，文官政府摇摇欲坠。

20 世纪 80 年代后期，阿根廷经济形势继续恶化，军队力量增强。1988 年，通货膨胀率为 200%，到 1989 年达 600%。在这种情况下，由贝隆主义者控制的总工会在 1989 年 5 月的选举中获胜，59 岁的卡洛斯・梅内姆担任总统。梅内姆开始了激进但却经过深思熟虑的重振经济的改革。他采取贝隆主义，改善雇主与工会的关系，并且得到了教会帮助。他大赦了前军政府要员，以争取军队的支持。但由于 1990 年 10 月梅内姆宣布工会有权罢工，其支持者开始分裂。1991 年，他开始对国有企业实行私有化，实行市场经济，这使阿根廷经济迅速好转。

20 世纪 90 年代，阿根廷国内生产总值增长率一直保持在 6%以上，其中 1991 年高达 8.9%。然而，1994 年 12 月爆发的墨西哥金融危机使阿根廷受害不浅，1995 年阿根廷出现经济萧条。政府采取了积极措施，到 1996 年，经济已开始复苏。阿根廷历届政府都重申对马尔维纳斯群岛的主权，要求英国归还该岛。中国在1997年7月1日收复香港，更鼓舞了阿根廷人民收复马岛的决心。阿根廷多次发表宣言要求与英国谈判，1998年2月22日，阿根廷外交部再次提出这一问题，梅内姆总统也把收复马岛作为阿根廷21世纪的伟大任务来完成。

二、乌拉圭

乌拉圭位于南美洲南部，面积17万多平方公里，人口320余万。北邻巴西，西接阿根廷，东南濒大西洋，素有“南美洲的瑞士”之称。乌拉圭有自由的传统和西方式代议政府，是一个经济比较繁荣的国家，出口小麦、谷物和木材。战后来自欧洲的移民增多，到20世纪50年代，人口增加到200万。60年代参加美国总统肯尼迪组织的拉美“争取进步联盟”，得到美国援助。传统的两大政党是红党与白党，两党斗争激烈，政变频繁。战后为红党执政，在1958年的选举中，执政九十多年的红党被白党击败，但1967年红党又上台执政。

1973年，乌拉圭借口镇压左派“图帕马罗斯”游击队，发生了军事政变。军政府统治的前三年，军人专政，中止宪法，停止政党和工会活动，充满血腥与杀戮。但是正如其他拉美国家一样，军政府无力处理恶化的经济问题，在1984年与各政党达成还政于民的“民主协议”。在1984年11月25日的大选中，红党领袖桑吉内蒂获胜，1985年3月就任总统。

桑吉内蒂上台后，准备赦免过去军事政变的领导人。但直到1989年，他的努力一直被人民和国会反对。他采取的经济政策效果显著，主要是私有化和市场经济。到1990年，国内生产总值增加了15%，实际工资增长30%，工业增长20%，就业增长40%，消费增长20%，婴儿死亡率下降30%。但在开始的三年是以牺牲广大工人生活水平为代价的，这引起了工人不满和罢工。所以在1989年11月的总统选举中，白党获胜，桑吉内蒂下台。但在1994年11月27日的大选中，他再次当选，并进行政治和经济改革。在政治上，成立民族联合政府，吸收白党和“人民政府党”加入内阁；修改宪法，改革选举制度；反腐倡廉，惩办贪官污吏。在经济上，加强宏观调控，严格财政制度，限制公共开支。在进行经济改革的同时，改革社会制度，如退休金、养老金制度等。这些措施使乌拉圭出现了繁荣兴旺的气象，1996年，国内经济状况有较大好转，国内生产总值增长5%，通货膨胀率从1995年的35.4%下降为25.5%。

三、巴西

乌拉圭的东北邻国巴西，是南美洲最大和最强的国家。巴西与除智利和厄瓜多尔外南美洲其他所有国家都相邻。战后最初几个月，巴西由其当代最著名的政治家热图利奥·瓦加斯领导，进行独裁统治。虽然瓦加斯在1942年宣布加入盟国、反对轴心国，但其独裁统治引起人民的不满，因而在1945年12月的选举中失败。但是五年后，他在1950年的选举中再一次当选总统。他再次担任总统后，实行有利于工人的政策，通过了劳动立法，给工人增加工资。但右翼军人指责其政府腐败并且有共产党人参加。1954年，美国策动军事政变，瓦加斯被迫自杀。在1955年的选举中，库比契克获胜，担任总统。他为稳定政局和改善经济做了巨大努力。由于他是社会民主党人，被右翼军事集团密切注视着，因此他不敢向左的方向发展。

1961年，原瓦加斯政府的劳工部长古拉特就任总统，他试图改革陈旧的土地制度和税收制度，并想把选举权扩大到农村没有文化的农民，以制约农场主的寡头势力。这一举措的目的是改革政治、振兴经济。他的计划遭到国会反对，于是求助于左派，包括工人和农民。他宣布没收地主土地，捍卫共产党的合法权利，对外则捍卫民族利益。1964年4月在美国策划下，右翼军人和保守政治家在中产阶级的支持下发动了政变，推翻了古拉特政府。军政府于1967年制定新宪法，这部宪法剥夺了大多数人的政治权利，引起了城市左翼人士和农民的反对。他们组织了游击队进行反对军政府的武装斗争，军政府对他们进行了镇压，以优势兵力将其击败。但是军政府的高压统治引起了人民的反对，罢工不断。尤其重要的是，巴西天主教会也反对军政府，这就使军政府不可能继续统治下去。1985年，他们被迫把政权交还民选政府。

1986年，何塞·萨利总统实行严格的经济控制计划，曾在短期内控制了通货膨胀。但到1987年，计划失败，通货膨胀率达到800%。1988年，巴西制定了新宪法，给予人民基本的人权，例如罢工自由、言论自由和出版自由。萨利政府的最大贡献是采取了一系列措施保护巴西亚马逊河流域的热带雨林，这一举措得到世界各国的好评，但是他本人由于无力振兴经济而于1989年下台。

萨利下台后，由科罗尔任总统。科罗尔进行了拉美历史上最激进的改革：在政治上精简官僚机构，反腐倡廉；在经济上实行市场经济，增加国家管理经济人员的工作透明度，还取消了高关税，鼓励对外贸易。但巴西外债太多，影响了经济状况的改善。他上台不久，就面临失业增多、通货膨胀再度上升等问题。由于巴西的经济前景取决于如何解决外债问题，巴西政府一直在寻求与外国债权人达成有利于巴西的解决办法。1991年，巴西与各债权国达成了一个初步协议，降低和暂缓支付利息。随着巴西经济的恶化，科罗尔失去了人民的信任。1992年他被控贪污，受到弹劾而被迫辞职，由卡多佐任总统。

卡多佐上任后进行宪法改革，给予人们更多的民主权利，同时推行经济改革计划。到20世纪90年代末，改革初见成效，1996年通货膨胀率控制在10%左右。1997年，巴西国内生产总值达到8 624亿美元，比1996年增长3.03%，人均收入达5 020美元。自1993年起，巴西经济连续五年保持了稳定增长。

但是地区间发展极其不平衡的问题依然存在。经济发达的南部南里奥格兰德、圣卡塔琳娜和巴拉那三州在1991年的工农业总产值达1 172亿美元，接近巴西国民生产总值的三分之一。这种情况助长了分裂主义势力的抬头，1990年，巴西社会学家伊尔顿·马尔克斯及其追随者企图建立独立共和国，使20世纪末分离主义运动在这一地区有所发展。

四、委内瑞拉

委内瑞拉是一个十分富有的国家，但其财富主要来自石油收入，20世纪80年代，石油占其出口产品的90%，占国民生产总值的三分之一，农业在经济中的比重很小。1987年，委内瑞拉人口约1 830万，人均收入为3 230美元。1973年至1974年和1979年至1980年的两次世界石油危机，给它带来了新的财富。西方银行界为此也乐于给委内瑞拉贷款，因此委内瑞拉发展了石化、铁、钢、纸和铝工业。

委内瑞拉经济靠石油支撑，由于国际油价时高时低，委内瑞拉经济发展极不稳定。而且，外债太多难以偿还，更增加了其经济发展的难度。值得注意的是，委内瑞拉在经济发展的同时，政治并未同步发展。委内瑞拉是一个落后的大地产制国家，广大农村相互隔绝，生育率高，许多人的生活水平下降。农民，特别是无地农民的生活条件并不比奴隶好多少。尽管20世纪60年代进行了土地改革，但四分之三的土地仍为大地主所有。1908年至1935年，由胡安·比森特·戈麦斯统治委内瑞拉。他是一位养羊和种植咖啡豆的大地主，死时拥有的土地相当于丹麦与荷兰面积的总和。

资产阶级随委内瑞拉石油工业的发展而产生，但他们却被大地主和军方排斥在政权之外，没有政治权利，于是支持农民要求改革的运动，并组成了民主行动党，他们的领袖是罗慕洛·贝坦科尔特。军队中不满独裁统治的军人于1945年10月发动政变，支持贝坦科尔特上台。他执政后进行了改革，把土地分配给农民，并根据1947年制定的宪法，扩大了选举权。但在美国支持下，军方发动政变，于1948年11月推翻了罗慕洛·贝坦科尔特政府，由部队总参谋长希门尼斯进行独裁统治。

1958年，又一次军事政变推翻了希门尼斯政府，贝坦科尔特结束流亡回国。在1959年的选举中，民主行动党赢得胜利。但这一次贝坦科尔特不再进行土地改革，而是采取一些改良主义措施，以缓和社会阶级矛盾。

对委内瑞拉国内政治影响最大的是卡洛斯·安德烈斯·佩雷斯，他于1974年担任总统，反对美国的政治控制与经济渗透，维护民族独立，捍卫国家资源，发展民族经济。他把钢铁工业、外国企业，特别是美国石油公司国有化。委内瑞拉参加了1983年成立的由墨西哥、哥伦比亚和巴拿马等国组成的“孔塔多拉”和平运动，为反对美国干涉拉美事务、缓和中美洲局势做出了贡献。

20世纪80年代中期以来，委内瑞拉一直面临巨大的经济问题：国际油价下跌，无力偿还巨额外债。1988年，佩雷斯在选举中再次获胜，担任总统，进行了经济改革，采取紧缩的经济政策。委内瑞拉经济主要依靠价格不稳定的一两种出口商品，同时存在大量外债，这就使其经济发展极不稳定。经济改革和紧缩政策引起的困难加剧了社会动乱，极不平等的财富分配使社会矛盾更加尖锐。这在1988年引起了加拉加斯的动乱，死亡三百余人。

1991年，委内瑞拉经济有所好转，但1992年又出现问题。经济恶化使人民生活贫困，军队的工资也下降，于是军人图谋政变。由于政府的腐败，佩雷斯改革受挫。1993年和1994年，委内瑞拉国内生产总值均为负增长，分别为−0.2%和−2.9%。1995年才终于摆脱衰退，实现了2.2%的增长。但在1996年第一季度，由于非石油部门生产的不景气，国内生产总值再次出现负增长，为−1.0%。与此同时，通货膨胀率上升。委内瑞拉从1996年4月开始了名为“委内瑞拉议程”的经济调整计划，包括提高三种汽油的售价、放松外汇管制、完善税收制度、削减政府开支、实施一些福利政策等。1996年，在主要拉美国家中，委内瑞拉是唯一出现经济衰退的国家。但由于调整计划的实施，委内瑞拉经济在 1997 年已走出了衰退。

第四节　中美洲的革命风暴和墨西哥

一、战后中美洲概况及“争取进步同盟”

拉丁美洲包括墨西哥、中美洲、西印度群岛和南美洲。中美洲有六个国家：哥斯达黎加、尼加拉瓜、洪都拉斯、萨尔瓦多、巴拿马和危地马拉。战后，中美洲各国为反对美国侵略和本国的独裁统治进行了英勇斗争。由于共产主义思想的传播，从 20 世纪 60 年代开始，这些国家先后爆发革命，进行游击战争，在 80 年代达到高潮。90 年代冷战结束，中美洲的游击战争才开始逐步减弱，但迄今为止仍未完全平息下来。

战后，中美洲各国经济落后，人民生活贫困。除受外国公司剥削外，主要原因是社会制度不合理，国民财富分配不均。社会不平等的主要表现是土地分配不均，仍是大地产制。由于拉美在历史上受殖民者剥削，形成了单一作物制，中美洲各国的经济主要依赖农产品出口，如咖啡、香蕉、棉花等。但这些产品的价格在世界市场上波动很大，因此各国经济受到制约。此外，各国均需从国外进口石油，耗资极大。上述两个因素严重影响着中美洲各国经济的发展。

改善中美洲各国社会经济的前提是政治和社会改革。在国内，应重新分配土地，消灭大地产制；在国际上，应建立公正合理的经济秩序，保持农产品出口价格的合理性与稳定性。1961 年，美国总统肯尼迪为了防止在拉美爆发革命，决定从经济上帮助拉美，以美国方式改造其社会经济，推行所谓的“争取进步同盟”计划，即 1961 年 8 月由肯尼迪提出的援助拉丁美洲国家经济发展的十年计划。

肯尼迪许诺，美国和西方在十年内将向拉丁美洲国家提供 200 亿美元的援助。但这一计划并没有提供解决拉美巨大经济问题所需要的足额经费，而且在 20 世纪 60 年代，这些援助主要被军政府用于镇压社会革命和游击队。拉美各国的大土地所有者、军事当局等一批保守分子强烈反对社会革命，而资产阶级对重大的社会改革也顾虑重重。因此，拉美社会进步十分缓慢。随着肯尼迪的遇刺及约翰逊扩大侵越战争，美国推行的“争取进步同盟”不再发挥作用，该同盟并未像马歇尔计划在欧洲那样取得成功。

20 世纪 70 年代，为了平衡经济，拉美各国致力于发展本国工业，减少工业品进口，但并未取得显著成效。中美洲六国从国外借了大量外债，其结果是债务负担十分沉重，利息越来越高，使 70 年代经济的暂时困难变成了长期问题。80 年代，里根政府对拉美的政策主要是支持各国反动当局反对革命、对抗共产主义运动、镇压各国人民起义和游击队，这一政策给中美洲各国人民带来了巨大灾难。

二、哥斯达黎加

哥斯达黎加是中美洲各国之中唯一实行代议制民主的国家，除 1948 年的一个短时期外，基本没有内战。所以，虽然哥斯达黎加也存在债务问题与1979年至80年代油价下跌带来的经济问题，但经济发展比较平稳。1987年，人均国民生产总值为1 610美元，是拉美分配最平等的国家。

拉美国家长期由“考迪罗”，即军事独裁者统治。他们保护大地主和大商人的利益，镇压工人运动，维护不公平的社会法律，阻碍社会进步。但是由于哥斯达黎加有浓厚的宪制传统，战后保持了有规律的总统选举，考迪罗主义对哥斯达黎加的影响不大。

战后，哥斯达黎加最著名的政治人物是何塞·菲格雷斯。他的军政府（1948—1949）在经济上进行改革，限制外资，使人民享有一定的社会福利。他采取措施加强议会制政府，在他的努力下，妇女获得了选举权。菲格雷斯的最大贡献是制定了1949年宪法，该宪法规定取消军队，这就避免了军事专政。菲格雷斯政府虽然取消了军队，却利用警察镇压工人团体，进行自上而下的改革。1953年菲格雷斯当选总统，把福利改革的范围扩大到了医疗卫生和教育事业。

从20世纪60年代开始，哥斯达黎加大量引进外资，特别是美资，到70年代和80年代欠下了大量外债。在对外关系上，哥斯达黎加援助尼加拉瓜的桑地诺民族解放阵线反对索摩查亲美独裁统治的武装斗争，哥斯达黎加为支持中美洲各国反美和反对本国独裁统治做了大量工作。90年代，哥斯达黎加政局稳定。但是其经济状况仍然取决于农产品的国际价格，尽管经济已走向多样化，但咖啡和香蕉仍然是出口的主要物资。如果不改变这种产业结构，哥斯达黎加要成为发达国家将困难重重。

三、洪都拉斯

与哥斯达黎加相反，洪都拉斯是中美洲最贫穷的国家，主要出口物资是香蕉，但外国种植园主控制了香蕉种植园，其中绝大部分为美国所控制。战后，洪都拉斯人民开展了反美的民族革命运动。1954年，洪都拉斯香蕉工人组织了一次成功的罢工，沉重打击了美国波士顿联合果品公司，并导致了一些社会变化。

1957年11月，比列达·莫拉莱斯当选总统。上台后，他进行了慎重的社会改革，取得很大成绩。但当他进行的土地改革触犯到美国利益时，美国于1963年10月组织了一次政变，推翻了莫拉莱斯政府。此后洪都拉斯政权更迭频繁，虽然在1981年又逐步恢复了文官政府，但由美国训练的军队实际上控制着洪都拉斯。

洪都拉斯共产党领导的游击队在20世纪60年代和70年代十分活跃，沉重打击了反动政府，但是遭到了美国支持的反动政府的残酷镇压。在反对尼加拉瓜革命中，洪都拉斯是美国最重要的盟国与基地。美国为了维护其在洪都拉斯的利益，防止洪都拉斯“向左转”，竭力支持军事独裁统治。到90年代，洪都拉斯经济仍在美国控制之下，社会进步十分缓慢。

四、危地马拉

战前，危地马拉由亲美的咖啡种植园主和军队掌握政权，从19世纪中期至20世纪中期，先后由四个考迪罗统治。1944年，少数中产阶级在部分军队人士的支持下发动了革命，推翻了乌维科亲美独裁政权。1945年至1950年由阿雷瓦洛任总统，1951年至1954年由哈科沃·阿本斯任总统。这两任总统分别都进行了社会改革，并且把改革扩大到占危地马拉人口大多数的印第安人。他们先废除了强迫劳动制，还制定了劳动法，并开始进行土地改革。阿雷瓦洛总统允许左派参加政府，而阿本斯总统则加速了这一进程。他们都宣布共产党的地位合法，并实行了国有化政策，美国人拥有的公司和属于美国波士顿联合果品公司的土地都被国有化。上述政策触犯了美国垄断资本的利益，在美国中央情报局策划下，1954年阿本斯政府被推翻。此后，危地马拉大多数时间内被亲美的军政府控制。

1960年，危地马拉成为美国侵略古巴的中转站。1963年又发生了一次政变，这届军政府一直延续到1982年，它对游击队和左派进行了极其血腥的镇压。据估计，被杀死的人有12万之多。1986年，维尼亚欧·塞雷索总统进行改革，力图结束30年来的军事统治，但结果是他被军队赶下台，军人执政后立即开始镇压改革派人士。危地马拉经济不发达，于是依靠贩毒敛财，开始成为向美国贩卖毒品的转运站。

20世纪90年代初，危地马拉政权转到了文官政府手中，但是文官政府面临重重困难，不能控制局面。危地马拉几乎一半人口失业，通货膨胀率极高，游击战争仍然在继续。直到1996年，政府做了许多让步，才通过谈判使游击队放下了武器。政府保证合理遣散游击队员，并保证让他们以合法政党身份参加国内政治生活。但是，游击队组织“全国革命联盟”能不能顺利地按协定改变成为一个参政政党，仍是一个难以回答的问题。更为重要的是，和平协定虽然已经签署，但引起内战和冲突的社会根源并没有消除。国家财富仍然集中在少数人手里，不到人口5%的地主掌握着全国70%的耕地，而80%以上的人口生活在贫困之中。引起冲突的社会经济问题、印第安人权利和地位等问题短期内很难从根本上解决。如果结束内战后，人民仍不得安宁，安全仍无保障，和平就没有真正实现。1996年当选的总统阿尔苏面临稳定政治、振兴经济的艰难任务。

五、萨尔瓦多

萨尔瓦多是中美洲最小但人口最密集的国家。约四十个家庭拥有全国大多数咖啡种植园，并支配着银行和商业。财富分配极不平均，人民生活极其贫困。上述情况引起了1932年共产党领导的农民起义。在萨尔瓦多军队的残酷镇压下，这次起义最终失败。此后美国由于害怕共产主义的传播，竭力给予萨尔瓦多军事独裁政权经济援助和支持。

1969年，萨尔瓦多移民进入洪都拉斯境内，两国发生短期战争。萨尔瓦多赢得了这次战争的胜利，加强了军事当局的统治。但这时萨尔瓦多城市中产阶级崛起，他们向反动的军事独裁统治发起了挑战。由何塞·纳波莱昂·杜阿尔特领导的基督教民主党发展极其迅速。由于1973年至1974年世界石油价格上涨，萨尔瓦多经济更加恶化，游击队活动进一步发展。虽然军方进行了残酷镇压，但无法消灭得到人民拥护的游击队。军事当局进行高压统治，并于1980年杀害大主教奥斯卡·罗梅罗，引起全世界的关注。

卡特实行人权外交后，美国的政策开始变化，要求拉美国家军政府把政权交还文官政府。1982年，在里根政府的压迫下，萨尔瓦多军方进行了所谓的“选举”。游击队拒绝放下武器、拒绝参加选举，1984年，温和的基督教民主党领袖杜阿尔特就任总统，但却无法控制局势。游击队控制着游击区，而各地军阀拥兵自重。美国给了萨尔瓦多60亿美元，以消灭游击队。但由于人民支持，游击队越战越强。1988年，共产党领导的游击队在国会选举前破坏了所有电力供应，沉重打击了反动政府。只是由于苏东剧变，国际形势发生变化，游击队才被迫放下武器与政府达成协议，1992年2月1日初步实现了国内和平。

六、尼加拉瓜

尼加拉瓜传统上是美国的势力范围。1912年尼加拉瓜发生政变，政局混乱，美国乘机侵入并参与镇压尼加拉瓜民族解放运动。1927年奥古斯托·塞萨尔·桑地诺领导了反对政府的游击战，但于1934年被杀害。桑地诺死后，人民在他的旗帜下团结起来，反对亲美独裁统治者安纳奥斯塔西奥·索摩查·加西亚。索摩查依靠由美国组织和支持的国民警卫队进行统治，大种植园主和商人在他的包庇下残酷剥削人民。在他的统治下，尼加拉瓜政治十分腐败。人民前仆后继、英勇斗争，反对他的黑暗统治，但都遭到残酷镇压。

1956年索摩查被暗杀，他的大儿子路易斯接任总统，小儿子安纳斯塔西奥担任国民警卫队司令。20世纪50年代和60年代，尼加拉瓜处于相对和平时期。在农业上发展了养牛、棉花种植及各种农作物种植，取得了一些经济成就，但仍以咖啡豆和香蕉种植为主。路易斯是索摩查家族中相对宽松的一位统治者。1967年安纳斯塔西奥担任总统后，致力于对成立于1961年的以桑地诺命名的民族解放阵线进行镇压和屠杀，尼加拉瓜进入了历史上最残酷、最血腥的时代。

1972年，尼加拉瓜首都马那瓜发生大地震，美国尼克松政府给予了大量援助，但只有半数救灾物资送达灾民手中，其余均被安纳斯塔西奥政府官员贪污。为了利益，美国政府继续给这个独裁政府支持，但是索摩查家族的腐败、专权和搜刮引起了包括右派、保守派在内的全国人民的一致反对。

1978年，反动政府暗杀了受人民尊重的尼加拉瓜主要报纸《新闻报》主编金·查莫罗之后，中产阶级和保守派开始支持反对派和左派反索摩查政府的武装斗争。在古巴的帮助下，桑地诺民族解放阵线组织了装备精良的游击队，于1979年7月19日夺取了政权，安纳斯塔西奥逃亡国外。

革命政府由民族复兴政府执政委员会领导，其中最有影响的人物是丹尼尔·奥尔特加。他按苏联模式建设社会主义，但到20世纪80年代，革命政府内部发生分裂，政府内温和派被驱逐流放。于是流亡分子和逃亡的索摩查国民警卫队勾结起来，在美国的支持下，组织了反对革命政府的游击队，反对桑地诺革命政府。1984年，桑地诺革命政府举行选举，何塞·丹尼尔·奥尔特加·萨维德拉任总统，他调动全国人民民族运动的积极性，反对美帝国主义及其支持的反动派，同时进行改革，在土地、医疗卫生、住房，特别是教育事业上都取得了很大成绩。

尼加拉瓜在中美洲是人口最少的国家，人均收入也排名倒数第二，1987 年人均国民收入为 830 美元。而且由于内战，国民收入中的很大份额用于军队建设以打击美国支持的反动武装。同时美国的经济封锁也给尼加拉瓜经济带来困难，只是由于苏联和欧洲的帮助，这个政权才生存下来。后来，苏联由于经济困难而中断了对尼加拉瓜的援助，同时苏联与美国关系缓和，迫使桑地诺分子修改政策，变得比较温和。此时，美国国会也反对里根政府支持尼加拉瓜反政府游击队，拒绝给予经费支持。这种情况使得哥伦比亚、墨西哥、巴拿马和委内瑞拉向尼加拉瓜内战双方提出和谈计划。

20 世纪 80 年代初，上述各国总统及哥斯达黎加总统在孔塔多拉岛会谈，由哥斯达黎加总统提出了桑切斯和平计划。1987 年 8 月，哥伦比亚、萨尔瓦多、危地马拉、洪都拉斯和尼加拉瓜五国总统签署了这一和平计划，该计划要求各地游击队停火，进行民主改革，结束美国对反动派的支持。由于该计划的实施，哥斯达黎加总统桑切斯获得诺贝尔和平奖。

桑切斯和平计划的提出，标志着中美洲各国领导人进行了不要外界干涉、自己解决内部事务的尝试。1990 年，尼加拉瓜进行了自由选举，反对派获胜，由查摩罗任总统。查摩罗执行和睦政策，允许桑地诺民族解放阵线领导人继续指挥全国军队。但尼加拉瓜仍然经济问题重重，半数以上人口失业。1990 年后，尼加拉瓜政局比较稳定。1996 年举行大选，自由联盟候选人阿莱曼当选总统。

七、巴拿马

巴拿马运河是沟通太平洋和大西洋的水闸式国际通航运河。早在 20 世纪初，美国为夺取巴拿马运河的开凿权，先是策划巴拿马于 1903 年脱离哥伦比亚而独立，随后又强迫巴拿马签订《巴拿马运河条约》，攫取了开凿、永久使用、占领和控制运河与运河区的权利。巴拿马只获得表面上的独立，而事实上成为美国殖民地。巴拿马运河区归美国总统任命的总督（兼巴拿马运河公司总经理）管辖，境内升美国国旗，实行美国法律，设有美国南方军区司令部，建有 14 个大的军事基地，常有驻军万人以上，成为“殖民飞地”和“国中之国”。

在《巴拿马运河条约》中，美国宣称：“巴拿马运河是在美国管辖之下的巴拿马共和国领土。”巴拿马的经济和对外政策由一小撮富有的腐败阶层统治，并被美国控制。美国使用运河而交付给巴拿马的款项是巴拿马经济的主要支柱，占该国国民收入的三分之一，其余部分靠香蕉和糖的出口。

战后，巴拿马人民为了争取主权独立，同美国进行了激烈的斗争。1964 年爆发了震惊世界的全国性反美风暴。1968 年，巴拿马国民警卫队发动政变，推翻了阿里亚斯总统领导的寡头政府，成立了以奥马尔·埃弗拉·托里霍斯·埃雷拉为首的军事委员会。托里霍斯成了巴拿马无可争议的统治者，他一方面制定了严厉的劳工法反对工人，另一方面却进行了激烈的土地改革，征购大庄园主的土地分配给无地农民，限制美国资本，致力于收回运河区主权等，对美国采取强硬政策，得到人民的支持。在与美国历届政府进行了 13 年的成功谈判后，1977 年他与卡特政府订立了新的《巴拿马运河条约》，规定

1999年12月31日运河和运河区的全部主权归还巴拿马。但在谈判中，美国仍企图控制巴拿马运河，条约规定，运河归还后，巴拿马必须保证美国商船和战舰永不受阻地通过。如果做不到这点，美国有权派军队保障上述权利。这意味着巴拿马并未取得完全的主权。

20世纪80年代，美国与巴拿马的关系降到最低谷。1981年托里霍斯死于空难，巴拿马人认为这可能是美国策划的阴谋，因此反美情绪空前高涨。曼努埃尔·安东尼奥·诺列加将军接替职位，成了巴拿马的铁腕人物。诺列加把巴拿马国民警卫队改编为国防军，作为镇压人民的工具。在他的统治下，巴拿马经济有所发展，1987年，人口230万，人均国民收入为2 240美元。美国企图推翻诺列加的统治，1988年，指控他走私毒品到美国。但诺列加发起了反对美国的爱国民族运动，使美国的压力及经济制裁都未能奏效，策划了两次军事政变也未能推翻他。

在1989年5月的巴拿马总统选举中，反对派领袖恩达拉在美国支持下当选总统，但诺列加宣布选举无效，这一做法给美国推翻诺列加提供了借口。1989年12月20日，布什总统派出2.4万名美国军人入侵巴拿马，推翻了诺列加的统治，并逮捕了他，将他押送美国审判。恩达拉在美国帮助下当上了总统，这就结束了美巴关系对抗的一章。但是双方关系并没有翻开新篇章，美巴关系看来不可能平稳发展。例如，美国国会议员到20世纪末还提出要修改1977年的《巴拿马运河条约》，要求美军在2000年后继续留在运河区，并要就此同巴拿马谈判。但这一损害巴拿马主权的无理要求遭到拒绝，引起美国强烈不满，美国因此拒绝参加1997年召开的巴拿马运河世界大会。

八、墨西哥

美国在西半球的为所欲为引起其邻国墨西哥的强烈不满。墨西哥支持拉美各国的反美斗争，包括古巴和尼加拉瓜的革命。它通过1911年革命成了世界上第一个摆脱西方殖民统治、获得民族独立的国家。在这次革命中，墨西哥人民推翻了统治三十多年的迪亚斯政权，打败了美国派来的海军，争得了民族独立，1917年制定了比较进步的资产阶级民主宪法。这次革命最重要的成果之一是国家世俗化和没收教会财产。

1934年至1940年，拉萨罗·卡德纳斯总统进行了土地改革，并把外国石油公司（包括英美石油公司）国有化。战后美资大量涌入，一方面刺激了墨西哥经济的发展，另一方面又加深了墨西哥对美国的依赖，使民族矛盾不断加深。20世纪60年代至70年代，墨西哥人民进行过多次反美斗争。1970年至1976年，总统埃切维里亚进行了一系列社会经济改革，发展民族经济，继续实行土改，对外维护民族独立，减少对美国的依赖，发展同世界各国特别是同第三世界国家的经济合作。

墨西哥经济依赖石油出口，1975年，出口石油收入猛增，出现经济奇迹假象。但是政府支出巨大，发展没有计划，20世纪80年代世界范围的经济萧条也戳穿了墨西哥经济奇迹的泡沫。墨西哥经济和社会的最大问题之一是生育率过高，乡村人口向城市移民过快。从1970年至1980年，墨西哥城人口从700万增加到1 500万，大批人口住在贫民窟，仅靠拾垃圾为生的就有1万人，但拾垃圾的人还被剥削，即为了卖出所拾垃圾，拾垃圾的人还要给买主交回扣，否则所拾垃圾就卖不出去。1950年全国人口2 580万，

1960年为3 490万，到1989年就上升到8 460万。墨西哥贫富悬殊，社会矛盾尖锐，失业人口数量巨大，而且是世界上最大的债务国之一。

冷战结束后，墨西哥从计划经济转向市场经济，和美国、加拿大组成北美自由贸易区。20世纪90年代经济增长很快。1987年通货膨胀率为160%，但1992年下降至12%。外债减少，外国投资增多。1996年，墨西哥国内生产总值增长率达3.5%。

在政治上，冷战前墨西哥由革命制度党专政，引起人民反抗，到20世纪90年代还存在反政府游击队。经过数年努力，到1996年，已从一党专政过渡到允许左、右各党参加选举，墨西哥塞迪略政府与游击队恰帕斯民族解放军谈判也取得成果。塞迪略总统允诺进行改革，民族解放军则同意放下武器参加政治生活。由于墨西哥政局不稳，经济结构不合理，1994年底发生了严重的金融危机，并波及拉美、亚洲乃至全球金融市场。

1994年12月12日，恰帕斯州塞帕底斯特革命军发表声明，宣称将组织第二次武装暴动，引起了墨西哥金融市场的强烈动荡。外国投资者担心无法收回债权，纷纷抽回在墨西哥的投资，墨西哥货币比索贬值的压力骤然增大。为了阻止资金外流，墨西哥政府于12月20日宣布比索贬值15%。这一决定使墨西哥金融市场出现混乱，两天之内就有40亿至50亿美元转移到国外，外汇储备急剧下降。12月22日，墨西哥政府不得不让比索浮动。到1995年1月10日，美元对比索的汇率已由1∶3.46下降至1∶5.9，比索降幅达40%。与此同时，墨西哥股市也大幅下跌，并累及拉美其他各国股市。

这场金融危机给墨西哥经济造成了巨大的负面影响，外汇储备由1993年底的234亿美元猛降至1994年底的60亿美元；国库损失420亿美元；1995年的外债总额高达1 700多亿美元，相当于当年出口总值的两倍。墨西哥这次金融危机的直接原因是政局不稳，从经济的角度看，还与以下几个因素有关：

第一，过分依赖外资，缺乏对外资投向的合理引导。流入的外资用于证券投资比重过大，影响经济的稳定发展。第二，国民经济严重依赖进口，贸易连年逆差。一旦外资停止流入甚至大量外流时，中央银行就被迫用外汇储备弥补逆差，这导致外汇储备枯竭，比索贬值加速。第三，高估了比索价值。由于政治原因，墨西哥一再贻误调整比索价格的时机，严重削弱了商品竞争力，导致外贸状况不断恶化，在危机发生时不得不宣布实行浮动汇率制，进一步加剧了比索的贬值。第四，为了吸引外资以平衡对进口商品的支出、维持经济的持续发展，墨西哥被迫采取高利率政策，短期利率从年息15%上升到50%，企业无法承受高利息成本，银行还账问题严重，制约了国家经济的发展，并加速了国际收支的恶化。

墨西哥金融危机深层次的原因在于资本积累基础不稳。墨西哥经济是第三世界类型的经济，以矿产品、农牧产品的出口为基础进行资本积累，国内产业发展未能形成自我积累的良性循环，发展战略的基础建立在大量利用外资和过度依赖资源型产品出口收入甚至是预期收入之上。而外资的运用受市场利率变化的影响，出口收入受市场价格波动的冲击，因此，基础极不稳固，财政赤字、经常项目逆差、巨额外债成了墨西哥经济的伴生现象。依赖国外资源成为维持社会经济正常运转的必要条件，也成为影响经济稳定的潜在祸患。爆发危机的条件一旦成熟，对个别政策进行小的修补已无济于事，墨西哥政府匆匆忙忙实行的货币措施只能加剧危机的扩大与深化。

在西方主要发达国家和国际金融组织的干预和帮助下，墨西哥政府采取了严厉的紧缩政策，外国资本开始重新进入，贸易收支状况也明显好转。自1996年起，墨西哥金融和经济的紧张形势有了较大的缓解。

到1997年，墨西哥政治权力结构发生了历史性变化。在7月6日举行的中期选举中，执政的革命制度党遭到了自1929年成立以来最惨重的失败。两大主要反对党——国家行动党和民主革命党选票大增。据初步统计，民主革命党候选人夸特莫克·卡德纳斯当选为联邦行政长官，即首都墨西哥城市长，这是一个重要性仅次于总统的职位。在众议院500个席位中，执政党将只拥有235至236席，首次失去了多数地位。在六个州的地方选举中，国家行动党在两个州获得了胜利。

这次中期选举的结果，标志着墨西哥进入了真正的多党格局新时代。中期选举后，墨西哥有一半以上的人口不在执政党控制的地区，反对党在议会中对执政党构成威胁。革命制度党在这次中期选举中之所以失败，主要原因有四点：

第一，革命制度党在进行经济改革的同时，没有解决好社会问题，忽视了对人民生活的关心，使人民对其失去信任。墨西哥从1976年起在总统波蒂略领导下开始经济改革，此后的三位总统米格尔·德·拉·马德里·乌尔塔多（1982—1988）、卡洛斯·萨利纳斯（1988—1994）和埃内斯托·塞迪略（1994—2000）在经济改革上都取得了很大成就，使墨西哥转向了市场经济，与国际接轨。但他们没有认真解决因改革带来的人口大量失业、贫困化和社会财富分配不均、贫富悬殊等问题。在墨西哥9 000万人口中贫困者已达4 000万，其中1 700万处于赤贫状态。同时，拥有10亿美元以上资产的巨富却有15个，仅次于美、德、日和中国香港。国内失业严重，实际工资下降，引起了人民的不满。

第二，革命制度党发生分裂。这个政党并非马克思主义政党，也未能很好地加强自身建设，党内激进主义和保守主义之间的斗争一直十分激烈。随着经济与政治改革的深入，1988年，革命制度党内激进派领袖夸特莫克·卡德纳斯与其他政治派别联合成立了民主革命党。1997年，卡马乔又成立了新党。

第三，党和政府十分腐败，在人民中失去威信。革命制度党中许多人贪赃枉法，追逐金钱与美色、迷恋权力，有的甚至参与了毒品交易。1994年12月爆发的墨西哥金融危机造成经济损失700亿美元。虽然这场危机的直接原因是短期投机资金流入过多、政府汇率政策不当等，但却与革命制度党的政治腐败密切相关。从1994年第三季度起，资金外逃、墨币比索定值过高的情况已十分明显。墨西哥许多经济学家对此提出了批评，美国财政部官员也私下发出严重警告，但革命制度党为了自身利益迟迟不做调整。当时，它正在为夺取1994年8月总统选举的胜利和为萨利纳斯总统1994年12月下台后竞选世界贸易组织总干事一职而努力，为制造墨西哥政治平稳、经济发展的假象，迟迟不调整经济政策，从而引发了震动全球的金融大风暴。

第四，民主革命党以民众代言人的姿态出现，表示要解决失业等问题，并抛弃激进色彩以迎合中产阶级及工商界人士，所以在这次中期选举中获胜。

在金融危机的冲击下，墨西哥1995年的国内生产总值增长率为－6.2%。但由于实施了紧急经济调整计划，1996年国民经济出现了复苏。国民生产总值增长率已从第一季度的－1.0%变为第二季度的7.2%。金融市场趋于稳定，股票价格逐渐回升。1995年上半年外流资金70亿美元，但1996年上半年则流入78亿美元。由于经济回升，墨西哥政府提前于1996年7月偿还了美国财政部在金融危机爆发后提供的部分财政援助贷款，约70亿美元。在经济复苏过程中，通货膨胀率回落，对外贸易出口增长很快，从1月至7月增长率为20%，出现了46亿美元的盈余。失业问题也有所缓解，1996年7月的失业率为5.8%，低于1995年水平。

塞迪略总统执政三年，以经济增长为中心，坚持改革、促进开放，发展市场经济，在国家全面现代化建设中取得可喜成绩，不仅克服了金融危机，而且在对外关系上也取得了巨大成就，突出表现在与第三世界国家的关系上。1997年12月初，中华人民共和国国家主席江泽民访问了墨西哥，为两国的友好合作奠定了基础。

与美国的关系上，塞迪略总统坚持在维护国家主权的前提下进行合作。墨西哥与美国的关系是墨西哥对外关系中最为重要的部分，两国关系既复杂又敏感。墨美两国有三千多公里的共同边界，每天近百万人来往。1994年《北美自由贸易协议》生效后，两国更成了密不可分的伙伴。

墨美关系中的最大问题是贸易摩擦。美国力主达成《北美自由贸易协议》的目的之一是以墨西哥为市场，同时利用其资源与廉价劳动力进行生产。《北美自由贸易协议》签订后，两国贸易额从1993年的900亿美元增加到1996年的1 485亿美元，增长了65%。墨西哥已成为美国第三大贸易伙伴国，墨美贸易占墨西哥对外贸易的80%，而美国仍然是墨西哥头号贸易伙伴与投资国。美国对墨西哥采取贸易保护政策，墨西哥产品在美国市场不能对等开放，两国在贸易上的矛盾越来越大。塞迪略总统多次向克林顿总统提出这一问题，要求美国采取实际行动，取消贸易保护主义。塞迪略的行动，得到了墨西哥人民的支持。

另外两个困扰墨美两国政府的问题是毒品问题和移民问题。美国借口扫毒干预墨西哥内政，干涉墨西哥主权。几年来，墨美在这一问题上多次发生争端，特别是美国不顾墨西哥和其他拉美国家的强烈反对，年复一年地对墨西哥和其他拉丁美洲国家的扫毒工作进行单方面“评估”，更激起了墨西哥人民的义愤。1997年5月，美国总统克林顿对墨西哥进行了为期三天的访问。在这次访问中，克林顿仍然坚持侵犯墨西哥主权的做法，认为美国政府的这一做法是必要的。他的要求遭到了塞迪略总统的坚决反对，塞迪略总统对美国方面提出的准许缉毒人员在墨西哥境内携带武器、允许缉毒飞机飞越墨西哥领空等要求，给予拒绝。最后，两国总统宣布，将在相互尊重主权和领土管辖权的基础上建立反毒联盟。塞迪略同美国合作反毒时维护国家主权的正义立场，得到了墨西哥人民的赞扬。

在移民问题上，美国一直歧视在美的墨西哥移民与劳工，1994年加利福尼亚州通过了限制非法移民的187号法案，1997年4月又出台了新移民法，内容是减少直至取消合法移民享有的社会福利和补助，严格控制非法移民入境，惩罚无证劳工。墨西哥在美国的移民人数最多，达一千多万人，其中无证劳工又占200万到300万，因此受美国新移民法的影响最大。塞迪略政府一再向美国交涉，希望不要利用新移民法大规模驱逐墨西哥移民。1997年5月克林顿访问墨西哥时，做了不会因新移民法而大规模驱赶移民的承诺，并表示要妥善处理移民问题，但同时却大谈如何增加对移民的限制，对此塞迪略坚决要求美国保护墨西哥移民。最后双方于 1997 年 5 月 6 日签订了《关于移民问题的联合声明》，两国领导人承诺加强双边合作，以妥善方式处理两国间的移民问题。联合声明确定了三项原则：两国政府都有权根据国际法准则和双边合作精神，制定并执行符合本国利益的移民法规；恪守两国于 1996 年 5 月 7 日签署的《领事保护备忘录》，尊重移民的人权；本着发展经济、保障家庭团聚和尊重移民人权的原则，处理移民问题及共同边界事务。上述声明，无疑是塞迪略政府的胜利。虽然双方仍存在一定分歧，但墨西哥坚持捍卫国家主权的立场一直不变，争取实现与美国真正平等的决心也不变，因此塞迪略的对外政策深得人心。

第五节　加勒比海诸国

一、加勒比海诸国历史简况

从佛罗里达南海岸到委内瑞拉北海岸延绵 2 500 海里的海洋中，有一系列群岛，称加勒比海群岛。它们曾是欧洲的殖民地，其土著居民早已被消灭。现有人口是土著与非洲奴隶、亚洲劳工通婚后出生的后代。这些群岛居民的语言不同，各操英语、西班牙语、法语及荷兰语，各岛政治制度也不同，反映了它们长期的殖民历史。

英国殖民地有牙买加、背风群岛（即利沃德群岛）、向风群岛（即温德华群岛），包括格林纳达、特立尼达和多巴哥岛。法国占有马提尼克和瓜德罗普岛。荷兰占有的最重要的岛屿是库拉索岛。美国占领波多黎各（它是美国于 1889 年从西班牙手中夺取的），并且在古巴保留了关塔那摩海军基地，1917 年又从丹麦手中购买了维尔京群岛。在南美洲大西洋海岸还有英属圭亚那、法属圭亚那和荷属圭亚那（即苏里南）。上述地区与国家主要发展种植园与矿业，向欧美供应糖、香蕉、铝土矿及石油。由于其文化和种族构成由殖民地经济决定，殖民地位不同，政治态度也不同。这就阻碍了它们在独立后建立统一的地区性组织，到 20 世纪 90 年代初，该地区还有许多没有独立的岛屿。

二、战后加勒比海诸国的发展

在加勒比海地区，圭亚那情况十分特殊。圭亚那原是英国殖民地，执政的人民进步党是最有影响的左翼政党之一，它公开宣布信奉马列主义。1950 年 1 月人民进步党成立，1953 年大选，该党领袖契迪·贾根任总理，英国被迫同意圭亚那自治。1964 年圭亚那独立，但仍留在英联邦内，人民全国大会党领导人福布斯·伯纳姆任总理。1970 年 2 月 23 日圭亚那合作共和国建立，此后一直由人民全国大会党执政。

1992 年 10 月，人民进步党在选举中击败执政长达 28 年的人民全国大会党，又登上了圭亚那政治舞台，成为除古巴共产党外加勒比海地区唯一执政的左翼政党。该党适应国际形势和本国国情，调整了政治主张，宣布建立一个独立、民主、平等和公正的社会。

推行宪法改革，实行党政分离；反对贪污腐败，重视廉政建设；反对种族主义，主张黑人、印度人、印第安人平等；进行经济改革，主张发展国有、集体、私有三位一体的混合经济。圭亚那人民进步党执政以后，取得了巨大成绩。经济连续四年保持高速增长，1993年为8.3%，1994年为8.5%，1995年为5.1%，1996年为6.6%，通货膨胀率从1992年的100%降到了1996年的8%，国家财政状况有了改善，对外贸易大大发展，贫困问题得到了缓解。在对外政策上，调整了与美国的关系，主张与世界一切爱好和平的国家发展友好关系，积极参加加勒比海地区一体化建设。

战后，法国执行不允许加勒比海法属殖民地独立的政策，其办法是使它们与法国发生密切联系。1946年，法国宣布加勒比海法属殖民地为法兰西共和国的一部分，是其海外行政区。这些岛上的居民是法国公民，可以自由迁往法国本土居住。在这些岛屿上，种植园主幸存下来，并控制了当地大部分商业。这些岛屿的工业增长很慢，农业产量与人口增长不相称，失业率极高。法国为巩固对这些岛屿的占有，实行高福利政策，向当地人提供上学、就医及住房等福利。20世纪80年代，马提尼克的人均社会支出比巴黎高两倍，法国采取的福利政策是这些国家和地区没有独立的主要原因。

荷兰则采取了不同的手法。20世纪40年代企图恢复在印尼的殖民统治失败后，荷兰为减轻负担，决定让荷属加勒比海和南美洲的一些殖民地独立。1954年政府进行了安排，让这些殖民地自动成为荷兰的伙伴，作为国家独立的第一步。1975年荷属苏里南独立。对其他殖民地，荷兰采取与法国类似的手段，使当地人民也自动成为荷兰公民，有权迁往荷兰本土及享受社会福利。于是，这些地区五分之一的人口向荷兰移民。如果独立，将减少他们移民的机会及荷兰的援助，所以直至90年代，这些岛屿中的大部分人仍不愿独立。

波多黎各的情况也是如此，在20世纪末，当地人不仅不想独立，还想成为美国的一个州。1917年，当地人就取得了美国公民权。由于波多黎各政府未能振兴当地经济，成千上万波多黎各人移民美国。因为具有美国公民身份，他们在美享有一些社会福利。

加勒比海地区独立最早的国家是海地，其于1804年独立，战后多届政府实行亲美政策。1957年，由黑人弗朗索瓦·杜瓦利埃博士担任总统，实行独裁统治。1971年杜瓦利埃死后，其子克洛德继任总统，并继续其父的反动政策。到1986年，克洛德被人民起义推翻，但政权落到军队手里，克洛德流亡国外。美国企图以人权为借口，干预海地政治，但未成功。1990年12月，海地进行大选，牧师阿里斯蒂德当选总统。1991年9月，军方发动政变，迫使阿里斯蒂德下台。然而，美国却采取措施恢复了阿里斯蒂德的权力。最初，布什总统企图通过美洲国家组织的调解来达到目的。克林顿上台后，继续布什的政策。虽然美洲国家组织通过了关于石油禁运的决议，并一度迫使军政府同意恢复阿里斯蒂德的权力，但由于军队将领和权贵的反对未能如期实施。1994年，克林顿总统不顾国会反对，派遣军队侵入海地，迫使海地军方领导人出走，在海地恢复了民选政权。海地经济文化的发展都十分落后，是西半球最贫穷的国家之一。

海地的邻国是多米尼加共和国。1930年至1961年，多米尼加共和国由拉斐尔·莱昂尼达斯·特鲁希略·莫利纳进行独裁统治。1962年底，胡安·博什当选总统，在人民反美斗争的推动下，颁布新宪法，采取了一些进步措施，但1963年被美国策动的军事政变推翻。1966年亲美的华金·巴拉格尔出任总统，此后执行亲美政策。20世纪90年代多米尼加共和国政局稳定、经济发展，但迄今仍是西半球最贫穷的国家之一。

美国把拉丁美洲视为自己的后院，在1904年赋予《门罗宣言》新定义，即文明国家可以干预论，以确立美国在该地区国际警察的地位。第二次世界大战后，美国对拉丁美洲的政策完全与冷战相联系：支持一切反动政权，以便反对共产主义的“扩张”，反对苏联影响扩大。

到20世纪80年代，美国不仅从政治上、经济上插手加勒比海各国事务，还直接派军队进行干预，例如，1983年10月派海军侵入小岛国格林纳达。该岛是一个仅有9.5万人口的小国，是英联邦成员之一。格林纳达当时在新宝石运动党的领导下进行革命。反动军事当局对新宝石党进行镇压，杀死其领袖，引起了人民的反对。美国为了维护其在格林纳达的利益，派出重兵前往，镇压了人民的革命运动。

巴哈马群岛位于古巴以北，在大西洋当中而不在加勒比海，于1973年7月10日宣布独立，是英联邦成员。该国人口很少，1990年有25.4万人，主要靠旅游业为生，人均收入较高，1989年为11 300美元，1995年为12 720美元，是该地区收入最高的国家。但是巴哈马财富分配不均，贫富悬殊。1990年，议会49人中百万富翁就有25人。

巴哈马群岛是原英属西印度群岛的一部分。英属西印度群岛处于分裂状态，其社会构成十分复杂，有白人殖民者、非洲奴隶，还有印度移民。这些岛上有15个殖民地，政治制度各不相同。巴巴多斯以总督执行委员会进行统治；牙买加实行选举制，由议会政府统治；而特立尼达和其他岛实行由本地人协商统治的制度。

第二次世界大战前夕，西印度群岛人民争取独立的斗争给了英国沉重打击，使英国认识到殖民地独立的时候快到了。第二次世界大战期间，西印度群岛人民积极参加反德反法西斯的斗争，一万人参加了英国军队，在陆军、海军和空军各兵种中进行战斗。他们中的黑人士兵是首批到达英国的，比美国黑人士兵还要早。

战后，英国承认西印度群岛作为自治领。西印度群岛仅300万人口，但各岛之间基本没有往来，几乎没有贸易。20世纪50年代，各岛要求独立。英国借此机会在1958年让它们组成了西印度群岛联邦。但由于几乎没有共同点，联邦迅速解体，各岛先后独立。牙买加和特立尼达于1962年独立；圭亚那和巴巴多斯于1966年独立；1967年，其余小岛组成“自由自愿协会”，但仍自治。1973年，由于英国加入欧共体，与加勒比海地区关系疏远，绝大多数独立的西印度群岛国家就加入了加勒比共同市场。该地区主要出口糖和香蕉至欧洲，十分贫穷。在20世纪80年代，经济虽有增长，但贫富不均，大部分人民生活仍十分困难。到20世纪90年代，各国都调整了政策，放弃了以前采取的各种各样的计划经济措施，采取自由市场机制，经济发展较快。

推荐阅读书目

畅征，陈峰君．第三世界的变革．北京：中国人民大学出版社，1997．

李春辉．拉丁美洲史稿．北京：商务印书馆，1983．

徐天新，梁志明．世界通史：当代卷．北京：人民出版社，1997．

费尔南多·迪耶哥·加尔西亚，奥斯卡·索拉．切·格瓦拉．徐季琼，李志华，译．北京：北京出版社，1998．

伊·莫·马依斯基．西班牙史纲．北京编译社，译．北京：三联书店，1983．

Benjamin Keen. A History of Latin America，Vol. 2. 4th ed. Boston：Houghton Miffilin，1991.

Meyer C. Meyer，William L. Sherman. The Course of Mexican History. New York：Oxford University Press，1991.

Ralph Lee Woodward. Central America，A Nation Divided. New York：Oxford University Press，1999.

Thomas E. Skidmore，Peter H. Smith，James Naylor Green. Modern Latin America. 7th ed. New York：Oxford University Press，2010.

第八章 战后非洲

第一节 战后非洲概况

一、战后非洲民族解放运动的高涨

战后，非洲民族解放运动热情高涨，诞生了许多新的独立国家。非洲的民族独立解放运动给殖民主义和帝国主义以极大打击，极大地改变了世界力量对比，发展和壮大了第三世界的力量。为捍卫自己的利益，非洲国家还于 1963 年组成了名为“非洲统一组织”的地区性组织，其宗旨是促进和完成非洲的独立和解放，摆脱欧洲殖民统治的枷锁，保卫黑人的利益；调解非洲各国之间产生的分歧；各国互不干涉主权和内政。非洲统一组织为非洲的发展做出了巨大贡献。

二、战后非洲发展存在的问题

战后，非洲存在着由欧洲殖民者遗留下来的严重问题，这些问题影响了非洲的团结、进步与发展，其中最大的问题是国界问题。非洲各国的疆界是欧洲殖民者强行划分的，不同国家的殖民者实行不同的统治，使非洲各国在制度、宗教和意识形态上各不相同，殖民者借此挑起民族纠纷，使非洲充满了部落、部族及地区性斗争，内战不断。

战后非洲发展存在的第二个问题是由于非洲各国独立时政治、经济和社会发展程度不同，其领导人对独立国家的设想不同，独立进程不同，独立后社会发展的模式不同，政治制度也不同。有的白人殖民者已在非洲生活数代之久，荷兰、英国和印度移民还在南非等国建立了现代化社会。战后殖民者后代有许多出生在非洲，他们认为非洲是他们的故乡。

在南非和比属刚果（今刚果民主共和国），白人占有绝大部分土地与财富。如果这些国家黑人独立、掌握政权，就意味着白人不仅将失去政权，而且将失去政治、经济和社会特权。因此他们顽强地反对独立，给非洲社会进步带来巨大困难。第二次世界大战后，白人大量移民非洲，使非洲白人人口迅速增加，如南罗德西亚白人人口从5.54万增加到16万，北罗德西亚从9 900人增加到5万人；在肯尼亚，白人人口从1.8万增加到4.2万；在葡属安哥拉，白人人口从3万增加到8万；在莫桑比克，白人人口从1万增加到7.7万。白人人口的增加，使非洲问题更难解决。有大量白人定居的国家，独立更为困难。赞比亚1964年独立；莫桑比克1975年独立；安哥拉、津巴布韦、纳米比亚分别于1975年、1980年和1989年独立。南非黑人直至1992年才参加政府管理。

在经济上，殖民者控制非洲经济，非洲各国独立后，仍然依靠“出口贸易”，即出口矿产，特别是黄金，以及农产品，比如烟草、盐、香料和棉花等。尽管非洲有大量劳动力，但除南非外，各国并没有发展起重要的工业。欧洲人垄断了贸易，对非洲的投资主要集中在矿业和种植业。这些行业只要求大批没有技术的劳工，殖民者强迫工人劳动，给的工资很低。20世纪非洲经济极其落后，这也是为什么战后非洲掀起了独立高潮，但经济上却未取得显著成就的原因之一。

到20世纪90年代，非洲的制造业开始发展，但主要出口初级产品，而且被限制在一两种产品上。非洲国家的经济完全依靠世界市场，如中非共和国出口钻石和咖啡，多哥出口磷酸盐和可可等。非洲粮食生产增长的速度赶不上人口增长，例如在80年代和90年代，埃塞俄比亚由于人口过多而遭受可怕的饥荒。欧洲殖民者是造成非洲灾难的祸首。

第二节　西非的民族独立

一、西非独立运动的特点

西非主要是法国和英国的殖民地。法国在非洲建立了高度中央集权和独裁的殖民统治，殖民政府名义上以非洲人为行政首脑，但实际上由法国派去的专员和总督进行统治。法国对当地人实行同化政策，企图通过奴化教育给予当地人法国公民的称号，使他们享有法国公民所享有的大部分权利和义务，从而达到消灭非洲人民独立愿望的目的。1944年1月，在著名的“布拉柴维尔会议”上，自由法国领导人和法国非洲殖民地总督讨论了战后非洲殖民地问题。在会上，戴高乐发表了讲话，表示将来可以允许殖民地独立。但是他所谓的将来，是指非常遥远的未来，会上只讨论非洲殖民地与法国结成联邦的问题。

1946年10月13日通过的《法兰西第四共和国宪法》更规定，非洲殖民地是“完整的不可分割的法兰西共和国”的“海外领地”，不是作为国家而是作为法国的组成部分加入法兰西联邦的。但是法国根本阻止不住战后非洲法属殖民地的民族独立运动。1946年，象牙海岸创立了“非洲民主党”，反对殖民者的剥削，要求独立，他们的斗争得到人民的广泛支持。20世纪50年代中期，阿尔及利亚和喀麦隆展开了武装斗争，争取独立。于是法国改变手法，在巴黎国民议会中增加非洲殖民地代表，并为西非殖民地建立了一个“大联邦委员会”，由各殖民地行政首脑组成，总督改名为专员。但西非各国人民仍然为独立而斗争。

1958年5月，戴高乐重返政坛，此时阿尔及利亚争取独立的斗争正处在关键时刻。在日益高涨的非洲独立运动面前，戴高乐被迫制订了《法兰西第五共和国宪法》，设计了一个“法兰西共同体”代替“法兰西联邦”。

1958年11月，由于需要法国的经济援助，除几内亚外，其余西非法国殖民地都投票赞成参加共同体。但从1959年至1960年，各殖民地就要求完全的独立。面对各国斗争，法国不得不接受其要求，在西非的殖民政策也完全失败。1960年，法国在西非和赤道非洲的殖民地先后获得独立。

西非各国独立后，和非洲其余大多数国家一样，宣称走非洲社会主义道路，政治上实行一党制，经济上学习苏联式计划经济体制。多年来的实践证明，这种模式并不适合非洲的国情，阻碍了西非经济的发展。

苏联解体后，西方成为支配非洲的力量。由于经济发展的需要，绝大多数非洲国家不得不改变政策。它们都有大量外债，为了得到西方和世界银行及国际货币基金组织的援助，不得不按西方要求重组社会经济结构。于是出现了多党政治、文官政府，并推行市场经济政策。例如，贝宁政府于1990年率先实行多党制，于1991年进行了非洲历史上第一次总统选举。20世纪90年代以来非洲政治局势总体相对平稳，但局部地区仍有动乱、冲突，这主要是部族冲突、党派争斗、边界纠纷、宗教矛盾等不稳定因素造成的。

1996年以来，西非的科摩罗、尼日尔、几内亚、塞拉利昂等相继发生政变与未遂的兵变。20世纪90年代实行市场经济以后，西非经济形势总体继续好转，1996年已进入持续增长的第三个年头。但发展不平衡，面临许多困难与挑战，局部地区的冲突仍影响着经济的发展。多党政治体制及市场经济如何发展，仍是人们关注的问题。

英国殖民地的独立与法国殖民地的独立完全不同，面对非洲人民争取民族独立解放的斗争，英国推行不同于法国的殖民政策，对西非采取直接统治与间接统治相结合的措施，英国殖民者与本地酋长、统治者订立协议，迫使他们接受英国的宗主权。在英国的监督下，由这些酋长和统治者进行统治。这种统治方式是由当地的特殊情况所决定的。如，尼日利亚北部有一千多万人口，他们不可能由少数欧洲殖民者进行统治，所以由信仰伊斯兰教的富拉尼人酋长继续进行统治，但一切由英国加以控制。

在赤道非洲，英国实行间接统治，不仅使当地人民受到殖民者的残酷剥削与压迫，而且意味着非洲最落后的统治方式，如奴隶制等，都被保留下来。但间接统治只存在于非洲最不发达的地区。

在海岸殖民地，英国实行直接统治。白人殖民者宣称他们生而有权统治这些地区，南罗德西亚、肯尼亚和南非等地人民受到的残酷剥削与压迫最为突出。

第二次世界大战后，英、法政府仍然相信非洲人民没有能力独立，顶多只能自治。他们做梦也未曾想到战后仅10年，非洲国家就开始赢得独立。

二、加纳的民族解放运动

英属西非殖民地争取独立的斗争，最先是从黄金海岸开始的。黄金海岸是英国在非洲最发达、最繁荣的殖民地。战后，黄金海岸率先要求独立。1947年，一位名叫丹凯的著名律师组织了一个温和的政党——“黄金海岸统一大会”。年轻的克瓦米·恩克鲁玛被任命为总书记。英国对黄金海岸的民族解放运动进行了镇压，1948年2月，英国警察对示威群众开枪，打死29人，其中包括两名政府官员。但镇压并未吓倒黄金海岸人民，他们继续进行斗争，这就使英国被迫邀请丹凯及黄金海岸统一大会的一些领导人参与制定宪法，并在宪法中允许非洲上层人士参与议会政府。英国这种分化瓦解的政策，使黄金海岸统一大会分裂，一些成员参加了议会政府。恩克鲁玛反对黄金海岸统一大会上层人士对英国殖民统治的妥协，辞去总书记一职以示抗议。1949年6月，他组织了“人民大会党”，反对英国殖民统治，鼓吹自治。但英国政府还是强迫黄金海岸统一大会在1951年通过了一部迎合英国殖民统治需要的宪法。

恩克鲁玛

恩克鲁玛坚决反对1951年宪法，他认为这是把非洲出卖给英国。他受到列宁著作反帝思想的影响，相信非洲人民的力量一定会赢得独立。他提倡泛非主义，认为非洲是非洲人的非洲。政府因此对他加以迫害，这就迫使他采取更为激进的行动反对政府。他组织了总罢工和示威游行。这样，英国总督逮捕了他和人民大会党其他领导人。这一做法非但没有制服恩克鲁玛，反而成全了他，使他成为黄金海岸的民族英雄，使人民大会党在1951年的选举中赢得了几乎所有立法议会的选票。

由于人民大会党的胜利，英国被迫释放恩克鲁玛，并任命他和人民大会党的其他领袖担任政府部长。1951年至1957年，恩克鲁玛担任首席部长，但实权仍掌握在英国总督手里。恩克鲁玛继续领导人民为争取完全独立而斗争。1954年举行了另一次选举，恩克鲁玛领导人民制定了新宪法，规定立法议会的议员全部由直接选出的非洲人组成，政府成员全部由非洲人担任，这是独立的最后一步。英国被迫同意，颁布了这部宪法。

在1956年的大选中，恩克鲁玛领导的人民大会党再次以多数选票获胜。9月，英国被迫同意黄金海岸取得自治领的地位。1957年3月5日，黄金海岸改名为加纳，正式宣布在英联邦内独立，以红绿黄三色旗代替了英国米字旗。由于英帝国统治时期遗留下的大量问题以及恩克鲁玛政策的失误，独立后的加纳面临巨大的政治经济问题。

恩克鲁玛把丹凯及其他人关押起来，大搞专制统治，因而失去民心。在经济上，他搞国有化。但由于世界可可价格下跌，依赖可可出口的加纳经济遭受巨大打击。从1954年至1957年，可可价格下降了几乎一半，1957年至1965年又下降了几乎一半。因此，1966年恩克鲁玛出国访问时，国内发生政变，结束了其统治，他本人后来也死在国外。此后加纳就由军方和文官政府交替统治。军队的主要军官都在西方受过训练，他们在非洲的力量远比政治家们强大。而非洲的政党往往又缺乏群众基础，容易被推翻。当世界农产品和矿产品价格下跌、非洲经济受影响时，军方就借机指责政府领导人，由于这些政府领导人中的大多数都很腐败，所以常常被推翻。

1966年至1979年，加纳发生了四次军事政变。1979年5月，空军上尉杰利·罗林斯领导发动政变。政变初期，他保证要肃清腐败，并把政权交还文官政府，然而却依靠镇压与屠杀进行统治。直到20世纪90年代，整个国际环境发生变化后，加纳情况才发生变化。1991年，罗林斯与反对派共同决定起草一部新宪法，解除党禁，并在1992年进行了总统选举。加纳的战后历史充分证明，帝国主义的入侵给非洲带来了深重灾难。非洲各国虽然独立，但殖民者遗留下许多问题，使非洲进步极其迟缓。

三、尼日利亚

尼日利亚是非洲人口最多的国家，紧接加纳之后，于1960年独立，实行联邦制。除非洲国家独立后普遍存在的问题之外，尼日利亚面临的最大问题是英国殖民者留下的与邻国的领土争端问题。在信仰伊斯兰教的北部地区，少数民族豪萨人由酋长进行直接统治。西部居住着约鲁巴人，东部居住着伊博人。在英国挑动下，民族矛盾十分尖锐。

阿兹克维博士是尼日利亚早期反殖民主义斗争中的著名领导人。1937年他就开始办报，反对英国统治，号召人民革命。在伊博人支持下，他组织了“尼日利亚与喀麦隆民族委员会”。西部的约鲁巴人支持酋长阿沃娄沃。而穆斯林占支配地位的北部在巴勒瓦领导下建立了“北部人民大会”。

1960年尼日利亚独立，由东北部联盟伊博人与豪萨人联合掌权。由于种族冲突，尼日利亚独立后问题丛生。伊博人与豪萨人除独立之外，根本没有共同点。阿兹克维担任国家元首，巴勒瓦任总理，而阿沃娄沃却处于反对派地位，1962年被关进监狱。尼日利亚三个民族的紧张关系导致了动乱。

1966年2月伊博族军官发动兵变，杀死包括巴勒瓦在内的许多政治领导人。艾恩斯少将控制了政局，废除了三个民族的联邦制，统一了尼日利亚。但他把南方大批伊博人派去管理北部铁路和银行、建立企业、发展贸易的政策，引起了北部豪萨人的疑虑、恐惧与愤怒。

1966年7月，豪萨族军官发动兵变，大量屠杀伊博族军官，艾恩斯将军也遇害。北部豪萨人杀死了几千伊博人，于是住在东部的豪萨人成了伊博人报复的对象，遭到杀戮和驱逐，北部200万伊博难民惊慌失措地逃向东部。尼日利亚陷入无政府状态。在这种情况下，东部伊博地区于1967年5月30日宣布独立，成立名为“比夫拉”的新国家。7月，内战开始。面对人数众多的联邦军队，比夫拉军队最后投降，内战停止。此后的1975年、1976年发生了两次军事政变，1979年尼日利亚出现文官政府，但到1983年又发生军事政变。在国际大环境影响下，1990年和1991年尼日利亚全国各地都进行了选举，但1993年军事当局又掌握了政权，由国防部长萨尼·阿巴查将军任国家元首。

阿巴查政府一方面努力稳定社会政治形势，恢复濒于崩溃的国民经济；另一方面继续推进向文官政府过渡的进程，承诺于1998年10月1日向民选文官政府交权。尼日利亚向文官政府过渡的进程充满困难，独立三十多年以来，文官政府仅存三届，执政时间加起来不过10年，而且最终总是为军人政府所取代。文官政权始终不能长久的一个根本原因是它没有能力解决尼日利亚复杂而深刻的部族和地区矛盾。

尼日利亚有三个大民族，但被分为大小二百五十多个部族。人们的部族意识强烈，各地区经济文化发展水平差异很大，部族和地区之间的利益纠纷往往使国家整体利益受到损害。在这种形势下，军人和强权不可避免地成为维护国家稳定和统一的唯一有效手段，因此阿巴查政府受到人民欢迎。20世纪末，阿巴查政府独立自主地探索改革道路，政治平稳，经济逐年增长，并且努力在国际上发挥地区大国的作用。

四、利比里亚

非洲的冲突和动乱是殖民主义和帝国主义引起的，这在利比里亚表现得很突出。在历史上，美国政府把大批黑人运到利比里亚定居，这引起了他们与当地黑人的冲突，并一直延续至现在。

第二次世界大战后，利比里亚总统威廉·杜伯曼一直统治到1971年，他是一位保守的、亲西方的总统。1971年至1980年原副总统托伯特任总统，在任期内进行了温和的改革，但国内十分腐败，经济问题丛生。利比里亚在20世纪70年代出现了反对党，政局混乱，导致了1980年的军事政变。这次政变由军士长塞缪尔·多伊领导，政变后由新一代士兵掌权，他们没收了原来腐败的政坛领导人的财产，提高了工人工资。

利比里亚经济十分落后，20世纪40年代主要靠种植橡胶，50年代后主要靠出口铁矿。铁矿和橡胶共占出口物资的90%。利比里亚的工业比重较小，主要依靠世界市场的需求，是典型的第三世界经济。名义上，利比里亚拥有世界上最大的商船队，但是这些船并不属于利比里亚。这是因为利比里亚的规章制度不完善，注册费低，所以许多外国公司的船只就到此注册。1989年，利比里亚由于种族冲突而陷入内战，多伊总统于1990年夏天被一支起义部队抓获并被处以死刑。1990年，西非维和部队开入利比里亚。在西非维和部队的努力下，冲突双方同意暂时停火。然而，1993年初又爆发内战。1993年底，由于非洲各国的调解，内战结束。但1994年起又陷入内战。1995年8月，各派达成和平协议，1996年7月重申要执行和平协议。1996年8月17日，前参议员鲁斯·佩里被任命为全国过渡政府国务委员会主席（即总理），交战双方在西非维和部队的监督下，议定于1997年举行大选。1997年1月底，交战双方才解除武装。5月30日举行了大选，6月15日组成全国拥护的新政府并开始工作。利比里亚开始了振兴经济的新阶段。

第三节　中非和东非的民族解放运动

一、刚果民主共和国

比利时在非洲的殖民统治及侵略手法与英、法在形式上略有不同，它直接在其首都布鲁塞尔对刚果进行统治。为了更进一步剥削刚果，比利时议会于1949年通过了一个十年计划，发展刚果的社会经济。刚果的文化教育事业极其落后，通过这一计划的实施，初等教育有了很大发展，使刚果成为非洲黑人国家中教育程度最高的国度。但是刚果没有大学，也没有出国留学生，直到1956年，才有第一个刚果大学生在比利时的大学毕业。20世纪50年代，在刚果警察和军队中，没有一个黑人军官。1951年前，刚果没有选举机构和立法机构，而由比利时人直接统治。

到20世纪50年代末，刚果人民争取独立的运动迅速发展，出现了卡萨武布领导的阿巴科（刚果人协会）、冲伯领导的巴卢巴卡特克党、卢蒙巴领导的刚果民族党和吉曾加领导的非洲团结党四个政治派别，分别代表不同部族与地区的利益。由于刚果人民的斗争，比利时殖民者被迫同意刚果政府中应有一定数量的刚果人代表。

1954年，比利时殖民者在刚果进行市政选举，但规定只有黑人男子有选举权。这遭到刚果人民的反对，并引起利奥波德维尔等地人民的起义，加快了刚果民族独立的步伐。在人民起义斗争的冲击下，比利时政府被迫同意刚果独立，但为了保护其在刚果的经济利益，提出了独立后刚果军队应由比利时军官控制。

知识链接

刚果陷入“黑暗之心”

到1960年，英国和法国这两个在非洲有大量殖民地的国家，都已谨慎地制定了向独立的非洲各国政府移交权力的计划。

然而作为地域辽阔、矿产丰富、人口稀少的刚果的宗主国比利时，却并不打算让它的殖民地独立。在这个国家的政府机构高层职位或军队的军官中几乎看不到黑人。

面对帕特利斯·卢蒙巴领导的刚果民族主义运动的强大压力，比利时被迫于1960年6月30日宣布刚果独立。

——特里·布劳斯. 20世纪看得见的历史. 周光尚，望震，薄景山，译. 北京：中国社会科学出版社，2006：286-287.

在1960年的选举中，不同政见的党派组成了联合政府，由卡萨武布担任总统，卢蒙巴担任总理。新政府把1960年6月30日定为独立节。刚果人民行动起来驱逐比利时殖民者，士兵杀死军官，赶走白人。这时冲伯宣布加丹加省独立，引起了刚果的分裂。当时刚果政府手中没有可靠的部队，只有比利时军官指挥的军队，因此卢蒙巴总理向联合国请求帮助。联合国宣布加丹加独立一事与联合国无关，但愿意出兵帮助恢复法律与秩序。7月，联合国维和部队到达刚果，比利时军队撤离，但联合国维和部队主要来自欧洲、罗德西亚和南非，到达后，不仅不帮助卢蒙巴政府统一刚果，相反却支持加丹加省独立，维护欧洲人在刚果的经济利益，保护欧洲人的矿山。

于是卢蒙巴转而寻求苏联帮助，请求苏联装备刚果黑人军队，以粉碎加丹加省的独立活动。8月，克塞省也宣告独立。加丹加省和克塞省是刚果最富矿产的省，如果没有这两个省，刚果将变成非洲最穷的国家。因此，卢蒙巴再次向苏联寻求帮助。苏联认为这是扩大其在非洲影响力的好机会，于是给予卢蒙巴极大支持。卢蒙巴很快收复克塞省。

这时总统卡萨武布和军队总参谋长蒙博托决心摆脱激进的卢蒙巴，寻求西方援助，先把卢蒙巴免职，然后加以逮捕。12月，支持卢蒙巴的人起义并建立了革命政府。于是蒙博托计划杀害卢蒙巴，1961年1月，他把卢蒙巴押送到加丹加省，然后借口卢蒙巴企图逃跑而把他杀害。

1961年，刚果仍然处于混乱之中，冲伯在比利时人的支持下，坚持在加丹加省闹独立。联合国秘书长达格·哈马舍尔德专程前往刚果慰问联合国维和部队，但于1961年9月死于空难。此时蒙博托已经掌握刚果大权并寻求美国支持，于是美国借联合国秘书长之死，操纵联合国反对冲伯集团。1963年，加丹加省被联合国维和部队攻占，冲伯离开了加丹加，但1964年又回到刚果，并担任统一后的刚果总理。1965年10月，蒙博托发动政变，控制了全国，把利奥波德维尔改名为“金沙萨”，把刚果改名为“扎伊尔”。

蒙博托上台后，在西方援助下镇压国内人民革命运动，消灭政治对手，实行独裁统治。他当政以后，国内经济每况愈下，人民生活日益困苦，腐败现象极为严重。据报道，他拥有个人资产50亿美元。

冷战时期，以美国为首的西方国家为了阻挡苏联在非洲的影响扩大，竭力扶持蒙博托政权，使之得以统治扎伊尔三十多年。冷战结束后，美国要求扎伊尔实行美式民主，蒙博托被迫实行“民主化”。

1990年，扎伊尔实行多党制，全国出现了四百多个政党。但蒙博托仍认为自己高于一切党派，是最高仲裁者与统治者，他无情地镇压反对派的活动。同时由于他未能处理好国内各部族之间的关系，以及本国与周边国家的关系，扎伊尔出现了统治危机。1996年10月，扎伊尔人民在卡比拉组织的“解放刚果-扎伊尔民主同盟”领导下，揭竿而起，进行反对政府的武装斗争。仅仅七个月，反政府武装部队就攻下了金沙萨。1997年5月17日，卡比拉宣布将扎伊尔改称“刚果民主共和国”，并自任总统。蒙博托于17日离开家乡前往摩洛哥，开始流亡生活，不久客死他乡。

二、乌干达

战后乌干达充满了苦难，这个曾经富饶的国家面临艰难的独立之路，独立后因冲突不断，遭受了几十年的破坏。1946年，乌干达民族解放运动出现高潮，人民成立了巴达卡党，领导民族解放运动。1952年3月又成立了乌干达国民大会党。20世纪50年代中期，国民大会党发生分裂，1960年3月以米尔顿·奥博特为首的激进派成立了乌干达人民大会党，得到了人民的广泛支持。经过乌干达人民的长期斗争，英国被迫同意乌干达于1962年3月1日实行“内部自治”，同年10月9日，在英联邦内实现了完全独立。1962年10月，乌干达独立，奥博特任总理，但英国玩弄权术，由卡巴卡人酋长统治乌干达。

卡巴卡人按他们的封建传统与习惯统治乌干达，导致了与乌干达其他民族的矛盾。为了结束内部动乱，奥博特总理依靠军队进行统治，引发了1966年乌干达布干达族人的大起义。虽然这次起义被镇压下去，但整个国家却遭到破坏。1971年，乌干达总参谋长阿明控制了政权。阿明是一位伊斯兰教徒，在利比亚总统卡扎菲支持下，在国内实行恐怖统治。在他统治时期，全国有30万人“失踪”，被他杀害的人包括内阁部长和安立甘教大主教。1979年，乌干达军队在入侵坦桑尼亚解决边界争端时被打败，阿明政府被推翻，阿明流亡利比亚，由奥博特担任总理。此后，乌干达陷入内战。1986年，由约韦里·卡古塔·穆塞韦尼领导的“全国抵抗军”占领首都坎帕拉，开始重建乌干达。穆塞韦尼担任总理后，进行了私有化和市场化改革。尽管1992年乌干达国民经济由于咖啡价格下跌而受到沉重打击，但到20世纪末，经济改革已初见成效，同时，国有企业私有化改革的进程和力度也不断加大。

三、中非共和国

中非共和国原名中非帝国，1958年成为法兰西共同体内自治的共和国，1960年8月13日独立。吉恩·拜德·博卡萨上校于1965年12月发动政变，夺取政权。1977年12月4日，博卡萨废弃共和再行帝制，自任皇帝，实行亲法政策，称戴高乐为“义父”。他执行反动统治，生活腐败、性情凶残，1979年下台，流亡象牙海岸。

博卡萨被推翻后，帝制被废除，恢复了共和制。1981年9月1日，武装部队参谋长安德烈·科林巴宣布军队接管政权。1985年9月21日，科林巴自任总统。1986年11月21日，科林巴被选为共和国总统。1987年2月，科林巴建立“中非民主联盟”单一政党，7月，中非进行立法选举，恢复了中断22年的议会制度。

四、卢旺达和布隆迪

卢旺达于1962年7月7日独立，布隆迪于1962年7月1日独立。这两个小国在比利时统治时期曾组成一个单独的地区，即卢安达-乌隆迪，成为事实上比利时的第五个省。战后，卢安达与乌隆迪民族解放运动兴起并先后获得独立，分别改名为卢旺达和布隆迪。由于比利时在其统治时期挑动矛盾，这两个国家的民族矛盾十分尖锐。它们都由少数民族图西人统治着胡图人，1959年，两国都开始了部族战争。1963年，卢旺达国内开始屠杀图西人；而在布隆迪，1972年胡图人爆发起义，失败后至少有10万胡图人被杀害，1988年又有数千人被杀害。

冷战结束后，卢旺达与布隆迪都出现了文官政府，局势日趋好转。1994年4月6日晚，卢旺达总统哈比亚利马纳与布隆迪总统恩塔里亚米拉在卢旺达首都基加利同机罹难。这一事件立即激化了卢旺达胡图人与图西人的武装冲突，以胡图人为主的政府军立即向图西人反对党人士大开杀戒，卢旺达全国爆发了一场持续数月的部族大屠杀，约50万人惨遭杀戮。多年来一直流落异乡的图西人武装“爱国阵线”借机自北部兵分三路南下，攻克基加利，建立了新政府，而二百多万胡图人难民随即潮水般涌向邻国。卢旺达新政府一直强调政治上奉行民族和睦政策，但收效不大。布隆迪国内民族矛盾在20世纪90年代十分尖锐，1996年7月25日，发生军事政变，图西人皮埃尔·布约亚出任总统，接替原总统西尔韦斯特·恩蒂班通加尼亚。

五、坦桑尼亚

坦桑尼亚由坦噶尼喀与桑给巴尔两个共和国在1964年4月26日合并而成，它们原来都是英国殖民地。战后，坦噶尼喀人开展了争取民族独立的斗争，迫使英国同意在1960年举行全国选举，给坦噶尼喀以有限自治。大选中，朱利叶斯·尼雷尔领导的坦噶尼喀非洲民族联盟得到全部选票，成立了自治政府，于1961年12月宣布独立。邻近小岛桑给巴尔由封建统治者苏丹管理，统治阶级是阿拉伯人与非洲人的混血。桑给巴尔于1963年12月10日独立，一个月后，人民起义推翻了苏丹的统治，建立了桑给巴尔共和国，1964年4月与坦噶尼喀合并，称坦桑尼亚。

从1962年到1990年，尼雷尔是该国无可争议的领袖。他推行了社会主义性质的改革，在普及初等教育及扫盲等工作中取得突出成绩。他强调经济发展的重点是农业而非工业，所以坦桑尼亚经济发展十分缓慢。在尼雷尔领导下，坦桑尼亚没有严重的民族冲突、政治迫害与大屠杀，尼雷尔退休后受到人民的尊重和敬爱。

1990年，姆维亦担任总统，任期五年，开始逐步在政治、经济上实行改革开放政策。政治上放弃一党制，采取一党执政、多党参与议政的模式；经济上搞市场经济，到20世纪末经济开始增长。1996年后，坦桑尼亚在姆卡帕总统领导下实现了团结、稳定。坦桑尼亚与中国的友谊源远流长，两国长期以来进行了很好的合作。援建坦赞铁路时，66名中国专家和工程技术人员为此牺牲了宝贵的生命。冷战结束后，两国又在探索新的合作形式，开展了包括兴办合资企业在内的多种合作经营形式，取得了很大成效。

六、肯尼亚

肯尼亚的独立之路极其艰难。战后，肯尼亚人民为争取民族独立进行了英勇斗争，但却遭到英国殖民者的残酷镇压。1944年，肯尼亚人成立了肯尼亚非洲人协会，1946年改名为肯尼亚非洲人联盟，领导独立运动。从1946年起，为争取独立，肯尼亚各大城市的工人开始罢工。

肯尼亚的工人运动遭到英国殖民者的血腥镇压，例如，1947年9月被杀害的非洲人就有数十人之多。1952年爆发了武装起义"茅茅运动"，英国动用了三万多部队进行镇压，1956年打垮了起义军，并俘获了起义军司令基马提，1957年把他处以绞刑。乔莫·肯雅塔是肯尼亚最早的政治领导人，20世纪20年代就参与了非洲民族解放运动，遭到迫害后到英国读书，1947年回到肯尼亚领导肯尼亚非洲人联盟。当"茅茅运动"兴起时，英国殖民者害怕肯雅塔参加这一运动，于是在1954年把他逮捕，并判他做苦工。

肯尼亚人民争取独立的斗争给了英国殖民主义沉重打击。1960年，英国著名政治家、1961年担任首相的麦克米伦访问非洲，并在好望角发表了"变革之风"著名讲话，承认面对非洲民族解放运动，英国必须做出让步。在讲话中，麦克米伦提到肯尼亚人的权利应被给予考虑。于是，肯雅塔被释放。1960年，肯尼亚非洲民族联盟成立，肯雅塔担任主席，要求肯尼亚立即独立。

英国被迫于1963年4月颁布了《肯尼亚宪法》，决定于1963年5月进行大选，允许肯尼亚实行“内部自治”。在选举中，非洲民族联盟获胜组阁，肯雅塔担任自治政府第一任内阁总理。1963年12月12日，肯尼亚宣布独立，1964年12月宣布成立共和国，肯雅塔任总统。1963年至1978年，肯雅塔当政，实行亲西方和反对社会主义国家的政策，对内实行独裁统治，驱赶居住在肯尼亚的亚洲人。这一时期，肯尼亚政治腐败，经济恶化。

1978年肯雅塔逝世，副总统丹尼尔·莫伊继任总统。莫伊进行独裁统治，镇压所有反对派。例如，肯尼亚外交部长在1990年攻击政府腐败，即被暗杀。不过，莫伊搞市场经济，1984年后，经济年均增长率为5%，是非洲经济增长率最高的国家。1991年12月，面对国内外压力，莫伊允许修改宪法、成立反对党，向“民主”发展，但仍然拒绝按西方模式进行政治改革。他鼓吹一党执政、多党参加议政的模式。到20世纪末，肯尼亚政局平稳，经济迅速发展。

第四节 非洲之角的战争与饥饿

一、埃塞俄比亚

非洲之角指埃塞俄比亚、苏丹、乍得、索马里、吉布提、厄立特里亚和利比亚等国，这一地区大多数是沙漠与不毛之地。殖民者的统治给独立后的各国遗留了许多问题，使这一地区为饥饿所困扰，共有100多万饥民死去。20世纪90年代初，该地区仍有500万饥民。但给这一地区带来最大灾难的不是饥饿，而是部族战争。

埃塞俄比亚是非洲第一个独立的国家。在第二次世界大战中，由于意大利失败，埃塞俄比亚1941年就获得了独立，流亡的海尔·塞拉西皇帝重新恢复了皇位。塞拉西执行亲美政策，在美国援助下建立了一支装备精良的军队。在经济上，埃塞俄比亚开始了很小规模的工业化，在教育上也进行改革。上述社会经济的发展反过来动摇了塞拉西的封建统治。1973年，世界石油价格上涨，沉重打击了埃塞俄比亚经济。底格尔省发生饥荒，引起了人民起义。1974年起义转变成革命，皇家军队被击溃。1974年9月，83岁的塞拉西皇帝被罢黜，并被送进监狱。

1977年2月，门格斯图·海尔·马里亚姆控制了政权，宣布建立人民共和国。苏联抓住这一时机，扩大其在非洲的影响。由于埃塞俄比亚濒临红海，战略地位极其重要，苏联决心控制埃塞俄比亚，给门格斯图大量军火和各种援助。此时的埃塞俄比亚内忧外患。第二次世界大战时与埃塞俄比亚组成联邦的厄立特里亚省要求独立，国内爆发起义，内战不断；而在西南部则与索马里发生边境争端，引起无穷尽的战争。

1990年3月5日，门格斯图宣布放弃马克思列宁主义。但第二年由“人民革命民主阵线”领导的联军攻克首都，门格斯图逃往津巴布韦。埃塞俄比亚新政府面对国内众多问题，无力阻挡厄立特里亚省独立。该省曾受阿比西利亚人和土耳其人统治，1889年为意大利殖民地。1941年被英军占领，与埃塞俄比亚组成联邦。这是西方为拉拢埃塞俄比亚实行亲西方政策的策略。厄立特里亚人民进行了英勇斗争，掀起了民族解放运动，但遭到埃塞俄比亚镇压。1962年，塞拉西皇帝在西方支持下，宣布厄立特里亚为埃塞俄比亚的一个省。从20世纪60年代开始，在阿拉伯邻国的支持下，厄立特里亚解放运动开展了争取独立的武装斗争，这一斗争一直坚持到1991年埃塞俄比亚游击队推翻门格斯图政权。1993年，埃塞俄比亚同意厄立特里亚独立。

二、索马里

索马里原来被英国和意大利瓜分，成为它们的殖民地。战后，索马里人民要求独立和统一。索马里人信仰伊斯兰教，有共同的语言和文化。这种情况为统一打下了根基。1960年6月26日，英属索马里独立；1967年7月1日，意属索马里独立。同日，两国议会举行联席会议，宣布合并为一个国家，名为索马里共和国，定都摩加迪沙。

索马里与埃塞俄比亚为边境地区的划分问题进行了长期战争。19世纪90年代，索马里的欧加登地区由埃塞俄比亚占领，后成为意大利殖民地。第二次世界大战后，西方把欧加登地区交给了埃塞俄比亚。索马里独立后，索埃两国就为欧加登地区而战。1969年，索马里发生革命，得到苏联援助。苏联曾试图调解两国关系，但并未成功。1977年，索埃两国再次为欧加登发生战争。苏联权衡利弊，认为只能支持埃塞俄比亚，故而忍痛放弃索马里。这样美国就借机打入索马里，取代了苏联在索马里的位置。1978年，索马里军队被埃塞俄比亚打败，索马里由穆罕默德·西亚德·巴雷领导的索马里革命社会主义党统治，战争和内乱使这个贫穷的国家到了饥荒边缘。

1991年，巴雷被赶下台，各地部族、军阀开始进行内战。1993年底，第29届非洲统一首脑会议建立了“预防、处理和解决非洲国家内部冲突的安全机制”，调解了索马里内战。但国内小冲突仍然不断。1996年，总统穆罕默德·法拉赫·艾迪德因枪伤去世，由侯赛因·穆罕默德·艾迪德出任总统。索马里政局一直不稳，经济发展缓慢，人民生活贫困，这也是当地海盗猖狂的社会经济原因。

三、吉布提

吉布提在历史上曾是法国殖民地，被称为“法属索马里”。1947年，法国宪法把索马里划为海外领地之一，但当地人民坚决要求独立，并为之进行了英勇斗争。法国被迫于1975年12月31日宣布同意法属索马里独立。1977年5月8日，法属索马里举行公民投票，98%以上的选民赞成独立，6月27日正式独立，宣布成立吉布提共和国。20世纪90年代末吉布提的政治经济都有明显发展。

四、苏丹

苏丹在埃塞俄比亚西北。战后，人民为争取独立进行了英勇斗争。1952年埃及发生革命，迫使英国在北非做出让步，承认苏丹人民有自治的权利。1956年1月，苏丹正式宣布独立。英国同意苏丹独立最主要的原因是埃及宣布拥有苏丹。英国为了不让纳赛尔统治的埃及控制苏丹，才做出承认苏丹独立的决定。苏丹在政治和经济上存在许多问题，其中最严重的是南北宗教和种族问题。苏丹北部是阿拉伯人，南部是黑人，居于统治地位的阿拉伯人企图向黑人传播伊斯兰教。

1958年后，苏丹政府企图使南部伊斯兰化，强行在南部建立了古兰经学校，驱逐天主教传教士。这种做法引发了1962年内战，此后战争延续了几十年。1972年南方战争一度结束，但很快又重新爆发，此后军事政变频仍。战争使苏丹的农业经济受到巨大损失，人民流离失所、生活困难，首都喀土穆市内就有180万难民，城外还有50万难民。

为结束长期内战，1997年4月21日，苏丹政府同南方四个反政府武装派别签署了和平协议，规定将成立一个由政府官员和四个派别领导人参加的25人协调委员会，负责处理南方事务，其过渡期为四年。四年后将在南方举行全民公决，由南方居民自行选择是留在统一的苏丹内，还是分治。

五、利比亚

利比亚是非洲第一批独立的国家之一，1951年获得独立。在第二次世界大战中，英国军队征服了意大利殖民地坦利亚、的黎波里和昔兰尼加，法国占领了费赞。战后，英国首先关心的是不能让苏联染指意大利的任何殖民地。同时，利比亚人民争取独立的热情日益高涨，于是英法把上述省份合并成利比亚。

在英国支持下，最强有力的省份昔兰尼加的穆罕默德·阿德里斯酋长担任国王。英国之所以选择他为国王，是因为认为他很保守，会抵制苏联渗透，维护西方利益。阿德里斯果然满足了西方的要求，允许在的黎波里郊区修建一个北大西洋公约组织的飞机场。1961年，利比亚发现了石油并开始出口，国力日渐强盛。

然而，埃及的纳赛尔反帝革命改变了利比亚的历史。利比亚的学生和下级军官接受了反帝思想并开始复兴伊斯兰教价值观，日益反对西方，特别是反对美国的军事和商业霸权。1969年9月，29岁的军官、少校卡扎菲领导人民革命，推翻了国王阿德里斯的统治。他领导人民摆脱帝国主义的剥削压迫，却让阿拉伯人民按《古兰经》的规定生活。卡扎菲写了一本“绿皮书”，名为《第三种伟大的理论》。在这本书中，卡扎菲既反对资本主义，又反对共产主义，还反对“国家”这个概念，他认为应由本地村社管理人民，以伊斯兰教规为法律，以他为最高统治者。

在发展经济上，卡扎菲极其精明，他迫使西方支付更多美元购买利比亚石油，把石油收入用于发展工农业，创造了一个石油福利国家。卡扎菲以无限的伊斯兰革命热情卷入世界事务：他关闭了外国军事基地，赶走外国人；在20世纪70年代和80年代，干预乍得内战，支持乍得北方反对南方；他支持巴勒斯坦解放组织、北爱尔兰共和军之类的一切组织，被西方认为是国际恐怖分子的后台。因此，美国欲杀之而后快。1986年3月，美国轰炸机从英国基地出发，进行了代号为“外科手术”的空袭，轰炸卡扎菲的住所和军事目标。由于情报不准，卡扎菲外出而未被炸死。这次轰炸炸死、炸伤无数平民，引起了全世界的广泛谴责。为了报复美国飞机的袭击，卡扎菲下令4月在德国的一个夜总会袭击美国驻德军人，结果许多美国军人被打死、打伤。

20世纪90年代利比亚经济一直保持稳定增长，1995年经济增长率为3.5%。由于石油蕴藏量极其丰富，利比亚对世界石油政策的制定产生了一定的影响。20世纪末，卡扎菲仍坚持反美立场。

第五节　南部非洲

一、赞比亚、津巴布韦和马拉维

在有白人定居的南部非洲国家开展民族解放运动极其困难，该区域充满流血与战争，其中最有代表性的是南罗德西亚（津巴布韦）、尼亚萨兰（马拉维）和北罗德西亚（赞比亚）。在这些国家，种族隔离严重，黑人在各个领域都受到歧视，例如，黑人只能到黑人学校上学、到黑人医院看病和到黑人游泳池游泳等；在政治上，由于白人定下了黑人难以达到的投票资格，黑人实际上被剥夺了选举权。这三个国家是19世纪末西塞尔·罗斯为英国南非公司征服的土地，此后大量白人移往南、北罗德西亚定居。而尼亚萨兰白人极少，由英国殖民部直接管理。北罗德西亚也于1924年由英国殖民部直接管理，因为它有一个地区铜矿丰富，产量居世界第二，被称为“铜带”。由于北罗德西亚白人也较少，当地白人为巩固统治，希望与白人较多的南罗德西亚结成联邦。

20世纪50年代，在南罗德西亚，白人掌握着军队，完全控制了空军。1949年，南罗德西亚白人劝说英国政府允许南、北罗德西亚及尼亚萨兰组成联邦，英国政府从殖民利益出发予以赞成。1953年9月，联邦正式成立，习惯上称为“中非联邦”。战后，三国的黑人进行了英勇斗争，争取民族独立。在北罗德西亚，出现了由肯尼思·卡翁达领导的民族解放运动。卡翁达主张“积极的非暴力行动”，但广大人民却使用暴力进行示威游行，北部“铜带”地区还爆发了武装起义。尼亚萨兰也在哈斯丁·班达领导下，开始争取独立。

而当时英国正在肯尼亚镇压“茅茅运动”，无暇顾及这里的人民革命，于是决定妥协。由于尼亚萨兰与北罗德西亚白人很少，根本无力阻挡黑人的独立。英国曾派了一个调查团去这两个殖民地调查，结果发现绝大多数非洲人反对成立“中非联邦”。于是1963年12月，英国被迫同意解散“中非联邦”。1964年7月，尼亚萨兰独立，后改名为马拉维。同年10月，北罗德西亚独立，改名为赞比亚共和国。这样就只剩下南罗德西亚仍在殖民统治之下。

南罗德西亚白人殖民者有一支数量不多但装备精良的军队，拥有大炮、装甲车、直升机和猎犬式战斗机等。这支军队有3 500人，其中1 000名为黑人。20世纪60年代和70年代，南罗德西亚黑人独立运动热情高涨。英国原本支持南罗德西亚白人的统治，后来考虑到无法阻止黑人独立，就主张成立一个西方议会制政府，使白人与黑人达成妥协。这一方案遭到南罗德西亚白人政权的拒绝，于是英国决定通过联合国和英联邦对南罗德西亚进行经济制裁，以达到上述目的。

白人罗德西亚前线党领袖、原英国皇家空军驾驶员史密斯是一个强硬的白人殖民者，他反对黑人与白人平等。南罗德西亚白人政权为了维持种族主义统治，还决定摆脱英国对南罗德西亚的影响。1961 年，南罗德西亚白人统治集团召开了制宪会议，制定了一部要求英国放弃一切权力、推延或永久取消黑人独立的宪法，这一宪法遭到黑人的反对。

南罗德西亚黑人组成新政党——民族民主党，宣布这部由白人制定的宪法无效，于是史密斯政府下令取缔该党。黑人在恩科莫领导下重组新党——津巴布韦非洲人民联盟。1963 年，该联盟因内部分裂，不信任恩科莫的一部分人组成津巴布韦非洲民族联盟，由穆加贝任总书记。这种分裂极大地削弱了黑人争取独立的斗争力量。

1965 年，史密斯不顾英国政府的反对，单方面宣布南罗德西亚独立。英国为此与史密斯政府进行谈判，希望白人与黑人妥协，并提出五点原则，要求史密斯政府做到：第一，不阻碍非洲向大多数黑人统治的方向发展；第二，保证不在 1961 年宪法的基础上倒退；第三，立即改善黑人的政治地位；第四，朝结束种族歧视方向努力；第五，英国希望与史密斯政府达成内容能被黑人接受的提案。但这五点原则遭到史密斯的顽固反对。1968 年，他在会见英国首相威尔逊后宣布："在我的一生中，或在我儿子的一代，不会有黑人统治。"但是由于黑人的斗争，史密斯还是被迫做出一定让步。1969 年，史密斯政权的议会强加给黑人一部宪法，允许黑人较多地参加政府，并答应最终实现黑人与白人的平等。不过，最终的时间却是遥遥无期。

1971 年，史密斯政权与英国达成协议，同意按英国 1965 年提出的五点原则办事，但最关键的问题，即允许黑人进行统治的时间问题，却留给史密斯政权决定。这一协议遭到南罗德西亚黑人的反对。非洲民族联盟和非洲人民联盟决定用武装斗争来赢得自己的解放，他们在莫桑比克和赞比亚建立了游击队，由于力量太小，完不成推翻史密斯政府的任务。

1974 年，情况发生变化，葡萄牙政变，无力维持其在莫桑比克的统治。莫桑比克于 1975 年独立。而南非在联合国压力下，减少了对南罗德西亚的支持。同时，联合国对南罗德西亚的制裁也达到高潮。在这种情况下，史密斯被迫与赞比亚卡翁达总统谈判，释放了被长期关押的黑人领袖恩科莫、西托莱、穆加贝等人。

经济制裁和对南罗德西亚将来的担心，瓦解了白人殖民主义者的信心。同时黑人日益团结，共同反对史密斯政权。非洲民族联盟与非洲人民联盟消除了分歧，组成"爱国阵线"，开展游击战争。虽然南罗德西亚政府军十分强大，但却不能消灭游击队。在此情况下，史密斯被迫做出重大让步。1978 年 3 月，他与黑人中的温和派穆佐雷瓦和西托莱等人达成协议，让黑人分享政权。经过选举，穆佐雷瓦担任总理。这种做法遭到其他黑人领袖的坚决反对，游击战仍在进行。

为了遏制游击队，史密斯和穆佐雷瓦政权把居民赶进"保护村"，派军队越过赞比亚和莫桑比克边境围剿游击队。但这只是史密斯政权的垂死挣扎，形势正朝着不利于史密斯白人政权的方向发展。

撒切尔夫人上台后，决定在有利于白人的条件下让南罗德西亚独立。1979 年圣诞节前，她在英国召开了包括英联邦领导人及莫桑比克总统等人在内的会议，达成协定同意南罗德西亚独立，但规定独立后白人在议会中应保留五分之一的席位，还规定，一旦在伦敦达成协议，南罗德西亚就要停火，然后在当地进行选举。12月21日，各方经过反复磋商，在伦敦达成协议，规定一周内实行停火，给白人在议会留20个席位，并保证不剥夺白人财产。如果要剥夺白人财产，则必须给予足够的赔偿金。如果在议会内没有获得三分之二多数的支持，则不能改变宪法。

1980年1月至2月，12.2万名游击队员集中在18个地方，由英联邦观察部队监督解除武装。1980年2月，南罗德西亚在500名英国警察监督下进行了选举。穆加贝领导的津巴布韦非洲民族联盟获胜，1980年4月，南罗德西亚宣告独立，更名为津巴布韦。

独立初期，支配津巴布韦的是穆加贝。开始白人对他十分担心，因为他是最不妥协的游击队领导人。然而上台后，他采取了和缓态度，要求全国团结、和睦相处，同意坚持法制、保护私有财产。他甚至任命原先白人政权军队负责人彼特·沃尔斯将军担任新国家的总司令，还任命了白人部长，同时允许史密斯在议会领导白人组成的政党，也没有对白人殖民者进行惩罚。从一开始，他的政策就得到了大多数白人的支持，但遭到恩科莫领导的非洲人民联盟的反对，联盟在部分地区部族的支持下进行游击战争。20世纪80年代中期，这些游击队都被镇压下去，穆加贝政府继续执行1965年史密斯政府的紧急权力法。经过10年斗争后，穆加贝和恩科莫领导的两派终于团结起来，1990年，恩科莫进入政府，担任副总统。

经济问题从一开始就是穆加贝政府的棘手问题。津巴布韦依赖与南非的贸易，其主要出口物资是烟草和棉花，农业生产经常受干旱影响，政府的税收政策又阻碍了矿业发展。同时，政府的部长们财政丑闻不断，经济管理不善。但穆加贝在人民中仍享有威信，1990年，以压倒多数票再次当选总统。是年，他结束了长达25年的紧急权力法。1990年后，他奉行西方的市场经济，放弃了津巴布韦式的计划经济，这在短期内引起了许多变动。不过由于穆加贝正确处理了黑人与白人之间的关系，津巴布韦没有发生内战。此后，经济保持着高速增长，1996年经济增长率达5%。1997年3月19日，穆加贝再次当选为津巴布韦共和国总统，任期六年。

马拉维独立后，由哈斯丁·班达博士担任总统。班达是马拉维大会党领袖，在他的统治下，马拉维与英国保持着十分密切的政治经济联系。他反对制裁南非，不支持南罗德西亚黑人争取独立的斗争。在国内，他保护原白人殖民者的利益，没有重新分配土地与财产，白人仍过着特权生活。他实行严格的新闻检查制度，采取措施反对政敌，因而遭到人民的反对。

班达政府经济管理不善，其主要出口产品是茶叶、咖啡和烟草。由于莫桑比克内战造成铁路运输停顿，损害了上述商品的出口。马拉维极其贫困，人均年收入不足180美元。冷战结束后，马拉维在国际压力下开始向多党政治发展。1994年5月，举行全国总统和议会选举，联合民主阵线获胜，穆卢奇出任总统，九十多岁的原总统班达因人命案等多项指控被法庭传讯。穆卢奇政府采取措施使马拉维从多年封闭中走出来，为摆脱贫困，1997年，穆卢奇总统开始实施“减贫计划”，加强基础设施建设，创造就业机会，马拉维政治经济前景向好。

赞比亚独立后由卡翁达统治了27年，他推行“人道主义”，镇压反对派，以个人影响力克服了独立初期的部族与地区冲突，经济一度辉煌，成为非洲少数几个富裕国家之一。赞比亚外汇的90%靠出口铜。由于20世纪80年代铜价骤然下跌，加上管理体制不健全，“铜带”地区发生罢工。赞比亚由于缺乏投资与设备，铜产量减少，经济连年滑坡，人均年收入一度仅为250美元，人均债务却高达800美元，落入联合国公布的最贫困的24国之列。

1991年10月，卡翁达被迫同意多党选举。他领导的统一全国独立党被新成立的“多党民主派”击败，由奇卢巴任总统，卡翁达退休。奇卢巴出任总统以后大力实行政治和经济改革，加快向市场经济转变和企业私有化进程，降低关税和食品补贴，逐步取消外汇控制，改善投资环境。1996年经济增长达6.4%，人均收入上升到374美元；出口比1993年翻了一番，通货膨胀大幅度下降；农业产量猛增28.7%，自给有余；矿产增加12%；财政首次盈余，如期足额还债。20世纪末，赞比亚把握住非洲大陆正在兴起的时机，逐步调整外交，重视发展与邻国以及与亚洲的合作，吸引投资，改变经济结构长期单一的状况。经过上述调整，赞比亚成为国际投资者青睐的非洲国家之一。

二、南非

战后，南非黑人开始了争取独立的斗争，但是解放之路比南罗德西亚还要复杂得多。南非白人人口虽少，但并非呈黑人包围白人之势。南非白人有四百多万，大多数并非战后移民，而是生于斯、长于斯的白人。1980年，白人占南非人口的20%，力量强大，黑人争取解放的斗争艰巨。

1948年，执行种族主义政策的南非白人政党——国民党在选举中胜过比较开明的、由史末兹将军领导的联合党而执政。南非国民党政府执行种族隔离政策，种族主义者按荷兰教会改革后的教义宣称上帝支持种族隔离，因为每一个种族都应该支持纯种的发展。南非白人政权制定了二百多项隔离法。

种族隔离法的范围远远超出政治隔离，1949年和1950年通过了许多种族隔离法，禁止白人与非白人通婚和发生两性关系。同时，1949年的《人口注册法》规定白人、黑人、有色人、亚洲人必须在各自所属的种族内注册，区分人种的主要标志是外形，如发型是否卷曲、皮肤颜色如何等，每年重新分类一次。

1951年，这一法律更趋严厉，重新规定每一个非白人都要携带身份证，标明种族、工作和居住地点。黑人除非生下来就住在那里，否则不准住在白人居住的地方；只有在那里工作若干年后，才可以获准居住，城乡非法居住地将被强行拆除。

1953年通过《班图教育法》，把黑人教育与白人教育分开，黑人只能在符合其身份的学校上学。许多种族隔离法也适用于印第安人与有色人种。为了实施上述法律，南非种族主义者需要控制人口和消灭黑人。

南非政府在1950年通过《镇压共产主义条例》，使南非变成了一个法西斯式国家，反对政府的一切派别和个人都可以被戴上共产主义的帽子而被捕。根据这一法律，1957年政府取缔了有不同种族参加的工会。

上述反动政策引起了南非人民的反抗。领导黑人斗争的是1912年成立的“非洲人国民大会”。1958年，非洲人国民大会发生分裂，分裂出来的黑人另外成立了一个组织，名为“泛非主义者大会”。20世纪60年代，非洲人国民大会和泛非主义者大会发起群众斗争，反对不公正的法律，但他们的斗争遭到了南非白人政权的镇压。1960年3月21日，在一个小城市夏普维尔，大批群众在警察局门前集会，人们的行动是非暴力的，但警察却开枪打死黑人69人，打伤180人。

夏普维尔事件后，非洲人国民大会和泛非主义者大会被宣布为非法组织，成千黑人被捕，南非政府宣布实行紧急状态法。为了坚持种族主义统治，1961年南非政府宣布脱离英联邦，切断与英国的一切联系。夏普维尔惨案的后果是推动了黑人的反抗斗争，使他们成立了新的“全国行动委员会”，年轻的黑人律师纳尔逊·曼德拉成为领袖。他号召罢工，并建立了地下战斗组织“南非之剑”，破坏生产设施。

1962年8月，曼德拉被捕，1964年被判终身监禁。曼德拉在审判时以无畏的精神表达了黑人的理想，他要求在南非建立民主、自由的社会，所有成员和睦相处，享有平等权利。他宣布，如果需要，他准备为这一事业而献身。这一宣言使曼德拉成为黑人斗争的旗帜。

南非白人种族主义领袖为了改善形象，从1960年开始，取消了“种族隔离”一词，代之以“隔离发展”，进而提出“黑人家园”政策。其内容是让黑人住在保留地，这些保留地称为“家园”或“班图斯坦”。在保留地，黑人享有该地的一切政治权利。这种保留地将来可成立自治政府，宣布独立。黑人如果从这些保留地“移民”到南非其他地区，就不能享有当地的政治权利。

黑人1976年在匡斯克、1977年在波普塔斯瓦拉等地建立了几个这样的自治政府和独立“家园”，但是国际社会拒绝承认这些独立“家园”。此外还有六个这样的“家园”自治政府没有宣布独立，其中最有代表性的是克瓦祖鲁，其自治政府总理布特莱齐希望在南非内实行自治。他制定法律，让黑人在克瓦祖鲁享有政治权利。他反对非洲人国民大会，决心保持克瓦祖鲁人自治的行为，在黑人内部引起了激烈争议。

20世纪60年代到70年代，南非政府增加经费，改善这些黑人“家园”的条件。不过，这些地方的工业和贸易虽然都有发展，但大多数黑人仍到“家园”之外的地区就业，设法成为“移民”或获取当地居住证。这些黑人把工资汇回所谓“家园”，这些收入占这些“家园”人民收入的一半。在警察的押送下，有350万黑人移居“家园”。

但“家园”的建立及反对非洲人国民大会的法令并没有解决南非问题，黑人的斗争更加汹涌澎湃。如1973年爆发了大规模黑人罢工；1976年索韦托学生示威反对使用南非官方语言（即荷兰语）作为交流语言，警察开枪镇压，打死25人，打伤无数。黑人斗争转入地下，并开展武装斗争。20世纪80年代，南非由博塔担任总统。由于现代化需要，几百万黑人与白人共同工作，纯粹的种族隔离法正被越来越多的白人丢弃。因此，博塔政权在镇压黑人反抗的同时，对种族隔离的某些方面也不得不放宽政策。然而黑人争取平等的斗争并没因此松懈，相反更为激烈。这迫使博塔在1985年和1986年宣布执行紧急状态法，同时也做出让步，修改了二百多项种族隔离法和规章制度。1979年，黑人被允许加入正式工会；1984年，博塔制定了新宪法，允许亚洲人、有色人和白人建立各自的议会，但黑人没有议会，这种对黑人权利的公开否认引起黑人的反对；1986年，废除了通行证制度。

20 世纪 80 年代，绝大多数白人认识到根本性变革就要到来。随着工业的发展、人口的增多，要把黑人排除于政府之外已不可能。在南非历史发展中，外部压力起了一定作用，但内部变化则是南非政局变化的根本原因。

1989 年，南非出现了一位开明人物，即博塔之后担任总统的德克勒克。他曾在担任教育部长时，要求黑人学校使用南非官方语言荷兰语，从而引发了索韦托事件，但担任总统后立即改变了立场，进行改革。1990 年 2 月，他取消了对非洲人国民大会和泛非主义者大会的禁令，甚至撤销了对南非共产党的禁令。

1990 年 2 月 11 日，他释放了被关押 27 年之久的曼德拉。5 月，双方开始了实质性谈判。8 月，非洲人国民大会宣布中止武装斗争。在谈判中，德克勒克与曼德拉都受到牵制，不能顺利贯彻自己的政治主张。德克勒克受到约四分之一的顽固种族主义者的反对，白人担心黑人参政后会对南非白人进行报复，所以要达成政治协议必须解除上述白人的担忧；在黑人一边，克瓦祖鲁人布特莱齐酋长反对曼德拉与白人谈判，他代表 150 万黑人，这些黑人有自己所谓的"家园"，有自己的政府与官员，主张维持现状。如果曼德拉与德克勒克达成协议，他们就将失去上述成果。财产不同、部落利益不同，使黑人发生分裂，而非洲人国民大会的左派也不准备与白人妥协。

但历史潮流不可阻挡。1991 年 12 月，所有种族的 19 个政党代表组成民主南非大会，开始筹备建立临时政府和议会。1992 年，德克勒克废除了所有的种族隔离法。1993 年春，德克勒克放弃了白人与黑人分享政权的原则；曼德拉则同意在 1999 年前，不实行一人一票的选举制，以让白人有更多政治权利。1994 年大选，2 800 万南非黑人获得了政治权利，曼德拉当选总统。黑人经过数十年艰苦斗争，终于赢得了自己的解放。德克勒克顺应时代潮流、通过民主改革和平解决南非问题的特殊历史作用也不可抹灭。

在曼德拉领导下，新南非的政治改革仍在继续，成立了多党联合执政的政府。1996 年 5 月 8 日，南非制宪会议通过新宪法。该宪法没有规定本届政府于 1999 年期满后继续执行多党参政的原则，而非洲人国民大会又主张由大选获胜的党派单独执政，这标志着南非向西方的两党或多党轮流执政方向发展。

1997 年 8 月 27 日，南非成立了一个新政党，名为"联合民主运动"，该党领导人有白人也有黑人，这是南非第一个多种族的政党。该党的成立，标志着南非种族主义残余正在逐步被消除。

三、安哥拉

战后，安哥拉人民为反对葡萄牙人的统治进行了英勇斗争，在 20 世纪 50 年代和 60 年代进行了武装斗争。葡萄牙派出超过 14 万人的正规军到安哥拉镇压人民独立运动，但这也不能阻止安哥拉人民的斗争，最终不得不退出。安哥拉于 1975 年 11 月宣告独立，独立后不久便陷入了内战。安哥拉人民联盟、争取安哥拉彻底独立联盟（简称安盟）与安哥拉人民解放运动（简称安人运）三派相互战斗，目的是争夺权力。后来，安哥拉人民联盟加入安盟。

国外势力出于不同的考虑，也卷入了安哥拉内战。古巴在 80 年代共派了 5 万多人的军队帮助安人运；南非为了占领西南非洲（即纳米比亚），出兵支持安盟。

古巴支持的安哥拉人民在为争取解放而战斗

1990年，纳米比亚独立，南非军队从安哥拉撤走。冷战结束后，古巴军队也撤走。1991年，安哥拉交战双方在里斯本签订和平条约。1992年9月底，举行了独立后首次多党制总统和议会选举。执政的安人运取得大选胜利，多斯桑托斯当选总统。但安盟领导人萨文比不接受这一结果，再次走进丛林，开展内战。由于在战场上谁也不能消灭谁，1994年11月双方签署了《卢萨卡和平协议》，达成停战共识。

《卢萨卡和平协议》使安哥拉内战基本停止，但和平进程一再拖延，双方在集结军队、解散武装、重组新军等问题上不断相互指责，政治问题也横生枝节。最终的分歧集中在安盟主席萨文比的政治地位问题上。安盟要求明确规定萨文比在未来国家政治生活中的“特殊地位”，但安哥拉政府则认为这有违《卢萨卡和平协议》精神。作为一种妥协，安哥拉政府提出由萨文比任副总统，但安盟断然拒绝。为了不使安哥拉和平进程功亏一篑，联合国秘书长安南在1997年初亲自前往安哥拉调解分歧，促进妥协。

1997年4月8日，安哥拉议会表决同意给予萨文比“最大反对党领导人”这一特殊政治地位，同时规定：萨文比有权就国家政治问题与多斯桑托斯总统面晤；有权享有一份高薪，在首都罗安达有一套住房和一支警卫队伍。安哥拉执政党的这一让步，为民族团结政府的成立扫除了障碍。在1992年全国大选中，70名安盟人员被选为议员，但他们并未就职。在1997年4月达成协议后，这70名议员中有66人到议会宣誓就职，两天后安哥拉团结与民族和解政府正式成立，安盟占有4个部长和7个副部长职位。安哥拉开始向建设与发展的方向迈进。

四、纳米比亚

第一次世界大战前，纳米比亚是德国的西南非洲殖民地，第一次世界大战后由南非进行委任统治。1966年联合国取消委任统治，1969年安理会要求南非撤出纳米比亚。第二次世界大战后，纳米比亚人民进行了反对南非占领、反对种族歧视的斗争。20 世纪 40 年代末，纳米比亚人创建了第一个工会"卢得立茨港工人联盟"进行斗争。1952 年，纳米比亚学生建立了西南非洲学生会，1960 年 6 月成立了抵抗组织——西南非洲人民组织，1966 年开始进行游击战，反对南非统治。1975 年后，由于西南非洲游击队得到安人运支持，南非军队进入安哥拉南部帮助安盟，企图消灭安人运政府军。

1988 年 12 月，在联合国的压力下，南非同意达成解决纳米比亚问题的决议，撤走军队，放弃纳米比亚，同时古巴军队撤出安哥拉。1990 年，纳米比亚独立。纳米比亚主要是沙漠，但却有丰富的铀与钻石矿藏。执政的西南非洲人民组织允许其他政党参加政府，执行温和政策，没有驱赶该国的 7 万白人。纳米比亚政府在经济上奉行现代化政策，加之南非撤走后留下了很好的基础建筑设施，所以到 20 世纪末，经济一直保持高速增长，1996 年经济增长率为 5%。

五、莫桑比克

莫桑比克是葡萄牙殖民地，第二次世界大战后，人民开展了争取独立的斗争。1962 年 6 月，莫桑比克民族民主联盟、莫桑比克非洲民族联盟和争取莫桑比克独立非洲民族联盟三个组织合并，组成以爱德华多·蒙德拉纳为主席的莫桑比克解放阵线。从 1964 年 9 月起，解放阵线发动了武装斗争。1975 年 6 月，莫桑比克赢得独立。

从独立到 20 世纪末的二十几年时间里，莫桑比克有 17 年陷入了残酷的内战。战争使莫桑比克国破家亡、民不聊生，人均国民生产总值只有 80 美元，外债 56 亿美元，是世界上最贫穷的国家。1986 年，莫桑比克独立后第一位总统萨莫拉死于空难，由希萨诺接任总统。莫桑比克各派的内战由于国外的介入而复杂化。早在 1976 年，南罗德西亚情报部门就支持成立了"莫桑比克全国抵抗阵线"，反对独立后的莫桑比克政府。1980 年，该组织基地搬到南非。

南非的非洲人国民大会为反对南非种族主义政权，在安哥拉与坦桑尼亚建立了游击队基地，而莫桑比克是上述游击队进入南非的必经之路。为了消灭这些游击队，南非政府支持莫桑比克全国抵抗阵线。1990 年，在肯尼亚和津巴布韦的调解及国际社会的共同努力下，莫桑比克内战双方开始谈判，1992 年结束内战。

由于长期战争，莫桑比克经济出现危机。面对严峻的经济形势，莫政府采取了新的经济政策，出台了一系列市场经济政策，放开物价，鼓励发展民营企业。自 1994 年到 20 世纪末，国民经济有了迅速发展，年均增长率为 6%，外国投资以年均增长 20%的速度涌入，粮食连续四年丰收，通货膨胀率由 1993 年的 50%降至 1997 年的 18%。

冷战的结束，对非洲产生了巨大影响，超级大国对抗的消失使非洲不再受到严重危害。从 20 世纪 90 年代开始，各国进行政治和经济改革，到 20 世纪末已取得明显成效，政治稳定、经济发展。非洲在 20 世纪摆脱了屈辱，赢得了独立和解放。

推荐阅读书目

艾周昌，舒运国，沐涛，等．南非现代化研究．上海：华东师范大学出版社，2000.

李晓．世界解密档案．广州：广东旅游出版社，2003.

中国非洲史研究会．非洲通史．北京：北京师范大学出版社，1984.

张象．彩虹之邦新南非．北京：当代世界出版社，1998.

巴兹尔·戴维逊．现代非洲史——对一个新社会的探索．舒展，等译．北京：中国社会科学出版社，1989.

玛丽·本森．纳尔逊·曼德拉传．杨立华，等译．北京：中国青年出版社，1990.

Ali A. Mazrui，Michael Tidy. Nationalism and New States in Africa. Nairobi：Heinemann，1984.

Bill Freund. The Making of Contemporary Africa：The Development of African Society since 1800. Bloomington：Indiana University Press，1984.

Robert Scott Jaster. The Defence of White Power：South Africa Foreign Policy under Pressure. Houndmills：Macmillan，1988.

Leonard Monteath Thompson. A History of South Africa. New Haven：Yale University Press，1990.

第九章

战后亚洲和太平洋地区

第一节 日本

一、战后美国对日本的占领

第二次世界大战后，日本由美国单独占领。苏联虽极力抗议，但苏军在战争结束时未曾抵达日本本土，因此无法改变美军占领日本的事实。美军占领日本，对战后日本历史的发展具有极其重大的影响。美国保留了日本的天皇制度，但力图按美式民主制度和美国生活方式来改造日本。美国在日本进行了政治改革，推行西方民主，其重点是宪法改革。

1947 年 5 月，占领军当局正式公布了《日本宪法》。这部宪法混合了孟德斯鸠与杰斐逊的思想，由普选产生两院，实行多党制，议会多数党领袖担任首相组阁。天皇只是国家的象征，没有实际的权力。但是，这部宪法并没有使日本成为真正的西方民主国家，而是带有强烈的日本传统。日本社会是一种等级社会，强调个体之间的上下级关系，有各种集团，这些集团又形成巨大组织。国家政策不由个人决定，而是由这些大集团制定。这对政府影响极大，与西方强调个人主义的民主完全不同。

战后前两年，许多政党争夺政权，但主要是中间偏右的自由党与民主党。从 1947 年开始，它们与一些保守派联合掌权。自由党和民主党在 1955 年 11 月正式合并，定名为自民党。此外还有社会主义党和共产党，力量也很强大。但左翼从未掌过权。自民党从 1958 年到 1990 年都赢得了选举胜利，其中 1976 年至 1979 年，自民党虽未曾在议会取得多数，但是仍然保持执政地位，党内斗争很激烈，派系林立，各派议员只忠于自己的领袖。党内六七个最强有力的人物相互讨价还价、组成联盟，支配着自民党。

知识链接

日本天皇放弃神权

战败和无条件投降对日本人民造成的心理震撼尚未散去，新的打击和恐慌又降临在他们的头上。1月1日，日本报纸和广播电台公布了裕仁天皇发表的诏书，根据美国驻日占领军的命令，裕仁被迫声明他不是神的本性，结束了延续数千年的传统信仰。（从古代起，日本天皇一直被认为是太阳神天照的嫡传子孙。）根据美国在战后为日本起草的新宪法，日本应成为君主立宪制国家。这就决定了日本的最高权力属于人民而不是它的皇帝：皇帝的权力只是一种象征。

——特里·布劳斯. 20世纪看得见的历史. 周光尚，望震，薄景山，译. 北京：中国社会科学出版社，2006：201.

自民党处于领导地位的派别分配党内执行机构、内阁和政府职位，处于非领导地位的党内派别则进行活动，以便在下一次角逐中得到这些职位。自民党领袖从20世纪50年代到90年代末，一直自动成为日本的首相。

1954年12月，民主党领袖鸠山一郎担任首相，日本政坛的其他主要人物仍是右翼军国主义分子。鸠山死守“大东亚共荣圈”糟粕，引起了美国人不满。于是美国人推举吉田茂为首相，吉田也是一个军国主义分子，反对西方式民主，但接受美军占领日本的事实，公开指责日本军事当局1941年发动的珍珠港事变。他还认识到，日本要重建，必须取得美国信任。他曲意迎合美国占领军司令麦克阿瑟，并服从其指挥，又非常支持美国遏制共产主义的政策，因此得到美国赏识。吉田先后五次担任日本首相，先是从1946年5月到1947年5月，然后从1948年10月到1954年12月。他在日本重建中的作用，正如阿登纳在联邦德国所起的作用一样，极其重要。

二、 20世纪60年代日本的内政、外交及经济繁荣

冷战在亚洲的升级、蒋介石被赶到台湾以及1950年抗美援朝战争的爆发加速了日本重建的步伐。1955年，日本经济恢复到战前水平，然后进入发展期。20世纪60年代后，日本经济进入高速发展和繁荣时期，成为世界第二经济大国。日本工业成功的原因很多，传统文化、人民勤劳节俭、美国的扶持等都是其经济发展的动力，然而最重要的原因之一是政府提出了有计划的目标，并制定了各项具体的措施。

日本政府的特点之一是官僚机构发挥主导作用。政界主要人物指导各部的工作，并与企业界保持着密切的联系，他们并非社会的公仆，而是社会的主人。首相的特殊地位和在执政党内的力量，使其能把统治集团上层的意图强加在官僚机构之上。日本财政机关在制定经济政策时起着重大作用，内阁中主管工商、贸易等领域的通商产业省与日本开发银行和日本进出口银行合作制定政策，还得到其他机构，如科学与技术会社的配合，因此日本政府在谋划经济时比较顺利。

日本政府谋划经济有两大特点，一是强调基础，二是强调前瞻与发展。在强调基础方面，优先发展煤、钢两大产业；在前瞻与发展方面，把握潮流，制定大胆的发展计划。1955 年，当经济恢复到战前水平，日本政府开始寻找新的增长点，确立国家经济发展战略。同年，日本政府制定了“轿车家庭化”产业方针，把汽车工业确立为日本的支柱产业，1957 年又制定了修建高速公路的计划，使车、路同步发展。日本政府和企业家的上述前瞻性，使经济取得日新月异的发展。

企业界不仅组织严密，而且通过给自民党大笔资助对日本政府政策的制定施加了巨大影响。这些企业希望政府为企业发展创造条件。政府与企业的上述关系，成为日本经济发展的重要推动力之一。

战后日本的对外政策，主要是实现日美同盟，冷战的升级和蒋介石败退台湾给了日本这一机会。1950 年，美国派国务顾问杜勒斯访日。他希望日本重新武装起来，但吉田反对，认为这将使日本在其邻国中造成恶劣的影响。麦克阿瑟也支持吉田，认为日本应该发展工业。这样日本才坚持了以发展经济为主的建设方针。朝鲜战争爆发后，美国在日本订购了大量军需品，使日本经济得以繁荣。

在外交上，盟国对日和平谈判与结束美军对日占领的谈判既漫长又艰苦，最后以吉田政府做出重大让步而达成协议。日本的让步有：不重建大规模武装，不参与解决国际争端；国防依赖美国及其核保护伞；给美军提供军事基地，没有美国同意，不得向其他国家提供军事基地；美军撤出后，保留冲绳作为军事基地；放弃 1895 年以来所获得的殖民地和一切利益。

1951 年 9 月 8 日，盟国在旧金山签订了对日和约，苏联、中国（包括窃据台湾的国民党当局）都被排斥于对日和约之外，日本被绑在美国在太平洋地区反共战车之上，根本不能走独立自主的外交路线。日本紧跟美国支持台湾国民党当局，妨碍了与中国关系的正常化，苏联拒绝签订与日本的和约，直到 1986 年才签订《日苏协议》，但领土问题仍然是两国和平的障碍。

1951 年的《日美安全保障条约》是日本政治中争论颇大的问题。日本人民担心美国驻日军舰可能载有核武器，反对美国军舰驶往日本，也反对美军驻日。1960 年 4 月到 5 月，日本爆发了史无前例的大规模群众示威，反对《日美安全保障条约》。美国总统艾森豪威尔被迫取消访日，但是在议会和自民党右派的操纵下，《日美安全保障条约》还是获得了通过。

1970 年，《日美安全保障条约》无限期延长，但规定若任何一方要终止这个条约，必须在终止前一年通知对方。1972 年，美军归还日本琉球群岛，包括冲绳岛，但仍保留在冲绳的军事基地。

吉田政府是上述日美关系的构架者。日美同盟的设想，后来被称为吉田主义。吉田主义的内容是满足美国要求，限制日本军事力量发展。日本军队只能纯粹防御，除保卫本土外，不能向外用兵，不能发展核武器，只能依靠美国核保护伞。在国际问题上，必须低调，并且追随美国政策。同时，美国应该成为日本最主要的贸易伙伴。吉田的发展战略被自民党接受，成为日本的政策基础。

上述政策是促进日本经济发展的因素之一，因为美国向日本提供了巨大市场。战后日本一直是美国外交政策的追随者，但20世纪70年代中期以后，为了国家利益，日本开始在一些问题上走独立于美国的外交路线，最突出的例子是中东政策。1973年日本遭到阿拉伯国家的石油禁运，损失巨大，因此在阿以冲突中，日本非常清楚地表明不支持美国，而支持阿拉伯国家。在80年代的两伊战争中，日本努力保持与交战双方的友好关系。即使在海湾战争中，日本也表现出并非热烈支持美国制裁伊拉克的立场。在1997年底至1998年初的伊拉克武器核查危机中，日本也明显只表现出对美国的低调支持。为了摆脱对中东石油的依赖，日本开始寻求其他资源和发展核动力。美日贸易摩擦，也使日本寻求独立发展的道路。

三、20世纪70年代后日本谋求政治大国的努力

日本从20世纪70年代开始谋求政治大国的地位。50年代和60年代，首相岸信介、池田勇人及佐藤荣作等人忠实执行吉田路线，到1972年田中角荣担任首相后，情况开始变化。田中首先想在太平洋地区称霸，然后成为世界政治大国，为此进行了频繁的外交活动。日本继美国之后，实现了与中国关系的正常化。但田中出访印尼、菲律宾和泰国等国家时，遭到了当地人民的反对。他们对日本在太平洋战争中的侵略记忆犹新，举着标语牌高呼："田中滚回去!"由于亚洲国家的反对，田中的地区称霸计划一直未能实现。

1976年，田中由于受贿罪被捕，三木武夫担任首相。三木至铃木时期，日本政坛腐败动乱。1982年11月中曾根康弘上台后，公开宣布要改变日本在国际政治中的小国地位和依赖美国的状况，要"获得其他世界大国的尊重"。1983年他访问美国，保证积极协助美国遏制苏联，即要扩大日本军事力量。为此，他企图修改宪法，但这一做法遭到日本人民的反对，于是他在第一个首相任期内被迫同意不修改宪法。1986年，东京召开西方国家一年一度的最高首脑会议，中曾根作为东道国首相参加，同年访问北京。

1987年中曾根下台，由竹下登任首相。尽管日美联盟仍是日本对外政策的基石，但其独立倾向更加明显。竹下努力改善与中国的关系，奉行不同于美国的中东政策。到20世纪90年代冷战结束，日本更加强了独立外交的努力。1991年1月，与朝鲜民主主义人民共和国正式谈判建交。这是日本企图借解决朝鲜问题发挥东亚"政治大国"作用的尝试。美国总统布什提出"世界新秩序"的冷战后美国世界战略，日本随后提出"以日美欧三极为主导"的"世界新秩序"，还提出改造安理会，企图成为安理会常任理事国。90年代中期后，日本在谋求政治大国的路上步子迈得更快。日本通过加强与美国结盟来实现其政治大国的设想。

1996年4月，日美两国首脑在东京举行会晤，对《日美安全保障条约》进行了重新评估，并就扩大防务合作范围达成一致。1997年4月，日美首脑再次聚会，研究双方军事合作问题。日本政府不顾冲绳居民的强烈反对，通过了同意驻日美军继续使用冲绳军事基地的《〈驻日美军用地特别措施法〉修改案》。同时在修改《日美防卫合作指针》时，日本首相桥本龙太郎将中国的南沙群岛与台湾列为与日本防卫有关的所谓"周边地区"，

企图重温大东亚共荣圈旧梦。

战后日中关系经历了许多风雨，1972 年签订了《日中联合声明》，1978 年签订了《日中和平友好条约》。在邦交正常化后至 1997 年的 25 年中，双方关系出现了多次风波，基于中国的日益强大及两国人民切身利益的要求，日本政府不得不做出调整，使双方关系正常发展，但日本仍然存在强大的反华势力和军国主义狂热。1996 年，桥本以首相身份带头参拜靖国神社，为日本右翼思潮推波助澜。在日本政府纵容下，一些右翼分子公然到中国固有领土钓鱼岛制造事端，并别有用心地散布中国“威胁”日本的谣言。中国坚决捍卫主权，使日本右翼势力的活动不得不有所收敛。

日本的政治丑闻相当多，田中角荣、中曾根康弘、竹下登等人皆因受贿而臭名昭著，宇野宗则因性丑闻而声名狼藉。日本政坛的腐败影响了经济增长的速度。20 世纪 90 年代初，日本经济前景暗淡，增长停滞，工业和银行利润下降。1993 年 10 月，虽然走出低谷，但到 1997 年止，一直未能形成令人满意的复苏势头。产生这种状况的重要原因是，战后曾经在日本经济繁荣中起到重大作用的政治、经济制度已经过时。

20 世纪 90 年代日本经济的运行规范都是战后形成的，其间虽有修改，但基本框架未变，必须进行改革，才可以在 21 世纪得到进一步发展。

第二节　中国台湾、中国香港、新加坡、朝鲜和韩国

一、中国台湾

战后，中国的台湾、香港，以及新加坡和韩国由于受到冷战影响，发展道路颇为特殊。除香港外，其他三个地区和国家都曾经历独裁或战火。上述地区和国家从 20 世纪 70 年代开始努力，90 年代都成了亚洲经济强大的代表，被称为“四小龙”。其中有三个奇迹是中国人或华裔创造的，首先是中国台湾。

1949 年，蒋介石集团逃亡台湾，窃据该岛，实施“紧急戒严令”，进行军事统治，在美国保护下苟延残喘。国民党当局依靠美国经济援助，对内镇压，对外紧跟美国。国民党当局保住了一支 50 万人的军队，并企图反攻大陆。所以岛内经济发展受到影响，在 1975 年蒋介石去世前，台湾仍然十分贫穷。

1975 年至 1978 年 2 月，台湾由“行政院长”蒋经国治理。1978 年 3 月 21 日，蒋经国被选为“总统”。1975 年后，台湾经济发展迅速，大力发展重化工业以代替进口产品，建立较为完善的工业体系，同时大力建设电力、交通等基础设施，以改善投资环境。1976 年加速了经济结构的调整并实施第二次进口替代策略，先后进行了以钢铁工业、石化工业、交通运输、核能、农田水利和房产业为主的“十项建设”和“十二项建设”，台湾经济迅速发展。

1974 年，台湾经济实际增长率为 1.2%，1975 年提高到 4.9%，1976 年则上升到 13.9%，以后一直保持较高的增长速度，人均生产总值从 1972 年的 522 美元上升到 1980 年的 2 344 美元。由于 1979 年第二次世界石油危机打击了台湾经济，台湾当局被迫实行

货币升值政策，开放岛内市场，减少政府干预，走向“自由化、国际化与制度化”。1984年又进一步推行“十四项建设”，颁布“促进产业升级条例”，使一部分低效率的农业及劳动密集型产业转向高竞争力的资本及技术密集型产业。这样，从20世纪80年代中期以来，台湾经济一直保持着较为稳定的中速增长。1986年，台湾经济实际增长率更达到12.6%。90年代经济仍平稳发展。1990年至1991年，人均生产总值为8 970美元。

在政治上，台湾也出现了变化。中美关系的改善，使美国于1979年从台湾撤走军队。蒋经国不得不调整政策，不再坚持武力“反攻大陆”，两岸贸易及其他联系有所扩大。蒋经国革新老人政治，起用新人，最后于1987年解除了“紧急戒严令”，解除党禁。蒋经国去世后，由“副总统”李登辉继任“总统”。虽然李登辉反对大陆提出的“一国两制”，但鼓励两岸的经济联系和民间交流。李登辉搞“一国两府”。1991年12月台湾“议会”选举，国民党仍为执政党，但民进党赢得了一些席位。进入90年代后，台湾经济发展从总体看仍在上升，而政治上则十分混乱。两岸关系时好时坏，但从总体上看有所发展。台湾当局阻挡不了祖国统一的历史潮流。

二、中国香港

中国人创造的另一个经济奇迹在香港。香港缺乏资源，但在内地的有力支持下，经济发展迅速。香港依靠内地的资源，特别是依靠广东供给淡水和蔬菜，因此在回归祖国前就与内地联系十分密切，并成为中国对外贸易的桥梁与窗口。香港地理位置重要，曾被称为“东方之珠”。战后，美国和西方封锁中国大陆，因此香港取代上海成为远东的国际贸易中心和国际金融中心。20世纪60年代后，香港不仅依靠转口贸易，更以内地为依托发展制造业和加工工业。80年代和90年代又开始发展电子工业、家电和计算机工业，经济增长速度很快，1988年人均生产总值为9 600美元。

香港自鸦片战争后，一直被英国占领，根据1898年中英关于拓展新界的条约，应于1997年7月1日归还中国。撒切尔夫人的保守党政府自1979年开始被迫与中国谈判归还香港的问题。撒切尔夫人企图以主权换治权，但遭到中国领导人邓小平的拒绝。邓小平坚持收回主权和治权，并提出适用“一国两制”构想。英国被迫妥协。

1984年，《中英联合声明》发表，中国提出“港人治港”和“高度自治”两条原则，成立香港特区政府。英国曾企图在香港建立西方民主政府，1993年港督彭定康还抛出“政改方案”，企图在英国撤出后，继续影响香港政治。但英方的阴谋遭到中国坚决反击。慑于中国力量的不断强大，英国最后只得同意把香港完好地交还中国。

1997年7月1日，香港回归祖国。在基本法指导下，回归后的香港政局稳定，经济持续发展。1997年下半年东南亚金融危机爆发后，香港金融仍然稳定，充分表现了香港特区经济的强大生命力。2008年，从美国次贷危机开始，爆发了全球金融危机，香港在内地强有力的支持下，仍然保持着金融稳定、经济平稳发展的态势。

三、新加坡

新加坡是基本上由华人组成的国家，1956年脱离马来西亚联邦独立，执政党为人民行动党，总理是李光耀。他长期执政，1990 年才辞去总理职位。李光耀实行廉政和法制，要求国民学习中国传统文化，提倡普通话。新加坡与中国香港一样，除渔业、制造业和对外贸易外，没有其他产业资源。于是新加坡大力发展旅游、金融、外贸，建立以高科技为基础的新兴工业，推行自由市场经济，取得了很大成就。1990 年至 1991 年，人均国民生产总值为 14 300 美元，居亚洲各国之首。

李光耀辞去总理职务后，选择吴作栋为接班人，但李光耀仍任人民行动党总书记，并作为政府高级资政支持吴作栋。20 世纪 90 年代，新加坡仍是经济强国。其经济高速发展的重要原因是重视教育，强调教育发展是经济发展的先决条件。1998 年，新加坡教育部又颁布了《理想的教育成果》的教育纲领，为跨世纪经济发展培养人才。

四、朝鲜

1953 年美国侵朝战争结束后，朝鲜半岛仍然被分裂为两个部分，至今未能统一。朝鲜民主主义人民共和国由于应对美国的侵略，军费支出过大，经济建设受到影响，经济发展水平大大低于韩国。朝鲜领导人金日成于 1992 年逝世后，其子金正日继承。金正日生于 1942 年 2 月 16 日，在朝鲜的党和政府中一直担任重要职务，1997 年 10 月 8 日正式出任朝鲜劳动党总书记。

20 世纪 90 年代朝鲜为了发展经济，采取了一些措施，例如，在 1991 年 12 月建立了一个自由贸易区。这个贸易区地处图们江三角洲的罗津、先锋地区，面积为 745 平方公里。这个自由贸易区对外开放，是朝鲜为发展本国经济、促进对外经贸合作而迈出的重要一步。同时，还允许各地兴办一批合资合作企业，开始迈出改革的步伐。

1993 年底，朝鲜劳动党召开了六届二十一中全会，强调重点抓好电子、煤炭、运输等部门的工作，制定了“缓冲期经济建设方针”，到 20 世纪末取得了一定成效。例如到 1998 年 1 月，朝鲜慈江道所辖各市、郡已兴建了近六十个各类中小型发电站，有效缓解了电力供求矛盾，为经济发展提供了助力。朝鲜劳动党把 1998 年定为争取朝鲜社会主义决定性胜利的斗争之年和新的跃进之年，努力使朝鲜经济建设掀起新高潮。

20 世纪 90 年代朝鲜连续发生严重自然灾害，国民经济遭受了重大损失。为了减少预算，朝鲜政府甚至决定把其驻外机构缩减 30%。90 年代末，朝鲜人民在劳动党领导下，争取早日改善经济状况。

五、韩国

韩国是亚洲最富有的国家之一，其经济发展主要靠美国支持、政府干预，以及发展出口工业品。韩国缺乏资源，市场狭小，20 世纪 70 年代，提出了“出口导向型”即外向型经济发展战略。在国内实行“官制金融体系”，由政府保驾护航，在金融政策等方面刻意培育和扶持大企业，在外则依靠美国市场。80 年代，韩国利用日元升值，在汽车、化工产品、造船、半导体等领域的出口上获得飞速发展，经济发展以每年两位数的速度增长，创造了令世界瞩目的“汉江奇迹”。1990 年人均国民生产总值为 5 569 美元，出口额为650亿美元。然而从1992年开始，韩国国际收支状况恶化，经常性项目收支逆差达237亿美元，债务超过1 000亿美元，大企业不断倒闭，韩元不断贬值。到1997年10月，韩国金融市场动荡，韩元汇率下跌，股市急挫，利率猛升，韩国经济进一步恶化。

码头上出口到美国的"现代汽车"

造成20世纪90年代韩国经济恶化的主要原因是，冷战结束后，韩国赖以生存的外部市场发生了巨大变化，靠美国市场发展韩国经济的情况正在改变。美国政府不再像冷战时期那样给予韩国帮助，同时世界经济一体化进程使韩国经济受到股市变化的严重影响。此外，政府保护大企业盲目扩张，产生了"高成本、低效益"的后果，越来越阻碍韩国经济的发展。90年代末，韩国政府力图改革，重振经济。

同经济现代化相比，韩国战后政治发展充满暴力和腐败。1950年至20世纪末，韩国大部分时期处于军事统治之下，政府对内镇压人民，对外追随美国。首任总统李承晚由于政府腐败和选举作弊，在学生运动打击下于1960年4月被迫下台。

1961年5月，朴正熙少将组成军政府，实行军事警察统治。1979年10月，他被韩国情报部长金载圭刺杀。1980年，全斗焕将军执政，他用镇压手段进行统治，丝毫不比朴正熙逊色。1980年5月光州城发生暴乱，全斗焕进行镇压，死亡数百人，受伤数千人。由于韩国经济的迅速发展，军政府力图在政治上给世界一个好印象，于是释放政治犯，并给予他们一定程度的活动自由，允许他们参加选举。

1987年卢泰愚赢得选举胜利，担任总统，给予韩国人民更多政治自由，但并不是真正的民主。1990年5月，反对党在国会得到大多数席位。1992年，持不同政见者、自由民主党领袖金泳三当选总统，1993年2月就任，成为32年来韩国第一位文职总统。在金泳三统治下，韩国政治腐败，经济丑闻不断。1997年1月出现韩宝贷款丑闻，韩宝集团对韩国政要进行贿赂，国会议长金守汉接受过韩宝贷款丑闻的首犯郑泰宇提供的5 000万韩元贿款。韩国检察机关宣布对涉嫌接受郑泰宇资金的33名政要进行调查，其中28人受传讯。

1997年10月7日，执政的新韩国党宣称在1997年竞选中支持率最高的新政治国民会议总统候选人金大中掌握巨额非法资金。据称，金大中利用35个假户头在银行隐藏了多达670亿韩元的非法资金。这是一种企图阻止金大中当选总统的拙劣手法，表现出韩国政治的腐败。之后，韩国政府采取措施，净化国内政治，在反腐倡廉上取得了很大进步。

20世纪90年代，朝鲜半岛的统一是朝鲜劳动党和人民的要求，也是韩国政府的政策，但问题是如何统一才符合双方意愿。1990年和1991年，双方代表团进行了互访，1991年12月，朝鲜和韩国签订了互不侵犯条约，但双方仍存在矛盾。朝鲜希望美军从韩国撤走，韩国则希望朝鲜不要制造原子弹，从而使整个朝鲜半岛成为无核区。

1993年春，朝鲜宣布不承认《防止核扩散条约》，这使半岛形势恶化，但南北双方都为缓和紧张局势做了大量工作。1996年4月，美韩两国总统提出尽快举行朝鲜半岛的四方会谈。1997年7月，美、中、韩、朝四方同意参加四方会谈，以建立朝鲜半岛的和平机制，进而谋求南北的统一。后来俄罗斯和日本也参加了朝核问题的谈判，使四方会谈发展为六方会谈。朝核问题牵涉复杂，20世纪末仍未取得理想的结果。

第三节　澳大利亚

一、战后至1989年澳大利亚的政局与经济发展

战后，澳大利亚主要由三个党派，即工党、国家党和自由党轮流执政。在实践中，工党为一方，国家党和自由党组成联盟为另一方。工党的基础是工会。共产党虽然力量很小，一直未能执政，但在工人中有强大的支持者。总体上说，澳大利亚政治的运转很少围绕意识形态，而是围绕个人与特殊利益集团的要求来进行。

早在1942年，由约翰·柯廷总理领导的工党政府就为战后澳大利亚制定了政策，他在政府内设立了战后重建部，其指导思想是罗斯福新政和凯恩斯主义。战后重建部在约瑟夫·班纳迪克特·奇夫利领导下，制定了重建计划。面对萧条和失业，重建计划的重点是住房、农业、工业和就业培训。

1945年柯廷死后，由奇夫利任总理。奇夫利力图巩固联邦政府在战时获得的权力，但各州加以反对。澳大利亚各州得到保守的最高法院支持，拥有相当的权力，特别是处理当地事务的权力。奇夫利的最大成就是在1945年把澳大利亚中央银行国有化，从而由国家控制货币政策，保证了对经济的干预能力。

战后的国际条件有利于澳大利亚经济的发展。世界市场急需澳大利亚羊毛、羊肉、小麦和矿产，这就保证了澳大利亚经济的增长与繁荣。

战后，澳大利亚阶级斗争激烈，工会要求改善工作与生活条件，罢工斗争不断。1950年，最高法院同意了工会的要求，规定了基本工资和40小时工作周制度。奇夫利政府坚决反对工人罢工，1949年夏爆发煤矿工人大罢工，奇夫利派出军队镇压，迫使工

人复工，但奇夫利的工党政府因之下台。

由国家党和自由党组成的联盟党获得选举胜利，罗伯特·戈登·孟席斯任总理。孟席斯是自由党创建人，是温和的保守党人。在政治上，他反对共产党，于1950年通过立法取缔澳大利亚共产党。在社会政策上，他逐步推行福利政策，不顾医疗部门反对，在人民的医疗福利上支付了更多国家预算。

孟席斯在20世纪50年代和60年代支配着澳大利亚政局。这一时期是澳大利亚经济增长的黄金时代。战后澳大利亚劳动力短缺，孟席斯政府吸纳了二百多万移民，使经济持续发展。孟席斯政府还资助大学和中小学教育，为经济发展培养人才；对外贸政策做了调整，从依靠英国转向依靠日本。

1966年，孟席斯退休，哈罗德·霍尔特、约翰·格雷·戈顿、威廉·麦克马洪先后担任总理。但是上述几届政府都支持美国侵越战争，并派军队到越南，人民因此不再支持联盟党，转而支持工党。

1972年12月，爱德华·高夫·惠特拉姆当选总理，成为1949年以来第一位工党总理。这次选举，表明澳大利亚需要新人。惠特拉姆上台后，要求给澳大利亚土著更多平等；给予巴布亚新几内亚完全独立；赦免侵越战争的逃兵；在英联邦内反对种族主义；承认中华人民共和国；拟订经济发展计划。

惠特拉姆政府的主要成就，第一是发展学校教育，使穷人儿童能上学。大学生入学主要根据成绩而不是金钱。第二是使全国人民都能享受建立在医疗保险制度上的医疗卫生服务，同时扩大对穷人的社会服务。

上述措施增加了政府开支，引起通货膨胀。由于侵越战争的结束及世界石油价格的上涨，通货膨胀率及失业率进一步上升，1974年工党政府面临危机。联盟党领袖弗雷泽极力攻击工党政府处理经济问题失当，两党争执升级，联盟党要求捍卫宪法，出现了所谓“宪法危机”。在这种情况下，1975年11月，澳大利亚总督克尔爵士免去了惠特拉姆的总理职务，由约翰·马尔科姆·弗雷泽组成看守政府。12月举行大选，弗雷泽获胜。弗雷泽的胜利是由于人民关心的是经济问题，而不是宪法问题。

在弗雷泽执政的七年中，十分保守，没有什么新举措。所幸世界经济危机过去后，澳大利亚出口立即恢复，经济好转。但是社会两极分化严重，工人生活状况很少改善，六分之一澳大利亚人生活在贫困线之下。尽管失业人口增加，社会福利费并未增加。弗雷泽还逐步取消了惠特拉姆时期的医疗卫生保险，1981年又规定免费医疗只限于查证了的穷人和年老的退休人员，他的政策遭到广大人民反对。

1983年3月大选，弗雷泽失败，由工党组阁，总理鲍勃·霍克是整个20世纪80年代最有生气、最强有力的领导人。这一时期世界经济繁荣，澳大利亚经济也极其繁荣，政局稳定。他恢复了免费医疗措施，反对贪污浪费，引进大量外资，调整工会与企业家之间的关系，也因此赢得了1983年和1987年两次选举的胜利，成为澳大利亚历史上最受欢迎的总理。

二、 20世纪90年代澳大利亚的改革

澳大利亚经济到1988年出现了过热局面，工党政府全力应对。工党奉行市场经济政

策，紧缩货币，提高利率，减少国家对工业的保护等。在1990年的联邦选举中，霍克再度获胜。由于澳大利亚经济继续萧条，而且没有减缓的迹象，1993年被迫进行了一次选举，结果是保罗·基廷担任总理。基廷采取了一系列改革措施，如减轻企业界税收、取消关税、严格控制政府支出等等。1993年3月大选，基廷以微弱多数胜出，再次担任总理。

然而，澳大利亚失业率仍然高达10%。1996年初，澳大利亚进行大选，联盟党旗手约翰·霍华德任总理。霍华德上台后进行了一些重大改革，重点是对福利、教育和向土著人提供补贴的原则做了大幅度修改，减少政府开支。然而到1997年8月，澳大利亚的失业率仍徘徊在8.5%至8.7%之间，成为困扰政府的顽症。

三、澳大利亚的对外政策

澳大利亚的对外政策，传统上依靠英国，第二次世界大战中依靠美国。战后，澳大利亚仍是英联邦的重要成员，国家元首是英国女王。第二次世界大战后的20年，澳大利亚最重要的盟国是英国与美国。1951年9月1日，澳大利亚和美国、新西兰签订了《澳新美安全条约》，依靠美国提供军事保护。冷战时期美国的反共政策支配着澳大利亚的对外政策。朝鲜战争爆发后，澳大利亚派出军队参加联合国军，帮助美国侵略朝鲜。

印度尼西亚独立后，澳大利亚担心印尼的扩张，因此在20世纪60年代初，与英国一起支持马来西亚，反对印尼。

1954年法国被越南人民打败后，澳大利亚又成为《东南亚集体防务条约》的发起国之一。美国侵入越南后，澳大利亚也向越南派出侵略军。20世纪50年代至90年代，与美国联盟一直是澳大利亚对外政策的核心。战后澳大利亚曾担心日本的威胁，但由于日本经济的发达及其影响，澳大利亚采取了对日合作的政策。澳大利亚还致力于改善与中国的关系，1972年与中国建立了正式外交关系。

20世纪90年代，澳大利亚采取了务实外交，把维护国家安全和促进经济繁荣建立在发展与亚洲国家的关系上。1997年8月28日，澳大利亚公布了建国以来的第一份对外政策宣言白皮书，题为《一切为了国家利益》。在白皮书中，澳政府采取了务实态度，立足亚洲，将美国、日本、中国和印尼列入对外关系国，但白皮书在国家安全上仍依赖美国。由此可见，澳大利亚在经济上依靠亚洲，在军事上依靠美国。

在战后澳大利亚历史发展中，还有两个重大问题困扰着澳政府。一个是民族和解问题。澳大利亚政府推行种族主义政策，从18世纪末英国殖民者入侵开始，当地土著人民即面临种族灭绝的危险。他们被当作奴隶，受尽剥削压迫，这种情况一直延续到20世纪90年代。此后澳大利亚意识到种族主义的危害，开始探索民族和解的途径。

另一个是共和问题。澳大利亚与英国有密切关系，许多澳大利亚人还有英国血缘。独立后的澳大利亚，仍然是英联邦的重要成员，英女王也是澳大利亚女王。许多杰出的澳大利亚人坚决支持君主制。例如，1949年上台的孟席斯总理，坚决支持英国皇室作为澳大利亚国家元首，坚决捍卫女王伊丽莎白二世在澳大利亚的地位。澳大利亚这种形式的君主制反映了传统的英国性和对英国的依赖。

知识链接

澳大利亚政治体制

澳大利亚虽然是一个独立国家，但仍与英国保持着宪法体制上的联系。现任英国女王伊丽莎白二世在形式上也是澳大利亚的女王，即名义上作为澳大利亚的国家元首。伊丽莎白二世通过任命 1 名总督和 6 名州总督作为她的代表，来对澳大利亚实行名义上的统治。当然，总督和州总督分别是由澳大利亚联邦政府和 6 个州政府推荐的。这种情况出现的根本原因，是由于在历史上澳大利亚是通过宪法程序而不是通过单方面宣布独立或反叛而赢得独立的。

——姜天明．澳大利亚联邦史略．沈阳：辽宁大学出版社，2000．

随着历史的发展，非英国移民逐渐增多，移民构成发生变化，澳大利亚与英国关系日益疏远。与此相反，与亚洲关系日益密切。澳大利亚政府一再表示愿意作为亚洲的一员而不是欧洲的一员参加亚欧最高首脑会议。同时，澳大利亚要求废除君主制、实行共和制的呼声日益高涨。

第四节　新西兰

一、世界上最先实行福利制度的国家

新西兰是一个福利国家，自 19 世纪末立国后通过福利法案以来，无论哪个政党执政，都奉行福利政策。从第二次世界大战后至 20 世纪 80 年代，这一政策均未发生变化。战后工党执政，政局稳定。经济上靠农产品出口生存，工党政府为了保护工农业生产免受世界物价波动的影响，采取了国家控制市场和销售的政策，并且把自由党执政时的福利政策范围进一步扩大到穷人。

工党领袖迈克尔·约瑟夫·萨维奇是一位有能力的政治家，他把传统的福利政策加以改造，使新西兰成为一个现代福利国家，规定了工人的最低工资，增加退休金。1938 年萨维奇实施社会保障法，实行全民免费医疗，这比英国早了近十年。1945 年至 1946 年，萨维奇又采取重大立法措施，即不必通过核查，全国每一个小孩都可以享受特别福利，例如上学、补助等国家给予的帮助。通过上述法令，新西兰建立了一套完整而全面的社会安全制度，消除了人民包括当地土著毛利人对极端贫困的担忧。

在野的反对派是改革党和自由党，二者联合组成国家党。与工党一样，也奉行福利国家政策。除强调减少国家干预和强调私人企业的重要性外，总的政策与工党没有多大区别。在 1949 年的选举中，国家党当选执政，由西德尼·乔治·霍兰任总理。他集中精力处理内政，对国际事务不感兴趣。为了稳定物价，国家对市场进行了控制；同时进一步推行福利政策，让人民以低价购买属于国家的公房居住。

1957 年大选，工党以微弱多数取胜，由基思·霍利约克任总理。由于 1957 年至 1960 年新西兰经济形势严峻，政府不得不提高税收，这遭到部分选民的反对。在 1961

年的选举中，工党败北。但执政的国家党无所作为，政局腐败。四年后，霍利约克再度获胜，出任总理。他上台后大刀阔斧地进行改革，重点是反腐倡廉，建立了专门机构调查营私舞弊，扩大福利范围，给工伤事故伤残者发工资，实行男女同工同酬政策。

1972 年，新西兰面对英国加入欧共体的事实，对出口贸易做了调整。新西兰牛肉、牛油的出口，不再依赖英国市场，而是转向了日本。日本从新西兰进口的农产品在价值上与英国从新西兰进口的相等。同时使出口产品多样化，发展加工产品，到 20 世纪 70 年代中期，新西兰经济迅速过渡到了多样化阶段。

二、 20 世纪 90 年代最彻底反对福利国家的政策

在工业上，新西兰的石油产品、纸、木材、塑料、化学、铁、钢和机器制造业都比较发达，但是经济主要依靠肉类、奶制品的出口和低价工业品的进口。20 世纪 70 年代后，农业出口下降而工业进口增加，给新西兰经济带来困难。在 1973 年至 1974 年石油价格上升之后，新西兰富裕的黄金岁月结束。

20 世纪 70 年代，新西兰人选的胜利取决于各政党候选人对经济发展的规划、承诺及经济状况。在 1975 年、1978 年和 1981 年三次选举中，国家党领袖罗伯特·马尔登当选总理。他提出了诱人的经济发展计划，特别是社会福利政策。他在三任总理任上，先后通过了一些新福利法案，其中包括新西兰历史上给退休人员增加退休金最慷慨的法案。进入 80 年代，新西兰经济发展状况不佳，失业率和通货膨胀率都不断上升。

1984 年，工党以压倒多数票取胜，由戴维·朗伊任总理。为了改进经济，工党采取刺激工业和农业竞争的措施，包括取消国家津贴、取消关税、企业私有化、增加新的税收、奉行货币紧缩政策等。上述措施使失业率上升，人民生活水平下降。新西兰人民赞同政府的这些做法，认为除此之外治愈新西兰经济别无他法。1987 年，尽管经济形势仍十分严峻，但工党再次赢得大选。

上述经济举措并未使新西兰经济走出萧条，1989 年朗伊被迫放弃总理职位。新西兰人民经受了长期的经济痛苦，看不到 1984 年以来取消的福利重新以某种形式而得到的希望。他们对工党十分失望，在 1990 年选举后，第三党领袖詹姆斯·布伦丹·博尔格担任总理。博尔格的主要政策是继续减少国家控制。为了缓和失业，博尔格政府开始取消福利政策。第一是反对保护工资和保护工会的利益；第二是取消家庭福利；第三是逐步取消其他各领域中的一切福利。

上述政策使政府在 1991 年成功地控制了通货膨胀，使通胀率保持在低于 2%的水平。但代价很高，最严重的是失业率不仅没有得到控制，而且上升到超过 10%，贫富差距拉大，两极分化严重，其中受害最深的是土著毛利人。毛利人缺乏白人所受的教育，处于失业人口的最底层。新西兰标榜的社会平等及其理想完全消失了。

政府应对经济恶化的对策是进一步削减福利，但这些激烈的措施在 20 世纪 90 年代并没有收到效果，因此人民对政府失去信心。民心的丧失是新西兰政治的最大危险。新西兰曾是世界上第一块开创“福利国家”的土地，但在 90 年代，又第一个开始实行一种

完全相反的、彻底反对福利国家的政策。

三、新西兰的对外政策

在对外政策上，第二次世界大战前，新西兰依靠英国。1944年，新西兰与澳大利亚签订《堪培拉条约》，形成该地区的“相互安全同盟”。战后，美国成为新西兰的主要盟国。由于冷战的爆发，1951年9月，美、澳、新三国签订了《澳新美安全条约》，其目的是防止共产主义向该地区扩张以及防止日本军国主义复活。

新西兰还参加了东南亚条约组织。在马印冲突中，新西兰派出军队帮助马来西亚，反对印度尼西亚。在20世纪60年代，新西兰派出侵略军到越南。80年代，新西兰改变了对外政策，不再紧跟世界大国之后。法国在太平洋试验核武器遭到新西兰的强烈抗议，工党在1984年选举时保证不制造核动力潜艇，朗伊政府认为以核武器为防卫力量，只会摧毁新西兰。

1985年7月，法国特工人员在新西兰奥克兰港炸沉准备开往法国核试验地点的“彩虹勇士”号船只，企图嫁祸新西兰政府。当时一名船员被炸死。这引起了法新两国的争论，新西兰逮捕了两名法国特工人员，禁止法国在该地区进行核试验。后来，又拒绝美国核动力舰艇访问新西兰。美国一再向新西兰施压，要求允许美国核舰艇开往新西兰，均遭拒绝。美国恼羞成怒，宣布不再对《澳新美安全条约》承担义务。但新西兰毫不动摇，新西兰认识到自己的命运取决于亚洲的发展，而不是充当美国的小伙伴。

在20世纪90年代，新西兰大力发展同亚洲国家的关系，贸易额大增。近年来，新西兰特别重视发展与中国的友好合作关系。1972年，新西兰与中国建立外交关系，双方在各个领域的友好合作都得到了发展。1997年2月11日，中国全国政协主席李瑞环应邀访问了新西兰。中新政府就采矿、钢铁、能源、金融保险、农牧业、林业及旅游业等领域加强合作达成了共识，这有助于双边经贸合作关系长期、稳定、持续地向前发展。欧盟是新西兰重要的农产品市场，但它最大的贸易伙伴在亚洲，太平洋地区的贸易占其外贸总额的四分之三。在希普利总理的领导下，90年代的新西兰又在开拓新的适合本国发展的道路。

第五节　中国特色社会主义

一、中国特色社会主义的初步探索

从1950年至1965年，中国人民在中国共产党和毛泽东同志领导下，根据国情进行了社会主义建设的初步探索。这一时期，中国国民经济迅速恢复，打下了未来发展的工业基础。在1964年第三届全国人民代表大会上，周恩来总理代表党中央提出了中国要在20世纪内实现工业、农业、国防和科学技术现代化的宏伟目标，整个中国呈现一派欣欣向荣的景象。

但是，前进的道路并不平坦，怎样认识社会主义、怎样建设社会主义，是没有任何现成经验可以搬用的全新课题。在探索中，中国经历过挫折，也取得了巨大成功。其中最为严重的灾难是1966年至1976年的“文化大革命”。十年中，由于林彪、“四人帮”等阴谋家和野心家的干扰，中国的政治、经济发展都受到严重破坏。国民收入损失约五千亿元，人民生活水平下降，整个国民经济濒临崩溃的边缘。即便在这一时期，中国仍然取得了许多成就。其中最为世人称道的是，中国凭借自己的力量，成功爆炸了氢弹。这一时期，迅速发展的国防工业为后来中国经济的起飞提供了帮助。这一时期仍得到一定发展的原因是，毛泽东、周恩来和邓小平等领导人坚持进行社会主义经济建设。在1975年第四届全国人民代表大会上，周总理代表党中央再次提出要在20世纪末实现农业、工业、国防和科学技术现代化的宏伟目标。

二、中国特色社会主义的深入发展

1978年底，召开了十一届三中全会，确立了以邓小平为核心的党的第二代领导集体，开启了改革开放历史新时期。1989年后过渡到以江泽民为核心的党的第三代领导集体。

1978年后，中国执行了改革开放的政策，取得了巨大成就。1992年，邓小平发表南方谈话、党的十四大召开，中国的国民经济进一步发展，社会生产力、综合国力和人民生活水平都上了一个新的台阶。例如，在1991年至1995年第八个五年计划期间，国民生产总值平均增长很快，1995年达到57 600亿元人民币。原定2000年比1980年翻两番的目标，提前五年实现。1996年，国内生产总值又达到67 795亿元人民币，使中国在世界上的排名从第十位上升到第七位。城乡人民生活得到巨大改善。在“八五”期间，城镇居民人均收入年均增长7.7%，农村居民人均纯收入年均增长4.5%，社会消费品零售总额年均增长10.6%。1995年末，居民储蓄存款余额接近3万亿元，城乡新建住房43亿平方米，人均居住面积扩大。

1997年，中国共产党召开了第十五次全国代表大会，修改了党章，把邓小平理论确立为党的指导思想。大会在以江泽民为核心的党中央领导下，站在世纪之交，回顾了20世纪中国发生的三次历史巨变和产生的三位伟大人物，分析了面对的挑战和机遇，展望了21世纪中华民族的前途，拟定了21世纪前50年中国发展的战略目标。按照这一战略目标，到2010年，国民生产总值要比2000年翻一番。到2021年，国民经济将更加发展，各项制度更加完善。到21世纪中叶，即中华人民共和国成立100周年时，达到中等发达国家水平，基本实现现代化，建成富强、民主、文明的社会主义国家。

三、中国的对外政策

新中国自1949年成立以来，致力于保持本国独立、自主和领土完整，拥护国际的持久和平与各国人民之间的友好合作，反对帝国主义的侵略与战争政策。在上述外交路线指导下，1950年中国与苏联签订了《中苏友好同盟互助条约》，发展了与社会主义国家和全世界爱好和平国家的友好关系。1950年至1953年，进行了抗美援朝战争，打败了侵朝美军，迫使美国签订了停战协定，实现了东北亚的和平。

中国倡导以和平共处五项原则作为国际关系的准则。1954年6月，周恩来总理访问印度和缅甸，在中印和中缅两国总理会谈的联合声明中，三国一致同意并共同倡导将“互相尊重领土主权、互不侵犯、互不干涉内政、平等互惠、和平共处”五项原则作为处理国家间关系的准则。和平共处五项原则的公布，受到国际特别是亚非拉和欧洲国家的广泛支持和响应，大大促进了国家间的团结、合作与发展。1955年4月6日至10日，在印度新德里召开的亚洲国家会议上，与会各国通过决议，宣布“完全支持中印两国总理宣布并取得其他许多国家支持的五项原则，完全相信这五项原则构成了各国相互了解与和平共处的坚实基础”。

1955年4月18日至24日在印度尼西亚召开万隆会议期间，周恩来总理在发言中进一步阐明了和平共处五项原则的基本思想，并将“平等互惠”改为“平等互利”。在周恩来总理的努力下，万隆会议通过了著名的“万隆十项原则”。这十项原则是：一、尊重基本人权，尊重联合国宪章的宗旨和原则。二、尊重一切国家的主权和领土完整。三、承认一切种族的平等，承认一切大小国家的平等。四、不干预或干涉他国内政。五、尊重每一个国家按照联合国宪章单独或集体进行自卫的权利。六、不使用集体防御的安排来为任何一个大国的特殊利益服务；任何国家不对其他国家施加压力。七、不以侵略行为或威胁或使用武力来侵犯任何国家的领土完整和政治独立。八、按照联合国宪章，通过谈判、调停、仲裁或司法解决等和平方法，以及有关方面自己选择的任何其他和平方法来解决一切国际争端。九、促进相互的利益和合作。十、尊重正义和国际义务。这十项原则，实际上是和平共处五项原则的扩展。

20世纪50年代末60年代初，美苏争霸、推行霸权主义外交，损害了中国人民的利益，中国坚决实行独立外交政策，进行了反对苏联修正主义和美国帝国主义的斗争。在对苏关系上，从1959年开始，中苏两国关系恶化。苏联蓄意反华，并在中印边境冲突中支持印度，中苏两党两国关系破裂。在60年代初，中苏就国际共产主义问题发生了大论战。苏联发表致中共中央公开信攻击中国，中国则发表九评苏共中央公开信进行反击。1969年双方关系进一步恶化，苏联武装侵犯中国领土珍宝岛，被中国击退。此后，苏联进一步采取敌对措施在中苏、中蒙边境陈兵，双方剑拔弩张，关系紧张。

80年代中苏关系有所缓和。1989年邓小平高瞻远瞩，针对中苏关系的发展，提出了“结束过去，开辟未来”的思想。同时，戈尔巴乔夫也急于改善两国关系，中国和苏联关系改善。苏联解体后，中俄两国更加致力于双边关系的改善。

90年代初，中俄外交和军事专家小组在北京会晤时，就两国边境地区相互裁军和加强军事领域信任的问题举行谈判。经过几年的谈判，终于取得成果。1996年4月，中国、俄罗斯、哈萨克斯坦、吉尔吉斯斯坦和塔吉克斯坦五国元首在上海签署了关于在边境地区加强军事领域信任的协定。一年后，五国元首又在莫斯科签署了在边境地区相互裁减军事力量的协定。这两个协定不仅有利于维持上述地区的和平与稳定，促进五国睦邻友好、平等信任、互利合作关系的发展，也为维护亚太和平及世界和平做出了贡献。中俄两国首脑在20世纪90年代进行了卓有成效的互访，为两国关系的发展谱写了友谊篇章，还建立了总理级定期会谈等工作关系。

与中俄关系相比，中美关系经历了更多曲折。新中国成立初期，中国受到美帝国主义及西方的经济封锁，被迫执行亲苏的一边倒政策。美国侵略朝鲜，迫使中国人民志愿军开赴朝鲜，进行抗美援朝，保家卫国。朝鲜战争使两国关系降到最低点。

由于20世纪60年代末70年代初中苏关系的恶化，中美关系得到改善。1972年发表上海公报，1978年中美外交关系正常化。此后，中美关系就建立在1972年上海公报、1979年建交公报和1982年"八·一七"公报的基础上。在这三个公报中，美国都公开承认一个中国，不奉行"两个中国"或"一中一台"的政策，但实际上美国保持着与中国台湾的"半官方"联系。

冷战结束后，布什政府调整了对华政策。美国保持与中国友好关系的同时，借人权问题攻击中国。美国国内一小撮反华分子鼓吹"中国威胁论"，导致双边关系时好时坏。美国政府甚至提出"超越遏制"反对中国，这一政策损害了两国人民的利益。美国政府最终认识到中美关系的改善是合乎美国世界利益的，克林顿上台后修改了美国对华政策，提出与中国保持"接触"，双边关系得到改善。

1997年10月26日至11月2日，中国国家主席江泽民访问美国，两国国家元首进行了友好会谈，就两国关系的前景和应实现的目标达成了共识。双方强调建立建设性战略伙伴关系，两国领导人在构筑21世纪国际关系上做出了杰出贡献。

除了与美苏的关系，中国还发展了同世界其他国家的友好关系，受到越来越多国家的关注和重视，在国际事务中发挥越来越重要的作用。在邓小平"一国两制"方针的指导下，中国已于1997年7月1日恢复行使对香港的主权。澳门也于1999年12月20日回归祖国。此后，中国人民在中国共产党领导下，按照"和平统一，一国两制"的基本方针准备最终解决台湾问题，完成祖国统一大业。

推荐阅读书目

陈鸿斌，朱心坤. 亚洲经济的第三次浪潮. 上海：上海三联书店，1993.

官力. 邓小平与美国. 北京：中共党史出版社，2004.

林承节. 独立后的印度史. 北京：北京大学出版社，2005.

郑寅达，费佩君. 澳大利亚史. 上海：华东师范大学出版社，1991.

黄朝翰. 中国与亚太地区变化中的政治经济关系. 广州：暨南大学出版社，1990.

梅尔雷·加尔文·李克莱弗斯. 印度尼西亚历史. 周南京，译. 北京：商务印书馆，1993.

五百旗头真. 新版战后日本外交史（1945—2005）. 张立，译. 北京：世界知识出版社，2007.

John King Fairbank，Edwin O. Reischauer. China：Tradition and Transformation.

Boston：Houghton Mifflin，1978.

Mark Borthwick. Pacific Century：The Emergence of Modern Pacific Asia. Boulder：Westview Press，1992.

Robin Jeffrey. Asia：The Winning of Independence. London：Macmillan，1981.

第十章

战后中东

第一节　战后中东形势的发展

一、战后帝国主义国家在中东的争夺

中东曾是奥斯曼帝国的肥沃新月地带。第一次世界大战后，土耳其与伊朗独立。两次世界大战期间，埃及和伊拉克从受英国保护与委任统治的地位转为主权国家，但处于半殖民地状态。叙利亚和黎巴嫩处于法国的委任统治之下，巴勒斯坦处于英法共同委任统治之下。第二次世界大战期间，法国势力被英国驱逐，英国事实上支配着整个中东。战后，美国开始挤进中东，并展开与英国的角逐。1944 年，美国在沙特阿拉伯开采的石油已接近英国在伊朗的英伊石油公司的水平，并且在该国拥有一个空军基地。

上述情况使战后帝国主义在中东的争夺复杂化，又加上冷战，中东局势动荡不安。阿拉伯各国由于国家利益、领导人政治抱负以及教派的不同而出现分裂，在反对帝国主义的侵略上态度一致，在反对以色列犹太复国主义的斗争中态度一致，但在战斗中却不能形成坚强整体，这就导致了四次中东战争的失败。

上述矛盾还导致了两伊战争及冷战结束后的海湾战争。在斗争中，中东国家逐步认识到维护稳定、加强团结有利于各国的共同利益，因此日益团结，谋求社会的稳定及政治、经济的发展，力图实现中东地区的现代化和持久和平。

战后，英国在中东的统治开始动摇，但仍然维持到 20 世纪 50 年代。工党政府虽然力图保住在这一地区的经济和战略利益，但力不从心，被迫逐步退出。美国为了获得中东石油，确保中东成为西方势力范围，开始在争夺中与英国合作，避免苏联向中东渗透的所有可能。1946 年，英美强迫苏联从伊朗北部撤走。苏联是在第二次世界大战时根据

盟国协议，为确保反法西斯战争的胜利，与英国同时出兵占领伊朗的。苏联占领伊朗北部，英国占领南部。

二、中东人民反对英国殖民主义的斗争

战后中东人民反对英国殖民主义的斗争风起云涌，伊朗和伊拉克反对英国控制其石油，而埃及反对英国军事占领及控制苏伊士运河，其他国家也掀起反英运动。英国工党政府认识到，英国由于衰落，将不可避免地被迫放弃在中东的支配地位；同时中东情况复杂，动乱同样不可避免。因此不管情况如何，英国绝对不应撤走，而要利用阿拉伯国家之间的矛盾以确保英国得到中东石油。

英国1945年在伊拉克的地位还比较稳固。1948年1月，英国政府被迫与伊拉克政府签订了《英伊协定》，规定撤走英国在伊拉克的两个空军基地的部队，但保留在战时或受战争威胁时派英军前往这些基地的权利。这一条约遭到伊拉克人民的反对。在议员努里·赛义德领导下，伊拉克人民进行示威游行，迫使英国废除了这一条约。此后英国在伊拉克影响减小。

英国希望扶持亲英势力，在1945年3月支持成立了阿拉伯联盟。但阿盟上层领导人却不团结，埃及轻视约旦和沙特阿拉伯，与伊拉克为争夺阿拉伯世界领导权而相互攻击，其他阿拉伯国家则一致指责约旦为英国的走狗。在埃及，英国由于财力匮乏，无力维持驻军，准备撤走，但英国外交大臣贝文要求苏伊士运河不能落入一个反对英国的政权手中。埃及人民的抗议和暴力反抗迫使英国在1946年10月与埃及谈判并被迫同意于1947年开始撤军，1949年9月前完成撤军。埃及同意在受到战争威胁时，英军可重返苏伊士运河的军事基地。然而由于埃及宣布拥有苏丹，而英国不同意，所以谈判破裂。

在处理巴勒斯坦问题上，英国因其殖民主义立场而受到阿拉伯人民的反对。1945年，阿拉伯人和犹太人都认为英国在巴勒斯坦的统治行将结束。一些阿拉伯人准备武力赶走犹太复国主义者，犹太人则加紧建立犹太国。英国尽力防止日益增多的犹太移民，希望阿拉伯国家与以色列达成妥协。实践证明阿以之间根本不可能达成妥协，于是英国认为分治是唯一的解决办法。当这一方案遭到阿拉伯人武力反抗时，英军就用武力镇压。犹太人在巴勒斯坦处境不妙，他们还没有建立起足够的军事力量，如果英军撤走，那么他们将被赶出巴勒斯坦。于是犹太领导人古里安力劝英军暂缓撤军，他保证犹太恐怖主义者不再攻打和袭击英军。在犹太人内部，派别很多。其中魏茨曼和古里安亲英，而贝京等人则亲美反英。

英国对巴勒斯坦日益失去兴趣，因为英军待在那里代价过高。为维持和平，有10万英军驻扎在巴勒斯坦，但根本无力阻止阿拉伯人与犹太人之间的斗争。英国殖民政府、军队和警察受到阿以双方袭击，损失惨重。其中最著名的例子是1946年7月22日，犹太人为反对英国解除他们的武装，在英军司令部所在地——耶路撒冷国王大卫饭店实施了爆炸。虽然事前曾给予电话警告，但许多人根本来不及撤出饭店，饭店塌了一半。同时犹太人还计划炸毁耶路撒冷的铁路。1945年8月至1947年9月，有300名英国人死于犹太人袭击。

对此，英国公众要求政府撤出巴勒斯坦。英国无力解决巴勒斯坦问题，被迫于1947年5月把这个问题提交联合国。联合国任命了一个巴勒斯坦特别委员会，1947年8月决定巴勒斯坦分治，成立一个阿拉伯国家和一个犹太国家。美国操纵通过了这一决议，因为杜鲁门总统需要美籍犹太人的选票。而苏联从战略考虑，也投票赞成分治，认为一个犹太国的建立，必将遭到中东各国反对，这将有利于苏联打入中东。巴勒斯坦分治计划于1947年11月29日在联大以三分之二多数票通过。

而阿盟坚决抵制这一决议，并决定成立志愿军消灭即将成立的犹太国。在1948年4月英军撤走前，阿拉伯人就威胁要孤立耶路撒冷和其他犹太人定居点。到1948年3月中旬，仅进入巴勒斯坦北部、受过训练和装备齐全的叙利亚志愿军就已达5 000人。1947年在联合国分治计划中，以色列控制区有49.9万犹太人，52万阿拉伯人。大多数阿拉伯人由于害怕犹太人，在英军未撤完时已逃走一半。

三、第一次阿以战争

在阿以冲突中，阿拉伯人村庄支持阿拉伯军队，为其提供粮食、信息等，构成了对犹太人最大的威胁。于是犹太人开始消灭阿拉伯人村庄。1948年4月9日，犹太军队袭击耶路撒冷附近的阿拉伯村庄达伊尔·雅新，杀死45名阿拉伯人，其中包括妇女和儿童。三天后，阿拉伯人展开报复，袭击了一支运送补给品的犹太人队伍，枪杀了75名医生、护士、大学教师和学生。战争实际已在犹太人与阿拉伯人之间展开。当5月14日以色列国宣告成立时，双方战斗已经大规模进行。1948年5月15日，第一次阿以战争正式爆发，两支埃及部队进入巴勒斯坦。埃及、叙利亚、黎巴嫩、外约旦和伊拉克参加对以色列作战。

以色列军队处于劣势，没有飞机，没有重武器。埃及军队挺进到离特拉维夫几英里处才停下，由英军训练和指挥的外约旦战斗部队也抵达耶路撒冷。耶路撒冷战役极其激烈。外约旦军占领了耶路撒冷旧城，而耶路撒冷新城遭到飞机轰炸，死伤1 400名犹太人。因犹太人的顽强抵抗，埃约联军未能攻克新城。但是参加战斗的五个阿拉伯国家并不能团结一心，外约旦国王阿卜杜拉只想占有约旦河西岸和耶路撒冷，并不想摧毁以色列国，也不想帮助建立一个巴勒斯坦国。而埃及与叙利亚也只为本国打算。这种情况使以色列能与埃及、外约旦等国军队在耶路撒冷相持，并顶住了黎巴嫩、叙利亚在北部的进攻。

以色列抓住时机，迅速从捷克斯洛伐克得到大量武器，改善了犹太人的装备。同时又从美国得到大量走私军火，从英美得到飞机，还从欧洲各国得到大批无价的、能够驾驶的飞机和坦克，会使用现代化战争武器的、身经百战的犹太人志愿军使犹太军队很快从劣势转为优势。

联合国对阿以战争极为重视，通过了决议，强迫被战争拖得筋疲力尽的双方停战。1948年6月11日，双方签订了停战协定。然而双方均利用这一时间进行了战斗准备，阿拉伯军队扩大至4.5万人，以色列军则扩大到了10万人。1948年7月8日，以色列撕毁停战协议，开始进攻，并节节胜利。外约旦于1948年12月1日停止战斗，并与以色列签订停战协定，宣布外约旦占领的巴勒斯坦土地与约旦联合，吞并了约旦河西岸，此后外约旦改名为约旦。

1949年1月，埃及战败。以色列在受美国操纵的联合国的支持下，与除伊拉克外的所有交战国都签署了停战协定。在第一次阿以战争中，有50万犹太人被阿拉伯国家驱逐出境，这大大补充了以色列人口。同时以色列占领了大量巴勒斯坦土地，把自己的领土变成了一个完整的地区。第一次阿以战争使60万巴勒斯坦人成为难民，巴勒斯坦问题及阿拉伯国家对以色列的仇恨，成为阿拉伯国家在战后团结和斗争的主要动力之一。

第二节　1956年苏伊士运河危机和战争

一、英国殖民势力在中东的失败

20世纪50年代，阿拉伯人民的民族解放运动兴起，英国在埃及、约旦和伊拉克的势力被消除。美国没能及时挤入代替英国的地位，而苏联在寻找机会成为阿拉伯国家的盟友。这种情况对以色列有利，因为美国和西方支持以色列，希望以色列发挥反苏的作用。在赶走英国殖民者后，阿拉伯国家努力发展经济、加强国防建设，取得了很大成绩，但是分裂加剧。

叙利亚在第一次阿以战争失败后，于1949年3月30日在参谋长胡斯尼·扎伊姆领导下发动了军事政变。此后叙利亚政局不稳，三年内发生过三次政变，内阁更迭频繁。叙利亚内部基督教徒与伊斯兰教徒矛盾尖锐。美国支持基督教徒，反对伊斯兰教徒。由于叙以边境冲突经常发生，叙利亚把对以色列的仇恨也转移到美国身上。因为美国支持以色列，所以叙利亚转向苏联寻求帮助。

外约旦因国王阿卜杜拉1946年与英国签订条约而获得独立，因此受到阿拉伯各国的批评。1949年6月阿卜杜拉把占领的巴勒斯坦土地并入外约旦，改国名为哈希姆约旦王国。1951年7月，阿卜杜拉被一个巴勒斯坦人刺杀身亡。1952年，新国王侯赛因继位。

在伊拉克，由于人民的反对，伊拉克政府被迫进行了一些改革。由于伊拉克希望与约旦合并，引起了其他阿拉伯国家的反对。在阿盟中，伊拉克与埃及争夺阿拉伯世界的领导权。伊拉克统治阶级保守、反动、亲美，当埃及在纳赛尔领导下取得反英革命胜利后，认为埃及对伊拉克构成了威胁。这种情况一直延续到1958年伊拉克爆发革命后才有所好转。

在伊朗，人民反对国王的反动统治，反对英国对伊朗的剥削。苏联撤走后，美国的支持与援助并不能解决伊朗的社会矛盾。除了石油工业得到发展外，伊朗是中东最落后的国家之一，农民极其贫困，而石油工业由英国控制。日益觉醒的先进伊朗人要求革命，其中学生是革命的先锋，手工业工人和小店主是主力。他们的革命得到伊斯兰激进派的支持，使国王不得不进行一些改革。

1951年，伊朗“民族阵线”领导人摩萨台博士担任首相，他上台后即把英国控制的英伊石油公司国有化。英国政府采取措施反制，从石油公司撤走了所有技术员，并且联合美国抵制伊朗石油的出口。英美的经济封锁使摩萨台政府陷入经济困难之中。而后，美国中央情报局与英国情报处共同策划了旨在推翻摩萨台政府的“埃杰克斯计划”。1953年8月，摩萨台政府被推翻，国王任命亲美派萨希迪为首相。

二、纳赛尔领导的埃及革命和苏伊士运河战争

英美在中东的殖民主义遭到埃及革命的沉重打击。20世纪50年代初，埃及处于法鲁克国王统治之下，土地分配不均，人民生活贫困，社会矛盾尖锐，支配埃及政府的华夫脱党腐败无能。人民对埃及所处的半殖民地状态极为不满，要求英国撤出苏伊士运河。埃及人民组织了游击队，袭击英国军事基地。而英军横行霸道，肆无忌惮。1952年1月25日，1 500名英军攻打伊斯梅利亚埃及警察局，打死41名警察。这一事件导致了埃及全国的反英浪潮，第二天开罗发生几十万人的大游行，接着发生反对英国人的暴力行动。英国资本牧羊人旅馆被捣毁，损失达几千万英镑。面对这种情况，埃及政府只能施行戒严令，依靠军队进行统治。此时，军队内出现了由纳赛尔中校领导的自由军官组织，他们的活动得到了纳吉布将军的支持。

纳赛尔

1952年7月，纳赛尔领导军官起义迫使国王退位，夺取了政权。纳赛尔肃清了军队中忠于国王的高级军官，巩固了政权。但是纳赛尔没有一个建设新埃及的计划，只希望结束君主制，肃清腐败，结束英国在埃及的统治，加强埃及的军事力量。1954年，纳赛尔取代了革命后担任总统兼总理的名义领导人纳吉布将军，成为埃及唯一的具有最高权威的领导人。埃及有巨大影响的政党和组织，如穆斯林兄弟会和华夫脱党仍然得到了大多数人民的支持，支持纳吉布，遭到纳赛尔政府的镇压。

从根本上说，纳赛尔政权是军事政权，权力基础是军队和穷人，故而执行一些社会主义性质的政策，推行泛阿拉伯主义。纳赛尔首先致力于结束埃及的半殖民地状态。1954年10月，迫使英国签订了《英埃条约》，规定英军在20个月内撤出苏伊士运河，埃及则承诺战时允许英国使用这些基地。该条约有效期七年，1961年期满。这一条约遭到穆斯林兄弟会反对，因为苏伊士运河仍在英国手中，他们指责纳赛尔卖国。此时，埃及对以色列的政策又使埃及与西方的关系，特别是与法国的关系恶化。

英、美、法三国在中东矛盾重重。英国对美国势力在中东扩大、取代英国贸易深为不满，而美国以反对殖民主义为名排挤英国。虽然法国对第二次世界大战期间英国取代法国在叙利亚、黎巴嫩的地位耿耿于怀，但在埃及问题上，英法却有共同点。法国在重建东南亚殖民地的过程中，遭受了沉重打击，因此决心保住在北非的影响。此时纳赛尔执行泛阿拉伯主义，公开支持信仰伊斯兰教的阿尔及利亚革命，向阿尔及利亚革命者输送武器，而法国宣布阿尔及利亚是法国不可分割的一部分。这使法埃关系更加恶化，法国支持以色列反对埃及。

美国从反共战略出发，支持一切反动政权，包括国王、封建酋长，反对任何形式的革命，因此遭到中东人民的反对。上述英、美、法之间的关系决定了它们在中东政策上不能协调。埃及革命胜利后，由于追求阿拉伯世界的领导权，纳赛尔遭到伊拉克、沙特阿拉伯和其他海湾酋长国家的反对。巩固政权需要与邻国和平相处，因此从1952年至1955年2月，纳赛尔派出代表与以色列进行秘密谈判，但没有取得突破性成果。

1953年，巴勒斯坦游击队法塔赫从约旦河西岸袭击以色列，以色列进行残酷报复，摧毁了法塔赫所在的约旦许多村庄。巴勒斯坦解放组织领袖阿拉法特认为约旦国王不可能反击以色列，因此下令停止从约旦袭击以色列。他认为如果从埃及袭击以色列，以色列进行报复的话，埃及将反击，于是阿拉法特命令巴勒斯坦解放组织从埃及所占领的加沙袭击以色列。

1955年2月28日，以色列向埃及报复，打死埃及和巴勒斯坦士兵38人，打伤31人。这就使埃以谈判中断。这一事件具有深远影响，因为纳赛尔认识到了埃及军事力量的弱小，为了赶上以色列，纳赛尔需要购买大量武器。如果西方不给，他就要向苏联求助。美国坚持不给埃及武器，赫鲁晓夫认为这是对抗巴格达条约组织的好机会，于是在1955年10月向埃及供给武器。这使以色列大为惊慌，于是开始准备战争。接着法国向以色列提供武器，包括最先进的神秘IV战斗机。

英美继续希望埃及脱离苏联，但事实证明这不可能。于是英国站到法国一边，制定秘密计划以推翻纳赛尔，认为纳赛尔政权构成了对英国利益的威胁。1956年3月1日，在埃及的压力下，约旦解雇了军队中所有的英国军官，这使英国不能再忍受。1956年4月，英美终止了对埃及修建阿斯旺水坝的贷款。纳赛尔决心靠自己的力量，他把苏伊士运河国有化，用运河收入来修建水坝。

1956年7月26日，纳赛尔宣布了苏伊士运河国有化的决定。7月27日，英国内阁决定对埃作战，其目的是迫使埃及签订条约，保证英国船只永久自由通过苏伊士运河。但是英国并未真正与法国进行军事合作，这是由于英法对与以色列进行军事合作的态度不同。英国希望以色列置身危机之外，因为以色列参加对埃及的战争只能引起阿拉伯国家的反对。英国把这一决定正式通知了美国政府。法国因阿尔及利亚问题十分仇视纳赛尔，决定与英国进行军事合作侵略埃及。然而又担心英国最后与美国一起寻求和平解决方法，因此想与以色列进行军事合作。而以色列不满英国对一些阿拉伯国家的支持，这样法以开始秘密谈判，1956年10月1日，就侵略埃及达成协议：在以色列向埃及发动进攻后，法国给予海军支持和空中掩护，并空投给养。英国知悉法以计划后，表示愿意加入侵埃战争。10月16日，英法达成一致参战。10月24日至25日，英、法、以三方达成进攻苏伊士运河的协议。

10月29日，以色列发动对埃及的进攻后，英法即以保护运河为借口加入战争，轰炸开罗、亚历山大和塞得港等地。以色列和英法的侵略遭到全世界人民的反对，而美国担心整个阿拉伯国家会团结起来反对西方，因此企图消除苏伊士运河危机。11月3日，联合国通过了立即停火及要求以、英、法撤军的决议，苏伊士运河危机以英、法、以失败告终。

第三节 阿拉伯国家之间的矛盾与斗争

一、埃及、沙特阿拉伯和约旦之间的矛盾

阿拉伯国家在反对帝国主义与犹太复国主义的战争中是团结一致的，但是一旦危机暂时消除，内部矛盾又爆发出来。阿拉伯各国统治者之间存在矛盾，主要是埃及、沙特阿拉伯和约旦之间，以及其他一些国家相互之间的矛盾。1956 年苏伊士运河危机之后，冷战和美苏在中东的争夺使这些矛盾加剧，导致中东战火和冲突不断。

阿拉伯国家之间的矛盾，根本上是由殖民主义和帝国主义造成的。英、法、以在苏伊士运河的失败提高了纳赛尔的威望，然而埃及贫穷又缺乏石油等资源，为了购买苏联武器，欠下大笔外债，只能用唯一有价值的农产品棉花还债。另外，埃及人口增长迅速，人民生活得不到显著改善。阿斯旺水坝修成后，亦未能发挥原计划作用。但纳赛尔却想在中东发挥更大作用。1958 年埃及与叙利亚采取措施，组织阿拉伯联合共和国并邀请其他国家参加，也门宣布加入，但这个联合共和国只存在于纸上。由于也门是以合众国的形式加入的，因此整个联盟更名为“阿拉伯合众国”。

由于这三个国家在地理位置上并不接壤，所以这种联合并不持久。1961 年 9 月叙利亚的亲埃政权被推翻后，叙利亚就宣布脱离阿拉伯联合共和国。也门继续保持与埃及的关系，却大大增加了埃及的经济负担。1963 年也门发生内战，世袭酋长巴德尔得到沙特阿拉伯支持，力量较大。在苏联受过训练的以陆军参谋长阿卜杜拉·萨拉勒为首的一些军官发动了起义，向苏联和埃及寻求支持。埃及派出一支七万人的部队，财政负担巨大。阿拉伯各国之间的关系复杂，在一些问题上会有矛盾，但在另一些问题上却又团结一致。沙特与埃及在也门问题上有冲突，但却支持埃及反对以色列。约旦国王侯赛因则认为在苏伊士运河战争中，埃及已被以色列打败，以色列撤军是由于联合国压力。他认为埃及已经无力干涉约旦事务，于是在 1957 年 4 月撤掉亲苏、亲埃的纳布西首相的职务，宣布戒严令，恢复了个人权力。

二、美苏斗争加剧了阿拉伯世界的矛盾

英国势力退出中东后，美国填补了中东权力真空。1957 年 3 月美国国会通过法令，要求美国向中东提供经济与军事援助，赋予美国总统干预中东事务的一切权力。该法令由艾森豪威尔签署，称为“艾森豪威尔主义”。在 20 世纪 60 年代和 70 年代，沙特阿拉伯十分亲美，这使美国不可能完全支持以色列，而需在二者之间寻求平衡。美国支持黎巴嫩基督教民兵，命令第六舰队开入地中海以打击苏联与埃、叙联盟，从财政上支持约旦，企图颠覆叙利亚政府。然而，美国万万没有料到其最忠实的盟国伊拉克会发生革命，并退出巴格达条约组织。

1958 年 7 月，伊拉克发生革命。起义军队杀死国王及大臣，总司令阿卜杜拉·卡塞

姆夺取了政权，并得到伊拉克共产党的支持。约旦国王大为惊慌，害怕失去王位，于是要求英国帮助。英国向约旦派去了军队，美国也派出海军陆战队在黎巴嫩登陆，中东形势十分紧张。

美国和苏联虽然卷入中东事务，但最终都没有把上述国家拉入自己的阵营。苏联在埃及、叙利亚、利比亚和也门及红海其他地方的海军基地花费代价过高，能否继续使用取决于这些阿拉伯国家的执政者是否亲苏；美国则力图通过供给武器等手段取代苏联在这些国家的影响，但是由于在阿以冲突中支持以色列，遭到了大多数阿拉伯国家的反对。

第四节　第三次和第四次阿以战争

一、第三次阿以战争（六日战争）

1956年苏伊士运河战争后，阿以出现了短期的和平。纳赛尔谋求对阿拉伯世界的领导地位，遭到约旦和沙特阿拉伯的反对，也遭到叙利亚和伊拉克的敌视，于是再次强调要反对阿拉伯国家共同的敌人以色列，以实现埃及的领导作用。1959年7月26日，他宣布代表阿拉伯联合共和国消灭以色列。在1967年5月27日第二次阿以战争前，他又宣布："我们的根本目的是消灭以色列。"这种号召，得到阿拉伯国家的响应。伊拉克总统阿里夫于1967年5月31日宣布"以色列的存在是个错误，应予纠正"，应从地图上把以色列"抹去"。

以色列知道，只要被打败一次，整个国家就要灭亡。因此面对阿拉伯国家，以色列实行全民皆兵。在纳赛尔寻求苏联帮助时，以色列要求法国帮助。法国不仅给了以色列最先进的武器与飞机，还帮助以色列建立原子反应堆。而美国也宣布要保证以色列的存在。

1964年阿以关系紧张，因为以色列完成了引入约旦河水的工程，引起了叙利亚反对。纳赛尔立即在开罗召开阿盟会议，但阿拉伯国家还未做好战争准备，于是会议宣布支持阿拉法特和巴勒斯坦解放组织。

反以最为坚决的国家是叙利亚。1966年，叙利亚最激进的右翼军人执政，企图通过支持巴勒斯坦解放组织巩固政权。巴勒斯坦游击队法塔赫在叙利亚支持下，于1966年和1967年渗透到以色列袭击居民点。以色列则向巴勒斯坦游击队营地所在的叙利亚、约旦、黎巴嫩进行残酷报复，打死许多无辜的阿拉伯人，阿以向战争方向发展。苏联情报部门曾向埃及提供了以色列将进攻叙利亚的情报，以挑动埃及对以作战，但那不过是以色列准备对叙利亚巴勒斯坦游击队实行的另一次报复性打击。

1967年5月中旬，纳赛尔要求联合国撤走在埃以边界的维和部队。5月22日，埃及关闭了亚喀巴海湾，禁止以色列船只通过。5月30日，约旦国王侯赛因把约旦军队交给纳赛尔指挥。6月4日，伊拉克加入埃、约集团。以色列也加紧战争准备，决心用武力打开亚喀巴海湾。

1967年6月5日清晨，以色列向埃及、约旦、叙利亚发动进攻，一天内摧毁了埃及及其盟国的空军。但苏联飞行员却待在自己的空军基地内旁观，并没有援助埃及空军。六天后，战争结束，以色列进入苏伊士运河，占领西奈半岛和加沙，与约旦军队进行巷战，以巨大伤亡为代价占领了东耶路撒冷与约旦河西岸，北边则占领了戈兰高地。

六日战争

1967 年 11 月 22 日，联合国通过著名的 242 号决议，要求阿以和平谈判：阿拉伯国家承认以色列，并建立永久边界；但要求以色列从其占领的土地上撤军并解决巴勒斯坦难民问题等。然而纳赛尔并不满足，他拒绝承认以色列，并宣布，除非以色列完全撤走，并承认巴勒斯坦人在自己国家的权利，否则不与以色列谈判。其他阿拉伯国家也采取了这一立场。但同时，以色列拒不撤军，对安理会 242 号决议的解释是保证以色列的安全和边界，它是否撤军必须取决于与阿拉伯人的谈判结果。

1970 年 9 月，纳赛尔逝世，埃及人民和整个阿拉伯世界沉痛哀悼。他为反对帝国主义、反对以色列复国主义和改善埃及人民的生活做出了巨大贡献。但纳赛尔时期的埃及仍然十分落后，其原因在于人口的增长快于经济发展的速度。埃及同时在也门作战，战争的重负更破坏了经济的发展。

二、第四次阿以战争（十月战争）

埃及新总统萨达特和叙利亚一起于 1973 年 10 月 6 日发动了攻打以色列的战争，称为十月战争（阿拉伯人称“斋月战争”，以色列人称“赎罪日战争”）。以色列开始遭受重大损失，后来从美国得到大量武器，分别打败埃、叙，并进入埃及本土。叙利亚收复的领土戈兰高地得而复失。

阿拉伯国家为支持埃、叙与以色列的战争，开始对美国实行石油禁运，引起美国、西欧石油短缺和油价暴涨。于是美国谋求和平，苏联不愿公开与美国对抗，也同意寻求和平解决办法。10 月 20 日在中东进行穿梭外交的美国国务卿基辛格应邀访苏，与勃列日涅夫会晤，双方拟订了停战协定。在美苏压力下，联合国通过 338 号决议，强迫埃以停火。

知识链接

产油国震撼世界

“赎罪日战争”蕴涵着震撼世界经济的能源供应危机。西欧、日本和美国都在不同程度上依赖着中东阿拉伯国家的石油供应。以沙特阿拉伯为首的这些国家联合起来，利用“石油武器”反对西方。在“赎罪日战争”激烈进行期间，他们宣布大幅度削减石油出口，并完全停止向美国和荷兰这两个最偏袒以色列的国家供应石油。1973 年 12 月，石油输出国组织的阿拉伯成员国宣布收回原油标价权，并将其基准原油价格从每桶 3.011 美元提高到 10.651 美元，国际市场上的石油价格从每桶 3 美元涨到 12 美元，上涨了 3 倍，从而触发了第二次世界大战之后最严重的全球经济危机。

——特里·布劳斯. 20 世纪看得见的历史. 周光尚，望震，薄景山，译. 北京：中国社会科学出版社，2006：375.

第五节　1973 年后的阿以关系

一、恐怖活动的产生与阿拉伯国家内部的冲突

十月战争后，埃及总统萨达特为收回西奈半岛准备与以色列谈判，但以色列贝京政府并不准备归还西奈。中东形势极不稳定，美苏争夺加剧使中东充满杀机。美国和苏联向中东提供了大量武器，美国主要支持沙特阿拉伯及海湾各酋长国，苏联则向伊拉克、叙利亚等国提供武器，中东各国斗争愈演愈烈。十月战争之后，中东局势的特点之一是阿拉伯人用恐怖手段打击以色列，其中最为突出的是 1972 年 9 月在慕尼黑奥运会期间杀死以色列运动员事件。此外，各种劫持飞机、扣押人质和自杀性攻击等也令西方各国胆战心惊。

1983 年 4 月，在黎巴嫩，一名反美穆斯林驾驶一辆装满炸弹的汽车冲进美国驻黎大使馆，炸死 63 名美国人。10 月，另一起自杀性爆炸炸死贝鲁特机场附近美国兵营的 241 名美军士兵。这些恐怖活动往往也伤及无辜，例如 1988 年 12 月，恐怖分子在苏格兰炸毁了一架从伦敦飞往纽约的泛美航空公司巨型飞机，全体乘客与机组人员遇难。

这一时期的另一特点是阿拉伯国家内部混乱、充满战争，其中黎巴嫩在内部冲突中遭受的损失最大。

法军于 1946 年 12 月完全撤出，独立后的黎巴嫩政权由各派组成，总统由天主教马龙派教徒担任。但其他天主教派及伊斯兰教派都反对这种政权组合，于是 1958 年爆发内战，时打时停。1967 年，由于阿以战争后大批巴勒斯坦难民涌入，约旦局势恶化。1970 年，巴勒斯坦游击队被约旦驱逐，进入黎巴嫩。阿拉法特在黎巴嫩建立了根据地，并从那里出发打击以色列。以色列则对黎巴嫩的巴勒斯坦目标进行报复性打击。

1975 年，黎巴嫩内战重新爆发。中央政府不能控制局势，分裂成许多派别。叙利亚支持天主教徒支配的中央政府，而以色列向马龙派天主教徒提供武器。1978 年，为了消灭巴勒斯坦游击队，以色列占领南黎巴嫩，建立了亲以色列的马龙派军政府，以防止巴勒斯坦解放组织从黎巴嫩南部袭击以色列。1980 年两伊战争后，亲伊拉克和亲伊朗的阿拉伯人斗争，更加剧了黎巴嫩的分裂。1982 年，以色列再次入侵黎巴嫩，赶走了巴勒斯坦解放组织。

二、埃以关系的改善

十月战争后，以色列强硬派得势。1977 年利库德集团上台，贝京担任总理，打断了工党 30 年来的统治，拒不从占领的土地上撤走。埃及立场的改变使贝京开始修改政策。在 1973 年十月战争中，埃及与以色列在战斗中各有胜负，萨达特在埃及被看成纳赛尔式的英雄。萨达特切断了与苏联的一切联系，转向美国寻求帮助。他认为巴勒斯坦人继续与以色列对立代价太高，他急于实现和平。1977 年，他把巴勒斯坦解放组织驱逐出开罗。

贝京则认为与埃及实现和平，甚至归还西奈大部分地区以保住约旦河和耶路撒冷，有利于打败巴勒斯坦解放组织，值得付出代价。双方有了和谈基础，罗马尼亚总统齐奥塞斯库曾试图充当埃以之间的调停人，但未成功。

后来通过摩洛哥国王，埃以之间的联系畅通。贝京在获悉巴勒斯坦解放组织一名成员将刺杀萨达特的消息后，预先告知了萨达特，从而表示了友好。于是埃以关系出现了令人瞩目的变化。1977 年 11 月 9 日，萨达特在开罗宣布将亲自前往耶路撒冷，与以色列议会讨论阿以问题。大吃一惊的贝京立即在第二天发出邀请，请萨达特访问耶路撒冷。11 月 20 日，萨达特在以色列发表讲话，要求以色列从埃及所有被占领土上撤军，也谈到接受以色列的友谊与和平。贝京很有礼貌地做了回答，但在巴勒斯坦问题及约旦河西岸和东耶路撒冷问题上毫不妥协。贝京把以色列人已经定居的西奈之外的占地归还了埃及，虽然双方分歧很大，但都同意通过谈判解决问题，此后一年多谈判毫无进展。

1978 年 9 月，美国总统卡特邀请萨达特和贝京到华盛顿戴维营谈判以打破僵局。卡特对萨达特欺哄吓压，同时也威吓贝京。这样在 1978 年 9 月 17 日埃以达成协议，贝京答应将整个西奈归还埃及。至于巴勒斯坦问题，由以色列决定谈判的时间。在卡特答应给予埃及财政援助后，萨达特才于 1979 年 3 月 26 日在白宫签订了和平条约。萨达特虽然收回了西奈，但却遭到阿拉伯国家的谴责和阿拉伯人民的反对。1981 年 10 月 6 日，在一次军事检阅中，一些伊斯兰激进组织的士兵刺杀了萨达特。副总统穆巴拉克奇迹般地躲过弹雨活了下来，成为埃及国家元首，他仍奉行萨达特路线。

三、以色列的强硬路线与中东和平进程

以色列继续强硬路线。1981 年 6 月 7 日，八架 F16 战斗机在六架 F15S 护航机保护下，摧毁了伊拉克由法国帮助建立的原子反应堆，使之不能生产原子弹。1982 年 6 月 4

日，以色列飞机轰炸巴勒斯坦解放组织在黎巴嫩的营地，6日出动军队攻入黎巴嫩，9日炸掉了部署在叙利亚的苏制导弹，13日打到贝鲁特郊区。8月21日，巴勒斯坦解放组织接受以色列的受降条件，在多国部队保护下从地中海撤走。

这一次侵略，并未消灭巴勒斯坦游击队主力。他们虽然投降后撤走，但却发誓要打回来。同时，以色列入侵黎巴嫩伤亡惨重，还在国际上受到谴责。1983年9月，贝京被迫辞职，由利库德集团另一位领导人沙米尔任总理。以色列在1984年的选举中陷入僵局，利库德集团与工党共组"全国统一"政府，由沙米尔任总理。

1987年12月，在约旦河西岸与加沙长大的年轻一代巴勒斯坦人开始以暴力反抗以色列的占领，以色列派军队前去镇压，杀死许多平民。1992年8月，以色列工党领袖拉宾当选总理，答应寻求和平，取代了鹰派沙米尔。拉宾在对付巴勒斯坦伊斯兰激进组织"哈马斯"上，像沙米尔一样强硬。在美国支持下，1991年10月巴以双方在西班牙马德里开始和平谈判。美国是马德里和会两个主持国之一，会上决定全面和平必须以安理会242号和338号决议及"以土地换和平"原则为基础，但会议并没有什么实质性进展。会后，拉宾委托外长佩雷斯在挪威与巴勒斯坦解放组织直接进行谈判。

克林顿当选美国总统后，决定推动中东和平进程。他进行了一系列外交活动，抛出了一个"新方案"，宣布从1993年4月27日开始的第九轮谈判后，美国将以"正式伙伴"身份参与谈判。8月30日，巴以宣布草签《临时自治安排原则宣言》，谈判取得重大突破。1993年9月9日，巴勒斯坦解放组织与以色列一致同意相互承认，谈判取得历史性突破。

《临时自治安排原则宣言》为中东带来和平希望

9月13日，佩雷斯与巴勒斯坦代表阿布·马赞签订了《巴以协议》。签字后，阿拉法特与拉宾伸出了和解之手。两人长久握手，标志着经历了半个世纪的相互敌视之后，巴以开始走向和解，也为整个中东地区的和平带来了希望。此后，开始了漫长而艰难的和平之路：巴勒斯坦人在加沙和约旦河西岸多座城市实现了自治；约旦和以色列缔结了和平条约并正式建交；摩洛哥、突尼斯、毛里塔尼亚、阿曼和卡塔尔五国与以色列建立了低级别外交关系；等等。短短几年，从马格里布到海湾，和解之风吹拂。

冷战结束后，叙利亚失去苏联武器供应渠道，叙以谈判开始。1994年9月，海湾六国率先宣布停止对以色列的间接经济抵制，接着又有一些阿拉伯国家采取了同样措施。

然而持久和平不可能一蹴而就，以色列右派认为拉宾政府向巴勒斯坦解放组织所做的让步过多。1995 年 11 月 4 日，拉宾总理被极右分子刺杀身亡，佩雷斯接任总理。

由于右派反对工党政府的政策，佩雷斯于 1996 年 2 月决定提前大选，让人民来决定以色列应该由谁执政。不幸的是工党在 1996 年 5 月的大选中败北，奉行强硬政策的利库德集团领导人内塔尼亚胡上台，使阿以关系改善的势头难以为继。内塔尼亚胡提出“三不政策”，即拒绝讨论从戈兰高地撤走，拒绝讨论东耶路撒冷的地位问题，拒绝马德里和会提出的“以土地换和平”的基本框架；同时提出“以安全换和平”，试图“土地与和平”二者兼得。内塔尼亚胡的倒行逆施使整个中东和平进程受挫，巴以暴力冲突升级。叙以和谈在 1996 年 2 月中断后，一直未能恢复。

内塔尼亚胡政府对前工党政府与叙达成的在联合国安理会 242 号和 338 号决议基础上实现“以土地换和平”的原则不认账，不承认前政府对叙做出的“全面撤出戈兰高地”的口头承诺，拒不归还戈兰高地。接着内塔尼亚胡开始推行耶路撒冷犹太化政策。1996 年 9 月 24 日深夜，在重兵戒备下，以色列当局突然秘密打开了耶路撒冷旧城阿克萨清真寺地下的一条古隧道，引起暴力冲突。巴勒斯坦人第二天示威抗议，以色列士兵开枪镇压，并与巴勒斯坦警察交火，造成五人死亡，三百多人受伤。后来连续几天发生冲突，结果酿成双方死亡七十多人、伤近一千人的大惨案。

经过艰苦的努力，巴以于 1997 年 1 月 15 日就希伯伦问题达成协议，以色列同意从希伯伦大部分地区撤军，和谈似乎又出现转机。但 1997 年 3 月 18 日，以色列开始强行在东耶路撒冷兴建哈尔霍巴定居点。巴方宣布中止与以色列的政治会谈以示抗议。美国中东事务协调员罗斯在 5 月对中东进行了 12 天的穿梭访问，试图说服恢复和谈，但他的调停以失败而告终。

7 月 24 日，耶路撒冷市政府又批准在东耶路撒冷的拉斯阿穆德修建另一定居点，这一决定使巴以争端更加激化。上述定居点一旦建成，以色列将完成对东耶路撒冷的地理包围，并将这座古城与约旦河西岸的地缘联系切断。正因为如此，巴方千方百计阻止上述定居点工程的实施。但美国却偏袒以色列，在安理会两次使用否决权，分别否决了欧盟与阿拉伯国家要求停建定居点的提案。对此，阿拉法特认为如果以色列不停建定居点，重新启动和平进程，如果美国不迅速采取行动使和平进程摆脱困境，中东地区有可能出现动乱与战争。美国考虑到冲突不利于自己的利益，在 8 月后派出罗斯再赴中东，而俄罗斯也有意介入中东事务，于 1997 年 10 月 31 日提出实现中东和平的 12 点建议。美国见状于 11 月初安排了巴以华盛顿谈判，但未取得任何成果。

第六节 伊朗、伊拉克和两伊战争

一、伊朗

伊朗是海湾地区的重要大国，盛产石油，主要出口到西欧、日本和美国。第二次世界大战后，伊朗在摩萨台领导下展开了民族独立运动，遭到英美反对。在英美支持下，伊朗国王赶走摩萨台，重新执政，成为美国利益的代表。1955年，伊朗加入旨在反苏的巴格达条约组织，1958年伊拉克革命后退出该组织，该组织改名为中央条约组织。国王礼萨·巴列维利用美援，依靠国家安全和情报组织及军队进行独裁统治，人民生活在水深火热之中。

20世纪60年代初，伊朗人民要求改革，各种力量开始活动，其中"民族阵线"力量开始强大。国王逮捕了民族阵线领导，但为了巩固统治，宣布进行改革，并提出诱人的方案。1963年，国王组织全国对他的改革计划进行公决。他的计划包括土地改革、选举改革（如给妇女选举权）、改革文化教育、提高人民收入、把国有工厂私有化等。这次改革被称为"国王-人民革命"，即所谓"白色革命"，得到95%以上人民的赞成。通过这次改革，伊朗在政治经济上都取得了一定进步。

但反对国王专制统治的斗争仍然继续着，其中最有力的反对者是伊斯兰教什叶派领袖霍梅尼。霍梅尼原是库姆宗教学院的教授，反对国王的白色革命，当国王逮捕他时，却引起了德黑兰和全国的暴乱。国王命令军队镇压，并实行戒严。据统计，在这次暴乱中，打死、打伤几千人。1964年霍梅尼被驱逐出伊朗，这是国王的最大失策。因为霍梅尼在土耳其、伊拉克和巴黎从事反对伊朗国王的活动，其影响远远超过在国内的活动。

巴列维国王的改革很不彻底。土地改革剥夺了在外地主的财产，但广大农民并没分得土地。国王在农村组织大型农业合作社，用政府官员代替地主管理农民，农业产量提高十分缓慢，根本赶不上人口的增长。广大农民离乡离境，迁往城市求生。工业方面有了迅速发展，但贫富差距扩大，引起人民不满。正在兴起的中产阶级虽然从经济发展中得利，但人数少，而且也不满国王的专制统治。伊朗学生毕业后，就业又十分困难，成为反对国王的先锋。总之，社会各阶层都反对国王统治。但是美国认为伊朗国王是海湾地区唯一可以保卫美国利益的人，决定给予巴列维国王坚定的支持。

1977年11月，当巴列维访美时，卡特总统保证支持他的统治。12月，卡特访问伊朗，再次重申上述保证。但是美国的支持阻挡不住伊朗革命的发生。20世纪70年代中期，伊朗经济状况恶化，由于世界石油危机，伊朗石油产量减少，国内通货膨胀严重，物价飞涨。德黑兰和其他地方的房租也迅速上涨。因此，美国总统刚离开德黑兰，库姆城就率先爆发了反对国王的示威游行，国王进行残酷镇压。1978年3月、5月和8月，人民的示威游行升级。9月在德黑兰举行了大规模示威，国王下令开枪镇压，死伤数千人。国王的暴行导致全国大罢工，广大士兵不愿再向人民开枪，国王失去了军队支持。

为延续伊朗封建统治，1978年12月，美国政府劝说伊朗国王接受君主立宪政府，国王被迫同意。12月29日，国王请民族阵线领导人巴赫蒂亚尔组阁，1979年1月16日，国王离开伊朗，等待立宪政府稳定再回国。然而他的离开导致人民强烈要求霍梅尼回国当政，巴赫蒂亚尔被迫同意。1979年2月1日霍梅尼回国，2月11日巴赫蒂亚尔内阁倒台，霍梅尼成为伊朗国家领袖。他任命律师巴扎尔甘组成伊斯兰临时政府，4月1日，宣布成立伊斯兰共和国，并担任国家元首。

霍梅尼的革命法庭审判了镇压人民的国王军队的将军，他成立了革命卫队和伊斯兰共和党，一边清洗军队和政府中支持国王的人，一边镇压想借机闹独立的库尔德人和阿拉伯人。霍梅尼反对美国，认为美国应对伊朗国王犯下的一切罪恶负责。美国允许巴列维国王到纽约治病，伊朗政府要求引渡国王回国受审的要求遭到美国拒绝，使伊美关系进一步恶化。

在霍梅尼的纵容下，1979 年 11 月，伊斯兰革命学生占领美国驻伊朗大使馆，扣留美国外交人员作为人质。卡特于 1980 年 4 月派出营救队企图解救人质，但行动失败，两架直升机坠毁，营救队员死亡 8 人。这次行动的失败大大影响了卡特再次竞选总统。人质在被扣 15 个月后，才被放回美国。

霍梅尼以伊斯兰教规治国和处理国际关系，遭到西方国家反对。1989 年 2 月，英国作家拉什迪因写小说《撒旦诗篇》而被霍梅尼判处死刑。霍梅尼认为该书亵渎了伊斯兰教，所以作者应该被处死。尽管英国一再抗议，不断要求与伊朗政府谈判，但这一判决迟迟未被取消。

二、伊拉克

战后伊拉克动荡不安。1958 年革命后，卡塞姆将军宣布伊拉克成立共和国。卡塞姆有充当阿拉伯世界领袖的欲望，但 1963 年伊拉克复兴社会党推翻了他的统治，由穆罕默德·阿里夫任总统。1966 年 4 月阿里夫死于空难，由其兄长拉赫曼·阿里夫任总统。

1968 年贝克尔任总统，萨达姆·侯赛因开始崭露头角。1979 年，萨达姆·侯赛因担任总统。萨达姆·侯赛因上台后执行了一系列社会改革政策，对外国公司实行国有化，振兴经济，改善人民生活。同时加强国防建设，使伊拉克拥有中东最强大的武装力量，他号称其军队力量居世界第四。于是中东几乎同时出现了两个强有力的新领导人——霍梅尼与萨达姆，出现了两个新兴国家。由于两国在历史、民族、宗教信仰和国家利益上充满矛盾，一场震惊世界的战争不可避免。

三、两伊战争

在历史上，两伊为阿拉伯河主航道的划分就存在纠纷，这是英国造成的。两伊在这方面的争执从 19 世纪就已开始，1937 年在英国操纵下，签订了一个有利于伊拉克的协议，1969 年伊朗国王撕毁这一协议，用武力强迫伊拉克签订了《阿尔及尔协议》，以阿拉伯河主航道为分界线。两伊关系恶化，彼此鼓励对方的反政府运动和少数民族独立运动，特别是支持对方的库尔德人独立运动。

在民族上，伊朗是波斯人，伊拉克为阿拉伯人，双方共同点很少。在宗教信仰上，伊朗什叶派力量强大，而伊拉克逊尼派掌握政权。两伊开战的重要原因是霍梅尼的上台，伊朗伊斯兰革命运动极大震动了萨达姆·侯赛因政权。因为霍梅尼宣布萨达姆对伊朗伊斯兰革命怀有敌意，号召伊拉克军队推翻萨达姆的统治。而萨达姆则无情镇压内部反对派以及同情伊朗伊斯兰革命者。

1980 年 9 月 17 日，萨达姆总统撕毁《阿尔及尔协议》，宣布拥有阿拉伯河的全部主权。9 月 22 日，伊拉克军队入侵伊朗，两伊战争全面爆发。尽管伊拉克军队推进迅速，但未能占领伊朗巨大的阿巴丹炼油厂。伊朗军队和革命卫队拼死抵抗，伊拉克军队伤亡惨重，不能扩大战果。霍梅尼宣布进行圣战，直到推翻萨达姆在伊拉克的统治，战争才算结束。1982 年春，伊朗由于资源丰富，军队人数众多，开始取得优势，并逐步把伊拉克军队赶出伊朗。霍梅尼的统治因战争而得到加强，伊拉克由于入侵伊朗而得不到阿拉伯国家的支持。叙利亚是伊拉克的宿敌，宣布支持伊朗，并在 1982 年封锁了伊拉克通向地中海的输油管。以色列也向伊朗提供秘密技术与空军支持。

入侵伊朗的伊拉克军队守卫在伊朗内侧 16 公里的一个废弃的警察哨所

苏联和美国都急于制止伊朗的进一步胜利，其目的是防止伊朗伊斯兰激进组织运动传入苏联的中亚各共和国以及美国在海湾的盟国。沙特阿拉伯和其他海湾国家更害怕伊朗“输出革命”，因此从经济上支持伊拉克。

同时，伊朗虽然把伊拉克军队赶出本土，但损失惨重，其军队无力消灭坚固设防的伊拉克军队。在伊拉克轰炸伊朗石油设施后，美国对双方实行武器禁运。到 1987 年，伊朗在战争中已筋疲力尽。虽然通过走私仍有武器，但这无法使伊朗获胜。伊拉克使用导弹，打击了伊朗军队的士气，瓦解了新兵的斗志。伊拉克还使用毒气，加深了战争的恐怖。1988 年 7 月，一架伊朗民航飞机被美国军舰击落，美国声称是误会，但伊朗已确信美国将阻止伊朗的胜利。

伊朗第二号人物拉夫桑贾尼是霍梅尼的忠实信徒，但他是一位现实主义者，认为战争应当结束，否则伊朗难以为继。1988 年 8 月 18 日，伊朗接受了联合国 1987 年通过的要求两伊停火的 598 号决议。1988 年 8 月 20 日，两国正式停战。1989 年 6 月霍梅尼死后，拉夫桑贾尼成为伊朗领袖，伊朗政策转向温和。后来在海湾战争中，伊朗采取与西方合作的态度，与西方的关系得到改善。到 1998 年，伊朗虽然元气还未恢复，但由于是海湾地区的大国，在中东和谈进程中仍然具有重要作用。

第七节 美国与海湾战争

一、伊拉克入侵科威特

伊拉克认为伊朗接受停战是伊拉克的胜利。总统萨达姆加强了权力，个人崇拜达到顶峰。伊拉克决心消灭国内北部山区的库尔德人，伊拉克军队杀死库尔德人，并向库尔德村庄施放毒气，迫使10万库尔德难民逃往土耳其。1990年，伊拉克议会授予萨达姆终身总统之职。

伊拉克军事力量的强大引起了西方和以色列的不安，正巧伊拉克不顾国际公法入侵科威特，给了西方打击伊拉克的最好借口。在两伊战争中，科威特曾经支持伊拉克。在伊拉克立国前，1899年科威特已经被英国宣布为保护地。伊拉克于1932年独立，而科威特在1971年独立。两伊战争后，伊拉克和科威特为边界问题、涉及两国的油井开采问题和双方债务问题而发生争论。此外，伊拉克指责科威特超额生产石油使世界油价下跌，加之在两伊战争后十分需要资金，因此决心征服科威特。

1990年8月2日，伊拉克入侵科威特，宣布科威特是伊拉克领土，同时把科威特作为伊拉克第19个省。以美国为首的西方立即行动起来。1990年8月6日，联合国安理会通过决议要求所有国家中断对伊拉克的贸易，使伊拉克石油无法出口，以破坏伊拉克经济。联合国又通过12项决议，要求伊拉克无条件撤出科威特。美国还规定撤军最后期限为1991年1月15日，届时伊拉克仍不撤军，联合国将用一切手段把伊拉克赶出科威特。

美国从1990年8月7日就准备对付伊拉克军队，拟订了“沙漠风暴”的作战计划。但伊拉克并不撤军，只是在1990年12月释放了被扣的两万名在伊工作的外国人，其中三千名是美国人。萨达姆表示希望召开一个中东会议，不仅讨论科威特问题，同时也必须讨论以色列占领阿拉伯土地及巴勒斯坦问题，他希望解决巴勒斯坦问题，成为阿拉伯人眼中的英雄。

美国总统布什绝不允许巴勒斯坦问题与科威特联系在一起，其他一些阿拉伯国家由于害怕伊拉克力量的强大和威胁而支持美国。而约旦、也门及巴勒斯坦解放组织领袖阿拉法特等宣布支持伊拉克，阿拉伯世界再次出现分裂。伊拉克则扬言将为科威特而战，如果受到西方攻打，伊拉克将使用化学武器。

二、“沙漠风暴”

1991年1月17日清晨，美国开始了以“沙漠风暴”为代号的残酷战争。西方各国组成盟军共60万，其中绝大部分是美军。在28个盟国派出的人员中，绝大多数都是非战斗人员。这次战争的费用主要由德国、日本、沙特、科威特等国提供。

战争开始后，美国以飞机从空中打击伊拉克的战略目标。六个星期中，美国共出动飞机几千架次轰炸伊拉克的军事目标、道路、桥梁及其他重要设施，首次使用了许多高技术的新式武器，进行空中杀戮。美国飞机轰炸伊拉克在科威特的军队，炸死大量伊拉克士兵的同时还炸死不少平民。例如在轰炸巴格达战略目标时，炸死许多无辜平民，伊拉克的士气完全瓦解。

在2月24日开始地面战斗时，伊拉克军队立即投降。在科威特困守的伊拉克士兵在100个小时内被完全肃清。没有伊拉克军队死亡的精确数字，据估计是3万至9万人。美军死亡389人，英军死亡44人。盟军共466人死亡，1 187人受伤。

对西方来说，战争期间唯一的危险是伊拉克用飞毛腿导弹报复性袭击以色列，以破坏西方与阿拉伯国家的联盟。但美国从外交上努力转移阿拉伯国家视线，以色列也未还击，只是用美国的爱国者导弹拦击飞毛腿导弹。

2月26日，伊拉克宣布从科威特撤军，第二天又宣布接受联合国通过的所有决议。于是布什在2月27日下令停止杀戮伊拉克士兵。布什并非大发慈悲，而是担心继续杀死已投降的伊拉克士兵，将引起阿拉伯国家的反对。布什也错误估计了伊拉克局势，认为萨达姆不可能再继续执政。但是萨达姆权力仍十分巩固，撤出科威特时，他下令烧毁沿途油井，大火数月不能扑灭。美国鼓励伊拉克人民起义。

知识链接

美国进攻伊拉克

在1991年9月海湾战争结束后，西方国家宣布将伊拉克北部划为供库尔德人发动反对伊拉克领导人萨达姆·侯赛因叛乱的“安全区”。然而，1996年8月，为支持亲萨达姆的库尔德民主党的武装力量，伊拉克军队入侵了该“安全区”。美国总统比尔·克林顿对此做出反应，发动了自1991年停火以来的第一次大规模进攻。在9月份第一个星期的两天时间里，美国巡航导弹对伊拉克南部的目标进行了猛烈打击。

这次进攻对库尔德人居住地区的冲突产生的影响微乎其微，该地区形势依然动荡不安。克林顿是为了在11月份大选前的准备阶段在国内提高其声望而发动了这次进攻，结果萨达姆政权却幸存了下来，这令美国人大大受挫。在美国的北约盟友中，只有英国完全支持这次导弹袭击。

——特里·布劳斯．20世纪看得见的历史．周光尚，望震，薄景山，译．北京：中国社会科学出版社，2006：538.

但伊拉克大部分人民并没有起义，只有南部什叶派教徒与北部库尔德人乘机起义。由于苏联、叙利亚、土耳其国内都有要求独立的库尔德人，三国的共同利益是镇压任何库尔德人独立国家的出现。美国也担心库尔德问题的出现将使中东问题更加复杂，同时也不支持南部什叶派的起义，因为那一地区受伊朗什叶派影响，美国担心伊朗什叶派势力在中东扩大。因此，西方听任伊拉克残存军队、坦克和飞机镇压库尔德人和什叶派起义。无论西方还是阿拉伯当事国都需要维护伊拉克的统一，因此萨达姆战败后仍稳坐总统宝座，这是海湾战争奇妙的结局。

推荐阅读书目

郭应德. 阿拉伯史纲（610—1945）. 北京：中国社会科学出版社，1991.

彭树智. 二十世纪中东史. 北京：高等教育出版社，2001.

彭树智. 伊斯兰教与中东现代化进程. 西安：西北大学出版社，1997.

杨灏城，朱克柔. 当代中东热点问题的历史探索：宗教与世俗. 北京：人民出版社，2000.

Dilip Hiro. Inside the Middle East. London：Routledge，1982.

H. A. Jawad. The Middle East in the New World Order. Basingstoke：Macmillan，1997.

Hossein Bashiriyeh. The State and Revolution in Iran，1962－1982. London：St. Martin Press，1984.

Peter Mansfield. A History of the Middle East. 4th ed. New York：Penguin Books，1992.

第十一章

苏东剧变与冷战的结束

第一节　苏联的改革与问题

一、赫鲁晓夫改革与勃列日涅夫改革

斯大林逝世后，苏联开始了改革。赫鲁晓夫上台后进行的改革力度很大，给苏联带来了新的面貌。赫鲁晓夫改革坚持了共产党的领导，并且在经济领域中取得了一定成就。虽然在农业上受挫，但从整体来看，赫鲁晓夫改革基本上是成功的。

1964 年赫鲁晓夫下台后，苏联由“三驾马车”进行集体领导。这三驾马车指三个巨头：最高苏维埃主席团主席波德戈尔内、部长会议主席柯西金和苏联共产党中央第一书记勃列日涅夫。赫鲁晓夫时代开始的改革，到勃列日涅夫时代成为不可逆转的潮流。政治上党的领导没有削弱，经济上进行了大力改革。勃列日涅夫提出苏联改革的主要任务是提高人民生活水平，提高苏联军事技术质量，特别是导弹质量，在不危及美苏关系的同时，尽力完成上述军事目标。为此，苏联调整了农业，在工业上推行新经济体制，减少指令性计划指标，以利润为中心，加强经济的刺激作用，实行企业有一定自主权的完全经济核算制，改革工业管理体制，提高专业化生产水平。

二、苏联改革中存在的问题

从 1964 年至 1984 年，苏联改革取得的成绩并不稳定。在 1975 年前，经济曾出现繁荣，但其后就一直处于停滞状态。1970 年到 1980 年，有 100 万名工人从落后企业调到效率高的工业部门，减少了人力的浪费，增加了产量。然而中央计划部门仍然统管得过死，

产、供、销仍由国家控制。另一个重大问题是工业部门的改革是零散进行的，所以只有少数经济部门取得成效，而且很快被落后经济部门拖了后腿。苏联经费短缺，通信设施与基础设施不足，影响了经济的发展。

勃列日涅夫时代，经济发展极不平衡。苏联有丰富的石油与天然气，但缺乏开发的技术，工厂设备也没有更新。军事工业部门发展比较迅速，例如苏联战略火箭部队生产出了世界一流的电冰箱，航天工业部生产了最好的吸尘器。苏联改革的最大问题是没有实行市场经济，没有运用需求杠杆促进经济发展。

勃列日涅夫为了提高人民生活水平，进行了农业改革。苏联 1964 年至 1969 年的年平均粮食产量是 1.56 亿吨，1965 年为 1.21 亿吨，1966 年为 1.71 亿吨。这种产量，仅够苏联人民的基本消费。苏联人民需要更多的牛奶、肉和蔬菜，因此必须改革农业。苏联政府采取了许多物质刺激的办法，如允许农民拥有半公顷私人土地；当完成上级任务后，剩余产品可以在自由市场出售。同时加大对农业投资，增加肥料等。

勃列日涅夫时代的农业改革取得了一定成绩，但是成果并不足以满足人民的生活需要，人民需要更多的粮食。1970 年至 1985 年，苏联肉食消费增加了一倍。苏联平均每年消费粮食 2.1 亿吨，但产量却不稳定，只有 1978 年为 2.37 亿吨，满足了当年的全部需要，而 1979 年下降为 1.8 亿吨，1980 年增加到 1.89 亿吨，1981 年又下降到 1.6 亿吨，这就要求在 1981 年进口 0.5 亿吨粮食，消耗了苏联极其宝贵的外汇储备。在勃列日涅夫逝世前，农业改革未收到令人满意的效果。

应该指出，苏联的经济改革是取得了一定成绩的。人民的工资增加了两倍，农民、运输工人和建筑工人的工资甚至增加了三倍还多。普通人的生活水平有了提高，能在半黑市或商店以高价买到各种食品，人民开始追求拥有私人住宅和小轿车。在勃列日涅夫时代，开始生产大量菲亚特式小轿车。虽然按西方标准，人均拥有小轿车的水平还是较低，但七分之一的家庭已经拥有。每个家庭都有电视，三分之一的家庭有彩电、电冰箱和洗衣机。

改革中存在的主要问题是计划经济管理太死，各部门首先关心的是使上级主管部门满意，而不是从需求出发决定生产。此外，官僚习气太重，各部门缺乏合作，还存在腐败现象。例如，特权商店、医院和度假别墅等的存在引起人们的普遍批评。

改革中存在的最大问题是放松了党的领导。赫鲁晓夫改革时，推行对宗教思想的控制政策，反对利用宗教反苏联社会主义制度。但勃列日涅夫取消了这一政策，这给以后苏联的发展留下后患。勃列日涅夫放松了共产主义思想教育，在改革开放中，无力抵御西方思想的传入，致使反苏反共派别的地下刊物出现。美国对苏进行颠覆与和平演变，加剧了苏联内部的混乱，这给戈尔巴乔夫时期苏联的解体埋下了伏笔。

1982 年 11 月，勃列日涅夫逝世，安德罗波夫继任，继续进行改革。安德罗波夫改革的目的是巩固苏联社会主义制度，他允许 30 万犹太人离开苏联前往以色列定居，对持不同政见的人准予迁往西方。安德罗波夫坚决打击党内的腐败分子，不论职位多高，毫无例外。安德罗波夫生病后，由戈尔巴乔夫主管经济改革。1984 年，安德罗波夫病逝。

第二节　苏联对外政策的变化

一、缓和与美国的关系

在勃列日涅夫时代，苏联的对外政策发生了巨大变化。这一时期对外政策的核心是缓和与美国的关系，避免核战争。但同时苏联领导人认为只有保持强大的军事力量，才可以避免苏联与西方的战争。因此苏联加大了常规武器建设的力度。而扩充军备的政策引起了美国的强烈反应，导致了美苏进行常规武器军备竞赛。这进一步导致苏联军费开支增加，阻碍了经济改革的深入发展。

勃列日涅夫及其继承者都十分清楚地看到这一危害，美国也为高额军费预算而头痛，因此美苏开始谈判缓和关系。首要的是防止核扩散。1968年7月双方签订了《防止核扩散条约》，有一百多个国家在上面签字。1972年5月26日双方签订了《限制反弹道导弹系统条约》。同一天还签订了《关于限制进攻性战略武器的某些措施的临时协定》。后来卡特总统与勃列日涅夫进行谈判，签订了第二阶限制战略武器条约，但未获美国参议院批准。1979年12月，苏联出兵阿富汗，双方谈判中止，直到戈尔巴乔夫与里根时代谈判才又恢复。

二、允许东欧改革与“有限主权论”

苏联与东欧的关系也发生了重大变化。勃列日涅夫允许华沙条约国进行经济改革。在匈牙利的经济改革中，允许少数私有企业存在，吸引外资，并大搞物质刺激。但卡达尔政府的改革没有越过1956年苏联干涉后允许的范围，其经济改革成果未能进一步发展。波兰的改革，虽然得到大量西方贷款，但一直照搬苏联模式，未能结合本国实际，所以进步不大。此外东欧其他各国都进行了经济改革，并取得一定成绩。不过都未能脱离苏联模式取得突破性进展。只有民主德国由于1972年12月与联邦德国签订《基础条约》发展了与联邦德国的贸易，经济发展较快。

苏联并不反对东欧各国寻求西方经济援助以及发展同西方的贸易。因为东欧经济发展，也就等于援助了苏联。由于美国和西方对苏联的禁运，民主德国就成为苏联的无价中间国，苏联从民主德国进口计算机集成电路块等。但是为了确保在东欧的支配地位，苏联军队仍驻扎东欧。

勃列日涅夫还提出“有限主权论”，即东欧国家的主权是有限的，必须服从社会主义大家庭的利益，否则苏联将出兵干涉。苏联对东欧有两个要求：第一是参加华沙条约国组织；第二是各国必须由共产党掌权。1967年底到1968年初，捷克斯洛伐克以杜布切克为代表的改革派对苏联模式有不同看法，颁布了《行动纲领》，对生产关系进行改革，实行多种经济所有制的结合，农村也搞多种经济成分。这一改革被称为“布拉格之春”，引起了苏联出兵干涉。1968年8月20日，苏联坦克开进捷克斯洛伐克首都布拉格，镇压了杜布切克改革，军事行动代号为“多瑙河行动”。

事后，勃列日涅夫正式提出了“有限主权论”，并发展了其内容，强调，如果一个社会主义国家面临资本主义复辟的威胁，任何其他社会主义国家都有权进行干预。

十多年后，波兰又出现了复杂情况。20 世纪 70 年代，波兰经济十分困难，农业缺乏投资，产量低，要使城镇居民能购买必需的食品，必须由国家给予大量津贴。1973 年至 1974 年，世界石油价格上涨使波兰遭受沉重打击，当时政府取消了食品津贴以改进经济管理。这引起工人罢工，抗议物价飞涨。1979 年，波兰籍教皇约翰·保罗二世访问波兰，更进一步助长了波兰的民族主义情绪。天主教组织工人、知识分子及各种不满分子反对波兰政府，而政府又没有适当对策，使情况更加恶化。1980 年夏，食物价格上涨引起了大罢工和全国范围内的政治对抗。

在这种混乱情况下，格但斯克列宁造船厂工人瓦文萨成为工会领袖，反对政府。波兰政府被迫在与他的谈判中同意罢工自由、新闻出版自由及宗教信仰自由，反政府分子就用这些自由反对社会主义。瓦文萨组织了“团结工会”，口头上宣布接受共产党的领导，但却随时鼓动工人反对政府。

当时苏联卷入了阿富汗内战，无力干涉波兰问题。1981 年 12 月，波兰政府为控制局势，宣布军管，团结工会被迫转入地下活动。波兰政府未能解决政治经济问题，而苏联在东欧又进退两难。勃列日涅夫不想武力介入波兰。因为核导弹和空间大战的竞赛耗尽了苏联资源，任何军事冲突与战争都将危害苏联与美国的核裁军，而且会引起常规武器军备竞赛，这是苏联所不愿意的。

勃列日涅夫不愿卷入东欧事务，在波兰问题上如此，在其他国家的问题上也是如此。例如，他不支持民主德国对联邦德国采取的强硬立场，反而欢迎联邦德国与民主德国改善关系。联邦德国科尔政府积极开展同苏联及东欧国家的对话，发展经济合作，成为民主德国实质性贸易伙伴。联邦德国为改善和民主德国与苏联的关系，还保证不用武力改变战后的德波边界。这一切虽然有助于东欧的发展，但也为后来东欧剧变提供了“和平环境”。

三、谨慎的亚洲政策与敌视中国

在亚洲，苏联在 20 世纪 70 年代和 80 年代与印度保持友好关系。但付出了高昂代价，苏联给了印度大量经济与军事援助。苏联与印度关系的改善，意味着与巴基斯坦关系的恶化，而且 1979 年 12 月苏联入侵阿富汗加深了苏联与巴基斯坦的矛盾。战后阿富汗由国王查希尔统治。1973 年 7 月 17 日，在美国支持下，国王的表哥达乌德发动政变，改阿富汗为共和国，自任总统。1978 年 4 月 28 日，亲苏的人民民主党军官发动政变，由塔拉基任政府总理。不久，人民民主党内发生分裂，主张与美国保持友好关系的副总理兼外长阿明通过政变，杀死总理塔拉基，自任革命委员会主席兼总理。

为了确保阿富汗有一个亲苏的政权，苏联于 1979 年 12 月初开始出兵阿富汗。1980 年，侵阿苏军已超过 10 万人。但是苏军的火箭与直升机消灭不了躲在山区的阿富汗游击队，苏军和阿富汗政府军只能占领城市和交通线，农村则由美国支持的阿富汗反政府军控制。勃列日涅夫认识到长期战争对苏联来说是一种灾难，苏军伤亡 6 万多人，阿富汗战争在苏联国内是一个不受欢迎的重负。

戈尔巴乔夫上台后，不得不在 1988 年 2 月宣布撤军。1989 年 2 月 15 日，侵阿苏军全部撤出。除阿富汗以外，苏联的亚洲政策十分谨慎。即使在美军侵越战争中，苏联给予越南北方的支持也极其有限。因为苏联一心要避免与美国发生战争。

苏联在亚洲极其敌视中国。从 1956 年苏联共产党二十大开始，中苏在如何评价斯大林等一系列国际共产主义运动的重大问题上发生分歧。苏联推行霸权主义外交，在政治、经济、军事上对中国施加强大压力，撕毁合同、撤走专家、逼还债务，并在中国边境陈兵百万，挑起冲突，在国际上掀起反华浪潮。中国坚持独立自主的和平外交原则，捍卫了中国利益，在 1969 年珍宝岛事件中，击退了苏联的武装侵犯。

四、与美国争夺非洲和拉丁美洲

苏联在 20 世纪 60 年代和 70 年代对第三世界国家，特别是中东、非洲提供了大量援助，但并没有收到多大效果。受援国家后来不是与苏联翻脸，就是反对苏联。这一结果是发人深省的。在埃及，纳赛尔的接班人萨达特希望从苏联得到更多援助，由于目的未能达到，就对苏联怀恨在心。事实上，埃及是世界上得到苏联援助最多的国家，从 1955 年至 1976 年，埃及共得到苏联的军事和经济援助 47.50 亿美元。1972 年，萨达特命令苏联人撤出埃及，接管了苏联人离开后留下的一切装备与设施。

其他一些得到苏联援助的国家，最后都与苏联断绝关系，赶走苏联顾问。这些国家有阿尔及利亚、加纳、马里、索马里、赤道几内亚等。苏联只在埃塞俄比亚、安哥拉、莫桑比克实现了较长时间的影响。苏联在上述国家失败的主要原因是推行霸权主义，损害了这些国家的利益。

在中东，苏联最亲密的盟友是叙利亚。此外，苏联援助伊拉克，目的是希望伊拉克制止霍梅尼的伊斯兰革命。因为苏联境内有几百万伊斯兰教徒，伊朗的伊斯兰激进主义如果传入苏联，将威胁到苏联国家稳定。

在拉美，从 20 世纪 60 年代至 70 年代，苏联大力援助古巴，其成果显著，但花费过大。

为了与美国争夺世界霸权，苏联在全世界范围进行对外援助，延缓了苏联经济的现代化建设，影响了人民的生活，其对外援助的政策并不受苏联人民欢迎。

第三节　戈尔巴乔夫改革与苏联的解体

一、戈尔巴乔夫经济改革的失败

1985 年，戈尔巴乔夫担任苏联共产党中央总书记后，进行了震惊世界的改革。但戈尔巴乔夫在改革中削弱了党的领导直至取消党的领导，用“新思维”代替了马克思列宁主义，用“民主化、公开性、多元论”替代无产阶级专政。同时，戈尔巴乔夫未能处理好国内各民族之间的关系。所以，他的改革导致了苏联共产党的解散和苏联的解体，给人民带来深重灾难。戈尔巴乔夫上台之际，苏联正处于内外交困的窘境，如不改革，苏联将丧失超级大国的地位，沦为二流强国。但问题是如何改革。很明显，戈尔巴乔夫的改革走上了歧途。

戈尔巴乔夫

1985 年 4 月 23 日，戈尔巴乔夫在上台后的第一次中央全会上提出要对国家进行根本改造，提出了加速社会经济发展战略和社会主义革新方针。1986 年，苏联共产党二十七大审议和确认了戈尔巴乔夫提出的加速社会经济发展战略，把它作为 20 世纪指导苏联各项工作的总方针。

戈尔巴乔夫的改革分为两个阶段，第一阶段从 1987 年苏联共产党中央六月全会后开始至 1990 年夏。在农业上，通过土地承包，实现土地制度的改革。在苏联共产党二十七大后，政府颁布了《个体劳动法》与《合资企业法》，允许受到限制的私有制存在，允许私人开办小企业。这刺激了人们生产的积极性。在 1989 年，私有及合资企业达 13.3 万家，雇用了 300 万名工人。为了使经济部门更有效率，政府采取了许多措施。1987 年 7 月颁布《国有企业法》，使企业独立核算、自负盈亏、自筹资金和自主经营。它力图消除计划经济对企业的控制，但由于缺乏真正的市场机制，又削弱了党对企业的领导，使苏联经济产生灾难性后果。从 1987 年至 1990 年，改革导致经济明显衰退。

第二阶段是从 1990 年冬至 1991 年秋。这一阶段寻求从独特的社会主义经济转向市场经济。由于 1990 年稳定财政的努力未能成功，主张激进改革与渐进改革的两派矛盾激化，又由于戈尔巴乔夫在政治上的失误，苏联经济完全脱离了国家的监督。中央与俄联邦领导之间的夺权斗争使苏联的经济监督和调节系统瓦解。最后国家银行、国家计委等都消失了，标志着戈尔巴乔夫改革彻底失败，敲响了苏联解体的丧钟。

戈尔巴乔夫在经济上改革的失败，使他转而进行政治改革。他和其他领导人放弃了当初宣布的、受人民支持的加速社会经济发展的战略目标，不合时宜地采取了改革现有制度基础的方针，丢掉了社会主义。

二、背离了马克思列宁主义的政治改革

在政治上，戈尔巴乔夫的改革背离了马克思列宁主义。他进行了大规模人事调整，让一百多位中央委员和候补中央委员退休，同时在中央政治局内形成一个支持他的坚实圈子，这有利于他执行脱离社会主义思想的政策。

1987 年初，他出版了《改革与新思维》一书，向世人“阐明新的政治思维和对外政策的哲理”，以及苏联改革的原因、实质、目标和途径等。在“新思维”中，他主张国际关系人道主义化，引导社会主义向资本主义“趋同”和“一体化”，其改革目的是“根本改造”社会主义制度，提倡“人道的民主的社会主义”。在意识形态上，他把“民主化、

公开性、多元论”作为改革和发展政治体制的“战略方针”。

戈尔巴乔夫把“人道的民主的社会主义”作为党的政治纲领。但由于取消了党的领导，实质就是资本主义化。戈尔巴乔夫从否定斯大林开始，否定历史，最后完全否定了社会主义制度，他的上述言行为反共分子铺平了道路。戈尔巴乔夫本人热衷于当总统，极力削弱党和无产阶级专政机关的作用。他要求各加盟共和国第一书记以他为榜样，这导致了各加盟共和国的困惑，使其民族主义抬头，动乱升级。

1987 年 8 月，波罗的海三国立陶宛、爱沙尼亚、拉脱维亚要求独立。1988 年，在高加索地区，信仰基督教的亚美尼亚人与信仰伊斯兰教的阿塞拜疆人互相残杀。戈尔巴乔夫的改革，使各加盟共和国反对苏联共产党中央对它们的控制。

戈尔巴乔夫的改革，又遇到比他更为激进的莫斯科市委书记叶利钦的挑战。叶利钦指责改革速度慢，反对党内对戈尔巴乔夫的个人崇拜。1990 年 3 月 15 日，戈尔巴乔夫被选为总统，完全丢掉了共产党的领导，设立了由其顾问组成的总统委员会及由部长和 15 个加盟共和国代表组成的国家外交和安全委员会来行使总统的行政权。这种结构，使政治局和中央委员会完全没有什么权力可言。但戈尔巴乔夫通过改革获取的权力越多，在实践中就越衰弱。此时苏联全国性问题不断增加。

1990 年 1 月，阿塞拜疆首府巴库发生严重动乱，戈尔巴乔夫命令苏军进行镇压，宣扬民主化运动，导致了各加盟共和国选举最高苏维埃代表大会的混乱，增强了其民族分裂主义情绪。1990 年 3 月 11 日，立陶宛人民阵线在最高苏维埃选举中获胜，随即宣称立陶宛独立。苏联政府向立陶宛首都派去坦克和军队，接着对立陶宛进行经济封锁。同年，爱沙尼亚、拉脱维亚等国也宣布独立。1990 年底，戈尔巴乔夫与波罗的海三国的谈判陷入僵局。

三、 1991 年 8 月 19 日政变与苏联的解体

在戈尔巴乔夫面临各加盟共和国反对的关键时刻，发生了 1991 年 8 月 19 日政变。这次政变的失败，促进了苏联的解体。

在苏联各加盟共和国中，最大的是俄罗斯共和国，人口占苏联一半，拥有全苏四分之三的领土。俄罗斯的任何变化都对苏联前途有举足轻重的影响。1990 年春，叶利钦当选为俄罗斯人民代表，同年 5 月，担任俄罗斯最高苏维埃主席。1991 年 6 月，又担任俄罗斯共和国总统。

叶利钦在竞选时曾提出非常明确的目标：俄罗斯将在不脱离苏联的条件下独立，但他与戈尔巴乔夫在对苏联的态度上有巨大不同。戈尔巴乔夫主张维护苏联的统一，而叶利钦认为苏联存在的条件是各加盟共和国自愿加入，如果任何共和国想脱离苏联，正如波罗的海三国一样，就可以独立，不必受任何阻碍。

知识链接

叶利钦的忏悔

我请求你们原谅。原谅我们分享的许多梦想没有实现这个事实。原谅那本来对我们

似乎极简单的事结果却困难得使人痛苦这一事实。对于那些相信我们轻易就可以从灰暗停滞的极权时代一跃而进入光明、富裕、文明的未来的人们，我要求他们原谅我不再为他们的这种希望进行辩护。我自己相信过这一点，即举手之劳就可以克服任何障碍。结果发现我在一些事情上太天真了。在某些方面，问题看来非常复杂。我们是在错误和失败中强行前进。

——李晓. 世界解密档案. 广州：广东旅游出版社，2003：39.

戈尔巴乔夫为了努力维系苏联的统一，于 1991 年 5 月与 15 个加盟共和国领导人共同达成协议，同意组成一个新苏联，称为苏维埃主权国家联盟。后来，其中 9 个加盟共和国，包括俄罗斯共和国，都批准了这一协议，并决定该条约在 1991 年 8 月 20 日签署。这一发展使苏联党和政府的大部分领导人深感不安，他们由副总统亚纳耶夫等八人领导，在戈尔巴乔夫去克里米亚度假时，于 1991 年 8 月 19 日凌晨 6 时发动政变，宣布戈尔巴乔夫健康状况欠佳，苏联总统之职全权移交给亚纳耶夫，由亚纳耶夫等八人组成的“紧急状态委员会”管理国家，并宣布一些地方处于为期六个月的紧急状态。在此前，即 18 日傍晚，戈尔巴乔夫在克里米亚度假地已被软禁。

最令人吃惊的是，这八个“紧急状态委员会”的成员都是 1989 年后由戈尔巴乔夫亲手提拔起来的党和国家领导人。“紧急状态委员会”反对新的苏联条约，反对各加盟共和国独立，要求维持苏联的统一。中午，坦克与军队出现在莫斯科街头。叶利钦在议会大楼前的一辆坦克上发表讲话，指责这次政变，号召人民支持他，号召总罢工。但莫斯科人民并不响应叶利钦的号召。成千上万的莫斯科人仍然去上班，干自己应干的事。他们接受了这次政变，在议会大楼前只有二百人左右。

然而，由亚纳耶夫领导的政变当局不但未能抓住时机肃清议会大楼的反对派，反而听之任之。于是在叶利钦鼓动下，情况发生了变化。19 日晚，议会大楼门口增加到几百人。这时政变领导人仍未下令攻打议会大楼。到 20 号晚，议会大楼门口已不是几千人，而是几万人了。局势急转直下，这些人甚至建立了街垒，要保卫议会大楼。20 日晚，政变当局也未曾下令攻打议会大楼。21 日下午，苏联国防部命令军队撤回驻地，政变领导人放弃了他们采取的行动，政变失败。22 日，戈尔巴乔夫回到莫斯科。虽然政变流产，但戈尔巴乔夫已经失败，8 月 24 日，他宣布辞去苏联共产党总书记职务，并建议中央“自行解散”，从而断送了苏联共产党。“8·19”政变领导人被捕入狱，1994 年 2 月被俄罗斯国家杜马全部大赦。

同时叶利钦采取行动，向苏联中央政府夺权，在三个月内搞垮了苏联。他的追随者到处捣毁革命领袖纪念塑像。叶利钦还于 1991 年 10 月提出了更激进的经济改革计划。1991 年 12 月 1 日，乌克兰宣布独立。12 月 8 日，叶利钦与乌克兰总统克拉夫丘克、白俄罗斯最高苏维埃主席舒什克维奇一起宣布结束苏联的存在，成立由这三个斯拉夫国家组成的“独立国家联合体”。很快，其他共和国也加入进来，到 1992 年初，独联体已有 11 个成员国。1991 年圣诞之夜，戈尔巴乔夫已无工作可干，被迫宣布辞职。戈尔巴乔夫的辞职宣告了他改革的失败和苏联的解体。

第四节　东欧剧变和冷战的结束

一、东欧剧变的历史条件

1989 年，东欧发生剧变。1990 年 10 月，两德统一。1991 年，苏联解体。世界发生了翻天覆地的变化。东欧剧变的原因，除各国国内经济发展缓慢、改革政策不适合国情以及帝国主义的颠覆与破坏外，重要的原因之一是戈尔巴乔夫为了把他复辟资本主义的“新思维”推行到东欧，冷眼旁观甚至鼓励东欧国家向资本主义制度倒退。这一过程，在东欧各国剧变的过程中表现得极其明显。

东欧各国由于受到第二次世界大战破坏，战后又受到西方国家的封锁和禁运，经济的恢复遇到很大困难。为了发展经济，建立强大的社会主义国家，1949 年由苏、保、匈、波、罗、捷六国组成了“经济互助委员会”（简称经互会），后来其他一些社会主义国家陆续加入，形成了一个巨大的地区性经济集团。

然而，经互会由苏联支配，苏联经济的好坏直接影响经互会成员国的经济发展。经互会成员国经济相对落后，如果不与西方交往、在西方寻找市场，其经济是难以发展的，于是东欧各国先后进行了经济改革。但改革都不适合国情，并且都是关门改革，没有走向世界，从 20 世纪 70 年代到 80 年代末，东欧经济急剧下滑。

苏联在 20 世纪 80 年代仍对东欧各国进行经济援助。东欧产品除苏联市场外，没有其他地方可卖。没有苏联的支持，东欧经济将立即崩溃。而 80 年代对东欧的补贴已经到了苏联难以支持的地步，苏联牺牲自己的利益，以低于世界市场的价格，向东欧供应石油，这种情况是不能长久维持下去的。随着东西方的缓和，东欧开始得到西方贷款，而西方的影响也在东欧加强，东欧各国开始和平演变。戈尔巴乔夫的“新思维”传到东欧后，立即鼓舞了东欧反对社会主义制度的力量。

1985 年 4 月，戈尔巴乔夫上台仅一个月就宣布抛弃勃列日涅夫主义，保证完全尊重东欧各国的主权。换言之，戈尔巴乔夫准备听任东欧局势自由发展。在 1986 年 2 月的苏联共产党二十七大上，他要求进行更激进的改革，这对东欧的资本主义势力无疑是巨大鼓舞。从 1987 年到 1988 年，戈尔巴乔夫重新制定了苏联对外政策。为了得到西方支持和经济援助，他更进一步容忍东欧的资本主义自由化趋势。1990 年 2 月，苏联外长谢瓦尔德纳泽向苏联共产党中央解释了戈尔巴乔夫支持的导致东欧剧变的政策，他说：“只有通过扩大国际合作，才能解决我们国内存在的尖锐问题”，“苏联如果镇压东欧，将不可挽回地损害更重要的新苏联的利益”。

他认为保卫东欧负担太重而且弊多利少，在导弹时代，东欧作为苏联与西欧缓冲地带的重要性已经失去，战后的军事紧迫感已经消失。在苏联纵容下，东欧反社会主义势力活跃。在匈牙利、罗马尼亚、民主德国等国家都出现了持不同政见者，鼓吹多党制和西方民主。在捷克斯洛伐克闹得更厉害。而在波兰，瓦文萨领导的团结工会已经在准备取代共产党掌权。

二、东欧剧变

1980年夏，波兰出现瓦文萨领导的团结工会。由于波兰经济情况不断恶化，加上天主教势力的扩大和民族主义抬头，许多人参加了团结工会。除名称之外，团结工会已经是一个资产阶级政党，而不是工人阶级的组织。在1980年11月被允许合法存在后，团结工会成员迅速增加到一千多万。许多共产党员参加了团结工会，波兰共产党处在分裂之中，波兰经济进一步滑坡。雅鲁泽尔斯基将军担任总理后，团结工会继续反对政府和进行罢工，波兰局势陷入混乱之中。

1981年12月13日，雅鲁泽尔斯基将军宣布军管，并成立了救国军事委员会，团结工会被宣布为非法。一些反政府领导人被捕，其中包括瓦文萨，其余领导人转入地下。西方支持瓦文萨，对波兰进行经济制裁。瓦文萨1983年还被授予诺贝尔奖，这是西方对颠覆社会主义积极分子的鼓励。

到1983年，由于军管，波兰政治比较平稳，7月22日，波兰军管结束。到1984年，波兰政治形势又趋紧张，天主教牧师波比耶乌什科利用教堂进行反政府活动，使教堂成为反对派活动的中心。这位牧师在1984年秋被绑架和暗杀。反对派传说这是波兰内政部保卫部队所为，于是反政府活动更加激烈，团结工会又积极开展活动。面对这些情况，雅鲁泽尔斯基一方面进行经济改革，另一方面逐步放松了政治上的控制，释放了大多数团结工会的积极分子。他力图实现政治稳定，经济发展。

波兰政府为了改善经济，采取紧缩政策，限制工人工资的增加，又引起了1988年大罢工。罢工进一步恶化了波兰经济，政府被迫与团结工会谈判。1989年2月，政府与团结工会和其他反对派进行圆桌会议，4月达成协议，进行宪法改革，团结工会正式成为合法政党。波兰政府的这一让步，具有灾难性的深远影响。

1968年在捷克斯洛伐克，杜布切克曾经打算进行改革，遭到苏联干预。而这一次，戈尔巴乔夫十分清楚地表明："东欧国家将走其各自的路。"团结工会也做了让步，答应在波兰议会中给执政的波兰共产党留65%的席位，使共产党在议会中仍占多数。同时，瓦文萨担心反对政府的行动过激会引起波兰共产党与苏联的武力反对，在1989年7月19日议会投票中，雅鲁泽尔斯基得到瓦文萨帮助当选总统。

雅鲁泽尔斯基被迫妥协，任命瓦文萨的主要助手马佐维耶茨基为总理。马佐维耶茨基考虑到苏联可能的干预，又做了让步，组成有共产党人参加的联合政府。团结工会人士担任了大部分部长职务，虽然关键的国防与内政部长职务仍留给共产党人担任。上述政治进程，实际上已经取消了共产党在波兰的领导地位。不过此时，尚在议会和政府为共产党留下一些职位。由团结工会控制的政府很快改变了这种状况，1990年12月瓦文萨当选总统，共产党被完全排斥在政府之外，波兰剧变完成。

波兰是世界上第一个试图从计划经济转向市场经济的社会主义国家。排除共产党后的波兰新政府面临恶化的经济形势，通货膨胀加剧，生产力下降。1990年12月，波兰议会提前进行总统选举，瓦文萨非常轻松地当选总统，然而要兑现选举时的承诺却极其困难。西方并没有给波兰多少援助，而经互会瓦解后，波兰失去了苏联市场。在世界市场上，波兰产品绝大部分都没有竞争力。因此也就没有人肯购买私有企业的股票，人民生活水平迅速下降，1992年失业率超过11%。

波兰人民对西方民主感到失望，在1991年10月的大选中，全国有半数选民不愿投票。在20个不同的政党中，没有一个党的得票率超过12%，波兰人民对剧变后的政府感到不满。在1993年的选举中，右派失败，民主左派联盟获胜，由农民党领导人白夫拉克任总理。左派联盟上台后，波兰经济开始好转。1995年初，政府改组，由社会民主党领导人奥莱克西任总理。但由于社会经济存在问题，又引起人们的不满，加上奥莱克西涉嫌克格勃间谍案等，在1997年9月的大选中，右派又重新当选。波兰总统克瓦希涅夫斯基于1997年10月15日同意在大选中获胜的"团结工会选举行动"领导人布泽克为新政府总理。

克瓦希涅夫斯基是左派社会民主党人，波兰再次出现左派担任总统、右派担任总理的局面。如果双方不能协商妥协，那么波兰将会出现不稳定局面。从总的趋势看，波兰人民希望政局稳定，经济发展，任何政党只要能发展经济，提高人民生活水平，保证国家安全，就会得到人民的支持。

匈牙利社会主义工人党在卡达尔领导时期改革一直走在其他国家的前面。1968年匈牙利成立了"新经济机构"，进行经济改革。这个机构采取了计划经济与市场经济混合的做法，但四年后又回到计划经济的老路。由于卡达尔的经济思想十分保守，改革步子迈不开，1988年5月，卡达尔下台，由改革派格罗斯任总理。1988年6月，纳吉恢复名誉，匈牙利社会主义工人党内部发生分裂。匈牙利出现了"自由民主联盟"与"民主论坛"等反对派组织。1989年10月7日，匈牙利社会主义工人党改称"匈牙利社会党"，该党宣布其目标不再是实现共产主义，而是实现"民主社会主义"，实行多党制。匈牙利不再是社会主义国家。

1990年3月，匈牙利大选，自由民主联盟领导人根茨·阿尔柏德当选总统，由民主论坛主席安塔尔·约瑟夫任总理。安塔尔政府执政四年，政绩不佳，推行的渐进改革并未取得预期效果。安塔尔任期内国内生产总值下降23%，工业生产下降30%，农业也连年歉收，失业率高达12%，人民生活水平持续下降，全国五分之一的人口生活在贫困线以下，群众不满情绪日增，许多人怀念卡达尔的改革时代。

1994年5月，匈牙利举行第二次大选，左翼社会党大获全胜，由霍恩·久洛担任总理。新政府坚决纠正前政府内外政策中的失误，积极开展工作，努力树立自己的形象。1994年社会党执政以后，匈牙利国内形势总体上比较安定，经济有所回升。霍恩政府一上台就制定了进一步私有化的新方案，以期发展经济。霍恩政府的私有化政策，主要是提供种种优惠来鼓励外资收购匈牙利国有企业和财产，以期利用外资和外国技术把匈牙利经济搞上去。这一政策，使匈牙利私有企业大部分控制在外国人手中。

匈牙利私有化程度很高，可是整个经济的发展却没有相应跟上，1994年才艰难地摆脱负增长，此后仅保持低速增长，国内生产总值1995年增长1.5%，1996年增长1%。按此水平，其经济发展达到1989年剧变前的水平，需要较长时间。

第二次世界大战中，捷克斯洛伐克经济遭到严重破坏，但经过1947年至1948年两年经济恢复，基本上达到战前最好状况，即1937年的水平。随着经济的好转，捷克斯洛伐克共产党威信提高。资产阶级害怕共产党掌握政权，向其发动进攻，迫使共产党人从政府辞职。但捷克斯洛伐克共产党得到人民支持，粉碎了资产阶级的阴谋，反而从参政党变成了执政党。

20 世纪 50 年代，捷克斯洛伐克学习苏联，政治上搞阶级斗争，使得人心惶惶；经济上照搬高度集中的管理体制，片面发展重工业，使经济比例严重失调。60 年代初，捷克斯洛伐克经济出现严重困难，迫使政府进行改革。1968 年 8 月 20 日遭到以苏联为首的波、匈、保、民主德国等华约国家武装干涉。1969 年 4 月，在苏联支持下，胡萨克担任党中央第一书记。

20 世纪 70 年代，捷克斯洛伐克政治稳定，经济也有所增长，但 80 年代经济又陷入危机。1969 年至 1989 年胡萨克当政的 20 年里，经济发展不快，与发达国家差距越来越大，政治上捷克斯洛伐克当局拒不给 1968 年事件的受害者平反，使国内矛盾日趋尖锐，导致 1989 年 11 月 17 日发生政变，执政 40 年的捷克斯洛伐克共产党失去了政权。

1993 年 1 月 1 日，捷克和斯洛伐克联邦解体，捷克和斯洛伐克成为两个独立国家，在经济上摒弃了计划经济，实行市场经济，同时开始私有化。到 1996 年底，大规模私有化基本完成，私有化成分占国民经济的 80%。两国对外奉行“回归欧洲”政策，倒向西方，捷克和斯洛伐克都成为欧盟联系国，与北约缔结了合作伙伴关系，都为最终融入西方、成为欧盟和北约成员而努力。

第二次世界大战后，罗马尼亚由乔治乌-德治领导。1965 年乔治乌-德治逝世后，由齐奥塞斯库继任罗马尼亚共产党总书记。在乔治乌-德治时代，罗马尼亚就企图摆脱苏联控制。1958 年，他成功劝说苏联领导人撤走苏军。苏联事实上接受了罗马尼亚独立于苏联集团的立场。齐奥塞斯库上台后，执行独立于苏联的政策，得到人民拥护，也得到西方的支持，英国曾授予他爵士称号。1969 年他邀请美国总统尼克松访问罗马尼亚。20 世纪 70 年代就得到了西方贷款。

为振兴罗马尼亚经济，齐奥塞斯库制定了发展计划，核心是实现都市化，全国将有一半村庄被消灭而代之以楼房，因此该计划被称为“都市化”计划。但这个计划过于宏大，脱离实际，最后以失败告终。

在政治上，齐奥塞斯库大搞个人崇拜，任用妻子、儿子担任党和政府要职，在罗马尼亚进行家族统治，遭到人民反对。加上戈尔巴乔夫“新思维”的影响，1987 年罗马尼亚布拉索夫城有 5 000 名工人到罗马尼亚共产党中央所在地示威游行，高呼打倒齐奥塞斯库的口号。罗马尼亚警察镇压了这次运动。参加这次运动的有蒂米什瓦拉城新教神父匈牙利族人特凯什·拉斯洛。

蒂米什瓦拉位于罗马尼亚西部，1918 年前是奥匈帝国的一部分，第一次世界大战后属于罗马尼亚。1989 年 12 月 16 日至 17 日，罗马尼亚当局勒令特凯什·拉斯洛搬出所在教堂，迁往另一教区。支持特凯什的群众立即包围了教堂，不让其迁走，这一行动导致大规模示威游行。这次游行遭到当局镇压，军队开枪打死 97 人，打伤数百人。

这一事件迅速波及全国，引起人民的抗议。12 月 21 日，在布加勒斯特，群众把官方召开的拥护齐奥塞斯库的大会变成反齐奥塞斯库的大会。22 日，游行的人群冲击罗马尼亚共产党中央委员会大楼。齐奥塞斯库下令向群众开枪，国防部长米列亚将军拒绝执行命令，在下令不再向群众开枪后，被迫自杀。这一事件引起军队反抗，军人不再服从齐奥塞斯库的命令，只有安全部队仍忠于他。齐奥塞斯库夫妇乘直升机仓皇出逃，但被抓住，并于25日被军队处死。

22日晚，罗马尼亚人在布加勒斯特成立了罗马尼亚救国阵线委员会，并发表了10条施政纲领，宣布放弃一党制、实行多党制、起草新宪法、改革经济等原则。救国阵线由前罗马尼亚共产党中央书记扬·伊利埃斯库担任主席，由彼得·罗曼为临时政府总理。

1990年5月20日，罗马尼亚举行大选，伊利埃斯库当选总统，罗曼任总理。罗曼新政府在没有周密计划的情况下，立即由计划经济向市场经济转变，其结果是产量下降，失业上升，经济滑坡。1991年9月25日，千余名矿工聚集布加勒斯特，要求增加工资，改善劳动条件，并与警察发生激烈冲突。罗曼被迫辞职，前财政部长特奥多尔·斯托洛然任新总理。伊利埃斯库采取措施满足工人的要求，改善他们的生活，再次得到了工人的支持。

在20世纪90年代初，罗马尼亚在进行经济改革问题上产生了两种观点。救国阵线主席、前总理罗曼主张更快地进行大规模私有化，急速向市场经济过渡，而伊利埃斯库则主张“缓慢而渐进的经济改革”。双方都坚持自己的主张。支持伊利埃斯库的一派退出救国阵线，另立新党，取名为民主救国阵线。

罗马尼亚经济连续滑坡，到1992年，国民生产总值只有1989年的一半。在这种情况下，人民害怕激进改革，支持伊利埃斯库的缓慢、渐进的稳健经济改革计划。1992年9月，罗马尼亚举行剧变后的第二次大选，民主救国阵线获胜，但是只拥有相对多数，占全部选票的27%。大选后，仍然由伊利埃斯库担任总统，无党派人士沃克罗尤任总理。1993年5月，民主救国阵线改名为罗马尼亚民主党。为了确保执政地位，1993年6月26日，罗马尼亚民主党和罗马尼亚共产党合并，7月改称罗马尼亚社会民主主义党。由于执行了稳健的经济改革方针，罗马尼亚经济开始好转。1993年，工业生产增长1.3%，农业大丰收。1994年，经济形势继续好转，国内生产总值增长3.4%，工业增长3.3%，农业增长5%。

然而罗马尼亚反对派力量十分强大。经济情况虽有好转，但仍很严峻，改革进展不大，人民仍然不满。1996年11月17日，农民党人埃米尔·康斯坦丁内斯库当选总统，乔尔贝亚任总理。乔尔贝亚政府上台后，开始急速向市场经济转轨。他采取了货币紧缩政策，压缩开支，努力减少财政赤字，在税收上做了调整，在行政、司法、卫生、教育等部门也进行改革，同时推行社会保障政策。1997年，社会保障的支出超过国家预算总额的10%。1997年2月，罗马尼亚市场价和外汇比价全面放开，对罗马尼亚与欧盟及世界贸易组织协议规定以外的产品出口，取消所有配额和限制，取消对亏损国有企业的补贴，以每周50家企业私有化的速度，到年底实现近70%企业的私有化和兼并。据估计，1997年罗马尼亚国内总产值因此下降20%。但总的来说，政局稳定，经济条件不断改善，乔尔贝亚总理希望到1998年经济恢复正常增长速度，并以年均3.5%的速度实现持续增长。1998年2月，乔尔贝亚总理又推出了1998年经济改革和社会保障措施，强调其主要目标是制止国民生产的继续下滑，振兴市场经济的发展，计划1998年预算赤字不超过3.6%，通胀指数从1997年的151%下降到37%左右。通过减少工资收入调节税和提高增值税，使国家预算中的主要税收来源从直接税改为间接税。罗马尼亚政府还对亏损严重、债务缠身的大中型企业进行了工业结构调整，加强社会保障，将1998年预算收入的40%用于社会保障。

第二次世界大战后，保加利亚一直是东欧一块政治稳定的绿洲。托多尔·日夫科夫1954年担任保加利亚共产党第一把手，此后35年一直牢牢控制着保加利亚的政局。在苏联影响下，日夫科夫曾在1987年提出改革计划，从而提高了威望。但日夫科夫并没有执行改革计划，并且在1989年夏天，暴力镇压了国内土耳其族人的反抗，迫使大量土耳其族人逃亡。上述行为严重损害了他在国内外的形象。1989年11月10日，在波、匈剧变的影响下，保加利亚共产党内的革新派迫使日夫科夫辞职。从此，保加利亚进入了一个动荡的时期。

1990年1月30日至2月2日，保加利亚共产党举行第十四次特别代表大会，宣称党的目标是进行改革和更新社会主义社会，直接任务是建设民主社会主义。在政治体制上实行议会民主制，在经济政策和社会政策方面主张发展多种形式的所有制，实行市场机制同社会公正、社会保护相结合的原则。1990年4月3日，保加利亚共产党改名为保加利亚社会党。1992年初，选举33岁的维德诺夫为保加利亚社会党最高委员会主席。

1989年10月以前，保加利亚只有6个持不同政见的组织。到12月底，增至30多个。12月7日，10个较大的非官方组织合并，成立了反对派组织民主力量联盟，简称民盟。保加利亚政局开始动荡。1990年1月3日，议会选举姆拉德诺夫为共和国第一任总统。1990年6月，举行大国民议会选举，保加利亚社会党获胜。在400人组成的议会中，社会党共取得211个席位，占议会席位的52.75%。民盟获144席，占36%。1990年8月1日，议会选举民盟领导人热柳·热列夫为总统。

大国民议会选举后，上届社会党政府总理安德烈·卢卡诺夫受命组成新政府。新政府由于反对派的不合作和不断闹事，70天后被迫辞职，由无党派人士迪米特尔·波波夫任总理。1991年10月，举行第二次大选，民盟以微弱多数获胜，组成以菲利普·季米特洛夫为总理的民盟政府，但执政不到一年，由于议会通过不信任案而下台。1992年底，又由无党派人士柳本贝罗夫任总理。不过该政府于1994年9月2日宣布下台。1994年12月18日，保加利亚提前进行第三次大选，社会党获胜。1995年1月，社会党主席维德诺夫组成联合政府。

政局不稳影响了经济的发展。1989年政局变化以来，保加利亚经济一直处于危机之中。1990年至1993年国内生产总值已下降50%以上。然·维德诺夫出任总理后，人们寄予很大希望，希望在他的领导下顺利实现向市场经济转轨，然而保加利亚政府未能制定出一个统一的经济改革计划。

维德诺夫为了维护社会稳定，把防止失业、发展生产放在首位，向困难企业提供补贴、发放贷款，使工业生产得以维持。1995年国内生产总值比上一年提高2.5%，失业人数减少十万。但代价很高，造成大量产品积压，国家银行支付困难，货币贬值。1996年保加利亚国内生产总值下降8%，通货膨胀率超过300%，失业率达10.4%，许多工人几个月领不到工资，三分之一的人生活在贫困线以下，经济形势十分严峻。

1996年12月，维德诺夫辞职，社会党的多布雷布出任总理，但遭到反对派反对。

民盟前任总统热列夫和1996年11月当选的总统斯托扬诺夫都拒绝让社会党继续执政，要求进行新选举。1997年2月，斯特凡·索菲扬斯基组成过渡政府。1997年4月，保加利亚议会选举，民盟以52%的选票获胜，成为执政党。民盟执政以后未能迅速拟订出改革的有力措施，要实现政治稳定与经济繁荣还需时日，20世纪末的保加利亚仍然多灾多难。

阿尔巴尼亚是东欧变化最为迟缓的国家。霍查在阿尔巴尼亚执政四十多年。斯大林逝世后，阿尔巴尼亚与苏联决裂，而与中国保持友好关系。霍查由于捍卫国家独立，又正确处理了与虎视阿尔巴尼亚的强大邻国特别是南斯拉夫的关系，得到人民的支持。1985年霍查病逝，阿利雅继任阿尔巴尼亚共产党第一书记。他是一位坚定的共产党人，也试图进行改革以适应国内外形势的发展，特别是适应东欧形势的变化。

1990年12月，劳动党被迫宣布实行多党制。拉米兹·阿利雅是东欧剧变后仍然执政的共产党领导人。在1991年3月31日的议会选举中，仍然是劳动党获胜。1991年6月，阿尔巴尼亚劳动党改名为阿尔巴尼亚社会党，强调民族、民主和社会主义理想；主张多元政治，实行市场经济，确立法制等。

20世纪90年代初，阿尔巴尼亚经济发生危机，三百多万人要靠国际援助生活。国家十分贫穷，人民不满日增。反对党迫使议会在1992年3月22日进行选举，结果民主党获胜。民主党主席萨利·贝里沙当选总统，亚历山大·梅克西被任命为总理。民主党人上台后，积极开展外交活动，大力争取外援，国内经济困难得到缓解。1994年以后，阿尔巴尼亚经济连续三年增长，国民生产总值已达到危机前的85%，人民生活水平也有所提高。民主党政府在稳定宏观经济环境、恢复生产的同时，还制定并实施了经济转轨计划，阿尔巴尼亚经济取得一定成绩。1996年私有部门创造的产值已占社会生产总值的75%。随着市场机制的引入，阿尔巴尼亚经济以“欧洲最快的速度”增长。1993年工业生产比1992年增长11%，1994年、1995年又继续增长。

正当经济顺利发展时，阿尔巴尼亚政府对集资问题处理不当引发了严重动乱与危机。由于缺乏资金，梅克西政府于1992年3月制定了“金字塔式集资计划”，即以高利息吸纳新储户来支付旧储户的高额利息。这时出现了许多高利息集资公司，严重扰乱金融秩序，损害人民利益，从而在1997年初引发了一场剧烈的社会动荡。

1997年1月，苏黛集资公司破产，许多集资公司倒闭，数万人受骗，损失资金总额达十多亿美元，引发了群众示威游行。2月底，各地抗议活动上升为武装冲突，阿尔巴尼亚政府陷于瘫痪状态，军警失去作用。3月1日，政府总理梅克西辞职。3月2日，全国实行不定期紧急状态。几个月中，至少有1 500人在武装冲突中丧生，数万难民逃往国外，许多工厂和政府机构被洗劫一空。联合国派出由意大利指挥的一支七千余人的多国部队于4月进入阿尔巴尼亚，同时阿政府在国际社会支持下重组警察与军队，重新发挥专政职能。到6月，阿尔巴尼亚政局才逐渐趋向稳定。

这次危机沉重打击了贝里沙政府，使其不得不向社会党等反对派做出一系列让步，并决定提前进行议会选举。在6月29日举行的大选中，社会党获胜。7月24日，社会党总书记迈达尼当选总统，主席纳诺为总理。社会党有较为广泛的群众基础，同时也得到包括美欧在内的国际社会的支持。在社会党人领导下，阿尔巴尼亚走出了危机，经济开始增长。

第二次世界大战后，在南斯拉夫的六个共和国中，塞尔维亚人占多数，民族矛盾尖锐。战时，克罗地亚支持德国法西斯。战后，这段历史成为克罗地亚的耻辱，也成为塞尔维亚人歧视克罗地亚人的借口。

在南斯拉夫各共和国，经济社会发展非常不平衡。1990 年南斯拉夫解体前，人均国民生产总值为 2 530 美元，其中斯洛文尼亚是 8 658 美元，而马其顿只有 2 200 美元，经济发展不平衡使各共和国离心倾向加剧。南斯拉夫于 20 世纪 60 年代就开始对西方开放，发展经济，实行半市场经济，其中最发达的是旅游业。到 80 年代，经济开始混乱，发展水平只与拉丁美洲国家相似，人民生活贫苦，失业率高，加剧了各民族之间的斗争。

1980 年铁托逝世，南斯拉夫的民族矛盾开始表面化。1981 年，在塞尔维亚共和国阿尔巴尼亚人占多数的省——科索沃开始了独立运动。这次运动被镇压下去，表明南斯拉夫政府已面临严重的民族危机。

由于受波、匈等国剧变的影响，南斯拉夫在 1990 年 1 月宣布实行多党制。这不仅导致了南斯拉夫社会主义制度的瓦解，还引发了各民族之间的斗争。1991 年，由于军事冲突，南斯拉夫分裂成为波斯尼亚黑塞哥维那共和国、马其顿共和国、斯洛文尼亚共和国、南斯拉夫联盟共和国（包括塞尔维亚和黑山），以及克罗地亚共和国。

知识链接

南斯拉夫走向分裂

1989 年，同波兰、捷克斯洛伐克、匈牙利和民主德国一样，共产党领导的巴尔干国家南斯拉夫也经历了共产党丢掉政权的民主剧变。1990 年初，南斯拉夫共产党宣布正式放弃自 1945 年以来一直享有的对政权的垄断。同苏联一样，民主一出现，就直接导致该国走向了分裂。

——特里·布劳斯. 20 世纪看得见的历史. 周光尚，望震，薄景山，译. 北京：中国社会科学出版社，2006：501.

从 1991 年 6 月起，斯洛文尼亚、克罗地亚和波黑先后爆发了战后欧洲史上著名的三场战争。在南联盟与马其顿，民族矛盾也很尖锐。战争爆发的直接原因是南斯拉夫剧变后，克罗地亚、波黑、斯洛文尼亚寻求独立，而塞尔维亚则努力保持南斯拉夫联邦，以继续塞尔维亚人的统治地位。

1991 年 6 月，斯洛文尼亚与克罗地亚宣布独立，引发了斯洛文尼亚战争。驻扎在这两个地区的联邦军队绝大部分是塞尔维亚人，斯洛文尼亚与克罗地亚组织民兵，双方开始军事冲突。在斯洛文尼亚战场，在欧共体（欧盟前身）的斡旋下，双方签署了《布里俄尼宣言》，斯洛文尼亚获得独立，以塞族为主体的原南斯拉夫人民军撤离该地区。此后斯洛文尼亚成为基本是单一民族的国家（斯洛文尼亚人占总人口 90%以上），斯洛文尼亚在自由民主党与同盟党的联合执政下，政局一直很稳定。直到 1996 年议会选举时，反对派联盟“斯洛文尼亚之春”才取得半数议席。

在克罗地亚独立后，居住在克罗地亚的大批塞族人要求从克罗地亚分离出来，与塞尔维亚合并，引起争端。塞尔维亚共和国支持克罗地亚塞族人，并派出军队攻占了克罗地亚东部地区。欧共体与美国进行了调解，但直到1992年春，塞尔维亚攻占了所有想占领的地方，才同意达成停战协议。

1995年，克罗地亚得到美国及西方支持，先后攻占了塞族闹独立的西斯拉沃尼亚和克拉伊纳塞控区，并同境内最后一块塞控区东斯拉沃尼亚的塞族达成协议，规定该地区最终归克族管辖。此后那里实行非军事化，由联合国派出的过渡时期行政当局管理。克罗地亚总统弗拉尼奥·图季曼1996年宣布，克罗地亚与塞族武装的"战争时期已结束"，东斯拉沃尼亚必须"和平并入克罗地亚"，避免流血冲突。

1992年3月，波斯尼亚黑塞哥维那宣布独立后，立即引发了更大规模的战争。波黑共和国人口混杂，有44%是信奉伊斯兰教的塞族人（通称穆族），有33%是塞尔维亚天主教徒（通称塞族），还有17%是克罗地亚天主教徒。克罗地亚不承认波黑边境，并占领了波黑北部有60万克罗地亚人居住的地区。塞族民兵则在南联盟支持下攻打穆族，以巩固塞族居民区并希望与塞尔维亚合并。波黑首都萨拉热窝被塞族包围，这次内战的残酷程度令人惊骇，是第二次世界大战后欧洲尚未发生过的。

西方的干预和经济制裁均未能制止塞族的进攻，最后美国及一些西方国家进行赤裸裸的公然军事干涉，以先进的现代化武器攻打塞族人，帮助穆族与克罗地亚攻占了大片塞控土地，迫使波黑冲突各方于1995年底签订了《代顿和平协议》。1996年波黑举行大选，由三族代表组成了波黑主席团。此后议会和政府成立并开始工作，《代顿和平协议》落实。

南斯拉夫联盟共和国1996年与科索沃省阿尔巴尼亚族领导人也签署了恢复科索沃阿族教育问题的协议，为解决双方问题创造了条件。马其顿境内马、阿、塞族之间的矛盾也趋向缓和，社会逐渐安定。

1997年8月以后，波黑共和国议会与总统之间发生矛盾，美国乘机插手使局势恶化，但有一点可以肯定，即大规模内战不可能再发生。前南各国恢复和平后，都把重建国家、复苏经济列为最重要的任务，其共同点是制定和实施稳定经济的纲领，致力于改善居民生活。同时继续实施经济转轨，从前南时期的半市场经济向完全市场经济过渡。在这些方面，各国都取得了一定成就。

前南地区五国在处理相互关系上，也有重大进步。各国开始相互承认与建交，并逐步开展贸易。虽然各国之间的民族矛盾并未根本解决，但和平、重建和合作已成为前南地区各国关系中的主流。

美国的霸权主义是前南地区实现和平的最大阻力。例如，1998年初以后，南斯拉夫联盟科索沃省的阿尔巴尼亚族分裂主义者与塞尔维亚族发生冲突。这本是南斯拉夫联盟的内政问题，但美国却威胁说，如果南联盟使用军事力量解决科索沃危机，美国将出动军队加以干预。这种火上浇油的做法，不仅未能减轻矛盾，反而使危机升级，为和平解决科索沃问题带来困难。

德意志民主共和国的剧变是联邦德国与苏联直接造成的。民主德国受苏联影响较深，人民拥护共产党的领导，没有强大外部压力，要蜕变并非轻而易举的事情。1989年春，民主德国共产党领导人昂纳克抵制了任何改革的压力，在民主德国的邻国波兰与匈牙利都先后剧变的情况下，仍然坚持社会主义制度。

此时苏联的所作所为促使了民主德国的剧变。戈尔巴乔夫进行改革，急需西方经济援助。在1989年6月访问波恩时，他恳请联邦德国给予苏联经济援助，其代价是让民主德国自由发展。戈尔巴乔夫与科尔签署协议，保证努力结束欧洲的分裂、尊重人权、扩大经济文化合作。戈尔巴乔夫的发言人公然宣布，让民主德国走自己的路。

由于联邦德国经济比民主德国发达，加上大量民主德国人在联邦德国有亲属，更由于西方影响的渗入，不可避免地有大量民主德国人西逃。他们以旅游为名，先到波、匈、捷等国，然后转到联邦德国。

1989年10月7日，在庆祝民主德国建国40周年纪念大会上，昂纳克还受到成千上万挥动红旗的人欢呼。但在戈尔巴乔夫“新思维”和东欧剧变的影响下，政局开始动荡，出现人民的示威游行。昂纳克下令开枪镇压，民主德国共产党中央政治局决定让其辞职。这一决定得到戈尔巴乔夫认可。1989年10月18日，克伦茨接任总书记。面对众多要求到联邦德国的人群，11月9日克伦茨下令凿开了柏林墙。1990年2月，民主德国共产党改名为民主社会主义党。民主德国政治制度发生剧变。

三、德国的统一和冷战的结束

东欧剧变后，很快德国就实现了国家的统一。大批民主德国公民涌入联邦德国，这种情况使联邦德国总理赫尔穆特·科尔十分震惊。当时联邦德国政府正努力解决自己的就业与住房问题，联邦德国的人民希望民主德国公民留在自己的家乡搞改革，自己解放自己。

由于担心情况失去控制，科尔权衡利弊后，决定促成两德统一。1989年11月，他提出“关于德国统一的十点计划”。但是苏联并未完全接受这一计划。英国担心统一后出现一个强大的德国，也不欢迎这一计划。法国劝德国谨慎行事。只有美国大力支持科尔的统一计划。1990年3月，民主德国举行公民投票来决定两德统一问题，大多数人赞成，但希望暂缓。德国的统一事先未见征兆，但是一旦发生，则十分迅速，不可阻挡。1990年3月，科尔带着统一计划到六个城市进行竞选演说，要求统一货币，使民主德国马克按一比一的比率兑换联邦德国马克，为统一奠定基础。民主德国于3月18日举行了自由选举，德梅齐埃担任总理。他上台后主张统一，7月1日两德实现了货币统一。

在两德统一问题上，美国和西方希望统一的德国是北约成员，而苏联开始时持反对态度。1990年7月，科尔与戈尔巴乔夫会谈，保证把德国军队从58万减少到37万，并放弃核武器、化学和生物武器。因此戈尔巴乔夫也不再反对统一后的德国成为北约成员，还保证在1994年前撤走苏联军队。科尔为此承诺支付苏军撤回苏联、安排新驻地所需的一切费用。

由于美苏均已同意两德统一，英法也就表示同意。同时，民主德国经济状况恶化，迫使民主德国领导人同意迅速统一。1990年8月23日，民主德国再次投票，结果人民同意解散民主德国，使之成为联邦德国的一部分。10月3日，统一的程序完成。

德国统一后，遇到了各种严重的问题。原民主德国地区不景气的经济给德国带来的巨大麻烦，远比预计的要大。原民主德国马克一比一兑换联邦德国马克，增加了德国政府的负担。科尔为振兴东部经济，承诺不增加原民主德国人民的税收。同时为了防止移民大规模西移，科尔政府给了原民主德国地区大量援助，尽量缩小东西两边的工资和生活差距。上述措施收效不快，到1994年仍不能实现科尔在1990年竞选时把原民主德国地区建成“繁荣的东部”的诺言，该地区产生了三百多万失业工人。这使整个德国失望和挫败，在此基础上产生了排外主义极端集团，甚至新纳粹分子。

20世纪90年代，原民主德国的人民不得不承认，要赶上西部地区，仍需要很多年的奋斗。他们努力适应市场经济，提高生产力。整个欧洲在这一时期陷入萧条，人们根本未能享受到东欧剧变带来的好处。德国的统一，使领土扩大、人口增多。它是一种进步，标志着雅尔塔体系的彻底崩溃和冷战的结束。虽然没有人知道德国统一后面临的困难要多长时间才会被克服，但有一点是肯定的，即德国不会像意大利那样西部是繁荣的工业区，而东部却很贫困。因为德国东部在战后的发展中，已经奠定了一定的工业基础。

德国统一后，1990年11月19日至21日，欧美34个国家的元首和政府首脑在巴黎召开了欧洲安全与合作第二次首脑会议。会议期间，北约和华约22个国家签署了《欧洲常规武装力量条约》和《联合声明》，正式宣告冷战的结束。

东欧剧变和冷战的结束，在很大程度上是戈尔巴乔夫的加速发展战略、“新思维”及全面收缩政策所致，反过来又深刻影响苏联政局的发展，终于导致了1991年12月25日苏联的解体，断送了世界上第一个社会主义国家。

苏东剧变，社会主义国家从东欧、苏联消失，在全球范围内产生极坏影响，使许多国家的共产党受到打击，领导的革命遭受失败。苏东剧变后，资本主义国家和第三世界国家内产生了不利于共产党活动的舆论和气氛，对第三世界的共产主义运动造成了直接的危害。以拉丁美洲为例，在古巴革命以及切·格瓦拉“游击战”思想和“大陆革命论”思想的影响下，20世纪60年代初开始，危地马拉、哥伦比亚、委内瑞拉、秘鲁、阿根廷等二十多个国家出现了上百支游击队，共产党领导的武装斗争蓬勃发展。拉美政治经济的落后，为游击战的发展提供了条件。几十年来，在美国支持下，拉美各国军事独裁政府对游击队进行镇压，但在战场上根本无法打败这些游击队。苏东剧变后，敌人无法消灭的游击队纷纷放下武器，走出丛林。这些国家有哥伦比亚、秘鲁、尼加拉瓜、萨尔瓦多、危地马拉、智利等。墨西哥政府在1996年7月也与恰帕斯民族解放军进行了谈判。1997年5月2日，智利共产党领导的游击队曼努埃尔·罗德里格斯“爱国阵线”也正式放弃了武装斗争。这些国家的游击队之所以放弃武装斗争、与政府妥协、遣散游击队员，主要原因正如该组织的正式发言人所说：“这不是什么新的决策，而是一年前为适应世界形势发生的变化而做出的。”这里所谓的世界形势的变化，即苏东剧变后的变化。拉美游击队在放下武器之前，与政府签订了条约，以政党身份参加国家政治活动。对此，有的人认为这使拉美国家政局稳定、经济发展，这是事实，但代价却十分高昂。这是以这些国家的共产党放弃武装斗争，甚至放弃理想为代价的。因此，苏东剧变对拉丁美洲共产主义运动的发展起着不利的作用。

同时，世界各国资产阶级利用苏东剧变，鼓吹西方“民主”的胜利，在国内企图消灭共产主义的影响。这就使国际共产主义运动处于低潮。由于苏东剧变，再加上冷战后世界历史潮流朝和平与发展方向推进，各国为发展经济开展了友好合作。

东欧剧变、苏联解体只是社会主义面临的暂时低潮，社会主义仍充满生命力。历史总是曲折发展的，有时是不可预料的。正如不可预料20世纪90年代初苏联会不战而降、完全解体一样，也不可预料新的伟大的革命会重新在世界上爆发。毛泽东同志说过："一时的后退现象，不能代替总的历史规律。"① 资本主义一定要灭亡，社会主义一定要胜利，这就是历史发展的总规律。苏东剧变绝非社会主义的失败，相反，它起到反面教育作用，使今后的社会主义革命更加健康发展。从苏联解体中，人们学习到的最重要的经验，就是不能背离十月革命道路，不能放弃共产党的领导和无产阶级专政。戈尔巴乔夫以"新思维"代替了马克思列宁主义；以"人道的民主的社会主义"代替了"科学社会主义"；以"民主化"和"公开性"为借口削弱了党的领导，直到公开取消党的领导。这是苏联解体最重要的原因，国际无产阶级将从苏联解体的过程中学到此后如何进行革命和巩固革命成果。

更重要的是，中国在改革开放中，虽然也遇到过许多困难，但始终坚持马克思列宁主义毛泽东思想，在科学理论指引下，既坚持社会主义道路，保持国家的独立和统一，又取得了经济建设的巨大成就。中国经验将鼓舞越来越多的国家与人民坚持十月革命的方向，把马克思列宁主义与本国实践相结合，进行社会主义革命和建设。

此外，古巴、越南、朝鲜民主主义人民共和国仍然坚持社会主义。中国的成就以及上述社会主义国家的存在，将鼓舞世界人民朝社会主义方向前进。在21世纪，社会主义革命并没有死亡，而是在曲折中发展。

推荐阅读书目

陈之骅，吴恩远，马龙闪．苏联兴亡史纲．北京：中国社会科学出版社，2004.

罗艳华，等．美国输出民主的历史与现实．北京：世界知识出版社，2009.

刘组熙．东欧剧变的根源与教训．北京：东方出版社，1995.

马细谱．战后东欧：改革与危机．北京：中国劳动出版社，1991.

弗朗西斯·福山．历史的终结及最后之人．黄胜强，等译．北京：中国社会科学出版社，2003.

兹比格纽·布热津斯基．大棋局：美国的首要地位及其地缘战略．中国国际问题研究所，译．上海：上海人民出版社，1998.

Geoffrey A. Hosking. A History of the Soviet Union，1917-1991. London：Fontana，1992.

William Taubman. Khrushchev：The Man and His Era. New York：Norton，2003.

① 毛泽东选集：第1卷．2版．北京：人民出版社，1991：275.

第十二章

和平、发展与合作的新时代

第一节　和平与发展

一、大国合作改善了国际安全环境

冷战结束后，世界向和平与发展的方向前进，最大的特点是大国关系的改善和相互合作。在大国关系中，中美关系、中俄关系、中日关系、中欧关系以及美俄关系的不断改善，奠定了世界和平的基调，为 21 世纪世界经济的发展铺平了道路。

早在 1972 年，中美两国就结束了长达二十多年的隔离状态，走上了正常发展的道路。双方关系时好时坏，但基本按三个公报的精神在发展。冷战结束后，双方关系发展更快。1997 年 10 月底至 11 月初国家主席江泽民访美，与美国总统克林顿就努力建立建设性战略伙伴关系达成共识。双方还制定了保持和加强高层接触以及各领域、各层次交往的机制与框架，为 21 世纪中美关系的发展奠定了基础。

中国与俄罗斯建立了战略协作伙伴关系，这种关系不针对第三国，而是为了维护地区稳定和发展双边利益。中国与法国建立了伙伴关系，与欧盟的关系也不断发展。中日关系，特别是经贸关系不断发展。

美俄关系在冷战后得到改善，美俄裁军取得成绩。1993 年 1 月，两国签订了《第二阶段削减战略武器条约》。1997 年 9 月 2 日又签订了一揽子裁军协议，以保持两国削减战略武器方面的平衡，为双方正式履行《第二阶段削减战略武器条约》铺平道路。核大战的威胁已减少并正在消失，和平利用核能的国家在增多。

日俄关系也有很大改善。1997 年，日本首相发表对俄政策谈话，提出“相互信赖”、“相互利益”和“着眼于未来”的三项原则，俄罗斯对此表示欢迎，并做了积极回应。俄印关系得到加强，1993 年 1 月叶利钦总统访印，双方签署了《俄印友好与合作条约》等九项协定。1997 年 3 月，印度总理德韦·高达访俄，双边关系升格为“战略伙伴关系”。

冷战后，美日之间从冷战时期的主仆关系向平等的伙伴关系转变。通过修改《日美安全保障条约》，日美两国的关系得到进一步加强。日本在发展与美国关系的同时，还与澳大利亚建立了伙伴关系。

上述国际关系的发展，表明冷战后世界出现了缓和局势与和睦气氛。世界各地区、国家有能力通过对话解决安全问题。

二、国际合作促进了世界经济的发展

冷战结束后，和平、发展与合作成为时代主流，世界历史翻开新篇章。随着经济全球化进程的加快，人类第三次科技革命达到高潮。高科技迅猛发展，并成为一种产业。高科技产业包括信息技术产业、电脑软件、网络等。紧跟在美国之后，各国都开始了信息革命，世界已经从工业社会进入了信息社会。在信息社会，各国的相互依存加深。在经济全球化条件下，各国经济的发展需要国际合作。

冷战结束后，各国进行了卓有成效的合作，全球经济发展迅速。第三世界国家的发展特别令人瞩目，世界出现了许多新兴市场经济体。印度、巴西、南非已经与中国和俄罗斯一起，被称为“金砖国家”，成为世界经济中举足轻重的重要组成部分。

冷战后国际合作的趋势之一，是多国集团、地区性集团在国际贸易中发挥越来越重要的作用。它们的经济规模及广大市场，促进了世界贸易和经济的发展。除了欧盟、东盟、美洲国家组织、里约集团、非洲统一组织、南盟、阿拉伯国家联盟等组织不断发展壮大外，还出现了一些新的地区性集团，例如北美自由贸易区、中欧自由贸易协定组织和南方共同市场等。欧盟与南方共同市场在 1999 年开始了建立跨洲自由贸易区的谈判，以期在 2005 年前建立一个越洋跨洲的自由贸易区。美国则力图建立美洲自由贸易区，将南方共同市场、安第斯集团和加勒比共同体等拉美经济集团一并纳入，置于美国领导之下。日本也在酝酿太平洋贸易区的建立。

洲际自由贸易区成为国际经贸中一个新的重大变化，欧盟与美国争相建立自由贸易区是国际经贸中联合与争夺的一大特点。此外，在中欧、东欧，以俄罗斯为首的独联体国家也发展地区性经济联系。俄罗斯与白俄罗斯、哈萨克斯坦、吉尔吉斯斯坦、乌兹别克斯坦都在推进一体化，这对地区性贸易是有益的。

多国集团、地区性集团以及洲际贸易集团对发展中国家来说具有正反两方面的影响。一方面，多国公司带去了急需的技术、管理经验及资本，有益于发展中国家的发展；另一方面，多国公司又企图控制发展中国家经济、政治方向的发展，这是发展中国家要警惕的。

第二节　国际合作解决人类面临的问题与挑战

一、问题与挑战

冷战后世界形势的主流是和平与发展，但却存在许多困难、问题和危险。机遇与挑战并存，明显地表现在北约东扩与美俄的脆弱关系上。冷战结束后，1995年9月，北约正式公布东扩计划研究报告，1997年东扩启动。北约秘书长索拉纳把1997年北约的发展总结为四个“新”字，即新成员、新伙伴、新任务和新结构。

新成员是指1997年12月16日，北约16国外长在布鲁塞尔总部签署了接纳波兰、捷克和匈牙利三国入盟的协议书。1999年，波、捷、匈成为北约新成员。

北约的新伙伴，是指北约与俄罗斯、乌克兰、中欧、东欧以及地中海地区发展关系。其中，与俄罗斯的关系最为重要。1997年5月27日，北约与俄罗斯在巴黎正式签订了双边关系“基础文件”，7月又成立了常设联合理事会。北约还与27个北欧、中欧、东欧和中亚国家成立了欧洲与大西洋伙伴关系理事会，目的是通过这些组织影响与控制俄罗斯及其他国家。

为此，北约制定了新任务，即从军事防御扩大到维持和平，预防和制止区域冲突，加强人道主义援助和军事技术合作。上述任务的目的是确保西方利益，维持有利于西方的和平。如若出现冲突，北约将以维和为幌子，对任何地区进行“合法”干涉。这一招术与冷战时期的公开干涉相比，具有欺骗性。

同时北约进行机构改革，将原有的65个司令部减少到20个，使指挥系统更加机动灵活。

知识链接

崩溃之后：迈向新千年

20世纪的最后10年，90年代，全球历史再次来了一个急转弯。随着苏联和东欧共产主义政权出人意料地突然崩溃，旷日持久、局势紧张的冷战也走到了终点。到那时为止，另一个历史进程——非殖民化——也完结了，其标志就是60年代到80年代之间一百多个新兴国家成为联合国会员。殖民主义曾是整个20世纪的主导力量，而冷战也曾是20世纪下半叶重要的一股力量，现在两者的终结为全球历史发展创造了新的可能性。一些是人类进步的可能性，尤其是新技术和医药的传播。另一些则往往是此前模式的复兴，这又可能成为社会冲突和国际对抗的新根源。冷战后全球出现的所有这些看似新奇的时代主题和发展方向，无论具有建设性还是威胁性，都是根植于动荡世纪的历史之中的。

——迈克·亚达斯，彼得·斯蒂恩，斯图亚特·史瓦兹．喧嚣时代：20世纪全球史．大可，王舜舟，王静秋，译．北京：三联书店，2005：523.

毫无疑问，北约东扩，是美国与西欧在冷战结束后为进一步巩固西方利益、防止任

何来自俄罗斯与东欧的潜在军事威胁而采取的措施。其在东扩时标榜的“欧洲安全”，就足以说明问题。因为所谓“欧洲安全”，必须是符合美国、西欧利益的“安全”，否则它们就会打着“维持和平”的旗号，加以干涉。因此俄罗斯坚决反对北约东扩。

俄罗斯清醒地认识到，北约是以美国为主导的军事集团。由于俄罗斯经济脆弱，在美国和西欧做出一定让步后，不得不同意北约东扩。美国做出的让步包括：不在新成员国部署核武器；同意修改常规武器条约；根据俄方要求将《第二阶段削减战略武器条约》的生效时间推迟五年；接纳俄罗斯参加七国集团；许诺向俄提供经济、财政援助等。但北约只是做出让步，并不想与俄罗斯建立真正的伙伴关系，因此北约的矛头始终指向俄罗斯。

这样，如果北约继续东扩，特别是向波罗的海地区扩展，就会引发更尖锐的矛盾。这些矛盾很可能导致冲突乃至战争。1997 年 11 月底，美国总统发布命令，对美国的核战略进行 16 年来最重要的一次调整。这次调整，美国承认无法打赢核战争，因此美军将放弃“打赢一场将会毁灭全球的旷日持久的核战争”，“将核战略的重点由进行核战争转向阻止核战争”。但这正如在北约东扩上使用冠冕堂皇的语言一样，其真实目的是阻止俄罗斯及他国发展核武器。因此，克林顿坚持美国“将在冲突中首先使用核武器”，而且要“采取确确实实具有压倒优势和毁灭性的对策”。

美国一方面谋求与俄罗斯和中国建立面向 21 世纪的建设性战略伙伴关系，另一方面又坚持把俄罗斯和中国列入核打击目标，并把一些非核国家也列入核打击目标清单。由此看出，美国的一切战略都力图使俄罗斯、中国及其他一些坚持独立自主路线的国家服从以美国为首的西方的利益，并通过所谓“伙伴关系”，使之进入西方轨道，否则美国将“采取确确实实具有压倒优势和毁灭性的对策”，“首先使用核武器”。

为此，虽然冷战已经结束，但美国仍加速研究高精度武器，特别是反卫星武器。卫星对一个国家的安全极为重要，甚至能影响战争的胜负。要首先使用核武器，必须先摧毁对方卫星，否则卫星将侦察出对方一切军事准备情况。美国陆军于 1997 年 10 月 17 日晚成功地在新墨西哥州导弹试验场用中红外化学激光器向一颗在太空运行的卫星发射了两束激光束，先后击中了即将退役的美国空军气象卫星（体积与电冰箱相同），其中一束持续不到一秒钟，而另一束则持续了十秒钟。

俄罗斯对美国激光打卫星的试验感到震惊。叶利钦总统在给美国总统克林顿的信中表示，“不应该允许研制能够破坏战略稳定的新武器系统”，并建议美俄举行新一轮会谈，以控制反卫星武器。俄罗斯国防部国际军事合作总局局长伊瓦绍夫则在 11 月 28 日的新闻发布会上指出，俄罗斯对美国加速发展高精度常规武器深感忧虑。他表示，虽然俄罗斯由于经济困难，无力与美国展开角逐，但在局势激化的特定条件下，有可能被迫卷入新一轮的军备竞赛。由此观之，冷战后仍然存在美苏军备竞赛的可能，存在因此而导致冲突与战争的危险。

许多国家政治动乱、民族流血冲突、宗教和种族斗争的存在，不仅使经济发展恶化，而且蕴藏着潜在的战争与各种危险。印度次大陆的克什米尔问题存在发生军事冲突的危险；斯里兰卡存在内战，1997 年 1 月 4 日，斯里兰卡猛虎组织游击队向在瓦武尼亚地区执行代号为“必胜”的军事行动的政府军发动了大规模反攻，双方死伤数百人；阿富汗局势并未彻底平静；非洲还在发生内战；伊斯兰教各派与激进派做斗争，中东和平谈判进展缓慢，在海湾地区，仍存在军事对抗的危险。

经济问题与民族主义是冷战后存在的最大问题。冷战结束了世界上最强大国家之间的相互厮杀，然而地区性内战仍在进行或存在发生的可能性。在政治领域，美国企图用美式民主改造世界，用人权大棒干预他国内政，动辄用经济制裁威吓其他国家，这也是引起军事冲突的原因之一。此外，人类在冷战结束后还面临许多其他重大问题。

二、合作解决人类面临的共同问题

20世纪末，人类面临许多共同的问题，这些问题需要国际合作来解决。

第一是难民问题。难民问题是一个世纪顽症。自1990年至1998年，世界范围内爆发85起战争或冲突，导致3 000多万平民沦为难民，其中1 000万难民在国际社会的帮助下，自愿返回家园或被安置在难民营。但是有些国家内部被迫迁移和逃亡的人数又不断增加，他们在国内无安身之处，大批滞留在难民营，常常受到虐待、袭击，被驱赶到另一个国家或被迫返回处在冲突和不安全的母国，人身安全得不到保障。

据统计，自20世纪80年代初至20世纪末，曾有500万逃离战火冲突的人要求到西欧、北美、日本和澳大利亚避难，但均以扰乱政治、社会、经济安全为由被阻止进入其领土。在这种情况下，数百万逃难者被迫重返处在战乱冲突之中的母国，他们常常在无安全保证的情况下又重新逃往国外。

造成难民问题的根源很多。由于冷战遗留问题的政治解决遥遥无期，一些旧的难民问题迟迟解决不了，因种族、宗教矛盾和武装冲突又产生大量新的难民。波黑、阿富汗，尤其是一些非洲国家的情况最为突出。南斯拉夫自1991年爆发内战以后，难民人数超过了400万，其中妇女和儿童占多数。阿富汗在苏军撤离后，仍然无法实现和平，内战愈演愈烈，600多万难民逃到伊朗与巴基斯坦。美国入侵阿富汗后，阿富汗的局势一直动荡不安，难民问题也没有解决。而伊拉克战争，又造成了新的难民问题。

南部非洲难民最多的是安哥拉和莫桑比克。这两个国家近二十年之久的内战加上自然灾害，致使百万人流离失所，沦为难民。而在中部非洲，卢旺达和布隆迪的武装部族冲突，产生了200多万难民，并引发了扎伊尔与卢旺达、布隆迪与乌干达相互间的矛盾，导致了1996年大湖地区的危机。

东非难民的处境也在恶化。厄立特里亚和埃塞俄比亚之间长达十年的战争，造成大批难民逃往他国。苏丹自20世纪60年代起就发生了内战，大量难民逃往他国谋生。索马里内战也产生数十万难民。90年代，大批库尔德人又从土耳其逃往意大利。

南北差距不断扩大，是造成难民问题的又一重要因素。20世纪90年代末，全世界约有8亿人在忍饥挨饿，这使大量饥民背井离乡到他国谋生。1996年8月以后，北非地区每天都有数十人甚至上百人，搭乘简易木船，横渡直布罗陀海峡，试图偷渡到欧洲谋生。到1997年初，仅被西班牙当局扣留的偷渡者已达两千多人。世界每年有大量人口由发展中国家向发达的工业国家移居，造成经济难民。

自然灾害也是造成难民问题的重要原因之一。据国际组织发布的材料，自然灾害每年平均造成14.4万人死亡，5.7万人受伤，500多万人成为难民。1996年，全球共发生600起重大自然灾害，造成的经济损失高达600亿美元。

经济恶化与人口增长过快，也会产生难民。以非洲为例，20世纪90年代末，非洲有人口约7亿，平均每年人口增长率为3%。而非洲农业生产每年增长率仅2.5%左右，粮食增长量养不活增长的人口，就会引起饥饿，产生难民。

难民问题的解决，不能仅仅依靠人道主义救援。实现和平与可持续发展，建立公正、合理的国际政治新秩序，才能根本解决难民问题。

第二是环境问题与发展问题。由于工业发展中对环保工作的忽视，人类面对的生态危机进一步加剧，生存挑战严重。

由于污染和人为破坏，地球的绿色植被在萎缩。据联合国粮农组织的统计，世界在1980年至1995年失去了1.8亿公顷的森林，其面积相当于一个墨西哥。而且森林消失的速度在加快。1997年是有史以来全球森林火灾最严重的一年，仅印度尼西亚和巴西两国，大火就焚毁了至少500万公顷森林，其中巴西亚马逊河流域森林火灾数量比1996年上升了50%以上。1998年1月，仍在燃烧的印尼森林大火在其后六个月中释放出的大量二氧化碳数量可能超过西欧所有汽车和电站一年排出的二氧化碳总和，对邻近地区造成巨大污染。此外，1997年在巴布亚新几内亚、哥伦比亚、卢旺达、俄罗斯、澳大利亚等国都发生了森林大火。

海洋也受到严重污染与破坏，过度捕捞使海洋鱼类资源减少。世界15个大渔场中，有13个处于过度捕捞状态。大江大河的污染排放使入海口变成巨大的“死亡区域”。人类活动破坏了海洋中的珊瑚礁，而珊瑚礁正是无数海洋动物繁衍栖息之地。

海洋中被海水污染而死亡的鱼类

由于人口的增加及工业化发展，大量农业、工业用水及生活用水使水资源出现短缺，一些主要河流在到达海洋前就已被抽干，地下水位也急剧下降。自1979年至20世纪末，世界用于粮食生产的水浇地面积已减少了7%。

地球的气温在上升，全球气候日渐变暖。据估计，在21世纪，全球气温平均每10年将升高约0.34摄氏度。根据气象学原理，如果全球气温升高1摄氏度，就会引起全球气候的强烈变化，并引发各种自然灾害。

随着世界年平均气温的继续升高，高纬度地区将比热带地区更热，由于冰川融化，海平面将上升，到2050年全球海平面将比1998年升高30厘米至50厘米。海平面升高的后果是极其严重的，它将直接威胁到沿海国家以及三十多个海岛国家的生存和发展，许多国家的沿海地区与城市将被完全或局部淹没，一些海岛也将被淹没。世界平均气温升高还将使飓风出现的频率增加、强度增大，洪水、干旱和热浪等自然灾害更加频繁。全球变暖还会助长热带疾病的滋生和蔓延，造成生态混乱、物种灭绝、粮食减产、害虫逞凶、水源短缺、土地荒芜、森林减少等等危害。

1997年，世界气候异常，自然灾害频发。暴风雪、飓风、暴雨、洪涝、干旱、高温、酷暑等异常气象袭击五大洲。重要原因之一是厄尔尼诺现象。厄尔尼诺是一种周期性自然现象。“厄尔尼诺”一词源于西班牙语，意即“圣婴”。厄尔尼诺现象常发生在赤道东太平洋，秘鲁渔民最早注意到海水水温的变化影响了正常的鱼汛，当地人根据这种现象常发生在圣诞节前后的特点，称之为“厄尔尼诺”，意思是“圣婴降临，情况有变”。

由于地球温度上升，自80年代初以后，厄尔尼诺的出现更频繁，持续时间更长，强度也更大。受厄尔尼诺影响的地区不仅包括沿赤道太平洋的低纬度热带地区，还包括地处中纬度和高纬度的地区，包括中国。1997年冬季，中国即受此影响，出现暖冬。

全球变暖主要是人类自身活动引起的，特别是由发达国家在工业化过程中因过度耗能而大量排放二氧化碳等温室气体造成。自1750年至20世纪末，大气中二氧化碳含量已增加了30%以上，达到200多年来的最高水平。20世纪末，全球二氧化碳总排放量已增加到220亿吨，而且还在以每年0.5%的速度递增。美国等工业发达国家作为二氧化碳的主要排放国，应对全球气候变暖负主要责任。

上述问题的存在，给人类生存带来一系列危机。人类已经认识到环保问题的重要性，并采取措施来改进环保状况。联合国秘书长安南在1997年6月5日“世界环境日”发表文告，呼吁世界人民更加重视环境保护，将它变成一种生活方式。

联合国十分重视环境保护工作，早在1972年就成立了环境规划署，1987年签署了《蒙特利尔破坏臭氧层物质管制议定书》，1992年召开了联合国环发首脑会议。1997年12月11日，于日本京都举行的气候变化框架条约第三次缔约方会议上，通过了一项议定书用以限制排放使全球气候变暖的气体，即《京都议定书》，其中规定：受到限制的气体包括人为排出的二氧化碳、甲烷、一氧化氮、两种氟利昂气体（HPC和PFC）以及六氟化硫。

《京都议定书》是有关环境问题的第一个写入数值指标并具有约束力的文件。会议规定，经济发达国家对上述六种气体的排放总量从2008年到2012年要比1990年减少5.2%。其中美国减少7%，欧盟减少8%，日本、加拿大等国减少6%。实现零增长的有俄罗斯、新西兰等国。到上述年限，六种气体排放量可比1900年增加的国家有澳大利亚、爱尔兰、挪威。为限制六种有害气体排放量，发达国家致力于提高能源利用效率、促进植树造林和农业发展、开发新型清洁能源等方面。

《京都议定书》规定不对发展中国家强制要求新的限制排放义务，发达国家要从资金和技术上帮助发展中国家实施减少有害气体排放的工程。各国都十分重视环保问题。但是要做好全球环境的发展与保护工作，仍然充满了艰难。发达国家为了自身利益，往往推卸责任、嫁祸于人。例如在1997年12月11日结束的京都会议上，各国进行了异常激烈与紧张的谈判。发达国家不愿做出过高承诺，影响本国经济的发展。而发展中国家则反对发达国家不顾全球气候变暖的历史责任和现实责任，不顾发展中国家经济发展的现实需要，强行制定发展中国家的温室气体削减比例。发达国家借口气候变化是全球问题，解决全球问题需要全球的参与，要发展中国家也承担很重的减排和限排任务。

但发展中国家并未被发达国家的汹汹气势所吓倒，它们列举事实来说明今天气候变暖的严重结果，是发达国家工业革命以来无节制地排放了一百多年温室气体造成的。发达国家人口只占世界人口的22%，却消耗了世界70%以上的能源，其温室气体排放量占世界排放总量的60%以上。而发展中国家的能源消耗尚不能满足其人民的基本需求，人均温室气体排放量仍然很低，发展中国家此时没有责任、也不可能参与减排或限排。由于发展中国家的斗争，京都会议才达成了上述比较合理的协定。

当然，发展中国家暂时不承担温室气体减排或限排义务，并不表明不关心环保问题。不少发展中国家从国情出发，采取了许多应对措施。在某些方面，包括中国在内的一些发展中国家甚至比某些发达国家做的工作还要多。总之，环保工作要做好，必须要全球参与、共同努力。

环保工作中最为重要的是消除贫困。发达国家要向第三世界国家提供资金、技术。否则，发达国家要发展中国家尽同等义务，是不现实的。

环保工作中的另一个重大问题是噪音问题。噪音已被视为一大公害，各种噪音严重危害人民健康，许多国家也采取措施，通过立法来限制。1995年法国颁布了反噪音法。根据这一法令，新建高速公路与铁路必须符合限制噪音标准的规定；机场附近、施工工地附近等噪音高发区，应安装隔音墙；等等。这个法令范围很宽，例如一名女士夜间穿高跟鞋上楼，撞击声影响他人睡觉，将被处以250法郎到3 000法郎罚款。通过上述立法，人类生活的世界在逐渐变得安静、和谐和温馨。

第三是禁毒问题。毒品已成为国际社会一大公害，它不仅危害人体健康，还引发包括道德缺失在内的一系列社会问题，因此国际社会十分关注。人类从20世纪初就已开始禁毒。1909年，由13个国家参加的第一次国际麻醉品会议在上海举行。会议促成了1912年在荷兰海牙国际麻醉品大会上签署的第一个多边禁毒条约。1925年、1931年和1936年，国际社会分别召开了三次国际麻醉品会议。

20世纪50年代起，吸毒现象的扩散使国际社会更加关注禁毒问题。1961年，国际社会签署了《麻醉品单一公约》，国际麻醉品管制局同时宣告成立。1971年，联合国设立了禁毒基金，用以资助国际禁毒的科技合作。到80年代，吸毒贩毒现象十分严重，毒品已成为严重的世界性公害。1987年6月，联合国在奥地利首都维也纳召开了部长级禁毒国际会议，138个国家的三千多名代表参加，会议通过了有关禁毒活动的《综合性多学科纲要》，向各国政府和有关国际组织提出了今后禁毒活动中开展综合治理的建议，会议还将每年6月26日定为国际禁毒日，以引起世界各国对毒品问题的重视。这次禁毒国际会议是禁毒史上的一座里程碑，此后联合国和各国都采取措施，切实开展禁毒工作。

1988年，《联合国禁止非法贩运麻醉品和精神药物公约》设定全面禁毒目标。1990年，联合国大会通过了禁毒的《政治宣言》和《全球行动纲领》，并宣布将20世纪最后十年（1991年至2000年）定为"联合国禁毒十年"。1991年，联合国又成立了禁毒署。世界各国都进行了认真的禁毒工作，严厉打击贩毒活动，同时加强国际合作，联手开展禁毒工作。有的国家还专门制定了禁毒法，加大打击贩毒活动的力度。例如，欧盟在"马约"第129条中规定，欧盟及其成员国应加强和毒品做斗争，这就给欧盟的禁毒斗争提供了法律基础。1994年6月，欧盟委员会据此通过了一个与贩毒做斗争的五年计划（1995年至2000年）。欧洲议会又在1996年拨款2 700万埃居（1埃居约为1.4美元），作为1996年至2000年的反毒经费。

第三世界的禁毒工作也取得很大成效，如东南亚地区生产毒品的"金三角"坤沙集团瓦解，哥伦比亚"卡利"贩毒集团头号人物落网，墨西哥"海湾"集团陷入瘫痪等。拉美国家在1997年5月11日还召开了首次城市反毒会议，会议决定采取强有力措施，加强反毒立法，加大打击贩毒和吸毒活动的力度。各国同意在情报和立法方面加强交流与合作，在打击贩毒活动中协调行动，以便更有效地铲除贩毒、吸毒活动，许多国家政府还出动军队打击贩毒行为。例如，秘鲁空军在1995年就迫降了20架贩毒飞机，其中15架被击落，沉重打击了贩毒分子通过"空中走廊"运送毒品的活动。

中国禁毒取得的成就更是举世瞩目，在云南、广东、贵州、北京、上海等地禁毒工作中取得的成就获得全世界的一致赞扬。中国政府不仅制定了禁毒的有关法律，而且号召全党全国人民共同努力禁绝贩毒行为，不使吸毒之风在新中国死灰复燃。江泽民在十五大报告中指出要健全社会主义法制，依法治国。在十五大有关文件中，明确指出对贩毒活动要给予坚决打击。

尽管联合国和各国都采取有力措施禁毒，但全球毒品问题却日趋严重。根据联合国国际麻醉品管制署发表的《1997年世界毒品问题报告》的数据，鸦片产量自1985年以来翻了三番，已达5 000吨。1997年鸦片种植面积为28万公顷，90%集中位于"金三角"地区的缅甸、老挝和泰国，以及近十年新出现的巴基斯坦、阿富汗边界的"金新月"地带。

在南美安第斯山地区，秘鲁、哥伦比亚和玻利维亚生产了全世界98%的可卡因。用于提取可卡因的古柯的种植面积1997年为44万公顷，产量达1 000吨，比1985年翻了一番。人工合成毒品，主要是安非他命类的兴奋剂，1979年以后每年增长16%，此类毒品的截获量增长了九倍。

毒品走私也愈来愈猖獗，查获的毒品量不断上升。1995年全球查获可卡因251吨，海洛因31吨，吗啡13吨。世界毒品年销售额约4 000亿美元，相当于全球贸易额的8%。吸毒已经成为全球性现象，而且吸毒者已扩大到14岁以下的青少年，毒品正毒害整个人类。据估计，全球吸毒人数已经占总人口的近10%，并以每年3%至4%的速度增长。20 世纪末，至少有 1 300 万人服用可卡因，800 万人服用海洛因，3 000 万人服用安非他命类兴奋剂。美国有 1 280 万人吸食各类毒品；在德国、法国、西班牙、英国和意大利，可卡因的盐酸化物年消费量约 16 吨。

吸毒对社会的主要危害是传染艾滋病和催生犯罪，全球有 22%的艾滋病人和病毒携带者吸毒，吸毒还导致传染性肝炎等病。在欧盟，各国监狱的犯人有 30%至 40%与毒品有关。在英国，有一半吸毒者靠犯罪获得买毒品的钱，吸毒和犯罪互为因果。

毒品屡禁不止、如此肆虐有多种原因，其中最根本的是贫困。国际社会经济不均衡，殖民主义与帝国主义在历史上对亚非拉国家残酷的政治压迫与经济剥削遗留下大量经济问题，造成许多国家处于经济落后的状态。一些国家由于经济落后，情急之下种植容易获利的毒品，使毒品种植得以发展。

众所周知，经济活动是国际社会的命脉。1996 年，全球有 1.8 万亿美元毒品贸易在国际金融系统中流通，其中毒品贸易犯罪额为 6 500 亿美元，利润在 4 000 亿美元以上。受经济利益驱使，亚洲许多贫困国家的农民冒险种植罂粟等毒品原植物。

拉美国家长期受殖民主义和美帝国主义的经济剥削，许多国家的经济结构单一，经济状况的好坏取决于国际上对该国出口的农产品或矿产品的需要。在 20 世纪 80 年代，拉美经济遇到空前困难，一些国家因此开始生产毒品，致使毒品经济在一些国家的国民生产总值中占了很大比重。在玻利维亚、哥伦比亚和秘鲁，共有 60 万至 150 万种植毒品的农民。“毒品农业”成为“黑色支柱产业”。因此，要从根本上禁绝毒品，必须消灭贫困。发达国家应当向落后、贫穷的国家提供资金，在帮助禁毒的同时，帮助摆脱贫困，而不能像美国一样，借禁毒为名，干涉拉美国家内政。只有消灭了贫困，全世界的毒品生产国、贩运国和消费国才能携手共同扫除毒品。因此，人类的禁毒工作任重而道远。

第四是世界人口老龄化问题。20 世纪以来的社会老龄化是人类历史上前所未有的，对任何社会都是一个重大挑战。20 世纪，尤其是第二次世界大战以后，相对和平持续的时间较长和科学技术的进步，使人口死亡率和出生率降低，人口寿命不断延长，这是社会进步的象征，但人口年龄结构开始老化。

直到 19 世纪末，全世界 60 岁以上的老年人在总人口中的比例从未超过 6%。到 20 世纪中期，这一比例上升到 8%，60 岁以上的老人达 2 亿多，30 年后翻了一番，达 4 亿人，预计到 2040 年老年人将达 13 亿，占总人口的比例扩大到 10%以上，人类社会将成为老年人社会，即所谓的“老龄化社会”。

人类社会老龄化带来许多问题。首先是生育率下降，人口和家庭规模缩小，影响对老年人的照顾；其次是发达国家和地区经济萧条与停滞，引发全球性通货膨胀，企业效益不好，家庭收入减少，使老年人收入相对降低。

发达国家和发展中国家的工业化、城市化、现代化使传统的家庭结构遭到很大破坏，独居老年人增多。发达国家老年人与子女同居的只占 10%至 20%，而发展中国家达到 60%至 70%。大多数发达国家在法律上没有规定子女对父母的义务，老少两代人关系疏远，丧失劳动力的老年人不被尊重。由于社会道德水准下降，不少老年人在家庭中受到虐待。这种情况在西方特别严重，西方贫困老人大都依靠政府微薄的救济金生活。救济金支付了昂贵的房租后所剩无几，许多人常常挨饿，一连几天吃不上东西的人比比皆是，一旦连房租也支付不起时，老年人便失去了栖身之所，只得外出流浪。

当老年人退休后，生活空间越来越小，与社会的沟通、联系越来越少，容易产生孤独、寂寞和失落感。发达国家独居的老年人多，他们与子女分居，脱离家庭和社会，孤独感、寂寞感强。在一些人情淡薄的社会，老年人身体每况愈下，生活困难接踵而来，随时会遭遇到各种刺激和受到各种打击，因此老年人精神病的发病率高于其他年龄组人口。一些老年人在社会上受到歧视，生活动荡不安，人身安全无保障，致使他们厌恶、痛恨周围的一切，有的甚至以犯罪来发泄对社会的不满。

在老年人中，老年妇女境遇最糟。老年妇女退休早，寿命长，在漫长的晚年生活中会遇到许多困难：在家庭和社会中的地位低于男性老人；丧偶率高，独居多，孤独感更强；再婚难，经济自立能力差，医疗保险不足，生病得不到及时有效的治疗。

上述老龄化问题使许多国家背上重负，即使已经建立起福利社会的工业化国家也面临种种困难。世界人口迅速老龄化，不仅是一个人口学现象，更重要的是由于人口年龄结构的变化带来的一系列社会、经济、文化和发展问题。所以，各国都开始重视人口老龄化问题。1956年，联合国发表了题为《人口老龄化及其社会经济后果》的研究报告，引起了世界各国对人口老龄化问题的关注，促使各国研究对策，解决问题。20世纪八九十年代，联合国大会多次做出决议，呼吁国际社会关注老年人问题，制定出一项国际行动纲领来保证老年人能够得到经济和社会保障，并使他们有机会对本国的发展做出贡献。

1978年，联合国在第33届大会上决定召开一次老龄问题世界大会。经过多年酝酿，1982年在维也纳召开了第一次老龄问题世界大会，出席会议的有124个国家和地区的代表。大会通过了联合国系统老龄工作的第一个指导性文件《维也纳老龄问题国际行动计划》，要求采取国际行动解决老龄问题，呼吁各国政府采取有效措施处理人口老龄化问题，满足年长者的特殊需要。

1990年联合国大会通过决议，确定10月1日为国际老人节。1991年，联大又通过了《联合国老年人原则》，其主要精神是：独立、照顾、自我充实和尊严。1992年前，联合国还建立了马耳他国际老龄问题研究所、非洲老年人学会等机构，设立了榕树基金、世界老龄基金等，以便更好地研究和解决世界老龄问题。

1992年联合国第47届大会上，决定将1999年定为“国际老年人年”。在这次大会上，确立了到2001年解决人口老龄化问题的全球八项目标，其中支持各国制定出解决人口老龄化方面的国家目标；支持将老龄问题列入国家和国际发展计划及项目中去；支持以社区为单位，为老年人提供各类照顾，并组织老年人参加活动；促进国际社会关于老龄问题的研究等。1997年2月至3月，联合国召开了社会发展委员会第34届会议，通过了《老龄问题国际行动计划》第四次决议草案和《1999年国际老年人年筹备情况》决议草案。

联合国从政策上、措施上采取行动，推动各国重视解决人口老龄化问题的同时，还特别注意发扬人类尊重老年人的优良传统。联合国秘书长加利在1992年第47届联大上就呼吁人们“要改变‘崇尚青年’的态度，不要忽视老年人问题”，他认为长寿和增寿是人类的一大胜利。

在联合国推动下，各国都采取措施解决人口老龄化问题。一些国家制定了使老年人参与社会发展的政策。老年人既是社会发展的行动者，也是社会发展成果的受益者。在国家层面，各国政府根据不同情况，都在考虑如何保持和增加老年人参与社会经济活动的机会、如何避免老年人贫困、如何调整就业政策以适应老年人需求这三个基本问题，使老年人有适当的经济和社会保障，有机会享受一切基本社会服务，包括社区、医疗、娱乐等，具有获得教育、信息、技术和专门技能的同等权利，并鼓励他们为社会发展做出贡献。

在发达国家中，奥地利的人口老龄化问题解决得比较好。奥地利是高福利国家，人口老龄化问题十分严重。奥地利政府除了制定切实保障老年人就业和享受各种社会福利的政策外，还大力提倡办老人院。首都维也纳就办有 30 家老人院，实行收费制。低收入者的不足部分由政府补贴，每人每月还至少发 1 080 先令的零用钱。老人院开展丰富多彩的活动，例如纪念会、音乐会等，还设有健身房、康乐室和手工艺品作坊等。老人院考虑到老年人行动不便、容易跌倒等特点，都装有现代化安全报警系统。在电梯里和走廊上每隔五米就装一个警铃，警铃一响，中央控制室的电视屏幕马上显示出何人在何处呼救的信号，救护人员立即赶赴现场。这种老人院吸引了大量老人，成为其安度晚年的理想之家。

发展中国家也十分注重解决人口老龄化问题。在这方面，中国做得很好。中国不仅制定了明确的政策以保证老年人在政治、经济、社会等多方面的权利，而且注重老年人的发展，努力创造条件使他们发挥余热，为社会做更大贡献。退休老人有各色各样的协会，政府部门和各企事业单位都成立老干部处等机构直接管理和关怀退休职工。中国是一个有敬老爱老优良传统的国家，各级政府和各部门都十分关心老年人的生活，成立了各种敬老院、老干部休养所等等，同时开展各种文体和社会活动。中国还开设了老年人婚姻介绍所，使老年人晚年更加幸福。

尽管各国都采取措施解决人口老龄化问题，但从 1851 年法国成为第一个老年型国家至今的一个多世纪，人类还没有找到真正解决老龄问题的好办法。要真正解决好老龄化社会问题，不仅需要政府的努力，而且需要全社会的共同努力。其中有许多因素需要加以研究，例如现代化家庭是否仍然是关心、赡养老年人的基本单位。

社会快速发展，人类的许多优良传统被丢掉，但家庭照顾老年人的基本作用不应被丢掉，家庭在解决老年人问题方面仍起着关键作用。

从发达国家的历史来看，即使在国家提供大量福利的时候，家庭仍然是最主要的照顾老人的单位。因此各国在制定任何社会政策时，不应忽视家庭的作用。而要真正使家庭发挥赡养老人的作用，必须在整个社会形成风气，这就需要重新改造人们的思想观念，这一工作需要从人一出生就做起。只有全社会共同努力，才可能实现联合国第 34 届社会发展委员会拟定的目标，即“建立不分年龄、人人共享的未来社会”。

第五是腐败问题。腐败是指国家公职人员贪污受贿、徇私舞弊、权钱交易、以权谋私、弄权渎职和铺张浪费等等的总称，其主要表现为权钱交易、贪污受贿。腐败现象古已有之，中外皆然。卖官鬻爵、私吞税款等在各国历代王朝中司空见惯。随着经济的发展，腐败愈演愈烈。到 20 世纪 90 年代，腐败成为社会的毒瘤、癌症，极大地危害着社会经济的发展。

以拉美国家为例，每年被侵吞的财富达210亿美元之多，这对急需资本工业化的拉美国家是一个莫大的损失。由于腐败，发展中国家的债务增加了30%。由于腐败，生意的成本、合同的价格都会被抬高，从而打击投资者信心，使经济竞争力受到严重削弱。腐败使政治败坏，社会道德沦丧。凡腐败程度严重的国家和地区，政治状况也必然败坏。在这些地方，不贿赂当权人就无法办事。在墨西哥，光天化日之下，警察们竟敢在大街上敲诈勒索，搜刮民脂，企业界和政界头目为了彼此利益更是肆无忌惮地行贿受贿。

在日本、韩国、美国等国，企业老板向政界提供“政治资金”“竞选捐款”等等，当这些受贿政要大权在握时，即制定有利于行贿者的政治、经济政策作为回报，致使国家政治腐败，贿赂公行。在意大利，自1992年开展以“净手”为名的反腐败运动以来，已经调查出涉及3 000余人的腐败案件，涉案人员包括三名前总理、数百名议员、五个政党领袖，行贿受贿资金约30亿至40亿美元。在韩国，由金泳三总统发起的清除“韩国病”的不流血革命进行五年后，查出两名前总统和3 000多名官员受贿。在日本，自1989年至1998年有四位首相因为经济丑闻而下台。在美国，政治腐败也十分盛行。1996年大选中，共和党候选人鲍勃·多尔指责民主党候选人比尔·克林顿的竞选班子接受了一对印尼夫妇42.5万美元的捐款，克林顿竟只一笑了之，并回敬说共和党也接受外国支持者的捐款。

即使在一贯以廉洁为豪的德国，也已腐败公行。贪污受贿案件日益增多，致使德国联邦议院中的基民盟党团副领袖肖尔茨说：“在德国，几年前腐败还是外来词，而现在腐败日趋严重。”由于腐败，人民不再信任政府，导致社会的不安定因素增多。

因此，进入20世纪90年代后，各国都认真展开了反腐败斗争，并且取得了伟大成绩。1996年8月，韩国举行“历史性审判”，汉城地方法院对前总统全斗焕、卢泰愚等16名被告进行判决：判处全斗焕死刑，罚款2 259亿韩元；判处卢泰愚22年零6个月有期徒刑，罚款2 838亿韩元等。虽然在12月16日，汉城高级法院对全斗焕、卢泰愚做出了二审判决，把全斗焕的死刑改判为无期徒刑，把卢泰愚的22年零6个月的有期徒刑改判为17年有期徒刑，但韩国政府反腐败的决心有增无减。1996年6月，委内瑞拉最高法院宣判前总理安德列斯·佩雷斯非法挪用1 700万美元秘密资金触犯刑律，从而使这位拉美第一位颇有影响的经济改革家变成了贪污犯。在世界各国，类似的审判不胜枚举。

但消除腐败不可能一蹴而就、一劳永逸，必须不断进行，并加大力度，否则旧的腐败查出，新的腐败又滋生起来。例如，韩国的腐败丑闻并没有因为对全斗焕、卢泰愚的审判而绝迹。1995年10月，国际部长官李养镐因涉嫌受贿和泄露军事机密，被韩国大监察厅拘捕。11月初，保健部长官李圣浩又因卷入受贿丑闻而被迫下台。在世界其他国家也是这样，以意大利为例，1996年底，上任才七个月的总理普罗迪也遭到营私舞弊的指控。

为了消灭腐败，世界各国又进一步采取有力措施。许多国家已经逐步设立了专门的廉政监督机构，制定了各种完善的反腐、防腐法律条例。其中廉政搞得最好的是新加坡，该国不仅制定了《防止贪污法》，而且还设立了直属于总理的反贪污调查局，该局拥有广泛的权力，可以逮捕任何涉嫌贪污受贿的人。1996年6月，联合国制定了打击官员行贿受贿的新计划，通过了《公职人员国际行为守则》草案，这些法律和做法是值得各国认真执行和推广的。

各国在加强廉政法制建设的同时，还强化了各种监督机制，加强了国际合作，使反腐防腐能行之有效。各国已经认识到这一问题的重要性，例如，1993 年 5 月在德国柏林成立了“廉政与反腐败国际”；1994 年 5 月，经合组织通过了《关于打击国际商业交易中行贿行为的修改建议》；1995 年 10 月，第七届国际反贪污大会在北京举行。

第六是艾滋病问题。迄今为止还没有治愈艾滋病的方法。在西方，由于吸毒、同性恋及性乱，大批人感染上艾滋病毒。艾滋病正在全世界蔓延，其中非洲最为严重。非洲贫穷，卫生知识缺乏，缺少对艾滋病危险性的认识，因此艾滋病患者的比例最高。

洛克·哈德森是世界上第一个死于艾滋病的社会名人，
他的死引起公众对这种疾病的高度重视

到 20 世纪末，全球艾滋病毒感染者已达 3 060 万，比 1996 年增加了 580 万，其中撒哈拉以南的非洲地区艾滋病毒携带者多达 2 080 万，占世界总数的 68%。南部非洲艾滋病毒携带者 1997 年比 1996 年增加了 400 万，平均每天有 1.6 万人感染。在撒哈拉以南的非洲，15 岁至 49 岁的青壮年中，7.4%是艾滋病患者或病毒携带者；780 万不满 14 岁的儿童由于父母感染艾滋病死亡而成为孤儿，占世界同类儿童总数的 95%；40%的育龄妇女感染了艾滋病毒，直接导致婴儿艾滋病患者的增加。这种情况，使联合国在 1997 年 12 月 26 日发出警告，如果不迅速采取行动控制艾滋病的传播，非洲大陆将面临成为“孤儿大陆”的危险。

艾滋病自被发现以来，在全世界迅速蔓延。严重阻碍了非洲等地区、国家的经济发展和人口素质的提高，加速了儿童死亡率的增长和人均寿命的下降，数以万计的青壮年死于艾滋病。因此，采取有效措施阻止艾滋病的快速传播，已成为非洲各国和世界各国亟待解决的难题。

应当指出，冷战结束后世界虽然存在冲突、民族主义、地区性战争，面临难民、环境、毒品、人口老龄化、腐败、艾滋病等严重问题的挑战，但这些都只是前进道路上必然会遇到的曲折与困难。人类有能力解决上述问题。21世纪，人类已经开始携手解决共同面临的问题，并且在许多领域取得了突飞猛进的成绩。例如共同保护人类生存环境、禁毒、防止艾滋病等。而且科学技术的发展极大改善了人类的生存条件和生存环境。例如，人类已在生物工程的发展中取得了革命性成就。首先是英国科学家试验成功克隆绵羊“多利”，接着美国利用克隆技术，成功地复制出克隆牛。这一技术不仅为解决人类的肉类供应增加了来源，更重要的是利用克隆技术向牛体内植入了两种转基因，其中一种是人类血浆蛋白基因，这样可从克隆牛的牛奶中提炼出可供医药使用的人类血浆蛋白。利用克隆技术，还可使动物基因重新编排，这有极其广泛的用途，包括利用动物培育用于人体移植所需的器官、繁殖牲畜家禽以及挽救濒危物种等。日本已成功利用克隆牛进行品种改良。

在其他领域，人类也正在取得进步。从联合国的改革中可以看出，人类进行了共同的努力，正在为光辉的未来而奋斗。

推荐阅读书目

陈漓高，杨新房，赵晓晨．世界经济概论．北京：首都经济贸易大学出版社，2006．

冯秀珍．社会主义发展史纲．北京：中国法制出版社，2002．

彭树智．世界史：当代卷．北京：高等教育出版社，2006．

蒲国良．世界社会主义运动概论．北京：中国人民大学出版社，2006．

王旭东，孟庆龙．世界瘟疫史．北京：中国社会科学出版社，2005．

Candice Lee Goucher，Charles A. Le Guin，Linda A. Walton. In the Balance：Themes in Global History. New York：McGraw-Hill，1998.

John Newhouse. Imperial America：The Bush Assault on the World Order. New York：Alfred A. Knopf Inc.，2003.

Paul Johnson. Modern Times：A History of the World from the 1920s to the 1990s. London：Phoenix，1992.

第十三章

冷战结束后的联合国与主要西方国家

第一节 联合国改革

一、联合国改革的必要性与重要性

联合国是战后和平的重要保障机构之一，是雅尔塔体系的组成部分。联合国的运行有一些基本原则，第一个原则是“大国一致”。这一原则是美、英、苏三大国在建立联合国的过程中，经过讨价还价最后确立的妥协原则。这一原则规定，美、英、苏、中、法为常任理事国，此外还有六个由联合国大会选出的非常任理事国，任期两年。这十一个国家构成权力广泛的联合国安理会，安理会的任何重大决议都必须获得常任理事国的一致同意才能通过，每个常任理事国都有权否决其不赞成的决议。这一原则保证了大国在处理国际重大问题时的民主权利。

联合国的另一主要原则是“会员国主权平等”。由于大国一致原则的存在，世界其他各国在安理会中没有否决权，与五大国处于主权地位平等但政治地位不平等的状态。因此，特别规定了这一原则，使联合国大会成为联合国的重要权力机构。此外，联合国还规定战后要建立国际托管，成立联合国经济及社会理事会以促进国际经济关系、文化交流，维持世界和平等等。

但是联合国又是美、英、苏合作安排战后世界秩序的产物，为主要大国所控制。战后初期，在联合国能真正发挥政治作用的只有美苏两国。从 1945 年至 70 年代初，联合国基本上被美苏利用来为冷战服务，在维护地区和平、制止地区战争和缓和政治危机等重要方面取得的成就不多。从 70 年代中期开始，联合国内充满矛盾与斗争。

冷战结束后，第三世界国家纷纷要求对联合国进行调整，使各国代表对安理会的某些决议有否决权，以此实现同现任安理会常任理事国的某种平衡。第三世界国家还要求联合国大多数国家控制安理会，各国要求修改《联合国宪章》的愿望也越来越强烈。这充分表明虽然联合国是最有普遍代表性的重要国际组织，几十年来为维护和促进全球范围内的持久和平和共同繁荣做出了重要贡献，但是由于冷战，联合国更多的是作为两大阵营斗争的舞台。

冷战结束后，国际形势发生历史性变化，世界的历史潮流成为真正意义上的和平、发展与合作。在一系列重大问题上，如环保、裁军、打击贩毒、世界人口老龄化等，任何国家都无法单独处理，各会员国都把维护和平、促进发展以及解决全球问题的许多重大课题交给了联合国，改革联合国的重要性越来越突出。

联合国秘书长德奎利亚尔在1991年9月离任前的报告中，指出了联合国改革的必要性和重要性。加利担任秘书长后在1992年表示，必须加快改革步伐，并把联合国的根本革新工作定在联合国成立50周年时完成。但由于各国在联合国改革上都从本国利益出发，直到联合国秘书长加利离任，联合国改革任务仍未完成。

1995年6月联合国50周年大庆时，各国领导人云集纽约，呼吁改革。因此，1996年被视为联合国改革年。围绕改革，各大国斗争激烈，直到1997年初，联合国改革仍是纸上谈兵，毫无进展。

知识链接

联合国大国之间的矛盾

虽然联合国仍一如往昔为争取和平解决而努力，并资助越来越多的国际部队进驻战火地区，控制交战的各个派别，但联合国的效力还是有限。当情况极其复杂或主要大国之间就支持哪一方的问题存在分歧的时候，主要大国常常不愿意冒险承受巨大代价，或不愿做出军事承诺去解决冲突。邻国有时则被卷入冲突中，或被迫供养大规模的难民营。

——迈克·亚达斯，彼得·斯蒂恩，斯图亚特·史瓦兹．喧嚣时代：20世纪全球史．大可，王舜舟，王静秋，译．北京：三联书店，2005：556.

在诸多争论的问题中，最重要的是联合国安理会改革。1992年联大通过有关研究改革的决议，1993年成立改革小组，专门征求各国建议，汇集方案，提交大会审议。1996年联大进行了第三次复审，但185个会员国仍莫衷一是。在扩大常任理事国问题上，两种意见针锋相对。一方以美国为首，认为日本和德国符合条件，如果不让它们进入安理会，就反对扩大安理会，这个主张实质是保持西方在安理会中的优势；而另一方，中国与广大发展中国家则强调新成员的地区平均分配原则，反对以对联合国出钱多少作为接纳新成员的唯一标准，不赞成日、德先行而置发展中国家于不顾。针对日本极右翼美化侵略战争历史的新动向，中国提出，重要的是要看这个国家对战争与和平是否有正确的历史和现实认识。中国的主张引起外交、舆论界的重视，而日本则乘联合国财政困难之机，加紧活动，以期用“财政贡献”为诱饵，进入安理会。

联合国会费分摊比例调整是财政改革的重要问题。美国与一些国家以联合国会费分摊不合理为由，主张降低大国经费，把联合国会费总收入中美国占比的25%降为20%。

华盛顿还以国会“立法”为借口，拒绝如数缴纳会费，致使美国拖欠会费累计达 14 亿美元，造成联合国空前的财政危机。

对此，七十七国集团和中国批评美国不履行其在联合国的法律义务，并指出会费分摊比例是根据联大决议，按一个国家的经济发展水平和实际支付能力而确定的，是行之有效的做法，反对大国在改革的幌子下向其他国家转嫁财政负担。

此外，在讨论和平纲领问题上，美国和少数大国力图利用维护和平之机，采取制裁等手段干涉他国内政，扩充自己的势力范围。在发展纲领问题上，一些发达国家不愿承担外援义务，并向发展中国家提出了一些与经济无关的要求。

以美国为首的西方国家强求联合国预算实现零增长，使改革成为节约支出的活动。但同时却在保护人权、扩大民主等领域极力主张充实机构，增加资金，以利推销西方的制度与价值观。西方国家和发展中国家在联合国改革问题上的斗争提出了一个尖锐问题：是按西方模式改造联合国，为少数国家服务，还是按《联合国宪章》的宗旨和原则进行改革，为世界和平与发展服务？

二、安南和联合国改革

1996 年 12 月 17 日，科菲·安南担任联合国第七任秘书长。安南上任后即表示将致力于联合国改革。1997 年 3 月 17 日，他宣布了十点改革方案，进行秘书长职权范围的改革。安南强调联合国改革不是为改革而改革，而是为了增强联合国在日益变化的世界中更好地服务会员国的能力，使之变得更精简、更富有效率。

安南首先成立了政策协调小组，其成员包括副秘书长、各部门主任，对联合国实行内阁式管理。

其次，将联合国职能重新划分为四大领域，即和平与安全事务、经济与社会事务、发展事务和人道主义事务，每个领域成立一个执行委员会，人权事务则贯穿在这四大领域中。

接着，他成立了联合国改革指导委员会，任命原环发会议秘书长斯特朗担任联合国改革协调员兼改革指导委员会主席。7 月 16 日，安南向联大提交了题为《革新联合国：改革方案》的报告。在报告中他避开了安理会改革这一最富争议性、复杂性的问题，将重点放在加强联合国管理、机构调整、创立发展基金等方面。但即使在这些问题上进行改革，各国也反应不一。

美国白宫发言人认为安南的报告是使联合国朝着正确方向迈进的一步；但美国国会则认为安南的报告没有实现他早先的承诺，即在联合国改革上与美国国会多沟通。此外安南认为发展问题是联合国改革的首要议程，而美国则强调“重和平、轻发展”。美国国会因此并不欢迎安南的改革方案。

安南的报告虽然得到发展中国家的欢迎，但也并不十分满意，而是要求修改。由一百三十多个发展中国家组成的七十七国集团在 7 月 16 日发表声明，提出“联合国改革应当强调发展问题，特别是对发展中国家有关发展的需求做出有效反应，而不是一味地为了缩小联合国规模及节省开支”。声明还要求联合国高级职位的分配必须体现地区平衡原则，而不能被某一地区和国家所占据。因为联合国高级管理小组成员除个别来自发展中国家外，几乎都被发达国家控制。七十七国集团还提醒新闻媒介，确保联合国效率的重要前提是无条件、及时全额缴纳联合国会费。

安南的报告在第52届联大上进行讨论。联合国的改革要顺利进行，关键在于会员国的合作与妥协。安南的改革方案只停留在联合国的职能和行政事务上，而不准备进行安理会改革。因此，联合国大国争霸、主宰世界的功能并未消失。美军打着联合国旗号在波黑等地为所欲为与1950年打着联合国旗号侵略朝鲜没有什么不同，只不过把反对共产主义“侵略”换成了“维和”而已。

冷战结束后，各国曾一度过高地估计了联合国的作用，认为它是世界政府，可以解决一切问题。几经挫折后，各国对它的作用开始有了比较客观、实际的看法。安理会在世界秩序形成过程中，继续扮演一个重要角色。但它需要正确对待大国与地区集团如北约等在维和中的作用，防止被大国利用为其利益服务，更不能借机干涉他国内政、颠覆他国政权。在经济全球化的今天，世界面临许多需要各国共同解决的问题。联合国是一个论坛，大家可以平等、自由地交换看法，促进了解，对一些全球问题制定规划、法规，以推动世界的和平、发展事业。

在西方国家外援日益减少的情况下，联合国三大基金，即开发计划基金、人口基金和儿童基金仍不失为发展中国家获取国际援助的渠道。联合国应当在经济发展上为各国服务，在和平与发展的时代潮流下，经过改革，成为一个为世界和平、发展服务的国际机构，成为人类走向世界大同的一个有效工具。

第二节　冷战结束后的美国

一、克林顿振兴美国经济的改革

冷战结束后，美国获得了发展国内经济的大好时机。在1992年大选中，名不见经传的阿肯色州州长克林顿脱颖而出，高举变革旗帜，标榜新人新政，一举击败了声望一度如日中天的布什，当选总统。不知名的州长克林顿之所以能击败“冷战英雄”布什，是因为布什政府所推行的政策仍然是里根时期的保守经济政策，这种政策使美国处于萧条之中，而美国社会需要变革和新的发展思路。

克林顿在竞选中许诺要抓国内经济问题。他主张改革税收，削减国防开支，为中产阶级减税，提高穷人的福利，甚至提出要进行有利于穷人的医疗保险改革。他还提出给大学生贷款，使他们有机会受完高等教育。上述施政方针使克林顿赢得广大人民，特别是中产阶级以下的人民的支持。

在对外政策上，克林顿提出向俄罗斯提供一揽子经济援助计划，也符合一些政客在冷战结束后急于充当世界霸主的心理，因此得到许多议员的支持。但是克林顿只以43%的选票当选，处于虚弱地位。为实现竞选诺言，他上任后把主要精力放在国内，振兴经济。他抛弃了里根经济学，强调国家对经济的干预，进行宏观调控，调整产业结构，特别是充分发挥美国联邦储备局的调控作用，实行了一系列振兴美国经济的新政策。

克林顿政府最为引人注目的是以科技带动经济发展的政策，从注重军事技术转移到注重民用技术。克林顿政府加强了政府对科技的干预和指导，改变了里根政府和布什政府的不干预原则。由戈尔副总统主持的发展信息高速公路和酝酿与多媒体技术相结合的项目是有远见的，为美国带来了数千亿美元的投资与产值。

由于认识到21世纪信息业将是世界的主导工业之一，为了获得优势，美国电话电报公司和微波通讯公司进行了巨额资本的合并，克林顿政府把七百多个经费支出占联邦政府科技经费三分之一的联邦实验室半数的工作转向研究如何提高经济竞争力。

克林顿政府的增税和医疗保险改革，导致企业尽可能多地应用新科学技术来代替劳工。为了解决失业问题，1994 年美国劳工部长里奇向国会提交了《劳动保障法案》，这是对 20 世纪 30 年代以来的就业制度所做的全面修订，里奇强调："我们需要的是一个重新就业的制度，而不是过去那样的失业救济制度。"

克林顿政府为了让经济走出衰退，还采取了一些其他措施，例如提高生产率、增加出口。克林顿政府面对冷战结束后的新形势，大力减少军费和收缩国防工业，进行产业结构调整。国防工业的就业人员从 1989 年的 135 万人缩减到 1994 年的 80 万人，使制造业的生存建立在高质量生产的基础上。由于上述措施，美国制造业生产率提高很快。根据劳工部的统计，1993 年美国制造业生产率提高了 4.2%，单位成本下降 0.6%，这在全世界都处于领先地位。例如，1993 年日本的生产率下降了 0.6%，单位劳工成本以日元计算，上升了 3.3%。由于日元升值，以美元计算，日本单位劳工成本上升了 17.9%，这使日本不得不继续将制造业向美国和其他国家转移。对一般制造业劳工成本进行比较，美国也明显低于德国和荷兰，与法国相当。这就大大提高了美国出口商品的竞争力。

由于生产率的提高和成本的下降，美国出口额迅速扩大，从 1990 年的 3 940 亿美元扩大到 1995 年的 5 847 亿美元，增长了 39.3%，几乎夺回了 20 世纪 80 年代失去的市场份额。例如，夺回了一度不景气的汽车行业的市场份额，基本挽回了劣势。1994 年美国汽车产量占据世界首位，这是 15 年来的第一次。美国三大汽车公司无论在销售额还是利润上都有较大幅度的增长，使日本汽车厂不得不增加在北美的工厂产量。80 年代日本在世界半导体市场上的比重超过美国，但从 1993 年起，美国所占比重已经略高于日本。

由于克林顿政府的努力，美国经济取得明显好转，生产从缓慢复苏走向稳步增长。1993 年美国经济增长 3.1%，1994 年头三个季度增长率分别是 3.3%、4.1%和 3.4%，这显然比 20 世纪 90 年代前的三年年均不到 1%要好得多。工业生产也连续 10 个月上升，制造业设备利用率已经达到 84%以上，为此前 10 年的最高点。美国的就业状况也得到改善，失业率从克林顿上台时的 7.0%下降到 1994 年 10 月的 5.8%，为此前几年的最低水平。为了扭转里根、布什时期联邦预算赤字直线上升的局面，克林顿推行了一套行之有效的以削减赤字为基础的经济发展政策。联邦预算赤字从 1992 年的 2 900 亿美元逐年下降到 1995 年的 1 638 亿美元，1996 年又进一步缩减到 1 073 亿美元，不到 1992 年财政赤字的 40%。财政赤字占国内生产总值的比重从 1991 年的 6%下降到 1993 年的 3.5%和 1996 年底的 2%以下，接近 1979 年以后的最低点。1995 年底到 1996 年初白宫同国会虽然爆发了"预算战"，但在平衡预算的总目标上立场趋于接近。

同战后至20世纪70年代相比，80年代美国经济发展问题重重。据1989年的统计，美国同其主要竞争对手的经济实力差距正在缩小，美国开始衰落。日本和德国的经济增长率长期高于美国，1989年日、德两国的经济增长率分别为4.7%和3.9%，美国仅为2.5%。1990年日、德增长率分别为6.1%和4.2%，而美国仅为1%。

到20世纪90年代中期，这一情况发生了明显的变化。自1991年3月战后第九次经济衰退结束以后，美国经济实现了70多个月的持续增长，远远超出了战后平均连续增长50个月的水平，美国经济增长率在1993年至1994年高于发达国家的平均数，1995年至1996年基本持平，在1995年和1996年两年，美国经济增长率分别为2.0%、2.4%，超过日本的0.9%、0.6%以及德国的1.9%、1.1%。经过克林顿政府的努力，美国经济发展势头强劲。

二、北美自由贸易区的成立

为了发展经济，美国大力促成了北美自由贸易区的成立。1992年8月12日，美国、加拿大、墨西哥三国就《北美自由贸易协议》达成一致意见，并于同年12月17日由三国领导人分别在各自国家正式签署文件。1994年1月1日，协定正式生效，北美自由贸易区宣布成立。北美自由贸易区的宗旨是：取消贸易壁垒；创造公平条件，增加投资机会；保护知识产权；建立执行协定和解决贸易争端的有效机制，促进三边和多边合作。

北美自由贸易区的成立，对美国、加拿大和墨西哥经济发展都有积极影响，促进了三国的贸易。但是北美自由贸易区是以美国为主导的自由贸易区，美国的经济运行在区域内占据主导和支配地位。由于美国在世界上经济发展水平最高，综合实力最强，加拿大虽是发达国家，但其经济实力远不如美国，墨西哥是发展中国家，对美国经济的依赖性很强，因此，北美自由贸易区的运行方向与进程在很大程度上体现了美国的意愿。

美国向加拿大和墨西哥输出工业品，从加拿大和墨西哥进口农产品。在人员和劳务方面，美国对加拿大和墨西哥都有很大限制，因此引起了加拿大和墨西哥的不满。在贸易摩擦中，加拿大抱怨美国只需要加拿大出口的木材、牛奶等原料，而对工业品与劳动力采取限制性政策。墨西哥认为，美国借成立北美自由贸易区之机，利用墨西哥的廉价劳动力，设工厂剥削墨西哥人民。北美自由贸易区的成立，使加拿大和墨西哥面临一系列严峻挑战。

在一定程度上，自由贸易区带来了加拿大和墨西哥与美国的贸易摩擦，还带来了这两个国家国内的就业、贫富差距、环境、地区发展不平衡、产业发展不平衡等等问题，导致加拿大和墨西哥政治和社会问题愈演愈烈。

三、美国的对外政策

为了确保美国经济发展，克林顿政府进行了对外政策的调整。首先，调整对外经济政策。例如建立北美自由贸易区，有重点地大力开拓海外市场，强调“公平贸易”原则，对违反这一原则的国家和公司进行制裁。其次，在对外政策上稳定同几个主要大国之间的关系，更加重视制定国际规则，力图掌握国际组织的领导权。冷战后，美国监督执行、组建或参与的国际机制有：核不扩散条约、全面禁止核试验条约、导弹技术控制协议、知识产权协定、西方七国首脑会议、北美自由贸易区、亚太经合组织和世界贸易组织等。

美国在处理与其他国家的矛盾及摩擦时，把经济作为一种主要武器，使用经济制裁或以经济制裁相威胁。例如，使用经济制裁扼制伊拉克；压迫南斯拉夫使之放弃对波黑塞族的支持；迫使朝鲜接受国际原子能机构对其核设施的检查；等等。但是美国是用军事实力为后盾，谋求其霸权利益的。冷战结束后的美国，一方面减少军费、削减军备、关闭一些不必要的军事基地，另一方面仍然在为确保世界头号军事强国的地位而努力，例如致力于防止核扩散和高新技术在军事领域的运用等。当经济、科技手段的运用难以奏效时，美国仍会根据自己的利益选择武力。

美国在处理对外关系时，还以救世主的姿态出现，用美国价值观去评价其他国家，用人权大棒干涉他国内政。美国政府以亲美还是反美、“民主”还是“专制”划线。

在世纪之交，美国的上述外交路线遇到了严重的挑战。冷战后，出现了“一超多强”的国际格局。欧盟在经济、科技、军事实力和对地区事务的影响上实力强大；日本是仅次于美国的第二经济强国；俄罗斯国土广阔、资源丰富、工业基础雄厚、军事力量强大；中国人口众多、幅员辽阔，经过20年的改革开放，取得了巨大成就，综合国力已居世界前列。欧盟在航空、航天领域和石油资源等问题上与美国展开激烈竞争，在欧洲防务、北约东扩和波黑问题上与美国也存在分歧。日本表面上仍然维持与美国的关系，但在政策上却显示出强烈的民族主义倾向。美日关于贸易问题的谈判中，双方剑拔弩张。美国士兵强奸日本冲绳女学生事件后，日本人民反对《日美安全保障条约》等的斗争，也使美日矛盾加剧。俄罗斯则在同波黑、车臣、伊朗的关系以及伊拉克武器核查等问题上与美国意见相左。

美俄斗争最激烈的方面是在北约东扩、美国激光摧毁卫星等军备领域。俄罗斯虽然政治制度剧变、国力下降，但仍然是不能融入西方的地缘政治大国，而且其经济已开始复兴，仍是美国推行世界霸权的强大对手。

除俄罗斯之外，美国还受到其他国家的挑战。中国的经济力量与国际影响迅速上升，两国有合作也有矛盾。此外，东盟、非统、拉美都在崛起。这一切都对美国的世界霸权构成了威胁。世纪之交的中美关系则更为复杂。中美关系在20世纪90年代时好时坏，这是因为中国日益强大，美国想反对中国，但又不具备冷战时期的力量。所以在反对中国一个时期后，被迫调整政策。美国允许台湾当局负责人李登辉访美，派遣航空母舰进入台湾海峡，干涉中国内部事务，遭到了中国的坚决反对。美国还在人权和知识产权上向中国施加压力，造成中美关系的紧张。

鉴于中国经济的高速发展和国际影响力的日益扩大，美国不能不调整其对华政策，着眼于21世纪综合国力的发展，更加重视中国在亚太地区和世界事务中的作用以及中国潜力巨大的市场，因此克林顿政府决定改善与中国的关系。首先，做出了在对华政策中使人权问题与贸易最惠国待遇脱钩的决定。

1997年中美关系得到迅速改善，中国国家主席江泽民在11月对美国进行了历史性访问。中美两国决定共同努力，建立面向21世纪的建设性战略伙伴关系。这对中美两国、对世界的和平与稳定都具有十分重要的意义。1998年6月26日至7月4日，美国总统克林顿访问了中国，为进一步改善两国关系奠定了基础。

美国对外贸易额增长的速度远远高于其国内生产总值增长的速度。美国消费的石油一半以上依赖进口，一大批就业机会取决于全球贸易，这就意味着美国经济的繁荣越来越依赖世界经济的增长和地区的稳定。其主要经济伙伴、竞争对手如果出现衰退，其重要海外市场如果陷入困境，都会对美国经济造成相当大的损失。

1994年以后的墨西哥金融危机、英国巴林银行倒闭，都给美国造成巨大冲击。1997年因泰国金融危机而引起的东南亚金融风暴影响了美国的外贸，使美国出现大量失业工人，这反过来又增加了美国的社会问题。由于货币的大幅度贬值，亚洲地区的商品出口价格相对低廉，再加上该地区国家需求不旺等状况的影响，在此后的两年内，美国的贸易逆差大幅增加，从而导致上百万人失去工作。受影响最严重的是制造业，特别是工业机器和电子设备、电信产品、服装和纺织以及交通运输设备部门。

经济全球化在美国引起了强烈反响，使美国“新孤立主义”回潮。例如在1996年美国总统竞选前期，保守的新闻评论员布坎南在争取共和党总统候选人提名时，得到许多人拥护。布坎南鼓吹“美国优先”，主张贸易保护主义，限制外来移民，主张退出世界贸易和北美自由贸易区等。

世纪之交，美国经济发展出现了问题，国内外也面临许多其他严重的问题。

第三节 冷战结束后的加拿大

一、冷战结束后的加拿大政治

冷战结束后，由于世界性经济衰退和马尔罗尼政府治理不善、出现丑闻，进步保守党在1993年10月的选举中败北，自由党领袖让·克雷蒂安上台执政。克雷蒂安上台后，执行国家干预经济的政策，紧缩货币，降低利率，刺激投资，想尽办法减少失业，扩大对外贸易，特别是加入北美自由贸易区，使加拿大经济迅速走出衰退，并进入一个低速、稳定增长的时期。

这时加拿大政坛出现了一些变化，除自由党和进步保守党外，新民主党、改良党、魁北克人党等一些第三党活动增加，他们力图执掌联邦政权，打破加拿大两党政治的基本格局。为了确保自由党作为加拿大跨世纪的执政党，克雷蒂安决定提前进行大选。1997年4月27日，克雷蒂安要求加拿大总督罗密欧·勒布朗宣布下令解散议会，勒布朗表示同意。在议会解散之后，克雷蒂安宣布6月2日提前举行全国大选，这次大选比正常选举时间提早了17个月。克雷蒂安认为虽然自由党仍然面临一些困难和不利因素，但一定会获胜。

自由党面临的第一个主要问题是失业率居高不下。至1997年4月，失业率一直在9.3%左右徘徊，失业人口高达150多万。因此选民和各反对党一致批评政府未能拿出有力措施创造就业机会。自由党面临的第二个问题是未能兑现取消货物与服务税及进行有关社会福利改革的承诺，失信于民，引起普遍不满。第三个问题是自由党在安大略省、魁北克省等传统竞选主战场上，面临进步保守党强有力的挑战。第四个问题是还有20%的选民举棋不定，未表示他们的政治倾向。上述前两个因素并不能阻挡自由党获胜，因为自由党执政以来在经济上的成就完全可以抵消仍然存在的问题。第三个和第四个政治因素，由于克雷蒂安决定提前大选而被克服。进步保守党和改良党虽然进行了联合，但是仍需要时间来聚集力量，而克雷蒂安提前大选，使他们来不及积累取胜的资本。许多态度不明朗的选民在最后一刻还是投了自由党的票。形势对克雷蒂安有利，具体说，克雷蒂安执政以后取得的政治、经济、外交成就，使他和自由党在选民中拥有较高的支持率。虽然进步保守党力量开始恢复，并领先于其他各反对党，但在1997年4月，其在众议院只有两个席位，加上受到马尔罗尼前政府丑闻影响，该党在选民心目中形象不佳，1997年3月只有18%的支持率，要在大选中获胜很不现实。

改良党虽然在众议院议席较多，但内耗很大。几年来数名有影响的党员相继退党，再加上在不少选区内与进步保守党争夺席位，斗争激烈，要保住其在众议院的席位已有困难，更不要说问鼎内阁总理。

魁北克人党（后发展为“魁北克集团”）在众议院有51个席位，但随着加拿大政治、经济向更统一的方向发展，党内不断分化，激进派与温和派在魁北克独立问题上矛盾激化，领袖三易其人，实力大受影响。再加上该集团在政治上被全国选民认为“成事不足，败事有余”，在大选中难有作为。

另一强大的政党新民主党虽然历史悠久，但没有在联邦政府执政的经历，而且几年来每况愈下，在众议院只有9个席位，因此大选中不会有新突破。

1997年6月2日，加拿大进行了大选，自由党获得略过半数的席位，继续执政，改良党则出人意料一跃而成为下届国会的正式反对党。在众议院的301席中，自由党获155席，比上届少22席；改良党得61席，比上届多8席；上届反对党魁北克集团得44席，减少10席；进步保守党得20席；新民主党得9席。这次大选共有注册选民1 900多万，但参加投票的不到70%，选民从近两千名候选人中选出301名议员。

二、 1997年大选后的加拿大

克雷蒂安在第二个总理任期上，一方面继续第一任的政策，另一方面根据世界变化的形势不断调整政策。由于受东南亚金融危机的影响，加拿大经济出现一些问题，加元汇率不断下跌。1998年1月22日一度跌破140年来的最低纪录，即降至1加元兑0.691 6美元。加拿大政府采取了一些措施来适应变化的情况，其中最大的举措是1月23日把加拿大排名第一的皇家银行与排名第三的蒙特利尔银行合并。合并后的新银行成为北美第十大、世界第二十二大银行，总资产为4 526亿加元。

这两家银行的合并是加拿大为适应现代国际金融发展和国际化竞争的需要而进行的。蒙特利尔银行总裁巴瑞特表示，加拿大蒙特利尔银行不愿像街角的小五金店，坐等美国大五金行入侵，然后倒闭，必须合并以求生存。这两家银行的合并，是1961年以来加拿大历史上最大的一次银行合并。投资者对此反应积极，当日蒙特利尔银行股价跳升

10.45加元，成交量为1 200万股；皇家银行股价也上升3.9加元，成交量为470万股。

为了发展对外贸易，克雷蒂安新政府努力改善同拉美国家的关系。1998年1月，克雷蒂安向新闻界宣布加拿大准备按照智利模式与南方共同市场成员国签署协定，争取尽快成为这个区域性经济集团的联系国。克雷蒂安政府是加拿大跨世纪的政府，面对的是一个充满希望、但对加拿大来说又困难重重的21世纪。加拿大必须处理好与美国的贸易摩擦问题，真正顶住美国的压力，实现其“亚太战略”和开拓海外市场的战略目标，在世界经济一体化的进程中，保持加拿大经济的稳步增长。同时要继续克服地方分权主义，特别是魁北克独立运动，进一步巩固加拿大的联邦制。

第四节　冷战结束后的西欧主要国家

一、冷战结束后的德国

冷战结束后，德国实现了统一。但两德统一后，德国经济出现衰退。改造和振兴东部经济耗资巨大，是影响德国经济发展的主要原因之一。1992年和1993年，罢工浪潮席卷全德，使其经济损失达100多亿美元。1996年6月15日，35万工人到波恩进行示威游行。1996年失业率达9.3%，1997年又上升为10%。1996年，德国失业人数为400万，1997年失业人数突破了700万大关。德国经济不景气导致许多社会问题，造成社会的不稳定和罢工的增多。

导致德国经济衰退的原因很多，改造和振兴东部经济只是一个原因，此外还有德国陷入了结构性危机，从而引起了不景气和衰退。德国经济结构改革步伐迟缓、官僚机构膨胀、决策过程繁杂、社会福利过全过高，使德国经济竞争力下降。例如，一向以劳资关系稳定和社会安宁而自豪的德国从19世纪末起就制定了各种各样有利于雇员的“共同决定权法”，这些法令保证了工人的福利。1990年7月1日以后，联邦政府又宣布上述共同决定权法适用于新加入联邦的各州。大量的福利费用使工资成本过高，加之高税收政策，使联邦德国整个社会的福利停滞不前，从而引发罢工和经济不景气。

德国工资成本过高，是经济发展的一个顽症。据德国国家经济研究所1997年7月初发表的一份报告说，德国西部地区的工资成本1996年居世界首位，达到每小时47.28马克（约合27.81美元），比世界平均水平高出17.3马克（合10美元）。此时，世界上工资成本最高的10个国家均在欧洲，日本每小时的平均工资水平为32.57马克（约合19.16美元），名列世界第11位，而美国为26.6马克（约合15.64美元），低于世界平均水平。德国1989年时的工资成本比世界平均值高出28%。由于工资上涨和马克升值，1996年德国的工资成本比世界平均值高出了58%，比1989年又高了一倍多。工资成本的增加以及其他投资环境的恶化，使许多外国公司纷纷撤走它们在德国的投资。1996年德国吸引外资的总额从1995年的约180亿马克降到11亿马克左右，高工资和高税收等因素在一定程度上阻碍了德国经济的增长。

为振兴德国经济，德国执政联盟议会党于1997年1月23日通过了财长魏格尔提出的税制改革方案。这一改革被称为德国战后历史上最大的一次税制改革。该方案规定，从1999年起，个人所得税最高税率将从53%降到39%，最低税率为13%，企业营业所得税最高税率自1998年1月1日起将从45%降到40%，一年后再降到35%。为弥补这些损失，将对节假日加班工资征税，并对失业金、病假补贴等征税50%。魏格尔说，减税和征税相抵，德国一年的降税额将达300亿马克左右，这将使经济增长率提高0.5%，并增加就业岗位。

德国经济的不景气和社会的不稳定也影响到政治的发展。在1997年2月举行的一次民意测验中，联盟党支持率从42%下降到37%；社民党从32%上升到37%；自由党为5%。如果这时进行大选，社民党和自由党将有可能上台执政。1997年，执政联盟议会党在联邦议院仅有6票的微弱多数。对科尔的接班人朔伊布勒来说，参加1998年选举，结果将是一个未知数。所以科尔再次竞选，争取五连冠。由于在两德统一上的特殊贡献，以及在欧盟发展，特别是在北约东扩上无可替代的作用，科尔在德国享有崇高威信。再次竞选，他将对联盟党与自由民主党的联合起到稳定作用，也有利于巩固执政联盟议会党在1998年选举中的地位。

二、冷战结束后的英国

撒切尔夫人下台后，约翰·梅杰继任英国首相，执行与撒切尔夫人风格完全不同的政策，英国政治出现新气象。梅杰考虑到了普通民众的需要，上台后立即纠正了人头税，以地方财产税取而代之。为降低通货膨胀，梅杰政府提高了利率。英国在1990年10月以相对高的汇率加入了“欧洲单一汇率机制”，但这些措施导致了失业增加和房价下跌。1992年，英国经济仍未恢复。在1992年的选举中，工党看来似乎将会获胜。然而梅杰在竞选中开始鼓吹某种形式的社会主义政策，其主要表现是重新制定税收制度，增加高收入者的税收。同时，保守党在议会中仍占多数。所以在1992年的大选中，工党票数虽然增加，但还是失败了。保守党获得53.6%的选票，在议会中占据336席；工党获得43.2%的选票，在议会中占据271席；自由民主党联盟获得3.2%的选票，在议会中占据20席。

梅杰首先致力于改善经济，降低通货膨胀率。为了改善经济，梅杰政府违背了竞选时不增税的许诺，大幅度增税，同时实行紧缩的货币政策，加强职业培训，以解决失业问题等。梅杰上述国家干预经济的措施遭到有钱人的强烈反对。为了降低通货膨胀率，梅杰政府认为最好的办法是把英镑与欧洲通货膨胀少的货币，即德国马克，联系起来，其方法是通过欧洲货币组织固定汇率，但是汇率是不可能固定的。

1992年9月16日英退出欧洲单一汇率机制，在国内则实行低工资。1992年英格兰银行被政府赋以通胀监督之责，即在通胀率要突破政府承诺水平之时，英格兰银行及时提出警告，使政府采取对策确保经济彻底走出通货膨胀的阴影。经过一段时期的苦痛后，英国经济走出了萧条时期，通货膨胀率下降，但失业率仍然上升。

1992年10月是梅杰政府的灾难之月，当时政府宣布关闭31个煤矿矿井。如果这样，成千上万的工人就将失业。虽然政府将给予补偿金，但这弥补不了工人失业的损失。这一决定引起了包括矿工在内的社会各阶层人士的广泛愤怒。由于面临在议会被否决的命运，政府撤回了这一计划。但这一计划使政府大失人心，加上持续的经济萧条，以及失业人口上升到300万（占劳动力的10%），公众对政府的支持达到新低。梅杰的领导能力受到怀疑，在英国，很少有一位首相刚刚当选其威望就如此大幅下降。保守党的经济政策与“里根经济学”极其相似，包括增加赤字预算、在经济萧条时减税等内容。但英国经济的萧条，迫使政府从1993年开始改变经济政策。英国经济与社会的摆钟，从减少政府干预又回到政府干预上去，撒切尔夫人保守的经济政策在英国正如里根经济政策在美国一样，不再起作用了。

梅杰政府的欧洲政策遭到许多人反对。保守党内和工党内反对“马约”的力量增加，他们对欧洲联合深感忧虑，十分害怕失去国家主权。于是梅杰在保守党内亲欧派与欧洲怀疑派之间搞平衡，举措失据、经常食言，使保守党内分裂加剧。不过，梅杰政府的经济政策取得了明显效果。到1997年1月，英国出现了几年稳定的经济增长，通胀率较低，失业减少。通货膨胀率控制在2.8%左右。到1997年2月，失业率降至6.2%。

自1993年起，英国经济以2.7%的速度增长。但是在过去保守党连续执政的18年时间里，英国整体竞争力下降。到1997年为止，英国至少还有30%的人没有享受到经济复苏带来的好处，所以在1997年5月大选中梅杰处于不利地位。

1997年5月1日大选以工党获胜而告结束，43岁的工党领袖布莱尔于5月2日成为20世纪英国最年轻的首相。他在竞选中提出的增加教育经费、提高就业率、改革落后的医疗制度、紧缩财政开支和不增加税收，以及在欧洲重新发挥中心作用等主张得到了大多数选民的欢迎。

知识链接

布莱尔和“新工党”赢得英国大选

1997年5月1日举行的英国大选简直是一次政治地震。这次大选不仅使工党在保守党执政18年后得以组阁，而且也使其作为一个政党在第二次世界大战后赢得了最多的议会议席。工党在下议院中获得419个议席，而保守党仅获得165个议席。因此作为工党领袖的托尼·布莱尔几乎肯定要在以后5年的时间里担任英国首相了。

——迈克·亚达斯，彼得·斯蒂恩，斯图亚特·史瓦兹. 喧嚣时代：20世纪全球史. 大可，王舜舟，王静秋，译. 北京：三联书店，2005：542.

5月14日，英女王在宣布新政府施政纲领时，除重申其在竞选时的政策外，在对外政策上，还强调新政府将发展与亚太地区的关系，明确表示英国将继续促进中国香港的繁荣稳定。工党上台后，内政外交完全抛弃了撒切尔主义。英国工党的政策目标是在振兴经济的同时，注重人民的生活。新任财政大臣布朗说，某些国家达到了经济高增长率，而没有达到所希望的社会保障程度；有的则相反。他认为“艰巨的任务是把经济增长和社会凝聚力结合起来”。为此，工党政府于7月2日公布了预算方案，迈出了福利改革的新步伐。

新预算打破了单纯通过税收来支持政府公共开支及社会福利的传统模式，强调加强财政纪律，严格控制通货膨胀，实现“稳定、投资、工作和为所有人提供公平的发展机会”。工党将使失业者和传统赋闲在家的人都参加工作，政府致力于对缺乏技能的人进行职业培训，凡不接受上述就业安排者，将削减他们所享受的福利待遇。这样工党政府就基本上能实现竞选时许下的诺言，即在不增加所得税的前提下在社会政策上取信于民。在对欧洲政策上，工党政府虽表示要发挥更为积极的作用，但在许多问题上持强硬立场。例如不会全盘接受有关欧盟机制改革的所谓“2 号马约”，不会放弃否决权，不会在扩展有效多数表决机制适用范围等重大问题上做出实质性让步。

此外，工党财政大臣布朗 1997 年 10 月 27 日在议会下院宣布英国在 2002 年以前，不会加入欧洲单一货币。总之，英国工党政府以新的面貌面对困难，努力创造一个面向 21 世纪的、新的、发达的英国。

三、冷战结束后的法国

1993 年法国经济萧条，失业增加。在立法选举中，执政 12 年之久的社会党失败，失掉 212 张选票，而右翼得票 577 席，控制了议会。从 1993 年至 1995 年，密特朗继续其左倾政策，经济持续萧条。因此在 1995 年的总统选举中，希拉克击败密特朗，担任总统，接着任命赞同自己观点的右翼人士保卫共和国联盟代主席阿兰·朱佩担任总理。这样，法国出现了右翼独揽总统、总理和议会大权的局面。

从 1995 年至 1997 年，朱佩政府为了使法国达到“马约”规定的标准，从而能够首批加入欧洲货币联盟，采取了紧缩预算、改革福利制度、减少开支、忽视平民的经济政策，使法国经济回升乏力，失业率居高不下，人民生活水平下降。政府根本不可能兑现在竞选中许下的诺言。

希拉克总统面对社会经济状况的恶化和社会矛盾的尖锐，于 1997 年 4 月 21 日宣布解散议会，提前进行大选。他希望在右翼执政联盟尚有声望、左翼未及重振之时，取得选民授权，推出一个新的右翼议会多数，保证在此后五年任期内进一步完成他提出的改革任务。在第一轮选举中，执政的右翼多数派仅获 30%的选票，比在野的左翼联盟落后了近十个百分点。选举形势对右翼十分不利。在此情况下，为缓和选民对现政府的不满情绪，从而扭转右翼在第二轮选举之前所处的不利形势，总理朱佩于 1997 年 5 月 26 日宣布辞职。法国立法选举结果于 6 月 1 日正式揭晓，以社会党为主的左翼联盟击败右翼联盟，在新的国民议会中获得多数派地位。6 月 2 日由社会党若斯潘担任总理，6 月 5 日正式组阁。

极右政党国民阵线抓住失业、移民等与民众利益切身相关的问题，煽动反对欧洲建设的极端民族主义思想，从而使选票大增，有一名成员当选国会议员。希拉克策划的这次“引火烧身”的选举，大大削弱了右翼总统的权力，他被迫接受与左翼总理若斯潘共同治理法国的格局。在此后五年总统任期中，希拉克处于微妙境地，一系列改革上的抱负受到掣肘。而若斯潘新政府的政策，包括重新确定欧洲政策，反对经济紧缩政策，增加社会开支，推行优先“促进就业”的经济增长政策，坚持社会福利制度，采取缩短工时而不减少收入的经济措施，反对推行国营企业特别是军工企业私有化，减少主要涉及穷人的间接税等等，与希拉克的政策背道而驰。鉴于法国财政困难、赤字严重、企业缺乏活力、增加就业人数难度很大等情况，社会党政府要在五年任期内完成上述任务，道路是不平坦的。

法国1997年立法选举的结果，不仅改变了其国内政策，而且改变了其对外政策，影响还扩及欧洲一体化进程。

四、冷战结束后的意大利

意大利1992年选举，由社会党人朱利亚诺·阿马托任总理，同时在5月25日选举天主教民主党人斯卡尔法罗为总统。政局不稳使意大利经济问题愈加严重，其中财政赤字庞大、通胀率过高、债务沉重自20世纪80年代以来一直是意大利经济的三大痼疾。80年代财政赤字在国内生产总值中占的比例曾达到15%以上，直至“马约”正式生效的1993年仍高达10.5%。通胀率长时间保持两位数。1992年9月，意大利货币贬值，并退出了欧洲汇率组织。1996年，国债已达2 178万亿里拉，相当于国民生产总值的124%，每年仅支付国债利息就要花费200多万亿里拉，使意大利迈向欧洲货币联盟的进程步履维艰。

在20世纪90年代初，意大利开始出现改革政治的要求。不从政治上进行根本性改革，那么政治丑闻、黑手党等的活动将威胁国家的发展，经济也难以好转。由于冷战的结束，以及政府腐败、经济滑坡、失业率超过10%，广大人民开始反对政府，政治改革成为不可阻挡的潮流。

意大利的政治改革，首先从“净手运动”开始。所谓“净手运动”，就是反贪肃黑（即黑手党）运动。1992年2月17日，意大利宪兵逮捕了米兰市巴季纳养老院院长马里奥·基耶萨，并当场搜查出赃款700万里拉（约合5 700美元）。这是他从一项清洁卫生工程项目中拿到的部分回扣。此前，他已经撕毁了3 500万里拉（约合2.8万美元）的现金钞票，扔进抽水马桶用水冲走。马里奥·基耶萨的被捕，揭开了“净手运动”的序幕。

意大利各政党领导人争相用权力换取金钱，致使大批公共工程的预算一再追加，成为无底洞，而工程一再延期，给国家造成巨大损失。据统计，从1980年到1992年，在意大利，“回扣”和“酬金”形式的赃款达110万亿里拉（约合916亿美元）。

在“净手运动”中，1993年查到克拉克西与黑手党活动有关。黑手党活动涉及中央政府、地方各部门和工商业各界，许多政府部长和高级官员都参与了黑手党活动。

“净手运动”的开展，取得了很大成绩，打击了意大利的贪污腐败现象，在一定程度上振兴了意大利的政治。由于积重难返，“净手运动”困难重重、任重道远。例如，仅从1992年到1998年，意大利受到司法机关审查的人数就有4 267人，其中2 967人即将受到法院的审判，376人已被法庭判刑，另有106人被无罪释放，还有2 000人没有审判。如果在1999年6月之前不对他们开庭审判，这些人就将因超过期限而不受审判，从而逃脱法律的制裁，这无疑是不利于“净手运动”开展的。而要在1999年6月之前完成对这些人的审判，几乎是不可能的。

1994 年 3 月，议会通过了在意大利进行改革的决定。各政党在高喊改革口号的同时，改头换面，纷纷更改名称。激进共产党人成立了"左派民主党"；正统的意大利共产党改名为"重建共产党"；而天主教民主党则恢复其在法西斯统治前的名字"意大利人民党"；同时还出现了许多右翼政党。尽管意大利政治呈两极化发展，但仍然是由政党联盟组成联合政权。

1994 年 5 月，由意大利力量党西尔维奥·贝卢斯科尼出任总理，组成右翼政府。由于他与政府腐败问题有关，并因阻挠意大利开展肃贪反黑运动遭到人民的反对，于 12 月被迫辞职。总统斯卡尔法罗又任命兰贝托·迪尼组阁。迪尼上台后实行削减财政赤字的政策，并进行社会福利制度改革。他的政策使意大利经济有所增长，在 1995 年经济增长率达 3.2%。然而由于党派竞争、政治腐败，加上赤字继续攀升，1996 年 5 月迪尼下台，由罗马诺·普罗迪担任总理。

普罗迪上台伊始，就把削减财政赤字作为重振经济的首要目标。1996 年 6 月，政府通过了《治理公共财政的紧急措施》，削减政府开支、给地方政府拨款、加强反偷税漏税斗争、调整存款利息、提高彩票价格等，收到明显成效，使当年财政赤字与国内生产总值之比下降为 6.7%。1996 年 9 月和 1997 年 3 月，意大利政府又分别采取有力的节约支出措施，目的是在 1997 年内将财政赤字与国内生产总值之比下降到 3%，达到"马约"规定的标准，以使意大利能成为首批欧洲经济货币联盟的成员国。尽管意大利已经在治理财政方面取得了显著成绩，但其财政状况仍不稳定。其中最沉重的是社会保障制度开支过大，1996 年达 445 万亿里拉，相当于国内生产总值的 23%。如何改革社会保障制度，是意大利政府面临的更为严峻的课题。

在政治上，意大利从 1997 年 2 月开始了政治体制改革。首要工作是修改宪法。意大利当时的宪法是 1947 年 12 月 22 日通过并于次年元旦正式生效的，已不适应意大利社会政治的需要。1996 年春，普罗迪政府成立时在执政纲领中提出必须进行政治体制改革，以适应变化了的形势。宪法修改工作由一个 70 名议员组成的"小议会"负责。

第五节　冷战结束后的欧洲一体化

一、欧盟与新欧洲

冷战结束后，欧洲分为三个部分：以西欧为核心的欧盟；中欧和东欧一些未加入欧盟的国家；俄罗斯和另一些与俄罗斯接壤的国家。由于第一次世界大战之后，西欧逐步衰落，到 20 世纪末，英、法、德、意等国无不沦为世界权力结构中的二等甚至三等国家。欧盟建立后，在全球战略中仍处于二流地位。苏联曾经在世界事务中扮演过超级大国的重要角色，但在冷战结束之后，俄罗斯在全球的战略地位也已降至二流。

整个欧洲并不甘心地位的下降，都想努力建立一个新欧洲。在这方面以西欧各国为核心的欧盟力图有所成就，但要改善欧盟的状况，前景并不乐观。欧盟缺乏统一的政治意志和政治联盟，没有一项共同的外交政策与安全政策。1950 年 5 月提出的"舒曼计划”、1951年5月西欧六国签订的《巴黎条约》、1952年7月宣告成立的欧洲煤钢共同体、1957年签署的《罗马条约》，都是强调从经济角度来缔造一个欧洲共同体。而1986年2月签订的《单一欧洲法令》、1992年2月的《欧洲联盟条约》（即“马约”）和1997年10月的《新欧盟条约》（即《阿姆斯特丹条约》，简称“阿约”）开始注意到政治联盟问题，但各国对此存在不同看法，未能达成一致意见。

在军事上，欧盟没有独立行事的能力，依靠美国和北约。在经济领域，欧盟从20世纪70年代以后一直处于落后状态。欧盟各国的经济年均增长率只有2%，而日本是4%，美国为3%。在科技综合评分上，欧盟大约只及日本的一半，而日本又只及美国的一半。在生产率的各项指标上，欧盟均远远落后于美国和日本。欧盟的失业率为10%，而美国则为6%左右。在西方主要国家的竞争力比较中，劳动力市场的灵活性，美国为2，日本为1；在欧盟各国中，除英国为1外，德、法、意三国均为0。把上述指标与制造业就业人数占比、高技术产品出口、受过高中以上教育的成年人占比以及养老基金资产在国内生产总值中的占比等项加在一起计算，美国竞争力为10，日本为6，英国为6，德国为2，法国为2，意大利只有1。因此欧盟必须奋起直追，推进欧洲一体化；切实进行改革，统一政治意志、国家意志、公民意志；发展新领域，调整经济与工业结构；开拓新的市场。

在上述任务中，最为重要的是欧洲一体化。欧洲一体化的轴心是法国和德国，法德的态度，关系着欧洲一体化的命运，因此法德两国领导人都尽力为欧洲一体化而奋斗。德国总理科尔上任后，竭尽全力推动欧洲一体化，并取得了很大成就。在20世纪末，他表示要把推动欧洲联合作为他在任期间的首要中心任务来对待。为了维护欧洲一体化，他声称欧洲一体化政策“实际上是关于21世纪是战争还是和平的问题”，把欧洲一体化提高到关系世界命运的战争与和平的高度。

而法国总统希拉克几乎同科尔一样，也把政治赌注压在欧洲一体化的发展上。他保证要按时按标准实现欧洲单一货币，并且支持朱佩总理和若斯潘总理，不惜一切代价推行紧缩财政政策，确保法国首批达标，以保证欧洲经济货币联盟正式启动。法德两国领导人还密切合作，以保证欧洲一体化顺利进行。1997年8月28日，法国新总理若斯潘访问德国，在波恩与德国总理科尔举行会晤。两人表示法德两国将严格遵守实现欧洲经济货币联盟的时间表以及为此而制定的标准，于1999年1月按时启动欧元。

法德还定期举行首脑会议，协商有关问题。1997年11月17日，法德还倡议成立“欧元理事会”，以协调首批欧元参加国的预算政策、经济政策、汇率政策和就业政策。法德两国还在其他一些领域内进行密切合作，开展有利于欧洲一体化的活动。例如1997年12月9日，法德首脑在德国城市纽伦堡签署了加强两国战略协商的秘密文件，表示法德两国将进一步加强防务协商与合作。

欧盟的主要问题之一是缺乏独立的军事能力，法德在这方面的合作，将对欧洲一体化中的军事合作起到推动作用。在法德签署纽伦堡秘密文件前十余天，即1997年11月28日，法国、意大利、葡萄牙和西班牙就组成了欧洲快速行动部队司令部，由西班牙将军胡安·奥图诺·萨奇担任司令。

法国与德国和波兰在1991年建立了“魏玛三角”机制，发挥在欧洲一体化中的作用，加强三国的合作。1998年2月21日，三国又在华沙举行首脑会议，就北约东扩、中欧和东欧局势、对俄关系和当下重大国际问题交换了意见。而在欧盟历史上貌合神离的英国，在工党的领导下一改撒切尔夫人执政时对欧盟的“对抗”态度，表示要在欧洲起主导作用，这无疑是有益于欧洲一体化建设的。

英国首相布莱尔于1997年12月5日表示，英国应该充分利用1998年上半年担任欧盟轮值主席国的机会，在欧洲发挥强有力的主导作用。他宣布英国过去那种优柔寡断、左右摇摆以及与欧盟对抗的形象将一去不复返，英国已经成为欧洲建设的重要力量，要为欧盟建设发挥积极作用。在谈到定于1999年初启动的欧洲单一货币时，布莱尔强调，尽管英国已决定不会首批加入货币联盟，但英国政府将努力为单一货币获得良好的开端做出自己的贡献。英国与欧盟的关系从来没有如此融洽过。

1998年上半年英国出任欧盟轮值主席国。英国上次担任主席国是在1992年下半年，当时英镑被迫退出欧洲汇率机制，保守党议员们公开反对签订“马约”。而此时情况有了很大不同，欧洲建设处于一个重要的历史时期。1998年3月举行了中欧五国加入欧盟的谈判；5月确定了首批启用单一货币国家的名单，这些国家是法国、德国、意大利、西班牙、比利时、荷兰、卢森堡、葡萄牙、奥地利、芬兰和爱尔兰。

面对欧盟的上述发展，布莱尔将英国对欧盟的政策定为“建设性的、守约的和积极的”，并表示“英国能够在塑造欧洲未来方面发挥领导作用”。具体来说，英国将在担任轮值主席国期间尽力配合欧洲单一货币的诞生和欧盟扩大，并充分发挥工党政府在社会政策方面的优势，打出“人民的欧洲”旗号，在治理欧盟各国社会通病的药方上，打上“布莱尔主义”的烙印。

英国这种态度是有利于世纪之交欧洲一体化进程的。因为英国是一个重要的欧洲国家，它在外交上有丰富的经验，在金融领域基础雄厚，在经济政策中灵活务实，在改造福利国家上走在各国前列。因此，英国的合作给欧洲一体化带来新风。当然要真正融入欧盟，英国还有许多问题要解决，但此时至少态度给人以安慰。

东欧剧变和苏联解体后，波兰、捷克、匈牙利、斯洛文尼亚和爱沙尼亚等国开始申请加入欧盟。欧盟开始东扩。1997年12月12日至13日，欧盟在卢森堡召开的首脑会议上正式同意上述五国和塞浦路斯在1998年4月开始入盟谈判，同时决定同“暂时不符合入盟谈判条件”的保加利亚、斯洛伐克、罗马尼亚、立陶宛、拉脱维亚五国进行准备接纳的谈判，以促进它们早日具备和欧盟举行入盟谈判的条件。卢森堡欧盟首脑会议还决定建立“欧洲大会”机制，欧盟15国和“所有申请参加欧盟的国家”将会聚一堂，在经济、政治、外交、安全、司法以及内政领域加强合作，进行磋商。会议决定首届欧洲大会于1998年3月12日在伦敦召开。以后与会国首脑和外长每年各聚会一次，欧盟计划将欧洲大会开成一个“多边协商论坛”。卢森堡欧盟首脑会议是欧洲一体化进程中的一次历史性会议，为建立统一的欧洲铺平了道路。正如这次会议发表的《主席国结论》所说的那样，在某种程度上，会议“为联盟和整个欧洲的未来奠定了基础，启动、扩大和开辟了永远结束昔日分裂的新纪元”。

二、欧盟对外合作

欧盟采取了比较正确的对外经贸政策，广交朋友，八方开拓，在世界各地开展了卓有成效的经济合作。欧盟与东盟的合作有了较大发展，合作始于1976年，但自1980年欧盟和东盟签订合作议定书后，双方没有再签订过经济合作协议，经济合作并不那么紧密，双方贸易额也不大。

冷战结束后，形成了以西欧、北美、东亚为三极的经济大三角。欧盟十分清楚地认识到亚洲在世界经济中的重要地位，主动采取措施改进两个联盟之间的关系。1994年底，欧盟首脑会议通过了一项“走向亚洲新战略”的文件，表示要更有效地与亚洲国家进行合作，建立稳定和平等的伙伴关系。“走向亚洲新战略”有力地推动了欧盟和东盟的经济合作。

欧盟增加了对东盟的投资，并对湄公河地区的开发和泛亚铁路的建设表现出了浓厚的兴趣。1995年欧盟与东盟贸易额达1 000亿美元，比1989年增加了一倍。对欧盟来说，东盟是个很有吸引力的大市场，东盟和欧盟的经济合作有较强的互补性。欧盟是世界上最大的贸易集团，其国民生产总值和外贸总额都超过美国。尽管欧盟经济发达、资金雄厚、科技先进，但经济发展速度较慢，市场容量也有限。一个经济蓬勃发展、充满生机的东盟，非常需要欧盟的资金、科技，并需要进行双边贸易和多范围的合作，这就给欧盟提供了市场。

1997年2月13日至14日在新加坡召开了第十二届东盟、欧盟部长级会议，会议通过了《联合宣言》，双方表示将进一步努力促进新型伙伴关系，加强互利基础上的经济、政治合作。这种关系的建立，对欧盟的外贸有重大意义。

欧盟还非常注意与第三世界国家发展经济合作。1997年4月，欧盟15国与非洲、加勒比海及太平洋地区70个国家的代表，在卢森堡举行了部长理事会，共商合作大计，特别是探讨2000年后的合作前景。欧盟认为，当下国际政治、经济形势已发生重大变化，需要依据新的现实和观念探讨同非洲、加勒比海及太平洋国家的新型伙伴合作方式，如在提供援助款项的同时，还要加强技术合作，以提高援助效率，同时加强在解决移民问题、打击国际犯罪、禁毒等领域的合作。

与地中海各国的合作，也是欧盟十分重视的。1995年11月，欧盟15国和地中海12国部长在西班牙巴塞罗那举行了第一次合作会议，并确定了到2010年建成欧洲-地中海自由贸易区的目标。

在中东，由于阿以冲突的影响，欧盟与中东的合作未能取得实质性进展。但是，欧盟与地中海国家的经济合作已经起步，有6个地中海国家同欧盟达成了“联系协定”，另外3个国家的谈判也进入最后阶段，欧盟承诺向地中海国家提供的援助项目许多已经到位。欧盟的“南下战略”虽然遇到了许多困难，但仍坚定地奉行，发展同该地区国家的经贸关系。在伊拉克武器核查危机，以及伊拉克石油换食品计划中，欧盟的一些国家奉行与美国不同的政策，这是一种有眼光的战略决定。

在20世纪90年代，欧盟为了发展与中国的经贸关系，做出了一些明智决定，并取得了很大成绩。90年代初，欧盟较早地打破了西方对中国的经济制裁，并且从此以后不再把经贸关系与价值观分歧挂钩。1997年春，欧盟几个主要成员国在日内瓦人权会议上，第一次拒绝追随某些国家炮制的反华提案。1998年2月，欧盟表示不再在人权问题上提出反华议案。

1997 年 12 月，欧盟委员会通过了由其副主席布里坦和外交专员范登布鲁克提出的一项建议，不再把中国列入受欧盟反倾销规则管制的所谓“非市场经济国家”。一项声明中说，鉴于中国已朝市场经济方向取得实质性进展，现有的、可追溯到 20 世纪 50 年代的反倾销政策需要改变。这项建议还提请欧盟部长理事会批准。中国高度赞扬了欧盟这一务实的做法。

面对经济全球化趋势的加速发展和国际竞争的加剧，欧盟各国也采取对策，其一是对各国企业进行大规模跨国兼并。1986 年欧盟企业的跨国兼并还不到 500 例，而 1997 年上半年，已达 1 051 例，交易金额高达 460 多亿美元。

推动欧盟经济发展的另一个非常有利的因素是西欧与中欧、东欧和俄罗斯的经济合作。到 1995 年，俄罗斯、波罗的海三国、乌克兰、白俄罗斯、乌兹别克斯坦和哈萨克斯坦同德国西部的进、出口贸易额分别为 126 亿马克和 139 亿马克，已经超过或接近中国同德国的 106 亿马克和 159 亿马克。德国同中欧、东欧 19 个国家的贸易总额在 1996 年达 1 200 亿马克，其中出口额和进口额分别占其总出口的 8.2%和总进口的 9%。

西欧与中欧、东欧及俄罗斯等国的经贸合作有很大的互补性，并且它们之间已经建立了一系列有效的联系渠道，包括“联系国”资格、自由贸易协定、专门的机构和各项计划等。自 1995 年 1 月起，中欧 6 个联系国（波、匈、捷、斯洛伐克、罗、保）几乎所有的工业品进入欧盟市场时均可享受免税待遇，不受配额限制，只有钢铁产品除外，但在 1995 年末之前仍对钢铁产品实行非常低的关税。此外，实行极低关税和放松配额限制的还有纺织品和服装。实际上，欧盟市场对绝大部分纺织品和服装的进口已经开放；而农产品、食品和渔业贸易则享受优惠待遇。

波罗的海国家由于与欧盟签订了在 1995 年 1 月 1 日生效的自由贸易协定，也享受同样待遇。欧盟对中欧联系国还实行经济援助计划。1990 年至 1994 年，该计划预算总额达 42 亿埃居。欧洲投资银行到 1994 年 12 月为止，已批准 57 项投资申请，总值为 27 亿埃居。到 1994 年底，欧洲煤钢共同体也提供了 2 亿埃居。西欧与中欧、东欧和俄罗斯的上述经济合作，十分有利于欧洲一体化进程。

三、欧洲一体化前景

尽管欧洲一体化进程进展比较顺利，并且已经取得了巨大的成就，但其中也充满矛盾和斗争，存在巨大困难和阻力，充满艰险与危机。

第一，如何解决欧洲一体化过程中的决策机制问题，是关键所在。

1997 年 10 月 2 日，欧盟各国签订了“阿约”。“阿约”突出了七项原则，其中第一条强调同一性原则，要求所有成员国参与一体化进程，明确共同追求的目标，努力实现经济-货币联盟，实施共同外交与安全政策，加强在司法与民政事务领域的一体化。其余六条，即承认差异性原则、尊重自愿性原则、采取灵活性原则、突出辅助性原则、贯彻务实高效原则和加强民主性原则，都让欧盟各国能够心情舒畅、兼顾各国利益、协调相互关系。

在“阿约”中，对欧盟的决策机制这一关键问题，并没有做出很好的处理。其表现是未能就执委会减少为20人和部长理事会加权表决时大小国家占票多少达成协议，而是决定把这一决策机制改善问题推迟到未来扩大实现前再加以解决。这一关键问题不解决，就会影响到此后欧盟重大政策的制定和运作，更谈不上制定和实施共同的外交与安全政策。作为整个欧盟体制基础和主要组成部分的欧共体体制是20世纪50年代欧盟6个创始国为调和矛盾而妥协的产物，其决策效率低下、缺乏民主。

从技术上看，欧共体决策效率低下是由于立法程序复杂，其根源在于成员国利益上的差异。同一项立法对不同成员国会产生不同的利益与负担，从而在理事会中引起分歧乃至冲突，并可能因某个成员国的异议和否决而搁浅。

为维持本国利益不受损害，各国首先不愿轻易让出国家主权。在不得已做出让步时，则力图从体制、机制与程序等方面对此权力的行使施加限制和控制。这一情况一直贯穿于欧盟整个历史中。《巴黎条约》与《罗马条约》使欧盟委员会权力低于其下属机构，并使权力中心向理事会倾斜。1966年的“卢森堡妥协”进一步削弱和限制了超国家权力的行使。从“马约”至“阿约”，这一问题仍未能解决。欧洲一体化过程中，超国家权力与国家主权之争仍然是一对矛盾。欧洲各国号称民主国家，但欧盟决策缺乏透明度和民主监督。存在的主要问题是其唯一的民选机构——欧洲议会并不具有议会所应享有的立法权以及罢免不称职欧盟官员的权力，因此扩大欧洲议会的权限，特别是赋予它立法和监督权是很重要的。

但是，扩大欧洲议会的权限即意味着削弱各国议会的权力，加剧两级民主机构之间的矛盾与冲突。在欧洲一体化过程中，如何解决好决策机制，是一个关键问题。

第二，为了实现欧洲货币联盟规定的目标，并在1999年1月启动欧元，各国实行暂时的紧缩性货币政策，对欧盟经济产生了负面影响。1996年，欧盟由于实行以提高税率、削减开支等为主要内容的紧缩性货币政策，经济增长比预计的要低1.2个百分点；1997年低0.8个百分点。其中法国两年共下降2个百分点，德国为1.9个百分点，意大利为2.7个百分点。而失业率则上升了1.1个百分点。欧盟的失业率到20世纪90年代不断攀升，截至1998年2月，欧盟平均失业率为10.8%，失业人数已达1 800万。其中法国的失业率为12.4%，德国为11.9%，意大利为11.7%，西班牙为12.9%。

第三，在欧盟扩大时，参加的国家越多，覆盖的利益越广，平衡妥协的余地就越小。在欧洲一体化过程中，往往有个别国家在基本立场和一系列重大问题上持反对态度。其中英国表现最为突出。虽然1998年初英国首相布莱尔宣布支持欧盟和欧洲一体化，但英国国内的反欧盟人士力量仍然十分强大。

事实上，从1997年英国的表现看，不管政府的宣言是什么，都不能说英国与欧盟的关系是理想的。英国政府对1997年7月举行的政府间会议所讨论的148项建议中的98项持反对态度。其他国家也程度不等地反对其中的一些项目。德国反对其中的29项，法国反对39项，丹麦反对35项，芬兰反对40项，瑞典反对42项。上述数字表明，在欧洲一体化过程中，始终存在成员国之间的利益差异以及由此引起的矛盾。

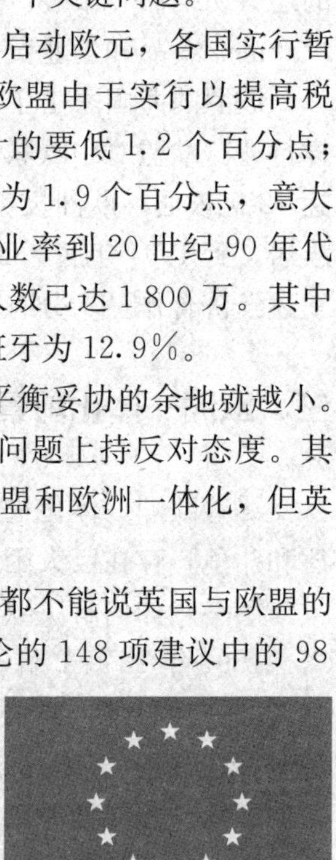

《欧洲宪法》草案所规定的欧盟盟旗

为了在外交上用一个声音说话，欧盟决定制订欧洲宪法。2003年7月，欧盟制宪筹备委员会全体会议就欧盟的盟旗、盟歌、铭言与庆典日等问题达成了一致。根据宪法草案，欧盟的盟旗为蓝底和12颗黄星图案，这12颗星不代表12国，而代表希腊神话中雅典娜的12位守护者；盟歌为贝多芬第九交响曲中的《欢乐颂》；铭言为“多元一体”；5月9日为“欧洲日”。这一设想尽管看来很好，但仍遭到不少新加盟国的反对，盟旗、盟歌和铭言成为欧洲一体化争论中的一个问题。

2004年10月，欧盟25个成员国的领导人在罗马签署了欧盟历史上第一部宪法条约，即《欧盟宪法条约》。欧洲一体化取得了新进展。这部宪法签订后，还需欧盟各成员国根据本国的法律规定予以批准方可生效。由于各国人民对《欧盟宪法条约》的规定有不同看法，批准这一条约的进程非常艰难。

欧洲局势是极其复杂的，中欧、东欧和俄罗斯的情况尤为复杂。东欧有战后几十年社会主义建设的经历，在向西方趋同时，不可能与西方完全一致。加上各国之间的矛盾，欧盟越扩大，就将越软弱无力、难有作为，有可能沦为大自由贸易区。

此外，冷战结束后，西方国家之间的凝聚力下降，没有团结起来共同反对的目标，因此各国要比以往更为自己的利益而斗争。德国、英国、荷兰等国却希望北约东扩，而法国等国却希望同时南进。南欧各国担心东欧廉价产品进入，担心欧盟的各种补贴被人分享，怕德国的影响扩大。此时由于欧盟东扩是大势所趋，“东扩”与“南进”的矛盾还不突出。一旦东扩遇到障碍或产生问题，或者中东和平进程取得积极成果，南进障碍消除，那么东扩和南进的矛盾将会突出，从而影响欧洲一体化的进程。

推荐阅读书目

丁建弘，等．战后德国的分裂与统一1945—1990．北京：人民出版社，1996.

刘绪贻，杨生茂．美国通史：第六卷：战后美国史1945—2000．北京：人民出版社，2008.

特里·布劳斯．20世纪看得见的历史．周光尚，望震，薄景山，译．北京：中国社会科学出版社，2006.

David Armstrong，Lorna Lloyd，John Redmond. The Rise of the International Organization. London：Macmillan，1982.

Evan Luard. The United Nations：How it Works and What it Does. London：Macmillan，1979.

John Pinder. European Community：The Building of a Union. New York：Oxford University Press，1991.

Stephen George. An Awkward Partner：Britain in the European Community. 3rd ed. New York：Oxford University Press，1998.

第十四章

20世纪末世界部分国家的改革与发展

第一节　美国的改革

一、克林顿政府改革的深入

克林顿在1997年初再次就任总统后，继续第一个任期的政治经济改革，其改革重点在国内经济建设上。克林顿第一个任期的政策，取得了一定成效。1997年美国经济增长率达3.2%，继续在西方国家中处于领先地位。1997年5月，美国失业率已降到4.8%，为1973年以来最低水平。1996年美国通货膨胀率下降到2.1%，为30年来最低水平。克林顿执政以后，美国经济既无生产停滞，也无严重的通货膨胀，美国经济保持了持久增长，状况大大优于其他主要发达国家。1997年第一季度，美国的经济增长率更高达5.8%。

总的说来，美国经济平稳增长，主要由于周期因素和政策因素。美国已从1990年至1992年的经济萧条中复苏，加上冷战结束后克林顿政府为适应世界新形势调整了经济政策，这就使美国经济运行的宏观环境发展得较好，使长期困扰美国经济发展的一些难题逐步得到缓解。由于冷战结束后美国的国防开支相应减少，以及政府压缩了社会福利开支的增长幅度，财政赤字连年下降。此外，短期和长期利率下浮，并基本稳定在相对较低的水平上，使投资于生产的货币增多。

克林顿政府还进行了以下几个方面的工作，其中心是以高科技带动经济发展。20世纪80年代以后，美国高科技产业，尤其是信息产业迅速发展，企业每年为信息及相关产业的投资都达到或超过1 000亿美元。1996年对电脑和通信软件设备的投资甚至达到2 120亿美元，比1995年又增加320%。在电脑关键部件和软件方面，美国在世界上占绝对优势。到1995年8月，美国上网电脑已超过440万台，占世界总数的63%。而西欧和日本分别仅只有146万台和25万台。1995年，全世界的科研工作，有44%是在美国进行的。

在美国，高科技的应用超过了世界其他发达国家，极大地提高了生产率。到20世纪末，以信息为主导的服务业产值占美国国民生产总值的四分之三。传统产业如房地产、汽车产业的增长速度远远落后于信息产业，美国已经进入信息社会。在美国的产业结构调整与企业改革中，高科技也起了主导作用。克林顿政府注重高科技的开发，继续保持了半导体、电子、信息、航空航天、新材料等技术密集型产业的世界领先地位。在产业结构调整和企业管理中，大量应用电脑和相关管理科学，改进传统产业的管理模式，减少企业的管理层级，提高企业效率，使汽车、钢铁等传统产业恢复了活力，重新取得了在世界上的竞争力。

克林顿政府还特别重视对外贸易，大力推行以出口带动经济增长的方针；积极策划推动多边经合组织，如泛美自由贸易区，并在其中谋求霸权地位；向欧洲、亚洲渗透，加强在多边经济合作中的领导与制约作用。在组织区域性集团时，加强美国自身经济实力，利用经济、外交等手段扼制日本，推行强权政治。美国还在双边贸易中交替使用自由贸易与保护主义，连续多年为世界第一出口国，出口额占美国国内生产总值的比重已上升到12%。克林顿政府在1993年至1996年与日本签订了21项贸易协定，使美国对日本的出口增加85%；1996年美国的出口总额比1994年上升14%；1997年第一季度出口又比1996年同期增长了11%。

在金融领域，20世纪90年代初，美元地位不断下降，但到90年代末，美元在国际货币市场又呈上升趋势。克林顿政府在经济政策调整中，强调经济安全。对外政策从以军事为中心转向以为经济服务、为国内政策服务为中心。其经济政策的核心是凯恩斯主义，而在具体政策上强调政府干预。在税收政策上，一改里根、布什政府的风格，不减富人的税，而增收富人的税；克林顿政府还扩大就业，鼓励投资，重视专业职业教育。在社会福利政策上强调医疗、福利改革，使95%以上的公民受益。上述政策在美国经济的恢复与发展中起了很好的作用。

1997年，美国通货膨胀率低，约为30%。而失业率也下降到4.7%至5%，即失业率控制在凯恩斯认为的自然失业率5%左右，这使美国企业有一个很好的发展环境，销售额上升7%，而拥有设备增长10.9%。1997年美国的消费也很旺盛，实际增长4.3%，是历史上最高水平。同时，国防开支下降。

克林顿在1997年初发表了《总统经济报告》，描绘了世纪之交美国经济发展的蓝图。在报告中，他预测，从1997年到2003年的七年中，美国经济逐年递增2%至2.3%。为了保证达到上述目标，克林顿提出了几大措施：在2002年实现联邦预算平衡并略有盈余；增加教育投入，提高劳动大军的整体技能和素质；促进外贸出口；改革政府运行机制，为企业发展创造宽松和有利的外部环境。正因为如此，美国经济界认为美国已经出现了以信息革命和全球化大市场为基础的“新经济”。

二、“零点方案”改革计划

为了平衡预算和消灭赤字，1997年8月，克林顿进行进一步改革，在美国白宫签署了“零点方案”。所谓“零点方案”，即平衡预算法，该法的核心是要求在2002年实现联邦政府预算平衡。为此，它规定在此后五年内削减开支1 500亿美元，主要涉及用于穷人和老年人的医疗补助等社会福利项目。法案增设了儿童健康保险计划，并恢复了某些福利项目。与此相关的减税法规定，同期内减税1 500亿美元，增税500亿美元，实际减税950亿美元。

“零点方案”并非一个经过深思熟虑的平衡预算方案。民主党和共和党为此问题斗争了两年半之久，以致美国联邦政府机构曾经两度陷于“半瘫痪”状态，政府机构曾在一些时期因无经费而被迫关门。出于对党派政治利益和前途的考虑，民主党政府和共和党控制的国会经过反复磋商，最终相互妥协让步，达成了这个平衡预算的方案。所以，从某种意义上说，平衡预算法更多的是政治妥协，而不是“财政里程碑”。

当然，此前几年美国经济的持续增长和联邦预算赤字大幅度减少也为“零点方案”的出台创造了条件。1997年度的预算赤字可减到300亿至400亿美元之间。这就使民主、共和两党对美国最终实现预算平衡持乐观态度，未能认真考虑平衡预算法一些条款的后果。从积极方面来说，如果“零点方案”能如期实现，就将促进美国经济的发展。因为减税可以刺激企业投资和个人消费。预算中的一些福利项目，如增加教育投入则是国家长久之计。同时，该法案的通过本身对美国经济就是一个鼓舞。因为自1969年以后，联邦预算连年出现巨额赤字，导致国债加码至1997年8月的5.5万亿美元。尽管“零点方案”对削减庞大的国债无济于事，但至少可以抑制这一隐患的膨胀势头。

从理论上说，旨在消灭联邦预算赤字的“零点方案”对美国经济的发展利大于弊。但是，签字的墨迹未干，克林顿就公开声称要对其中的某些减税条款使用他刚刚拥有的总统“单项否决权”。因此，“零点方案”的落实过程将不会是一帆风顺的。

此外，“零点方案”的许多条款对穷人是不公平的，这将使美国社会贫富差距扩大的势头得不到扭转，从而影响美国经济的发展，产生新的预算不平衡。克林顿政府平衡预算的药方是通过削减开支而不是增税来实现，到2002年将减税950亿美元，削减医疗照顾开支1 150亿美元。这使富人得利、穷人遭殃。穷人赖以生存的社会福利项目被大刀阔斧地削砍，以弥补富人减税造成的窟窿。

1998年2月2日，克林顿又做惊人之举，提出了1999年美国行政预算为1.73万亿美元的方案。这是美国政府1969年以后第一次提出的平衡预算方案。如果这个方案实现，美国将比原定计划提前三年实现预算平衡。但克林顿的预算方案是以此后五年内增加开支1 200亿美元为基础的，这笔钱来自三方面：第一是增加工商界和投资者的税收，预计的24亿美元税收来自税款；第二是美国烟草公司在与40个州达成的全国性烟草协议中承诺的几千亿补偿金；第三是减少其他项目的开支。

共和党对上述计划表示怀疑。共和党领袖迪克·阿米甚至指责这是民主党政府的一种复兴，因为如果财政有盈余，而又不以减税的形式返还给美国人民的话，这些钱实际上将用来支付政府新项目的花费。此外，国会此时尚未通过烟草协议，以此作为财政收入的来源是不妥的。除上述问题之外，美国国内还存在一些深层次制约美国经济发展和周期延续的基本问题。

最严重的是通货紧缩的危险。克林顿政府的紧缩性宏观调控政策虽然发挥了抑制通货膨胀、消除巨额财政赤字、走向预算平衡等积极作用，但也有负面影响。通货紧缩的潜在危险已经逐渐积累，首先是商业银行准备金额增长率为－0.13%，同时货币扩张的速度大大放慢，这将抽紧经济活动。追求平衡预算，就减少了财政支出。财政支出减少就影响了美国政府对经济活动的影响能力，从而不利于美国经济的发展。其次是美国的储蓄率极低，20 世纪 90 年代平均只为 15.5%，低储蓄率制约投资规模，使美国的企业投资额占国内生产总值的 2%，为此美国不得不大举向外国借债，每年从国外借款大约 1 500 亿美元。这从根本上动摇国内金融的稳定性，成为经济活动的隐患。一旦外国投资者从美国证券市场抽回资金，利率的压力和随之而来的经济动荡就可能中止发展。美国的家庭储蓄 1960 年至 1983 年间大约占其可支配收入的 8%，1997 年第一季度降为 4.8%。

与此同时，美国家庭负债情况明显恶化，占可支配年收入比重在 1996 年底上升至 89%。过度消费和过度负债的结果是银行呆账、坏账增加，各种破产案猛增，1996 年出现了一百多万件破产案。信用过度往往会造成信用危机，从而造成银行困境和金融紧缩。当这些问题大面积出现时，各方面的衰退就会接踵而至。美国的贸易赤字持续增加，1997 年达到 1 137 亿美元，创 9 年来最高纪录。这个数字比 1996 年的 1 110 亿美元增加了 2.4%。由于亚洲金融危机的影响，1998 年美国贸易赤字继续增加。这不仅影响到克林顿 1999 年实现预算平衡的方案，还影响到美国经济的发展。

美国通货膨胀的威胁仍然存在。1997 年通胀率虽未超过 3%，但已略有上升，贸易和经常项目国际收支逆差已持续 15 年之久，而且没有下降的表现。当下美国经济形势虽好，但许多人的实际收入并无增长。据美国劳工部统计，工薪阶层的实际生活水平连续 20 年下跌，仍有 11%的家庭生活在贫困线以下，两极分化还在加剧。如果美国国内个人消费不是特别强劲，那么经济增长的驱动力也就有限。

美国经济增长较快与绝大部分人口收入增长缓慢形成了巨大的反差。中等家庭收入仍未恢复到上次衰退前的水平；收入不均日益严重。收入不能与经济同步增长带来了一系列后果，人们在收入增长相对缓慢的情况下，只得举债消费。这使私人债务增加，切断了储蓄的源头，抑制了投资的扩张。由于个人收入低于经济发展速度，个人消费水平无论如何会受影响，造成需求不足，从而使生产力过剩。到 20 世纪末，美国生产过剩的现象已经出现，并且不仅仅出现在一些传统工业，还涉及高新技术行业。

因此，虽然美国经济在 20 世纪末走势十分强劲，但到 21 世纪后，存在的这些问题就会暴露出来。如果政府不采取对策，衰退迟早会到来。经济的持续发展需要人才，此时美国在人才流向上仍占有优势。美国的教育制度相对来说开放、灵活和分散，优越的生活条件、先进的教育设施和研究手段、理想的学术环境以及高度开放的社会环境，将国外优秀科技人才和各类专门人才源源不断地吸引过来。

第二节　西欧主要国家的改革

一、德国的电信改革

德国进行了深化电信业的改革。这一改革从 1989 年 7 月开始分阶段进行，到 1998 年 1

月完成，历时近十年，是资本主义国家国有企业改造的一个成功例子。德国的邮电业同世界上许多国家一样由国家独家经营，属邮电部管辖，信息化时代到来之际，在追赶新技术的过程中，充分暴露了劳动生产率低、服务质量差的弊端。与英国和美国相比，德国在电信业上的差距比较大。英国电信公司和美国电话电报公司的效率要高得多，其职工人均年营业额在28万马克到68万马克之间，而德国仅为28万马克。

在德国电信业67万职工中，有30万是国家公务员编制，他们有“铁饭碗”，在职期间不交纳养老保险金，退休后国家负责他们的养老问题。这种体制严重影响了电信业的效率，德国政府经过反复研究，决定进行改革。

1989年7月至1994年12月，德国政府对电信业进行了第一阶段的改革。把电信业从国营改为民营，分为邮政、电信和邮政储蓄银行三个公司。邮电部不再过问这三个公司的经营活动，但这三个公司仍为国有公司，各公司仍然没有人事权，还不是一般意义上的私有企业。1995年1月至1997年12月为改革的第二阶段，其做法是将国有公司变成股份公司，采取分阶段、逐步过渡的方式。政府逐渐减少国家控制的股票，其手段是渐次增发新股、出售政府股份等，同时政府还允许电信公司发行新股，五年内将其资本增加一倍。1996年11月，电信公司向国内外共发行了200亿马克的股票，使德国190万人成为该公司股东。

在从国有企业向私有企业转型的过程中，德国邮电部十分注意加强企业的凝聚力，例如对职工发行内部优惠股票，提高职工的主人公意识。1996年11月，德国电信公司发行的新股有2%属于职工所有。电信公司还采取措施同瑞士银行合作，确保这部分股票无跌价风险，并稳步升值。

对改革中最困难的问题，即邮电部门所有员工的待遇问题，政府先与工会以及各方协商，决定邮电部门官员的身份不变，职工待遇不变，但对官员的退休金实行改革，分阶段解决。五年内退休金由上述三企业完全承担；五年后三企业承担33%，其余部分由联邦政府通过股票收入和进一步出售股票的收益补足。

1998年1月1日，德国邮电改革进入新阶段，政府宣布从这一天起，电信市场彻底开放，德国电信公司的垄断地位宣告结束，允许电信市场自由竞争。同时，德国政府还宣布撤销联邦邮电部，邮电事务由隶属于经济部的邮电协调局负责，其业务范围主要是监督、协调邮电市场的公平竞争和技术标准等。

德国在2000年之前进一步进行改革，以进一步降低财政赤字、降低失业率、保持较低通胀率为标准，同时进一步发展东部地区经济，缩小东西差距，并从1999年起实行税收改革方案。在21世纪的门槛上，德国要创造新的奇迹。

在对外政策上，德国除发展与美国的关系外，在坚持北约东扩的同时，主张改善与俄罗斯的关系，不使欧洲再出现新的分界。德国还主张加强欧洲的军事力量，逐步摆脱过分依赖美国的局面。德国联邦内阁于1997年10月8日通过了建造欧洲战斗机的计划。根据这一计划，从2002年起，德国联邦国防军将耗资230亿马克，购买180架欧洲2000型战斗机取代当下的幻影和米格29型战斗机。这是德国战后历史上最大和最昂贵的一项军事计划。

而德国外交的最大努力在于扩大海外贸易市场，在亚太地区改善同中国的关系。

1997年6月在中国全国政协主席李瑞环访问德国时，德国表现了进行德中友好合作的诚意，表示不再参与1997年日内瓦联合国人权会议反对中国的提案。德国副总理兼外长金克尔向李瑞环重申德国坚持台湾与西藏是中国不可分割的组成部分的立场。两国领导人还就德中建交25周年以来的经济贸易合作进行了回顾，决心使世纪之交的德中关系健康稳步发展。

二、法国的经济改革

20世纪末困扰法国的主要是失业问题，解决失业问题是法国左翼政府存在下去的首要条件。

20世纪90年代以来，由于经济不景气以及结构性问题，法国的失业率居高不下，一直维持在两位数。朱佩政府上台不到半年，就因无法解决失业问题而遭到人民反对，结果执政不到两年就下台。社会党人若斯潘在竞选中提出“增加就业”的口号，得到选民拥护，在大选中获胜，担任总理。

若斯潘执政后，即采取措施实现竞选的诺言。他极力主张将就业问题纳入修改后的“马约”，召开全国就业大会，增加青年就业岗位，推动每周35小时工作制立法等等。上述举措只能使失业问题略有缓解，不能从整体上解决失业问题。因此，若斯潘左翼政府的上述努力遭到持自由市场经济思想的人们的批评，他们认为左翼政府所增加的就业岗位是人为制造出来的，不可能从根本上解决失业问题，只有创造促进经济活动的条件，提高企业竞争力，才能解决失业问题。

法国总统希拉克对若斯潘总理治理失业的做法开始时持保留态度，后来公开批评这是一场“冒险试验”，他呼吁左翼政府与“统治经济思想彻底决裂”。失业问题日益变成法国国内的严重社会问题，导致暴力和犯罪事件增多，成千上万失业者开始走上街头，要求政府解决失业问题。

1997年圣诞节前夕，法国各地失业者上街游行，要求政府给300多万失业者每人3 000法郎节日补贴。法国政府由于正在削减赤字以启动欧元，国库十分紧张，无力拿出90多亿法郎的节日补贴费，因而加以拒绝。于是失业者进行了更大规模的抗议活动，并发展成从巴黎到外省的大规模示威，还冲进豪华酒店，冲击期货市场，占领高等师范院校，不断与警方发生冲突。抗议活动一直延续到1998年2月。

失业者的上述抗议活动，还引起了左翼政府内部的分歧。左翼政府环境部长、绿党领导人瓦内夫人和青年及体育部长、法国共产党议员布费夫人都公开对这次失业者的全国抗议活动表示支持。法国共产党总书记更是公开表达了对政府失业政策的不满。总理若斯潘被迫于1月21日发表电视讲话，以化解抗议风潮。他表示同情与理解失业者，但又坦言政府不可能在短期内立即满足一切要求，他在承诺社会救济时，又强调政府的立足点是把钱花在创造就业机会上，而不是投在救济上。失业者并不满意，这场抗议风波还在持续。

为了振兴经济，法国除主张欧洲一体化外，还着力与美国抗争，并改善与中国、俄罗斯、非洲及拉丁美洲国家的关系，以扩大对外贸易。

1997年10月，法国道达尔石油公司联合俄罗斯及马来西亚两家公司，与伊朗石油公司签署了一项20亿美元的天然气投资协议。法国占投资额的四成，其余两国各占三成。这笔生意不仅是一笔直接的巨额生意，还是法国向中东扩张的先声。

法国的这次行动公然不顾美国的《达马托法》，并且取得成功。《达马托法》是美国国会于1996年通过的，目的是制裁伊朗与利比亚，同时制裁与上述两国做生意的外国公司。《达马托法》把制裁数额定在4 000万美元。

对法国与伊朗的这笔生意，美国不敢进行制裁。其原因有三：第一，由于有俄罗斯与马来西亚入伙参加法国道达尔石油公司投资，美国在制裁前必须慎重考虑其后果；第二，1997年8月，加拿大也与伊朗做了生意，而美国未对加拿大加以制裁，因此就不便再对法、俄、马三国公司加以制裁；第三，法国道达尔石油公司与美国财团有密不可分的金融关系，美国政府投鼠忌器，不敢制裁。

法国道达尔公司与伊朗石油公司的这笔生意，是法国正确实施对美政策的结果。因为在1996年法美两国关系十分紧张，在许多问题上都闹得很僵。两国在南欧盟军指挥权上争夺激烈，法国以中止重返北约军事一体化机构相要挟，但美国坚决不肯让步。法国总统希拉克不顾美国“欧洲勿插手中东和谈”的多次警告，三访中东。特别是1996年10月，他乘美国大选之机，访问了中东五国，使美国十分不快。在美国空袭伊拉克时，法国有意退出了对伊拉克北部禁飞区的空中监督行动。法美两国还在《赫尔姆斯-伯顿法》与《达马托法》、波黑问题及联合国秘书长人选问题上存在分歧与争端，两国关系中存在的问题很多。

1997年2月，当美国国务卿奥尔布赖特访法时，法国抓住机会表示要调整与美国的关系，然而双方关系的改善只停留在口头上。法国决心利用欧盟为后盾与美国抗衡，扩大自己的贸易市场。这次法国道达尔公司与伊朗的投资协议，就是上述外交政策的胜利。

在1998年1月达到高潮的伊拉克武器核查危机中，法国采取了不同于美国的立场。1月11日，伊拉克指责当天抵达巴格达的由美国专家斯科特·里特领导的武器核查小组人员失衡，指责该小组完全由英美控制，并宣布从13日开始抵制这个小组的工作。美国声称在巴格达拒绝核查问题上难以再忍受下去，必要时将采取单独行动，不排除军事选择。英国紧跟美国，派出一艘航空母舰驶往海湾，并扬言英国不排除军事选择。

法国与俄罗斯和中国一起，一致强调反对向伊拉克动武，主张和平解决分歧。后来法国的立场虽有变动，但仍强调以外交方式解决危机。法国的这一做法，得到阿拉伯国家的好评，从而树立了法国在中东的形象，因为海湾战争七年以来，受美国操纵的联合国特委会迟迟不肯结束对伊拉克的武器核查，其目的是长期对伊拉克进行经济封锁。美国的这一行动引起越来越多的阿拉伯国家不满，它们要求早日结束对伊拉克的制裁。可以说法国的这一政策是其“南进”政策的一个组成部分，对21世纪法国在中东的经济发展是有益的。

法国十分重视发展与中国的友好合作关系。1997年5月，法国总统对中国进行了为期四天的访问，双方签订了一些重大的贸易合同，希拉克总统表示愿与中国就人权问题进行对话，尊重中国文化与传统，对话优先于对抗，两国在北京发表了关于建立“全面伙伴关系”的联合声明。

1998年1月，法国外长于贝尔·韦德里纳访华，表示法国对华政策是有连续性的，希望大力发展法中双边关系，并表示法国将遵循1997年签署的联合声明，进一步增进两国在政治、经济和文化方面的合作。韦德里纳希望两国间能展开更为频繁和定期的政治对话，并表示法国将继续信守1994年1月中法《联合公报》中重申过的原则，承认台湾是中国不可分割的领土。韦德里纳特别重视双边经贸关系，认为两国经贸关系势头不错，法国在航空、核电、金融服务、农产品等方面有潜力，两国应进行长期的经贸战略合作。

发展同中国的经贸关系这一战略对法国具有重大意义，给经济带来了实质性的好处。例如在1997年5月希拉克访华时，中法签订了一系列贸易协议书，其中包括一项中国向法国购买30架价值15亿美元的空中客车飞机，以及一项关于生产100架飞机的框架协议。中国还同意向法国的银行和保险公司开放中国市场。

法国改善与中国的关系，是戴高乐将军大三角战略思想的继续。戴高乐想以亚、欧、美三极为基础主导世界，希拉克总统公开表示支持这一设想，他认为世界的未来在很大程度上取决于亚、欧、美大三角。而中国是亚洲强国之一，因此法国着力改善法中关系。

法国更重视发展同俄罗斯的关系。这不仅因为俄罗斯是欧洲国家，更因为法俄在许多国际政治问题上有着共同语言。1997年9月法国总统希拉克访问俄罗斯，建立了法俄“优先伙伴”关系。冷战结束后，法国在俄罗斯参加西方“七国集团”、促成北约与俄罗斯签署基本文件以及使俄罗斯参加巴黎俱乐部等问题上做出了很大努力，使法俄关系进一步改善。

法俄两国在欧洲安全问题上没有原则分歧，都主张在建立新的欧洲安全结构时，不应给任何国家的安全带来损害，不应在欧洲出现新的分界线。两国都认为应该让欧洲安全组织发挥更大的作用。法国一贯主张在北约内部发展“欧洲防务特性”，北约应通过改革给欧洲盟国更多指挥权，不能总是由美国做主。而俄罗斯则反对北约东扩，总统叶利钦强调欧洲的安全应由欧洲人和俄罗斯人一起来保证，不应有任何外来干预，他提出“欧洲人的事，欧洲自己解决”的思想。他指出，当下的世界是多极世界，“单极世界的时代已经过去了”。

上述立场，使法俄有了共同点。此外两国在中东问题、波黑问题上的立场也有一致之处，更使两国在国际事务中密切合作。到20世纪末，法俄两国的经贸关系有了很大发展，仅在1997年9月法国总统希拉克访俄时，就有20家大企业随行。法国一家公司与俄方签订了给米格教练机配备发动机和机上设备的合同。法国还提供4亿法郎贷款，帮助俄罗斯企业批量生产在国际市场有一定需求的产品。

法国还同意苏联在法资产重新注册为俄罗斯资产，这一决定再次正式确认了俄罗斯是苏联的继承国，实际上使乌克兰分享一部分苏联在国外资产的企图落空。在希拉克访问俄罗斯期间，两国还决定一两年内使双边贸易额增加一倍，并成立以两国总理为首的联合委员会推动经贸关系。两国关系在此之后有了很大发展。

法语非洲从来是法国的“禁猎地”，在讲法语的非洲国家，法国一直有很大的利益。第二次世界大战后，法国在法语非洲国家建立了法郎区，实行法郎固定汇率制。20世纪60年代非殖民化运动后，法国分别同8个法语非洲国家签订了防务协定，还同23个非洲国家签署了军事合作协定，在非洲设有6个军事基地，驻军八千多人。通过法郎区与防务协定，法国继续保持其在非洲的军事地位，并在政治、经济、军事等方面发挥巨大影响，充当“援助者”、“宪兵”和“仲裁者”等多重角色。

但是，法国在非洲的军事存在已暴露出许多缺点，近来对非洲政局动荡已无力进行干预，而且由于经济困难已减少了援助法语非洲国家的款项数目等，这使美国向法语非洲的扩张有机可乘。法语非洲新一代领导人为了国家的富强，实行多元外交，欢迎美国进入。

冷战结束后，非洲大部分国家社会经济取得了巨大进步。非洲有丰富的资源，又是一个有近七亿人口的巨大新兴市场，引起了美国的兴趣。美国开始向非洲扩张。1997年6月，在丹佛召开的西方八国首脑会议上，美国提出要把发展对非关系写进首脑会议的宣言。接着总统克林顿又提出了一项开发非洲的计划，包括对非洲开放市场、增加投资、降低关税等等。随着美国势力在非洲的不断扩展，法国在法语非洲的传统影响力受到日益严峻的挑战，迫使法国不得不调整政策，以适应这一新的形势。希拉克总统上任后，开始把法非关系定位为“新型的伙伴关系”，主要在军事和经济两个方面进行调整。

在军事上，弱化法国在法语非洲的军事存在，不卷入该地区冲突，不再充当非洲宪兵。1997年7月，法国国防部长阿兰·里夏尔访问中非共和国后，宣布关闭设在中非西部的布阿尔军事基地，缩小在中非首都班吉的军事基地，并逐步撤出法国军队。但是法国削减驻非洲兵力并不是消极的撤退，而是新形势下的一种积极攻势，法国政府在宣布这一政策时已经讲得十分清楚，法国军事政策调整的前提是“不损害作战能力”，法国在减少陆军的同时将加强空军力量，此外还派出部队参加了1997年秋季在非洲举行的军事演习。所以法国的军事调整，只是收缩，而不是撤出。

在经济上，增加双边合作，把援助转变为以增加投资、拓展市场为主的经贸活动，并鼓励法国人向非洲进行私人投资。

法国在非洲有重大的经济和战略利益，法非关系是法国维持大国地位、在世界事务中发挥大国作用的一个重要条件，因此法国绝不会放弃非洲。在21世纪，随着美国势力在非洲的扩大，法美之间的较量将会升级。

法国在改善同各洲国家关系的同时，开始重视与拉丁美洲的关系，并且在拉美采取重大外交行动。1996年8月，希拉克提出了在拉美开展外交的三项方针，即恢复文化关系、开展持久的政治对话、鼓励企业家全面参与拉美的经济活动，明确要对拉美开展经济外交。希拉克的政策使法国与拉美国家的关系在冷淡了30年之后又密切起来，希拉克于1997年3月访问了巴西、乌拉圭、玻利维亚、巴拉圭和阿根廷五国。在访问中，有许多法国企业家陪同，推动了法国企业扩大投资与出口。

希拉克出访拉美，表现了法国及欧盟与美国在拉美竞争的升级。美国为了与拉美国家建立自由贸易区，加紧活动。美国坚持拉美国家必须逐个加入北美自由贸易区，从而组成美洲自由贸易区，而巴西等拉美国家希望在进一步发展和扩大南方共同市场的基础上，与北美自由贸易区进行集体谈判，从而组成美洲自由贸易区。美国为了控制美洲自由贸易区，当然不允许拉美以南方共同市场的名义集体与北美自由贸易区谈判，所以建立美洲自由贸易区一事迟迟不能进行。

而欧盟也想与拉美国家建立跨大西洋自由贸易区，由于欧盟承认拉美南方共同市场，并把它作为平等的对话伙伴，双方的谈判进度很快。希拉克访问拉美，还代表德国、荷兰、西班牙等国提议在1998年召开第一次欧拉首脑会议。

在20世纪末，法国为了争取经济实惠、扩大政治影响、保住大国地位，积极开展了全方位的新外交。

三、英国的政治体制改革

英国工党上台后，除了福利制度改革之外，最重要的是进行政治体制改革。这次政治体制改革有两个重大举措：一是英国政府向威尔士和苏格兰地区下放权力；二是在北爱尔兰和谈中改革现有北爱尔兰体制，给北爱尔兰人相当大的自治权与支配权。

托尼·布莱尔以“新工党、新英国”的竞选口号赢得大选

在英国政府向威尔士和苏格兰两地区下放权力上，布莱尔政府在1997年7月向议会提出了两份白皮书。在关于威尔士自主权的白皮书中，政府提出将于1999年创建一个由60名成员组成的威尔士议会。该议会将于1999年6月通过比例代表制的方式选出，在经济发展、社会政策、地方政府管理、环境保护以及文化、体育等事务方面享有自主权。而苏格兰则在1999年建立由129名议员组成的苏格兰议会，与威尔士议会一样享有广泛自主权。英国政府在进行这两个地区的政治体制改革时明确表示，下放权力、增加政府决策的透明度和改革议会制度，绝不意味着允许威尔士和苏格兰走向独立，它们仍将是英国不可动摇的组成部分。

工党政府规定，无论对威尔士还是苏格兰，中央政府都将保留外交、防务、立法和制定宏观经济政策等方面的权力。同时，威尔士地区税收权仍保留在中央政府手里，只有苏格兰议会还将享有有限的税收权。这次工党政府向威尔士和苏格兰下放权力的力度之大，是英国历史上三百年来所罕见的。

英国政府在北爱尔兰问题上的改革也是成功的。在工党政府领导下，和平解决北爱尔兰问题出现了前所未有的机遇，这种机遇也是由政治体制改革提供的。

工党上台后，爱尔兰共和军的政治组织新芬党于1997年7月21日宣布停火，然后宣布参加多党和谈。10月8日，首次多党和谈开始，包括互相敌对的北爱尔兰民主统一党与新芬党在内的八个政党参加。1997年10月13日，英国首相布莱尔与新芬党领袖亚当斯进行了自1921年爱尔兰被分割为南北两部分以来，英国首相与北爱尔兰共和派人士的首次直接接触。12月11日，布莱尔又与亚当斯举行首次会议。在会谈中，布莱尔要求亚当斯继续承诺以和平方式解决冲突，强调北爱尔兰宪政体制改革的任何变化都必须建立在大多数北爱尔兰人同意的基础之上。

为了促进北爱尔兰问题和平解决，布莱尔政府于1998年1月12日提出了一项北爱尔兰和平建议，以政治改革促进和平的实现，其内容包括建立北爱尔兰地方议会和英爱两国政府间委员会等条款。这个建议的核心部分是组建以北爱尔兰地方议会代表与爱尔兰政府部长为成员的部长级委员会，并由该委员会负责制定治理北爱尔兰的具体政策。这意味着布莱尔政府已同意在北爱尔兰事务中给其相当大的自治权与支配权。

新芬党以新建议并没有明确规定如何使爱尔兰人的支配权得到保证而拒绝这一建议，但同意继续谈判，从而使人们看到布莱尔的新建议给北爱尔兰和平带来了希望。但是和谈过程是漫长而艰苦的。例如由于爱尔兰共和军参与了2月中旬的两次暗杀活动，英国与爱尔兰政府共同决定将新芬党排除在和谈之外。只有爱尔兰共和军不再进行恐怖活动，新芬党才可以重新参与北爱尔兰和平谈判进程。

在对外关系上，英国特别重视重建与美国的特殊伙伴关系。维系与美国的特殊关系，一直是战后英国对外政策的基石之一。没有美国支持，英国的世界利益就不能得到保证，连二流强国的地位都难以维持，更不必说保持在国际上的强国地位。但是自20世纪70年代初起，英美特殊关系开始冷淡。美国作为超级大国，许多重大事务不再与英国协商，英国在许多涉及自身利益的事情上也不再唯美国马首是瞻，两国在一些问题上出现过不协调。双方的特殊关系只限于军事与情报方面。

冷战结束后，英美两国面临许多共同问题，并且有着共同利益，英国开始了重建特殊关系的努力，而美国也积极进行同样的工作。美国希望英国在欧洲保持强大，以牵制欧盟，而英国社会反对欧盟深化的力量十分强大。在北约东扩上，美国需要英国的合作。1997年5月克林顿访问英国，成为28年来首位向英国内阁发表讲话的美国领导人，英国的对美政策取得很大成效。在伊拉克武器核查危机中，英国顺风吹火，为美国在海湾再次动武助威，使英美关系显得异常密切。

1997年，英国外交的重点之一是发展英中关系。自20世纪40年代以后，英国对华政策从来都是实用主义和现实主义的。1949年中华人民共和国成立后，英国在1950年1月就承认了新中国，成为首先承认新中国的西方国家。为了发展海外贸易，英国需要中国这个巨大的市场。1997年7月1日香港回归中国后，英国采取了比较积极的态度发展英中双边关系。截至1997年11月，英国是欧盟各国中在中国投资最多的国家，在中国建有一千八百多家合资企业。英国外交国务大臣德里克·法彻特在1997年11月24日发表讲话，认为香港顺利回归以来，英中两国发展双边关系的前景比以往任何时候都更为光明，他表示要在安理会加强同中国的合作，尤其是经贸领域的合作。他在展望21世纪英中关系的前景时称，自1997年7月1日起，英中关系已进入了一个新阶段。

四、意大利货币政策改革

西欧另一个重要国家、欧盟创始国之一的意大利在20世纪90年代末的首要任务是确保本国在1999年1月成为首批加入欧元货币体系的国家。为此普罗迪政府采取了一系列改革措施，发展经济、降低财政赤字、降低通胀率，以如期达到“马约”的趋同标准。

普罗迪政府治理经济的成绩明显。1997年经济增长率达1.5%，财政赤字由1995年占国内生产总值的6.7%下降到1996年的4%，1997年底降到3%；通货膨胀率已从1996年的3.9%降到1997年9月的1.4%。

1997年9月底，普罗迪政府提出了1998年财政预算方案，计划通过削减社会保障费用等措施，再度压缩25万亿里拉的财政赤字。这个预算方案一出，就引起了一次严重的政府危机。预算方案削减普通劳动人民的福利，损害了他们的利益，引起了他们的反对。而代表劳动人民利益的政党——重建共产党因此反对普罗迪政府1998年的财政预算方案。

重建共产党在议会拥有35个席位，是议会中支持普罗迪政府的强有力政党。由于重建共产党的反对，政府在议会就失去了多数。反对党乘机要求普罗迪下台，普罗迪被迫向总统提出辞职。但是意大利各主要政党都认识到，意大利加入欧洲单一货币体系关系到21世纪意大利的繁荣与发展，因此不愿因为欧元问题而在全国举行大选、重组政府。这时，意大利总统斯卡尔法罗在政府与重建共产党之间进行调解。政府同意在削减福利费的同时，向普通劳动者提供其他优惠，例如保证在2001年开始实行每周35小时工作制，并向南方欠发达地区拨出专款创造就业机会。这样，重建共产党改变立场，再度支持政府，普罗迪政府才渡过危机。

普罗迪政府1998年的财政预算方案得到了欧盟各国的肯定，因为按照这个方案，在1998年底，该国的财政赤字将下降到2.8%以下，低于“马约”规定的3%。欧盟各国财政部长希望意大利严格实行这个预算方案，在2000年时，将财政赤字降到只占国内生产总值的1.8%。同时，欧盟财政部长理事会于1998年1月19日审议并通过了意大利政府提出的关于意大利实现欧盟经济趋同标准的计划，这意味着意大利有希望在1999年初成为首批加入欧元货币体系的国家。

第三节　日本的改革

一、日本进行改革的时代背景

面向21世纪的日本经济前景不佳，20世纪末，有人预测到2005年，日本经济繁荣的奇迹将会停滞，20世纪日本的辉煌将失去光辉。90年代初，日本经济受世界经济萧条的影响，出现不景气的情况。1993年日本经济虽走出低谷，但增长率几乎为零。1994年和1995年，国内生产总值实际增长率分别仅为0.4%和0.8%，1996年上升到2.5%。

1996年经济的增长，主要靠个人消费和企业投资的增加，也得益于日元对美元汇率下降引起的出口增加。日本政府预计在1997年4月1日提高消费税率而引发的日本人民超前消费也对1996年经济回升起了刺激作用。但日本经济仍然存在许多严重问题，最严重的是巨额财政赤字影响着日本经济的发展。到1997年底，日本的财政赤字已达476万亿日元，如果加上原国有铁路的债务，负债额将达到521万亿日元，首次超过516万亿日元的国民生产总值。

由于财政赤字，日本政府无力对公共事业进行大规模投资，相反还要削减，因此影响了日本经济的增长。同时，政府从1997年4月1日将消费税税率从3%提高到5%，此举虽可削减部分财政赤字，但同时也打击了恢复经济增长所必要的消费增长和企业设备投资增加。在3月底前，虽然出现超前消费，但4月以后，消费需求就相对疲软。消费的减少还因几项法律而更趋严重，例如1996年10月，日本开始提高养老金保险费，1997年7月开始提高医疗保险费和个人负担的比例。这些举措使日本家庭可支配收入的增长受到抑制。

此外，日美贸易摩擦也影响日本经济的发展。1997年4月，日美汽车贸易战开始，美国要求日本向美国进一步开放汽车市场、纸张和其他纸产品市场，否则将采取措施惩罚日本对美贸易，例如对日本货轮进入美国港口课税等。这些都对日本经济产生了负面影响。

影响日本经济发展的另一个重要问题是日本大企业向国外转移生产。这使原来作为这些大企业承包者的部分中小企业面临着业务结构转换问题，产业结构的调整又引发失业率居高不下等等。

20世纪90年代日本经济停滞的根本原因是经济、行政、金融、税制等各方面旧有制度严重影响了经济的进一步发展。日本经济、行政机构重叠，人浮于事，办事效率低下，金融和税制以及经济运行规范都是战后形成的，其间虽不断修改，但基本框架未变。五十多年来，日本经济结构发生了巨大变化，从“赶超型”变成“发达成熟型”，从“出口主导型”变成“内需主导型”。日本经济的外部环境也发生了巨大变化，欧美不但不是日本经济赖以高速发展的永远市场，而且与日本的经济摩擦也迫使日本开放更多国内市场，从而影响了日本的生产。亚洲的崛起又形成与日本竞争的态势。上述因素都迫使日本进行改革。1997年1月20日，日本首相桥本龙太郎在国会参众两院总会上发表施政演说，表示坚决推行包括行政、财政、社会保障、经济、金融体制和教育在内的六大改革，首先进行行政改革。

二、日本的行政改革与政党纷争

1997年11月22日，日本政府提出了行政改革方案，首先是精简机构、提高效率。第二次世界大战后，日本内阁机构迅速膨胀，从10个省厅发展到1府21省厅。省厅下辖128个局，约1 200个课、室，机构臃肿，办事程序化，决策过程僵硬，机构重叠，办事推诿，没有效率。这在20世纪末日本政治经济等面临转轨时，已不适应形势需要。

日本行政改革方案规定从2001年1月开始，将把现有的22个省、府、厅改为1府12省厅。其中总务厅、建设省、邮政省将合并为“总务省”；运输省、国土厅、建设省、北海道开发厅将合并为“国土交通省”；厚生省的一部分与劳动省合并为“劳动福利省”，另一部分与环境厅合并为“环境省”；文部省与科技厅合并为“教育科学技术省”；经济企划厅、冲绳开发厅、总理府合并为“内阁府”；通产省将改名为“经济产业省”。此外，法务省、外务省、大藏省、农林水产省、防卫厅和国家安全委员会保留不变。

1997年12月4日，日本内阁正式通过了日本行政改革的最后报告。这次改革强化了首相权限，将改变内阁行政决策全部由有关省厅议决后再经首相批准的做法，注重发挥首相的主导作用。首相对国家的重要方针政策有提议权，并直接监督与领导各省厅，必要时可直接行使指挥与监督权，事后再由内阁会议批准。这样做的目的是克服服务机构各自为政、松散无力的状况。

尽管日本提出了行政改革方案，但它的实行需要时日，20世纪末日本的经济政治形势仍然不乐观。1997年日本经济的实际增长率只有1.9%，低于1996年的2.5%。

在政治上，日本政局从20世纪90年代初起就一直动荡不定，各在野党分化改组剧烈。从1989年开始，自民党就面临危机。1992年，自民党内的羽田派实力人物小泽一郎提出改革自民党，改变日本冷战时期形成的政党模式，建立“两大保守政党体制”。

1993年6月18日，日本众议院以255票对220票通过对宫泽内阁的不信任案，自民党内的政治改革派武村正义等10名众议员提出退党，6月21日宣布成立“先驱新党”。随后羽田孜和小泽一郎以及44名国会议员成立“新生党”，自民党发生分裂。1993年7月2日，宫泽首相为承担自民党分裂以及在7月18日众议院大选中失利的责任而引咎辞职。

8月9日以细川护熙为首相的八党联合内阁成立。这八个政党是日本新党、新生党、先驱新党、社会党、公明党、民社党、社民联和参议院民主改革联盟。细川内阁是1993年以后打破自民党独掌政权局面、由各党联合执政的第一个联合政权。由于各党之间的矛盾及政治、经济丑闻，细川首相于1994年4月8日辞职，羽田内阁成立。羽田内阁是由新生党、公明党及民社党等联合组成的国会少数派内阁，执政仅两个月，即于1994年6月26日宣布辞职。1994年6月29日，由自民党、社会党和先驱新党三党联合组成村山富市内阁。

1995年秋，桥本龙太郎出任自民党总裁，逼村山让出首相。村山没有执政经验，他所在的社会党势力不大，自知难与桥本抗争，于是辞去首相职务，由桥本担任首相。自民党再次成为执政党后，元气逐步恢复，而统一的在野党不断分化、力量分散，建立“两大保守政党体制”的进程受阻。

1994年12月，新生党、日本新党、公明党、民社党、自由党、未来新党等解散，共同组成新进党，欲与自民党分庭抗礼。1996年秋，先驱新党的鸠山由纪夫与新进党的鸠山邦夫及社民党一批人组成“第三级势力”民主党。1996年12月26日，羽田孜又脱离新进党，另组太阳党。1997年12月27日，新进党解体，以小泽一郎为首的人组成自由党；以小泽的竞选对手鹿野道彦为首组成“国民之声”党；由众议院原公明党成员组成“黎明俱乐部”党；由原民社党成员组成友爱新党；由小泽辰男领导成立“改革俱乐部”党。

到1998年，日本又向政党联合方向发展。1月8日，民主党、友爱新党、“国民之声”党、太阳党、“从五开始”党和民主改革党六个党正式向日本众议院申请成立“民主友爱太阳国民联合”（简称“民友联”）的统一会派，这个新会派拥有97名众议员，成为日本国会在野的最大会派。所谓统一会派，指各党在组织上保持独立，但在国会中可采取共同行动。1月23日，太阳党、“从五开始”党和“国民之声”党结成“民政党”，该党在国会有39名议员，是继自民党、民主党、自由党和共产党之后的第五大政党。日本政坛众小党的纷争，使政局更加复杂。

除了政党纷争之外，日本的腐败丑闻十分严重，这是日本政府的痼疾之一。1998年1月18日，前大藏省造币局局长井坂武彦涉嫌从野村证券公司受贿而被绳之以法，大藏省出身的自民党议员新进敬从日兴证券公司接受数千万日元的好处费一事也已调查落实。1月26日，东京地方检察院特别搜查部对大藏省金融检察部和该省银行局进行了检察，查明了一起受贿大案，即该省金融检察部金融证券检察官室长宫川宏一、金融检察部管理课副课长谷内敏美从朝日银行、第一劝业银行、三和银行、北海道拓殖银行等接受贿赂（包括吃请）共计920多万日元。宫川与谷内等人则将大藏省内金融检察的情报源源不断地提供给这些银行，其中包括把对某家银行的某地方分行何时进行“突然袭击”式检察等“绝密”情报泄露给被检察的银行，或即使这些银行在融资方面存在问题也往往高抬贵手。这起受贿案曝光后在国内引起了很大的政治风波，1月28日大藏大臣三家博引咎辞职。同一天，大藏省银行局总务课金融交易管理官大月洋一自杀。1月30日，桥本首相正式任命松永光为新的大藏大臣，松永光表示要全力以赴整肃纲纪。

然而大藏省多年形成的陈规陋习要彻底纠正殊非易事，日本政府反腐败的工作任重道远。2月19日，日本国会众议员新井将敬因非法炒股事件被追究而自杀身亡。3月4日，1997年11月宣布破产的日本山一证券公司前董事长行平次雄、前总经理三木淳大和前副总经理白井隆二因涉嫌违法经营而被日本警方逮捕。上述事件反映了日本腐败的程度之深。在世纪之交，日本面临的最大问题是金融危机和经济不景气，日本政局的走向取决于哪一个政党提出了拯救日本经济的良方。

由于战后最严重的经济萧条的冲击，自民党在1998年7月13日第18届参议院选举中惨败，外相小渊惠三出任自民党新总裁。7月30日，首相桥本龙太郎宣布内阁总辞职，日本参众两院选举小渊为新首相，小渊内阁肩负振兴日本经济的重任。

三、日本的大国外交

冷战结束后，日本的外交政策曾发生重大变化。日本积极开展大国外交，争做多极化世界中的一极，加快发展和显示军事力量，并谋求亚太地区事务的主导权。为了成为政治大国，日本还正式提出要求成为联合国安理会常任理事国，更多介入国际事务，并以加大对外援助力度作为实现其外交目标的手段。

日本这一时期的外交以建立与美国、中国和俄罗斯的面向21世纪的伙伴关系为重点。在日本对美外交中，除发展政治、经济关系外，重点是保持军事同盟。从1952年起，日本就与美国建立了以《日美安全保障条约》为基础的军事同盟。冷战结束后，日本仍认为日美军事同盟是符合日本国家利益的，但应赋予这种同盟新的内容。日本政府在与美国协商后，在1997年6月和11月拿出了修改《日美防卫合作指针》的中间报告与最终报告。在报告中，日本仍强调美军在东亚存在的重要性。日本这一举动，引起周边国家的不快和警惕。

日本特别重视改善与中国的关系，致力于构筑面向未来的新关系。1996年，日本右翼在历史认识、钓鱼岛和台湾问题上做文章，损害了中日友谊。在历史认识问题上，日本右翼势力一再妄图否认侵略历史，不承认第二次世界大战时对亚洲国家的侵略。自民党内阁官房长官梶山静六公然发表谈话，否认“随军慰安妇”的存在。日本右翼势力还企图从历史教科书中把有关内容删除。后来在有关国家的强烈抗议下，日本在1997年1月27日就其有关慰安妇的讲话道歉。但日本右翼的活动仍然未有收敛，1997年4月22日，日本许多国会议员及政府官员共223人集体参拜了供奉有东条英机等14名二战甲级战犯亡灵的东京靖国神社。

在钓鱼岛问题上，日本新进党议员西村真悟、大阪市议员仲间均等4人于1996年5月6日公然携带日本国旗登上中国领土钓鱼岛。他们的这一行动遭到中国的强烈抗议，中国外交部副部长唐家璇紧急召见日本驻华大使，表明了中方对此的强烈愤慨和抗议，并阐述了中国政府的严正立场。他强烈要求日本政府采取果断有效措施，惩处肇事者，消除由此产生的恶劣后果和消极影响。

日本政府采取了不因此事恶化日中两国关系的态度，对西村登上钓鱼岛一事加以批评。日本内阁官房长官梶山在5月6日就已对西村的行动表示“遗憾”。5月7日，梶山举行记者招待会进一步表示，西村登岛未经允许，触犯了“轻度犯罪法”，有关部门将对其进行审讯。由此日中关系才又趋和好。

在台湾问题上，日本右翼企图破坏日中关系。首相桥本公然说，“《日美防卫合作指针》应考虑南沙群岛和台湾”。自民党干事长加藤纮一曾表示日美防卫合作的范围不包括台湾海峡地区。第二天，前首相中曾根康弘就公然说加藤的谈话违反了1960年的《日美安全保障条约》，强调日美安保范围包括台湾海峡地区。许多人也指责加藤，这使加藤又否认了自己的谈话。中国对此提出严厉批评。

1997年，日本政府开始采取行动改善日中关系。3月29日，外相池田行彦访华，中国国务院副总理兼外长钱其琛谈到了上述三个问题。池田表示日本政府在历史问题上“继承村山内阁承认侵略、对此诚挚道歉的立场，并在此基础上面向未来，发展日中友好关系”。在钓鱼岛问题上池田表示愿冷静处理，努力防止再次发生事端。在台湾问题上，池田表示日本政府将坚持按日中联合声明的精神慎重处理。

由于中国是日本第二大贸易伙伴，日本十分重视发展与中国的关系，1997年对华政策做了积极调整。8月28日，池田提出对华外交四原则：“相互理解、加强对话、扩大合作和形成共同秩序”。他申明，日本政府充分理解并尊重中国关于“台湾是中华人民共和国领土不可分割的一部分”的立场，日本不支持台湾“独立”。于是日中关系开始改善并发展，两国总理在纪念中日邦交正常化25周年的日子里进行了互访。

在对俄关系上，1997年7月24日，桥本也提出了对俄外交新政策，即“相互信赖、相互利益和着眼未来”三原则。该政策不再把解决领土问题作为发展双边关系的先决条件，使双方关系得到很大发展。11月初，日俄举行非正式首脑会议，日本同意向俄罗斯提供经济援助，与俄罗斯进行经济合作，并且双方同意在2000年缔结和平条约。

日本的对华和对俄新外交，在其国内被称为“欧亚大陆新外交”，是日本为了发展海外贸易，巩固与中、俄关系进行的成功努力。这给世界一个印象，即面向未来的日本外交是务实的。实际上，日本当下的外交对其进行国内改革、恢复经济是有帮助的。

第四节　中欧和东欧的发展

一、中欧自由贸易协定组织

20世纪末欧洲一个迅速发展的部分是中欧和东欧原社会主义国家。波兰、捷克、匈牙利、斯洛文尼亚等国除申请加入欧盟与北约外，还十分重视本地区国家集团的利益。1992年12月21日，波兰、捷克、斯洛伐克、匈牙利四国在波兰克拉科夫成立了中欧自由贸易协定组织。

该组织从1993年初开始运行，其目标是到2000年逐步建立有关国家间的无关税自由贸易区。1996年4月1日，罗马尼亚正式向中欧自由贸易协定组织提出了加入申请，并于1997年2月加入该组织。由于中欧自由贸易协定组织国家又都积极申请加入欧盟，该组织的发展为中欧和东欧国家同欧盟实现一体化打下了基础，同时在地区的经济繁荣和政治稳定上发挥了积极作用。

在中欧和东欧，各国的改革基本都顺利进行，其中虽有起伏，但影响不大。只有罗马尼亚情况比较特殊，由于改革的失误和保守倾向，罗马尼亚政坛风波迭起，经济滑坡。1996年大选后，乔尔贝亚担任总理。但是他未能抓住机遇改善罗马尼亚经济。相反，乔尔贝亚政府把森林、土地归还原地主，使罗马尼亚回到半个世纪前的状况。罗马尼亚与周边国家的经济差距进一步拉大。

罗马尼亚1997年1月至11月工业生产比1996年同期下降5.1%，1997年国民生产总值比1996年下降6%，通货膨胀率达140.6%。罗马尼亚外贸赤字为19亿美元，失业率达9%。到1996年10月止，罗马尼亚外债已达82.86亿美元，比1995年增长15.12%。罗马尼亚货币列伊不断贬值。

1998年1月13日晚，罗马尼亚执政党联盟之一的民主党主席彼得·罗曼宣布，由于乔尔贝亚政府推行改革不力，该党撤销了对乔尔贝亚总理的支持，并且要求执政联盟在3月31日前通过协商推选出新总理和新政府。但罗马尼亚执政党联盟的另一大党农民党拒绝撤换乔尔贝亚总理，并且认为民主党作为主要参政党应同政府共同承担责任。

在这种形势下，罗马尼亚总统埃米尔·康斯坦丁内斯库1月17日晚发表电视广播讲话，呼吁执政党坚持团结，推进经济改革，并要求议会表决通过改革法案。康斯坦丁内斯库还根据宪法授予总统的权力，召集正在休假的议会两院于21日提前举行特别联席会议，审议政府制定的一系列推进改革的法案。假如议会三天内通过对政府的不信任案，政府就解散。反之，政府将继续执政。

1月21日，总理乔尔贝亚在罗马尼亚参众两院特别联席会议上提出推进国有商业公司进行股份制改造的法案以及其他十项改革法案，包括鼓励直接投资的规定；关于农场、国家银行体制和商业银行活动及其倒闭的规定；关于地方财政制度、租借地制度、国有企业集团重组、审计法院改组的规定等。

为了不给人民留下反对改革的印象，21日晚民主党议员也举手同意了上述法案，这样乔尔贝亚政府继续执政。民主党表示将继续要求乔尔贝亚下台，乔尔贝亚政府的命运如何，取决于其改革的成效。这一时期罗马尼亚政治经济形势的发展，说明中欧和东欧国家要成功走上市场经济道路，还面临着许多困难。

二、波黑问题

在前中欧、东欧社会主义国家剧变后，留下的典型问题仍然是波黑问题。波黑的确是欧洲心脏的火药桶，民族矛盾十分尖锐。而《代顿协议》是在美国压力下达成的，因此在执行中困难重重。

波黑各方已于1997年11月21日按1996年6月14日签署的《维也纳裁军协定》完成了裁军任务，然而这些裁军都是按照美国的要求有偏向地进行的。美国在大叫裁军的同时，大力武装波黑穆族，这些做法蕴藏着地区不稳定因素。而多国维和部队进驻波黑以后，美国更是偏向穆族，因此波黑的和平一直十分脆弱。

1997年12月8日至10日，第三届波黑和平协议执行理事会年会在德国波恩举行。会议扩大了波黑国际和平调解人的权限，并决定把国际援助与《代顿协议》的执行情况更紧密地联系在一起。这意味着，如果波黑三方中任何一方（主要指塞族，而后是克罗地亚族）不按美国意愿办事，那么美国操纵的、得到德国支持的“波黑和平理事会”就将直接越过波黑各方做出决定，并解雇相关政府公职人员。同时，这一届波黑和平协议执行理事会还不顾南斯拉夫联盟代表的抗议，坚持把科索沃问题写入最后决议，干涉了南斯拉夫联盟内部事务，使南斯拉夫联盟代表提前退出会议。

上述事实充分表明，波黑及前南地区的和平，完全建立在美国的强大压力之下。如果多国部队按原定时间于1996年12月20日撤出波黑，该地区可能会重新爆发内战。1996年11月，美国与北约盟国磋商后，宣布多国维和部队将继续留驻到1998年6月，人数减为3.1万人，其中美军8 500人。1998年2月20日，北大西洋理事会宣布，驻波黑的多国稳定部队在1998年6月维和使命期满后将继续留驻波黑，阻止在波黑出现新的敌对状况。由此看来，美军在波黑也将像在韩国、海湾等地一样长期驻扎下去。在美国利益得到充分满足、波黑完全变成美国势力范围之后，美军也不会撤走，而将肢解南斯拉夫，彻底消除南斯拉夫在东南欧的影响。

此外，面向21世纪的新欧洲极其重要的一个部分是俄罗斯及前苏联的其他地区，包括乌克兰、白俄罗斯、波罗的海三国及中亚各国。

第五节　俄罗斯的发展

一、面向21世纪的俄罗斯经济发展

20世纪90年代末，在极度痛苦中挣扎数年之后，俄罗斯终于迎来经济复苏的曙光。

自1992年1月实行“休克疗法”后到1995年，俄罗斯经济连年大幅度下滑：1995年与1990年相比，国民生产总值下降了48%，工业生产下降了53%。在整个工业中，消费品工业部门下降最多，其中轻工业生产下降82.3%，机器制造业下降64%。农业总产值下降了三分之一，平均每年下降7.4%。同生产下降相比，俄罗斯基本建设投资下降更多，1995年的投资总额只及1991年的三分之一，平均每年下降23%。1992年至1995年的通货膨胀率居高不下，超过了三位数：1992年高达2 610%，以后逐年下降，1993年为940%，1994年为320%，1995年为131%。恶性通货膨胀大大阻碍了俄罗斯向市场经济转轨的进程，失业人口连年增加，1995年底达到600万，失业率为8.2%。居民收入也迅速下降，1995年与1991年相比，居民的工资收入下降一半还多。

知识链接

两极分化的俄罗斯

当1991年强大的苏联垮台时，对冷战的结束做出巨大贡献的戈尔巴乔夫总统实际上成了多余的人物。随着时间的推移，俄罗斯出现了一批资本家精英分子。他们做梦也没有想到会如此富有。但大多数普通的俄罗斯人却发现：一方面，他们可以自由购买“大麦克”（为筹措贷款减轻纽约市的财政困难而于1075年成立的纽约市政援助公司的绰号——译者注），也可以举行反政府的抗议，而无须担心受到枪击的危险；另一方面，他们的生活水平却急剧下滑。随着卢布的完全崩溃，国家无法支付工人的工资，通货膨胀失控而呈螺旋上升。

——特里·布劳斯. 20世纪看得见的历史. 周光尚，望震，薄景山，译. 北京：中国社会科学出版社，2006：491.

经济状况的恶化使俄罗斯人民十分怀念苏联时期。以俄罗斯共产党为首的左派力量逐步壮大，促成了社会主义运动的复兴。在久加诺夫领导下，俄罗斯共产党于1995年1月21日至22日召开三大。大会通过的纲领指出：“党遵循发展着的马克思列宁主义学说、唯物辩证法，依靠本国和世界科学文化的经验和成就。”俄罗斯共产党不仅未抛弃马克思列宁主义，还宣称党的性质是为劳动人民谋福利，党“捍卫工人阶级、农民、知识分子和所有劳动人民的利益”，是“真正劳动人民的党”。党的奋斗目标，仍然是社会主义和共产主义，不过是“更新了的社会主义”。

俄罗斯共产党很快得到许多人民的拥护，在1995年12月第二届国家杜马选举中，得票率从上届国家杜马选举的12.35%上升为22.3%，从位居第三变为位居第一，俄罗斯共产党议席从65席增加到157席。俄罗斯共产党议员加上其他左派政党议员共占全部议员人数的一半以上。

而由盖达尔领导的“俄罗斯民主选择”党等激进民主派则不受欢迎，得票率大大下降。这一时期俄罗斯经济的恶化，主要是盖达尔推行“休克疗法”的结果。“休克疗法”是美国哈佛大学教授萨克斯发明的，其最初含义为治理通货膨胀，稳定经济。但当这一方法应用到解体后的苏联，又有了新含义，不仅包括遏制通货膨胀，还包括体制转轨，即从计划经济向市场经济转轨。

俄罗斯在实行“休克疗法”时，实行紧缩政策，控制通货膨胀，稳定宏观经济；同时通过经济自由化来实现经济运行机制的转轨；最后通过私有化来完成基本经济制度的改造。但上述政策脱离了俄罗斯国情，俄罗斯以公有制为基础的高度集中的计划经济体制已运转了70年，过激的改造很快就造成灾难。例如俄罗斯国营企业有25%是亏本和无利的，完全靠国家补贴。“休克疗法”紧缩财政和信贷、取消各种补贴的结果是企业倒闭、工人失业、社会动乱、政局不稳，因此国家不得不继续提供贷款维持这些企业。结果，紧缩财政、信贷的措施就没有发生作用。此外，在向市场经济转轨时急于求成，国家放弃宏观调控，撒手不管，任由企业在市场中挣扎。而且在决策中也存在一系列失误，例如为了紧缩财政向企业增税，使企业负担过重、生产萎缩等。最后是政局不稳，使经济难以有序发展。

1992年12月，俄罗斯政坛出现严重危机，最后左右两派达成妥协，由双方都能接受的人物——前副总理切尔诺梅尔金取代盖达尔担任总理。切尔诺梅尔金是一位实干家，上台后即着手纠正过激的“休克疗法”，进行适合国情的经济改革。他的基本经济思想是在“考虑到社会因素”的情况下，继续进行改革。他赞成“市场”，但不赞成“集市”；“主张搞市场经济，但不是美国式的自由市场经济，而是社会市场经济”，强调不能靠使人民贫困化来实现市场经济。他的这些思想为广大人民所拥护。

切尔诺梅尔金的经济主张包括三个内容：坚持改革，反对激进；加强国家的宏观调控，在国家监督下进行经济改革，把控制通货膨胀和控制生产下降作为俄罗斯政府的首要任务来抓；主张以自力更生为主，争取外援为辅。切尔诺梅尔金在1993年1月制定了一项反危机计划，其措施包括对极为重要的生产部门和企业提供国家帮助，采取严厉措施控制通货膨胀，加强居民社会保障，加强国家对经济的干预，以及大力协调与独联体各国的相互供贷关系等等。

上述计划的执行，缓解了俄罗斯的经济危机，使社会生产力开始提高。但是西方对切尔诺梅尔金放弃“休克疗法”不满，遂向俄罗斯施加压力。例如，西方七国和国际货币基金组织推迟原定于1992年底以前应提供给俄罗斯的60亿美元贷款，迫使俄罗斯政府又部分恢复了“休克疗法”。

叶利钦由于支持盖达尔的“休克疗法”，失去了许多人支持，俄罗斯因此政局动乱，还发生了1993年莫斯科十月流血事件。但是叶利钦很快转向支持切尔诺梅尔金的经济改革，所以在十月流血事件中，他得到了切尔诺梅尔金政府的支持，这成为他竞选总统获胜的原因之一。

当政权巩固后，从 1994 年初起，俄罗斯开始抛弃激进的“休克疗法”，转而进行渐进的改革。不过叶利钦对切尔诺梅尔金的经济政策仍有怀疑，并表示“不向后倒退”，使切尔诺梅尔金在调整政策时不得不小心行事，俄罗斯的经济形势呈现一片混乱状态。

1994 年 7 月到 8 月，发生了马氏股票丑闻。马氏三兄弟股份公司是一家空头集资公司，其法定资本为 10.08 万卢布，但登记的股票发行额却高达 10 亿卢布。由于大做广告，发空头高利率股票，该公司在半年内集资几十亿卢布，成为全俄最大的股份公司。马氏公司的欺诈行为于 7 月下旬被揭露，政府拘留了总经理马夫罗季。这一事件引起股民惊恐，并迁怒政府，起而闹事。政府好不容易才使这一事件平息。

到 1994 年 10 月，俄罗斯卢布暴跌，卢布与美元的比价在 10 月 11 日星期二，从 2 600：1 跌到 4 000：1，造成巨大金融危机，成为俄罗斯历史上的“黑色星期二”。这一事件造成约十名部长级官员下台，切尔诺梅尔金也险些丢掉总理一职。1994 年 12 月又爆发了车臣战争，俄罗斯经济危机进一步加剧。

到 1995 年，切尔诺梅尔金的经济政策开始发挥作用，俄罗斯经济出现某些转机。虽然总的形势十分严峻，但工业生产停止下降，卢布比价稳定，物价上涨幅度减小。由于以俄罗斯共产党为首的左派力量复兴，并在国家杜马中获得越来越大的影响，叶利钦和切尔诺梅尔金在改革中不能不注意改善人民生活，努力控制通货膨胀。因此在 1996 年，他们表示俄罗斯不能照搬西方经济模式，而应走自己的路。

在 1996 年俄罗斯大选前，切尔诺梅尔金对经济政策做了重大调整。第一，强调要从自由市场经济向社会市场经济倾斜。所谓社会市场经济，就是以混合所有制为基础，保留国家对经济的干预，重视居民的社会保险，注重解决社会问题。第二，修改激进政策，放弃“休克疗法”。第三，对私有化政策进行重大修改，即停止大规模私有化，对已私有化企业要强调提高生产效率；强调国家应控制大型国有企业，合理管理国有资产。叶利钦还指出国家应占有 51%的国有大企业股份。第四，加强国家对经济的宏观调控。此外，保持和扶持民族工业的发展，调整对外经济政策，不向西方一边倒，而是进行全方位的对外贸易。

1996 年是俄罗斯历史上经济发展十分关键的一年，这一年俄罗斯经济改革转到了比较适合国情的轨道上。经济虽然并没有出现稳定局面，甚至继续大幅度下降，但为此后俄罗斯经济的发展奠定了基础，翻开了新的一页。到 1997 年 7 月，俄罗斯国家统计委员会发表公告，宣布俄罗斯经济滑坡已经停止。虽然尚未走出危机，但工业生产实现了苏联解体后六年来的首次增长。

1997 年，俄罗斯上半年国内生产总值为 1 232 万亿卢布，比 1996 年同期仅下降 0.2%，是六年来降幅最小的一年。而服务业产值所占比例首次过半，达 50.7%。1997 年 7 月，工业产值比 1996 年同期增长 0.8%。其中医疗工业增产幅度最大，达 9%；而化工、石化、有色冶金、机械制造和金属加工等工业增长幅度分别为 0.7%到 2%不等。但发电、燃料、钢材、建材、食品等轻工业减产幅度在 0.8%至 0.7%之间。

在外贸方面，1997 年 1 月至 5 月，俄罗斯外贸顺差达 110 亿美元，比 1996 年同期增加 22 亿美元。1997 年上半年职工平均月薪为 8.85 万卢布，实际工资比 1996 年同期增长

2%。为了刺激经济的增长，1997年8月，俄罗斯决定进行货币改革，其目的是遏制通货膨胀，方法是缩小货币面额，从1998年1月1日起，俄罗斯货币面额将缩小为当下的千分之一，即面额1 000卢布的货币将正式作为1卢布通用。同时发行新纸币，面额分别为5卢布、10卢布、50卢布、100卢布和500卢布。当用零钱换成整钱时，遵循四舍五入原则。1998年新、旧币同时流通，到1999年1月1日，旧币停止流通，但到2002年底，一直可用旧币兑换新币。

这次俄罗斯币制改革，是在经济形势好转的情况下进行的。从1996年8月至1997年8月，俄罗斯工业产值比此前同期增长2%。1997年1月至5月，通货膨胀率仅为7%，不到1996年同期的一半。而联邦预算收入和支出分别完成计划的64%和68%。同时俄罗斯国家已有外汇储备240多亿美元，黄金储备430吨。

俄罗斯货币改革得到西方各国肯定，被认为是国家经济稳定的象征，进一步提高了国际社会对俄罗斯的信任。到1997年底，俄罗斯经济形势出现了积极变化。1997年国内生产总值、工业产值和农业产值的增长率分别为0.4%、1.9%和0.1%。职工实际平均工资增长率为4.3%，年通胀率和消费物价上涨指数低于预计水平，仅为11%，工业品出厂价仅上升7.4%。

这是20世纪90年代以后，俄罗斯经济首次出现回升，社会购买力和实业积极性首次出现了上升，工业产值首次实现增长，而且月月高于1996年同期的水平，各工业门类和各类型企业首次齐步增产，农产品产量首次增加。俄罗斯政府表示要继续采取措施使1998年经济增长率达到2%以上，通胀率下降至5%至7%。为了进一步提高生产力，俄罗斯还要克服税率低、投资小、相互拖欠严重、社会福利负担沉重等障碍，力争使国民经济实现8%至10%的快速增长。

在1998年1月底，俄罗斯进行了退休金制度改革。在此之前，俄罗斯职工不论劳动年限和工资高低，最高退休金不得突破最低退休金的三倍。而此后，退休金将取决于劳动者个人的劳动情况、工资数额和退休金提成。政府还将设立数据库，对全国7 500万有劳动能力的居民的劳动和工资等情况进行统计，并发放防伪磁卡，取代此前的劳动手册和工资证明，杜绝伪造劳动业绩的行为或无据可查的情况。这一措施调动了劳动者的积极性，从而促进了经济的发展。

俄罗斯进行经济改革的同时，在政治上开展了严肃认真的反腐肃贪运动。1993年初，叶利钦下令设立了俄罗斯联邦总统监察署，亲自负责领导和监督全国的反腐败工作。1997年9月，叶利钦又下令成立了军事监察署，负责军队中的反腐败工作。11月14日，俄罗斯国家杜马一致通过了《反贪法》，该法对哪些行为是贪污受贿做了明确规定，使俄罗斯的反腐败工作走上法制化道路。

上述举措使俄罗斯一些官员非法侵吞国家财产及受贿等经济犯罪现象有所减少，特别是1997年底，叶利钦下令解除有腐败行为的政府副总理博伊科、总统办公厅第一副主任卡扎科夫、联邦破产局局长莫斯托沃伊等高级官员的职务，在国内外引起了巨大反响，推动了俄罗斯反腐肃贪工作的深入进行。

1998年5月，俄罗斯政坛发生变化，年仅35岁的基里延科担任俄罗斯政府总理。他强调俄罗斯将继续实行市场经济，但要加强国家对经济的宏观调控。叶利钦总统对基里延科及其政府寄予厚望，提出1998年俄罗斯经济要实现正增长，政局要稳定。1998年5月27日，受亚洲金融危机、石油价格下跌等因素的影响，俄罗斯发生了金融危机。但政府采取了有力的措施，很快缓解了这一危机。虽然俄罗斯金融市场还可能动荡，但政府有能力克服困难，实现国民经济的增长。

二、俄罗斯与美国和北约的关系

俄罗斯的对外关系在20世纪90年代经历了几次重大调整，力图同许多国家建立伙伴关系，从而在多极世界中作为强大的一极发挥影响和作用。从1991年底至1992年，俄罗斯执行亲西方的一边倒政策，鼓吹与西方大国建立“伙伴”与“盟友”关系，其目的是得到西方的经济援助。

1992年1月底2月初，叶利钦出访英、美、加、法四国，但收效甚微，西方国家并不愿提供大量援助。1992年6月16日至19日，叶利钦再次访美，为了换取经济援助，他签署了俄美进一步削减核武器的协议，做了重大让步。根据协议，到2003年，俄美双方核武器总数将从此时的两万多枚减少到6 500枚，其中俄保留3 000枚，美保留3 500枚；俄罗斯将全部销毁对美国最有威胁的SS-18重型陆基洲际导弹，而美国则保留海基弹道导弹。

这项协议打破了双方原有的核均势，使美国取得对俄的核优势。但美国仅准备给俄罗斯以最惠国待遇等，而没有提供大量经济援助。

1992年7月，叶利钦应邀以“伙伴与朋友”身份参加西方七国首脑会议。叶利钦出席会议的目的仍是争取西方援助，并兑现当年4月由国际货币基金组织承诺提供的240亿美元贷款。然而在这次会议上，西方对这笔贷款规定了十分严格的条件，要求俄罗斯完全开放能源价格，停止对国有企业的补贴等，而且最后这笔贷款只落实了120亿美元，并规定只能用于购买西方谷物等，对俄罗斯经济并没有多大促进作用。

1992年11月19日，叶利钦访英，虽然签署了《俄英友好条约》，但也未得到什么实质性好处。在这种情况下，俄罗斯做了重大外交调整，从1992年冬至1993年底，制定了“以西方为主，兼顾东方”的平衡外交，在同西方发展关系的同时，也同东欧、日本、中国、印度、蒙古等国家以及其他第三世界国家发展外交关系。在这一时期，俄罗斯外交的重点仍是对西方的外交。这种外交政策在1993年12月遭到各党派，特别是左派的反对，叶利钦被迫再次调整外交政策。

1994年至1995年，叶利钦制定了重振俄罗斯大国地位的全方位外交政策，把重振大国地位、维护国家利益作为对外政策的战略方针，对外建立“全方位的平等伙伴关系”。在这一阶段，俄罗斯加快了独联体一体化进程，反对东欧国家加入北约，在波黑问题上积极发挥作用，力图重返中东，在朝鲜核问题上反对美国对朝鲜的制裁，进一步发展同第三世界的关系，与中国建立“战略协作伙伴关系”。

随着经济改革的深入，特别是面对北约东扩，俄罗斯外交从1996年起开始发生新的变化，即在与西方建立平等伙伴关系的同时，加强东方外交。俄罗斯纠正了偏向西方的状况，积极发展与东方各国的关系。同中国签订了在边境地区加强军事领域信任的协定，解决了边界上的历史遗留问题，还发展了同印度和东盟的政治、经济关系，改善了同日本的关系，还努力改善与中欧和东欧各国的关系，积极在中东开展外交活动，同时加强独联体一体化进程。

在外交上，1997年是俄罗斯反对北约东扩最为激烈的一年。北约东扩是美国总统在1994年1月正式提出的，其目的是加强美国对欧洲事务的影响，把这些地方变成其势力范围。西欧各国则想把中欧和东欧变成自己的势力范围，并把其安全疆界战略东移。

北约东扩不仅将削弱俄罗斯在中欧和东欧的影响，还会从根本上削弱俄罗斯的地理政治地位和地理战略地位，并威胁俄罗斯的安全。因此俄罗斯坚决反对北约东扩，从1994年1月到1998年1月，俄罗斯与北约进行了四年的谈判，斗争激烈。但是由于俄罗斯实力的下降，在与北约的斗争中不得不做出让步，为了自身安全进行讨价还价。到1997年5月，俄罗斯被迫与北约签订了《俄罗斯联邦和北大西洋公约组织相互关系、合作和安全基本文件》，这个文件的核心内容是建立一个新的北约-俄罗斯常设委员会，总部设在布鲁塞尔。该委员会每年召开两次外长和国防部长级会议，每月召开一次大使级会议，俄罗斯将向该委员会派驻常任大使，以及在北约不同级别的指挥机构互派军事联络官等等。这个协议的目的是使西方与俄罗斯合作，并消除俄罗斯对北约东扩的顾虑。

通过这个协议，双方暂时妥协。但俄罗斯并未迫使北约做出重大让步，因此得到的实质性好处是被同意成为西方七国集团之一，使西方七国首脑会议变成了八国首脑会议。西方还同意俄罗斯在1997年加入巴黎债权国俱乐部。美国则实现了北约东扩的愿望。1997年7月马德里首脑会议上，北约批准接纳波兰、捷克和匈牙利三国于1999年正式加入，而后又开始支持波罗的海三国加入北约，此举引起了俄罗斯强烈反对。

三、俄罗斯与独联体国家的关系

1997年1月2日至4日，叶利钦对瑞典进行了为期三天的访问，其目的是加强俄瑞双边关系，加强波罗的海地区安全，从而阻止波罗的海三国加入北约。不久前，叶利钦向波罗的海三国爱沙尼亚、拉脱维亚和立陶宛提出安全保证建议，表明俄罗斯不是上述三国的敌人。但三国反应十分冷淡。为此，俄罗斯积极对波罗的海其他国家如芬兰、瑞典做工作，希望间接对爱沙尼亚、拉脱维亚和立陶宛三国施加影响。

1997年12月，俄罗斯外长普里马科夫表示，如果北约吸收波罗的海三国，俄罗斯将重新考虑同北约的关系。普里马科夫认为，保持中立是波罗的海三国加入北约之外的另一选择，而这种选择完全可以保证其自身安全。俄罗斯与美国的矛盾在世纪之交依然是全面而深刻的，美国除向中欧和东欧扩张外，还试图打入独联体国家。

北约于1997年3月与乌克兰正式开始了建立特殊伙伴关系的谈判，并在7月签订了《特殊伙伴关系宪章》。西方还与乌克兰签订了大量军事合同，在乌克兰举行联合军事演习等等。而苏联解体六年来，俄罗斯与乌克兰两国关系并未取得积极进展，相反还落后于独联体其他一些国家。除在能源、债务、边界等方面有分歧外，黑海舰队引起的问题也影响着两国关系的发展。其主要障碍是俄罗斯黑海舰队驻扎的塞瓦斯托波尔问题，乌克兰认为塞瓦斯托波尔是乌克兰领土，而俄罗斯政要则公开宣称其是俄罗斯领土。1997年5月底和6月初，叶利钦亲自出访乌克兰，以改善俄乌关系。由于乌克兰奉行中立、不结盟的独立外交政策，美俄在乌克兰问题上的斗争并不明显。

美俄斗争最为激烈的地区是中亚。中亚五国包括哈萨克斯坦、乌兹别克斯坦、吉尔吉斯斯坦、塔吉克斯坦和土库曼斯坦，是连接东西方的要冲，战略地位极其重要。除乌兹别克斯坦外，俄罗斯在其他中亚四国都有驻军，边防军把守着该地区与非独联体国家的边界。俄罗斯十分重视与中亚五国的联系，哈、吉、塔三国与俄罗斯是“战略盟友”，乌、土则是“战略伙伴”，关系都很密切。五国都离不开俄罗斯的“安全保护伞”，但美国对中亚地区越来越感兴趣，积极向该地区扩张。1997年9月，美国第82空降师的500名士兵参加了与哈萨克斯坦的联合军事演习，而且乌克兰与北约军事演习已达四十多次，西方准备把乌兹别克斯坦和乌克兰作为制约俄罗斯恢复传统势力范围的力量。

这一时期，由于中亚发现了丰富的石油，美国与俄罗斯在该地区的争夺更趋激烈。美国曾公开表示要使中亚独立于俄罗斯，帮助各国融入国际社会、参加欧安组织对话。鉴于中亚是俄罗斯长期经营的后院，美国不急于在该地区制造政治冲突，经济扩张就成了美国对该地区活动的重点。

美国承诺投入巨额资金开发中亚石油，到20世纪末，投资已到位几十亿美元。美国还抓住哈萨克斯坦实行大规模私有化的机会，控制了包括哈最大油田——田吉兹油田在内的绝大多数基础行业企业。到20世纪末，以美国为首的西方财团已控制了哈三十多家冶金、能源和钢铁等大型骨干企业，其总产值约占哈国民生产总值的70%。俄罗斯对美国的做法采取了反击措施，与中亚各国签订条约建立联合工业金融集团，以控制苏联的大型骨干企业。此时协议还未落实，俄罗斯又加强与中亚各国的合作，与哈、吉以及白俄罗斯于1996年签订了建立四国海关联盟的协议，使贸易额迅速上升。俄罗斯也积极参与中亚各大国的大型油气开发项目。中亚各国虽然对俄罗斯心存疑虑，但是俄罗斯在中亚的地位尚无可取代，影响力仍十分强大。

在独联体国家中，俄罗斯与白俄罗斯关系最为密切。1996年4月2日，俄白两国签署了《主权共和国联合体条约》，1997年又签署了《俄罗斯和白俄罗斯联盟条约》，使两国向一体化道路迈进，这也使俄罗斯与其他独联体国家的关系得到进一步加强。

在世纪之交，俄罗斯对美国的超级大国地位提出质疑，外长普里马科夫于1997年12月指出美国不是世界唯一的一极，这充分反映了俄美之间的矛盾。与此同时，俄罗斯开展了全方位的外交，重点在拓宽对外经济贸易领域、开发海外市场，为振兴俄罗斯经济服务。

四、俄罗斯对中国、欧盟和日本的新外交政策

在与美国的分歧中，俄罗斯认识到俄中两国在政治上有共同利益，经济上有互补性，安全上有共同需要，外交上有一致战略，双方的合作有坚实基础，所以特别重视建立俄中面向21世纪的战略协作伙伴关系，并采取了积极行动。

1997年底，俄罗斯第一副总理涅姆佐夫访华，俄中两国签署了关于建设连云港核电

站的总合同，投资金额达30亿美元。这是俄中经贸合作的一个重大项目，俄罗斯十分重视，称之为“世纪合同”。

俄罗斯认识到亚太经合组织是亚太地区最有影响和最有活力的地区经济合作组织，因而积极要求参加。1997年11月，亚太经合组织第五次领导人非正式会议决定接纳俄罗斯为亚太经合组织新成员。

俄罗斯还致力于发展与欧盟的关系。1991年12月独联体成立后，欧盟的前身欧共体立即承认了俄罗斯及其他独联体国家，此后双方关系顺利发展。1993年10月，莫斯科十月流血事件后，欧共体向俄罗斯提供了30万埃居的紧急医疗援助。同年12月，叶利钦访问欧共体，双方签署了联合政治宣言，重申指导双方关系的原则，强调双方将定期举行高级会晤及各个级别的政治对话，并决定相互提供最惠国待遇。1995年7月，双方签署临时贸易协定。1996年1月，在欧盟支持下，俄罗斯加入欧洲委员会，同年2月，俄罗斯表示愿意加入欧盟。

不过欧盟与俄罗斯有利益冲突，这主要是北约东扩引起的。欧盟多数成员主张北约东扩，而俄罗斯反对。而且欧盟不承认俄罗斯是市场经济国家，因此俄罗斯在贸易上受到一定限制。但是俄罗斯决定改善与欧洲的关系，与欧盟之间建立了伙伴关系，签订了合作协定（于1997年12月生效），欧盟表示支持俄罗斯实现世界经济一体化的战略。与此同时，俄罗斯继续谋求加入世界贸易组织，希望欧盟支持。当然，欧盟支持与否，主要取决于俄罗斯经济发展的程度和政治“转轨”的情况。

俄罗斯也很注意改善与日本的关系。叶利钦曾在1993年10月正式访日，签署了《东京宣言》和《经济宣言》。但直到1996年，两国关系改善仍十分缓慢，其中主要问题是“北方四岛”的领土纠纷。

1997年5月，叶利钦提议俄日两国举行年度首脑会议。在1997年6月举行的丹佛西方八国会议上，叶利钦宣布俄战略核导弹不再瞄准日本，同时提议俄日两国建立战略伙伴关系。1997年6月，俄罗斯第一副总理涅姆佐夫访日，双方在经济合作领域达成广泛协议，包括日本投资及开发萨哈林大陆架石油等方案。11月初，俄日首脑又举行了非正式会晤，重点讨论经贸合作问题，俄日关系日趋改善。

此外，俄罗斯还重视发展同其他国家的关系。1997年12月初，叶利钦访问瑞典，双方讨论了合作铺设天然气管道和俄罗斯向斯堪的纳维亚半岛输送天然气等问题。1997年12月中旬，俄总理切尔诺梅尔金出访土耳其，双方签署了一系列协议，包括俄土之间铺设天然气管道的协定。该管道长达1 213公里，其中396公里将穿越黑海海底，工程十分浩大，耗资15亿美元。俄罗斯的上述外交活动体现了以维护民族利益、重振大国地位为宗旨的外交政策。

在俄罗斯经济情况好转的同时，独联体国家经济形势在1997年也有所好转，其中吉尔吉斯斯坦、白俄罗斯和格鲁吉亚三国经济增长最为明显。这种情况说明独联体国家和俄罗斯一样，在苏联解体后经历了痛苦的挣扎，逐步摸索出了适合本国国情的道路，走上了经济发展的坦途。俄罗斯根据形势的发展，在1997年12月提出了在独联体范围内建立自由贸易区的建议。自由贸易区的建立为独联体各国实现自己的具体目标提供了一个共同的基础，并促进了一体化进程。

推荐阅读书目

毕洪业．俄罗斯与欧洲关系研究．北京：中央编译出版社，2009.

刘绪贻，杨生茂．美国通史：第六卷：战后美国史 1945—2000．北京：人民出版社，2008.

弗朗西斯·福山．历史的终结及最后之人．黄胜强，等译．北京：中国社会科学出版社，2003.

迈克·亚达斯，彼得·斯蒂恩，斯图亚特·史瓦兹．喧嚣时代：20 世纪全球史．大可，王舜舟，王静秋，译．北京：三联书店，2005.

亚·维·菲利波夫．俄罗斯现代史（1945—2006）．吴恩远，等译．北京：中国社会科学出版社，2009.

中村政则．日本战后史．张英莉，译．北京：中国人民大学出版社，2008.

John Ehrman. The Rise of Neoconservatism：Intellectuals and Foreign Affairs，1945－1994. New Haven：Yale University Press，1995.

第十五章

面向 21 世纪的发展中国家

第一节　20 世纪末的亚洲国家

一、中国

亚太地区的发展中国家在独立后经过艰苦奋斗，取得了政治经济上的巨大成就。20 世纪 90 年代末，亚太地区已经为世界所瞩目，政治相对稳定、经济高速增长、贸易日益频繁，成为世界上最具活力、前景广阔的地区之一。其中，中国抓住机遇，埋头实干，坚定不移地走中国特色社会主义道路，豪迈地向 21 世纪进军。

1997 年中国共产党第十五次全国代表大会召开后，中国高举邓小平理论伟大旗帜，毫不动摇地坚持党的基本理论和基本路线，在建设中国特色社会主义的道路上，取得了辉煌成就。

1997 年中国国民经济运行实现了高增长、低通胀，主要经济指标基本达到宏观调控预期目标，保持着良好的发展态势。

1997 年中国国内生产总值达 74 772 亿元，按可比价格计算比 1996 年增长 8.8%，其中第一产业增长 3.5%，第二产业增长 10.8%，第三产业增长 8.2%。在工业上，全年增加值为 31.752 亿元，比 1996 年增长 12%。其中国有工业增长 5.5%左右，与 1996 年基本持平，集体工业增长 11%左右，其他工业约增长 14%。1997 年农业生产再次获得好收成，粮食总产量达 49 250 万吨；棉花总产量达 430 万吨，比上年增产 10 万吨；油料作物总产量达 2 100 万吨。

1997 年投资、消费、出口都保持了对经济增长的适当拉动作用，全年固定资产投资完成 25 300 亿元，比 1996 年实际增长 9%；社会消费品零售总额 27 200 亿元，实际增长

10.7%；对外贸易稳定增长，全年进出口额3 200亿美元，增长10%左右。其中，出口增长20%，进口增长1%，贸易顺差近400亿美元。全年利用外资达620亿美元，增长13%，外汇储备超过1 400亿美元。

1997年物价涨幅持续走低，居民收入稳定增长，商品零售价只比1996年上涨0.8%，居民消费价格上涨2.8%。全年城镇居民人均可支配收入为5 180元，扣除物价因素，实际增长2.9%；农村居民人均收入2 080元，实际增长4%。

中国的企业改革继续深入，结构调整步伐加大，财政收入增长较快，金融形势稳定，城乡人民生活进一步改善，对外经济技术交流与合作继续扩大，国际收支情况良好。经济合作与发展组织在研究了中国经济发展的情况后，指出中国经济已经实现了“软着陆”，在未来两年内将继续保持高速增长势头。1997年下半年东南亚发生金融危机，不同程度地波及几乎整个亚太地区，而中国是唯一没有受到影响的国家，证明了中国经济改革发挥了巨大威力。经济合作与发展组织预测，如果中国在未来两年内继续有效地实施结构性改革，并采取稳定措施，那么中国经济将继续保持高增长、低通胀。

中国的目标，是在20世纪最后三年保持每年经济增长8%、21世纪第1个10年保持7%，到21世纪中叶，把中国建成富强、民主、文明、和谐、美丽的社会主义现代化强国，使人民过上中等发达国家水平的生活。

1997年中国的政治形势发展良好，党的建设、民主法制建设和精神文明建设都取得了显著成就。中国人民解放军的建设也在革命化、现代化、正规化道路上取得了显著成绩。中国出现了社会、政治、经济、文化协调发展和全面进步的兴盛局面。

在对外关系上，中国也取得了伟大成果。改革开放起到20世纪末，中国已同世界上227个国家与地区建立了经贸关系。1997年中国同周边国家的睦邻友好关系得到加强，同广大发展中国家的合作得到进一步加强，同时与美、俄、法、日等大国构筑起了面向21世纪的国家关系。1997年7月1日，中国对香港恢复行使主权，洗雪了百年国耻，在祖国统一的道路上迈出了重要一步。香港回归以后，按“一国两制”“港人治港”“高度自治”的方针，出现了繁荣稳定的局面。澳门也于1999年12月20日回归。

1997年，中国为最终完成统一做了许多工作，中国政府坚持“和平统一、一国两制”的基本方针，发展海峡两岸的关系，扩大两岸经济、科技、文化领域的交流与合作，推动两岸直接实现“三通”，为祖国统一奠定基础。

1998年1月1日，中国与南非正式建交。这是一项伟大的外交成绩，因为南非是非洲举足轻重的国家，台湾当局试图得到南非的支持，但是南非与中国建交表明，台湾当局分裂祖国的活动遭到各国人民的反对。

20世纪90年代是中国历史上不平常的年代。1992年邓小平发表南方谈话，强调坚持党的十一届三中全会以来的路线、方针、政策不动摇，强调改革开放，强调面向21世纪。1992年中国共产党召开了十四大，做出了三个重要决策：抓住机遇，加快发展；明确我国经济体制改革的目标是建立社会主义市场经济体制；确立邓小平建设有中国特色社会主义理论在全党的指导地位。

1992年到1997年，中国改革取得重大突破，已初步形成公有制为主体、多种所有制经济共同发展的格局，国有企业的改革不断深化，社会主义市场经济体系建设明显加快，以间接调控为主的国家宏观调控体系初步形成，社会保障制度开始逐步建立。对外开放进一步扩大，形成从特区、沿海开放城市、沿海开放地带直到沿江、沿边和内陆中心城市全方位大开放的局面。五年间中国在党的建设、精神文明建设、反腐败斗争中都取得了伟大成就，政治清明、生机勃勃。

1997 年，党的十五大召开，总结了十四大以来改革开放取得的成就，明确做出了高举邓小平理论伟大旗帜的战略决策，坚持党在社会主义初级阶段的基本路线和基本纲领，部署跨世纪的各项任务，为中国走向 21 世纪举行了一个隆重的奠基礼。

1998 年是落实十五大提出的各项任务的第一年，也是完成“九五”计划关键的一年。为实现中国共产党第十五次全国代表大会提出的宏伟目标，1998 年 3 月 4 日中国召开了全国政协九届一次会议，紧接着在 3 月 5 日召开了第九届全国人民代表大会第一次会议。这两个跨世纪的盛会对政协和人大这两大机构进行了五年一次的换届选举，产生了全国人大、全国政协以及国务院新一届领导人。

两会的最重大举措之一是中国政府进行了大刀阔斧的机构改革。这次机构改革的目标是建立办事高效、运转协调、行为规范的行政管理体制，完善国家公务员制度，建设高素质的专业行政干部队伍，逐步建立适应社会主义市场经济体制的有中国特色的行政管理体制。这次机构改革的重点是国务院组成部门。除国务院办公厅外，国务院原有组成部门 40 个，经过改革，减少为 29 个，分为四个大部门。

一是宏观调控部门。在这个部门中，国家计划委员会更名为国家发展计划委员会；保留国家经济贸易委员会、财政部和中国人民银行；国家经济体制改革委员会改为国务院高层次的议事机构，总理兼任主任，有关部长任成员。

二是专业经济管理部门。保留铁道部、交通部、建设部、农业部、水利部、对外经济贸易合作部等；在邮电部和电子工业部的基础上组建信息产业部，将现有广播电影电视部、航天工业总公司、航空工业总公司的信息和网络管理的政府职能并入，成立国家邮政局，由信息产业部管理；组建新的国防科学技术工业委员会，逐步将各军工总公司改组为若干企业集团，保留国家航天局和国家原子能机构；煤炭工业部、机械工业部、冶金工业部、国内贸易部、轻工总会和纺织总会分别改组为国家煤炭工业局、国家机械工业局、国家冶金工业局、国家国内贸易局、国家轻工业局和国家纺织工业局，由国家经贸委管理；由于电力行业已组建国家电力公司，不再保留电力工业部，电力工业的政府管理职能并入国家经贸委；国家粮食储备局改为国家发展计划委员会管理的国家粮食局；又将化学工业部、石油天然气总公司、石油化工总公司组建为国家石油和化学工业局，由国家经贸委管理。化工部和两个总公司下属的油气田、炼油、石油化工、化肥、化纤等石油与化工企业及石油公司和加油站，按照上下游结合的原则，分别组建两个特大型石油石化企业集团公司和若干大型化肥、化工产品公司；同时，将林业部改组为国家林业局，列入国务院直属机构序列。

三是教育科技文化、社会保障和资源管理部门。把国家科学技术委员会更名为科学技术部；国家教育委员会更名为教育部；在劳动部基础上，组建劳动和社会保障部，并相应调整人事部职能；国务院不再保留国家体育运动委员会，现国家体委职能委托中华全国体育总会代行；由地质矿产部、国家土地管理局、国家海洋局和国家测绘局共同组建国土资源部；广播电影电视部的电视网络政府管理职能划出后，改组为国家广播电影电视总局，直属国务院。

四是国家政务部门。保留外交部、国防部、文化部、卫生部、国家计划生育委员会、国家民族事务委员会、司法部、公安部、国家安全部、民政部和审计署。

上述机构改革，在精简机构、提高效率的同时，特别强调了宏观调控、信息产业、国防科学、能源、科学技术、教育等部门在国民经济发展中的作用，又充分发挥了国家各政务职能部门的行政作用，是一个适合中国改革开放形势的机构改革方案。最初它只是一个过渡性质的方案，但在实践中得到了进一步完善。

两会的召开和国务院机构改革方案的提出，对中国未来的政局和经济建设起到了极大的推动作用，并对21世纪中国的发展产生了深远影响。中国人民高举邓小平理论伟大旗帜，在党中央的坚强领导下，团结奋斗，开拓前进，以坚实的步伐向21世纪迈进。

二、蒙古

蒙古受苏联影响，早在1988年就开始政治经济改革。1990年7月大选，成立了蒙古历史上第一个多党联合政府，由蒙古民族民主党和社会民主党联盟领导人彭萨勒马·奥其尔巴特任总统，在野党是蒙古人民革命党和蒙古传统统一党。奥其尔巴特上台后进行了激进的经济改革，其主要思路是将原有单一的国家、集体所有制形式改变为国家、集体、个人并存的多元化所有制结构。其基本内容是：价格改革，逐步放开某些商品的物价；银行体制改革，放松银行系统管制；贸易自由化，外贸关系多方位发展；所有制改革，在全国范围内对国有资产实行凭证私有化。

由于蒙古政府听信外国顾问，特别是国际货币基金组织的指示，改革严重脱离蒙古国情，大大放弃政府对经济的调控，加上失去了过去苏联给予的援助，经济出现危机。到1997年5月止，工业生产下降。例如，毛织业产量下降90%；种植业产量也急剧下降，粮食减产23.27万吨；燃料、电力奇缺；通货膨胀率居高不下；从1992年到1997年，物价总体上涨了45.8倍，城镇居民实际收入下降54%，牧区居民现金收入下降185%。

到1996年11月，在全国劳务市场上登记的失业人数为5.31万，官方承认的失业人数是27.5万；贫困人口占全国人口的比例1994年为25%，到1996年更高，每5个人中就有3.51人贫困、1人赤贫。

到1997年，蒙古经济再度滑坡。1月至2月与1996年同期相比，工业产值下降1.8%，成畜损失增加12.92万头。外贸额为8 010万美元，只相当于1996年同期的66.6%。同时，外汇短缺、蒙币汇率急剧下跌。蒙古总统奥其尔巴特认为，关税是阻碍该国恢复生产和促使物价上涨的一个重要因素。因此，蒙古在3月29日取消了除酒和酒精类商品以外所有进口商品的关税。

1996年7月，由蒙古民族民主党和社会民主党等四党组成的民主联盟政府上台执政，总理为门德赛汗·恩赫赛汗。新政府推行了一系列旨在加速私有化进程的过激经济政策，包括开放电力、煤炭等燃料的价格，实行住宅私有化等等，这导致食品及日常生活用品的价格大幅度上涨，人民生活水平进一步下降，贫困加剧。

同时，恩赫赛汗政府忽视了社会问题，使失业人数增加，犯罪率上升。新议会制定的医院保障法、救济法、退休金调整政策及税收政策的有些内容未能很好地执行，引发了人民普遍不满。在 1997 年 5 月举行的蒙古第二次总统选举中，蒙古民族民主党和社会民主党失败，蒙古人民革命党获胜，该党领袖那楚克·巴嘎班迪任总统。

巴嘎班迪上台后，拟实行其竞选纲领的内容。这个纲领重视社会问题，强调私有化要公正地进行，要扶持民族工业的发展，减少贫困。他的口号是“国家要为人民，社会要为公民”，政策主张得到人民支持。在政治上，他强调要纠正和完善不符合国情的某些政策，巩固民主改革成果，反对贪赃枉法等。在经济上，他强调建立由国家控制的、有明确社会目标的市场经济，进行逐步、渐进的市场经济改革，反对“休克疗法”及其他过激改革。同时注重社会保障，以形成安定局面。在外交政策上，巴嘎班迪保持政策的连续性，继续执行多支点的、对外开放的、积极的外交政策，把发展与中、俄邻国的睦邻友好合作关系作为首要任务，特别是进一步发展与中国的互利合作关系。同时，蒙古也发展与美、日、德等国的友好关系；还积极参加亚太地区的政治、经济一体化进程；加强与联合国、国际货币基金组织等的合作；发展与原社会主义国家的关系，发展与发展中国家的关系等。

巴嘎班迪的主张虽然遭到其他党派的反对或牵制，但由于总统在法律上有指导政府工作的权力以及对议会有建议权和否决权，再加上他所在的人民革命党在议会内联合传统统一党占有的席位超过三分之一，总统可以和他们一起否决其他法案，因此巴嘎班迪总统的政策得到贯彻，蒙古以崭新的姿态向 21 世纪迈进。

三、朝鲜半岛

面向 21 世纪的朝鲜半岛朝着建设性方向发展。朝鲜形势十分严峻，国内经济困难和财政危机迫使朝鲜政府开始实施渐进的改革。

1991 年 12 月靠近图们江三角洲的罗津、先锋地区自由贸易开发区建立后，朝鲜政府又制定、完善和颁布了劳动法、自由港有关立法等各项法律。为加速自由贸易区的发展，还宣布凡持有朝方邀请函的外商（包括韩国人），均可免签证进入该自由贸易区。这是朝鲜对外经贸合作迈出的重要一步。在自由贸易区内，可用朝鲜货币自由兑换美元，取消只能用特殊票券兑换美元的外汇双轨制。在自由贸易区内，各工厂、企业在生产和经营上按照经济核算制原则，自主决定产品的品种和数量，企业之间保持合理的“供求关系”，人民可以自行经营、销售自己的产品。在促进自由贸易区发展的同时，朝鲜政府还在各地兴办了一批合资企业。在对外经济合作中，朝鲜同坦桑尼亚、几内亚、埃塞俄比亚等国在粮食生产、蔬菜栽培及畜产领域建立了合营农场和合作企业。朝鲜沿着朝鲜式经济发展道路逐渐向世界经济靠近。

在对外政策上，朝鲜珍视与中国的传统友谊，并执行独立自主的外交路线。朝美关系，是朝鲜面临的最大问题。20 世纪 90 年代朝鲜与美国开始了接触，例如 1997 年 3 月，朝美高级官员在纽约美国常驻联合国代表团驻地举行了高级官员会谈，讨论了涉及朝美关系的所有重大问题，其中包括在对方首都互设联络处、共同寻找美国在朝鲜战争中的失踪人员以及核不扩散问题等。双方还一致同意今后“继续定期讨论”两国关系中的所有问题，争取尽快取得进展。

此后双方保持着定期接触，然而朝美关系的改善还存在许多障碍，其中最主要的障碍是美国企图把自己的价值观强加给朝鲜，改变朝鲜的政治制度，使朝鲜和平演变。例如美国的“自由亚洲电台”用朝语对朝广播，这一做法遭到朝鲜政府的强烈抗议与坚决反对。1998年1月，朝鲜官方报纸《劳动新闻》发表评论，指出朝美在1997年进行了多种渠道的会谈及接触，但都未取得应有成果，其原因是美国对朝鲜采取不信任与敌视态度。朝鲜政府已多次声明希望朝美关系及早实现正常化，并采取了与美国接触的积极态度，因此，双方关系的改进取决于美国。朝鲜政府认为，如果美国真心希望改进与朝鲜的关系，就必须放弃对朝鲜的敌视政策，以实际行动实现双方关系正常化。

韩国这一时期政治腐败，经济滑坡，形势严峻。由于韩宝货款丑闻、总统金泳三之子涉嫌经济丑闻被捕以及金融体制改革搁浅，韩国经济的稳定受到影响。1997年11月初，金融危机爆发。为了稳定金融形势，韩国政府采取了一系列措施，包括放宽韩元汇率的浮动限度，从2.25%扩大到10%；提前开放中长期债券市场；对经营状况不好的金融机构实行限令改革和兼并；等等。到12月，形势未见好转，韩元继续贬值，12月11日已达1 719.8韩元兑换1美元，外汇危机达到高峰。到1998年1月底，需偿还的外债有300多亿美元，而1997年11月底，韩国可用的外汇保有量仅76亿美元。在这种情况下，西方各国对韩国施以援助，1997年12月30日，国际货币基金组织提供的20亿美元援助贷款已经到位。日、美等七国提供的80亿美元贷款于1998年1月初也已到位。但韩国经济形势依然十分严峻。

在金融危机高潮，韩国进行了第15届总统选举，金大中于1997年12月18日当选。金大中就任总统后，立即与美、日政府和国际货币基金组织首脑进行磋商，寻求资金的再度支援及延期偿还短期外债。为了振兴经济，金大中总统强调韩国要进行总体改革，建立一个“小而强”的高效率政府，克服危机，迈入世界先进国家的行列。

在改革中，他着重调整产业结构，各企业集团以自己的骨干产业为中心进行调整，其余产业在各集团间交换、合并，以解决同类产业重复投资问题，从而增强支柱产业的国际竞争力。

韩国在金大中领导下进行的改革很快取得了成效，克服了1997年的金融危机。

同时，朝鲜半岛的紧张局势开始缓解。1997年12月10日，中、美、朝、韩四方会谈首次会议在日内瓦结束。四方代表本着求同存异、增进共识的精神，在友好、坦诚、合作的气氛中对建立朝鲜半岛和平机制的有关问题进行了充分协商。虽然没有达成重大协议，但这次会议召开本身就具有重大历史意义，它标志着朝鲜半岛和平机制正式起步，有利于维护半岛的和平与稳定，符合各方利益。四方会谈这种形式是解决朝鲜半岛问题的最佳手段。

金大中上台后，宣布要在和解合作以及稳定和平的基础上发展南北关系，并希望进行南北方首脑会谈来履行1991年的互不侵犯条约。朝鲜半岛形势向和平统一发展。1998年2月，朝鲜加快了要求和解的步伐。2月18日，朝鲜各政党团体联席会议发出呼吁，希望南北双方建立信任，改善关系，加强交流，扩大合作，争取在年内打开双方关系的新局面。朝鲜劳动党中央书记金容淳还指出，首先要使不正常的朝鲜半岛南北关系走向和解与团结。为此双方应当谋求共同利益，加强交流与合作，实现共存与共同繁荣。他表示朝鲜愿与韩国就上述问题展开广泛的对话与协商，为实现半岛南北关系正常化而努力。

韩国方面立即做了回应。总统金大中表示愿与朝鲜谈判，并在使双方人民亲人团聚等方面做实事。金大中还表示，尽管韩国发生金融危机，但还是要实现帮助朝鲜建设轻水反应堆的承诺。朝鲜半岛关系向和解的方向发展。

战后韩国外交主要紧跟美国，反苏、反华、反共。随着中美关系的改善，韩国也改善了对华关系，于1992年与中国建交。金大中当选总统后，表示要努力与世界各国开展全方位友好外交，特别是加强与周边邻国的合作，维护朝鲜半岛的和平及东北亚地区的稳定。

四、东南亚金融危机及其影响

1997年2月泰国由于汇率危机引发了金融危机，然后波及东盟各国，引起了东南亚金融危机。1997年10月冲击到香港，然后影响到韩国、日本，引起了东亚金融危机，最后引起了全球股市动荡。东南亚金融危机严重影响了东南亚各国的政治经济发展，泰国、马来西亚、印尼、菲律宾、新加坡等国的货币到1998年1月上旬已贬值15%至60%，股市下跌60%至70%，各国政局也发生了一些变化。

以泰国金融危机为导火线的亚洲金融危机，爆发之突然、波及面之广，令全世界吃惊。亚洲金融危机的直接导因是国际投机资本利用亚洲一些国家金融制度不健全牟取暴利，但根本原因是这些国家的经济结构不健全、政治制度不完善。

第一，经济制度失衡，泡沫经济急剧膨胀。亚洲经济多以出口导向型产品和劳动密集型生产为主，依赖欧美市场，外汇短缺。当出口减少时，部分投机者把大量资金投入本地项目。例如泰国有一半银行贷款流入房地产，使大量房地产积压，银行就出现了呆账问题。

第二，亚洲许多国家在金融管理体制不健全的情况下，过早地开放金融市场，导致外债过多，其中有许多是短期外债。一旦外资抽逃，经济就立即受到影响。

第三，亚洲许多国家实行固定汇率制，未及时调整汇率。这种汇率制是把本国货币与美元挂钩，在美元坚挺的情况下，就损害了出口，使经常项目严重失衡。

第四，亚洲许多国家对迅速变化的国际经济环境缺乏预测能力与应变能力。东南亚国家未充分注意信息，当危机爆发时，表现得惊慌失措。

第五，在发展模式选择上，亚洲国家都是外向型，即出口发展型模式，对国外市场依赖大，过分依赖国外资金。在利用外资上，用于基础发展的投资不多。同时，长期债务与短期债务失衡。

第六，一些亚洲国家政局不稳，官、商关系不正常，导致一些决策失误。这也是引发金融危机和金融危机爆发后难以很快克服的主要原因。

为摆脱危机、促进经济早日复苏，各国都进行了经济调整。在泰国，1996年11月就任总理的差瓦立·永猜裕因解决危机不力被迫于1997年11月9日辞职，川·立派被国王任命为新总理，组成以民主党为核心的八党联合政府，强调把恢复国内外投资者对泰国经济的信心和稳定泰铢汇率作为新政府的首要任务。

在经济上，加速调整金融结构；密切与国际货币基金组织的合作；实行开源节流政策，解决国家预算赤字；鼓励产品出口，促进服务业与旅游业发展；加快解决失业及人民生活贫困问题。在政治上，推行公务员制度改革。川·立派政府和东南亚其他国家一样，采取了财政紧缩政策，节省开支，恢复经济。泰国政府决定减少驻外使馆工作人员以节省开支，同时把金融业定为调整重点。1997年12月8日，泰国政府宣布关闭当年早些时候被暂停营业的56家金融公司，允许另外两家暂停营业的金融公司复业，这一举措对恢复国内外投资者对泰国金融机构的信心、克服经济困难有极其重大的作用。

1997年12月10日，泰国政府批准了劳工和福利部提出的解决失业问题的行动计划，这一计划包括短期计划和中期计划。短期计划是在农村创造就业机会，中期计划是解决在泰非法劳工问题，以促进劳务出口和增加工业的就业机会。泰国的失业问题，在金融危机持续期内特别突出，1997年12月1日，失业者达117万人。而1997年12月在泰国的外国劳工有100万，其中70%为非法劳工。

泰国政府的新政策很难在短期内见效，因为在金融危机中已经损失了大半外汇储备，资金外流，短期难以恢复元气。1998年1月5日，泰币汇率又大幅下跌，创历史最低纪录，首次跌破50铢兑1美元大关。

在泰国金融危机冲击下，菲律宾也发生了金融危机。菲律宾货币比索不断下跌，1998年1月6日跌破45比索兑1美元大关。但是由于菲律宾经济基础较好，受金融危机冲击较轻，加上政府采取了有力措施，菲律宾能够在东南亚地区率先走出金融危机的阴影。菲律宾政府在1997年前三季度的经济增长率为6%，全年为5.1%。1997年通胀率为5.1%，低于政府6%至6.5%的预期。在东南亚金融危机中，菲律宾政府实行财政紧缩方案，强制将政府各部门预算削减25%。

同时，政府实行物价监控、限制工资调升，以及为预防厄尔尼诺现象造成的粮食减产而提前进口大米。这些政策有助于菲律宾降低通货膨胀率、经受住金融危机的冲击，但金融危机的影响难以完全消除。

20世纪90年代以来，马来西亚社会安定，经济增长率连续八年都在8%以上。政府实行改革，为防止经济过热采取紧缩银根和稳定物价的政策，并采取有力措施降低通胀率。在东南亚金融危机中，马来西亚也受到冲击，货币贬值、股市下跌，但政府采取有力措施，把金融危机的影响降到最低点。1997年12月，马来西亚政府公布了紧缩计划，将1998年预算削减18%，缓建需耗资170亿美元的基础设施项目，包括在首都吉隆坡郊外已经启动的投资80亿至150亿美元的“多媒体超级走廊”；内阁部长的工资也减少10%。在金融领域，马来西亚政府也进行了调整，要求国内实力薄弱的银行与大银行合并，要求各商业银行严格控制向非生产性活动提供资金，停止给不能偿还现有债务的个人与企业贷款。通过上述措施，马来西亚经济情况好转。

印度尼西亚这一时期经济发展迅速，年均增长率为6.8%，1995年达到8.1%。但是

1997年7月印尼也遭受到东南亚金融危机的冲击，经济受到沉重打击。泰国金融危机首先引起印尼的汇率危机，印尼货币印尼盾一再贬值，到1998年1月6日，已经下跌到1美元兑6 700印尼盾。

西方迅速对印尼予以援助，1997年10月，世界银行宣布给印尼一笔20亿美元的贷款，协助印尼政府进行金融系统的重建和长远结构政策的改革。同时，国际货币基金组织还向印尼提供了230亿美元的紧急贷款，以帮助其稳定国内金融市场。

印尼政府也提出了宏观经济调整计划，重点是金融业调整。1997年11月，印尼政府强行关闭16家财务不健康的银行；1998年1月，又把7家国家银行中的4家合并为1家，同时5家私人银行也合并为1家。1998年2月，为了稳定货币，印尼决定改革币制，实行印尼盾与美元挂钩的联系汇率制。

印尼走出金融危机的过程是缓慢的。到1998年1月15日，印尼盾再下跌为1美元兑8 648.23印尼盾。1997年，印尼由于受金融危机影响，经济增长率为5%，比1996年的7.6%下降了1.6个百分点，通胀率从1997年4月到1998年1月已高达15.9%，而上年同期为4.24%。

东盟的其他国家如文莱、缅甸、老挝也程度不等地受到金融危机的影响，经济滑坡。例如，依靠泰国贷款的老挝铁路建设计划无限期推延。

在20世纪80年代末至1997年，东盟经济高速增长，为世界瞩目。尽管受到金融危机影响，但各国都进行了全面调整，制定了切合实际的经济发展目标。特别是菲律宾、泰国、马来西亚、新加坡都根据本国经济现状和面临的问题，对1998年的经济发展目标做了再度调整。各国也考虑进行结构性改革，注意宏观调控、增强透明度和反腐败等，以保证在开放性经济中实现稳定增长。

菲律宾于1999年首先摆脱金融危机的影响，其他各国经济形势在1998年都开始有所好转：1998年2月2日，新加坡、马来西亚、印度尼西亚、泰国各国股市都上涨10%以上，泰铢对美元汇率上升突破50比1大关，收市时为48.20/48.60泰铢兑1美元；泰国股票交易所指数也上升34.17点，以558.92点报收。东盟国家的经济正逐步走出低谷，再度腾飞。

为了应对以后可能出现的金融危机，马来西亚提出在东盟内部建立东盟货币体系，以对东盟各国的经济进行监控，这一建议得到新加坡等许多国家的支持。

五、越南的“革新开放”方针

20世纪末的越南，政治、经济呈现一片生机。在结束了反美救国战争后，经过十余年的摸索，越南终于找到了适合国情的社会主义建设道路。1986年12月，越南共产党召开了第六次全国代表大会，确立了“革新开放”方针，促进了经济的发展。

1991年6月越南共产党举行了第七次全国代表大会，通过了《社会主义过渡时期建国纲领》，制定了利于经济、社会稳定和发展的战略，开始了迎接新世纪的准备。1994年2月美国解除了对越贸易禁运，1995年7月越南加入东盟及美越关系正常化为越南经济发展创造了一个较宽松的外部环境，也为越南迅速融入区域和世界经济提供了有利条件。进入90年代后，越南经济年均增长率在8%以上，成为世界经济发展速度较快的国家之一。农业连续八年获得丰收，成为世界第三大大米出口国。

1996年，越南共产党又召开了第八次全国代表大会，在全面总结10年革新开放的基础上，提出了到20世纪末国内生产总值比1990年翻一番，到2020年国内生产总值达1990年的8倍至10倍、基本实现国家工业化和现代化的远景目标。

由于泰国金融危机冲击到越南，越南政府对经济做了调整。从1998年1月开始，越南政府采取了一系列紧缩措施应对困难。以勤俭节约为原则，省部级机关要削减一些暂时不必要的投资项目，停止购置昂贵的办公用品。越南国家银行也加强了对外汇储备和汇率变动的监控，以防止在外汇交易中出现投机现象。为防止企业套购和囤积美元造成国家银行外汇周转困难，凡持有100万美元以上存款的企业，必须将美元出售给国有银行。越南政府还采取措施调整经济结构和投资结构。

上述措施使越南受到的金融危机影响缩小。1997年经济增长率为10%，高于东南亚所有国家。到20世纪末，越南的经济增长率仍保持在10%左右。

在政治上，越南共产党坚持马列主义、胡志明思想，坚持共产党的领导，坚持社会主义方向，坚持以经济建设为重心、党的建设为关键的全面革新路线。越南共产党总书记黎可漂特别强调在经济建设中要提高民族的自强意识，要提倡自立自强、勤俭建国的精神。在越南共产党领导下，越南全民齐心合力，经济实力不断增强。

越南的对外政策主要是向外拓展，一方面巩固、发展与中国的特殊关系，另一方面发展同其他国家的关系，积极融入地区和世界。越南与美国的关系已经改善，但还有许多难以逾越的障碍。美国为了使越南和平演变，不断推销美式政治制度与价值观，利用“自由亚洲电台”，把矛头指向越南和亚洲其他一些国家，遭到了越南人民的坚决反对。

六、柬埔寨的和平

柬埔寨在20世纪末的命运比东南亚其他国家悲惨。从70年代开始，柬埔寨经历了二十多年的战乱，国民经济濒于崩溃，百废待兴，农田大部分荒芜，工业产值几乎为零，通货膨胀率一直高达200%左右，人均收入在200美元以下，被联合国列为世界最贫穷的国家之一。1993年5月，柬埔寨在联合国监督下举行了首次全国大选，势力较弱的诺罗敦·拉那烈领导的奉辛比克党以微弱多数获胜，洪森领导的人民党失败。但洪森凭借其雄厚的军事实力，以大选“不公正”为由拒不承认选举结果。为了早日结束内战，两党在联合国和西哈努克亲王的调解下勉强同意组建联合政府，拉那烈和洪森分别担任第一和第二首相，出现了一国两首相的奇怪制度。然而两党从一开始就貌合神离、相互猜忌，争权夺利、互不相让。

为了恢复和重建国家经济，联合政府确立了以市场经济为基础的经济改革和对外开放方针，重点发展农业，同时加快通讯、交通等基础设施建设。对外则广泛争取援助，公布了外国投资法等以吸引外资。国民经济因此得到一定程度的恢复。

柬埔寨红色高棉武装因决策错误，没有参加1993年大选，因而仍然处于非法地位，受到柬联合政府的军事打击。双方的战斗使柬埔寨战火不断，无法为投资者提供一个安定环境，国民经济始终无法走上正轨。后来红色高棉军队在柬政府的不断打击以及政策攻心下，发生内讧而瓦解。在洪森策划下，红色高棉第二号领导人英萨利于1996年下半年率一万余人投降柬联合政府。

而拉那烈则于1997年5月与红色高棉领导人乔森潘原则上达成协议，同意两千多红色高棉军人加入政府，乔森潘领导红色高棉以合法政党身份参加1998年大选。洪森不愿红色高棉投向拉那烈的奉辛比克党，因此，当红色高棉军队向首都靠近时，洪森发动政变，致使双方军队发生大规模流血冲突。结果，支持拉那烈的军队战败，拉那烈逃亡国外。柬埔寨冲突的爆发，严重阻碍了和平与重建，各国侨民包括投资者完全撤离柬埔寨，各国援柬资金及物资无限期推迟或部分冻结，东盟也推迟了吸收柬埔寨为成员国的计划。但是忠于拉那烈的军队仍在柬埔寨西北地区进行顽强抵抗。

泰国与柬接壤，大批柬难民给泰国带来沉重压力，所以泰国一直试图调解柬埔寨冲突各方的矛盾。到20世纪末，柬埔寨局势仍然十分动荡。虽然洪森基本上控制了局势，其组建的新联合政府也已得到国际社会许多国家的默认，但内战仍在进行。持不同政见的高棉民族党、红色高棉领袖英萨利领导的民主民族联合运动及一些小党，表示要组成选举联盟参加1998年5月的大选，对付洪森领导的人民党。为了争取更多群众，英萨利还宣布把领导权交给副手埃近，他将不直接参加选举联盟。英萨利由于曾是柬埔寨内战中红色高棉领导人，遭到许多人的非议。把权力移交埃近，是他为了取得选举胜利的一个策略。

实现和平、发展经济，是一千多万柬埔寨人民的共同心愿。1998年7月26日，柬埔寨举行了全国大选，执政的人民党在选举中获胜。这次大选反映了柬埔寨人民的意愿，对此后柬政治、经济的发展产生了重大影响，具有重要意义。

第二节 南亚的冲突与合作

一、政局动荡的南亚地区

同东亚、东南亚相比，南亚地区冲突不断，政治经济都十分落后。印、巴为克什米尔问题产生的矛盾，未能得到解决。阿富汗局势仍然严峻。斯里兰卡猛虎组织与政府军的激战不时爆发。印度、巴基斯坦这两个南亚主要国家内部问题丛生。孟加拉国、尼泊尔政局也动荡不安，只有马尔代夫与不丹这两个小国相对稳定。

上述情况使南亚经济十分落后。到20世纪末，南亚地区的发展远远落后于其他发展中国家，成为世界上最贫困的地区。根据1997年世界银行的资料，南亚人均年收入350美元，是世界上最低的，低于撒哈拉以南的非洲地区的490美元，只有拉丁美洲的十分之一。南亚人口有12亿，但有5亿人生活在绝对贫困线以下，连最基本的生活需要都得不到保障。南亚人口占世界人口的22%，而其国民收入只占世界的1.3%，大约全世界40%的穷人生活在南亚。

南亚落后的主要原因是地区冲突阻碍了经济发展。印度和巴基斯坦是该地区第一、第二大国，但从两国建国起，三次为克什米尔开战，1992年以后仍不定期陷入低烈度冲突之中。

为了摆脱贫困，南亚各国于1985年组成南亚区域合作联盟，进行区域合作。1986年班加罗尔首脑会议提出促进旅游业、建立南盟文献中心、组织学者交流计划、组织志愿者计划、发展南亚广播事业。1988年召开伊斯兰堡首脑会议，通过了《南盟2000年基本需要规划》，并决定在巴基斯坦建立南亚人力资源开发中心，还通过了打击恐怖主义和贩毒、建立南亚粮食安全储备计划等其他许多建议。1991年南盟马累首脑会议曾确定2002年为实际脱贫的最后期限。

1994年5月南盟在尼泊尔加德满都召开了“构筑南亚的未来与地区合作的计划”研讨会。1995年南盟新德里首脑会议又把1995年定为“消除贫困年”，制定了各种计划。1996年被定为“南盟扫盲年”。然而在实践中，南盟并没有认真贯彻历届首脑会议的决议，致使实际成果寥寥无几。这一结果的主要原因是各国存在矛盾，南盟在极其有限的框架下运作，难以协调立场、进行充分合作。

20世纪末，各国有识之士致力于推动政府实现南盟合作，向东亚学习，振兴经济。1997年5月，孟加拉国、不丹、印度、马尔代夫、尼泊尔、巴基斯坦和斯里兰卡七国领导人在马尔代夫首都马累召开了第九次南盟首脑会议，制定了面向21世纪的区域合作计划。各国均想抓住20世纪最后一段时间实现脱贫致富，为21世纪的经济起飞打下基础。令人遗憾的是，由于种种干扰，20世纪末南亚各国政治、经济仍然发展缓慢。

二、印度

印度是南亚最大的国家，其国土占南亚地区总面积的85%，经济产值占南亚各国国民生产总值的78%。印度的情况直接关系到南亚地区的发展速度。

印度从独立后一直到1964年5月，由尼赫鲁担任总理。在尼赫鲁领导下，印度实行国有化，并从1951起开始第一个五年计划，到1962年实施第三个五年计划，使印度经济有所发展，奠定了现代印度的基础。

尼赫鲁逝世后，由国大党议会党团领袖夏斯特里继任总理。1966年1月，夏斯特里去世，由尼赫鲁的女儿英迪拉·甘地任总理。英迪拉·甘地在任期内推行绿色革命，改革农业，使印度粮食增产，到1977年基本停止粮食进口，同时工业产量也有所提高。1984年10月31日，英迪拉·甘地遇刺身亡，由其长子拉吉夫·甘地继任总理。1991年5月21日，拉吉夫·甘地又遇刺身亡，由纳拉辛哈·拉奥任新总理。

知识链接

拉吉夫·甘地遭遇暗杀

1991年5月21日，印度前总理拉吉夫·甘地在印度南部的泰米尔纳德邦的国大党选举集会中遭遇自杀性炸弹袭击身亡。这次暗杀活动是由活动在邻国斯里兰卡争取成立独立邦的泰米尔极端分子策划的。

当外祖父贾瓦拉哈尔·尼赫鲁于1947年印度独立之时出任印度第一任总理的时候，

拉吉夫·甘地才三岁。1964年尼赫鲁去世后，这个了不起的家族王朝由尼赫鲁的女儿英迪拉·甘地继承，继续控制着印度的政治活动。人民认为拉吉夫的弟弟桑杰将继承国大党的领导职位，但他却于1980年去世，这使拉吉夫成了该职位的当然继承人。在拉吉夫的母亲于1984年被其锡克族卫兵刺杀后，他开始继任印度总理。1989年，当国大党在大选中遭遇失败后，他辞去了总理的职务。

——特里·布劳斯. 20世纪看得见的历史. 周光尚，望震，薄景山，译. 北京：中国社会科学出版社，2006：505.

在尼赫鲁家族执政的数十年内，印度政治、经济都有了长足进步。但是激烈的民族矛盾、教派斗争、印巴的三次战争和中印边界战争削弱了印度的力量，激化了国内的民族矛盾、宗教矛盾和社会矛盾，这不仅导致了英迪拉·甘地及拉吉夫·甘地的被刺，还影响了国内建设，使印度经济落后、人民生活贫困。

1991年6月纳拉辛哈·拉奥担任总理后，推行了以市场化改革为特征的新经济政策。截至1996年，印度经济虽有增长，但贫富分化加剧，人民生活贫困，国内政治丑闻、经济丑闻不断，其他各种矛盾，特别是民族、教派和种族矛盾十分尖锐。

20世纪末，印度政局比较混乱。国大党在1996年的选举中失败，但是印度没有一个政党取得简单多数，都无力单独执政，因而形成了印度人民党、联合阵线和国大党三大政治势力鼎足而立之势。国大党由于无力自己组阁，为了防止印度人民党这一首要敌手上台，转而支持联合政府上台执政。1996年6月，德韦·高达担任总理。高达政府所在的联合阵线由13个党组成，这些党派都是地区性小党，在1996年的大选后才成立联合阵线，各党意见和主张不同，有的甚至互相敌对。

高达政府在内政上除继续拉奥政府的政策外，还十分重视加强对印度东北地区的建设。印度东北地区七个邦（包括中印边境东段印占区，即印度所谓的“阿鲁纳恰尔邦”）经济十分落后。高达政府在1996年10月提出了对该地区的一揽子发展计划。该计划加大了印度中央政府对该地区的财政支持力度，拨款610亿卢比用于该地区急需的建设项目，加强基础设施建设。中央政府还采取措施解决该地区失业问题，缓解难民问题。

高达政府的主要成就在外交上。着眼近邻，面向全球，不断改善与周边国家的关系，发展同世界各国的友好双边关系，努力创造一个良好的周边和国际环境，以发展经济、争取尽快摆脱贫困落后状态。

1996年11月，印度邀请中国国家主席江泽民访印，签订了一系列关于中印边界和双边经贸合作的协定，改善了双边关系。1996年12月，邀请孟加拉国总理哈西娜访印，解决了两国20年来悬而未决的恒河水分享问题，签订了《分享恒河水条约》，使双边关系迅速改善。印巴的紧张关系也出现了松动，高达总理建议恢复两国外长级会谈，得到了巴方的积极答复，但后因高达下台，会谈未能付诸行动。印度同斯里兰卡、尼泊尔等南亚国家的关系也得到改善。

高达政府还十分注重与英国、美国、俄罗斯及世界其他各国发展外交关系，仅在他任总理的8个月中，就邀请了世界许多重要国家的政界和工商界人士访印，使印度在国际上发挥着越来越大的影响。

然而，以高达为首的联合阵线政府与国大党在政策、人事上意见不合，多次发生摩擦，国大党于3月30日撤销了对高达政府的支持，使高达宣布辞职。

高达辞职后国大党仍无力组阁，于是支持联合阵线中的主要党派——人民党的因·库·古杰拉尔担任政府总理。1997年4月21日古杰拉尔就任新政府总理，他上台后奉行小心翼翼地“妥协”和“协调一致”政策，并继续推行高达政府的内外政策。但印度政局不稳，古杰拉尔一上台就遇到种种挑战。在人事问题上，他迫于压力接受了亲自挑选的总理府专门负责外交事务的特别任务官、外事专家古普塔（也是他的故友）的辞呈。在内政上，比哈尔邦首席部长拉如涉嫌2.7亿美元饲料丑闻，反对党强烈要求拉如辞职。由于司法机关还未正式起诉拉如，古杰拉尔在拉如问题上沉默不语，这引起许多人的不满。为了减少赤字，古杰拉尔政府主张适当提高石油产品价格，遭到印度人民及其他一些党派的反对。此外在其他许多问题上，古杰拉尔政府也都遇到了麻烦。

1997年11月28日，国大党撤销对联合阵线政府的支持，古杰拉尔总理辞职。

印度政坛斗争十分复杂，三大政治力量为竞争政府总理而进行了激烈较量。总统纳拉亚南倾听了各大政党领导人的意见，于1997年12月宣布解散议会人民院（下院），再次进行大选。经过两个月激烈的竞选活动，印度政坛从三方较量转为人民党和国大党之间的争夺。2月16日，印度大选开始，印度人民党候选人阿塔尔·比哈里·瓦杰帕伊当选总理。

瓦杰帕伊政府上台后，为了称霸南亚，从1998年5月11日开始，进行了五次地下核试验、一次短程导弹发射试验，恶化了南亚次大陆局势。巴基斯坦随后也进行了核试验。印度政府的这一做法，遭到国际社会的一致谴责，而印度一些反对党也因此要求瓦杰帕伊政府辞职，印度政局更加不稳。政局的不稳必然影响经济的发展，印度经济增长率从1996年的7%下降到1997年的6%。由于印度进行核试验，恶化了与南亚各国的关系，印度的外贸和经济发展都受到影响。

三、巴基斯坦

1947年8月14日巴基斯坦独立，真纳任第一任总督，他于1948年去世，此后巴基斯坦政局不稳，经济停滞，人民生活贫困。

从1958年10月至1971年12月，巴基斯坦分别由两任陆军总司令穆罕默德·阿里·阿尤布汗和阿迦·穆罕默德·叶海亚·汗统治，他们实行军事统治。这一时期巴基斯坦经济发展迅速。

1971年12月，佐勒菲卡尔·阿里·布托担任总统，对内实行经济改革，实行国有化政策和文官统治。1973年，巴基斯坦颁布了第三部宪法，规定总理有任命三军首脑和各省省长之权，而总统只有象征性权力，布托总统改任总理。1977年7月齐亚·哈克接管国家权力，停止实施1973年宪法，实行军法管制。

1985年穆罕默德·齐亚·哈克又恢复了文官统治，实行1973年宪法，但对其进行了修改，出台了第八宪法修正案，规定总统有任免总理及解散国民议会等权力。齐亚·哈克本人担任总统。这个宪法修正案一直影响着巴基斯坦的政局。

1988年5月，齐亚·哈克总统首次利用上述权力解散了居内久政府与议会。1990年8月和1993年4月，伊沙克·汗总统运用同样的权力解散了贝娜齐尔·布托政府和纳瓦兹·谢里夫政府。

20世纪90年代巴基斯坦开始了日新月异的变革。1990年11月，年仅41岁的谢里夫担任总理。他适应全球经济发展的要求，进行经济改革，推出新工业政策，力促私有化。他还努力解决了巴基斯坦历史上长期存在的印度河水省际分配以及国家财政收入省际分配两大难题，使巴基斯坦经济渐有起色。

由于谢里夫总理与伊沙克·汗总统在许多问题上有分歧，1993年4月谢里夫被伊沙克·汗免职。谢里夫不服，向最高法院起诉总统，经裁决谢里夫又恢复了总理职务。此后双方斗争更为激烈，结果在军队调解下，总理、总统双双辞职。

1992年5月至1996年11月，巴基斯坦由于总统与总理之间的权力斗争，经历了五届政府的更迭。当贝娜齐尔·布托再度出任总理时，她也曾想利用莱加利总统曾是本党人士的有利条件修改第八宪法修正案，以失败而被免职。1997年2月巴基斯坦大选，谢里夫获胜，担任总理。他领导的穆斯林联盟赢得国会217个议席中的134席，拥有国民议会的三分之二多数。

谢里夫上台后的首要行动是提出了修改第八宪法修正案的提案。在有217名议员的国民议会中，190票赞成，0票反对；在有87席的参议院中，有79票同意，0票反对。于是谢里夫的修宪法案在1997年2月获得通过，废除了总统解散议会和政府的权力。到8月，当谢里夫总理与高等法院发生司法争执时，莱加利总统乘机想恢复被废除了的权力，巴基斯坦出现宪法危机。此时，舆论与军队支持谢里夫。1997年12月2日，莱加利被迫辞职，宪法危机以谢里夫胜利而告结束。然而巴基斯坦的党派斗争仍然十分激烈，对内政、经济和外交都产生了影响。

1997年2月，谢里夫再度担任总理后面临着一系列国际国内问题，包括改善被预算赤字、高通胀率和高额外债所困扰的巴基斯坦经济，建立廉洁政府，妥善处理与印度和阿富汗的关系等等。谢里夫一上台就采取了措施，在工业、农业、金融等领域进行改革，吸引外资，以促进巴经济发展。例如1997年3月28日，巴基斯坦政府公布了以税制改革为主要内容的一揽子经济改革计划。

新税制改革计划规定，除车辆等一些商品外，进口商品的最高关税从65％降到45％。现行关税低于45％的进口商品，其关税下调幅度为13％到5％，营业税由18％降至12.5％。同时，为了保护民族工业，在国内市场具有竞争力的进口商品关税将保持在35％。这项改革计划还包括降低个人所得税，以减少偷漏税现象，增加国家储蓄。同时，谢里夫政府先后通过了另外七个振兴经济的改革方案，涉及工、农、金融、出口等领域。

在1997年，巴经济形势已经出现复苏迹象。通胀率开始下降；国民经济增长率达5％；出口增加7％；贸易赤字从17亿多美元下降到10.8亿美元，降幅达36.5％。但巴基斯坦经济形势依然十分严峻，主要是由于棉花歉收和大型企业普遍不景气。巴基斯坦是一个以农业为主的国家，棉花产量在整个国民经济中分量很重。所以总体上巴基斯坦经济形势喜忧参半。

在对外关系上，巴基斯坦开始改善与印度的关系，主张通过谈判，在公正基础上解决克什米尔问题。印巴两国总理从1997年5月开始了双边会谈，但谈判没有突破性进展。由于1998年5月印度进行了核试验，印巴关系开始恶化。在对阿富汗关系上，巴基斯坦希望阿各派通过谈判解决问题。

在对外政策上，巴基斯坦十分重视发展与中国的关系。谢里夫对华态度友好，曾任拉合尔巴中友协主席，1988年、1991年和1996年曾三次访华。

在谢里夫领导下，到20世纪末，巴基斯坦政治平稳，经济复苏。

印巴两国是南亚举足轻重的两个大国。90年代末它们的发展对南亚其他国家也产生了影响。

四、孟加拉国、斯里兰卡、阿富汗和尼泊尔

孟加拉国在1997年改善了与印度的关系，经济有了长足发展。

斯里兰卡政府军向泰米尔伊拉姆猛虎解放组织发动进攻，虽然猛虎组织向政府军发起反攻，但斯里兰卡政府有印度政府支持，处于有利地位。

在阿富汗，战事已趋减少。1997年11月23日，塔利班与反塔利班联盟主要派别之一的杜斯塔姆派已开始交换战俘。

尼泊尔的局势在1997年趋于平稳。曾经两次出任首相的民族民主党领袖洛肯德拉·昌德任首相，得到尼泊尔共产党（联合马列）的支持。

综观南亚情况，虽然充满冲突、矛盾和困难，但同样是挑战与机遇并存。

第三节　稳步发展的拉丁美洲

一、 20世纪90年代拉丁美洲政局的特点

20世纪90年代拉丁美洲政局的主要特点是文官政府和政治改革。80年代末至90年代初，拉美国家实行了深刻的政治社会改革。到1997年，拉美国家政局稳定，政权与政策的连续性都明显加强。

在1997年11月的洪都拉斯选举中，卡洛斯·罗伯托·弗洛雷斯当选总统。他当选后，立即宣布要把前任总统的政策延续下去。玻利维亚1997年4月大选中当选总统的乌戈·班塞尔也表示要落实上届总统的政策。此时拉丁美洲文官政府的基础已经比较稳固，军事政变的危险已基本消除。

20世纪80年代末至90年代，拉美各国都进行了宪政改革。哥伦比亚、秘鲁、巴拉圭等国家已经颁布了新宪法。墨西哥、委内瑞拉、阿根廷、厄瓜多尔、巴拿马等国都对各自国家的宪法进行了修改。1996年乌拉圭第十六次修改宪法，改革选举制度，并获得了参众两院的批准。其他各国也先后进行了宪法改革和选举制度改革，其目的是保证国家政治、经济的发展和社会稳定。同时各国都强调反腐倡廉、惩办贪官污吏。1996年3月，美洲国家在委内瑞拉首都加拉加斯召开了反腐败大会。

拉美各国还进行了国家制度改革，精简政府机构，转变政府职能，提高工作透明度，改革用人措施。萨尔瓦多和危地马拉等国还对军队和司法部门进行了改革，使之不干预国家政治。有的国家如巴拿马和海地还取消了军队。政治改革是拉美国家政局稳定的根本原因之一，政局的稳定有力地推动了拉丁美洲各国经济的发展。但应该看到，拉美国家的政治改革是以美国模式为样板的，是否真正适合拉美国情，还有待时间的检验。

二、拉丁美洲经济的中速增长

从1990年开始，由于拉丁美洲政治稳定、执行自由市场经济、对外开放，各国经济有一定发展。1990年至1996年，拉美经济年均增长3%。1994年12月之后，各国受到墨西哥金融危机的影响，增长率下降，有的国家还出现了负增长。例如阿根廷1991年国内生产总值增长率高达8.9%，但1995年降为4.4%。

经过几年努力，1996年拉美经济开始复苏。1997年拉美地区经济继续保持增长势头，年均增长率达5.5%，这一数字高于1996年的3.4%，更高于1995年的0.3%。1997年，拉美地区没有一个国家经济出现负增长。阿根廷经济增长率高达8%，居地区之首；墨西哥和秘鲁均增长7%，智利和乌拉圭均增长6.5%。

1997年拉美地区经济大幅增长的主要原因是外资大量流入、出口形势好、通货膨胀率下降等。1997年流入拉美地区的外资已达1 146亿美元，大大高于1996年的1 052亿美元。通胀率已降至11%，是半个世纪以来的最低水平。此外，拉美区域性经济组织南方共同市场推动了该地区各国经济的发展。由于受亚洲金融危机和国际市场铜等原料产品价格持续下跌的影响，1998年拉美地区经济增长速度放慢，其平均增长率明显低于1997年的5.5%，降至3%左右。受影响较大的拉美国家有智利、委内瑞拉、哥伦比亚、厄瓜多尔、墨西哥和阿根廷等主要原油和铜产品出口国。

除受亚洲金融危机影响外，拉美国家还存在着阻碍经济发展的若干因素，主要是失业率高，贫困人口增多，贫富差距扩大。1996年，拉美贫困人口达2.1亿；失业率高，阿根廷为12%，乌拉圭为12.3%，委内瑞拉为11%，哥伦比亚也为11%。1996年底，拉美国家外债为6 070亿美元。

在拉美全部就业人口中，56%属非正式职工，其工资只有正式职工的一半。联合国加勒比经济委员会调查了拉美17个国家，其中13个国家职工1995年的最低工资比1980年还要低。在这些国家中，许多家庭生活在贫困线以下。其中玻利维亚生活在贫困线以下的家庭超过50%，其余国家生活在贫困线以下的家庭也在15%到50%之间。拉美国家的经济布局也不合理，地区间差异很大。例如在巴西，80%的制造业集中在圣保罗、贝洛奥里藏特和里约热内卢工业三角地带；在阿根廷，65%集中在布宜诺斯艾利斯和罗萨里奥地区；在墨西哥，则主要集中在墨西哥城和蒙特雷地区。

拉美的城乡社会发展差距更大。城市人口高度集中；而在农村，婴儿死亡率高，儿童营养状况差，在校学生的留级率与辍学率都很高。

虽然拉美国家在推动落后地区发展的政策上已取得一定成效，例如墨西哥政府1993年开始实施农村发展计划，使土著人集中居住，经济比较落后的地区有了一定发展，但是拉美各国的政策并没有改变地区、城乡之间的巨大差距，因此地区差距与城乡差距仍是拉美许多国家在21世纪面临的问题。

20世纪末，拉美国家采取措施不断深化经济改革，提高人民生活水平，提高国内储蓄率，注重收入分配的改善，以实现社会安定，为经济发展提供一个良好的环境。从宏观上看，拉美经济走向复苏，没有出现倒转。

三、拉丁美洲的对外政策

20世纪90年代末拉美的外交政策目标是逐步摆脱美国的影响，创立一个和平友好的国际环境，以促进经济发展。从1996年到1998年初，拉美国家走独立自主的外交路线，与美国的分歧扩大，迫使美国在某些问题上做出让步。

在古巴问题上，拉美国家与美国进行了斗争。1996年，古巴政府击落了从美国起飞的古巴流亡组织的飞机，捍卫了国家主权。美国为进一步孤立和打击古巴，于1996年3月推出了《赫尔姆斯-伯顿法》，要连带制裁同古巴做生意的第三国。拉美国家一致反对《赫尔姆斯-伯顿法》，在1996年6月召开的美洲国家组织第二十六届大会上，专门讨论了"西半球投资与贸易自由"，反对美国的《赫尔姆斯-伯顿法》。在9月举行的里约集团第十届首脑会议上又通过了《科恰班巴声明》，谴责和拒绝《赫尔姆斯-伯顿法》。在11月举行的第六届伊比利亚美洲首脑会议上也对这一法律进行了谴责。1997年5月，里约集团外长在第十六届例行会议上再次批评《赫尔姆斯-伯顿法》。

1997年8月，美国为了威胁准备接受古巴加入的加勒比共同体，又由国会审议了一项议员罗斯·莱赫蒂宁提出的议案，内容为：如果加勒比共同体接受古巴加入，美国将对该组织进行制裁。美国国会上述孤立古巴的举动遭到加勒比国家的反对。巴巴多斯总理阿尔苏指出，如果美国对加勒比共同体进行惩罚，将等于对加勒比国家进行经济战，是对巴巴多斯主权的威胁。这使得美国国会不得不慎重考虑，罗斯·莱赫蒂宁议案也迟迟未能通过。

在缉毒问题上，美国对拉美国家的缉毒斗争进行单方面评估，甚至借口缉毒侵犯他国主权，遭到了哥伦比亚等国的坚决反对。在移民问题上，美国通过了歧视和排斥拉美移民的新移民法，并于1997年4月1日生效。这一移民法遭到拉美国家的反对。墨西哥政府要求美国正式承诺，遵守两国政府签订的移民协定，公正地对待劳工的人权和劳动权，不歧视墨西哥移民，不大规模遣返墨西哥已在美国境内的劳工。在建立美洲自由贸易区上，美国一方面推进地区自由贸易，一方面对拉美国家商品设置障碍，引起了不少贸易摩擦，阻碍了美国与拉美国家经济的发展。由于拉美国家发展了与欧盟、亚洲和俄罗斯的关系，美国担心失去拉美这一传统的市场，被迫修补双边关系。

1997年5月至10月，美国总统克林顿两次访问拉丁美洲。克林顿在访问中被迫首次正式承诺，在国际反毒斗争中应尊重各国的主权和领土管辖权，美国也将承担控制毒品消费的责任；在移民问题上，美国保证不大规模遣返无证拉美移民，愿妥善有序地处理移民问题。在克林顿访问期间，美国还与所访问的国家签订了一系列经济、贸易和社会领域的合作协议。

在建立美洲自由贸易区问题上，美国被迫放弃了不与南方共同市场集团对话的立场，宣布美洲自由贸易区的建立不会吃掉南方共同市场。但是拉丁美洲国家对侵略成性的美国仍心怀疑惧，双方在古巴、人权、反毒等问题上的矛盾远未解决，例如1998年1月31日，巴西、智利、阿根廷拒绝美国对三国人权状况的评价，认为美国国务院的人权报告是片面的和不符合事实的。

拉美国家实行多元化对外政策，即在保持与美国的关系的同时，大力开展多元外交，发展与欧盟、俄罗斯、中国、日本及其他亚太国家的关系。1995年在第五届伊比利亚美洲首脑会议上，南方共同市场与欧盟就建立自由贸易区达成框架协议。1996年俄罗斯、德国总理先后访问了拉美国家。1998年，拉美与欧盟在可持续发展、贸易、投资、禁毒和能源领域的合作得到加强。

拉美与中国的外交和经贸关系也有了迅速发展，双边高层互访增多。1996年，中国国务院副总理朱镕基访问阿根廷、智利、乌拉圭，11月总理李鹏访问智利、巴西、委内瑞拉。1997年3月，中国中央军委副主席张万年率领中国军事友好代表团访问拉美。拉美各国领导如哥伦比亚总统桑佩尔等也频繁访华，与中国进行了广泛合作。

拉美各国还加强了本地区国家之间的团结，加快了地区一体化进程。1996年2月，墨西哥等八国在哥斯达黎加举行首脑会议，提出拉美国家在贸易、投资等经济领域加强伙伴关系的同时，要在涉及共同利益的事务上协商一致，在拉美建立一种特殊联盟。

第四节　多难的中东

一、阿以和谈前景

中东地区既是21世纪世界上经济前景光明的地区之一，也是最多灾多难的地区。中东是中东北非地区的一部分，中东北非地区包括21个阿拉伯联盟成员国以及伊朗和以色列。该地区面积为1 500万平方公里，人口达3亿，占世界人口的6%。1996年该地区的国内生产总值为7 200亿美元。

中东北非地区国家有丰富的石油资源。20世纪90年代以后，各国都执行了全面的国内经济改革政策，加上国际经济环境有利，石油价格大幅度上涨，以及自然气候也较好，因此，该地区经济走出了90年代初的萧条，从1996年开始复苏。1997年中东北非地区经济增长加快，通货膨胀率降低，财政形势好转。

中东北非地区在全球宏观经济中所处的位置极其重要，其经济发展比世界其他地区更有优势。但是该地区经济结构比较陈旧，储蓄率与投资率都低于发展中国家的平均水平，只有加大经济改革力度，保证经济平稳发展和市场对外开放，才可能使其迅速发展。困扰中东北非地区经济发展的最大问题是阿以冲突和美国与伊拉克、伊朗的矛盾，以及由此引起的恐怖主义、社会动荡等等。战争和恐怖主义使中东北非地区的一些国家受尽苦难，如果问题不解决，经济就不能迅速增长，中东北非地区就不可能繁荣、富强。

中东和谈在1997年毫无进展，主要原因是以色列不遵守中东和平进程的有关原则和宪章，不执行联合国有关决议。具体表现是以色列政府顽固坚持在阿拉伯被占领土，特别是在耶路撒冷周围兴建犹太人定居点，拒不执行同巴勒斯坦之间已达成的协议，更不愿从约旦河西岸完全撤军。

而美国则实行双重标准，偏向以色列，一方面希望中东和平，另一方面希望达成有利于以色列的和平方案。因此，美国对阿以冲突的调解一直未能奏效。美国国务卿奥尔布赖特在调解活动中，要求巴勒斯坦民族权力机构主席阿拉法特采取进一步安全措施打击“恐怖活动”，但当阿拉法特1997年12月29日呼吁在约旦河西岸部署国际维和部队以维护以色列和巴勒斯坦之间和平的建议遭到以色列拒绝时，美国却听之任之。

国际社会十分关心中东和平。1997年12月27日，挪威外交大臣沃勒贝克表示，将再次对陷入僵局的中东和平进程进行调解，并决定前往中东访问。意欲在中东发挥影响的法国也开始关注中东和谈，当以色列宣布只从约旦河西岸6%至8%的地区撤军的计划后，法国总统希拉克表示这不足以推动中东和谈和重新建立巴以之间的信任，法国希望以色列全面履行《奥斯陆协议》，即于1999年完成最后阶段的谈判计划。

在这种情况下，美国要求以色列撤军的范围不能少于12%，并准备于1998年1月5日至6日派中东事务协调员罗斯访问以色列和巴勒斯坦自治区，以打破持续39个月的巴以谈判僵局。然而，1998年1月发生了以色列内阁危机，以色列外长利维于1月4日愤然宣布辞职，抗议内塔尼亚胡政府提出的1998年度财政预算方案，对政府拖延中东和平进程和对内采取减少福利的紧缩政策表示了极大不满。由于内阁危机，以色列要求罗斯推迟行期。到1998年2月2日，美国国务卿奥尔布赖特访问了以色列。但她承认，这次访问未能促使巴勒斯坦和以色列双方解决意见分歧，没有取得什么实际成果。同时1月31日在巴勒斯坦民族权力机构管理的约旦河西岸城市伯利恒，巴勒斯坦人爆发了抗议以色列军警的示威，巴勒斯坦警察与以色列士兵发生武装对峙，阿以和谈仍然处在僵局之中。对此，阿拉法特表示，如果和谈不成功，他将发动武装起义，实现建立巴勒斯坦国的目标。如何打破阿以谈判僵局，是20世纪末中东面临的难题。

二、伊拉克武器核查危机

自从1991年2月海湾战争结束以后，海湾局势一直风波不断。伊拉克武器核查危机始于1997年10月底，原因是伊拉克拒绝两名美国武器核查人员入境。1998年1月，伊拉克武器核查危机达到高潮。1998年1月11日，伊拉克指责当天抵达巴格达的由美国专家斯科特·里特领导的武器核查小组的人员组成失衡，指责该小组完全由美英控制，并因此宣布从13日开始抵制这个小组的工作。美国声称已经没有耐心容忍伊拉克拒绝核查，在必要时将单独采取军事行动。1月24日，克林顿总统做出了对伊拉克进行军事打击的决定，代号为“沙漠惊雷”。英国政府附和美国，派遣一艘航空母舰驶往海湾。到2月初，美国宣布近期要单方面对伊拉克动武。

这次美伊对抗的核心是美国企图借武器核查之机削弱伊拉克，逼伊拉克总统萨达姆下台，以扩大美国在中东的影响力，确保美国和西方获得中东的石油。因此，美国坚持到象征伊拉克国家主权与尊严的总统府核查。伊拉克则坚持捍卫主权和尊严，拒绝美国到总统府核查，并且要求核查要有期限，不能无休止地进行下去，要求美国尽早结束对伊拉克的制裁。

俄、法、中对上述新的核查危机深表关切，一致反对美对伊动武，主张和平解决分歧。国际社会大多数国家反对美国对伊拉克进行军事打击，联合国秘书长安南主张通过谈判解决危机。欧洲除英国之外，没有一个国家无条件支持美国对伊拉克动武，其中意大利表示不允许美军从意大利打击伊拉克。在中东，阿拉伯联盟明确反对美国使用武力，连美国的盟友沙特阿拉伯和土耳其也不愿向美军打击伊拉克提供军事基地。

俄罗斯、法国和土耳其都派特使到伊拉克进行斡旋，希望通过外交途径避免战争。俄罗斯从一开始就明确反对美国使用武力。事态发展到2月初更为严重，美国态度强硬，在海湾地区集结了1991年海湾战争以来最强大的军事力量，包括3艘航空母舰、2艘巡洋舰、5艘驱逐舰、2艘导弹战列舰和2艘攻击舰，以及400多架作战飞机，部队总数约3万人，并且还增派了数千海军陆战队员到中东。海湾战争一触即发。

经过外交努力，伊拉克做出让步，同意法国特使特朗·迪富克2月4日提出的新建议，即由联合国武器核查专家和联合国安理会成员国的外交官对伊拉克的敏感地区进行联合检查，参与检查的外交官人数将根据被检查的敏感程度而定，敏感程度低的地点可以多派外交官参加检查，敏感程度高的地点可以只派一名外交官陪同核查专家检查。伊拉克对法国特使的提案十分重视，并且同意开放总统府的八个禁区接受联合国武器核查，以此作为解决问题的第一步。

然而美国蓄意扩大事态，拒绝特朗·迪富克的建议，要求伊拉克无条件同意美国武器核查人员全面地、不受限制地进入总统府任何地区，并且再次威胁要使用武力。

对伊拉克武器核查危机，中国政府深表关注。一方面，中国认为安理会有关决议应该得到切实全面的执行，希望伊拉克采取措施使安理会有关决议得以执行。另一方面，中国希望通过外交途径和平解决危机，反对使用武力。

俄罗斯则公开警告、反对美国对伊拉克使用武力。叶利钦说，俄罗斯在任何情况下都不能容许美国对伊拉克进行军事打击，并表示俄罗斯能够阻止这种打击。

在海湾战争期间，阿拉伯世界绝大多数国家支持美国打击伊拉克。但在此次伊拉克武器核查危机中正好相反，绝大多数国家明确表示不支持美国动武。美国不尊重伊拉克主权的做法遭到各国反对。

联合国秘书长安南在2月6日公开表态，指出伊拉克武器核查危机即使调解失败，美国也不应对伊拉克单独动武，而应征求各方意见，以维护联合国的整体权威。世界上许多国家也反对对伊拉克进行军事打击。联合国还呼吁在2月6日举行的第18届冬奥会期间，全世界停止一切敌对行动，这使伊拉克武器核查危机出现转机。

面对全世界的舆论压力，鉴于中国、俄罗斯和法国等的坚决态度，克林顿在2月6日威胁使用武力仍是一种选择，但不得不首先表示美国希望通过外交途径解决危机。美国在伊拉克武器核查危机事件上的霸权主义做法十分顽固，不会轻易改变立场。美国防部长、国务卿及驻联合国大使到处出访、争取支持，以便对伊动武。但由于世界上绝大多数国家要求通过外交手段和平解决危机，联合国秘书长安南于2月20日至23日前往伊拉克进行斡旋，并与伊拉克达成谅解备忘录，就武器核查和最终取消对伊拉克的经济制裁等问题达成协议，使一触即发的海湾危机终于出现转机。伊拉克表示将遵守诺言，接受联合国各项决议，全面接受大规模杀伤性武器核查，而安南则保证联合国尊重伊拉克主权、领土完整和国家安全，并希望早日结束对伊拉克的制裁。

美国极其勉强地同意了安南与伊拉克达成的谅解备忘录，但警告说，如果伊拉克“干预和破坏”核查工作，美国将迅速采取强有力的行动对伊拉克进行军事打击。美国部队不仅不从海湾撤出，反而增兵，同时还企图使安理会通过一项关于安南与伊拉克达成的谅解备忘录的决议，以便从这项决议中得到向伊拉克进行军事打击的授权。

日本和英国根据美国这一态度，向安理会提出了一份决议草案，宣称如果伊拉克不认真履行联合国有关决议，就要对其进行军事打击。如果这一决议由联合国安理会通过，将意味着美伊再次发生冲突时，美英等国可以自动对伊拉克进行军事打击，而无须联合国安理会授权。日本和英国这一提案，遭到中、法、俄及世界上大多数国家的反对，要求安理会批准联合国秘书长安南与伊拉克达成的协议，尽早完成武器核查工作，并解除对伊拉克的制裁；同时坚决反对在联合国安理会通过的任何提案中使用对伊拉克实行军事打击的语言。

3月2日，联合国安理会15个常任和非常任理事国一致通过决议，批准了联合国秘书长安南与伊拉克达成的协议，和平处理海湾危机的努力获得了联合国决议的保障。联合国秘书长这次外交斡旋的成功，不仅表现了联合国活力的增强，而且表现了广大发展中国家在处理世界事务时影响的扩大。同时，也表明世界多极化趋势进一步加强，虽然美国和英国从伊拉克武器核查危机一开始就准备对其动武，但在中、俄、法三国的坚决反对下，迟迟不敢贸然下手，而是等待合适的时机。

除了企图颠覆伊拉克政府外，美国在中东还实行孤立与遏制伊朗的政策。1979年伊朗伊斯兰革命后，伊美断绝了外交关系。20世纪90年代以后，美国以伊朗反对中东和平进程、支持恐怖活动、寻求大规模杀伤性武器等为借口，对伊朗实行遏制和制裁。

但伊朗并没有被美国吓倒。1997年5月，哈塔米当选总统后，实行温和、务实的外交政策。1997年12月，哈塔米表示希望同美国人民进行对话。而美国为了集中力量打击伊拉克以及重新启动中东和平进程，也需要改善与伊朗的关系，因此也向伊朗发出了改善关系的信号。

在伊拉克武器核查危机中，伊朗坚决反对美国的做法。1998年2月4日，伊朗最高领袖哈梅内伊重申，伊朗不与美国会谈或建交，绝不屈服于美国。因此，虽然美伊关系开始“解冻”，但双方态度都很谨慎，双方关系的改善还需时日。

阿以和谈和伊拉克危机事件的发展充分表明了中东苦难的根源是美国霸权主义。如果美国不放弃袒护以色列的立场，阿以之间将没有和平。如果美国不彻底抛弃独霸中东、颠覆中东国家政府的企图，中东将永无宁日。

第五节　迈向21世纪的非洲

一、20世纪90年代非洲政治、经济发展的特点

21世纪是非洲发展的世纪。非洲地域辽阔、自然资源丰富，发展潜力巨大。1989年

以后，非洲在政治、经济上发生了深刻的变革。虽然在变革中引发过空前规模的政治和社会动乱，但20世纪90年代末，非洲政治局势从总体上看相对平稳，经济持续增长已经进入第四个年头。求和平、求稳定、求发展已经成为非洲的主流。

在政治上，非洲大多数国家确立了法治体制。到1998年初，非洲53个国家中，已有40多个实现了政治民主化，虽然只是形式上的民主，但已放弃了军人政权或个人统治，国家领导人的选举开始在宪法与法律范围内进行。不同部族、不同派别的政治势力得到法律承认，为非洲国家长治久安奠定了基础。非洲国家抵制了西方将政治模式和价值观强加于非洲的图谋，开始探索适合非洲国情的政治发展模式和政党制度。

在经济上，非洲国家摒弃了计划经济体制，改行市场经济体制或混合经济政策，开始进入谋求经济发展的新的历史时期。20世纪90年代以后，非洲经济有了长足进步。1990年至1995年，国民生产总值年均增长率为1.9%，1996年为5%，1997年为3%。1997年非洲国民经济总产值下降的原因首先是天灾，例如气候不好、农业遭灾，而农业是非洲经济的支柱；其次是非洲主要出口产品的世界价格下降，影响了各国国内经济增长；最后是某些国家的内乱与冲突造成了经济的重大损失。

由于西非维和部队的干预，1997年5月发生军事政变的塞拉利昂当局于6月2日提出在18个月后举行大选还政于民，政局渐趋稳定。1997年底，中非这个非洲最为动荡的地区已经基本平静。1997年5月，卡比拉领导的解放刚果扎伊尔民主力量联盟推翻了执政三十多年的蒙博托政府，并用刚果民主共和国的名字取代了扎伊尔共和国的国名，6月初与刚果民主共和国只一河之隔的刚果共和国发生武装冲突，但到10月又恢复正常。因此到1998年，非洲政局基本稳定，有利于经济发展。

二、非洲发展的国际环境

20世纪90年代末，世界经济处在回升期，国际市场对农矿产品的需求增加，价格普遍上扬，使依赖出口初级产品的非洲受益。世界各大国越来越重视非洲，这给非洲发展提供了机遇。中国与非洲有传统友谊，给非洲的发展提供了巨大帮助。1997年5月，中国国务院总理李鹏对非洲一些国家进行了访问，发展了双边友好关系。

西方国家长期不重视发展与非洲的关系，但20世纪90年代以后，由于看中了非洲富饶的资源和潜在的巨大市场，纷纷调整政策，增加对非洲的投入与贸易。1997年在美国丹佛举行的八国首脑会议上，非洲问题被列入会议议程。美国总统克林顿于1997年6月中旬提出了“促进非洲经济发展”的倡议，美国国务卿奥尔布赖特访问了非洲七国，克林顿也宣布1998年将访问非洲。法国总统希拉克自1995年5月执政后，先后五次访问非洲。德国也制定了“对非政策十项原则”，力图挤进非洲。日本外相1996年访问非洲后，表示要增加在非洲的投资。美国和法国以及其他西方国家在非洲进行争夺，非洲国家也利用西方的资金、技术、市场等发展了本国经济。

在北部非洲，经济发展前景很好。1997年北非地区国家经济年均增长率为4%，其中突尼斯和阿尔及利亚增长率分别为5.6%和5%。西非、东非和南非的经济也在稳步增长。

在形势好转的同时，非洲仍面临许多困难和问题。由于长期遭受殖民统治、受西方国家掠夺、独立后又受冷战影响，非洲各国未能找到适合自身国情的建设道路，仍是世界上经济非常贫困的国家。1997 年非洲的外债几乎等于整个非洲大陆国民生产总值之和，每年债务偿还额已超过出口收入的四分之一。冷战结束后，非洲虽然取得了政治经济上的巨大进步，但与世界其他地区相比仍然十分落后。一些国家的冲突、战乱和饥饿造成了大量难民和流离失所者，影响了国民经济的发展；内部部族矛盾、宗教矛盾、地区矛盾错综复杂，加上外部势力插手，极易再次爆发冲突和战乱；各国经济发展水平不平衡、人口增长过快、生态环境恶化、经济结构单一、教育科技滞后，这些都是经济发展的障碍，所以非洲的发展还需要付出巨大的努力。

推荐阅读书目

陈鸿斌，朱心坤．亚洲经济的第三次浪潮．上海：上海三联书店，1993.

董经胜．巴西现代化道路研究——1964—1985 年军人政权时期的发展．北京：世界图书出版公司，2009.

姜桂石，等．全球化与亚洲现代化．北京：社会科学文献出版社，2005.

林承节．独立后的印度史．北京：北京大学出版社，2005.

玛丽·本森．纳尔逊·曼德拉传．杨立华，等译．北京：中国青年出版社，1990.

Carter Vaughn Findley，John Alexander Murray Rothney. Twentieth-Century World. Boston：Houghton Mifflin Company，1998.

Herman van der Wee. Prosperity and Upheaval：The World Economy，1945－1980. California：University of Colifornia Press，1991.

Paul Johnson. Modern Times：A History of the World from the 1920s to the 1990s. London：Phoenix，1992.

Stephen George. An Awkward Partner：Britain in the European Community. 3rd ed. New York：Oxford University Press，1998.

第十六章

21 世纪的美国与西方其他主要国家

第一节 21 世纪的美国

一、小布什政府与美国次贷危机

从 2000 年到 2008 年，乔治·沃克·布什（即小布什）任美国总统。小布什上台后，奉行新保守主义政策，但逐步向新自由主义政策转变。

在政治上，小布什政府改革司法制度、增加教育资金、提高公立学校的教学质量、改革执法部门体制等，这些改革扩大了国家干预。2001 年“9·11”事件后，小布什政府出台了《反恐怖法》等一系列反恐法令，把国家干预社会生活的水平提升到空前高度。《反恐怖法》又称《爱国者法》，2001 年 10 月生效。该法案赋予美国法律执行机构和国际情报机构巨大权力；同时赋予行政部门特殊权力，如在没有确凿证据的情况下，有关机构有权秘密搜查公民住宅，或者查封其电子信息；扩大总统权力；建立反恐基金，增加反恐经费；要求军队在某些紧急情况下协助执行禁令；加大对洗钱活动的民事与刑事处罚，对外国洗钱者实行全面的司法审判，以切断恐怖分子的经费来源等。此外，该法案还包括一些新制订的犯罪条款，扩大了刑罚的适用程度，延长了时效。最后，移民事务服务机构有权长时间拘留有恐怖主义嫌疑的移民等。2002 年 11 月 19 日，美国参议院还通过了成立国土安全部的议案。2003 年 1 月，汤姆·里奇在白宫宣誓就任即将成立的国土安全部部长。此后，美国各州都先后成立了州国土安全办公室。美国政府的反恐法令和反恐措施虽然有效地应对了美国面临的恐怖主义威胁，但其中许多措施侵犯了美国人民的人权，例如政府监听公民的电话等，引起公民不满，饱受诟病。

在对外政策上，小布什推行霸权主义和单边主义，并提出所谓“布什主义”，即：在一定情况下，美国可以使用“先发制人”政策，对威胁实施预防性打击；美国有权对其他国家进行军事威胁或直接发动战争，促使这些国家发生政权更迭。2001年“9·11”事件后，美国以反恐名义发动了两场战争，即2001年10月的阿富汗战争和2003年3月的伊拉克战争。2003—2004年，小布什政府在恢复当地“自由主义民主”的借口下，向海地和利比里亚派出军队，进行军事干涉。在处理国际关系上，小布什政府以本国法律为依据，不遵守国际法，不履行国际义务，拒绝与国际社会进行合作。例如认为《京都议定书》不符合美国利益，因此不遵守条约义务，并公然反对该条约。

为了确保美国的霸权地位，在苏联已经解体，俄罗斯经济远远不如美国、不能构成对美国安全威胁的情况下，美国仍然贯彻冷战思维，以俄罗斯为假想敌人。小布什政府积极发展导弹防御计划，增强美国的军事实力，企图在核武器上胜过俄罗斯。对中国，美国则继续执行老布什政府的“接触”政策，在“接触”中以“推”促变，企图实行和平演变。

为了颠覆不同意识形态的国家，小布什政府借口在全球推广民主和人权，大搞颜色革命。在欧洲，大力赞扬并支持格鲁吉亚和乌克兰的“民主运动”；在中东，企图以美式民主改造中东；在阿以关系上，表面中立，实则偏袒以色列，为改善以色列在中东的处境，美国向叙利亚施压，迫使叙利亚从黎巴嫩撤军。小布什政府的这些做法，使得阿以和谈进展非常缓慢，并且不断反复。

在经济上，小布什的政策相当保守，上台不到半年，美国经济就开始下滑。到2001年，美国出现经济衰退，国内生产总值增长停滞不前。为刺激经济，小布什政府2001年通过了美国历史上规模最大的减税法案，减税额高达35万亿美元。这项减税法案虽然降低了几乎所有纳税人的税额，包括针对最低纳税级别的减税、增加儿童的扣抵税额、削减遗产税、减少婚姻带来的税率负担等，但高收入者减税额高，中低收入者减税额低。由于美国社会贫富悬殊，受益的基本是富人，穷人得到的好处不多，这项法案对经济发展的促进作用不大。

在对外贸易上，小布什政府时而实行贸易保护政策，时而实行自由贸易政策。例如，2002年3月向进口钢铁以及来自加拿大的针叶树木材等加收额外关税。这一决定遭到了美国主张自由贸易者的批评，并被世界贸易组织判定为非法。于是小布什政府被迫取消了对加拿大针叶树木材额外征收关税的决定，回到自由贸易轨道。2005年8月2日，小布什与加勒比海国家签署了自由贸易协定，明确将设立类似《北美自由贸易协议》的自由贸易区。但在需要时，小布什政府仍然实行贸易保护政策，对其他国家进行贸易限制、征收高额关税等。这些政策的实施，使美国与其他国家的贸易摩擦不断，影响了美国经济的发展，美国在世界生产总值中所占的比例不断下降，联邦财政赤字不断扩大。2001年，美国财政还有1 000多亿美元的盈余，但次年即转为赤字。到2007年，财政赤字达2 500亿美元。

2007年，美国爆发了由房地产泡沫引起的“次贷危机”。“次贷”是美国房地产公司的一项业务。美国房地产公司根据信用记录和信用评分、收入、贷款人债务、申请贷款的数量与房地产价值的比率等指标，把贷款客户分为三个等级：优质贷款、中级贷款和次级贷款。

在这三个级别中，违约风险最高的是次级贷款者。他们一般被称为“三无人员”，即无收入、无工作、无财产。本来，三无人员是没有资格贷款的。但是由于住房价格一直在涨，如果出现违约情况，银行可以通过出卖抵押品（即住房）收回资金。同时，由于住房贷款已经证券化，出现风险时，银行可以把风险转移给第三方。因此，银行给三无人员提供住房贷款。可以说，次贷危机的酝酿过程，就是次级贷款证券化的过程。贷款机构将发放的住房贷款所有权先转移给投资银行，投资银行发行各种住房抵押衍生债券，如次贷抵押债券和担保债务凭证等，然后产生更多的金融衍生产品，如信用违约互换等。

2007年2月，次贷太多，危机浮现，100万户左右的家庭无法还贷款。到2007年底，担保债务凭证名义市值达到62亿，已经是当年美国国内生产总值的4倍多。危机出现，投资银行、保险公司、共同基金、养老基金以及其他金融机构等都被波及。

此外，2007年次贷危机的爆发也与美国对外的霸权主义政策有关。2001年“9·11”事件发生后，美国发动了侵略阿富汗和伊拉克的战争，使国内经济出现严重衰退。美联储为刺激经济增长，连续13次降息实行低利率政策，这一措施极大地刺激了美国房地产业的发展，使房地产成了美国经济发展的主要动力。低利率刺激了抵押贷款和过度消费，导致了房地产市场泡沫的出现，而房地产泡沫的破裂最终导致了美国次贷危机的爆发。

2007年4月，美国第二大次级抵押贷款企业——新世纪金融公司，成了第一家破产的金融公司。接着，雷曼兄弟公司破产。雷曼兄弟公司创立于1850年，曾在全球范围内建立起创造新颖产品、探索最新融资方式、提供最佳优质服务的良好声誉，是美国经营的全球性、多元化投资银行。该银行在2000年被《商业周刊》评为最佳投资银行，并居于《机构投资者》整体调研实力榜首，还在2002年被《国际融资评论》授予年度最佳投行称号。然而，由于次贷危机，2007年该公司的股票下跌95%，并被迫在2008年9月15日宣布破产。雷曼兄弟公司的倒闭，引起了金融市场的剧烈动荡。保险巨头美国国际集团、Reserve Primary基金、高盛集团、摩根士丹利等纷纷陷入危机，投资者亏损严重。危机很快波及其他行业，房地产业首当其冲，出现了16年来最严重的萧条惨状。次贷危机很快演变为经济危机和大萧条。第三季度，美国国内生产总值出现负增长，降幅为0.5%，接着不断下滑。国内生产总值的负增长，标志着美国经济陷入衰退。2008年9月，美国最大的存贷机构华盛顿互惠银行倒闭，政府税收减少，数以千计的人失去工作，美国吸引外资能力下降，金融危机爆发。在金融危机影响下，2008年美国股票大跌，第一季度下跌30%，股票资产缩水；第三季度国内生产总值下降0.3%，低于市场预期0.5%。由于出现了7年来的最大跌幅，美国消费者对经济发展前景失去信心，国内开始出现消费不振的情况。许多美国人不得不改变消费习惯。过去，美国人习惯于超前消费，极少储蓄。但是金融危机和经济萧条使得许多美国人不得不进行储蓄，以偿还债务。

金融危机爆发后，美国金融业受到的影响很大，出现了1990年以来的首次亏损。2008年汇率出现了6%的负增长。而房地产业受到的影响更大，美国楼价下跌了15%。由于2008年美国楼市泡沫经济爆破、楼价大跌，许多业主无力偿还债资，使得美国的负资产业主从2006年的300万人，增加到1 200万人，人数暴增3倍。金融危机带来了严重的社会后果：企业倒闭，工人失业，社会贫富分化加剧。雷曼兄弟公司不断裁员，截至2008年1月17日，裁员人数达到3 750人。到2008年8月29日，又裁员1 000人。美国经营的全球最大资本管理公司对冲基金高桥资本管理公司出现了破纪录的亏损，仅2008年9月，流失的基金就高达880亿美元，而且裁员人数超过全部员工的半数。

互联网行业也颇受金融危机影响。互联网巨头雅虎公司的盈利额一直下降，2008年下降了64%，第三季度的收入由2007年的1.53亿美元下跌到5 300万美元。为了缩减开支，公司裁员1 500人，至少占员工的10%。公司的亏损一直持续到2016年。在这个过程中，为了扭转亏损，该公司关闭了欧洲业务、媒体业务和平台技术团队等多个业务部门，并多次大量裁员。这几次裁员分别是：2008年1月30日裁员1 000人，2008年12月11日裁员1 500人，2009年6月20日裁员700人，2010年12月15日裁员600人，2011年1月26日裁员140人，2012年4月4日裁员2 000人，2016年4月18日裁员300人。2008年以来，雅虎不仅在美国本土实行裁员，而且从2012年开始，持续在66个国家和地区裁员。仅2008年至2012年，雅虎裁员就超过6 000人。该公司通过裁员瘦身来对抗经济危机的措施，属于短视行为，失去了市场信心，更使大量人才流失，让公司发展前景黯淡。2015年雅虎公司全面撤出中国。

总部位于美国加利福尼亚州圣何塞的全球最大网络设备制造商思科受到的影响非常严重。为应对金融危机，该公司不断缩减开支、大量裁员。2016年8月8日，该公司宣布计划裁员5 500人，减少人员支出，以提升在物联网、云计算等新领域的投资空间。2016年底，思科已经累计宣布裁员62 917人。其他互联网大型企业，如英特尔、戴尔、微软等，也都进行过类似规模的裁员。

金融危机影响了美国的各行各业，包括博彩业。据路透社的统计，2008年美国赌城入住率虽然只降低了1%，人们没有改变来赌城的计划，但能花的钱少了。为了增加收入，各酒店推出了免费项目吸引游客消费。

2008年，美国失业率上升到6.3%至6.5%，2009年上升到7.1%至7.6%，2011年上升为8.9%。美国家庭失业率在2009年为12%，在2010年则为12.4%。2010年，至少有一名失业者的美国家庭，增加到970万个。同时，非裔和拉美裔美国人的失业率更高，据统计，分别为19.2%和17.4%，白人和亚裔家庭虽然相比之下要好些，但也达到了11.3%。

为了应对金融危机，2008年9月27日，小布什政府通过了7 000亿美元救市方案，以挽救濒临衰退的美国经济。然而7 000亿美元救市方案要由纳税人买单，损害了纳税人的利益，使中产阶级破产，因此遭到了这一群体的反对。小布什在任8年，600万美国人陷入贫困，而有钱人的资产却是1920年以来最多的，占比0.1%的有钱人资产超过占比50%的穷人资产。美国救市方案的出台，加重了人民的负担，点燃了埋藏在人民心中的怒火。就在7 000亿美元救市方案出台的当天，美国人民在纽约时代广场举行了抗议示威游行。

2008年是美国总统大选之年。由于金融危机的冲击，执政的保守党逐渐失去民心。在大选中，民主党高举改革大旗，以小布什政府应对金融危机不力为重点，向保守党发起进攻。最后民主党成功赢得大选，年轻的民主党新星奥巴马当选总统。

二、国际金融危机与奥巴马政府

从2008年到2017年，奥巴马担任了两届美国总统。奥巴马政府为了应对金融危机、推动经济复苏，提出了相应的社会经济政策。

在经济领域，奥巴马就任总统后立即实施了大规模金融救助计划，投入大量救市资金，到2009年1月，救市资金达8 500亿美元。奥巴马政府对美联储、美国证券交易委员会等金融监管部门进行了结构性改革，加强了美国联邦政府对金融的监管，把对冲基金、质押中介、金融衍生品和评级机构等不规范的金融业务，置于联邦政府监管之下。联邦政府对信用评级机构进行严格审查，加强对房贷中介机构、信用违约掉期以及其他造成2008年金融危机但还没有被纳入金融监管的金融衍生工具的监管。为了稳定金融体系和金融市场，奥巴马政府加大了对操纵市场和掠夺性借贷的惩处力度，并成立新的金融监管委员会，制定评估条件、进行定期评估，限制银行规模，监督高管收入等。

2008年12月6日，奥巴马政府公布了名为“美国经济复兴和再投资计划”的大规模振兴计划。该计划的主要内容是加大对基础设施建设的投入，大规模增加公共开支等。这一计划旨在创造大量工作岗位，缓解失业危机。计划所需资金高达7 870亿美元，2009年2月13日，获得了国会的批准。

此外，奥巴马还努力实现他在竞选时向选民做出的两个承诺：第一，向富人增税，为中产阶级和穷人减税；第二，进行能源改革，大力发展低碳能源。奥巴马政府计划在未来10年内投资1 500亿美元用于开发可再生能源和清洁能源，大规模发展低碳经济，改善美国能源结构。这样，既可以减轻美国对国外石油的依赖，又可以创造就业机会、缓和失业问题、减少温室气体排放。为实现上述目标，奥巴马政府不得不大规模推行赤字经济政策。2009年，美国联邦政府预算超过了4万亿美元，达到国民生产总值的28.5%。与此同时，奥巴马政府还准备增加1.9万亿美元的税收。

在社会政策方面，奥巴马政府进行了医保改革、教育改革，以及提高联邦最低工资水平改革等。美国“联邦医保制度”建立于1965年，这一制度的财政开支来源于工资税，税率是工资总额的2.9%，由雇主和雇员各承担一半。失业者没有医疗保险，2007年美国有5 000万人没有医疗保险。而对就业人员来说，由于在金融危机爆发前10年中，美国物价飞涨，医保费用上涨的幅度更大，是物价上涨的4倍，导致个人支付的医保费用不断增加，许多人难以承受。2007年，美国65岁以下的成年人中，就有五分之二难以支付医保费用。医保费用的增加，影响了人民的生活，引起了人民的不满。2007年次贷危机爆发后，大批人因失业而失去了医疗保险，怨声载道。奥巴马为了争取选票，就把医保制度改革作为竞选纲领之一。

2009年3月5日，奥巴马在白宫举行医疗改革会议，决定在年内启动全面改革美国医疗保健系统的计划。在他的努力下，2009年10月13日和11月7日，参议院财政委员会和众议院分别通过了医疗改革法案。法案的通过，使原来3 200万没有医疗保险的美国人享受到医疗保险的好处。根据法案的要求，医保覆盖面还将不断扩大。计划到2019年，其覆盖面将由2010年的83%上升到95%。2013年3月23日，奥巴马签署了医疗保险改革法案。美国保守势力和利益相关方一开始就坚决反对并企图推翻这一法案。此外，奥巴马政府加大了联邦政府对教育的投入，用 1 000 亿美元扩大早期儿童教育，用 80 亿美元促进《不让一个孩子掉队法案》（No Child Left Behind）的实施，进行教育改革，还为许多学生减免 4 000 美元的学费等。奥巴马政府还提高了联邦最低工资标准，以获取劳工阶层的支持。但是奥巴马社会经济改革的政策受到各种因素的制约，不能顺利实施。

首先，受到巨额财政赤字的限制。2008 年，美国的财政赤字是 4 550 亿美元。而 2009 年，达到 1.2 万亿美元，占国内生产总值的 8.3%。根据美国布鲁金斯学会 2009 年 2 月发布的美国财政危机报告，从 2009 年开始，美国未来 10 年的财政赤字平均每年 1 万亿美元。如此庞大的财政赤字，激化了国会两党在经济刺激计划上的预算之争，限制了奥巴马的经济复苏计划，影响了医保改革等的顺利实施。

其次，受到两党斗争的掣肘。美国两党在克服金融危机、恢复经济的大目标上一致，但是在如何克服和复苏的方法上却大相径庭。民主党的政策是实施大规模公共开支以刺激经济发展、创造就业机会、向富人征税；而共和党则主张给富人减税。奥巴马为了获取共和党议员的支持做了妥协，在其大规模增加公共开支刺激经济的计划中，加入了给富人减税的内容，最终使计划得以通过。但在其他重要问题上，如加强金融监管、社会保障和医保改革等，奥巴马政府的政策都遭到共和党抵制。甚至奥巴马政府希望在能源和气候变化方面采取措施实现经济可持续增长而提出的“绿色倡议”等，也遭到共和党人的反对。因此，奥巴马上台后虽然推出了不少利民政策和改革措施，但成效不大。美国经济复苏乏力，没有彻底走出金融危机和经济危机的阴影。

金融危机深刻影响了奥巴马政府的对外政策。奥巴马上台后推行“变革外交”，这是对传统对外安全战略的求新求变，目的是摆脱小布什政府单边主义和军事“反恐”政策带来的海外战略困境。

奥巴马政府一改小布什政府极端的单边主义外交和防务政策，开始进行多边合作与对话，用“巧实力”（smart power）开展务实外交，达到其霸权主义目的。所谓“巧实力”，是指一手硬、一手软，软硬兼施，综合使用硬实力和软实力，巧妙地实现美国外交目的。在处理国家关系时，他摒弃了小布什政府在“反恐”问题上“非友即敌”的思维方式，不再将“全球反恐”作为对外战略目标，并进行战略收缩。例如，美国从阿富汗和伊拉克撤军，不再将伊斯兰恐怖主义和极端主义作为战略打击对象，争取与全球穆斯林和解。

在伊朗核问题、朝核问题、叙利亚问题等重大问题上，美国在强硬的同时，也主张对话解决。为了保持美国的世界霸主地位，奥巴马政府加紧实行遏制中国的政策，加速将全球战略中心转移到亚太地区，奉行“亚太再平衡”战略。为此，美国加强在亚太地区的军力和美日韩军事合作，进一步巩固其军事同盟。同时，扩大与东盟等地区及国家的政治、经济和军事合作，支持东盟有关国家在南中国海上与中国的领土争端；拉拢印度，向印度出售先进武器等。在美俄关系上，主张改善与俄罗斯的关系，以利其“亚太再平衡”战略的实施。不过，在气候问题上，奥巴马政府主张国际合作。1998 年 11 月克林顿政府签订了降低温室气体排放的《京都议定书》，小布什政府于 2001 年 3 月退出了《京都议定书》，奥巴马政府则力图调整美国的气候政策，以重建美国在气候、环保、国际金融改革和核裁军等领域的主导地位。

奥巴马政府在处理国际关系时，以“发展”和“人权”作为实现目标的手段。但其对外政策收效甚微，对改善自身处境帮助不大。美国人民关心的是国内事务，对奥巴马政府的对外政策没有兴趣。而共和党人在许多方面与奥巴马对抗。贸易保护主义是共和党的基本主张，而民主党控制的国会，贸易保护主义倾向也在加强。贸易保护主义必然加剧美国与其他国家的经贸纷争，甚至导致贸易战。这种逆全球化潮流的政策，遭到了世界有关各方的反对，也遭到了美国人民的反对。这些因素限制了奥巴马的对外政策。更严重的是，奥巴马政府的亚太政策，恶化了美国与中国的关系，引起了地区局势的紧张。美国陷入阿富汗战争、伊拉克战争的泥潭中，耗资巨大。而颠覆利比亚、威胁伊朗、围堵俄罗斯和遏制中国等也都需要大量军费。2010年，美国军费预算6 980亿美元，是当年国内生产总值的4.8%，比2001年增长了81%，占世界各国军费总开支的4成还多。这些开支还只是正式宣布的，其他还包括各种太空武器研究费、退伍军人医疗费、国土安全开支等。综合起来，美国军费总开支比国防实际需要高80%。为筹措军费，美国政府不顾人民的困苦，削减教育、医疗等社会福利。大量资金被用于维护全球霸权地位，拖了美国经济复兴的后腿。奥巴马政府内外政策均未收到预期效果，美国经济衰退、实力下滑、世界霸权地位不稳，人民不满情绪增加，反对政府的示威游行不断，社会动荡不安。

2011年9月17日，纽约爆发了声势浩大的“占领华尔街”运动，运动发起者喊出了“我代表99%，不再忍受1%的贪婪与腐败”的口号。檄文发出后，美国人民纷纷响应，各种社会主义运动组织、无政府主义者、工会和贫民都参加了运动。“占领华尔街”运动的组织者号召高校学生参加示威游行，学生纷纷响应，全美75所高校参加了当日的游行。在运动中，他们提出了重新分配财富的主张。开始时有几千人参加，很快，这一运动从纽约蔓延到全国各大城市。为了遏制日益扩大的运动规模，美国警察采取了强硬镇压手段，开赴群众示威现场，出动了直升机，使用了橡皮子弹、辣椒水、警棍，致使流血冲突不断。“占领华尔街”运动进行两周时，仅纽约的警察就逮捕了近千名抗议者。

但镇压并没有解决问题，游行示威仍然不断。2011年10月5日，纽约发生了规模最大的一次游行示威，参加者上万。示威队伍高举“超级富豪的末日到了”“重塑美国”等旗子。示威者在布鲁克林大桥与警方发生冲突，导致700人被捕。同时，波士顿、芝加哥、洛杉矶、亚特兰大、丹佛、匹兹堡等地的群众和工会也举行大规模游行示威活动，声援纽约的“占领华尔街”运动。海外也出现了示威声援这次运动，如东京、多伦多、布拉格、法兰克福、墨尔本、科克等，蔓延到了150个国家。

美国政府非常惊慌。因为政府官员不仅是金融大亨的代理人，而且许多本身就是非常富有的人。历届总统、副总统、国务卿和财政部长等高官，都与金融财团、军工集团和石油集团等有密切关系。美国国会议员，基本也是富人，2009年，46%的参议员和众议员拥有百万以上财产。例如，共和党众议员伊萨的资产高达4.51亿美元，民主党参议员克里的资产为2.94亿美元。为了自己的利益，这些人主张加大力度镇压“占领华尔街”运动。

拥有200亿美元财产的金融大亨、时任纽约市市长迈克尔·布隆伯格是最先下令警察镇压“占领华尔街”运动的美国政府官员。2011年11月15日，他还下令对“占领华尔街”运动的大本营强行清场，逮捕了大量参加者。其他各地也纷纷效仿布隆伯格的做法，对大学生和民众进行镇压，致使大量人员伤亡。在加利福尼亚州奥克兰市，警察强行清场时使用了催泪瓦斯和橡皮子弹，逮捕了数百人；加州大学伯克利分校为声援“占领华尔街”运动举行了全天罢课，近万人参加了抗议活动，市政当局派来大量警察进行镇压，一名参加者因被怀疑随身带有手枪而被警察开枪杀死；11月18日，加州大学戴维斯分校的校警野蛮镇压了手无寸铁进行和平示威的学生。

12月12日，“占领华尔街”运动又起高潮，示威者开始冲击华盛顿金融中心高盛总部。示威者高呼“高盛是吸血章鱼”的口号，政府出动了警察进行镇压，暴力冲突中有数十人被逮捕。但是示威者仍然进行斗争，他们说“在冬天有必要坚持抗议活动，只有这样，‘占领’运动到了来年春天才能再次猛烈爆发”。

2012年3月17日下午，美国首都华盛顿爆发“占领华尔街”运动6个月纪念活动。数百名抗议者来到运动发源地纽约金融区附近的祖科蒂公园集会，并在曼哈顿下城举行示威游行。警方再次镇压，逮捕了数十人。但镇压并没有吓倒抗议者，到晚上11点，又有数百人到祖科蒂公园抗议。

美国高校发起了“占领教育”全国行动，参加抗议示威者把2012年3月1日命名为“占领日”。当天，加利福尼亚州大约30所大学和美国其他一些地方都举行了游行和示威活动。参加者从“99%对1%”的视角，审视了教育领域存在的问题。他们抗议学费猛涨、大学科研受到影响、人文科学院系经费缩水等。坦普尔大学、宾夕法尼亚大学、俄亥俄州立大学、明尼苏达大学，以及华盛顿、纽约和波士顿等地都发生了类似的抗议活动。

“占领华尔街”运动的爆发，有着深刻的社会历史原因。美国著名马克思主义经济学家理查·沃尔夫教授认为核心原因是资本主义发生了危机。他指出，2008年金融危机的实质是资本主义制度危机。贫富差距扩大、财富集中到少数人手中，激化了社会矛盾，所以人们就要起来反抗。他强调“占领华尔街”运动是美国“第一个将资本主义整体作为核心批判对象的群众运动”。

除“占领华尔街”运动外，对美国政治影响巨大的另一个社会运动是新“茶叶党”运动。1773年，美国发生了波士顿倾茶事件，反对英国殖民当局的高税收政策。参加者被称为“茶叶党”。此后，“茶叶”在美国成为革命的代名词。20世纪90年代初，由于经济不景气，美国民间出现了一种反对征税、要求改变现状和开启新政治格局的思潮。这种思潮在金融危机时发展并转变成为新“茶叶党”运动。

2009年2月18日，奥巴马宣布了2 750亿美元的住房救援方案。次日上午，美国国家广播公司财经频道记者里克·桑塔利在直播节目中痛批奥巴马政府的一系列金融救助计划，公开呼吁“茶叶党”再现，希望7月4日美国国庆日那天在芝加哥组织新版“倾茶事件”。在他的号召下，很多对政府救市计划不满的美国民众立即在互联网上集结成立“茶叶党”。由此，美国兴起了以小政府、低税收、少打扰（私营经济）等为目标的群众抗议运动，即新“茶叶党”运动。

2009年4月15日，恰逢美国纳税日，600多人从各地来到田纳西州，召开“茶叶党”重生的首次全国代表大会。当天，新“茶叶党”发动了全国性游行示威活动。这次游行示威的规模庞大，据报道，有上百万人参加。游行者反对奥巴马的“高税收、高支出和医保改革”政策，并要求缩减政府规模，他们高举“税收已经够多了”（Tax Enough Already）的横幅。共和党2012年美国总统大选热门候选人国会前议长金里奇和南卡罗来纳州州长桑福德，都参加了这次游行示威。在报道新“茶叶党”运动时，有人把横幅口号中三个词的首字母拼在一起，组成“TEA”，正好对应“茶叶党”的英文写法。

新“茶叶党”发展很快，全国性组织有5个，其中“茶叶党爱国者”影响最大。到2010年10月26日，“茶叶党爱国者”在全美拥有2 690个地区性组织。到2010年底，全美有1 134个茶叶党分支机构进行反对奥巴马政策的活动。新“茶叶党”以债务违约相关事务的立法争斗为突破口，首先寻求延缓或废除奥巴马医改法案。支持新“茶叶党”的有共和党人，也有民主党人，但以白人保守派为主。

新“茶叶党”的出现，对共和党和民主党都造成了冲击。所带来的思潮使国会内跨党派活动活跃，并导致了共和党和民主党内部的斗争和分裂。例如，关于联邦政府临时拨款和提高公共债务上限问题，2013年10月16日晚，国会参众两院先后通过“跨党派协议”给予支持，其中就有萨德·科克伦等27名共和党参议员和其他87名众议员。

由于新“茶叶党”是一个松散的组织，没有统一指挥，地区性活动较为活跃。因此在开始时，美国政府没有意识到其政治影响力，并不把它当一回事。新“茶叶党”的诞生，更没有引起共和党和民主党的重视。但一年后情况发生改变，2010年5月19日，肯塔基州共和党参议员候选人预选，兰德·保罗这位几乎没有政治经验的47岁眼科医生在新“茶叶党”成员的支持下，出人意料地击败了共和党领袖麦康奈尔“钦定”的特里·格雷森。从那时起，新“茶叶党”成为美国政坛颇有影响的力量。根据美国国家广播公司和《华尔街日报》2010年1月的一项联合民意调查，41%的美国人认可新“茶叶党”；35%的人认可民主党；28%的人认可共和党。新“茶叶党”的崛起，也成了影响美国2016年大选的重要力量之一。

“占领华尔街”运动与新“茶叶党”的出现，引起了美国社会的动荡，使奥巴马的支持率不断下降，连累了参加2016年大选的民主党候选人希拉里。

共和党候选人特朗普巧妙地利用希拉里与奥巴马的政党关系攻击希拉里，宣称其与奥巴马私下达成过合作交易。克林顿曾为2012年参加连任竞选的奥巴马拉票，作为交换，要求奥巴马为2016年希拉里竞选总统出力。在这个问题上，媒体推波助澜，不断报道克林顿亲自出面为奥巴马拉票的场景。《纽约时报》称：幽默、有交际能力的克林顿为了给奥巴马拉票到处演讲，连嗓子都讲哑了。还有报道声称，克林顿这样做是事先与奥巴马达成过交易的。另外，奥巴马的高级助手们或公开或暗中加入了希拉里的竞选队伍，更加深了这种说法的可信度。不少选民因此对希拉里产生了强烈反感。

希拉里的竞选纲领，实质上是奥巴马政府政策的延续，没有什么新意。例如劳动工资政策就是这样。在竞选中，希拉里承诺，如果当选总统，她将促进劳动报酬更加公平，增加税收、提高最低时薪、促进女性同工同酬、带薪休假、保障加班工资、鼓励企业向普通员工分红等。她提出这种政策的初衷是争取美国中下层人民的选票，但效果并不佳。

因为美国中下层人士中有大量的黑人和其他少数裔美国人。美国是以白人为主的社会，虽然也有穷人，但白人纳税人数量庞大。希拉里的征税政策，遭到白人纳税人的激烈反对，因此在竞选中得不到以白人为首的主流社会的支持。

移民政策也是奥巴马时代的继续。2014年奥巴马颁布了新移民政策，要求停止遣返非法移民。政策实施后，纳税人负担增大。同年，美国家庭负债支出和可支配收入降低了9%，出现了历史最低点。2016年，美国还有1 200万非法移民。希拉里支持奥巴马的移民政策，反对遣返非法移民。她说，为了使美国用人市场获得更多年轻、有活力的人才，保持社会稳定，在法制解决移民问题上要讲求“人道”，让更多的非法移民家庭得到更多关怀。希拉里的言论，虽然得到了有非法移民亲属和渴望从中得利的少数裔美国人的支持，却得不到以白人为主的主流社会的支持。因为大量移民涌入给本地劳动力市场带来冲击，给美国社会生存空间带来了前所未有的压力，造成了巨大的社会问题。如果希拉里上台，这些非法移民在美国就将取得合法身份，而美国中产阶级将要为此缴纳更多的税款。此外，在美国的移民城市，由于穷人多且穷人的收入低于上税的标准，这就意味着中产阶级需要缴纳更多的税来补贴社会。同时，美国联邦政府对于移民城市的补贴也比其他城市多，比如底特律等得到的补贴大大超过其他城市，这些补贴也来自全美纳税人。

不仅以白人为主的中产阶级不支持民主党的新移民政策，而且白人上流社会也不支持。虽然移民涌入带来的赋税增加不会影响他们的生活，但他们希望保持美国白人社会的稳定性。有的虽然在嘴上支持“非法移民合法化”，但实际却持反对态度。例如美国驻联合国大使乔治·克鲁尼、难民署亲善大使安吉丽娜·朱莉由于职务的原因，不得不对外支持奥巴马的移民政策，但是私下却都拒绝非法移民。据《每日邮报》透露，这两人都有几座大房子，但是当人们呼吁他们用这些房子来接收难民时，他们都装聋作哑，根本不予理会。

美国第三大少数民族亚裔也不支持“非法移民合法化”，因为这一政策影响了亚裔移民的利益。大量非法移民合法化，将分享亚裔移民的工作机会。亚裔一般通过技术移民进入美国，奥巴马上台后，马上否决了共和党提出的“高技术人才便捷入籍通道”法案，使得亚裔入籍也必须与没有学历的其他移民一样经历移民局的种种刁难。由于美国移民增多，政府要加以限制。在美国大学毕业后拥有高学历和长期雇佣合同的亚裔，也必须接受美国移民局三年一次的工作签证抽签，抽不中的就只有离开美国。为了留在美国，亚裔移民想了许多方法，比如用学生签证留下，但这样做又会因为“空挂学籍”等罪名被遣送回国，这使相关亚裔美国人开始背弃民主党，转投共和党。2016年10月至11月，10万亚裔组成“特朗普拉票团”在旧金山、芝加哥、洛杉矶为特朗普拉票。

值得注意的是，非法移民“打黑工”、抢占本地人工作机会，使得美国本来就因为金融危机导致的失业情况更加恶化。本地人失业可以领取失业救济金，但领取救济金的人多了，就会导致社会更加贫困，严重冲击美国的福利体系。这也是共和党反对奥巴马移民政策的一个重要考虑。

国际环境的变化，也对希拉里的移民政策不利。本来美国是一个开放、文明的国度，对移民持一种人道主义、富有同情心的友好态度，但是2015年欧洲放开移民政策，大量移民涌入，难民安置问题、治安问题、物价上涨问题随之而来，困扰欧洲社会，这引起了美国人的反思，改变了美国人的思想，对非法移民的态度由友好变成了反感和敌对。在这种情形下，有人甚至对非法移民提出了“一个也不要”“快回老家去”的口号，在美国社会颇有影响。总之，2016 年大选中，不仅共和党人，美国的中产阶级、上流社会的富人和其他相关利益阶层等，都反对希拉里的移民政策。

希拉里竞选，还受到美国黑人反对种族歧视斗争的影响。美国种族矛盾尖锐，在奥巴马执政末期达到高潮。2016 年 6 月，明尼苏达州发生了美国警察枪杀黑人事件。该事件发生后，该地爆发了连续 3 天的群众游行示威。游行队伍导致明尼苏达州首府圣保罗市交通瘫痪 2 小时，示威者向警察扔石头，致使 3 名警察受伤，警察逮捕了多名示威者。7 月 9 日，明尼苏达州黑人司机又遭警察击毙。事件发生后，数千人到华盛顿白宫前示威。芝加哥、纽约也发生示威，游行者高喊“举手，开枪”口号以示抗议。

2016 年 7 月 16 日，美国克利夫兰市下城区又发生游行示威，来自底特律、芝加哥和华盛顿西北部的 100 名黑人带枪参加，其中有“新黑豹党”人，游行中也有奉行白人至上的美国自由党和光头党人。7 月 19 日，路易斯安那州首府巴吞鲁，发生了前陆战队黑人诱杀 3 名警察并导致 4 名警察受伤事件。美国黑人反对种族歧视的斗争使奥巴马政府十分头疼，惊呼美国出现了半个世纪以来第一次“困难的一周”，“如果不注意，有可能倒退到 60 年代”。

美国黑人反对种族歧视的斗争对希拉里竞选产生了负面影响。因为黑人痛恨白人，而希拉里是白人，自然得不到黑人的信任。同时，黑人之外的其他美国人则把她与奥巴马政府联想在一起，认为她不近民情。北部以白人为主的地区大多不支持希拉里，比如堪萨斯、科罗拉多、俄克拉何马、明尼苏达、佛蒙特、内布拉斯加等。

在种族问题上，特朗普的态度要比希拉里高明。虽然在竞选前期曾高调发表种族歧视的言论，但他很快改变了态度，调整竞选纲领，对 2016 年 7 月连续升级的黑人袭警、罢工等事件做出了回应：在对黑人受害者和殉职执法人员表示同情的同时，提出要用“法治”把美国建成安全的国家，避免更多人受害。他说，“多数执法人员和平民是因为我们的国家缺乏领导而丧命”，“美国需要把法律与秩序维持在最高水平，否则我们将失去美国”。他认为国家大选时期权力出现了真空，致使暴力浪潮产生、社会动荡。特朗普自吹是“法律与秩序兼备的候选人”，并把“重建法律与秩序”作为自己的主要竞选纲领。他的这种态度得到许多美国人的认同，不少黑人也开始支持特朗普。奥巴马的哥哥也认同特朗普，决定不支持希拉里而改投特朗普的票。这些变化，使得本来选票遥遥领先的希拉里支持率下降。2016 年 7 月 23 日，据美国有线新闻网报道，57％的人对特朗普表示支持，只有 24％不支持特朗普。

失业者也反对希拉里当选总统。在奥巴马任期内，虽然美国经济有所恢复，但失业人口激增。高失业率击垮了美国的救济系统，冲击着美国社会安全，让人们产生了政治焦虑。蓝领工作机会不多，更容易获得工作机会的还是受过高等教育的人。2008 年以后，美国社会经常出现救济棚爆满，只能在街头设立帐篷收留流浪者的情况。同时在俄亥俄州、北卡罗来纳州、纽约州等还出现了申请失业补偿的网络和热线中断、系统停止工作的情况。在纽约州，高峰期有 1 万人登录系统，由于系统过于繁忙，出现频繁失灵的情况。而一些州虽然能运作，但是网速太慢，需要等待数小时才能接通热线，延缓了申请失业补助的时间，使美国人对救济系统的不满情绪增长。

金融危机导致的经济不景气、失业严重使白人中产阶级也不能幸免，许多白人高级管理层也卷入了失业潮。希捷技术公司连续解聘了6名公司行政总裁，其中多半为白人精英。标普、欧迪办公、通用汽车、美国银行等公司的行政总裁都被解聘，公司高层“换血”，又会导致新一波高级员工被炒鱿鱼。许多美国富豪在金融危机中资产缩水，据统计，2009年全美富人资产缩水30%。他们业务萎缩、风光不再、债台高筑，许多人因此想不开而自杀。2009年初，美国房地产大亨古德吞枪自杀。自杀率增加，美国稳定、和谐的公共秩序和社会安全被解构，社会动荡。许多美国人产生了焦虑感，质疑现任政府的执政能力。在这种背景下，民主社会主义思潮首次成为影响美国大选的重要因素。左翼候选人桑德斯就是这种思潮的代表。

桑德斯是美国历史上第一位信奉民主社会主义的参议员，他担任过美国佛蒙特州联邦参议员，也曾担任过该州的联邦众议员，是少数成功进入联邦担任公职的民主社会主义者。他不属于任何政党，以独立人士身份出现在竞选中。不过，由于他是通过民主党党团运作参加竞选，故在竞选编排中还是被算作民主党一员。2015年4月30日，桑德斯正式宣布以民主党人身份参加2016年美国总统大选。

桑德斯是美国左派代表。他的竞选纲领说出了许多美国人的心里话，反映了美国左派的基本态度。他公开宣称自己是社会主义者，提出的许多政策，例如“政府单一支付全民医保”“扩大社保覆盖面”“提高退伍军人、退休老人的福利”“妇女同工同酬”“向华尔街收税”等，符合美国在金融危机中多数趋于贫困家庭的利益。在初选中，桑德斯就得到了许多美国中下层人士的支持，并成为希拉里在党内竞选中的强劲对手。

桑德斯也得到了许多美国白人的支持，他的“政治革命”“反战”“美国已经失去领导全球的地位”等竞选提法，贴近这些美国白人的政治焦虑。他认为白人的数量在减少，地位在下降；奥巴马对待共和党过于妥协，应该进行改革等。他在美国北部白人密集区获得广泛支持，构成了对希拉里的巨大威胁。在初选中，桑德斯获得了56%白人的支持和80%30岁以下年轻人的支持。

为了争夺桑德斯的支持者，希拉里吸收了其一些政纲，提出“政府不一定要救助银行”“政府需要向华尔街富翁收税”“打击华尔街的投机行为”等政策。鉴于此，2016年7月27日，桑德斯宣布退出民主党，以无党派人士的身份重返参议院完成其6年任期。但桑德斯退出竞选后，支持桑德斯的人并没有多少转而支持希拉里，因为希拉里并没有赢得更多中下层白人的支持，这些人反而成为特朗普的核心支持者。更严重的是，希拉里接受桑德斯一些纲领的做法，改变了华尔街金融大亨们对她的态度，使得她本来与华尔街密切的关系出现破裂，支持率进一步降低。

特朗普虽然是保守派，却有许多与桑德斯相似的观点。他关注不被政府重视的年轻下层白人无力偿还昂贵大学费用、缺少就业机会等问题；反对自由贸易和全球化，认为美国由于签订区域贸易协议，让中国等新兴市场国家抢占了就业机会；攻击现行政府采取的医保政策，提出自己上台后会建立更好的全民医疗保障体系。同时，特朗普总体上属于温和的保守派，且会做表面文章、竞选手段新招迭出。例如在2016年7月，当他的选票低迷时，就让来自共产主义国家南斯拉夫的移民、现任妻子梅拉妮亚发表演说。梅拉妮亚的父亲是铁托时代的共产党员，而美国中低层人民对铁托颇有好感。梅拉妮亚的特殊身份，淡化了那些高调反对特朗普非法移民政策者的反感，使得特朗普在“移民”和“社会主义”这两个问题上，获得了许多原来支持桑德斯的选票。

奥巴马政府的对外政策曾遭到美国人民的反对。21世纪，美国发动了多次海外战争，消耗了大量资金，恶化了经济环境，并使国家安全危机升级。2016年前，美国以反恐为名在海外进行空袭，炸死116名平民（不包括活跃战区叙利亚、伊拉克、阿富汗）。奥巴马政府的这些军事行动加剧了美国与受害国家和地区人民之间的矛盾。为了反对美国，这些国家和地区的人民不断袭击美国海外公民，造成无辜人员伤亡。美国的“反恐”，使美国人饱受“恐怖主义”的困扰。因此，民众反对政府挪用大量资金用于海外驻军和“反恐”。

特朗普利用美国人民的这种心理攻击希拉里，他明确指出希拉里对“伊拉克战争”负有责任。他指出，希拉里当国务卿时，支持美国向海外派兵，导致了美伊战争，是美伊两国关系恶化的责任人。同时，特朗普还攻击希拉里在美国与朝鲜、伊朗交手时表现出的外交能力不足，质疑希拉里处理国家政治与安全的能力。特朗普攻击希拉里的言论，得到了许多美国人的赞同。

在竞选中，特朗普提出了“全球主义靠边站”“美国优先”等口号，要求减少海外驻军。他说，如果要保卫美国，从国内调动部队即可，这样做要便宜得多。至于对盟国，要看看这些国家对美国是否履行义务，再决定是否派军保护。这些思想都符合经济危机下美国大众的政治焦虑心态。为了达到攻击希拉里的目的，特朗普对希拉里提出的“亚太再平衡”言论表示质疑，希望检讨美国在日本及韩国的驻军政策。他甚至提出，日、韩两国应当自行发展核武器。他的这些言论，也得到了公众的认同。

在大选中，美国又出现了“邮件门”事件。2016年7月，希拉里用私人邮件处理公务，被FBI立案。经过调查后，美国司法部长宣布不起诉希拉里，只起诉希拉里的下属。为此，特朗普攻击希拉里贿赂了司法部长林奇。“邮件门”事件损害了希拉里的形象，54%的年轻人不看好希拉里。在2016年总统大选中，特朗普脱颖而出，以黑天鹅姿态成功胜出。

三、特朗普政府时期的美国

特朗普当选总统后，在“美国优先”政策指导下，为“使美国再次强大”实行了不同于奥巴马政府的内外政策。

对内，以发展经济为抓手，振兴美国。2017年4月18日，特朗普签署了行政令“买美国产品，雇美国工人”，承诺保护美国工人的工作，提高工资，创造就业机会，提升就业率。该法令稳定了许多美国人的心，使工商界和消费者信心增加。在这些政策刺激下，美国经济开始复苏，各项经济指标不断改善；非农就业率在2017年底创下美国16年来的新高；私人投资和消费增长强劲，经济增长率同比上升。

对外，推行“美国优先”的单边主义政策，实行贸易保护主义，反对全球化，把美国国内法凌驾于国际法之上，拒绝履行国际义务，随意撕毁国际条约。特朗普上台后，立即签署行政命令，宣布美国退出跨太平洋伙伴关系协定（TPP）。美国商务部长罗斯于4月28日要求对世界贸易组织协定进行整体评价。次日，为减少国际贸易逆差，特朗普发表了两项行政命令。第一，对与美国有贸易或投资协议的国家和国际组织进行评估，以“解决贸易协议中的违约和滥用”问题。第二，设立“贸易及制造业政策办公室”，振兴国内制造业。2017年7月和8月，美国先后宣布要修改英美贸易协定、美韩自由贸易协定。贸易代表办公室还宣布于2017年8月16日进行《北美自由贸易协议》的谈判。美国企图通过这些双边主义谈判来确定新的义务和责任，推行孤立主义政策。

特朗普政府还利用汇率政策打压其他国家，动不动就以“汇率操纵国”为由，迫使其他国家做出有利于美国的汇率制度调整，实行有利于美国的货币政策和资本管制政策等。否则就进行制裁，限制其海外融资、将其从政府采购清单中剔除、征收高额关税等。美国的所作所为破坏了国际秩序，对全球贸易体系和治理体系构成了挑战。

美国对中国、日本、韩国和德国等经济体，进行了“反倾销”“反垄断”调查，并威胁要对这些国家进行制裁。7月8日，特朗普在二十国集团（G20）领导人峰会上威胁要就钢铁进口实施惩罚性关税。7月13日，美国政府通知韩国，要求修改两国间贸易协定。8月19日，特朗普正式宣布对中国发起301调查，开始了对华贸易战。

在军事上，为打压俄罗斯，美国推动北约东扩，把导弹防御体系部署在俄罗斯周边国家，形成对俄罗斯的战略包围圈。2019年9月美国废除了与原苏联签订的《中导条约》。这项条约的废除引起俄罗斯强烈反对，被迫采取相应措施，也宣布终止实行《中导条约》，美俄之间开始了新一轮军备竞赛，冷战后形成的国际军控体系陷入危机。同时，特朗普政府实施“印太战略”，组织围堵中国的军事同盟。

特朗普政府的国内外政策遭到反对。在国内，部分选民对特朗普上台两年来的政绩不满，民主党人更是强烈反对其移民政策。特朗普政府的对外政策，特别是对华政策，也与民主党人有分歧。这种情况影响了2018年美国中期选举。在中期选举中，共和党虽然维持并扩大了国会参议院多数，使两党在州长选举中旗鼓相当，但却失去了对国会众议院的掌控权。尽管如此，特朗普上台后的政治经济政策取得了一定的成绩，得到右翼人士和多数美国人的支持，他有信心竞选连任。

从2017年起，美国两党开始为2020年大选做准备。2019年5月31日，特朗普在社交网站推特上发布，他将于6月18日在佛罗里达州的集会上正式宣布竞选连任。而民主党总统候选人的推选则经历了较长时间。从2019年5月16日民主党候选人亮相开始，候选人的人数不断增加，已达20多人。除了前副总统乔·拜登和参议员伯尼·桑德斯这样的老牌政治人物外，还有不少新鲜面孔：埃米·克洛布彻、贝托·奥罗克、白思豪、伊丽莎白·沃伦、卡玛拉·哈里斯、科斯顿·吉利布兰德、图尔西·加伯德等。11月24日，曾三度出任纽约市长的美国亿万富豪迈克尔·布隆伯格正式宣布参加2020年总统选举。候选人们围绕选民关心的医保、环境、移民等问题进行辩论，谁能找到解决办法，谁就有可能赢得选票，从而当选民主党候选人。在辩论中，不少人先后宣布退选。到2020年3月，布隆伯格和马萨诸塞州联邦参议员沃伦先后宣布退出竞选。民主党候选人的争夺，就只在拜登和桑德斯之间展开。由于桑德斯的竞选纲领不符合民粹主义选民的利益，加上还存在一些弱点，后来他退出竞选，拜登成为唯一的民主党总统候选人。

2020年初，美国出现的新型冠状病毒肺炎疫情对政治和社会产生了不可估量的影响。据美国官方网站公布，1月20日美国发现首例新冠肺炎确诊病例，2月29日出现了首例新冠肺炎死亡病例。但由于当时正值流感季，死者被误认为死于流感，没有引发公众和政府的关注。新冠肺炎疫情在美国逐步蔓延开来后，美国政府依然不重视这一问题，没有接受相关公共卫生专家采取强有力措施进行隔离防控的建议，错失了疫情防控的最佳窗口时期，导致疫情迅速扩大。在两党政治斗争极化的背景下，共和党和民主党非但不同舟共济、合作应对疫情，反而借疫情防控问题大肆攻击对方，并在各自控制的州实行不同的政策。甚至连民众是否应该戴口罩进行自我防护这种问题，都取决于当地政府的政治倾向，有的州被迫采取隔离措施后不久很快又放松了管制。

防疫期间，美国专家多次呼吁减少大型集会、避免聚集性传染。然而6月21日，特朗普为了竞选连任总统，无视俄克拉何马州塔尔萨市最高公共卫生官员的要求，坚持在该市举行了竞选集会并发表演说。美国政府对新冠肺炎疫情防控的错误导向，使美国民众忽视了疫情防护，导致疫情蔓延更快。到7月4日，美国累计确诊新冠肺炎病例超过289万，死亡病例高达13余万。

美国政府为了推卸责任，大搞政治污名化。政客不断造谣，把美国新冠肺炎疫情的暴发与中国联系起来，污蔑中国。有的州还起诉中国，向中国“索赔”。同时，美国政府指责世界卫生组织工作不力。4月7日，美国总统特朗普开始威胁世界卫生组织，宣称要暂停缴纳会费，要求世卫组织按照美国意图“改革”。此后，美国又多次扬言要向世卫组织“问责”。7月6日，美国政府正式通知联合国秘书长古特雷斯，美国计划于2021年7月退出世界卫生组织，并启动了退出程序。美国这一行动损人不利己，既破坏了全球合作抗疫，也影响了美国本身的抗疫斗争进程，使美国遭受更大牺牲和损失。到7月13日，美国累计确诊新冠肺炎病例已超过334万，死亡病例逾13.5万。

在疫情打击下，美国经济一度停摆，股市大幅下跌，失业人口剧增，经济步入衰退，第一季度经济收缩5%。美联储为了刺激经济的发展，多次出台货币宽松政策。疫情发生后，美联储将联邦基金利率目标区间下调1个百分点到零至0.25%之间，并采取了大规模经济救援行动，参议院通过了一项总额达2万亿美元的巨额救济法案。这些做法收到了一定效果。美国就业数据显示，5月份非农就业人数出乎意料地增加，失业率环比下降1.4个百分点至13.3%，较4月的历史高位有所回落，但是情况仍然严重。截至6月27日，全美申请失业救济的总人数仍然高达1 806.2万。6月初，美国股市出现反弹。到6月10日，美联储宣布将联邦基金利率维持在零至0.25%的目标区间。为了恢复经济，美联储承诺将使用所有工具支持就业和稳定物价。但是美联储也承认自身影响经济的能力有限，美国经济衰退的程度和复苏的速度都存在高度不确定性，并预测了美国经济在2020年的萎缩。

新冠肺炎疫情不仅影响了美国的经济发展，还加剧了社会矛盾。在疫情中，美国人民遭受了巨大损失。其中弱势群体受到的损失最大，老年人、少数族裔和贫困人群成为这场疫情的最大受害者。到5月11日，美国养老院等老年人长期照护机构已有至少2.81万名入住者和工作人员死于新冠肺炎病毒感染，占美国新冠肺炎死亡病例的1/3。非裔美国人的处境也不容乐观。大量非裔美国人无法获得医疗保障，感染率和病亡率均高于平均水平。非裔美国人占全美人口的13.4%，根据5月5日的统计，在全美新冠肺炎确诊病例和死亡病例中，非裔美国人占比分别高达52%和58%。在威斯康星州密尔沃基市，81%的新冠肺炎患者是非裔美国人，而这一群体仅占该州人口的26%。亚裔美国人的处境也开始恶化。由于一些美国政客煽动人们把新冠肺炎病毒与中国和其他亚洲人联系起来，美国各地都出现了患者拒绝接受亚裔医疗工作者治疗的现象，亚裔陷入被攻击和被歧视的焦虑之中，受到的伤害持久而严重，失业率迅速飙升，亚裔企业主面临经济困难和种族歧视的双重打击。在这种情况下，美国少数族裔的愤怒日增。以警察暴力执法导致非裔美国人乔治·弗洛伊德死亡事件为导火线，美国爆发了持续不断的反种族歧视示威游行。

5月25日晚，美国明尼苏达州明尼阿波利斯市警察粗暴执法导致非洲裔男子乔治·弗洛伊德窒息死亡。这一场景被路人拍摄并上传到社交媒体后，迅速在美国和全世界网络和民众中引起强烈反响。视频清晰地记录了受害者被戴上手铐按倒在地到完全失去知觉的全过程。直到急救人员赶到，这名白人警察的膝盖依然紧紧地跪在弗洛伊德的脖子上。弗洛伊德临死前痛苦挣扎、哀求和呼唤：“我无法呼吸”“求求你别杀我”“妈妈、妈妈……”这些真实的画面和语言深深触动了每一个视频观看者的灵魂和良知，推动人们走向街头抗议警察暴力执法。

5月26日，明尼苏达州首先爆发抗议示威活动，数百名抗议者聚集在明尼阿波利斯市要求正义，并与警方发生冲突。警方使用了催泪弹和爆震弹驱散人群，运动很快扩大到全美和全球。截至6月5日，全美50个州均已出现抗议活动，涉及数百个城市。许多城市被迫实行宵禁，25个州政府出动了国民警卫队维持治安，数州宣布进入紧急状态，甚至连白宫也被愤怒的示威者重重包围。反种族歧视的游行示威很快演化为20世纪60年代民权运动以来规模最大的全国性反种族主义抗议示威活动。乔治·弗洛伊德之死在全球也产生了巨大影响，联合国人权事务高级专员巴切莱特发表声明，谴责美国警方的行为，并敦促美国当局采取措施制止这种杀戮行为的发生。非洲联盟和国家一致谴责美国警察暴力杀害乔治·弗洛伊德的残暴行为，要求美国政府彻底消除一切基于种族或族裔血统的歧视。加拿大、澳大利亚、新西兰、英国、德国、法国等国相继出现针对此事件的示威游行，一些国家的民众还包围了当地的美国使领馆。在这次反种族歧视的斗争中，“我无法呼吸”和“黑人的命也是命”抗议示威运动影响最为重大。

“我无法呼吸”（I can't breathe），是非洲裔美国人反对警察暴力执法和种族歧视的代名词。这句话源于2014年纽约警察锁喉使非裔美国人致死一案。2014年7月17日，几名纽约白人警察在逮捕贩卖香烟的非洲裔男子埃里克·加纳时，使用被明令禁止的锁喉动作致其窒息死亡。死者未携带任何武器且全程高举双手，在多次申诉无法呼吸的情况下，被警察丹尼尔·潘塔雷欧从后面勒住脖子不松手，同时被其他几名警察按住脑袋压向人行道，最终失去知觉并死亡。2020年新冠肺炎疫情中，弗洛伊德被警察粗暴执法、临死前不停呼喊“我无法呼吸”并苦苦哀求和挣扎的画面，再次勾起了非洲裔美国人的悲惨记忆，令他们想起心中无法承受之痛，鼓舞他们进行反种族歧视的斗争。

在反对警察暴力执法的抗议行动中，示威者高呼“黑人的命也是命”（Black lives

matter）口号，推倒、涂鸦或斩首许多被指支持种族主义的历史人物纪念雕像，其中有爱德华·科尔斯顿、乔治·华盛顿、尤利塞斯·S. 格兰特、温斯顿·丘吉尔等。此外，另一些历史名人，只要与北美洲黑人奴隶有关，塑像都不同程度地遭到破坏，其中有著名航海家克里斯托弗·哥伦布、美国内战期间南方联邦领导人杰斐逊·戴维斯、未曾到过美洲的西班牙著名作家米格尔·德·塞万提斯、被称为“加利福尼亚使徒”的西班牙传教士胡尼佩罗·塞拉，还有美国前总统西奥多·罗斯福等。

“我无法呼吸”和“黑人的命也是命”抗议运动持续发酵，不少黑人甚至打出“赶走所有白人，建立完全的黑人国度”的激进标语。甚至在 7 月 4 日美国独立日当天，45 岁的美国知名歌手坎耶·维斯特（又名“侃爷”）在推特上宣布要竞选美国总统。不少黑人在网上公开表示支持，他们认为：“侃爷将会成为美国历史上第二位黑人总统”。在反种族歧视斗争的当口，侃爷的肤色非常有利于积累人气，特朗普竞选又多了一个劲敌。

在新冠肺炎疫情的打击和美国人民反种族歧视的游行示威中，特朗普的支持率不断下降，在 2020 年大选中的地位岌岌可危。不过，他并没有轻易认输，而是一直在进行最后挣扎。这是因为：第一，美国保守势力强大，民粹主义抬头，特朗普仍有许多铁杆支持者。第二，在美国经济不景气的情况下，特朗普“美国优先”的口号，特别是重振美国制造业、把制造业转移回美国、创造更多工作机会等政策，得到了许多普通民众的支持，特别是贫困白人的支持。经济问题关乎特朗普 2020 年美国大选的胜败。为了振兴经济、争取选票，他不惜一切代价复工复产。在新冠肺炎感染者接近 200 万时，美国就基本复工复产了。8 月，特朗普的支持率依然稳定，基本盘没有丧失，支持者没有动摇。

新冠肺炎疫情暴发以来，虽然美股发生了第五次熔断，经济不断衰退，但美国经济界和媒体界并没有把此事算在特朗普身上。而特朗普为了稳定基本盘和铁杆粉丝，争取部分中间选民，在竞选演说中不断承诺当选后要解决非法移民问题、退出跨太平洋伙伴关系协定、反对全球化、让工厂搬回美国等。这些政策许诺迎合了美国民粹主义思潮，吸引了大量不想失业的普通民众。修边境墙将大幅减少从美墨边境涌入美国的拉美移民，这些移民是美国黑人工作机会的潜在竞争对手，特朗普的做法得到不少黑人支持。

进入 21 世纪后，美国先后遭遇了“9·11”恐怖袭击、2008 年金融危机和 2020 年新冠肺炎疫情。这三次危机在不同程度上影响了美国社会经济的发展和对外政策的走向，损耗了美国的实力，削弱了美国的霸权。在 2020 年大选中，美国错综复杂的政党关系、社会矛盾、种族矛盾，以及两党在竞选中提出的解决社会经济问题的政策纲领，都将影响大选结果。新冠肺炎疫情危机之后，选民希望新总统能够带领美国重振经济、走出这三次世纪危机的阴影。目前美国疫情日益严重，还伴随着如火如荼、持续不断的反种族歧视斗争。疫情和反种族歧视斗争成了影响 2020 年大选的两个特殊因素。

四、拜登政府时期的美国

2021 年拜登总统上台后，基本延续了奥巴马时期的政策。

面对新冠疫情引发的经济危机，拜登政府推出 1.9 万亿美元的“美国救助计划”。

然而，大规模经济刺激计划引发了严重的通胀问题，使美国经历了 40 年来最为严峻的通胀，物价大幅上涨，民众实际购买力大幅下降。为支撑经济刺激计划，拜登政府大举增发国债，导致财政赤字急剧扩大，债务规模不断攀升，增加了债务偿还压力和违约风险。美国的经济增长变得相对疲软。

同时，美国两党政治极化，社会分裂问题非常严重。两党在诸多关键议题上难以达成共识，政策制定和推行陷入僵局。拜登政府的移民政策引发广泛争议，边境管控不力导致非法移民数量大幅增加，给社会秩序和公共资源分配带来巨大压力。一些州针对移民问题自行出台政策，与联邦政府的移民政策产生冲突，进一步加剧了国内在移民问题上的混乱局面。而在种族关系方面，美国社会仍不时爆发因种族问题引发的抗议活动，拜登政府在推动种族平等、改善种族关系方面的努力没有成效。

在外交政策上，拜登上台后积极修复盟友体系。通过高层会晤和政策协调，美欧同盟关系显著改善，在应对气候变化、国际贸易规则制定等议题上达成多项共识。但拜登政府的对外政策也面临诸多困境。美国在俄乌冲突中对乌克兰的大规模援助及其主导角色引发争议，导致美俄关系恶化。近期巴以冲突爆发后，拜登政府的应对策略备受质疑，其对中东地区的外交政策受到严峻挑战。此外，拜登政府大力推行印太战略，强化亚太盟友体系，引发了亚太地区的紧张局势。

第二节　21 世纪的英国、德国、法国和澳大利亚

一、21 世纪的英国

21 世纪第 1 个 10 年，英国社会发展比较平稳。布莱尔时期，实行扩大政府干预经济的政策，聚焦解决民生问题，在社会经济领域进行改革。英国经济持续好转，人民生活改善。在对外政策上，布莱尔支持美国入侵伊拉克，这不仅影响了英国的国际形象，也遭到了英国人民的反对，导致布莱尔的支持率下降。2007 年，前英国财政大臣布朗取代布莱尔担任英国首相。

布朗自 1997 年起担任财政大臣，对英国经济发展做出过巨大贡献，这是他颇得人心的原因之一。布朗上台后明确表示将继续进行原有的改革，他说：“我将竭尽全力倾听英国公众的呼声，改革住房、教育、卫生服务体系，努力为英国人民服务，充分发挥英国公众的潜力，使英国成为 21 世纪的全球成功典范。”

在对外政策上，布朗一直在公开场合支持伊拉克战争，作为内阁成员，对英国入侵伊拉克负有重要责任。英国人民反对英国继续在伊拉克驻军，并在这个问题上不断攻击英国政府，因此布朗不得不考虑从伊拉克脱身。在这个问题上，英国开始与美国保持距离。但是在其他国际重大问题上，布朗的外交政策仍然与美国外交政策保持一致。

出于经济发展需要，布朗主张与中国改善关系。他曾于 2005 年 2 月访华，担任首相后，2008 年 1 月 18 日再次访问北京，与中国达成了许多协议，并签订了 8 亿美元的贸易合同，促进了英中两国关系的发展。

2008年全球金融危机的爆发使英国经济陷入困境。据英国国家统计局公布的数字，截至2008年底，英国失业人数占比达到6%，为1999年以来最高水平。2010年9月到11月，失业率为7.9%，失业人数为250万，比8月份的统计数字高0.2个百分点，同上一年相比，上升0.1个百分点。失业人数增加引起了社会的动荡，罢工不断。

在此情况下，布朗声望下降，在2010年5月6日的议会大选中落败。保守党成功超越工党，成为议会第一大党。接着，保守党与议会中排名第三的自由民主党谈判达成协议，由保守党领袖卡梅伦组建新政府。布朗于2010年5月11日宣布辞去首相职务，英国进入了保守党执政时代。卡梅伦时年44岁，是英国200年来最年轻的首相。

卡梅伦上台后，应对金融危机无力，社会动荡加剧。与美国一样，英国阶级分化严重。从撒切尔时代开始，英国采用了新自由主义经济政策。这一政策带来的结果是：在发展的同时，出现了资本垄断、高失业率、社会动荡等问题。长期以来，英国社会的不稳定因素在增加，社会矛盾不断积累。而2008年全球金融危机，成为了社会矛盾爆发的突破口。

伦敦北部托特纳姆地区警察开枪射杀29岁英国黑人马克·达根事件成为伦敦和其他城市一系列骚乱的导火线。2011年8月4日，马克·达根乘坐出租车时被英国反枪支犯罪警察怀疑非法持有枪支而布控拦截。于是双方开始枪战，马克·达根身中两弹死亡。马克·达根的确有一支未注册的枪支，而且与警察发生交火，打坏对讲机，打伤警察。但马克·达根的家人声称，他完全是出于爱好收藏了这支枪，并无其他动机。

8月6日，300人到托特纳姆地区警察局附近抗议，声称要"伸张正义"，要求警察局给个说法。据英国《卫报》报道，有数百个蒙面示威者向警察扔石块、酒瓶和鸡蛋。到晚上，抗议演变为暴力事件。抗议者焚烧警车、公共汽车和建筑，切断交通，占领高速公路，还有人乘机抢劫商铺。英国警方出动大批警察进行镇压，还出动了直升机。在骚乱中，约有10名示威者受伤，其中9人需要住院治疗，有8名警察受伤。

7日晚，伦敦许多地区都发生了袭警、抢劫、纵火等案件。在伦敦北部的沃尔瑟姆斯托、恩菲尔德等地区，一辆警车被毁，一些商店的窗户被砸。警方在东伦敦进行抓捕时，遭到一辆汽车的撞击，3名警察受伤。在伦敦南部的布里克顿地区，200多名年轻人攻击警察、抢劫商店。甚至在伦敦市中心也发生了骚乱，50多名年轻人破坏公物。警方对这些小规模暴力事件迅速做出反应，进行了镇压，并逮捕了100多名肇事者。在这些骚乱中，35名警察受伤。8日晚，警方在伦敦有关地区部署了大量防暴警察，伦敦进入全面警戒状态。伦敦骚乱还引起了英国其他城市的系列骚乱。8月8日，蔓延到伯明翰；8月9日，又蔓延到利物浦。这些骚乱，迫使在国外休假的卡梅伦首相提前返回英国，召开高级安全会议。此前，内政大臣特雷莎·梅也于8日上午提前结束休假，从国外返回伦敦处理有关事务。副首相尼克·克莱格也在8日下午到托特纳姆地区视察骚乱带来的破坏情况。10日，卡梅伦表示，政府将采取更强有力的行动打击暴力骚乱，增加警力、加强治安巡逻、加强网络监管等。特雷莎·梅则要求所有英格兰和威尔士的警察取消休假，用更严厉和积极的方式对付骚乱。此时，警察已经逮捕了750多人，其中有160人被起诉。伦敦局势得到控制，但在利物浦、曼彻斯特、伯明翰、诺丁汉、索尔福德等城市，小规模的骚乱仍在继续。

卡梅伦政府并没有有效办法应对存在的问题。他的国内政策主要是严格制度预算，采取财政“紧缩政策”。为了应对财政困难，6月初，卡梅伦政府公布了政府第一次预算。该预算规定暂停支付公务员薪金超过2.1万英镑的部分、暂停福利储蓄措施、暂停3年给儿童的补贴和房屋津贴、对收入超过4万英镑的家庭减少税收抵免。同时宣布从2011年1月起，主要增值税税率从17.5%上调到20%，个人所得税的免征额提高1 000英镑。但这些措施并没有解决英国的财政困难，反而加剧了社会贫富差距，引起了人民不满，遭到强烈抗议。

卡梅伦在外交上大力提倡紧缩政策。为了应对全球金融危机，他主张建立开放的而非逐步闭关的世界市场，反对贸易保护主义，反对贸易中的“零和博弈”。

他主张改善对华关系，增进双边贸易。在与温家宝总理会谈后，英中签署了一系列协议，多家企业获得订单，例如中国东方航空公司和英国劳斯莱斯公司签署了7.5亿英镑的订单，劳斯莱斯公司为东航的16架空中客车A330飞机提供引擎。卡梅伦希望中国进一步向英国及欧盟开放市场。

在英国受欧债危机影响和经济恢复缓慢的背景下，卡梅伦被迫宣布于2016年进行脱欧的全民公投。卡梅伦政府希望公投结果是英国仍然留在欧盟，但是在脱欧公投过程中，卡梅伦政府逐渐失去了对结果的把控。

2016年6月23日，英国进行了脱欧公投。脱欧派以17 176 006票对15 952 444票胜利，这一结果的公布使英国政局一片混乱，卡梅伦于7月13日下午宣布辞去首相职务，由内政大臣特雷莎·梅接替担任英国首相。

特雷莎·梅就任首相后，英国人民对她寄予厚望，希望她像撒切尔夫人一样，以铁娘子的责任和担当解决英国国内外存在的问题，特别是带领英国顺利脱欧，但是她上任后的所作所为却让英国人民大失所望。

在内政上，特雷莎·梅政府没有拿出恢复经济、促进增长的有力方案，社会矛盾尖锐，人民不满情绪滋长。在外交上，特雷莎·梅政府唯美国马首是瞻，紧跟美国空袭叙利亚；为了配合美国反俄，以没有证据的所谓前俄罗斯“间谍中毒案”为借口，驱逐俄罗斯驻英外交人员。这不仅使英俄关系降至历史最低点，而且损害了英国的国际形象。

最令特雷莎·梅头疼的是脱欧问题。英国脱欧的问题极其复杂，要顺利完成脱欧任务，首先要与欧盟进行谈判。在与欧盟达成协议后，还必须得到英国议会批准。特雷莎·梅于2017年3月29日向欧盟递交了脱欧申请。但当她与欧盟达成第一份协议时，却被英国议会否决。接着，她与欧盟继续谈判。2017年英国大选，保守党在选举中未获过半席位，不得不与北爱尔兰民主统一党联合组阁。虽然特雷莎·梅保住了首相之职，但保守党失去了议会多数党的地位，党内出现分裂。特雷莎·梅遭到党内不少人士的攻击，要求她下台的呼声日高。

2019年5月24日，特雷莎·梅被迫宣布辞职。7月24日，外交大臣鲍里斯·约翰逊接受英国女王授权，组建新一届内阁，正式就任英国首相。约翰逊是强硬脱欧派，宣称即使与欧盟没有达成协议，也要脱欧。英国脱欧进程困难重重。在议会的阻挠下，约翰逊不得不重新与欧盟谈判，并同意将10月31日英国脱欧的日期再度推迟。为了确保脱欧进程，约翰逊要求提前大选，以消除议会的反对。英国大选于2019年12月12日开始，13日，约翰逊领导的保守党以绝对优势赢得大选。约翰逊重组的内阁排除了反脱欧人士，为英国脱欧扫除了障碍。2020年1月24日，英国终于与欧盟正式签署了脱欧协议。欧盟同意英国于2020年1月31日正式脱欧。

英国脱欧对英国的影响非常大。在政治上，英国摆脱了欧盟的束缚，收回了让渡给欧盟的一些权利，有利于英国作为完全主权国家政治的发展。但英国脱欧也产生了一些政治问题，其中最明显的是使北爱尔兰分裂主义运动和苏格兰独立运动有所发展。英国脱欧后，北爱尔兰事实上留在欧盟关税区，这种情况将会加强北爱尔兰与爱尔兰共和国的经济、政治关系，逐渐弱化其与英国本土的联系。而苏格兰民族主义非常强烈，许多当地选民主张留在欧盟内。英国脱欧，将会刺激苏格兰分裂主义运动。

英国脱欧，直接影响了英国的移民政策。2019年前，英国允许欧盟其他国家人员自由地向英国移民，无障碍地在英国就业和生活。由于英国工资水平较高，不少欧盟东扩后国家的移民大量来到英国。这些移民的到来，给英国带来了种种社会问题，引起了社会分裂。2020年1月，英国政府颁布了新的移民制度，并宣布从2021年1月开始执行。

新移民政策限制欧盟移民自由涌入英国，强调引入有利于提高英国劳动生产率的人才，引入更多拥有特定技能的人士，减少低技能移民的数量。新移民政策规定实行积分制度，无论欧盟公民还是非欧盟公民，都要遵循相同的积分规则申请签证，不同职业、工作、教育程度等具有不同的分值。新的积分制度更倾向于高学历、高素质人才。同时，对于医护、育儿等短缺岗位，适当放松标准。新移民政策能吸引全球优秀人才，符合英国脱欧后打造“全球化英国”的目标，有利于提高英国的劳动生产率。新移民制度向非欧盟公民提供了更加平等的就业机会，但是冲击了欧盟移民在英国的就业机会。因为此前大量在英国的欧盟移民从事建筑、食品、加工、餐饮和老年人护理等行业，这些工作工资低，许多达不到最低工资标准。新的移民政策还存在一些问题，如将拉大一些低工资行业劳动力的缺口。英国存在800万年龄在16至64岁的处于“经济不活跃”状态的劳动力，由于各种原因，这些人很难在短期内加入劳动力队伍，但迫于生活压力，其中一些人不得不寻找工作，以改善生存状态。

在经济方面，脱欧后英国面临新的发展机遇。传统上英国是一个自由贸易国家，摆脱了欧盟约束，其政策自主性得到释放，对外开放的空间更加巨大，从而刺激经济的发展。但是脱欧后英国与欧盟的贸易和金融关系还将以某种形式持续进行，虽然紧密度将显著削弱，但还是会对英国经济产生巨大冲击，特别是中短期会产生负面影响。

英国脱欧对当代国际政治影响深远，它不仅影响英国、欧盟的发展，还影响从全球政治到地缘政治的变化。英国脱欧对欧盟的影响十分重大。首先，影响了欧洲一体化进程。在欧洲，一直存在着支持欧洲一体化和反对欧洲一体化的两种思潮。英国脱欧，是欧洲一体化进程的挫折，它开创了成员国离开欧盟的先例，将会对其他成员国产生一定影响。

其次，影响了欧盟内部力量平衡，打破了原有格局，从而影响欧盟的发展。第一，英国脱欧后，法国和德国就成为主导欧盟发展的两个大国，而法、德两国在欧盟发展问题上存在政策分歧，这些分歧将影响到欧洲一体化进程；第二，英国退出后，欧盟的世界影响力受到削弱；第三，欧元区19国对欧盟的主导权增大，与非欧元区国家的矛盾更加突出；第四，英国是欧盟预算的第二大净出资国，英国退出欧盟给欧盟的预算留下了一个大窟窿，加大了欧盟内部净出资国与净收入国之间的矛盾。

例如，欧盟于 2020 年 3 月 2 日在布鲁塞尔召开峰会，商讨未来 7 年的预算问题。英国脱欧给欧盟留下了相当大的财政缺口，这就需要其他出资国来填补。在欧盟成员国中，德国、奥地利、荷兰、瑞典和丹麦对欧盟的净缴款额最高。其中，后四个国家虽然并非大国，但经济实力雄厚、缴纳的会费较多，而得到的资金援助却较少，时常感到不公平。因此在此次会议前，这四国商讨了对策。会上，奥地利总理塞巴斯蒂安·库尔茨代表四国发言，反对欧盟理事会主席提出的各国应按照国民总收入的 1.074％缴纳会费的计划，希望欧盟各成员国缴纳会费的总金额不超过欧盟经济产出的 1％。瑞典则表示，欧盟费用急剧增加，已超出了其可承受范围。德国总理默克尔也对谈判状况表示不满。在财政预算的分配上，这次峰会也难以达成一致。以法国为首的农业大国希望把经费继续用于扶持农业，帮助经济欠发达国家进一步融合。而欧委会主席冯德莱恩则希望从可持续发展的角度出发，把经费用于大力促进新能源和高新技术发展的领域。

英国脱欧，还可能产生多米诺骨牌效应，导致欧盟各国之间产生矛盾和猜忌，影响欧盟外交、防务等共同政策的制定，掣肘欧洲一体化发展。

英国脱欧后，欧盟的全球影响力受到削弱。在经济上，随着市场规模的缩小，欧盟对全球经济规则和标准的制定能力会下降。英国是一个具有全球视野的国家。尽管法国也寻求全球利益，但不及英国经验丰富，因此欧盟对全球事务的关注度、参与度和影响力不可避免地会逐步下降。

再次，英国脱欧后，英国和欧盟关系的走向，成了一个新问题。根据英国与欧盟达成的脱欧协议，英国在退出欧盟后，英欧关系有一个过渡期，期限为 11 个月，即从 2020 年 1 月 31 日到 2020 年 12 月 31 日。过渡期满后可以延长，但最多只能延长两年。

在过渡期内，英国保留欧盟成员国的权利与义务，但没有发言权；可以和欧盟进行双边经贸谈判并签署相关经贸协议，但是要签订一个双方都满意的经贸协议存在许多困难。欧盟将尽可能迫使英国留在欧盟制定的轨道上，压制英国在规范和标准方面的独立性。当然，英国希望按照国家利益达成一份对自己有利的协议。只有双方互相妥协，才有可能签署一份可行的协议。如果双方无法在过渡期内达成经贸协议，英欧经济关系必然受到影响，并会冲击双方的政治与国家安全。

3 月 2 日，欧盟与英国就脱欧后如何建立新型双边关系开始进行谈判。这次谈判将分别在布鲁塞尔和伦敦举行，直到 2020 年 12 月 31 日结束，目标是达成一个全面的双边政治和贸易协定。欧盟希望英国继续与欧盟单一市场进行货物自由贸易，遵守欧盟劳动市场的各种规定和环保标准。而英国则表示，脱欧的目的就是要确保政治和经济的独立，因此难以遵从欧盟的规定。英国希望制定符合自己利益的关税政策、劳工标准和税收制度，以增强竞争力，吸引外资，成为“泰晤士河上的新加坡”，只想与欧盟签订一个比较宽松的贸易协定，类似欧盟与加拿大签订的那样。双利立场差距太大，很难达成一致。

英国脱欧，恶化了英国和欧盟的关系。如果脱欧后的英国陷入困境，英国公众就会抱怨欧盟，把出现的困难归结于欧盟对英国的打压，使相互之间的敌对情绪增加；而如果脱欧后一切发展良好，那就说明英国创造了一种不同于欧盟成员国的新发展模式。这会成为欧盟内其他成员国效仿的对象，导致欧盟内部不稳、崩溃甚至解体，使欧盟退化为一个自由贸易区。

英国脱欧，还使欧盟保护主义抬头，欧盟组织机构不得不加强对经济的干预，同时促使防务一体化提速。但这样做将削弱各成员国的自主权，损害其战略利益，引起成员国的不满。

最后，英国脱欧影响了全球地缘政治的变化，特别是影响了大国关系和东西关系。

第一，英国脱欧影响英国与欧盟的关系。英国为了自己的国家利益，将奉行独立的对外政策。从历史上看，亚太地区是英国的传统市场，北美更是英国关注的地区。因此，脱欧后，其经济和外交的重点将进一步转向亚太地区，并加强与北美、澳洲和其他与英国有历史渊源的国家联系。而欧盟则不得不把经贸和外交等政策优先放到与自己利益攸关的中东和非洲等近邻地区。由此，英国和欧盟在全球经贸、科技、投资和金融领域的利益冲突不可避免，竞争将加剧。

第二，英国脱欧影响英美关系的发展。在历史上，英国和美国具有特殊关系。英国脱欧后，英美之间的政治关系将变得更加紧密，经济上也将进一步加强联系。

第三，英国脱欧影响美国与欧盟的关系。美国许多人并不欢迎欧洲一体化，因为一个强大的欧盟将对美国的全球利益构成威胁。因此，美国与欧盟的合作并不密切。长期以来，美国与欧盟在政治、经济、文化和防务上的合作主要通过英国进行。英国脱欧后，美国与欧盟的合作缺少了英国在其中的沟通，且英国将进一步发展英美关系，在全球事务中与美国密切合作，美欧关系因此会逐步淡化和疏远。

第四，英国脱欧影响英国、欧盟各自与俄罗斯的关系。英国的对俄政策，将在很大程度上与美国保持一致；而欧盟的对俄政策，取决于美国与欧盟的关系。如果关系疏远，欧盟为了自己的利益，将会与俄罗斯合作。

第五，英国脱欧影响英中关系，以及中国与欧盟的关系。英国需要中国市场，需要发展英中关系；而欧盟也需要中国市场，需要与中国合作。因此，中、英、欧三边关系将出现积极的变化。

第六，为了自己的发展，英国脱欧后将进一步发展与加拿大、澳大利亚等英联邦国家的关系。

英国脱欧，对东西方关系也将产生巨大影响。因为西方三巨头——美国、英国和欧盟的关系发生了巨变，它们在对东方的政策上不可能保持一致，因此，若要形成冷战时期那样一致的反华政策并不是一件容易的事情。

英国脱欧后，也遭遇了新冠肺炎疫情这场突发公共卫生事件的沉重打击。2020年2月，新冠肺炎疫情在英国暴发。2月5日上午，英国出现第1例新冠肺炎疑似患者。3月7日，英国新冠肺炎病例确诊数为163例，死亡2例，分别为75岁和90岁的老人。疫情发生后，英国政府采取的对策是“集体免疫”，即用最小的社会和经济成本为代价达成“群体免疫”。这一政策的内容是在疫情的不同阶段，采取不同的措施，通过隔离等非药物性干预措施平滑疫情曲线，使疫情不致造成医疗挤兑，从而降低防疫成本。但由于采取的措施区别于其他国家严格的防控措施，不以遏制疫情蔓延为目的，而旨在平滑疫情曲线，维持医疗体系正常运转，这一政策没有取得预期成果。

英国新冠肺炎确诊病例不断增加。3月29日，英国开始建造“方舱医院”，命名为“南丁格尔医院”。4月7日，英国累计确诊病例达55 242例，累计死亡病例增至6 159例。英国首相鲍里斯·约翰逊也患上了新冠肺炎，在重症监护病房接受观察。4月7日，南丁格尔医院落成，开始接收首批新冠肺炎患者。

在这种情况下，英国不得已采取了新措施应对疫情，如推出了“居家令”，要求公众居家隔离、保持社交距离等，这才取得一定效果。不久，约翰逊首相的病情好转、康复出院，新冠肺炎疫情在英国趋缓。

面对疫情冲击，英国推出了力度空前的经济刺激举措。其中最重要的是降息和举债，以筹集大量救市资金。3月，英国央行已将利率降至历史低点的0.1%，还将再增加至少1 000亿英镑的资金用以购买债券，将更多货币投放到市场，刺激投资增长，扩大需求。英国政府4月至6月举债额达1 279亿英镑（约合1 622.97亿美元），相当于上一财年（2019年4月至2020年3月）全年举债总额的两倍多。虽然6月举债355亿英镑，低于4月和5月的举债规模，但仍是去年同期的五倍。

6月，英国迫不及待解除“居家令”重启经济，允许商店重新开业。据统计，前往英国主要街道及购物中心的消费者人数约为去年同期的60%。在各方努力下，疫情有所缓解，但不久又严重起来。

7月15日，英国新冠肺炎确诊病例的死亡人数超过4.5万人，为欧洲最高。英国政府不得已采取新措施，宣布自7月24日起，英格兰民众在商店、超市内必须佩戴口罩。英国首相鲍里斯·约翰逊以身作则，在公开场合佩戴口罩。

疫情给英国经济和社会带来了极大冲击，许多公司破产、员工失业，经济出现衰退，社会问题不断。在疫情中，首先受打击的行业是零售业。7月20日，英国玛莎百货公司宣布将裁员950人，泰德·贝克时装公司同日表示计划裁减约四分之一英国境内员工，会波及46家零售商店及特许经营店，兼职和全职员工都受到影响。

受打击较为沉重的另一行业是时尚产业，这一产业受到的打击是英国整体行业受影响程度的两倍。时尚产业是英国的支柱产业之一，据英国时装协会官方数据显示，2019年，时装行业为国内生产总值贡献了350亿英镑（约合3 150亿元人民币），同比增长5.4%，增长率高于英国整体经济增长水平。此外，英国时尚产业提供了89万个就业岗位，规模几乎与金融业相同。因此，时尚产业就业环境的动荡对英国经济产生了较大影响。

为应对疫情，奉行“支持、保护和创造就业”政策，防止疫情对英国经济产生深远影响，英国财政大臣苏纳克7月23日宣布了总额高达300亿英镑的财政计划，包含支持青年就业、返岗奖励、提高房产印花税起征点、临时调降旅游等服务业增值税等一揽子支持措施。英国零售商协会首席执行官海伦·迪金森表示，虽然政府采取了一系列刺激政策，但这些措施能否提升消费需求还有待观察。

英国脱欧以来，政局不稳、经济下滑、社会动荡，英国北爱尔兰、威尔士等地还出现了强烈的分裂苗头。首相约翰逊被迫于2022年9月6日卸任，特拉斯任新首相。特拉斯是英国历史上第三位女首相。2022年10月20日，只当了45天首相的特拉斯下台，苏纳克被任命为首相。

在经济上，英国先是遭受了新冠疫情的打击，后来又遇到了俄乌冲突和能源价格上涨。在多重打击之下，英国的金融市场被重击，出现了严重的通货膨胀、国债危机等，致使英国经济严重虚胖，金融行业畸形发展，经济风险系数大大增加。同时，英国社会隐藏的矛盾逐渐凸显出来。英国经济不断下挫，前景惨淡。2023 年 1 月 31 日，刚刚上任不久的印度裔首相苏纳克执政连 100 天都没过就迎来了全英史无前例、超过 50 万人参加的大罢工。

在社会上，英国面临移民问题、种族歧视问题等。脱欧后，英国政府放宽了移民政策，导致移民不断增加。截至 2023 年 6 月的 23 个月内，有近百万人来到英国，是 2019 年的四倍。大量移民的涌入，引起了社会问题，使种族歧视问题趋于严重。2024 年 8 月，因为种族歧视问题，英国爆发了严重的社会骚乱，其范围涉及数个主要城市和地区。

脱欧后，不少民众多次举行要求重返欧盟的大规模游行示威。例如，2024 年 9 月 28 日，大批英国民众在伦敦举行“全国重新加入欧盟游行”，要求英国重返欧盟。

在对外政策上，英国紧跟美国到处耀武扬威，积极介入俄乌冲突，给予乌克兰大量支援，并不断制裁俄罗斯。2022 年 1 月，英国宣布向乌克兰提供 2000 枚 NLAWS 反坦克导弹，成为第一个开始向乌克兰提供杀伤性武器援助的欧洲国家。2 月下旬，时任英外交大臣特拉斯设立政府信息中心，负责对俄信息战。在俄罗斯对乌克兰发起特别军事行动后，英国国防部的情报披露变成“日更”，公布俄罗斯军队部署信息和行动计划。2024 年 7 月，英国工党领袖斯塔默担任首相后，更是不断升级加码对乌军事援助。

二、 21 世纪的德国

西欧最强大的国家德国统一后，经历过短暂的混乱，但之后经济发展很快，国力大增，迅速崛起。21 世纪初，德国继续进行改革，其经济发展取得巨大成就，继续保持欧洲第一强国的地位。

2008 年，由于受到全球金融危机的影响，德国经济下滑，出现了第二次世界大战后最严重的衰退。2009 年德国经济比 2008 年萎缩了 5%，公共预算赤字高达 772 亿欧元，占国内生产总值的 3.2%，出口和投资双双下降，经济相当脆弱。

此外，德国经济衰退有着深刻的社会历史背景。在政治上，21 世纪德国政治向右转，许多社会主义性质的政策逐步被废弃，例如传统的关心工人社会福利的政策，在提高生产力的借口下逐渐被削弱。工人的劳动积极性受挫，整个社会缺乏上进和创新的动力。

德国最引人注目的不仅有经济问题，还有政治改革和政坛变化。迈入 21 世纪，德国政治日趋保守，不仅影响德国经济发展，而且影响德国国际形象。21 世纪的德国出现了历史上第一位女总理——来自德国东部的物理学女博士安格拉·默克尔。默克尔是一位极右的总理，有“德国撒切尔夫人”之称。她与英国的撒切尔夫人一样，坚持反共立场。在国内，她执行新保守主义经济政策，减少政府对经济的干预，听任经济的无序发展。当全球金融危机冲击德国经济时，她采取的措施力度不大，导致德国经济不断滑坡。

在对外政策上，虽然冷战早已结束，但是默克尔仍然坚持冷战思维。为了取悦德国右翼势力，默克尔政府不仅在国内实行新自由主义政治经济政策，而且在国外反对社会主义国家和与西方意识形态不同的国家，并企图颠覆这些政权。

在对华关系上，默克尔以“民主”为借口，攻击中国的人权问题、版权问题和非洲政策。默克尔还把德中关系定位为竞争对手，2007年底，甚至在德国总理府接见了企图分裂中国的达赖喇嘛。这种做法引起了中国的强烈抗议，使中德关系走入低谷。她的对华政策也遭到了德国有识之士的反对，德国副总理兼外长施泰因迈就公开批评默克尔的外交政策，认为是作秀，是“橱窗外交”。

当然，默克尔政府并不是美国的附庸。在许多重要的国际问题上，默克尔要充当欧洲的领袖，因此不仅不完全同意美国的做法，还在一些问题上批评美国。例如在温室气体排放问题上，她坚持欧盟立场，不断批评美国自私自利的政策。2009年12月17日，默克尔在德国下议院发言时说，美国温室气体排放较1990年减少4%，魄力不够。默克尔还说，美国到2020年温室气体排放比2005年减少17%的承诺同样“魄力不够大”。

在欧洲，默克尔希望德国成为欧洲一体化的领导者。2008年全球金融危机爆发后，欧盟经济受到冲击，默克尔就积极活动。欧盟各国中，受影响最大的是希腊。危机爆发后，希腊国家债务曾被国际评级机构下调信用等级。希腊财政赤字严重，2009年为国内生产总值的12.7%，2010年预计为9.4%。到2009年12月底，公共债务已升至其国内生产总值的113%，2010年则达到120%。

希腊债务危机影响了欧盟经济的发展，特别是影响了欧元的稳定。默克尔认为这种情况如不制止，将发生拉丁美洲式的债务危机。为了保持德国在欧洲一体化进程中的领导地位，她非常关注希腊的经济问题，并进行了大量外交努力使希腊摆脱危机。

2009年12月10日，默克尔在布鲁塞尔欧盟峰会开幕时强调，欧元集团需要遵守欧盟在预算问题上的稳定标准，欧盟国家需要讨论如何维持欧元的稳定。在她的推动下，欧盟在这次峰会上提出了帮助希腊渡过危机的各种措施。在默克尔的领导下，德国在欧盟的地位已经超过法国，成为21世纪西欧最强大的国家和欧洲一体化的推动者。

然而由于德国曾经发动了第二次世界大战，人们对希特勒的暴行记忆犹新，历史问题往往与现实问题联系在一起，影响着德国政局的发展。2010年5月2日，德国总统克勒在一次未经宣布的、对德国驻阿富汗军营的访问后接受记者采访时说：“一个像德国这样依赖外贸的国家也应该知道，必要情况下应该用军事手段保证贸易渠道的畅通。”克勒的讲话使人们联想到德国法西斯的侵略，遭到了强烈批评。在舆论压力下，克勒被迫于2010年5月31日宣布“因言辞职”，但德国政坛的风波并未平息。

默克尔担任总理后，德国政治偏右，但是政局基本稳定。默克尔顺利赢得了2013年和2017年两次大选，连任总理。然而，进入21世纪第2个10年后，德国极右势力崛起，给政局带来了混乱。

2012年，欧洲经济危机仍然严重，德国国内要求退出欧元区的声音增加。德国极右势力抓住这一历史机遇，于2013年4月14日在柏林成立了“德国的选择”（AfD）党。该党以抛弃欧元为核心目标，要求德国退出欧元区、重启德国马克。该党成立后，成员迅速增加。2014年和2015年，欧洲难民危机日益严重，该党大力批判默克尔政府的难民政策，抛出反对接受难民、重设边境管控等政治诉求。这些要求得到许多德国选民的拥护，使该党的支持率不断攀升。到2017年，党员人数已经达到2.6万名，党外友人32.2万名，成了一个颇有影响的政党。2017年9月24日，德国联邦议院选举，该党得到了前东德六个联邦州的支持，在选票中获得21.5%的支持率，仅次于基民盟，成为前东德地区第二大政治力量。在萨克森州，该党还得到27%的选票，成为该州第一大党。在2017年的德国联邦议员选举中，该党得票率为12.6%，成为德国自第二次世界大战结束以来首个进入议会的右翼民粹主义政党。在2018年8月进行的民意调查中，该党的支持率首次超过执政党联盟成员之一的社会民主党。默克尔的声望下降，德国埃姆尼德市场和社会问题研究所一项民调结果显示，48%的调查对象认为默克尔不再是总理的最佳人选，46%的人认为她应该提前结束任期。

2018年12月，默克尔安排安妮格雷特·克兰普-卡伦鲍尔接替自己担任基民盟主席，为接班做准备。到2020年2月10日，由于基民盟在德国勃兰登堡、萨克森、图林根的3场州议会选举中得票率大幅下滑，特别是在2月5日图林根州议会选举州长时，"德国的选择"党在第三轮投票中没有投本党候选人，而投了基民盟与自由民主党（自民党）支持的候选人克梅里希。这次选举反映了德国政治环境的退化、极右民粹势力的兴起和发展壮大。"德国的选择"党在基民盟重要"票仓"萨克森州的得票率已经达到27.5%，仅次于基民盟的32%。这就导致德国主流政党内部产生分裂，卡伦鲍尔的领导能力受到质疑，默克尔的支持率也不断下降。默克尔不得不明确表示2021年总理职务到期后，她将淡出政坛，不再竞选基民盟主席。德国政坛的混乱和动荡，是欧洲民粹势力兴起、传统政党影响力下降的一个缩影。

这一时期德国经济虽然运转较好，但喜忧参半。2019年底，德国财政收入已经连续6年保持盈余，2019年，联邦、州、城镇和社会保险机构的盈余达498亿欧元，为国内生产总值的1.5%。居民消费仍然在持续增长，个人消费支出增长1.6%，较前两个年份明显增长。同时，德国房地产业、服务业和公用事业也在稳步增长，失业率稳定在5%左右。

但是德国经济发展存在许多问题。首先是全球金融危机和经济不景气的影响。其次，随着民粹势力在西方国家兴起，特别是特朗普当选美国总统后，推行"美国第一"和贸易保护政策，与德国经济摩擦不断。英国脱欧等因素又导致全球需求减少，给德国工业带来巨大冲击。特别是对在德国举足轻重的汽车工业影响最大，订单不断下降，加之受到欧盟排放法规升级、电动汽车兴起和美国加征关税的挑战，2019年汽车销量下跌5%。德国的出口行业整体表现低迷。2017年和2018年出口增幅分别是6.2%和3.0%，而2019年为3.8%。2019年德国经济在第一季度小幅增长0.5%后，第二季度即萎缩0.2%，第三和第四季度才止住了下跌势头。2019年12月，工业产出环比下降6.8%，制造业全年8个月出现订单量下滑，呈现2008年全球金融危机以来最严重的情况。对此，德国联邦经济部指出："工业发展持续低迷与生产订单数量的下降，表明德国经济面临下行的风险。"

德国采取了许多措施促进经济发展，包括加快了金融科技发展的步伐。2017年3月建立了德国金融科技委员会，专门研究数字技术在金融领域的应用。为了使德国成为欧洲第一金融科技公司，德国财政部还表示将强化工业界、科研机构与政界在数字金融领域的对话和实践，并改善其发展条件。由于有强大的工业基础和财政盈余，又坚持金融科技领先的发展策略，德国在应对新的经济挑战方面充满信心。

受到政局不稳和经济问题不断的困扰，社会问题也不断出现。首先是失业问题。德国虽然失业率不高，但存在失业现象。2019年德国经济表现总体欠佳，其中汽车工业下滑使德国国内生产总值损失0.75%。大众、宝马、戴姆勒等汽车巨头，以及博世、博泽等零件供应商，纷纷公布了裁员计划。失业必然会导致其他社会问题的出现，如失业者不满，产生刑事犯罪案件等。其次更为严重的是，失业问题与难民问题叠加，客观上为右翼势力的发展提供了温床。近年来，德国右翼势力抬头，种族主义和排外主义日渐猖狂，与之相关的刑事犯罪增多，成为德国社会安全的威胁之一。

从2012年到2019年，德国右翼极端思想指导下的暴力袭击事件不断增加。2019年上半年，涉及极右刑事案件的数量为8 605起。其中，363起为暴力袭击，造成173人受伤。2019年10月，德国中部的哈勒市发生一起右翼袭击案，一名武装分子杀死了两名路人，致伤多人。

2020年1月19日晚10点左右，德国黑森州哈瑙市两家水烟酒吧发生枪击案，造成11人死亡。不久，市中心和西部凯瑟尔斯塔特区又发生两起枪击案，造成9人死亡，多人受伤。犯罪嫌疑人边开车、边开枪，造成道路行人一片恐慌，次日当地一所学校和两所幼儿园宣布停课。经过警方调查，这些枪击案中的遇难者大多数是外国移民后代，其中5人是土耳其裔。嫌疑人之一托比亚斯，是一位坚定的排外主义者和极端民族主义者。此人在作案前一周曾发表过一段视频，鼓动受“影子政府”控制的德国和美国人民起来反抗，不要做奴隶、不要被主流媒体“洗脑”。他还在其他一些网站上散布流言，在信件中鼓吹德国人是最伟大的民族，应当保持纯正性，“对于无法融入的，就应当杀死他们”。

德国内政部采取了措施，打击这些种族主义和排外主义的犯罪活动。德国联邦政府于2020年2月19日提交了一份法律草案，拟严惩相关犯罪行为。由于全球右翼势力活跃，德国在打击种族主义犯罪上面临许多困难。同时，土耳其政府为迫使欧洲支持其叙利亚政策，威胁要开放边境让叙利亚难民从希腊进入欧洲。难民问题给欧盟带来挑战，也将对德国产生更大影响。如果难民问题不解决，德国的种族主义和排外主义活动将会更加猖狂。

2020年2月初，德国暴发了新冠肺炎疫情。到3月16日，累计确诊患者5 900人，死亡13人，死亡率维持在惊人的0.2%，而意大利的死亡率超过7%。德国总人口接近8 300万，但新冠肺炎感染率和死亡率都很低。德国公众和政府高度重视疫情防控工作。疫情暴发后，有的德国公众就自觉在家自我隔离。3月23日，德国政府出台最严格的“禁足令”，要求公众在未来两周内无必要不外出、禁止两人以上集会、关闭所有餐厅等。由于防控措施实施到位，加上德国有发达的全民社会保障体系，新冠肺炎疫情并未在德国引起高感染率和死亡率。

德国有非常健全的社会保障体系。2013年，德国共有50万张病床，空置率为22.6%，几乎11万张病床闲置。新冠肺炎疫情暴发前，德国重症监护室的空置床位总数常年维持在6 000张左右，承受意外医疗压力的能力非常强大。4月以后，德国疫情也在蔓延，但感染率和死亡率始终维持低位。

德国应对新冠肺炎疫情的举措取得了巨大成功，但疫情还是给德国经济造成了严重影响。德国一季度经济接近停滞，较上季度仅增长0.1%。二季度经济萎缩9.8%，是2008年全球金融危机以来跌幅的两倍。疫情也对德国劳动力市场和国家预算造成了相当大的压力，导致失业严重、国家财政紧张。面对新冠肺炎疫情对经济和社会的巨大冲击，德国政府迅速推出了一系列保障企业生存和就业的措施。2020年3月23日，德国财政部长舒尔茨宣布，联邦政府将拿出历史上最大的救灾计划，总额为1 560亿欧元，以弥补新冠肺炎疫情给企业和国民造成的经济损失。该方案包括针对小企业主发放临时性补贴、提供无限制规模贷款、启动德国复兴信贷银行（KFW）特别方案、实施短时工作制、简化失业金和补贴的申领程序和条件、禁止解除租房合同等。

上述措施的实施，收到了很好的效果。到7月初，德国疫情减轻，经济开始重启。每天新增确诊病例人数已经被控制在三位数，绝大部分患者被治愈出院。同时，绝大部分地区已经复工复产。

在疫情得到基本控制后，德国的政局出现了显著变化。默克尔颁布的严厉封锁措施及其他与防疫相关的政策没有为一些公众所接受，加上其他一些社会经济原因，她选择的继任者拉谢特在新一届大选中失败。2021年12月8日，奥拉夫·朔尔茨当选德国联邦政府总理。但是，在朔尔茨担任总理的几年间，德国在俄乌冲突中支持乌克兰、制裁俄罗斯，极大影响了德国经济的发展，德国经济萧条，社会问题不断，德国政局又出现动荡。2025年2月23日晚，德国联盟党总理候选人弗里德里希·默茨宣布赢得了新一届德国联邦议院选举。3月25日，德国联邦总统弗兰克－瓦尔特·施泰因迈尔向奥拉夫·朔尔茨及其内阁成员移交解职证明。奥拉夫·朔尔茨及其内阁成员将继续履职直至新一届联邦政府成立。

三、 21世纪的法国

法国在21世纪前十年的社会经济发展中取得了巨大成就。戴高乐派的希拉克长期执政，执行了一些社会主义性质的政策，使法国经济发展、社会稳定。但是社会福利政策花费巨大，导致工资成本增加、法国产品在世界市场上缺乏竞争力，经济发展受到影响。这一问题，长期困扰着法国。

对外，希拉克政府奉行独立于美国的外交政策，在伊拉克战争、巴以冲突等问题上不同意或不完全同意美国的做法。法国的独立外交赢得了世界人民的好评和尊重，但同时也遭到法国右翼人士的不断攻击。

在这种背景下，2007年5月大选，时任内政部长、执政的人民运动联盟主席尼古拉·萨科齐击败了希拉克，当选法兰西共和国总统。萨科齐是首位第二次世界大战后出生的法国总统，是具有革新精神的新一代法国公民。他的当选，表明法国将出现一个新的改革时代。

萨科齐当选总统后，立即就围绕存在的问题进行改革，涉及促进经济增长、降低年轻人的失业率、修改移民政策和解决社会问题等方面。

在经济政策上，萨科齐坚持维护工人的利益。他主张豁免对超时工作以及社会保险费用的征税；减征4%的税收等。改革的实施，将使法国国民增加680亿欧元的收入。为了缓和劳资关系，萨科齐政府要求设计一种新的单一劳动合同，雇员的权利将随着时间的延长而增加，这种灵活性将会鼓励企业主雇请更多的工人；还规定工人有权拒绝超时工作。

为了缩小贫富差距，特别是为了刺激经济发展，萨科齐政府禁止对高级管理人员实行“黄金降落伞”制。所谓“黄金降落伞”制，就是企业的高级管理层或离任的政府官员失去原来的工作后，在经济上可得到丰厚保障的一种制度。这种特殊的制度，在法国制造了一个特殊阶级。这种制度的废除，受到法国民众的欢迎，对于稳定社会、鼓励人民团结一致应对全球金融危机起了一定作用。

萨科齐没有因为提高经济效益而牺牲人民应享有的平等权利。在全球金融危机中，法国失业人数持续上升，社会需要新的工作岗位来满足年轻人的就业需要。但萨科齐还是继续将法国人的退休年龄维持在 60 岁，坚持每周 35 小时工作制，并未牺牲这些年龄较大的工人们的利益。萨科齐政府的这种政策，与世界上其他许多国家大量解雇年龄大的工人、要求提前退休等政策相比，是有远见的，也得到了法国人民的支持。

此外，萨科齐的一些改革是非常有创意的。例如出台办法，减少公共部门工作人员数量、提高公务人员的工资水平、降低政府的公共债务等。这些政策，都使广大人民感到欢欣鼓舞，产生了激励人心的作用。

在萨科齐的改革中，比较引人注目的还有移民政策改革。由于前殖民地多，从这些国家涌入的移民一直是法国难以解决的问题。为此，萨科齐进行了移民政策改革，主要是减少非法移民数量，实行选择性移民政策，以利于那些具备一定资格的工人进入法国。他认为应该设立专门的移民和国民身份认证机构，使国民身份认证不再被视为社会禁忌。这样不仅可以吸收法国经济发展所需要的人才，而且可以减少人民对政府移民政策的批评。

在福利政策方面，萨科齐为了经济发展的需要，对一些特殊部门实行了特殊办法。例如为了提高交通和能源部门员工的积极性，萨科齐政府对这些部门的退休人员实行更加优厚的养老金政策。当然，为了消除社会矛盾，政府也同时提高了其他部门工作人员的退休待遇。政府还通过了使全体国民享有房屋居住权的法案，对于任何没有住房的法国国民，政府将在两年内为他们提供居所。这种政策领先于世界很多国家，使法国经济发展的成果为全民共享。

在机构改革上，为充分发挥民主，避免政府官员滥用职权，萨科齐主张总统只能连任两届，避免形成个人势力而不利于民主的发展。作为补充措施，他同时主张扩大总统的权力，使总统有权直接在议会发表讲话。在议会改革上，他主张上院实行比例代表制，增强国会在修改政府议案方面的能力。为了提高政府的效率，他主张精简机构，把部长的数量控制在 15 名以内。

萨科齐在改革中强调教育是国家发展的根本，必须进行教育改革。在教育改革中，他主张给予教育机构更大的自主权。为了提高国民的文化素养，他还实行了一些公益性措施，例如参观国家博物馆全部免费等。

萨科齐进行的这些内政改革，都是针对法国长期沿袭、积重难返的弊病。从密特朗到希拉克，历届总统都曾想克服这些问题，但最终都无果而终。萨科齐大胆进行改革，并且得到了人民的支持，但也面临着许多问题与挑战。

首先，法国经济发展水平不高，综合国力持续下滑。在新兴市场国家经济迅速发展时，法国经济的发展相对缓慢，世界经济地位也不断下降。2010 年，法国国内生产总值在世界的排名从此前的第 7 位下降到第 17 位；法国人均财富的世界排名，也由 1995 年的第 5 位下降到 2006 年的第 13 位；目前法国的经济增长率仅为 1.4%，在欧盟各国中排名最低；法国的财政赤字在国内生产总值中所占的比重在欧盟国家中是最高的，失业率也长期徘徊在 10%的高水平上。

其次，由于法国国力相对下降，在欧洲一体化进程中，法国人要求保护国家主权，反对国家让渡更多的主权。2005 年 5 月，在全民公决《欧盟宪法条约》时，出于捍卫国家主权的考虑，法国人民否决了这一条约。这一结果不仅对时任总统的希拉克是一个沉重的打击，而且导致法国在欧盟中的地位受到严重损害。希拉克下台后，法国否决《欧盟宪法条约》所产生的影响仍然没有消除，萨科齐政府在欧洲一体化进程中不得不考虑法国人民的要求，不敢走得太远。因此，法国在欧洲一体化中的领导地位进一步下降。

最后，萨科齐上台后，经历过第二次世界大战的政治领导人已经纷纷退出历史舞台，这种情况使法国的政策失去了连续性。虽然萨科齐等年龄在 50 岁上下的新一代法国领导人富于改革与创新精神，但他们的资历很难同戴高乐、密特朗或者希拉克这样的领袖人物相提并论，在国际舞台上尚未被人知晓或熟悉，这就直接影响法国在国际事务中发挥作用。

萨科齐的改革，在外交领域也有所表现，但是很难与其内政改革相比。萨科齐的外交政策与希拉克的外交政策有所不同，他改变了希拉克时代独立于美国的外交政策，与美国建立“深厚、真诚、坚定”的伙伴关系，全力促进法美关系的改善，推动欧美关系的协调发展。例如在伊朗问题上，他保持与美国一致的立场，反对伊朗发展核武器，认为如果伊朗执意拒绝遵守联合国的决议，国际社会应加强对伊朗的惩罚性制裁。

不过，萨科齐在外交上并没有完全跟着美国走，在事关法国国家利益时，他还是会批评美国的做法。他说：“我想告诉美国朋友，他们可以依靠我们的友谊，需要的时候，法国将永远站在他们身边，但法国可以有自己的想法。”例如在气候变暖问题上，他批评美国，要求美国在温室气体的排放上承担更多的义务。

萨科齐的欧洲政策是加强法国在欧洲一体化中的作用。为此，他也采取了一些措施。例如要求法国有关部门向欧洲中央银行施加压力，降低欧元汇率，在有效遏制通货膨胀的同时刺激经济、增加就业率；他支持欧盟与土耳其就建立战略伙伴关系进行协商对话，但不主张土耳其可以获得完整的欧盟成员国资格；在全球金融危机的冲击下，他要求欧盟暂停允许新国家加入；他希望在 2009 年之前化解欧洲宪法僵局，要求简化欧洲宪法条款，这些条款包括延长欧盟委员会主席的任期、设立欧盟外交部部长、增加就司法及移民问题进行投票的国家数量、提升欧洲议会的权限、给予普通公民向委员会提交政策的权利等。但是由于受国内政策的牵制，他在欧洲一体化进程中不敢有更大作为。

在对华政策方面，萨科齐与前任相比有所倒退。希拉克执政时期，法中建立了全面战略伙伴关系，政治、经济和文化交流深化，双边关系处于最好时期。但萨科齐上台后却在对华关系上执行了错误的政策，在人权和民主问题、对华军售禁令解除以及承认中国市场经济地位等问题上，都反对中国。这使两国关系出现了倒退。

但是由于中国的强大，法国需要与中国进行经济交往，萨科齐政府需要改善与中国政府的关系。事实上，萨科齐个人与中国的关系是不错的。在当选总统前，萨科齐曾多次访华，与中国官方有着密切接触和良好沟通。他在竞选总统时，还聘请华裔做竞选顾问、主动亲近华人华侨、首开中文竞选网站等。萨科齐与希拉克等法国人一样，对中国有特殊的情感倾向。这些条件，有助于未来法中关系的改善。

法国选民对萨科齐的政绩并不满意。在2013年的总统大选中，弗朗索瓦·奥德朗获胜并担任总统。为了解决高失业率、高赤字问题，奥德朗开始对法国社会进行全面改革，提出了包括在金融、教育、医疗、社保、就业、国土安全、欧盟建设、司法等方面的“60条承诺”和具体工作细则。

在奥德朗政府的改革中，比较引人注目的是2013年通过了《同性婚姻与领养合宪法案》。该法案规定同性伴侣有权拥有合法婚姻、领养孩子和继承财产。但此项法案未涉及对女性伴侣生育的医疗保护，这被认为是美中不足之处。另外，还通过了关于允许“结束生命”的法案。该法案迈出了使“协助自杀”走向与“安乐死”平等地位的第一步。在其他方面，奥德朗的改革取得了一些成绩，但并不显著。如在降低失业率方面进展不大，直到2017年才首次出现下降。财政赤字在2016年下降到3.4%，没有达到合理数值3%，而国家债务也在逐年增高。

总的来说，法国舆论认为，奥德朗竞选诺言的实现度为38%。虽然他力图对法国社会、经济和国家安全政策进行全面改革，但颁布的法案要么后知后觉，要么执行力度不够，因此并未达到预期效果。而同性婚姻合法化、对抗恐怖主义袭击措施和劳工法等，遭到左派甚至整个法国的口诛笔伐。在2017年的大选中，他自知不敌年轻有为的前进党领袖马克龙，于是决定不参加总统连任选举，成为法国历史上第一位宣布不参加连任竞选的在任总统。2017年，马克龙赢得法国总统大选，就任后，立即对法国内外政策进行了深度改革。

在国内，马克龙走“经济向左、社会向右”的路线，对经济、社会和政治进行了结构性改革。在经济上，扶助私营部门，释放企业活力；在社会上，强调兼顾公平与效率、为企业松绑与保护劳动者并重，保留35小时工作制，下放劳资谈判权，提高职工收入，扩大失业保险范围，消除不同群体退休待遇差异等，但同时拒绝普遍发放低保工资、降低失业保险领取的最高额度，鼓励有劳才有获；在政治上，他超越党派之争重建道德规范，针对法国政坛分裂、贪腐、懒政现象，推出了《政治道德法案》，禁止议员兼任顾问、雇佣亲友，规定一人不得连续四届担任同一公职、减少议员人数、对总统和总理等高官实行年度政绩审核等。

马克龙总统的改革取得了一定成效。2017年法国经济同比增长2.3%，实现了欧债危机后的最快增长。2018年第三季度经济同比增长0.3%，失业率稳步下跌到9.1%，比上任初期下降了一个百分点。民众购买力增长1.4%，并持续增长。但是马克龙的改革只是在短期内削减民众福利、刺激经济发展，这种思路指导下的改革不可避免地触动了法国的福利制度，影响了部分人民的利益，特别是影响到广大中下层人民的收入和生活。法国是一个有工人阶级斗争光荣历史的国度，福利制度是近代以来法国人民多年奋斗取得的成果。在没有充分准备的情况下进行改革，难度之大可想而知。马克龙在进行劳动法改革时，就感受到了这种困难程度。

2017年9月，马克龙政府颁布劳动力市场改革法案，降低了个人所得税，提高了一般性社会缴纳金。这一法案公布后，引起了退休者不满。此外，马克龙在教育培训和失业保障领域等的改革箭在弦上，这些改革构成了对法国福利制度的重大挑战。

马克龙坚决反对保护主义，强调开放主义。他认为，推行保护主义政策将令本国的劳动力市场失去竞争力、在本国投资的企业成本增加，最终结果是冲击本国的经济。而开放主义是给劳动力市场松绑，增强其竞争能力。但他的这一政策遭到了法国劳工的反对，被指责为是对劳工权利的冲击，是给资本家送礼，压迫工人的生存空间和议价能力，伤害小雇员的个人权利以换来经济竞争力。马克龙的这些改革遭到了强大的工会组织的反对和抗议。

马克龙上台后，取消除房产税外所有资产的财富税、降低对工人的就业保护、削减住房援助、提高退休人员税率、反对提高最低工资等政策，在民众看来是给富人减税而给穷人加税，扩大了贫富差距。这对于法国人来说是不可接受的，许多民众认为马克龙"不理解穷人"，是富人的代表，工会的抗议活动不断。但是马克龙仍坚决贯彻其改革方针，拒绝向工会和示威游行者做出让步。因此，越来越多的法国人担心改革将以牺牲社会共识为代价，他们认为马克龙要为日益严重的社会分裂承担责任。

2018年，随着国际油价上涨，法国的柴油价格增加了20%左右，变得和汽油一样昂贵。欧洲的柴油车比较多，法国也不例外。政府同时调高了汽油和柴油税，并且打算在2019年进一步加税，将燃油税提高到0.65欧元，这使法国中下层人民受到严重打击。11月17日，为抗议政府加征燃油税，28万人参与示威游行，许多抗议者穿着"马克龙下台"的黄色荧光马甲，因而这次示威活动被称为"黄马甲"抗议活动，也被法国媒体称为"起义"。

据调查，70%的法国民众支持抗议者的活动。在不到三周的时间内，"黄马甲"运动持续升级，不仅在法国国内引发动荡，迫使马克龙临时召集内阁商讨对策，而且引发了荷兰、比利时等国家的抗议活动。这次"黄马甲"运动，是法国巴黎50年来最大的示威活动，持续多日，重创法国经济。为了挽回民心，马克龙被迫做出一些让步。12月17日，法国总理爱德华·菲利普公开认错。

在"黄马甲"运动的强大压力下，马克龙放慢了改革步伐。不少人认为，法国又走上了"未见成效-民众不满-政府妥协-经济不振"的老路。不过，虽然马克龙的民意支持率急速下跌，但他领导的前进党在国民议会中仍然占据多数席位，也还没有出现对马克龙总统职位构成威胁的新政治强人，因此马克龙的执政地位暂时稳固。马克龙从2019年开始推动全国大辩论，力图安抚底层民众，以获取他们的支持，继续其改革事业。

马克龙政府还面临反恐难题。全球金融危机爆发后，由于右翼势力兴起，国际局势发生激烈变化，法国民粹主义抬头。2016年特朗普当选美国总统后，法国民粹主义受到鼓舞，势力扩大。由于中东战乱不断，大量难民涌入欧洲，法国社会受到冲击，社会治安状况恶化，恐怖主义事件不断出现，持刀伤人事件时有发生。自2015年以来，巴黎、尼斯、斯特拉斯堡等地相继发生恐怖袭击事件，造成大量人员伤亡。据统计，从2015年到2019年，共有255名法国公民死于恐怖袭击。虽然政府出台了多项反恐法案和去极端化措施，但并没有遏制住恐怖主义活动。2020年初，法国接连发生了两起持刀袭击事件，民众对“独狼式”恐怖袭击的担忧日盛。

对外，马克龙政府全力推动欧洲一体化进程，对欧盟进行改革，推动欧盟的共同防务、货币和移民政策。他的目标是依托欧洲建设，重塑法国的大国地位。马克龙强调，法国只有依托欧盟，才能抵御民粹主义和极端主义，实现大国雄心。马克龙还将其“多极世界”理想融入欧洲建设中，希望法德重新“平起平坐”，成为推动欧盟发展的轴心，并加强与意大利、西班牙等国的联系，恢复欧盟内“权力平衡”。

但是，马克龙欧洲政策的推行并不顺畅。在国内，法国民众为马克龙欧洲政策改革开出的条件是，避免法国过度承担欧盟责任。法国人民坚持认为，欧盟的发展，不应是对自由化和民族国家的削弱，而应是对欧洲生活环境的维护和改善。他们认为，马克龙的欧盟政策势必会损害法国的利益。如在欧盟经费预算上，法国如果承担过多义务，势必削弱国内预算。从这一点出发，许多法国人强烈反对马克龙的欧盟政策。

在欧盟内，马克龙的政策遭到德国阻碍。在欧盟发展进程中，德国本是法国的最佳合作伙伴，特别是在意大利右翼政府上台后。但马克龙的欧盟政策并没有得到德国完全的支持，德国政府内部一些人士和德国舆论一直反对。德国支持马克龙关于欧盟27国共同防卫“永久结构性合作”（PESCO）计划，并同意对其中核心议题之一的欧盟劳务派遣制度大纲进行修改。但德国没有完全支持马克龙提出的“独立自主欧洲”的全方位改革计划。例如，德国并没有与法国就欧元区共同预算、欧洲难民署以及联合反恐机构的建立达成协议，而美国、英国和欧盟的中东欧成员国也并不支持法国的欧盟计划。例如在防务政策上，美国看重的是北约；英国脱欧后仍然是北约的一员，紧跟美国政策；欧盟的中东欧成员国对以德法为核心的欧洲防务系统信心不够，仍然依赖北约。因此，要理顺法国的内政、推动欧洲一体化并不是简单的事情，需要协调法国与德国的关系，并争取美国、英国和中东欧欧盟国家的支持。不幸的是，在此艰难时刻，法国也出现了新冠肺炎疫情危机，政府面临新挑战。

2020年1月24日，法国出现了首批3例新冠肺炎病例，给面临各种问题的马克龙政府增添了巨大压力。1月26日，法国政府召开了专门会议研究应对方案，立即启动“国家流感疫情预防与控制计划”，宣布法国进入抗疫斗争的第一阶段，时间从1月24日至2月28日。

1月31日，法国政府发布禁令，要求从2月2日起，确诊患者的密切接触者、在疫区停留过的有被传染风险的人员，无论是否出现病征，都要接受隔离。但多数民众认为这只是普通流感，并没有遵照禁令进行隔离，他们无所顾忌地上街和参加各种活动。工会仍然组织职工上街游行，抵制退休制度改革。疫情期间，“黄马甲”运动卷土重来。法国民众的各种聚集性活动加剧了疫情扩散，2月初至中旬，法国新冠肺炎确诊病例增至数百人。此后，疫情迅速在法国境内蔓延，使法国成为仅次于意大利的疫情第二严重的欧洲国家。

为应对日益严重的疫情，法国政府于2月29日宣布进入第二阶段防控（2月29日至3月15日）。3月8日，法国政府宣布禁止1 000人以上的集会，但示威、考试和搭乘公共交通不在禁止之列。3 月 9 日，法国新冠肺炎确诊病例数超过 1 400 例，其中包括部分国民议会议员和法国文化部长弗兰克·里斯特。由于防御措施并不严格，疫情继续扩大。

在确诊病例和死亡人数激增的情况下，法国政府宣布进入抗疫斗争的第三阶段（3 月 15 日至 5 月 10 日）。这一时期，法国政府对疫情进行了严格的防控。3 月 16 日，出台了“禁足令”。3 月 22 日，通过了《卫生紧急状态法案》，赋予政府应对新冠肺炎疫情的特殊权力，包括限制个人自由、征用各种物品和服务、允许政府通过政令形式公布各种措施应对疫情等等。3 月 24 日，法国成立了由 12 名研究人员和医生组成的“分析研究评估委员会”，为政府在治疗和检测新冠肺炎病毒方面提供建议。3 月 25 日，马克龙总统命令军队参与抗疫行动。由于“禁足令”、《卫生紧急状态法案》和其他各种措施的落实，法国新冠肺炎疫情蔓延势头逐步被遏制，确诊人数和死亡人数回落。

5 月 11 日，法国宣布疫情进入好转时期，政府根据疫情程度，把全国分为“红区”“橙区”“绿区”，先解禁“绿区”，然后视情况次第解禁其他地区。

通过上述措施，法国疫情防控工作取得了巨大成就，但疫情危机给法国经济和社会带来的损失也不容忽视。疫情暴发后，巴黎股市下跌 20%以上，3 月 9 日收盘时跌幅达 8.39%。受新冠肺炎疫情的影响，企业纷纷倒闭，法国经济活动下降 36%，其中工业和建筑业分别下降 43%和 88%，酒店业、餐饮业以及航空业更是陷入停滞状态。据统计，法国 2020 年第一季度国内生产总值环比萎缩 5.3%，第二季度较第一季度萎缩 20%。

疫情导致失业率猛升。法国 3 月份新增完全失业人数超 24 万，增长 7.1%，创历史新高，失业人数达 373.3 万，“部分失业”人数在 4 月份达到 1 020 万。

疫情使法国社会不平等的状况加剧。疫情暴发前，法国大约有 400 万人存在住房困难问题，其中 100 万人没有真正的个人住所。疫情暴发后，失业者和“部分失业者”的数量出现前所未有的增长，贫富差距进一步拉大，最贫困阶层中有 30%财务状况受损，而最富裕阶层中这一比例仅为 11%。贫富悬殊加剧了法国社会动荡。

为了恢复经济、稳定社会，法国政府前后启动了 5 000 亿欧元支持经济发展和社会救助。其中，经济救助计划总金额高达 450 亿欧元。此外，法国政府还向遭遇困难的企业提供 3 000 亿欧元的银行贷款担保，相当于法国国内生产总值的 15%，以避免企业因为缺乏流动性资金而倒闭。

在恢复经济的努力中，法国以发展本土制造业为核心，为卫生、农场食品加工、汽车制造、航空、电子制造等行业回流法国部署了路线图。发展汽车制造业，是实施这一路线图的重点。5 月 26 日，法国政府宣布了汽车产业振兴计划，为法国汽车制造业提供 80 亿欧元资金援助。同时，法国政府与法国国家名片雷诺汽车制造集团达成了 50 亿欧元的贷款协议，条件是雷诺必须停止在摩洛哥、罗马尼亚、韩国等国家建厂，集中在法国和欧洲生产电动车。此外，法国政府还重振制药业，将短缺和必要的药物生产链迁回本土，并将设立一笔 2 亿欧元的经费为制药工业提供基础设施资金，助力“法国制造”的成功。

除振兴制造业外，法国政府还有针对性地制定了帮助零售．餐饮等受疫情影响严重的企业复工复产的政策和措施：从 3 月 17 日起，这些企业可视情况暂停缴纳电费、煤气费和房租等；免除小型企业的税费；成立“团结互助基金”，为雇员 10 人以下、年营业额100万欧元以下、因疫情关门停业、营业额大幅蚀损的小企业提供资金援助。这些政策的实施，帮助零售、餐饮和其他小微企业渡过了难关，并促使实体店发展网络销售方式，进行了创新转型。从3月1日到7日，法国外卖商家数量较上一周增加5.4%，销售额增加6.2%，线上购物营业额高达1.64亿欧元，较上一周增加15.6%。

法国政府为稳定社会，加强了应对新冠肺炎疫情的社会救助，动用了大量财政资金用于社保开支，社保赤字增加达410亿欧元，打破了金融危机高峰期的纪录。此外，法国政府采取了一系列措施鼓励人们参加抗疫斗争，对奋战在抗疫前线的医护工作者和相关人员发放奖金，还表示新冠肺炎疫情之后将上调医护人员的收入。与此同时，政府也将给养老院工作人员、上门护理人员、抗疫期间工作的公务员（警察、军人、地方法官等），以及6.5万名国家教育工作者发放奖金。此外，政府提供240亿欧元为“部分失业”人员（兼职工、季节工、替工及短期合同工等）发放高于平常水平的失业补助，同时宣布紧急补助总数超过400万的“赤贫户”。上述措施极大地遏制了新冠肺炎疫情期间企业疯狂裁员的现象，缓和了社会矛盾。

5月中旬，法国政府为400万家庭发放了补助，还为新冠肺炎疫情期间因照看孩子而暂时停工的民众准备了相应的补贴。6月，法国政府特别拨出1.5亿欧元，向80多万生活困难的年轻人每月发放200欧元的补助。在法国官方继续发放社会补助的同时，社会机构也加强了社会救助。来自官方和民间的社会补助或多或少地弥补了人们受到的损失，避免其陷入绝境。

由于新冠肺炎疫情暴露出法国医疗体系的巨大漏洞，法国政府针对公立医院设施老化、医务人员短缺、管理不善、病床流失、护理人员工资偏低、负债累累等痼疾，于7月中旬出台了医疗体系改革方案，其目的是使改革后的医疗体系既能满足常规医疗需要，还能有效应对各种重大疫情。

在抗疫过程中，法国加强了国际合作：与欧盟成员国合作与交流，提议举行安理会五常特别视频峰会，开展国际合作与交流；同时与中国开展了卓有成效的疫情防控合作。在中国疫情的关键时刻，法国将17吨医疗物资运抵武汉。当法国疫情进入高峰期，正在紧张抗疫的中国也为其提供了大批医疗物资。由于法国政府在国内采取了有效的防控措施，并进行了卓有成效的国际合作，疫情逐渐缓解，经济得到恢复，社会趋于稳定。

2020年后，法国经济连续几年面临高失业率、财政赤字和巨大的社会保障支出等问题。2024年，法国的GDP增速仅为1.1%，远低于欧洲其他主要经济体。马克龙政府推行的养老金改革和劳动法改革遭遇了大规模抗议和罢工，导致社会矛盾加剧，法国街头游行罢工此起彼伏，法国政局跌宕起伏，玛丽娜·勒庞率领极右翼政党“国民联盟”崛起。

在2022年总统选举中，勒庞因得票率不及马克龙而落败，但2022年选举时差距已经很小。勒庞还把“95后”巴尔代拉推向前台，自己则在“幕后”把舵。目前，虽然勒庞本人陷入“挪用欧盟资金”官司，可能失去再次竞选总统资格，但极右翼势力已然成势，即便勒庞被定罪，还会有更多“勒庞式”代言人涌现。

法国政局的震荡，在2024年达到高潮。2024年伊始，马克龙政府此前推行的退休制度改革、新移民法案等多项措施即面临朝野巨大阻力，执政联盟内部裂痕扩大，总理伊丽莎白·博尔内被迫辞职。到2024年12月，依次有三位总理继任，他们是：年仅34岁的加布里埃尔·阿塔尔、资深保守派米歇尔·巴尼耶以及民主运动党主席弗朗索瓦·贝鲁。法国政坛一片混乱。

法国在国际舞台上也面临挑战，欧盟内部的结构重塑和法国在欧洲的地位变化，使法国的国际影响力削弱。此外，法国在俄乌冲突爆发后，给予乌克兰大量的经济和军事援助，使俄乌冲突不断升级。目前，在世界各国呼吁俄乌谈判、实现和平的情况下，法国仍然在给俄乌冲突拱火。2025年3月26日，马克龙宣布，法国将向乌克兰额外提供高达20亿欧元的军事援助。

四、 21世纪的澳大利亚

1996年澳大利亚自由党党首约翰·温斯顿·霍华德赢得大选，担任总理。在霍华德执政期间，澳大利亚政局稳定、经济繁荣。进入21世纪后，他连任总理直至2007年。

霍华德在任期间进行了政治和社会改革。他的主要政绩是推动议会通过了一系列有关枪支控制、土著土地所有权保障、限制工会罢工以及福利开支的法律。在难民问题上，他迎合国内保守主义思潮，采取民粹主义强硬立场，拒绝接受外国难民。2001年，有400名难民遭遇海难被挪威商船救起，霍华德却坚决不允许他们进入澳大利亚境内。虽然不少人权组织对霍华德的做法提出了批评，但是澳大利亚中产阶级却因此更加支持霍华德。

在经济上，霍华德政府成功应对了1997年东南亚经济危机，经济增长很快。1998年澳大利亚的国内生产总值增长4.8%，高于欧洲和美国，失业率降到了7.4%，通货膨胀率也控制在2%～3%的目标范围内。此后，经济持续增长，2005年增长率为3.2%，1997年至2007年，国内生产总值平均增长率为3.6%。

在外交上，霍华德政府紧跟美国，卷入了伊拉克战争。尽管起初澳大利亚国内反战呼声相当高，但由于澳大利亚在这次行动中没有任何人员伤亡，霍华德反而因此得到了更多的支持。

霍华德在任期内保持了澳大利亚的经济繁荣和政局稳定，但是其征收矿产资源税和生态环境税等政策引起了人民的不满，致使他的声望不断下降。在2007年的大选中，霍华德败北，工党领袖陆克文以高票当选总理。陆克文在任上成功应对了2008年全球金融危机，使澳大利亚经济保持了增长。但是他和霍华德一样，未能制定出令民众满意的矿产和生态政策，导致政府首脑频繁更迭。

2010年6月23日，总理陆克文因为征收矿业暴利税引起人民不满，工党多名资深党员开始“逼宫”，要求陆克文下台。时任副总理朱莉娅·吉拉德接任党首和总理职务。在2013年9月7日的大选中，吉拉德败北，执政党联盟领导人托尼·阿博特成为澳大利亚第29任总理，其政府由自由党-国家党联盟联合组成。2014年5月，阿博特政府新一轮财政预算案遭到人民强烈反对，支持率一路下滑。自由党一些议员强烈不满，要求阿博特下台。在2015年9月14日当晚进行的党首改选投票中，时任通讯部长马尔科姆·特恩布尔以54票对44票击败阿博特，成为澳大利亚总理。副总理巴纳比·乔伊斯被认定有澳大利亚和新西兰双重国籍，因此失去了担任澳大利亚联邦众议员的资格，澳大利亚执政联盟也就失去了议会多数地位。自由党内不少人对特恩布尔不满，内政大臣达顿两次要求特恩布尔下台。但在2015年8月21日和23日举行的两次党首选举投票中，达顿却输给了国库部长斯科特·莫里森，之后莫里森成为澳大利亚总理。

尽管澳大利亚政局动荡不宁，但是并未影响2010年到2019年其经济的发展。澳大利亚是一个资源供给型发达国家，其财政和国际贸易平衡很大程度上取决于矿业等资源产业的发展。2008年全球金融危机爆发后，为了复苏经济，国际市场需要澳大利亚丰富的矿产资源，这就为2010年后澳大利亚经济持续发展提供了条件。2015年，澳大利亚国内生产总值为1.08万亿澳元，排世界第十二位，人均国内生产总值51 642美元，排世界第五位。在发达资本主义国家中，澳大利亚是最先从全球经济衰退中复苏的国家。

不幸的是，2020年的新冠肺炎疫情减缓了澳大利亚经济快速发展的步伐。3月2日，澳大利亚出现首例人传人新冠肺炎病例。到3月28日，澳大利亚新冠肺炎累计病例达到3 378，确诊病例为3 192，死亡人数为14，治愈人数为172。受疫情影响，大量企业关闭，工人失业。在疫情最严重的时候，澳大利亚有130万人失业。在家庭支出下降12.1%的影响下，澳大利亚第二季度国内生产总值减少了7.9个百分点。交通服务、酒店、咖啡馆和餐馆的运营减少，民众的服务支出下降17.6%。

为应对疫情，澳大利亚关闭了边境，只允许常住居民入境，并强制隔离14天，其余非澳洲公民和非永久居民禁止入境。这种做法，被视为澳洲国内有史以来最严格的边境管控措施。澳大利亚在国内也采取了封闭管理等措施。为了抗击疫情、恢复经济，澳大利亚政府在3月推出了700亿澳元的支持计划，每两周给受影响企业的员工补贴1 500澳元，覆盖所有员工，包括临时工。到9月底，政府的工资补贴帮助了350万澳大利亚人。

这些举措缓解了疫情，有助于克服经济不景气的现象。但经济不可避免地出现了衰退。澳大利亚经济2020年第一季度下滑0.3%，第二季度环比萎缩7%，下滑幅度达到创历史纪录的高度，自1991年以来国内生产总值首次出现两个季度连续萎缩。新冠肺炎疫情引起的经济衰退，结束了澳大利亚数十年来持续的繁荣。从4月到8月，澳大利亚疫情得到缓解，生活和生产情况趋于好转，但疫情仍不断反复，9月又暴发了第二次疫情。各地都有疫情报告，其中9月28日维多利亚州酒店隔离计划失败，造成768人死亡和超过1.8万人感染。澳大利亚经济发展再度受到严重威胁。

澳大利亚的外交是在大国之间搞平衡，特别是在中国和美国之间搞平衡。一方面，由于在华有巨大的经贸利益，澳大利亚需要改善与中国的关系。据统计，2019年澳中双边贸易额为1 589.7亿美元，增长10.9%。其中，澳大利亚对中国出口1 039.0亿美元，增长18.3%，占澳大利亚出口总额的38.2%，提高4.0个百分点；澳大利亚自中国进口550.7亿美元，下降0.8%，占澳大利亚进口总额的25.8%，提高1.4个百分点。澳大利亚与中国的贸易顺差488.3亿美元，增长51.1%。事实上，澳大利亚和中国的经济已经深度捆绑。

另一方面，虽然澳大利亚在经济上依赖中国，但是在政治和外交上却力图与美国保持一致。在2020年的疫情中，澳大利亚紧跟美国，宣称“疫情由中国开始”，要求中国赔偿澳大利亚1 272亿澳元。

澳大利亚还是针对中国的“五眼联盟”主要成员之一。所谓“五眼联盟”(又名“五只眼睛”),是指二战后英美多项秘密协议催生的多国监听组织“UKUSA”(United Kingdom-United States of America Agreement)。“五眼联盟”由美国、英国、澳大利亚、加拿大和新西兰五国的情报机构组成,五国间谍联盟内部互通情报,共享从他国窃取的商业数据。

随着中国的崛起,“五眼联盟”的活动日益针对中国。五国加强合作,建立所谓“抵御中国干预的国际阵线”,而且还企图扩大成员国参与数量。自2018年初开始,“五眼联盟”成员国已经把中国在海外活动的各项情报同德国和日本等国分享。“五眼联盟”长期对外国政府、企业和人员实施大规模、有组织、无差别的网络窃听、监听、监控,公然违反国际法和国际关系基本准则。虽然澳中在经济上相互需要,两国关系也不会出现巨大变化,但是澳大利亚作为“五眼联盟”重要成员,一贯热衷针对中国开展间谍情报活动,破坏了澳中合作关系,势必会影响澳大利亚经济的发展。

在应对气候变化问题上,莫里森政府没有实施足够的改革,且错失了抓住清洁能源转型带来的经济机遇。在莫里森总理任期中,澳大利亚出现了旷日持久的森林大火以及导致大量民众受灾的洪水。面对这些灾难,莫里森政府应对不力。此外,2021年《联合国气候变化框架公约》第26次会议期间,莫里森因在气候变化问题上行动迟缓也引发民众不满。

在反腐败、政府诚信等问题上,莫里森政府也令人失望。2021年,澳大利亚单方面撕毁与法国的常规潜艇交易,转而与美国和英国签署“奥库斯(AUKUS)”协议,以至于法国总统马克龙怒斥莫里森是个“骗子”。在2022年5月21日澳大利亚联邦议会选举中,莫里森落败,工党获胜。尔后,工党领袖阿尔巴尼斯出任澳大利亚总理。

在2020年后,澳大利亚紧跟美国反华,大谈所谓“中国威胁论”。还带头呼吁调查新冠病毒的来源,矛头直指中国,导致双方关系开始降温,经贸合作受到影响。阿尔巴尼斯上台后,希望改善对华关系,从而提振澳大利亚经济。然而,澳大利亚在政治上反对中国,在经济上依赖中国,使阿尔巴尼斯政府的对华政策摇摆不定。

俄乌冲突爆发后,澳大利亚明确站在乌克兰一边,与美国和其他西方国家保持一致,共同对俄罗斯实施制裁,还给予了乌克兰大量武器装备和其他各种军事支持。但制裁俄罗斯,也损害了澳大利亚自己。

第三节 21世纪的欧盟

一、恐怖主义威胁与欧盟

恐怖主义是21世纪威胁全球安全的“政治瘟疫”,对欧盟各国产生了巨大影响。美国“9·11”事件以后,国际恐怖主义向欧洲蔓延,使一向被认为相对安全的欧盟成为遭受恐怖袭击最多的地区之一。其中,英国、法国受到的恐怖袭击最为严重,德国和其他一些欧盟国家也在不同程度上遭到了恐怖主义的侵犯。

英国由于积极配合美国在中东的战争，自然就成为中东恐怖主义组织重点打击的对象。2005 年 7 月 7 日早高峰，伦敦发生了著名的“七七爆炸案”。4 名受“基地”组织指使的英国人在伦敦三辆地铁和一辆巴士上引爆自杀式炸弹，造成 52 名乘客遇难、700 多人受伤。此后，恐怖主义一直威胁着英国。尽管英国分别在 2010 年、2014 年和 2016 年提高了反恐级别，并采取措施加以防范，但恐怖主义依然严重威胁英国社会的安全。例如 2019 年 11 月 29 日，恐怖分子又在伦敦桥持刀袭击路人，造成 2 死 3 伤。

法国的情况有所不同。在 2010 年前，法国遭遇的恐怖袭击主要来自本土。法国有广大的殖民地，二战后接纳了大量穆斯林移民。政府长期秉持“共和同化”政策，企图用“共和”文化理念同化穆斯林移民。但穆斯林移民并不接受，仍然信奉伊斯兰教。同时，穆斯林移民由于社会地位得不到改善、与法国的民族差异大，加深了对本民族宗教信仰的依赖，个别发展出了极端宗教理念，成为激进分子甚至恐怖主义者。

21 世纪第 1 个 10 年，法国受到的恐怖袭击并不严重。但进入 21 世纪第 2 个 10 年后，情况发生了变化。由于法国支持美国在中东的战争，还积极参与了对利比亚、叙利亚等伊斯兰国家的军事打击，恶化了法国与伊斯兰世界的关系，激起了法国穆斯林中激进分子对法国政府的仇恨。

当恐怖组织“伊斯兰国”出现后，法国本土的恐怖主义猖獗起来，连续发生恐怖袭击。在这些恐怖主义者中，虽然有与“伊斯兰国”存在联系的本土恐怖主义分子，但更多的是在国际恐怖主义猖獗的大环境下自发的国内恐怖主义者。法国遭受的主要是本土自发性恐怖袭击，由于这些恐怖分子与群众的区别并不明显，政府反恐难度增大。从 2015 年 1 月 7 日的“查理周刊事件”开始，法国的恐怖主义阴霾驱之不散，之后又发生了造成 129 人死亡、300 人受伤的“巴黎特大恐怖袭击事件”和 2016 年法国国庆节期间的“尼斯恐怖袭击案”。

德国的情况与英国和法国都不相同。在 21 世纪第 1 个 10 年，德国并没有受到恐怖主义的重大打击。从国际上看，德国在美国发动的中东战争中涉足不深，不是中东恐怖组织重点打击的对象；从国内状况看，德国人口最多的少数族群是土耳其裔，而历史上土耳其并不是德国殖民地。因此，这些土耳其少数族裔与德国本土居民没有太多的历史恩怨，德国本土没有恐怖主义产生的土壤。

但是进入 21 世纪第 2 个 10 年后，德国对土耳其政策的变化和接纳中东移民政策的实施激化了德国国内矛盾，恐怖主义威胁开始严重起来。德国境内有 300 多万土耳其裔，其中大量是支持土耳其的激进分子。德国对土耳其政策任何不友好的变化，都可能引起他们的不满，进而引发他们的恐怖主义行动。

2016 年，土耳其发生了反对雷杰普·塔伊普·埃尔多安总统的政变。政变被镇压下去后，作为回应，德国政府于当年 6 月通过一项决议，谴责奥斯曼土耳其一战期间对亚美尼亚人实施的大屠杀为“种族灭绝”。这一决议激怒了大量支持埃尔多安的土耳其裔德国人，他们走上街头进行抗议，还向土耳其裔国会议员发出了死亡威胁，德国恐怖主义分子活跃起来。在上述决议通过的 1 周内，德国本土出现了 4 起致命袭击，其中有 3 起是入境的难民发动的。

西欧其他一些国家也受到了恐怖主义袭击，如2011年7月22日，挪威首都奥斯陆与附近的于特岛发生了爆炸、枪击等暴力袭击事件，共造成77人死亡。其中8人死于奥斯陆爆炸事件，69人死于于特岛枪击事件，多数被击中头部身亡，两人因躲避枪击溺亡。又如，比利时东部城市列日市中心的圣朗贝尔广场于2011年12月13日发生手榴弹袭击及枪击事件，造成6人死亡、123人受伤。2018年5月29日，列日市又发生枪击案，造成至少3人死亡、数人受伤。涉案枪手被警方击毙，比利时当局将事件定性为“恐怖袭击”。

2003年12月，欧盟通过了第一份《欧洲安全战略》，将恐怖主义定为欧盟共同的三大战略威胁之一，统一各成员国的安全观。2004年3月，欧盟首脑会议发表《反恐声明》，强调遭遇恐怖主义紧急状态时的共同行动能力，表示欧盟25国将运用包括军事在内的一切手段，相互协助、预防攻击，并任命荷兰前内政副大臣德·弗里斯为反恐协调员。同年12月，欧盟通过了共同安全与防务政策维度上的反恐框架决议，逐步建立了欧盟的反恐机制。各国为了应对恐怖主义威胁，相继出台了各自的反恐怖主义法。例如“9·11”事件之后，英国通过了2001年《国家安全法》，引入了一系列前所未有的法律，包括限制公民自由和基本人权的内容，其中最明显的是可以在不经过指控和审判的情况下无限期拘留涉嫌恐怖活动的外国人。2005年伦敦“七七爆炸案”后，英国制定了2006年《反恐怖主义法》。法案将直接或间接煽动和鼓励恐怖主义、发行涉恐出版物和为恐怖主义正名的宣传活动（赞美、庆祝等）列为恐怖主义犯罪活动。2015年，英国进一步强化国安立法，新的《国家安全法》包含旨在便利执法部门直接打击恐怖主义犯罪、对可疑恐怖分子实施更快的护照扣押程序和临时排除令的新规定。法国和德国等国也都出台了各自的反恐法案。这些反恐法案虽然有利于欧盟各国的反恐斗争，但在客观上却削弱了欧盟的权力，不利于欧洲一体化深入发展。

最后，美国在中东进行的“反恐”战争，以及叙利亚战争和利比亚战争，引起了大量难民流离失所、涌向欧洲，导致了许多社会问题，使欧洲恐怖主义袭击事件增多。而欧盟各国在是否接纳难民的问题上政策不一，分歧严重。例如德国主张放宽对中东移民的限制，要求欧盟各国接纳中东难民，而匈牙利等国则反对。为了打击恐怖主义，欧盟采取了不少举措，但收效不大。在欧洲一体化进展缓慢的情况下，欧盟恐怖主义活动仍不时发生，难以消除。

二、金融危机与欧盟

2008年全球金融危机爆发后，欧洲经济陷入衰退。欧盟和欧元区经济增长分别降至1.4%和1.2%，不及2007年增速的一半。

英国是全球金融危机中除美国之外受打击最为严重的国家。金融危机爆发后，金融业立即受到影响。2008年11月，英国各大银行批准的住房抵押贷款数量约为1.78万笔，环比下跌14%，同比下跌60%。英国政府出台了包括减免印花税在内的一揽子房市救助计划，仍难以扭转住房市场的下滑势头。

到2008年1月底，英国失业人数已经连续10个月上升，总量达到186万，失业率达到6%，为1999年以来的最高水平。

这次金融危机还影响了英国与其他一些欧盟国家的团结。例如，英国各地方政府机关在冰岛的银行有8.42亿英镑存款，由于金融危机的打击，冰岛政府接管了该国的三大银行，并且拒绝承诺归还这些存款。作为报复，英国立即冻结了冰岛有关银行在英国的资产。为此，英国首相布朗与冰岛总理哈尔德互相指责，两国关系恶化。

金融危机爆发后，德国的情况也不比英国好多少。在金融危机的打击下，德国经济进入了停滞状态。2008年10月，德国政府已经把2009年的经济增长率从预期的1.2%下调到0.2%，但实际增长为零，失业人数从2008年的327万人增至330万。尽管德国政府也采取了各种救市计划，但是收效甚微。

法国受全球金融危机的打击也不轻，最重的行业是房产业、汽车制造业和法国的传统优势工业。在房地产市场，2008年第三季度法国建房许可证发放量同比下降23.3%，新房开工量同比下降8%，房贷发放总额比2007年同期锐减26.3%，新房销售量同比大幅下降40%；在汽车市场，2008年10月下旬，法国两大汽车制造商雷诺和标致雪铁龙相继宣布第四季度减产20%；法国的传统工业和其他工业情况也非常糟糕，2008年法国著名的香槟酒、干邑高档葡萄酒的出口都大幅下降，税收大幅度减少。

全球金融危机对意大利的打击同样明显。由于意大利是以加工工业为主的经济外向型国家，21世纪初，其出口一直迅速增长。金融危机爆发后，2008年意大利企业出口受到影响，2009年出口增长幅度持续放缓，国民经济陷入衰退。金融危机对意大利的影响更多表现在意大利人的心理和日常生活上。由于金融危机，意大利人心惶惶，2008年圣诞和新年期间的食品消费支出同比减少5%、玩具类支出减少10%、服装和节日礼品类支出减少20%、家庭装饰品支出减幅甚至达到25%。

为了应对金融危机的冲击，欧洲各国都采取了相应措施。

英国政府为防止经济出现大幅度下降，采取注资、贷款、担保、降息等多种措施，全力促进经济增长。

德国政府为恢复民众信心、抵御金融风险、避免实体经济遭受严重打击，于2008年10月17日通过了总额高达5万亿欧元的金融救市方案。在德国联邦政府推出的各种应急措施中，“16点方案”是最有力的救市计划。这一计划将补贴或救助的对象分为16类，由德国政府投资500亿欧元刺激经济增长和保障就业，其内容包括国家发展银行加大对企业的贷款力度、2009年底之前放贷规模要达到150亿欧元等。德国政府还通过了其他救市计划，包括增加对手工业者的补贴、将一年内的免税额度提高到1 200欧元、促进轿车消费等。德国政府规定，凡在2010年底前购买新车的，免征两年机动车税。加大对创新项目的贷款扶持，将研发的贷款额度由2007年的72亿欧元增加到2009年的100亿欧元；为新办企业特别是高科技创新企业筹措贷款。此外，还增加了老年职工、低收入者和临时工的特殊补助，从而带动社会消费。

在全球金融危机中，法国政府也采取措施，推出了总额为3 600亿欧元的救市计划，其中3 200亿欧元用作银行借贷担保，400亿欧元用作资本金向银行注资。法国应对全球金融危机的政策非常谨慎，政府一直强调要保持金融体系的稳健，因此各大银行的主要业务依然是储蓄，而不是投资及次贷。法国政府对银行的援助仅限于为法比合资的德克夏银行增资，而法国农业信贷银行、兴业银行等大型金融机构则主要依靠自身力量增加资本金，但是法国采取了其他一些措施帮助因信贷紧缩而陷入困境的中小企业和个人。

为了进一步应对金融危机，法国总统萨科齐还宣布政府将实施一系列新举措，其中包括成立战略投资基金、加大直接投资力度、加强对银行贷款的监管和税收减免等，以刺激濒临衰退的法国经济。战略投资基金将通过融资获得，主要用于帮助那些有可能成为他人兼并对象的重要法国企业。同时，政府将建立"全国企业贷款协调员机制"，确保中小企业获得所需贷款。法国政府还承诺，在未来三年内投资1 750亿欧元用于推动经济增长。

在意大利，为了稳定国内市场、促进居民消费信心，内阁于2008年11月底通过了总额为800亿欧元的一揽子救援计划，措施包括向本国信贷体系提供补助等。但是这些措施还远远不够，不能彻底解决全球金融危机给意大利带来的影响。根据意大利的情况，要走出全球金融危机的阴影，需要进行经济结构性改革，特别是改革僵硬的劳工制度和高税收制度。

金融危机对欧盟整体的影响更大。由于金融危机，欧盟的投资、消费和出口三项指标全面疲软。2009年，欧盟和欧元区经济增速已分别降至0.2%和0.1%，较2008年春季的预测值分别下调了1.6和1.5个百分点。在这次金融危机中，欧元受到很大冲击，欧洲金融机构蒙受的经济损失最大。

由于欧洲各国利益不同，很难形成合力共同应对危机，相互之间摩擦不断。虽然欧盟提出了各种克服金融危机的办法，并提出多项措施繁荣经济，欧盟委员会还在2008年11月底提出了2 000亿欧元的经济刺激计划，但是欧盟各国的分歧依然存在，情况更加复杂，这些蓝图、措施的实现充满了障碍。

欧盟各国经济刺激计划的实施需要大量资金，而大量资金的使用导致欧洲各国政府债务迅速攀升。从2007年到2010年，欧盟各国的债务平均上涨了20%。到2009年底，欧洲出现了"主权债务"危机。其中，葡萄牙、爱尔兰、希腊和西班牙负债率较高。

希腊是最先产生债务危机的国家，接着葡萄牙也陷入了债务危机的泥沼之中。由于欧洲各国经济脆弱，希腊债务危机的"多米诺骨牌效应"有可能使欧盟陷入整体的债务危机。这种情况迫使欧盟各国团结起来，共同迎击债务危机。欧洲27国财长于2010年5月10日决定成立一项总额高达7 500亿的欧元救助机制，用于帮助可能陷入债务危机的成员国，防止希腊危机蔓延，并达到维护欧元区稳定的目的。法国总统萨科齐还提出了建立欧元区"经济政府"的主张，他要求把"经济政府"办成一个由欧元区各国首脑参加的论坛，并与欧盟委员会和欧洲央行密切合作。欧洲理事会常设主席范龙佩也于2010年6月2日呼吁成立欧盟"经济政府"，以加强经济治理，避免新的债务危机。德国总理默克尔也提出要创设一个全欧盟27国共同决定经济和财政政策的机制。上述情形说明，全球金融危机正推动欧洲一体化深入发展。

全球金融危机的冲击使欧盟国家认识到团结起来共渡危机的重要性，也迫使欧盟各国在欧洲宪法等问题上做出妥协。长期未能获得欧盟各国一致批准的《里斯本条约》，最终获得通过并生效。

《里斯本条约》的前身是2004年10月欧盟25个成员国领导人在罗马签署的欧盟首

部宪法条约《欧盟宪法条约》。但这部宪法签订后，还需欧盟各成员国根据本国法律规定予以批准方可生效。如果得到各国批准，该条约应于2006年11月1日正式生效。

但《欧盟宪法条约》的通过并不顺利。虽然2005年1月欧洲议会全会表决批准，随后欧盟大部分国家也分别批准，但是由于担心被削弱国家主权，2005年5月29日法国全民公决否决了该条约；6月1日，荷兰全民公决也否决了该条约；此外，东欧一些新入盟的国家，如捷克，也反对该条约。

如果不对其中关于国家主权的条款进行修改，《欧盟宪法条约》是不可能获得欧盟所有成员国批准的。经过协商，2007年6月23日，参加欧盟峰会的27国首脑在布鲁塞尔就替代《欧盟宪法条约》的新条约草案达成协议。为了减少争论，新条约不规定欧盟盟旗、盟歌等可能使欧盟成为“超国家机构”的内容。在组织结构改革方面，新条约把欧盟最高权力机构欧洲理事会由当前的成员国首脑会议机制转变为固定机构，并设立常任主席一职。欧盟各国领导人还一致同意通过新条约设立一个名为“欧盟高级代表”的新职位，统管欧盟外交和安全事务，把欧盟中负责外交和安全政策的高级代表与对外关系委员的职责合并在一起，同时出任欧盟委员会副主席，并负责主持欧盟27国外长会议。

2007年10月19日，欧盟非正式首脑会议通过了新条约，结束了欧盟长达6年的制宪进程。新条约被称为《里斯本条约》，由于不再沿用“宪法”的名称而得到欧盟国家的认可。新条约的诞生将进一步改革欧盟机构，简化决策进程。根据条约，欧盟理事会设常任主席，相当于欧盟“总统”；还设立高级代表兼欧盟委员会副主席，相当于“外长”。

2007年12月13日，欧盟各国领导人正式签署《里斯本条约》，随后交由各成员国批准。各国签署后，该条约于2009年1月生效。但实际上，各国批准该条约的进程比预想的困难得多，有的国家仍然对有关内容不满。直到2008年全球金融危机爆发，这些国家的领导人才从发展本国经济的角度出发，认真考虑批准这个条约。

2009年11月3日，在全球金融危机依然严峻之时，捷克总统克劳斯签署《里斯本条约》。捷克成为欧盟27国中最后一个批准《里斯本条约》的国家，该条约终于生效。但欧盟并没有顺利走出金融危机，相反出现了政治混乱的局面。

金融危机爆发前，欧洲各国左翼政党长期执政，标榜“民主”、奉行“福利”政策。但在金融危机中，欧洲各国左翼政党为筹措救市基金和经济刺激资金，被迫进行改革，加大国家对经济干预的力度。欧洲政治逐步从“民主”向“威权”发展；同时，福利制度改革引起人民不满，导致各国社会不稳、政局混乱。

2009年，冰岛政府因金融危机下台。2011年，由于债务危机，爱尔兰、葡萄牙、希腊、意大利、西班牙和斯洛文尼亚发生政治危机，先后更换了政府。比利时因为政党斗争激烈，从2010年6月议会选举到2011年12月6日首相选出前的541天，出现“无政府”状况。欧洲政坛中左翼政府纷纷下台，而中右翼政党甚至右翼政党先后上台，政治一片混乱。

在金融危机中，欧盟体制机制存在的问题不断暴露，其中最明显的是领导机构权力软弱、各国主权关系不平衡，以及大国与小国的关系不顺。

在金融危机期间，欧洲各国的国内政策基本由欧盟大国决定。例如，关于“欧债问题”的相关决策基本上是由德国总理默克尔、法国总统萨科齐、欧盟理事会主席范龙佩、欧盟委员会主席巴罗佐、欧洲央行行长德拉吉（及其前任特里谢）、国际货币基金组织总裁拉加德（及其前任卡恩）、欧元集团主席容克等人做出。由于欧盟机构权力不足，这些决策不能很好地执行，成了一纸空文。欧盟各国国情不同，在金融危机中需要各国政府采取不同的应对政策才能克服危机。但各国受限于欧盟条约，不能行使相关主权，制定符合本国国情的政策和实行相应措施。例如，受“欧债危机”影响最严重的南欧国家由于加入了欧元区，无法通过使本国货币贬值的政策来缓解危机，损失严重。这种情况导致了欧盟内部的矛盾和斗争，削弱了欧盟的凝聚力。如果欧盟领导机构的权力与各成员国的主权关系、欧盟大国与小国主权关系不理顺，欧洲一体化进程将会非常艰难。

三、英国脱欧对欧盟发展的影响

英国脱欧对欧盟产生了巨大影响。英国早就心怀二心，脱欧的声音不断出现。在金融危机打击下，英国与欧盟的关系日渐疏离。在英国，脱欧派逐步占了上风。经过全国公投和与欧盟的一系列谈判，英国成功于2020年1月31日脱欧。英国的脱欧，削弱了欧盟的力量，并在欧盟国家内引起了混乱。欧洲一体化进程遭遇空前的挫折：欧洲一体化从概念到内涵，都发生了变化。英国不再是欧洲一体化的参与者，欧洲一体化只是欧洲大陆的一体化。此外，现存欧盟的扩大进程也放慢下来。

欧盟成立后曾多次扩员，从最早的6个成员国扩大到了现在的27个。其中吸纳国家最多的一次是2004年10月，塞浦路斯、捷克、爱沙尼亚、匈牙利、拉脱维亚、立陶宛、马耳他、波兰、斯洛伐克和斯洛文尼亚等10国加入了欧盟。但欧盟的一些国家并不满足，它们从地缘政治安全的角度出发，希望将苏联时代中东欧的“卫星国”全部纳入欧盟，以保障自己国家的安全。尚未加入欧盟的一些中东欧国家，阿尔巴尼亚、波斯尼亚和黑塞哥维那、马其顿、土耳其、冰岛、科索沃、塞尔维亚、黑山共和国和摩尔多瓦等也出于经济、社会问题，以及与苏联的历史关系考虑，希望加入欧盟。

英国脱欧后，欧盟要不要扩大、如何扩大，成为欧盟面对的棘手问题。英国脱欧给欧盟带来的教训非常深刻，为避免重蹈覆辙，欧盟吸纳新成员国会更加慎重。加上难民问题、民粹主义抬头、对俄罗斯进行制裁而引起的欧盟与俄罗斯关系问题、欧盟长期预算问题、全球气候变化，以及欧盟与传统盟友美国关系的变化等因素，欧盟在接纳新成员国上分歧加剧，难以达成一致，内部要求“打扫干净屋子再请客”的呼声日益高涨。一些欧盟成员国反对盲目扩大，要求在接纳新成员国以前，首先要理清欧盟自己的需求，考虑自身利益；其次，只有在申请国满足入盟条件后，才能启动谈判。不能像过去那样，先开启谈判再说，一谈就是许多年，毫无结果。

在欧盟扩大问题上，欧盟国家分为了两派。以法国、荷兰和丹麦为首的反对派主张宁缺勿滥，慎重扩大；而支持欧盟扩大的德国、意大利和中东欧国家主张开启与申请国的谈判。两派激烈交锋，各不妥协。在2019年10月的欧盟峰会上，法国总统马克龙坚决反对开启与马其顿和阿尔巴尼亚的谈判，荷兰和丹麦坚定地支持法国。它们的反对理由是：经验表明，一些成员国在条件不够时就被匆匆接纳进欧盟，非但没有给欧盟带来生机与活力，反而在金融、财政等方面给欧盟增加负担，消耗欧盟的力量。它们要求在今后申请入盟的谈判中，增加对政治因素和可逆性的考虑，防止出现仅仅出于地缘政治原因而匆忙扩大的现象。此外还有其他考虑，例如，欧盟扩大必然会压缩俄罗斯的战略安全空间，恶化欧盟与俄罗斯的关系。而许多西欧国家与俄罗斯的经济贸易联系日益密切，并不愿因欧盟匆忙扩大而恶化与俄罗斯的关系。

欧盟高层希望吸纳西巴尔干国家，为此2020年2月欧盟机构领导层强调“地缘政治与共同价值观”，并提出了一份长达6组35章的“申请报告”，包含政治、经济、社会、司法、外交、国防等领域数十项指标，要求申请国“照镜子”，按照要求逐项填报，“成熟一项，谈一项”。3月24日，欧盟成员国达成协议，同意启动阿尔巴尼亚和北马其顿的入盟谈判。但是英国脱欧使欧盟建立“日益紧密的联盟”的目标蒙上阴影，削弱了欧洲一体化推进动力。加入欧盟的新规定苛刻，对阿尔巴尼亚和北马其顿来说，要达到这些目标实非易事，其入盟谈判将会持续很长时间。

四、新冠肺炎疫情与欧盟

2020年突如其来的新冠肺炎疫情使欧洲一体化遭到了更为严重的挑战。疫情最先从意大利开始。2020年2月24日，意大利累计229人确认感染新冠肺炎病毒，其中6人死亡，2人治愈出院。接着，欧洲各国先后报告发生疫情，其中西班牙的疫情较为严重。据统计，3月17日西班牙新冠肺炎单日确诊病例数增加1 987例，累计确诊11 748人，死亡533人，治愈出院1028人。到3月19日，欧洲新冠肺炎疫情继续蔓延：意大利单日新增确诊病例5 322例，累计确诊病例突破4万，死亡人数达到3 405人；西班牙累计确诊达到17 147人，单日新增确诊3431例；德国和法国累计确诊病例数分别超过1万例；英国累计确诊3 269例，单日新增643例；瑞士、荷兰、奥地利、比利时、挪威、瑞典、丹麦等国累计确诊人数过千，每天新增确诊病例都在百人以上；葡萄牙、捷克、爱尔兰、卢森堡虽然累计确诊人数在千人以下，但每天都以三位数的速度增加；保加利亚和塞尔维亚确诊人数当日首次破百。到4月初，欧洲新冠肺炎确诊病例累计已超过10万。

在疫情中，欧洲多国政要感染了新冠肺炎。3月19日，摩纳哥元首阿尔贝二世亲王新冠肺炎病毒检测结果呈阳性，成为全球首位被确诊的国家元首。同日，负责英国脱欧事务的欧盟首席谈判代表巴尼耶检测结果也呈阳性。3月27日，英国首相鲍里斯·约翰逊也感染了新冠肺炎。

严峻的形势迫使欧洲各国重视疫情防控工作，纷纷出台严厉措施，宣布进入“紧急状态”或“封城”。如葡萄牙总统德索萨3月18日宣布全国进入紧急状态，为期15天，这是葡萄牙历史上首次实行全国紧急状态；从19日开始，英国国内疫情较严重的伦敦关闭部分地铁站；许多国家还重新启动边境管控。疫情不仅是对欧洲各国公共卫生安全的极大挑战，也是对欧洲一体化的严峻考验。在疫情防控中，各国推行维护本国主权和利益的政策，欧洲一体化进程受阻。

首先，欧盟国家内部出现经济救助方案之争。为了经济整体发展，欧盟需要对经济受到重创的成员国进行援助。但在如何进行援助的问题上，欧盟内部产生了分歧。

德国、荷兰等国提出用“欧洲稳定机制”来救助困难国家。不过，通过这个机制得到贷款需要满足严格的条件：必须执行严格的财政紧缩政策；实行彻底的经济改革，确保欧元区整体经济平稳，防止被负有重债的国家拖垮。这种援助条件与2012年欧盟援助希腊的条件一样。当时希腊遭受严重债务危机，为了获得贷款接受了欧洲稳定机制的条件。但接受这些条件后，希腊经济复苏变得更加困难。此后，希腊强烈反对欧洲稳定机制，希腊国内甚至出现了要求退出欧盟的呼声。这一事件使希腊等南部重债国家与德国等北部富裕国家之间出现了尖锐矛盾，意大利、西班牙等国不愿重蹈希腊覆辙，因此对德国和荷兰等国提出的经济援助方案加以拒绝。

意大利、西班牙等国提出希望发行“新冠债券”以分担风险。对德国和荷兰来说，这意味着共同举债，是不可接受的。它们不愿意和意大利、西班牙等南欧重债国家一起借贷，因此坚决抵制。后来经过激烈的辩论和讨价还价，各国财长终于在4月9日就一揽子刺激经济的救助计划达成协议，两周内提供欧洲稳定机制信贷额度，增加欧洲投资银行的贷款额度，以及欧盟委员会提议的1 000亿欧元失业保险计划。这些措施涉及的资金约为5 000亿欧元，经济援助问题暂时达成一致。

其次，“新冠民族主义”阻碍欧洲一体化发展。新冠肺炎疫情暴发后，欧洲各国为自救采取了封闭边界等措施，出现了所谓的“新冠民族主义”。疫情严重的意大利要求欧盟启动民事保护机制，呼吁欧盟各国支援意大利医疗装备。但当欧盟委员会发出呼吁后，竟没有一个欧盟国家响应号召向意大利提供抗疫援助。由于“新冠民族主义”作祟，欧盟各国在预算上，特别是在援助各国的资金问题以及欧元区的统一财政刺激措施上，都难以达成一致。欧盟各国在边界管控、区域隔离等方面都存在着较大政策差异。如意大利、西班牙和部分中东欧国家彻底封城关境、切断通航路线，而法、英、瑞典等国则迟迟不愿大范围封城和限制交通出行。成员国在国家主权的考量下难以达成充分团结，导致欧盟各国出现了各自为政的局面。

在“新冠民族主义”的驱使下，欧盟不少国家推行保护主义政策。疫情暴发前，欧盟已经形成了依赖贸易、人员与服务自由流通的单一市场，形成了较为固定的工业体系和产业链。在疫情期间，各国因缺乏完整的制造防护物资的能力，根本无法满足本国的物资需求，只得依靠进口。而欧洲小国众多，很多国家的进口渠道都必须经邻国边境。由于各国都只顾解决自己的燃眉之急，出现了“争夺”防护物资的情况。例如，3月11日，德国汉堡海关扣押和没收了瑞士从中国订购的装满手术手套的集装箱。虽然德国后来归还了这些抗疫物资，但却影响了瑞士的抗疫防护工作，使两国之间产生矛盾。又如法国为了自身需要，取消了英国在法国一家企业的口罩订单。疫情期间，欧盟各成员国各自为政，“自保”成为各国防疫活动的核心，欧洲一体化流于形式。

“新冠民族主义”使各国右翼势力更加活跃，“疑欧”浪潮再次兴起。各国极右党派和民族主义者将难民和少数民族群体描述为病毒传播源，呼吁对难民入境和自由迁徙加大限制，号召民众反对移民。右翼民粹势力还借疫情蔓延和难民问题升级打击民众对欧盟及欧洲一体化的信心。意大利极右翼领袖萨尔维尼更以防止疫情传播为借口，企图阻止非洲难民船停靠西西里。萨尔维尼还主张对欧盟其他国家封闭边境，他公开表示，希望将“封闭”扩大至整个欧洲。希腊保守的执政党新民主党也借机建造封闭营房对难民实行集中隔离。在法国，右翼领导人玛丽娜·勒庞利用疫情传播现状大力游说政府关闭对意边境。在奥地利，极右翼政党自由党呼吁关闭边界。德国和西班牙的极右翼团体也有类似反应。欧洲“新冠民族主义”的产生，给欧盟领导人敲响了警钟。为避免疫情带来的公共卫生危机上升为政治和经济危机，欧盟和欧洲各国领导人开始在防疫和经济发展之间寻找平衡点，以推动欧洲一体化继续发展。各国首先需要团结一致防控疫情，在此基础上才能谈经济发展。

欧盟为了防控疫情采取了许多措施，出台了一系列刺激经济发展的政策。早在2月25日，欧盟委员会就公布了总额达2.32亿欧元的一揽子计划，支持应对新冠肺炎疫情。其中1.14亿欧元用于支持世界卫生组织的全球应对计划，支持公共卫生系统薄弱的国家进行相关建设，另有1亿欧元用于与疫情有关的医学研究工作。

3月18日，欧盟委员会成立了不同成员国流行病学家和病毒学家组成的新冠肺炎专家顾问小组，负责科学制定欧盟内部应对新冠肺炎疫情的指南，并协调各种风险管理措施。该顾问小组由欧盟成员国授权成立，欧盟委员会主席乌尔苏拉·冯德莱恩及欧盟卫生与食品安全专员斯特拉·基里亚基德斯将担任共同主席；通过欧盟跨境公共卫生威胁决策机制，加强成员国之间的信息共享，强化实时监测和反应协调能力，在欧盟层面形成统一的应急管理系统；还通过欧洲疾病预防与控制中心、欧洲药品局等欧盟机构向民众和各部门提供专业化指导等。到3月中旬，欧盟已通过欧洲急性传染病应急平台协调了超过3 000家医院和900个实验室，加强对新冠肺炎的临床研究工作。经过艰苦努力，疫情防控取得明显成效，到6月，欧洲疫情得到缓解。6月30日，欧洲理事会宣布欧盟27个成员国达成一致，从7月1日开始，准许15个国家的公民进入欧盟国家。

疫情好转后，欧盟委员会立即加强了刺激经济发展的政策制定工作。到7月18日，欧盟召开峰会。在峰会上，各方斗争激烈，谈判异常艰苦。谈判的焦点集中在“恢复基金”问题上，各方分歧主要集中在资金总额、拨款额度和资金监管三个方面。荷兰、丹麦、瑞典、奥地利等出资较多的国家主张削减“恢复基金”的总额及拨款额度，并提出法制改革等附加条件；波兰和匈牙利等东欧国家反对将救助资金与法制改革挂钩。

经过艰苦谈判，7月21日终于达成协议，通过了欧盟史上最强的经济刺激计划。按照协议，欧盟2021年到2027年的长期预算金额为1.074万亿欧元，在预算基础上设立总额7 500亿欧元的“恢复基金”，这使欧盟能使用的资金规模达到了1.82万亿欧元。“恢复基金”的通过，是欧盟的历史性胜利。该基金将向受疫情打击最为严重的国家提供贷款，对欧盟和欧元区的经济恢复有利，从而为欧洲一体化带来活力。

但这次峰会的成果只是疫情好转后欧盟在一体化道路上迈出的第一步，到11月，欧盟各国疫情严重影响了社会经济发展，“新冠民族主义”仍然猖獗。在这种情况下，多个欧盟成员国内部的“疑欧派”力量增强，民粹主义抬头，对各国政府形成巨大压力，加大了欧盟层面施政的难度。因此，如何顺利实施经济刺激计划、维护内部团结、持续推动欧洲一体化进程，是摆在欧盟面前的重要课题。同时，欧盟并不是一个完全的主权实体，各国有自己的国家利益，希望保留更多国家主权。欧盟和各国的权力关系还没有理顺。此外，西欧与中东欧在“法治”和“价值观”上的分歧依然存在。因此，要实现欧洲一体化仍然面临重重困难。

英国脱欧后，欧盟内部矛盾不断积累。传统的南欧与北欧成员之间的发展程度存在差异，欧盟中的原苏联成员和前经互会成员大多较欧盟老成员国更亲美更仇俄。这些矛盾影响了欧盟的团结。而法国、德国等欧盟主要成员国内部政治极化、执政权威弱化，影响了欧盟的发展，使欧盟在军事、经济、社会治理、外交等方面陷入困境。

在军事上，欧盟各国在国防上的投入远远不足，更多依赖北约。

在经济上，欧盟陷入发展停滞之中。欧盟内部各国在产业政策上“各自为政”，缺乏统一的科技投资和创新战略，导致产业结构失衡。在当前的科技革命中，欧盟已经失去了领跑者的位置。

在社会治理上，欧盟面临着巨大挑战。高福利政策让部分欧洲国家陷入“懒人经济”，导致劳动力市场活力下降，青年失业率居高不下。此外，移民问题、社会安全问题加剧。

在外交上，欧盟不断挑战俄罗斯。俄乌冲突爆发后，欧盟全力支持乌克兰，使俄乌冲突不断升级。到 2024 年 12 月 31 日为止，欧洲各国政府对乌克兰提供了超过千亿欧元的援助。

目前，欧盟面临法德两国政局不稳、俄乌冲突延宕、中东局势持续升级和特朗普政府上台对欧政策的变化等一系列挑战。美国特朗普政府上台后，挥舞贸易保护主义大棒，宣布对全球贸易伙伴征收所谓“对等关税”，欧盟亦未获豁免。为了发展，欧盟急需调整政策，需要加强欧洲团结、巩固欧洲战略自主权、加大对能源领域的战略投资、推动欧盟国防工业现代化、调整对外关系等。这些变化，使中欧关系意外迎来转折点，中国以开放的姿态，加强中欧经济联系，推动中欧关系迈入新纪元。

第四节　21 世纪的日本

一、内阁的快速更迭

世纪之交，日本经济处于低谷。到 21 世纪初，日本经济有了复苏，但政坛不稳、变化频繁。从 2002 年到 2010 年，日本经历了小泉纯一郎、安倍晋三、福田康夫、麻生太郎、鸠山由纪夫和菅直人六任内阁走马灯式的更迭。

日本政坛不稳的原因主要是外交政策不适应和平、发展与合作的时代潮流，以及政坛丑闻不断。在外交上，日本政府缺乏反省，恶化了与亚洲国家的关系；支持美国在伊拉克等地发动战争，遭到世界人民、亚洲人民和大部分日本人民的反对。在内政上，丑闻不断，影响了政府的形象。

2002 年 2 月，小泉纯一郎上台，实行了一系列内政改革措施，以振兴日本经济、稳定日本社会。改革的重点是经济，很快取得了成效。小泉上台前，日本国民经济增长率为−3.3%，他上台后扭转了这种情况，使经济增长率达到了 1.6%。小泉还进行了日本邮政民营化改革，2005 年基本实现这一改革目标，但是外交政策损害了小泉内阁的形象，并使其付出了沉重的政治代价。

美国发动伊拉克战争后，小泉一改日本过去反对向伊拉克动武的态度，积极支持美国入侵伊拉克。2004年1月，日本政府决定派遣自卫队前往伊拉克。这一做法遭到了阿拉伯国家的反对。2004年10月，在伊拉克的香田证生等人被绑架，恐怖分子提出“日本自卫队从伊拉克撤退”的要求，但被小泉坚决拒绝。之后，人质香田证生被杀害。这一事件的发生成为其内阁倒台的主要原因之一。

小泉内阁的亚洲政策很重视改善与朝鲜的关系。2002年9月，小泉前往朝鲜访问，希望通过这次访问实现与朝鲜关系的正常化。2002年9月17日，小泉赴平壤与朝鲜民主主义人民共和国国防委员会委员长金正日进行了首次首脑会谈，签署了《日朝平壤宣言》，同时成功地带回了历代日本内阁没能带回的被朝鲜绑架的5名人质。但由于各种原因，日本与朝鲜关系的改善并没有取得突破性进展。

在小泉当政时期，日中关系的发展充满荆棘。其中最重要的原因是小泉在历史问题和战争罪行上不肯认真反省，多次参拜靖国神社。小泉还努力推动日本军事、政治大国化，使日本极右翼势力有重新抬头的迹象。这些做法使东亚地区的政治关系日趋紧张。小泉的亚洲政策不得人心，遭到中国、韩国的反对，其国内人民对此深为不满。2006年9月22日，安倍晋三取代小泉成为日本首相。

安倍上台后，国内政策有了很大的进步。他主张要“制定符合日本国情的旨在开拓新时代的宪法、奉行开放的保守主义”，对教育进行“彻底的改革”，“建立能够被世界信赖和尊重的、得到世界爱戴的、具有领导能力的、开放的国家”，“要向世界显示日本的魅力，发挥日本的特长，积极为世界做贡献，培养能活跃在世界各地并具有奉献精神的日本人”。他的政治改革强化了内阁的领导作用，建立了以首相官邸为主导的领导体制，重组了政府行政机构。在改革中，他强调要充分发挥民众的活力，建立高效的小型政府。

但是安倍的对外政策比小泉政府还要糟。安倍是日本著名的鹰派政治家，他上台后强调要强化日美同盟，推动与美、欧、澳、印等拥有“共同价值观”的国家之间的对话；确保能源安全；使日本成为“世界上负责任的、发挥积极作用的国家”；为“走出战后体制，开辟新的未来”而努力。同时，安倍采取措施，不遗余力地为使日本成为政治大国，特别是成为联合国安理会常任理事国而努力。他表示，只有在实现上述目的的前提下，他才会努力在亚洲建立稳固的合作关系，加强与中、韩等邻国之间的信赖关系。这一政策显然不符合日本人民的利益。因为日本是亚洲国家，日本人民首先希望改善与亚洲国家的关系。

安倍内阁在对日本的战争罪行和责任问题上，也没有认真检讨，因此不可能取得中、韩等周边国家的信赖。安倍的外交政策，遭到了日本反对党的不断批评。使安倍内阁大失人心的是日本政府继续卷入伊拉克事务。日本人民反对日本继续卷入伊拉克事务，特别反对给予美军后勤支持。民主党代表小泽一郎一再表示坚持反对海上自卫队在印度洋继续进行供油活动，也反对延长于2008年11月1日到期的《反恐特别措施法》。

此时，自民党政治资金丑闻不断暴露，使自民党在2007年7月29日的国会参议院选举中惨败，并首次降为参议院第二大党。这次惨败迫使安倍于8月27日重组内阁，对自民党领导层大换血。但他的做法并没有收到预期效果，批评安倍内阁的声音更加猛烈，安倍不得已在9月12日以“健康原因”为由宣布辞职。

安倍宣布辞职后，福田康夫于2007年9月25日继任首相。福田康夫上任后，励精图治，希望中兴自民党，但是他面临着众多的国内和国外难题：关于海上自卫队在印度洋继续展开供油活动问题；解决养老金记录不全问题；是否提高消费税充当养老金的资金来源问题；消除导致自民党参议院选举惨败的城乡差距扩大问题。福田内阁面临的最大问题，是日本参议院的反对，因为参议院被反对党——民主党所控制，民主党方面要求尽早解散众议院、举行全国大选。

福田康夫提出了一系列应对政策。在外交政策上，以重视联合国、保持日美同盟和作为亚洲一员为中心，争取根据《日朝平壤宣言》解决绑架问题和实现朝鲜半岛无核化，同时支持国际社会打击恐怖主义。在经济政策上，福田康夫希望在保持当前的财政改革和经济增长势头的同时，改革税制、促进地区发展，增加从事农业、渔业国民的收入和就业机会。

福田康夫为了得到人民支持，还提出建立一个为青年人和老年人提供“希望和舒适”的社会。审查一项要求残疾人支付其所享受医疗和服务费用的10%的法律，并进行重大改革，还提出考虑不再增加老年人的医疗负担。在政治上，福田康夫也进行了改革，主要内容是提高政治资金的透明度、推进公务员制度改革等。

福田康夫的政策实施后，并没有受到日本人民的欢迎，其中最主要的还是在两个核心问题上福田康夫内阁没有做出改变。其一是在日本战争罪行和责任上仍然没有深刻认识；其二是继续支持美国在伊拉克的政策。全球金融危机爆发后，由于日本的政治经济状况持续恶化，参议院对他的批评日胜一日。政治经济形势的恶化，迫使福田康夫于2008年9月1日晚宣布辞职。

福田康夫下台后，2008年9月22日，自民党总裁麻生太郎组阁。麻生内阁的内政外交并没有什么新的举措，保守大于创新，显得一般。在国内经济和民生问题上，麻生强调恢复国内经济和消除国民不安，主张积极增加政府开支以刺激经济的发展，反对提高消费税。在与民生密切相关的社会保障方面，他主张实现“中等福利中等负担”的社会保障政策。在外交和安保方面，他主张将日美同盟放在日本最优先的地位。

麻生与小泉等人一样，在历史和外交问题上不仅不肯对日本的侵略战争罪行进行反省，而且态度更加顽固。早年未从政前，麻生就经常发表较激进的右派言论，还多次在公开场合美化第二次世界大战中日本的侵略历史，甚至否定南京大屠杀。他上台后，执行亲美、支持“台独”的外交政策。在对亚洲关系上，他是日本政府的右翼分子、亲台团体“日华关系议员恳谈会”的副会长，曾积极支持“台独”分子李登辉访日，并在2003年“非典”流行期间访问台湾。他不但是2005年4月靖国神社春季大祭期间前往参拜的唯一阁僚，而且还常常发表相关言论攻击中国。

麻生太郎的政策引起许多日本人的不满，使他很快失去民心而下台。2009年8月30日，以鸠山由纪夫为首的民主党最终在日本众议院大选中获胜，麻生太郎不得不辞去自民党总裁职务。2009年9月16日，民主党党首鸠山由纪夫在特别国会首相指名选举中当选为日本新首相，麻生内阁被迫辞职。

二、鸠山由纪夫与全球金融危机

鸠山由纪夫上台时，日本正处于全球金融危机的艰难时刻。鸠山内阁的首要任务是克服冲击，带领日本发展经济，走出危机。为了克服全球金融危机对日本经济的冲击，鸠山推行了新的社会经济政策。

鸠山内阁的国内政策总纲是“国民生活第一”。具体政策包括：提高国民的普遍福利水平，为产妇、儿童、失业者等弱势群体提供补贴，改革退休年金制度，改善医疗护理制度，实现全面医疗保险，废除国家经营道路、河川、水坝等事业，撤销国家对地方的派驻机关，废除汽油税、汽车重量税，提高最低工资标准等。

鸠山特别强调“以人为本的经济”战略，主张在促进自由竞争的同时，完善就业和人才培养等方面的保障措施，确保食品安全和治安稳定，重点致力于实现充裕的国民生活。在社会保障方面，鸠山表示，要在此后两年内集中力量解决养老金记录丢失问题，同时建立公正透明的新养老金制度。他还强调要构建新型公共关系。

在对美政策上，鸠山内阁的政策有明显改变，奉行对美独立的外交政策。鸠山曾在《纽约时报》网站发表《日本的新道路》一文，阐述了他的外交思想，他说：“我感到由于伊拉克战争的失败和金融危机，美国领导的全球化时代正走向终结，我们正从单极世界走向多极世界。”鸠山还说，虽然《日美安全保障条约》依然是日本外交政策的基石，但日本不能忘记自己地处亚洲，必须致力于巩固本地区的经济合作与安全。鸠山由纪夫宣称：“明年1月‘新反恐特别措施法案’到期之日，就是日本自卫队停止在印度洋为美军供油之时。”鸠山还重申了民主党在2009年9月26日的决定，向美国提议修改《日美地位协定》，增加有关驻日美军基地环境污染对策的条款。鸠山表示将在地区和全球问题上与美国加强合作，深化“多层次的”日美同盟关系，并在这种信赖关系之上坦率地就两国间悬而未决的问题进行对话。

在对俄罗斯政策上，鸠山内阁主张改善日俄关系。他表示，要将政治和经济作为两个车轮同时推进，致力于最终解决双方之间最大的悬案，即“北方四岛”问题，并与俄罗斯缔结和平条约。鸠山说，日本将把俄罗斯定位为亚太地区的伙伴，强化对俄关系。

鸠山由纪夫还主张加强与亚洲国家的关系。他认为日本“不能忘记自己的身份”，日本是一个亚洲国家，而正在日益显现活力的东亚地区必须被确认为日本的基本生存范围。鸠山表示：“我们必须持续建立覆盖整个地区且稳定的经济合作和安全框架。”

为了加强日本与亚洲国家的关系，鸠山提出首先要加强亚洲国家间的文化交流，增进相互理解。日本将大幅增加接收和派遣留学生的人数，在日本、中国和韩国之间扩大大学的学分互换制度，通过这些方式培育今后支撑东亚和亚太合作的人才。

鸠山内阁主张改善与中国的关系，特别是继续深化日中战略互惠，进行经济合作。在影响日中关系发展的两大问题上，鸠山内阁的态度都有利于日中关系的改善。在历史问题上，鸠山内阁的态度与日本历届内阁的政策都不相同。鸠山明确表示不会去参拜靖国神社。这一表态，为日中关系的紧张消除了一大障碍。对于东海权益的划分、钓鱼岛主权的归属等涉及国家主权和利益的问题，鸠山也明确表示要抱着向前看的态度。他希望通过建设“东亚共同体”使合作不断深化、彼此的利益界限变得不那么清晰，就像欧盟那样时再来解决这一问题。他还表示，在当下，日中都应保持冷静和谅解的态度。鸠山的这种观点是很有眼光的。

在对朝关系上，鸠山重申要在全面解决朝鲜“绑架”日本人的棘手问题、核问题和导弹问题的基础上谋求对朝关系正常化，并为此与相关国家紧密合作，继续努力通过六方会谈实现朝鲜半岛无核化。

在其他重大国际问题上，鸠山也做了明确的表态。他重申了日本到2020年温室气体排放比1990年减少25%的目标，表示要以此促成国际减排谈判取得进展。他还支持美国总统奥巴马“无核武世界”的主张，并表示将致力于这一目标的实现。

鸠山希望通过上述努力，使日本成为东西方之间、发达国家和发展中国家之间、不同文明之间的“桥梁”，成为受到国际尊重的国家。在鸠山领导下，日本的国际形象得到了改善。

鸠山内阁的许多国内外政策，得到了日本人民的欢迎。但是社会福利政策放慢了日本的经济发展速度，使日本的经济仍然陷于低迷困境，无法迅速摆脱全球金融危机的影响。因此鸠山上台不久，其民众支持率就呈逐月下降的趋势。

2010年，日本经济好转，但驻日美军普天间基地迁移问题和“政治与金钱”问题困扰着鸠山内阁。

鸠山在2009年8月大选前曾承诺，在他担任首相后，至少将把普天间基地“迁到冲绳县之外”，并明确说要在2010年5月底确定搬迁地点。然而鸠山未能兑现其诺言，这引起了冲绳县人民的反对，也引起了执政党之一的社民党的反对，导致日本政局混乱。

在政治资金问题上，鸠山政治资金管理团体的收支报告书存在虚假记录，鸠山还被曝光暗中接受母亲的资金援助，涉嫌偷逃赠与税等。鸠山被迫于2010年6月2日宣布辞职。新任民主党党首菅直人于6月8日就任首相，新内阁同日正式成立。

菅直人内阁成立后，为提高民主党的威望，他要求受政治资金问题困扰的民主党前党首小泽一郎离党，而小泽一郎则表示不仅不会离党，而且拒绝辞去议员职务，两人矛盾激化，加速了党内的分裂。日本前首相鸠山由纪夫下台后，在日本仍有影响。他批评菅直人“任人唯亲”，表示对新内阁不抱希望。在野党的质疑声则此起彼伏，如自民党副总裁大岛理森表示：“新内阁是个缺乏政治基础知识、不谦虚、没有诚意的内阁”；公明党代表山口那津男则表示：“不会轻易与民主党合作”。更重要的是，菅直人内阁在内政上没有新举措，其执政能力受到人民的质疑，支持率低到了“危险水域”，仅徘徊在30%左右。

菅直人政府的对外政策有所作为。在政治和军事方面，他依靠美国、重视日美联盟、完成日本防卫大纲、加快构筑制约中国的国际联盟；在经济领域，开展同中国的互利合作，并积极参与美国领导的环太平洋经济合作伙伴协定。但是菅直人的外交和经济政策并没有提高他的声望，菅直人内阁因为政治献金等问题麻烦缠身，民调支持率日渐下降。

2011年日本“3·11”大地震发生后，自民党、公明党和奋起党3个在野党向众议院议长提出了对菅直人内阁的不信任案，指责菅直人内阁在救灾和处理核泄漏问题上的愚笨和不作为，要求他下台。日本最大在野党——自民党总裁谷垣祯一批评说：“菅直人首相缺乏领导力才是最严重的政治空白。首相的政治手段制造了空白状态。”在各方压力下，2011年8月26日，执政仅14个月的日本首相菅直人正式宣布辞职。此后，野田佳彦于2011年9月2日至2012年12月担任首相。

三、安倍晋三执政时期的日本

2012年9月26日，安倍晋三再次当选自民党总裁。他曾于2006年9月20日首次当选自民党总裁，并于2006年9月26日当选第90代日本首相，次年9月12日辞职。2012年12月16日，安倍带领自民党在第46届众议院选举中以绝对优势获胜，于2012年12月26日出任第96代首相。2014年12月24日，连任日本第97代首相；2015年9月8日，“无投票”连任自民党总裁；2017年11月1日，第四次当选首相；2018年9月20日，第四次当选自民党总裁，并连任首相。2019年7月22日，安倍晋三领导自民党在参议院选举中获得57个议席，公明党获得14个议席，加上未改选的70个议席，自民党和公明党组成的执政联盟在参议院共有141个议席，超过半数；11月20日，安倍晋三累计在任首相天数达到2 887天，超过前首相桂太郎，成为日本宪政史上在任时间最长的首相。

2012年安倍晋三担任首相时，日本还处于2008年全球金融危机的影响下。为了振兴日本经济、提高国际地位，安倍晋三推行了一系列振兴日本的政策。在国防上，他推动了日本防卫厅正式升格为防卫省。在对外关系上，他开始改善对华和对韩关系，表示要慎重对待历史问题。但是安倍晋三内阁企图占领中国的钓鱼岛，以及与韩国争夺“独岛”（日本称“竹岛”）领土的行为，大大恶化了日本与中国和韩国的关系。安倍晋三第二次组阁后，在政治上寻求修改二战后制定的和平宪法，使日本成为“正常国家”。安倍内阁解禁了集体自卫权，废除了“文官统制”制度。实行该制度目的在于防止武官介入政治，让文官能参与对武官的管理。作为“文官统制”核心的“参事官制度”，在2009年已被废除。安倍政府上台后，于2015年修订《防卫省设置法》，废除了此前掌管自卫队行动作战的文职部门“运用企划局”，由统合幕僚监部（相当于总参谋部）统一负责，并将只属于“西装组”（文职官员）的对防卫大臣的辅佐权扩大到“制服组”（军职人员），这意味着“制服组”将成为自卫队作战等各项行动的主导核心，“文官统制”制度正式被废除。实质上，安倍晋三希望把“和平宪法”修改成一部日本在野党所称的“走向战争的宪法”。在经济上，他推出了“安倍经济学”，力图借助货币宽松和财政刺激政策，推动日本经济走向复苏的轨道；在贸易上，他推动了日欧经济合作协定与不含美国的全面与进步跨太平洋伙伴关系协定谈判达成妥协。

外交上，促成美日两国外长和防长2+2安全会议，加强日美同盟关系，推出“俯瞰地球仪外交”。2017年11月12日，日本与美国、澳大利亚和印度签订协议，组建“日美澳印四国联盟”。安倍晋三内阁着力打造“四国联盟”的根本目的是更好地维护日本国家利益，既借此制衡中国在东亚的崛起，又平衡美国对日本内政外交的影响，确保日本能源资源的安全。

安倍晋三内阁上台初期，希望改善日俄关系。但是日本在许多重大问题上紧跟美国，例如在乌克兰问题上，安倍晋三与俄罗斯总统会面十几次，希望签订和平协定，但都没有结果。此外，日俄在北方四岛主权等问题上存在争端。安倍谋求先开展对俄综合性经济合作以换取互信，后进一步设法解决领土争端。鉴于日本是美国的亲密盟友，而美国奉行遏制和打压俄罗斯的政策，俄罗斯出于对国家安全的战略考量，在“北方四岛”问题上的立场坚定，日本企图获得“北方四岛”中任何一块土地的主权，短期内都很难实现。

2020年初，日本还未走出金融危机的阴影，又遭遇了新冠肺炎疫情的沉重打击。1月15日，日本发现首例确诊患者。从1月16日到2月13日，感染人数较少，均为境外输入。但2月14日以后，疫情开始在日本本土蔓延。2月15日，日本新冠肺炎确诊患者达334人，其中1人死亡。这334个确诊病例中，有258例来自“钻石公主号”邮轮。该邮轮2月初暴发新冠肺炎疫情，2月15日新增患者为67人，累计确诊病例为258例。到2月19日晚22时，日本国内累计确诊患者达705例。

由于疫情扩大，日本东芝和丰田等大型企业纷纷停工停产。东芝集团决定在4月20日至5月6日期间，将国内所有部门和设施停工，这其中包括集团总部及部分工厂。其他企业也纷纷停工停产，住宿和餐饮业受到的冲击最为严重，其景气指数降至负91点。由于日本采取了入境限制和隔离措施等，国内外游客减少趋至零，日本旅游业一蹶不振。由于企业停工停产，日本失业率攀升。到4月份，破产企业同比增加15%。截至5月，日本失业率连续3个月上升。

失业带来了严重的社会问题。其中最严重的是自杀率增加。日本本来就以高自杀率闻名于世，每年每10万人中就有16人自杀而亡。疫情暴发后，自杀率更高了。据统计，疫情期间，日本每10万人中就有0.8人因新冠肺炎死亡，而因自杀造成的死亡率是它的20倍。6月底，日本自杀死亡人数已经高达9 336人。

疫情暴发后，日本政府制定了紧急应对策略，其内容包括：

第一，严防国外疫情输入，把严日本口岸防疫关，对入境的外国公民和归国公民进行严格的防疫管控。例如，对“钻石公主号”邮轮实施聚合酶链式反应检查（PCR检查）和健康咨询。邮轮上共有3 063人接受了检查，检查结果呈阴性且无症状者下船返回各国，检查结果呈阳性者留船进行隔离治疗。日本海关还对乘坐政府包机回国的公民进行核酸检查，检查结果呈阴性且无症状者可返回家中，阳性患者隔离治疗。为了使疫情防控常态化，日本在出入境以及检疫所实施严格检查，设置隔离设施，对可能发生新冠肺炎疫情的邮轮采取禁止入港措施等。

第二，严防国内疫情扩散。2月25日日本政府向各都道府县教委发出通知：如发现疫情，即考虑停课；要求3月15日前停办大型活动和公演，还要求关闭东京国立博物馆、京都国立博物馆、奈良国立博物馆、九州国立博物馆（福冈县）和奈良文化遗产研究所的飞鸟资料馆、平城宫遗迹资料馆、藤原宫遗迹资料室等，以避免聚集性感染。3月24日，日本政府宣布2020年东京奥运会被迫延期，推迟至2021年举办。

第三，及时通报疫情，及时对患者进行救助。日本政府通过社交网站及电话中心等平台发布信息，呼吁有症状者到定点医院就诊，要求旅馆、酒店等及时报告旅客情况。厚生劳动省及各级政府每天公布包括人数、居住地、感染源、密切接触者在内的疫情资讯。

第四，加强日本的防控能力。重点是加快检测速度，提高治疗能力，加速药物研发和保障医疗物资供应等。国家保障实行快速检测；增加病床数量；组建产、官、学医疗队，加速药物和疫苗等的研发；全额负担患者治疗费等。同时，国家提供补贴，鼓励口罩及相关医疗用品企业扩大生产，以保障医疗物资的供应，采取措施减少口罩的转卖行为。

第五，出台一系列复工复产、恢复经济、稳定社会的政策。设立了5 000亿日元（约合325亿元人民币）融资及担保额度，解决中小企业因疫情而出现的资金周转困难问题。中小企业最高可贷7.2亿日元（4 680万元，基本利息为1.11%），个人最高可贷4 800万日元（312万元，基本利息为1.91%）。对损失特别严重的行业，由日本政策金融公库等对企业债务提供80%的担保；对地方政府提出贷款支援的行业提供100%的担保；对业绩严重恶化的旅馆、餐饮等企业还设立特别预算，提供稳定经营所需要的贷款，旅馆业最高可贷3 000万日元（195万元），餐饮业最高可贷1 000万日元（65万元），基本利息为1.91%或1.01%。此外，通过设备投资补贴鼓励增加国内生产，中小企业和微型企业的补贴率分别为投资额的二分之一和三分之二；通过销路补贴支援微型企业开发新市场，补贴率为市场开拓费的三分之二，补贴上限为50万日元。还提供全方位有利于复工复产的补贴。例如企业对员工实施津贴休假、教育培训以及外派等措施时，国家将给予补贴，补贴按企业发放的停工津贴、员工教育培训以及外派期间工资的一定比例计算。为了稳定社会，日本政府还决定向全体国民每人发放10万日元（约合6 600元人民币）现金，不设限制；创设新的补助制度，给因中小学临时停课不得不请假的家长发放补贴等。

第六，积极开展抗疫国际合作。日本向世界各国无偿提供国家科研机构成功分离的病毒样本。根据各国要求提供医疗器材，支援各国保健系统、检查体制的建立与充实。在中国疫情严重时，动用国家储备，向中国提供急需的口罩、防护镜、防护服等物资，根据需要增加医疗器材的数量和种类等。

通过上述政策和措施，日本的疫情基本得到控制。虽然疫情在日本时有反弹，但可防可控。

由于疫情，日本2020年上半年经济遭受重创，各项指标全面下滑。出口从3月开始不断大幅下降，5月出口额同比下降28.3%。5月，工矿业生产环比下降8.4%，汽车和机械行业的生产最差。例如日本丰田汽车5月的全球产量为36.6万辆，同比下滑54%。汽车行业的不景气，又影响了其他许多行业的发展。例如日本国内粗钢产量4月份同比下降23.5%，5月下滑31.8%；制铁等大型企业暂停高炉运转；在机械行业，5月份机床订单额比上年减半；一些大企业还出现了设备投资延期和中止的情况。

进入6月后，日本政府应对疫情的紧急对策收到了很好的效果，国内经济出现了改观。6月份日本制造业生产环比增长5.7%。但新冠肺炎疫情仍然在其他国家蔓延，影响了日本的生产和进出口，使日本经济的发展难以恢复。据7月1日日本央行发布的报告，受生产和出口下滑影响，日本大型制造业企业信心指数从上季度的负8点，降至负34点，为2009年第二季度以来的最低水平。在全球疫情蔓延的情况下，日本经济复苏的过程相当艰难。

到2020年秋，日本政坛又发生了变化。8月28日安倍晋三因溃疡性肠炎复发，突然宣布辞职。9月14日，71岁的内阁官房长官菅义伟在自民党新任总裁选举中以377票击败另外两位候选人石破茂和岸田文雄，获选成为新一任自民党总裁。菅义伟在自民党新总裁选举获胜后表示，将不折不扣地执行安倍晋三的政策。由于菅义伟政治立场偏右，他治下的日本存在驶入“右转快车道”的可能。

菅义伟任职期间推行了一些政策，例如成立“数字厅”、降低手机费用、减轻年轻人不孕不育治疗负担等。但在外交政策方面，给人以“被动”的印象；在经济金融政策上，又延续了失败的“安倍经济学”；同时，由于日本的抗疫和奥运双失利，以及日本政府核污水排放处理决策引发日本国内外不满，菅义伟支持率持续下跌，最终导致无法连任。2021年11月10日，岸田文雄就任首相。到2024年10月，石破茂又取代岸田文雄担任首相。

2020年以来日本经济复苏缓慢，2021—2023年，其实际GDP平均增速仅为1.7%，低于发达经济体的3.3%，更低于新兴经济体的5.0%。2024年底，日本经济研究中心公布的一份评估报告指出，日本在这一年的人均GDP不如中国台湾，已经被新加坡、中国香港、韩国和中国台湾这些曾经的“亚洲四小龙”超越。

日本经济复苏的缓慢，与美、日货币政策周期的“冲突”引发的日元汇率大幅贬值有关。2023年下半年，日本一度陷入“技术性衰退”，外需强、内需弱的结构难以为继，净出口的拉动效应部分源于日元贬值对进口的压缩。工业发展减弱、人口老龄化严重、劳动力供应短缺、研发资金增长缓慢等情况交织，使得原本就困难的制造业变得更加艰难，导致了日本经济陷入困境。

在对外政策上，石破茂政府仍然追随美国。俄乌冲突爆发后，日本积极援助乌克兰，制裁俄罗斯。截至目前，日本对乌克兰的援助累计已超过百亿美元。

在对华关系上，日本追随美国反华。参加美国组织的多次军演，并怂恿菲律宾在南海挑衅。

而新时代需要健康发展的中日关系。2023年11月16日下午，中国国家主席习近平在旧金山会见日本首相岸田文雄。两国领导人重申恪守中日四个政治文件的原则和共识，重新确认全面推进战略互惠关系的两国关系定位，致力于构建契合新时代要求的建设性、稳定的中日关系。在高层领导的推动下，中日关系逐步改善，在2024年呈现出回暖迹象。与此同时，中日经济合作也在加强，双方在绿色发展、生态环境、养老服务等领域开展了多项合作。

推荐阅读书目

陈漓高，杨新房，赵晓晨．世界经济概论．北京：首都经济贸易大学出版社，2006.

李毅臻．统一之路与分裂之痛：二战后分裂国家统一的启示与统一国家分裂的教训．北京：中国广播出版社，2007.

杨烨，梅耶斯特克．欧洲一体化——结构变迁与对外政策．上海：华东师范大学出版社，2009.

中村政则．日本战后史．张英莉，译．北京：中国人民大学出版社，2008.

卡罗尔·费尔森塔尔．克林顿：白宫外的总统．李明菲，译．北京：新世界出版社，2009.

理查德·沃尔夫. 叛逆者：奥巴马总统之路. 刘海青，译. 北京：法律出版社，2009.

Barack Obama. Best Speeches of US President Barack Obama. Compiled by Jenny Zheng. Beijing：Central Compilation and Translation Press，2009.

Peter Jackson. Yearbook of the United Nations 2005，Vol. 59. New York：Department of Public Information United Nations，2008.

第十七章

21 世纪的新兴市场国家

第一节　金砖国家

一、中国

21 世纪的发展中国家在经济、社会方面取得了突飞猛进的发展，成为推动世界前进的巨大动力。在发展中国家中，有的经济发展极其迅速，被称为新兴市场经济体，或新兴市场国家。在这些新兴市场国家中，中国、印度、巴西、俄罗斯和南非对世界的影响最大，被称为“金砖国家”。

21 世纪第 1 个 10 年，中国坚持马列主义、毛泽东思想、邓小平理论、“三个代表”重要思想、科学发展观，在中国共产党领导下，中国各族人民勠力同心、接力奋斗，战胜了前进道路上的各种艰难险阻，取得了举世瞩目的辉煌成绩。在政治上，中国不断完善社会主义政治制度、建立了较为完善的法律体系。在经济上，形成了以公有制为主体、多种所有制经济成分并存的基本经济制度；对外开放日益扩大；科学技术和教育水平提高；市场机制在经济生活中的作用增强。中国还建立了雄厚的现代化工业和科技基础，在国家科技水平和综合国力的竞争中，成功地发射了载人飞船，继俄罗斯和美国之后，成为世界上又一个航天大国。2008 年中国还成功举办了北京奥林匹克运动会，向世界展现了一个全新的大国形象。21 世纪第 1 个 10 年，中国的国内生产总值年平均增速在 10%以上。2007 年，中国拥有 13 320 亿美元的外汇储备，是世界上拥有外汇储备最多的国家。同时，中国还是美国财政债券的第二大持有国。2007 年中国国内生产总值已达 3.4 万亿美元，到 2008 年又上升到 4 万亿美元。

2008 年全球金融危机爆发后，中国经济受到了冲击。但中国立即做出应对，把保持经济平稳较快发展作为经济工作的首要任务，继续实施积极的财政政策和适度宽松的货币政策，保持了宏观经济政策的连续性和稳定性，提出了应对危机的一揽子计划，并采取了相应的救市对策，经济很快复苏，中国成为世界走出金融危机的引擎。2010 年，中国经济总量首次超过日本，成为世界第二大经济体。2011 年经济总量仍高居世界第二。

2012 年中国共产党第十八次全国代表大会召开后，中国进入了新时代。在这一时期，以习近平同志为核心的党中央，围绕坚持和发展什么样的中国特色社会主义，怎样坚持和发展中国特色社会主义这个重大时代课题，提出了一系列治国理政的新理念、新思想和新战略，创立了习近平新时代中国特色社会主义思想，推动党和国家事业取得了历史性成就。以习近平同志为核心的党中央守正创新，带领全党和全国各族人民为实现“两个一百年”奋斗目标、实现中华民族伟大复兴的“中国梦”而努力奋斗。

在世界经济复苏乏力的情况下，中国经济一枝独秀，保持了中高速增长。从 2012 年开始，中国经济从两位数或接近两位数的超高速增长阶段进入 7%～8%的中高速增长阶段。2012 年，中国经济发展总量不仅稳居世界第二，而且已经遥遥领先位居世界第三的日本。2013 年至 2016 年，中国国内生产总值年均增长为 7.2%，高于同期世界 2.5%和发展中经济体 4%的平均增长水平，对世界经济增长的平均贡献率达到 30%以上，超过美国、欧元区和日本贡献率的总和，居世界第一位。

2017 年，中国国内生产总值总量更是达到创纪录的 122 377 亿美元，仅次于美国的 193 906 亿美元，远远高于以 48 721 亿美元位居世界第三的日本。2018 年中国国内生产总值首超 90 万亿元人民币。2019 年中国国内生产总值的总量更达到了 99.1 万亿元，接近 100 万亿元人民币，这与 2018 年世界排名第三、第四、第五、第六位的日本、德国、英国、法国四个主要发达国家当年国内生产总值之和大体相当。中国经济增长对世界经济增长的贡献率预计达到 30%左右。2019 年中国人均国内生产总值达到了 10 276 美元，突破了 1 万美元的大关，全国居民人均可支配收入突破 30 000 元，全国居民人均可支配收入扣除价格因素实际增长 5.8%，与 6.1%的国内生产总值增速基本同步；恩格尔系数为 28.2%，下降了 0.2 个百分点。中国“两个一百年”的伟大奋斗目标，逐步成为现实。

2020 年是中国决胜全面建成小康社会、决战脱贫攻坚的收官之年。从 2020 年 1 月初开始，湖北武汉出现新冠肺炎疫情，接着全国范围内都程度不等地发生疫情。这次疫情是新中国成立后规模最大、危害时间最长的一次疫情，短期内影响了中国社会经济的正常发展。在党中央的坚强领导下，全国上下一心，支持武汉，全民共战疫情，使疫情在短期内就得到了控制。在疫情基本控制住后，党中央和国务院立即出台了一系列政策推进复工复产，国家的经济活动和社会生活逐步恢复正常。这些政策的实施，把疫情对中国社会经济生活的影响降到最低水平，2020 年预定目标如期实现。

疫情后，世界陷入二战以来最严重的经济衰退之中。中国经济虽然受到了较大冲击，但很快复苏，继续引领着世界经济发展。2020 年 4 月，中国还在努力抗击疫情，一些国外金融机构的专家并不看好中国经济，随着中国抗疫工作的进行，美国摩根大通银行把中国经济增长率的预测从 1.3%调至 2.5%。到 8 月，中国经济继续呈现恢复态势，社会消费品零售总额同比增速更是实现了 2020 年首次正增长。中国将引领世界渡过疫情，促进经济复苏。以习近平同志为核心的党中央带领全国各族人民进行的这场惊心动魄的抗疫大战，不仅为中国人民带来福祉，并转化为建设社会主义现代化国家和实现中华民族伟大复兴的强大动力，而且造福了全世界，中国在疫情中加强了国际抗疫合作，为构建人类卫生健康共同体做出了巨大贡献，中国经济的稳步发展也不断推动疫后世界经济的复苏。

2020年10月26日至29日，中国共产党召开了第十九届中央委员会第五次全体会议。全会通过了未来5年以及15年中国发展的新蓝图，开启了中国全面建设社会主义现代化国家的新征程。在未来发展中，中国经济将由高速增长阶段转向高质量发展阶段，经济结构持续优化，高科技产业实现核心技术突破，内陆和沿海地区协调发展。中国提出构建新发展格局将有效提高中国经济核心竞争力，提升中国在全球供应链中的地位。这次会议描绘的发展蓝图，受到国际社会的高度评价，增强了各国对中国发展前景的信心，有利于新冠肺炎疫情下世界经济的复苏。

党的十八大以来，中国在习近平新时代中国特色社会主义思想指导下，阔步前进，实现了第一个百年奋斗目标，正在为实现第二个百年奋斗目标继续奋斗，以中国式现代化全面推进中华民族伟大复兴，引领着世界历史发展的方向。

二、印度

印度是亚洲崛起的又一大国，其人口早就超过13亿，是一个经济发展迅速的新兴市场国家。自1991年经济改革以来，印度国内生产总值一直呈现稳步增长态势，年均增长率6%左右。2006年，印度的经济增速达到创纪录的9.4%。2008年，印度国内生产总值约为1.2万亿美元。

印度发展最快的是信息科技产业。早在20世纪80年代中期，时任总理拉吉夫·甘地就提出了“要用电子革命把印度带入21世纪”的口号，印度政府开始大力扶持计算机和软件产业。三十多年后，印度IT产业发展得如火如荼，孕育了很多世界知名的IT企业。据全国软件和服务公司联合会发布的数据显示，印度IT及相关产业2006财年收入达到创纪录的396亿美元。

推动印度经济增长的另一个主要动力是服务业。服务业占印度经济总量的一半还多。

印度资本市场的发展也是热火朝天。自2003年5月以来，印度股市的牛市行情持续数年。由于看好印度股市，国外机构投资者的资金大量流入印度资本市场，不断推高印度股市。印度股指孟买证券交易所敏感30指数连创新高，上市公司的总市值也早早突破万亿美元。印度经济的高速发展引起世人瞩目，成为国际经济发展的另一种新模式。

然而，印度经济高速增长的同时，也存在很多不容忽视的问题。例如基础设施十分落后，道路状况没有改善，机场没有更新；市场管理混乱，停水停电频繁；等等。印度的失业问题非常严重。因为发展主要靠高科技，但是高科技只创造了200万就业机会，而印度有10多亿人口，在高科技行业，只有0.2%的人口有就业机会。

更为严重的是社会的贫富分化和不平等问题。伴随着经济的快速发展，年收入超过18万卢比的印度新富逐年增多，占总人口的比例已从1985年的1.1%上升至2001年的7.3%。

随着高收入阶层的崛起，汽车、家电等贵重消费品极为畅销。印度人爱吃甜食，加之富裕阶层开始偏好欧美高热量饮食习惯，因此运动不足和过度摄入热量导致的肥胖现象增多。为了减肥，一些富人加入瘦身俱乐部，每月还要交纳令人望而生畏的高额会员费。但同时，印度又生活着非常多的穷人，有的甚至到了受饥饿威胁的地步。贫困是印度存在的最大问题之一。据美国有线电视新闻网（CNN）报道，过去30年，印度约有20万农民自杀。

此外，印度社会还存在许多其他问题，如种姓问题、宗教问题以及不能有效控制人口的问题等。这些问题影响着印度社会的发展。其中，无节制的生育将使人口的增加抵消国民经济收入的增长。因此，如何提高印度穷苦人民生活水平，是印度政府亟待解决的问题。

2008年全球金融危机爆发后，印度经济受到影响，步入了缓慢增长的轨道。但是不到一年，印度经济又腾飞起来。2009年12月，印度工业生产增长16.8%，为20年来最高增长率，显示出强劲的复苏态势。虽然印度依然是世界上最贫困的国家之一，但贫困率开始下降。2006年到2016年，印度成功将贫困率从55%降低到28%。在这10年内，2.7亿印度人摆脱了“多维贫困”（MPI）。多维贫困不仅取决于收入，还取决于一系列因素，包括健康状况差、缺乏干净水源、工作质量差和暴力威胁等。全球多维贫困指数取代了以前的人类贫困指数，被认为是正确识别最脆弱国家的有用工具。

印度经济的腾飞，得益于历届政府的不断改革。从1996年开始，到1999年，曾三次出任总理的瓦杰帕伊在1991年纳拉辛哈·拉奥总理经济改革的基础上，继续进行改革，主要措施包括：加快基础设施建设，大力发展信息技术产业，重视公营企业改革，推动财政和金融体制改革，放宽外资准入限制等。瓦杰帕伊政府的改革取得了显著成绩，印度国力大增，贫困人口减少。2004年曼莫汉·辛格担任总理后，把改革的重点进一步转向印度普通大众的利益，注重社会公平和化解社会矛盾；大力发展公共建设，着力解决基础设施问题；强调农业和工业并行发展，解决产业结构中的不平衡问题；坚持市场化改革和竞争机制的完善，继续对外开放。

2014年后，担任总理的莫迪推进政府改革力度更大。在任期内，他打击腐败、强化中央集权、改革全国税制、发展“印度制造”。通过改革，印度改善了营商环境，保持了经济高速增长。2018年印度的国内生产总值总量为2.726万亿美元，此后不断释放红利。

2019年莫迪成功连任总理。连任后，他推行了对内和对外的全方位改革。其对内改革在第一个任期的基础上继续加大力度，扩大改革领域。例如在军事上以西方军队为榜样，设立军队总参谋长的职位，改造军队，提高战斗力。其对外改革推行“东向行动政策”。第一阶段巩固与南亚国家的关系，加强与印度洋周边国家的防务合作，打造印度洋安全体系；第二阶段把“东向行动政策”扩展到包括美国、中国、澳大利亚、斐济、蒙古、韩国和日本在内的整个亚太地区，形成“亚太政策”。但是，印度的亚太政策并没有处理好与巴基斯坦的关系，两国存在的矛盾仍然相对尖锐。而对中国的政策也表现得轻率和缺乏深思熟虑，致使两国关系时好时坏。印度在实践中认识到：印度的发展，需要保持与中国的友好关系。莫迪总理于2018年4月与中国国家主席习近平在中国武汉举行了非正式会晤，就两国关系的全局性、长期性和战略性问题进行沟通。此后，两国关系回到了正轨。

印度人曾经预测，到2020年时，印度将成为一个超级大国。尽管印度经济增长强劲，但要实现这一目标还需要努力。印度在快速发展的同时，存在许多问题。政治上，改革后的官僚机构仍然存在传统弊病，并因模仿西方民主导致行政效率不高。经济上，印度能源和基础设施缺乏，产业结构不合理。金融领域，印度人民储蓄性强，投资能力却不强，金融改革滞后，影响经济发展。出口势头凶猛，但出口产品不是资本密集型，而是技术密集型。失业现象严重，受过高等教育的人不难找到高工资的工作，但广大受教育程度不高的穷人要找技术工作就非常困难。印度劳动力的文盲率相当高，识字率低于70%，文盲的工作机会更少。在2016年，印度仍有70%的人每日收入不到2美元。印度基础设施落后，摩天大楼与贫民窟比邻，奔驰与三轮车一同在坑洼不平的道路上飞驰，印度人仿佛置身于现代与落后的两个世界之中。印度国内仍旧有大量赤贫人口，犯罪率居高不下，原本被寄予厚望的航空航天工程被一拖再拖，卫生、交易、医疗、就业等公共社会问题也没有得到解决。上述问题不解决，印度实现超级大国的梦想还需时日。

2020年春夏，新冠肺炎疫情在印度暴发。截至当地时间6月6日早上，印度新冠肺炎确诊病例已升至236 657例，累计确诊病例已经超过意大利，居全球第六。6月5日，印度新增确诊病例9 887例，为单日增幅之最；新增死亡病例294例，累计死亡病例6 642例。受新冠肺炎疫情影响，印度股市跌幅超过10%，曾两次触发熔断机制，印度两大股指之一的敏感30指数（BSE Sensex）更是大跌3 059.76点，跌幅超过10%；另一大股指漂亮50（Nifty 50）一度跌至7 812.30点，跌幅为10.6%。

2020年9月7日，印度新冠肺炎累计确诊病例超过了巴西，突破420万例。到10月11日，超过700万例，其中死亡病例达到108 334例。印度人口密度大、医疗资源相对紧张，始终面临着疫情高风险，其经济发展受到严重影响。

印度政治中充满无原则的党派斗争，致使莫迪不得不放弃很多关键性的经济改革。因此，莫迪政府在土地、劳工、税收三大领域的经济改革都遭遇挫折。

印度存在不少问题，也面临新的挑战。政治上，莫迪政府大力推行印度教民族主义并使之成为印度的主流意识形态，引起部分民众的不满。经济上，尽管印度经济增速看似喜人，但失业率也在攀升。到2024年，印度经济增速放缓，国内经济面临较严重的通货膨胀、贫富差距扩大、青年失业率高等问题，莫迪政府在十年前许下的很多承诺都没有兑现。世界银行发出警告，若不及时把握机会，印度可能会错过人口红利期。同时，俄乌冲突、地缘政治风险、保护主义的加剧以及对供应链的担忧等都是当前印度面临的重要问题。印度成为世界第三大经济体的梦想面临挑战。

三、巴西

巴西是拉美大国，国土面积851万平方公里，有1.8亿人口，是最有发展前途的消费品市场之一。巴西土地辽阔、资源丰富，经济发展具有很大的潜力。巴西的铁矿石等矿产资源储量在世界上名列前茅。此外，巴西也是一个农业大国，其大豆等农产品产量和出口量均居世界前列，这些资源和产品在国际市场上供不应求，价格不断攀升，使巴西的贸易顺差加大。根据本国情况，巴西大力发展能源开发，在乙醇等生物能源的开发、利用和出口上取得很大成绩，改变了依赖进口能源的局面。

20世纪，巴西经济的发展并不理想，存在许多问题。1999年金融危机后，巴西进行了金融改革。通过金融改革，其货币雷亚尔贬值，可以自由浮动。这增强了巴西商品的出口竞争能力，并使巴西的金融体系融入了世界货币体系。进入21世纪后，由于世界市场对巴西产品的需求增加，巴西的出口贸易获得了显著增长。2008年，国内生产总值约1.6万亿美元，超过韩国，居世界第十位。外汇储备已达到506.92亿美元，超过了新加坡和中国香港，跃居全球外汇储备排行榜的第七位，远远高于拉美其他国家。巴西经济发展平稳，出口增长迅速，通货膨胀率得到控制。20世纪末，巴西经济发展健康稳定。

巴西的发展，也存在问题。其中最大的问题是两极分化和贫富悬殊问题。在巴西，仅占人口1%的富人拥有50%的国民收入，贫富人群收入差距之大堪称世界第一。富人多是铁矿或原油等相关行业的大企业经营者，他们在圣保罗或里约热内卢等大城市置有豪宅，开着捷豹或沃尔沃等高级进口轿车，其中许多人还拥有两辆汽车，购买高档房地产的动向更是引人注目。但穷人仍过着传统的困苦日子。这个问题是绝对不能忽视、必须解决的，其解决的好坏将直接影响巴西政治经济的发展。

进入21世纪以来，巴西政府制定了新的社会经济发展政策。这一政策的核心是建立一个扶持农业发展的较为完善的体系，以农业为基础，促进工业化和城市化建设。这种政策适合了巴西国情，促进了发展。巴西农业资源条件得天独厚，水土资源十分丰富，大部分地区年降雨量为1 500～2 000毫米，旱涝灾害少，全国农用地面积约4亿公顷，其中可耕地面积约2.8亿公顷。巴西仍处在“拓展农业边疆”的发展阶段，耕地面积现已达到4 950万公顷，人均0.3公顷。巴西人口增长缓慢，在21世纪前20年，人口只有1.91亿。其中，农业人口约3 540万，占全国总人口的18.5%；农业劳动力1 150万，占劳动力总数的32%。2010年国内生产总值为2万亿美元，人均10 576美元。在巴西的三大产业产值中，农业占5.8%，第二产业占19.1%，第三产业占75.1%，城市化率达到83.6%，综合国力已经跃升到一个崭新水平。2011年更超越英国成为世界第六大经济体，同时也是美洲仅次于美国的第二大经济体。

巴西经济的起飞严重依赖石油和农产品等大宗商品的生产，一旦国际市场油价或大宗农产品价格波动，立即就会影响巴西经济的发展，进而影响到政局稳定和社会安全。巴西政府执行的是带有浓厚民粹主义传统的社会经济政策。在经济发展顺利时，政府大幅度扩大公共福利支出，将出口带来的财富大量用于消费性社会福利。因此，巴西的社会矛盾被暂时掩盖。但当经济出现困难时，政府又不得不采取紧缩政策。这种政策上的变化，影响了下层人民的生活，激化了社会矛盾。2013年后，由于国际市场大宗商品价格普遍下跌，巴西经济遭到重挫，人民生活水平下降，反对者的抗议示威游行不断，政局不稳，社会动荡。

21世纪初到2018年，左翼政党领导人卢拉·达·席尔瓦和迪尔玛·罗塞夫先后上台担任巴西总统。他们执行新自由主义政策，对富人妥协，没有努力解决下层人民的贫困问题，遭到下层选民的激烈反对而先后下台。

席尔瓦原是巴西金属工人工会主席。2002年，在无地农民和工人阶级支持下当选总统。他上任后，进行了改善巴西最贫困人口经济状况的改革，同时进行了民主政治改革。但他的改革并没有触动旧的经济秩序，没有完全实现竞选时对选民的承诺，而是学习西方，推行自由主义经济政治改革。从2003年至2010年，他担任了两届巴西总统。任期内，政治上政府腐败丑闻不断，经济上没有正面回应无地农民的诉求，也没有很好地解决失业问题，支持率下降。不过，在他的领导下，巴西经济呈现出稳步增长的态势。

2010年10月31日，巴西劳工党候选人罗塞夫在总统大选中胜出，于2011年1月1日正式就任总统职务，成为巴西历史上首位女总统。2015年1月1日，罗塞夫连任巴西总统。

罗塞夫政府实行新自由主义政策，大规模削减政府开支，尤其是社会开支，同时不断满足大银行、大资本、大企业的要求。由于积重难返，新自由主义政策的实施阻碍了巴西经济的快速发展。在她的统治下，巴西贫富差距有所缩小，基尼系数有所下降，但穷人的社会经济状况没有得到根本改善。2014年巴西足球世界杯举办前，罗塞夫政府压制了贫民窟的改造。城市贫民窟问题，是巴西过度城市化所导致的。在城市化进程中，城乡接合部出现大量贫民，圣保罗有120万人、里约热内卢有60万人，都占城市人口的10%以上，这些无地农民是社会不稳定的根源。罗塞夫政府的上述政策被称为“对穷人的专政”，极大地削弱了其社会基础和政治基础。巴西底层民众感到不满，举行了各种抗议活动。

巴西政界腐败严重，罗塞夫一直深陷腐败丑闻。2014年3月，媒体披露巴西石油公司高管伙同政界人士集体腐败，利用外包工程虚抬报价收受贿赂，涉案金额高达数十亿美元，这被称作“巴西史上最大腐败案”。罗塞夫在2003年至2010年曾担任该公司董事会主席，被认为应该承担失察的责任。此后，巴西爆发了多次大规模游行，要求她下台。

2014年，巴西司法机关启动了大规模反腐败调查，认定包括席尔瓦在内的多名政要与巴西石油公司国企贪腐案有关，裁定罗塞夫的贪腐和洗钱罪名成立，判处其9年零6个月有期徒刑。巴西联邦地区法院在二审中不仅维持一审判决，而且将刑期增加至12年零1个月。二审后，席尔瓦辩护团队向联邦最高法院提出人身保护令申请。

2016年4月17日，众议院投票表决通过了对总统罗塞夫的弹劾案。2016年5月12日，参议院投票通过了针对总统罗塞夫的弹劾案，罗塞夫将被强制离职最长达180天，副总统特梅尔出任代总统。2016年8月31日中午，参议院最终表决通过总统弹劾案，罗塞夫被罢免职务，代总统特梅尔转为总统。保留罗塞夫的政治权利。2017年6月9日，最高选举法院以4比3的投票结果，裁决2014年总统选举获胜者罗塞夫及其竞选搭档特梅尔无罪。但是，左翼在巴西的执政基础已经大大被削弱，右翼势力迅速崛起。

在2018年总统竞选期间，右翼社会自由党候选人雅伊尔·博索纳罗活动积极，提出“团结人民、惩治腐败以及提振经济”等主张，得到多数选民支持，在大选中获胜并担任总统。这是1985年结束军事统治以来，巴西右翼第一次执政。2019年1月1日，博索纳罗发表就职演说，重申了竞选的承诺，表示新政府将保障国家利益，提倡自由市场，改善公共财政。巴西股价因此延续了上年牛市，1月2日开盘后节节攀升，股指飙升3.6%，创近三个月以来新高。巴西货币雷亚尔也延续上涨势头，1月2日上涨2.1%，至六周来的最高点——1美元兑3.8雷亚尔。

据巴西国家地理统计局在2019年8月29日公开的信息，2019年第二季度巴西的国内生产总值环比增速为0.4%，明显高于之前巴西央行预测的环比下降0.13%。在第二季度，巴西经济避免了“陷入技术性衰退”，增长速度超出预期。2019年上半年，巴西经济的实际增速为0.7%，仍然处于较低水平——同期中国经济增速高达6.3%，印度为5.4%，就连部分发达国家也比巴西更高（美国增长2.5%、西班牙增长2.1%、英国增长1.5%）。巴西完成的名义国内生产总值约为34 938.88亿雷亚尔，按照上半年的平均汇率折算接近9 100亿美元，折合人民币约为6.161万亿元——约为同期中国经济总量（6.65万亿美元，45.09万亿元人民币）的13.66%。

2020年新冠肺炎疫情的暴发，使巴西的经济受到重创。截至2020年5月9日上午8时，巴西新冠肺炎确诊病例达71.169 6万例，死亡病例达3.735 9万例，成为仅次于美国的全球第二大疫情重灾区。巴西是一个出口导向型国家，疫情大暴发令连年持续走低的巴西经济雪上加霜。根据巴西官方5月29日发布的数据显示，2020年第一季度国内生产总值创五年来最大降幅，失业率上升至12.6%。

此外，受疫情影响，海外投资者以创纪录的速度逃离巴西市场。资本外逃表明了投资者对巴西疫情的担忧，以及对博索纳罗政府的不信任。巴西经济衰退的背后，孕育着更为严重的社会动荡和政治危机。

2020年9月，巴西新冠肺炎患者人数达413万，病亡数累计高达12万余人，居世界第二，仅次于美国，为印度的2倍。10月10日确诊病例403 395例，累计确诊达5 055 888例。博索纳罗担任巴西总统不满两年，因疫情的影响支持率下降。而具有工人背景的前总统卢拉已经出狱，他对博索纳罗处置疫情不力提出批评，发动了把博索纳罗赶下台的攻势。

在2022年10月的巴西总统大选中，前总统路易斯·伊纳西奥·卢拉获胜，当选新一任总统。但前任总统博索纳的支持者进行大规模集会和抗议活动。2024年11月，巴西警方正式指控前总统博索纳罗策划并参与了旨在发动政变的犯罪行为。尽管巴西政治上出现了这些问题，但巴西经济在卢拉领导下仍继续发展。2024年国内生产总值（GDP）达11.7万亿雷亚尔（约合2万亿美元）。

四、俄罗斯

21世纪的俄罗斯是在弗拉基米尔·弗拉基米罗维奇·普京的旗帜下前进的。1999年12月31日，叶利钦宣布辞去总统职务，由普京出任代总统。2000年3月26日，普京当选为俄联邦总统。叶利钦的下台和普京的出现，宣告了俄罗斯一个新时代的到来。

普京就任俄罗斯总统后，大胆地抛弃了苏联解体后完全学习西方的不适合国情的做法，结合俄罗斯实际情况，采取了新的发展模式，进行复兴俄罗斯的努力。在他进行的工作中，最重要的是经济改革。

俄罗斯的经济改革，坚持了国有化在经济发展中的作用。他采取以国有化经济为主的市场经济发展模式，在学习西方先进的经济管理方法、实行市场经济的同时，更强调国有经济对国家经济的导向作用。在2001年12月，俄罗斯颁布了新的《国有资产和市政资产私有化法》，纠正了过去私有化的一些问题，加强了对私有化的管理与监督。

由于经济发展的需要，2004年后，俄罗斯国民经济各主要行业的国有化力度加大。国有和地方政府所有的企业数量从2001年开始逐年增加，到2006年增加到41.4万个。2000年至2007年，俄罗斯投资总额中政府预算平均占20%，而且这一比例不断增加。在投资总额中，国有企业所占比重平均高达24%，国有企业零售贸易额增加了近1倍，完成的工作量增加了近1.7倍。2007年国有固定资产总额比2001年增加了1倍，达到10.9万亿卢布，吸纳了32%的劳动力，就业人数达到2 165.6万人。

几年后，俄罗斯经济创造了惊人的奇迹。从2000年到2007年，国内生产总值增加了72%，居民实际收入增加了1.5倍，失业和贫困水平降低了一半，经济稳步增长。

普京两届总统任期结束后，按照俄罗斯宪法规定于2008年5月7日辞去总统职务，但是仍然在俄罗斯发挥着重要作用。同日，普京任统一俄罗斯党主席。2008年5月8日，俄罗斯国家杜马通过了由普京担任政府总理的提名。总统梅德韦杰夫仍然走普京担任总统时的路线，而普京担任总理后，继续着他一贯的改革政策。

在应对全球金融危机的冲击时，俄罗斯更强调国有企业的核心作用。为了获得资金弥补财政亏空、提高企业的经营与管理水平，2009年11月24日俄罗斯政府宣布了2010年新一轮私有化计划，但是这一次的私有化计划与20世纪90年代的私有化计划有很大不同。这次私有化并不是要放弃国有化，相反，是要以私有化为国有化的补充，其目的是提高经济效益，解决政府预算赤字，遏制官僚主义。

在这次私有化过程中，俄罗斯政府非常强调国有资产的实际市场价值，不允许低价出售国有资产；俄罗斯政府还对私有化企业认真筛选，对关系国家经济命脉的战略企业仍实施保护。

俄罗斯在经济发展中，始终坚持发挥国有企业的主导作用。政府在能源、军工、飞机制造、重型机械、矿业开采、汽车制造、海洋运输、航空运输、银行、造船等几乎每个重要战略领域都建立起了大型国有控股公司，大大增强了国家对经济的主导作用。2000年以来俄罗斯投资总额中，政府预算投资平均占20%，而且这一比例不断增加。从2007年联邦预算支出来看，用于经济建设和社会文化的支出高达83 537亿卢布，占国内生产总值的25.3%。

俄罗斯在坚持国有化为主导的经济发展模式时，非常重视对科研的投入，走科技创新、科学技术推动生产发展的道路。2006年用于研究的投入达到2 888亿卢布，是2000年的3.8倍，占国内生产总值的比重为1.07%。其中国家投入27%，占政府预计支出比例的2.27%，这一指标比2000年提高了34%。

俄罗斯这一政策取得了明显的成绩。例如专利申请数量和批准数量分别从2000年的35 609项和23 316项增加到2007年的54 337项和36 805项。工业企业技术创新投入总额从2004年的1 228.5亿卢布增加到2006年的1 884.9亿卢布，占生产投入的比重保持在1.4%～1.5%，其中2006年化工、电力设备、电子和光学仪器和设备的技术创新投入高达4.4%～4.5%。

为了进一步发展俄罗斯经济，2008年普京提出了以人为本的新发展创新战略。2008

年2月8日，他在俄罗斯国务委员会扩大会议上做了《俄罗斯2020年发展战略》的报告。在这个报告中，普京规划了俄罗斯未来12年在教育科研、医疗卫生和住房建设问题上的解决方向，强调要提高居民生活水平，要使中产阶级在整个居民结构中的比例不低于60%，甚至70%。这个发展战略，包含了以科学技术进步、效率大幅度提高和社会发展为目标的广泛内容，标志着俄罗斯已经从依靠能源和原料发展，转向了创新发展的道路。

当然，在辉煌的光环之下，俄罗斯的发展也存在一些问题。这些问题是：

第一，俄罗斯经济增长的基础并不牢固，主要是长期危机后的“反弹”而不是经济的活力所致。其核心问题是经济结构改革还没有取得实质性成果，俄罗斯经济发展依赖能源出口的情况并没有减弱，相反一定程度上还在增加，其咄咄逼人的对外政策会恶化其创新发展战略的外部环境。2008年由美国次贷危机引起的全球金融危机，对俄罗斯经济的发展产生了很大影响。

金融危机冲击了俄罗斯的股市。到2009年前几个月，俄罗斯股票市场已经缩水75%，大量资本外流。2008年资本净流出1 299亿美元，外汇储备不断减少，卢布不断贬值。

金融危机冲击了俄罗斯的实体经济，导致了经济发展速度放缓。2007年，俄罗斯国内生产总值增长速度为8.1%，2008年降低为5.6%。职工的实际工资增长2007年为17.2%，2008年就下降到9.7%。俄罗斯的通货膨胀率2007年为11.9%，2008年提高到13.3%。金融危机使失业人数增加，到2008年11月，俄罗斯失业人数达到500万，失业率为6.5%，2008年12月，失业率上升到7.7%。从2008年10月开始，俄罗斯的工业生产已经处于停滞状态。

为了克服金融危机，俄罗斯采取了积极的对策。首先，政府投入大量资金救市。2009年第一季度，俄罗斯政府向金融系统投资的数额已达2 500亿美元，占国内生产总值的20%。其次，政府还采取各种措施支持经济的发展。总理普京表示，政府将拨款500亿美元给俄罗斯的四大石油公司。同时从2008年10月1日开始，俄罗斯政府降低了原油出口的关税，从每吨495.5美元降至每吨372.2美元。

2009年俄罗斯经济面临更严重的问题。年初，美国、欧洲和日本受到新一轮金融危机的冲击，这种情况影响了俄罗斯经济的发展。由于俄罗斯的金融体系非常脆弱，银行数量多，但实力不强、信誉较差，一旦出现金融风暴，很容易引发金融市场的动荡。虽然俄罗斯还不是世界贸易组织的成员，但其经济与世界经济一体化的程度很高。俄罗斯对外资的依赖程度更高，达到50%到70%。一旦发生全球金融危机，就会出现外资撤走的现象，使俄罗斯金融市场出现动荡。能源出口是俄罗斯经济发展的主要动力之一，由于全球金融危机，能源需求和价格降低，这对严重依赖能源出口的俄罗斯来说是一个巨大的灾难。

俄罗斯经济的资本化程度很高，到2007年，其经济证券化程度已达116%，比德国高出近1倍（德国为64%），略低于美国（美国为144%）。但是俄罗斯的金融体系不健全，难以支持证券化发展。全球金融危机的爆发就给俄罗斯金融带来了风险。此外，俄罗斯银行与企业欠西方银行的短期债务高达5 000多亿美元，2009年底到期的债务就有

1 800 亿美元。这对处于金融危机中的俄罗斯银行与企业来说，是一个巨大的负担。

严峻的经济形势使俄罗斯的社会矛盾与冲突加剧，一些城市出现了反政府示威游行。俄罗斯政府被迫推迟执行一些改革措施，以创新为主的经济结构改革也不得不放慢步伐，俄罗斯重新崛起的强国战略遇到了阻碍。

第二，俄罗斯存在一个“老大难”，即腐败问题。为此需要进行政府机构改革，建立高效廉洁的政府，克服腐败。

第三，需要改革军队。俄罗斯近年来军队建设落后，而世界军事改革潮流汹涌澎湃，对俄罗斯的国家安全构成威胁。在改革中，俄罗斯需要提升军队的指挥效率，改革编制结构，加快武器换装的步伐，追赶世界军事改革潮流，恢复军事大国的形象与地位。

第四，在对外关系上，俄罗斯需要处理好与西方的关系，应对好北约东扩、美国“颜色革命”等挑战。同时要改善与独联体国家的关系，改善俄罗斯发展的国际环境。

普京领导下的俄罗斯努力克服困难向目标迈进。从 2000 年到 2009 年，俄罗斯经济年均增长率超过 5.0%，人民的生活质量得到了显著提高。在这 10 年间，每个家庭拥有的轿车数量增长了 1.7 倍，每年去海外度假的人数增长了 2.2 倍，俄罗斯人对肉类、鱼类以及水果的消费都在显著增长，对面包、意大利面和土豆等的消费在下降。

然而，俄罗斯在经济发展中也存在巨大困难。从 2000 年到 2009 年，俄罗斯的经济主要是复苏性增长。在这十年中，俄罗斯扭转了 20 世纪 90 年代经济下滑的颓势，但没有建立比苏联时期更健全的经济体制，经济发展缺乏新的增长点。在全球金融危机爆发，以及西方制裁和世界油价波动的影响下，俄罗斯经济遭受打击。2010 年以后，俄罗斯经济继续下滑。在 2010 年至 2019 年间，俄罗斯经济年均增长率只有 1.8%，其中 2015 年和 2016 年还经历了两年的衰退。在 2015 年之后，俄罗斯经济年均增长率更是跌到了 0.4%。

在发展经济过程中，俄罗斯最重要的政策之一是增加投资，但范围主要集中在消费投资领域，而不在固定投资领域。这一政策曾经发挥过重要作用。通过对消费领域的投资，俄罗斯在 21 世纪头 10 年里成功实现了向消费驱动型经济结构转型。俄罗斯消费性投资的增加，使其固定投资不断减少。1989 年，固定投资占国内生产总值的 39%，2005 年下降到 17.7%，俄罗斯国内生产总值结构中约 20%从固定投资转向消费投资。由于消费性投资可以立即得到回报，无论是政府还是私人企业，都缺乏向固定资本投资的意愿。因此，俄罗斯的固定资本投资增长缓慢，无法恢复到苏联时期的规模，这就影响了经济的发展。

由于固定资本投资严重不足，俄罗斯工业部门以及整个基建行业的固定资产过于陈旧，无法维持增长。例如，由于固定资产的缺乏，俄罗斯制造业的发展处于落后状态。从 2000 年到 2008 年金融危机之前，俄罗斯整体经济扩张了 83%，但制造业仅增长了 61%，与俄罗斯经济发展状况不相适应。普京在 2011 年担任总理时已经认识到这个问题的严重性，宣称要将俄罗斯固定资产投资水平拉高到国内生产总值的 25%。但近十年依然没有实现这一目标。

此外，由于俄罗斯集中向消费部门投资，服务业膨胀迅速。苏联解体前，俄罗斯基本没有服务业。当时的银行业、保险业、房地产经纪、现代零售和贸易，甚至餐饮和酒店业，都几乎为零。苏联解体后，服务业兴起，并且成为推动俄罗斯经济发展的引擎。到了2010年之后，所有这些行业都处于饱和状态，行业间的竞争变得越来越激烈。例如，俄罗斯的手机通信、宽带服务以及金融服务等费用都因行业竞争而下降，为全欧洲最低。随着2014年至2015年卢布汇率的下跌，这种差距变得更为明显。这种状况给俄罗斯经济增长带来的负面影响更甚于石油价格下跌和西方经济制裁带来的困难。

2010年后，服务业完全失去了经济增长引擎的作用，而落后的制造业又无法取代服务业提供新的增长点。同时，俄罗斯政府缺少支持中小企业发展的政策和措施，使其发展艰难。这些因素的叠加，使俄罗斯经济陷入停滞状态。从2010年开始，俄罗斯经济继续下滑，2015年甚至出现负增长。

为了寻找新的经济增长点，刺激经济发展，俄罗斯进行了一系列改革，采取了各种刺激措施，包括维持收支平衡、推动进口替代、扩大对实体经济的投资等。其中最值得一提的是逐步改变过度依赖石油、天然气出口，而把农业和基础设施建设作为经济发展的新亮点。从2014年到2018年，俄罗斯农业总产值增长了17.7%，大大超过经济整体的发展速度。粮食丰产不仅使俄罗斯本国能够自给自足，还提升了俄罗斯农业在全球市场的地位。在这5年中，俄罗斯农工综合体产品出口增长了30%，小麦出口量居世界第一。农业和基础设施建设的发展，促进了俄罗斯经济的发展。从2016年第4季度开始，俄罗斯经济开始缓慢地全面复苏。到2018年，经济实现增长2.3%。

为了进一步促进经济的发展，2018年俄罗斯政府制定了在2024年前实施12个国家项目和一个基础设施发展计划。这一宏大的计划预计开支25.7万亿卢布（1美元约合62.6卢布），将对俄罗斯经济产生巨大拉动力。2020年1月15日，总统普京又提出了刺激投资的举措，并加速通过保护和促进投资的一揽子法案，保证大型重要项目的税收条件在20年内不变，生产设施建设的标准在3年之内完成，改善银行对实体经济的信贷供应。这些举措，不仅将提高国家预算的投资效率，而且将为私人向制造业等非能源领域投资创造条件。同时，俄罗斯的税收减免政策和增加信贷的刺激措施将推动企业发展，最终拉动俄罗斯经济增长。俄罗斯还将“数字经济”列为其经济增长的重要支点，提出在2021年底将为俄罗斯所有中小学接入高速互联网；在2022年1月1日前建成15个科学教育中心。因此，尽管俄罗斯经济仍然面临国际原油价格波动、遭受西方新制裁等不利因素，俄罗斯上述举措为经济发展建立了坚实的宏观经济基础，经济整体仍然稳健向上。2019年，俄罗斯经济保持了总体稳定增长的态势。

受2020年新冠肺炎疫情影响，俄罗斯经济受挫。截至2020年6月6日，俄罗斯新冠肺炎确诊病例累计458 689例，这给经济带来的冲击极大。俄财政部月度预算执行报告显示，俄罗斯4月份名义国内生产总值约为6.3万亿卢布，同比下降约28%，环比下降约33%。俄罗斯政府为提振经济，在大力防控疫情的同时采取了有针对性的政策。例如，新冠肺炎疫情导致油价暴跌，卢布汇率出现波动，俄罗斯政府采取措施使之总体处于安全区间。这使俄罗斯央行获得了较大的降息空间来刺激经济增长。与其他许多国家相比，受疫情冲击最严重的服务业和小企业在俄罗斯规模较小，这也使得该国相对其他许多国家经济下滑幅度受到限制。总统普京于2020年6月2日批准了国家经济恢复计划，该计划旨在实现商业活动的正常化，保障公民就业和收入，推动俄罗斯经济转型。该计划从7月初开始实施。

此后，俄罗斯经济开始好转。据俄联邦统计局公布的数字，2020年第二季度俄罗斯国内生产总值下跌8.5%，这不仅好于俄经济发展部9.6%的跌幅预期及俄央行9%至10%的跌幅预期，而且恢复情况领跑全球其他各国。同期数据显示，日本国内生产总值同比下滑9.9%，欧元区同比下滑14.7%，印度、西班牙、英国更是萎缩超20%；美国方面，国内生产总值同比下滑9.1%，折合年率下降了31.7%，创1947年以来新低。

俄罗斯经济发展的前景也存在变数。第一，如果新冠肺炎疫情在俄罗斯再暴发，可能再度带来经济停摆的风险。第二，受油价下跌等因素的影响，卢布对欧元和美元不断贬值。第三，美国和欧洲对俄罗斯的经济制裁成为俄经济发展挥之不去的“阴霾”。第四，受困于全球经济前景不明，国际石油等大宗商品仍存在大幅震荡的风险，这对于依赖原油出口的俄罗斯经济来说，仍是主要的不确定性风险。

俄罗斯政府在抗疫斗争的同时，发展经济的努力取得了成效。到2020年9月，俄罗斯经济活动已从历史低点强劲反弹，经济恢复的比例约为疫情前的95%。这种情况表明，俄罗斯相较其他国家更好地应对了疫情挑战，未来经济前景也由此改善。俄罗斯在未来有可能成为世界第五大经济体，在经济实力和购买力方面重新回归世界第五名。然而，随着秋冬季的来临，俄罗斯新冠肺炎疫情出现反弹，俄罗斯经济发展再次受到影响。

在21世纪，坚强有力的政治领导层，是俄罗斯经济社会发展取得巨大成就的保障，其中普京的贡献是杰出的。自20世纪末至21世纪前20年，普京曾两任总理、四任总统，其总统任期长达20年，全球罕见。在执政期间，他大刀阔斧地进行改革，致力于恢复俄罗斯的超级大国地位。对内，加强联邦政府的权力、整顿经济秩序、打击金融寡头、增加人民收入、改善人民生活、强化反恐、稳定社会，成效显著。仅在2019年，俄罗斯相关部门就成功挫败了57起具有恐怖主义倾向的犯罪图谋，社会日趋安定。除此之外还加强军队建设，保证世界一流的防卫能力。对外，努力改善国际环境，拓展外交空间，维护本国利益。

俄罗斯的国家安全环境恶劣。冷战结束后，美国和北约对俄罗斯进行了近30年的战略挤压，俄罗斯战略安全空间不断缩小。为进一步挤压俄罗斯的战略空间，2018年美国退出了关于伊朗核计划的六国协议《联合全面行动计划》；2019年终止与俄罗斯达成的关于销毁中程和短程核导弹的《中导条约》；2020年，宣布退出《开放天空条约》，明确表示不愿再续签《新削减战略武器条约》，并威胁要重启中断了近30年的地下核试验。

俄罗斯认为《新削减战略武器条约》在维持全球战略平衡与稳定方面发挥了重要作用，条约的签订不仅没有削弱俄联邦、美国的防御能力，而且还为两国建立正常、可预测、务实的双边关系奠定了良好的基础。如果条约失效，俄美间将出现“真空”，美国会利用经济技术优势将俄罗斯拖垮，从而打破美俄间的“核恐怖平衡”。因此，俄罗斯希望续签这一条约，但是美国执意不肯续签。针对美国破坏俄美关系、破坏建立稳定与安全的国际法律基础的做法，俄罗斯不得不制订“核威慑”政策来应对。

2020年6月2日，总统普京正式签署命令，批准了俄罗斯的核威慑政策，即《俄联邦在核威慑领域国家政策基础》。文件规定了俄罗斯使用核武器的“红线”，即：敌方针对俄罗斯及其盟国动用核武器和大规模杀伤性武器；敌方针对俄罗斯进行非核侵略并威胁到俄罗斯生存及俄核反击力量；有准确情报判定敌方针对俄领土或（和）俄盟国领土将发动导弹攻击；敌方针对俄及其重要的国家或军事设施发动攻击，导致俄核力量瘫痪时，俄罗斯就将使用核武器。文件重申“俄罗斯永远不会成为使用核武器的发起国”。文件清楚地表明了俄罗斯基于对美国不必动用核武器就有能力摧毁俄关键军事资产、政府设施的严重忧虑，被迫采取动用核武器反击针对俄政府、军事基础设施进行常规打击的核威慑立场，即“以核报复反击非核攻击”政策。俄罗斯的这一安全战略，试图以核反击升级的方式，缓解美国和西方挤压俄罗斯生存空间引起的紧张局势，阻止对手、不要让常规冲突进一步升级。俄罗斯的核威慑政策旨在令潜在敌人意识到“侵略俄罗斯及其盟友必将招致报复”，从而不敢轻举妄动。这一政策是俄罗斯为自身安全、为缓和俄美紧张局势不得已做出的选择。

在北约东扩过程中，乌克兰加入北约的要求，构成对俄罗斯的严重威胁。俄乌在历史、文化、经济上的联系难以割裂。1991年苏联解体后，乌克兰独立。乌克兰东部和南部以俄语人口为主，与俄罗斯联系紧密；西部则以乌克兰语人口为主，倾向欧洲。这种分裂导致国内政治长期对立。2014年，乌克兰发生颜色革命，推翻了亲俄政府，成立了亲美政府，并要求加入北约，俄罗斯与乌克兰的关系恶化。与此同时，乌克兰的民族矛盾日益加剧，导致了顿巴斯地区内战。北约东扩、乌克兰颜色革命和顿巴斯内战，使俄乌关系空前紧张。2022年2月24日，普京决定开展“特别军事行动”，俄乌冲突正式爆发。

冲突发生后，美国和其他西方国家对乌克兰进行大规模军事和经济援助，不断拱火，使战争不断升级；在经济上更严厉地制裁俄罗斯，俄罗斯经济遭受了震荡。但俄罗斯并没有被西方制裁拖垮。相反，俄罗斯克服了种种困难，经济逐步展现出韧性。2024年俄罗斯GDP首次突破200万亿卢布，增长4.1%，俄居民实际收入同比增长8.5%，失业率则维持在2.9%的历史低位。在过去两年中，俄罗斯经济的增长速度是欧洲的六倍多。

五、南非

南非是非洲南部大国，自然资源丰富，是世界五大矿产国之一，也是非洲最发达的国家，人民生活水平可与欧洲相比。南非的金融、法律体系比较完善，通讯、交通、能源等基础设施良好。矿业、制造业、农业和服务业是南非经济的四大支柱，南非的深井采矿等技术居于世界领先地位。

作为金砖国家，南非是近年来发展速度最快的新兴市场国家之一。它属于中等收入的发展中国家，但其国内生产总值约占全非洲各国国内生产总值总额的五分之一。

20世纪80年代初至90年代初，南非由于执行种族歧视政策，受到国际制裁，经济曾出现衰退。1994年废除种族歧视政策后，南非成立了包括黑人在内的新政府。1994年至1999年，首位黑人总统由被尊称为“国父”的曼德拉担任。新政府成立后，制定了

"重建与发展计划"，强调提高黑人社会和经济地位。1996年又推出"增长、就业和再分配计划"，旨在通过推进私有化、削减财政赤字、增加劳动力市场灵活性、促进出口、放松外汇管制、鼓励中小企业发展等措施，实现经济增长，增加就业，逐步改变不合理的分配情况，从而实现国民经济的腾飞。

在这段时间，南非的通讯和网络技术产业发展较快，成为世界第20大信息和通信技术市场。电话线有530万条，占非洲的40%；移动电话用户有441万，是非洲其他国家总和的3倍；固定上网人口有150万，是非洲其他国家总和的5倍。南非电信公司Telkom是世界第28大电信公司，最大的两家信息技术公司Didata和Datatec已在英美市场占有一席之地。其卫星直播和网络技术水平在世界上竞争力较强，南非多选公司已垄断了撒哈拉以南非洲的绝大部分卫星直播业务。南非的软件业也开始走向国际市场。

塔博·姆贝基于1999年6月就任南非总统，2004年4月连任。2006年，南非政府实施了"南非加速和共享增长倡议"，加大了政府干预经济的力度，通过加强基础设施建设、实行行业优先发展战略、加强教育和人力资源培训等措施，促进就业和减贫。2007年南非经济增长率超过5%。2008年，受全球金融危机影响，经济减速明显，全年经济增长率降至3%，政府出台了经济刺激计划。

2008年9月，姆贝基辞职。2009年5月9日，雅各布·祖马担任总统。祖马上台后进行改革。经过改革，南非经济在2010年、2011年稍有起色，但从2012年起就开始疲软。2014年以后，南非经济一年不如一年。究其原因，主要是政治腐败，经济改革力度不够。

祖马上台后，贪污、挪用公款等事件频发；个人生活腐败，花边新闻不断。例如，2016年祖马因未及时偿还改造家宅动用的2 300万美元公款而遭起诉，南非法庭宣判其违宪。2017年，祖马因涉嫌1999年军火交易腐败案而遭到指控，最高法庭裁定这些指控成立。祖马家族与印度在南非的富商古普塔家族有暧昧关系，古普塔家族因此有恃无恐，在南非为所欲为，甚至干预南非内政，如干预南非政府政策的制定、部长的升迁等事务，遭到南非人民的普遍反对。在经济上，祖马的改革没有取得突破性进展，引起人们的不满。在国大党内部，他的支持者越来越少。

在这种情况下，祖马被迫于2018年2月宣布辞去总统职务。由执政党——非洲人国民大会主席、南非副总统西里尔·拉马福萨代理总统一职。

拉马福萨上台后，主张打击腐败、建设清廉政府；促进经济增长、创造就业机会；推动教育和土地改革，他的这些政策得到南非各界的欢迎。其反腐败重点是打击利益集团的腐败行为；其改革重心是给予投资者公平的机会，营造良好的营商环境。

拉马福萨的任务相当艰巨，除了反腐之外，还需要解决制约南非经济发展的两个重要瓶颈。

第一，南非经济结构转型问题。南非的经济结构不合理，主要出口农业、矿业两种行业的产品。南非政府和企业家并不能完全控制这两个行业，因此政府需要进行产业结构调整，以发现新的经济增长点，为经济发展注入活力。但拉马福萨上台后的改革还未见成效。

按照南非统计局公开的信息，2019年，南非经济实际增长仅0.2%。其中，上半年略好一些，下半年两个季度都是负增长，这意味着南非再次陷入“技术性衰退”。所谓“技术性衰退”，指的是一个国家或地区，在遭遇经济发展的重大阻碍后，连续两个季度出现负增长。这意味着其经济走势可能将发生改变，有可能进入“衰退期”。按照约5 880万人口总数计算，人均国内生产总值已跌破6 000美元，在非洲，也仅名列第六。失业率高达29%，仍被视为全球最不公平的国家之一。

第二，社会稳定问题。南非的社会不稳定，治安状况恶劣。在南非，不仅黑人和白人有矛盾，南非黑人与外来黑人之间也有很多矛盾，加上经济滑坡，失业增加，社会不稳定状态更加严重。多年来，南非一些区域的暴力犯罪数量居高不下，凶杀、持枪抢劫运钞车、入室抢劫等案件多发。据南非警方2018年9月发布的犯罪数据，2017年4月至2018年3月，南非超过2万人死于谋杀，平均每天57人丧生，比上年同期增加6.9%；2019年南非立法首都开普敦郊区暴力案件激增，多数与黑帮犯罪有关，当地官员自述“犹如身在战区”。总统西里尔·拉马福萨不得不派遣军队进驻，以打击“新一轮暴力浪潮”。目前，南非已失去非洲经济“领头羊”的位置，国内生产总值被尼日利亚反超，并陷入了低增长、高失业、贫困悬殊的困局。

2020年3月初，新冠肺炎疫情在南非暴发，对南非社会经济发展产生了严重影响。3月15日，确诊病例在一天内就增加了23例。当晚，南非总统拉马福萨宣布，正在该国扩散的新冠肺炎疫情为“国家灾难”，将实施包括旅行禁令在内的多项措施应对疫情。为防控新冠肺炎疫情快速蔓延，南非政府于3月27日零时起实施全国范围内的“封锁令”。此后，南非新冠肺炎确诊病例增长速度呈放缓态势。由于疫情暴发，南非失业人口增加，人心不稳。央行努力维持利率不变，以稳定人心。政府还出台了一些政策，保持国民经济的运转。

由于政府重视抗疫工作，加上南非人口总体比较年轻，疫情衰减明显。到2020年9月，南非新冠肺炎感染者总数的排名已经下滑到世界第八位，墨西哥、哥伦比亚以及秘鲁相继超过了南非。鉴于此，拉马福萨于9月16日晚间宣布，从9月20日晚将疫情“封锁令”等级下调至一级。

南非政府严格遏制新冠肺炎疫情传播的禁令，使经济活动一度陷入停滞。据南非政府公布的数据，2020年第二季度国内生产总值数据萎缩幅度达创纪录的51%，已经连续四个季度萎缩。南非政府表示，将采取更有力的行动，加快经济复苏的步伐。

南非政府制定了经济增长计划和结构性改革计划，以维持宏观经济稳定、实施结构改革、提升国家治理能力和加快基础设施投资为四大支柱，推动经济发展。南非政府计划在未来三年内改善基础设施、推动经济复苏和创造就业机会，以实现更快增长的战略。目前，南非部分经济数据展现出温和复苏的迹象。

南非在外交上奉行独立自主、不结盟的外交政策原则，呼吁改革现行国际秩序，加强“全球南方”国家话语权，反对贸易保护主义，确保和加强世贸组织多边贸易体制，以促进世界经济的发展。

第二节　发展中国家区域性一体化组织的发展

一、东盟

东盟是东南亚国家联盟的简称，是东南亚地区的一个国际组织。

战后东南亚各国在取得民族独立后，开始了本国经济的发展。进入20世纪60年代以后，它们开始团结起来，进行区域经济合作与安全合作。1961年7月，马来西亚、菲律宾和泰国在曼谷成立了东南亚联盟。1967年8月，印度尼西亚、泰国、新加坡、菲律宾及马来西亚五国又在曼谷签署了《曼谷宣言》，宣告成立东南亚国家联盟，取代东南亚联盟。1984年，文莱加入东盟。1992年，越南和老挝成为东盟观察员并提出加入东盟。1994年5月，东盟提出成立包括东南亚10国在内的"东南亚共同体"倡议，次年7月越南正式加入东盟。

东盟成立后，特别是20世纪80年代以来，各成员国从大局利益出发，求同存异，加强安全合作，不仅维护了内部的团结、稳定和发展，而且在维护本地区和平与安全方面发挥了显著作用。

东盟成立后，经济迅速发展。进入20世纪90年代后更是充满活力，成为世界经济发展最快的地区之一。接纳缅、老、柬后，东盟形成了一个包括整个东南亚10国、地区生产总值近7 000亿美元的地区集团。区域内经济合作取得显著成效，主要表现在加速自由贸易区进程、扩大区域内贸易和投资合作、共同开发湄公河流域三方面。这有利于抗衡欧美的贸易保护主义，提高成员国的国际竞争能力，增强东盟整体经济实力，促进东盟各国经济更快发展。

东盟还不断加强对外合作。根据1977年召开的第二次东盟首脑会议关于加强与欧共体及日、美、澳、加、韩等国对话联系的决定，建立了东盟与对话国外长会议，开创了东盟成员国与其伙伴国就政治、经济合作等问题进行对话的独特方式。通过对话与协商，增进相互了解和信任，为各成员国共同参与维护地区和世界和平、加强经贸合作、促进经济发展提供了良好的机会。

东盟成立后，不断扩大。1996年3月初在泰国首都曼谷召开了首次亚欧会议；1995年底，东盟七国首脑决定在2000年以前接纳缅、老、柬；1997年7月23日，东盟在马来西亚的必打灵查亚宣布正式接纳缅甸和老挝为成员国；1997年7月27日，在马来西亚首都吉隆坡举行了第四届东盟地区论坛外长会议，就亚太地区安全问题进行了讨论。

1997年东盟成立30周年时，发起了"10＋3"领导人会议机制。所谓"10＋3"领导人会议机制，指东盟十国和中日韩三国领导人通过会议进行合作的机制。这十国是：文莱、印度尼西亚、马来西亚、菲律宾、新加坡、泰国、越南、老挝、缅甸、柬埔寨。1999年9月，东盟还加强了与拉丁美洲国家的合作，成立了东亚-拉美合作论坛(FEALAC)。

进入21世纪后，东盟与中国的关系不断发展。1999年，中国曾在第三次中国-东盟领导人会议上提出，愿加强与东盟的贸易联系，这一提议得到东盟国家的积极回应。2000年11月，在新加坡举行的第四次中国-东盟领导人会议上，中国正式提出了建立中国-东盟自由贸易区的构想。

2002年11月，中国和东盟十国领导人，在柬埔寨首都金边举行的第六次中国-东盟领导人会议上，签署了《中国与东盟全面经济合作框架协议》，决定2010年建成中国-东盟自由贸易区。

2007年11月20日，在新加坡举行的第十一次东盟与中日韩三国领导人会议通过了第二份东亚合作联合声明及2007年至2017年10+3合作工作计划。

2010年1月1日，中国-东盟自由贸易区如期建成。作为世界上最大的地区性贸易区，有19亿人口，贸易价格总额可与欧盟及北美自由贸易区匹敌。在这个巨大的自由贸易区内，钢铁、橡胶、鞋子、电器等各类商品的关税将会被逐步取消。中国-东盟自由贸易区的建立，实现了互利双赢，促进了各国经济的发展，更标志着亚洲地位的上升，是亚洲政治和经济团结的象征。

从2011年开始，为了加强成员国在政治、经济、社会、文化等方面的合作，东盟第十九次首脑会议通过了主题为“全球大家庭中的东盟共同体”的《巴厘宣言》，提出了建立东盟共同体的概念。2012年，在东盟第二十一届峰会后，十国领导人同意在2015年底建成东盟共同体。

2015年12月31日，东盟轮值主席国马来西亚外长阿尼法发布声明，宣布东盟共同体正式成立。它是一个维护东盟各国权利和利益的实体组织，由东盟经济共同体、东盟安全共同体和东盟社会文化共同体三部分组成。从此，东盟国家在共同利益和地区认同的基础上，作为一个整体出现在国际活动中。同时，东盟公布了《经济共同体蓝图2015》，为未来10年东盟经济共同体建设制定了远景规划，目标是建立一个单一市场，实现商品、服务、资本和劳动力在区域内的自由流动。

东盟共同体成立后，每年与伙伴国（包括中国、日本、韩国、印度、澳大利亚、新西兰、美国、俄罗斯、加拿大和欧盟）举行对话会议，开展多方位外交。东盟共同体与中国的关系不断发展。2017年，东盟各国与中国签署了一份关于飞机事故调查合作的谅解备忘录；2018年11月14日，中国国务院总理李克强应邀出席了在新加坡举行的第二十一次中国-东盟领导人会议并发表了重要讲话，会议通过了《中国-东盟战略伙伴关系2030年愿景》，发表了科技创新合作联合声明，宣布2019年为东盟与中国的媒体交流年，进一步为中国与东盟中长期关系发展做出了远景规划，也为中国-东盟命运共同体之船指引了前行方向。李克强总理在讲话中强调，中国和东盟深化政治全面合作，携手打造更高水平的战略伙伴关系，建设更为紧密的中国-东盟命运共同体。

2018年，由于国际格局的变化和全球经济发展的不确定性增加，特别是大国博弈对东盟影响的增大，以及东盟各国面临着传统安全和非传统安全威胁的增大，东盟以“坚韧和创新”为主题，力争在发展与中国友好合作的同时，建立一个更加灵活的共同体。为达此目的，需要深化东盟各国的合作，共同协调、综合应对区域与全球性挑战。从2019年开始，东盟又以“推动可持续发展”为主题，全力迎接数字化时代带来的挑战。

2020年，东盟各国都暴发了新冠肺炎疫情。1月23日，新加坡发现首例新冠肺炎确诊病例，政府立即采取了行动进行防控。到3月17日，新加坡累计病例233例，防控取得成功。之后，疫情形势趋于恶化，马来西亚、印尼、泰国等国的确诊病例数不断增加，此前未出现疫情的缅甸、老挝也先后出现了确诊病例。

到3月24日，东盟10国都有了确诊病例。其中，马来西亚境内累计确诊1 518例，死亡14例；泰国累计确诊827例，死亡4例；印尼累计确诊579例，死亡49例；新加坡累计确诊509例，死亡2例；菲律宾累计确诊462例，死亡33例；越南累计确诊123例；文莱累计确诊91例；柬埔寨累计确诊84例；缅甸累计确诊2例；老挝累计确诊2例。

东盟各国疫情扩大的主要原因是东盟情况特殊：新加坡是旅游大国，其他成员国不仅旅游业发达，而且是宗教国家，宗教聚集性活动很多。大量游客和宗教活动，导致了聚集性疫情高发。

为防控疫情，东盟各国积极行动。新加坡进行了封城，对14天内到访过东盟其他国家，以及日本、瑞士、英国等国的人员，实行入境后14天居家隔离政策，其间不得外出；对新加坡居民原则上建议不再出境。泰国、马来西亚、老挝等国也都出台了各自应对疫情的法令，如泰国出台了“14条禁止令”、马来西亚出台了全国范围内的“行动限制令”、老挝颁布了“9条防控措施”等，避免疫情的扩大。柬埔寨、缅甸、越南等国家也积极借鉴中国抗击疫情的经验，采取多项措施应对。2020年4月，东盟还召开了应对新冠肺炎疫情特别峰会等，强调各国携手共抗疫情。

经过努力，东盟疫情得到控制。到4月16日，东盟10国新冠肺炎确诊病例总数仅占世界上除中国以外的海外国家确诊病例总数的1.15%，治愈率高于海外平均治愈率，死亡率低于海外平均死亡率。到7月，情况进一步好转。7月20日，东盟确诊人数较多的有印尼和菲律宾：前者为86 521例，后者为67 456例，死亡率较高的也是印尼和菲律宾：前者为4 143例，后者为1 831例。治愈人数占比最高的是老挝，为100%；第二是文莱，为98%；第三是马来西亚，为97%。

疫情对东盟经济打击较大。第一，使东盟金融市场波动巨大。在疫情对亚洲金融市场造成冲击的情况下，东盟地区主要股指和本币对美元汇率大幅下跌，多国股指及汇率两位数下跌。疫情使直接投资流入东盟的速度放缓，全球500强跨国公司已将新加坡、泰国和马来西亚三个东盟主要经济体的营收下调26%至30%不等。

第二，使东盟的产业链和制造业受到严重冲击。疫情下，东盟同其主要贸易伙伴中国、欧盟、美国、日本和韩国的双边贸易均遭受严重冲击，国际市场需求严重萎缩。

第三，使东盟的旅游等服务产业遭受重创。旅游服务业在东盟国家收入中占有较大比重，2018年旅游业对东盟经济的贡献率达12.6%。受疫情冲击，以旅游及相关酒店餐饮、交通运输等行业作为重要支柱的泰国、越南、马来西亚、印尼等国遭受重大损失。

第四，使东盟农产品出口受到严重阻滞。以越南为例，2020年第一季度农林产品出口额下降29%，水产品下降38%，总体出口额同比下降21%。此外，越方被迫暂缓同中国的部分农产品市场准入谈判，并考虑寻找多元化出口渠道。泰国和缅甸等国水果亦因疫情影响，对华出口大幅下降。泰官方宣称，因受疫情影响，该国第一季度农业国内生产总值同比下跌4.8%。

2020年第一季度，东盟各国经济暂时停摆，第二季度和第三季度的经济情况仍不乐观。为了刺激经济恢复发展，2020年9月9日，东盟外长召开会议，会后发表公报，强调东盟应迅速制订全面恢复框架，推动区域恢复，减轻疫情影响，维护供应链联通，支持经济复苏，增强区域经济稳定性和弹性。9日至12日，东盟以视频会议方式举行了第五十三届东盟外长会议及中国-东盟外长会、东盟与中日韩外长会、东亚峰会外长会和东盟地区论坛外长会等系列会议，落实9月9日东盟外长会议精神。

东盟领导人的努力有力地推动了东盟经济的恢复和发展。与此同时，世界主要经济体经济的复苏，特别是中国经济的复苏有力地带动了东盟经济走出低谷。东盟地区国家疫情防控总体有效，生产生活逐步恢复，宏观经济基本面不断改善。在各成员国的共同努力和东亚区域经济回暖的带动下，东盟经济逐步呈现“U”形复苏态势，回归正常的增长轨道。

2021年以来，东盟经济不断增长。2023年东盟11国GDP达3.78万亿美元，同比增长4.13%，占全球GDP的3.59%，位居世界第五位。到2024年，东南亚国家的经济发展已经令人刮目相看。马来西亚稳中有升，印度尼西亚继续坐稳东盟经济第一的位置，越南更是以惊人的增长速度在冲刺。东盟各国不仅展现了自己的独特优势，还和中国合作越来越紧密。

二、南盟

南亚地区是人类文明的发源地之一，地域辽阔、自然资源十分丰富。但过去曾长期遭受西方国家的殖民统治和掠夺，长期处于分裂落后的状态。加上战后国家内部冲突和相互之间的领土争端等原因，南亚国家的经济发展受到严重影响，与亚太其他国家和地区相比相对落后。因此，加强政治磋商、消除分歧、加强合作、谋求发展逐渐成为南亚地区各国领导人的共识。

1980年5月，孟加拉国总统齐亚·拉赫曼建议开展区域合作。经过几年努力，1985年成立了由南亚地区国家组成的南亚区域合作联盟。

由于多种历史与现实的消极因素干扰，南盟内部的贸易进展有限。据统计，1980年南盟的内部贸易总额为12亿美元，1990年为15.8亿美元，1994年后增至29亿美元。同期，南盟的全球贸易总额从79亿美元分别上升到655亿美元和831亿美元，增长很快。

为了加强合作，1997年5月12日至14日，南亚国家在马尔代夫首都马累举行了南亚区域合作第九届首脑会议。与会国家有孟加拉国、不丹、印度、马尔代夫、尼泊尔、巴基斯坦和斯里兰卡七个成员国。会议通过了《马累宣言》，强调了各成员国加强合作的重要性，并宣布力争在五年内消除贫困，争取在2001年实现南亚地区贸易自由化；发展教育，消除文盲；在禁毒、反走私和打击恐怖犯罪活动方面加强各成员国之间的合作。宣言在保护妇女、儿童权益以及保护环境等方面制定了相应的计划和行动纲领，还提出要在各成员国之间建立非正式政治磋商机制，并认为南亚地区的和平、稳定以及经济发展应通过建立睦邻友好关系和增进相互信任来实现。这次会议进一步加强了南盟各成员国之间的合作，促进了南亚地区的发展，并使南亚区域合作联盟这一区域性组织变得更加成熟，在世界舞台上发挥日益重要的作用。

2005年1月，阿富汗加入南盟，成为第八个成员国。2005年11月，中国、日本、韩国、美国、欧盟、伊朗、毛里求斯、澳大利亚和缅甸九个国家和组织，已经成为南盟的观察员。

南盟一体化进程也在加快。2004年1月，第十二届南盟首脑会议通过了《南亚自由贸易区框架协定》。根据协定，各国从2006年1月1日起开始逐步降低关税，在7年至10年内从30%左右降至0到5%。

2005年11月，第十三届南盟首脑会议为加强区域经济发展、消除贫困、反恐、应对自然灾害等方面的合作制定了50条措施，并宣布2006年至2015年为南盟“减贫十年”。2007年4月，南盟在印度首都新德里举行了第十四届南盟首脑会议，会上通过了涉及减贫、能源合作、环境保护、自由贸易、文化交流和打击恐怖主义等多项内容的宣言。2008年8月，第十五届南盟首脑会议又通过了涉及反恐、消除贫困、能源和环境保护等多项内容的《科伦坡宣言》。金融危机爆发后，南盟各国加强了合作，减少了金融危机带来的损失。

总之，南盟成立后，不断加强内部建设，扩大对外开放，积极参加国际经济活动，促进了南盟各国经济的发展。在2008年前的10年里，南盟经济保持了平稳增长，作为总面积近500万平方公里、总人口14亿、中产阶级4亿、地区生产总值1万亿美元的经济实体，南盟日益成为经济全球化中的一个重要经济实体。

2010年4月27日，第十六届南盟首脑会议在不丹举行。这是一次非常重要的会议，回顾了南盟成立以来取得的成就，并谋划了未来的发展方向。这次会议签署了《关于气候变化的廷布声明》、《南盟环境合作公约》和《南盟服务贸易协定》等文件；决定创立“南亚论坛”，为南盟未来发展提供交换意见的平台。会后，南盟发表了《廷布宣言》，要求各成员国采取措施增加贸易，促进经济、社会、文化进步，维护传统价值观和以人为本的发展模式，实现南盟“绿色”“幸福”的发展目标，建设一个“绿色”“幸福”的南亚。

2011年，以“建设沟通与合作的桥梁”为主题，南盟在马尔代夫阿杜市举行了第十七届南盟首脑会议，就南盟国家的建设和合作问题进行了深入讨论。

2014年，南盟又在尼泊尔加德满都举行了第十八届峰会，通过了《加德满都宣言》，强调加快推动区域一体化建设，加强在贸易、投资、金融、能源、安全、基础设施建设以及文化领域的合作，优先推进区域和次区域内项目。

此外，南盟积极开展外交活动，与重要合作伙伴中国进行多方面合作。中国也非常重视与南盟的合作，在人力资源培训、扶贫救灾、经贸、人文交流等领域与南盟开展了多项合作，先后举办了“南亚国家政党干部研修班”“南亚外交官了解现代中国研修班”“南亚职业教育官员研修班”等活动。2012年6月，举办了第七届中国-南亚商务论坛，在中国昆明举办了第五届南亚国家商品展暨第二十届昆交会。2013年6月，在昆明举办了首届中国-南亚博览会（由“南亚国家商品展”更名而来），此后每年都在昆明举办这样一次博览会。通过合作，南盟与中国的贸易关系不断深化。到2017年，中国与南盟8

国贸易总额为1 267.7亿美元，同比增长14.6%。2018年6月，中国在昆明举办第五届中国-南亚博览会的同时，还举办了首届中国-南亚合作论坛，双方的合作进一步加深。

南盟是一个重要的区域经济一体化组织，其总人口已达15亿，各成员国的国内生产总值总额达6 000亿美元，在国际事务中的影响力日益显现。南盟在经济发展的同时，存在各种问题，例如贫富悬殊及其引发的各种社会矛盾。南盟1/3的人口处于贫困状态。如何解决人民的贫困问题，是南盟各国面临的重要任务之一。南盟地区关系中，还存在着尖锐矛盾，其中最突出的印巴矛盾影响着南盟的顺利发展。例如，2016年9月，印度以克什米尔地区军事基地遇袭一事谴责巴基斯坦，原定于2016年11月在伊斯兰堡举行的第十九届南盟峰会被推迟，导致南盟合作停摆。

当今时代，人类命运与共、相互依存、共同发展，印巴也不得不顺从这一时代潮流。2020年新冠疫情暴发后，印巴不得不改善关系，共同应对疫情，停摆4年的南盟又开始了合作。

从2020年2月开始，南盟各国先后发现新冠肺炎确诊病例。2月26日，巴基斯坦首次确诊2例。2020年3月17日，巴基斯坦报告首例新冠肺炎死亡病例。到3月24日，累计确诊875人，治愈13人，死亡6人。2020年3月6日，不丹确诊首例新冠肺炎患者。3月7日，马尔代夫首次确诊2例。3月12日，斯里兰卡发现疫情，到3月23日晚，斯里兰卡新增5例确诊，累计确诊92例。

2020年2月，印度也发现了新冠肺炎病例，但并不严重。到2月29日，印度累计确诊3例，并已全部治愈出院。印度有13亿人口，一旦疫情蔓延，后果很严重。印度发现新冠肺炎病例后，立即采取了防控措施，3月25日开始全国禁足。同时，印度也意识到南盟团结抗疫的重要性和必要性，立即做出了反应。莫迪总理提议恢复南盟国家之间的对话。在疫情期间，南盟国家共商防控策略。3月15日，孟加拉国、不丹、印度、马尔代夫、尼泊尔、巴基斯坦和斯里兰卡等南盟国家举行了共抗新冠肺炎疫情的视频会议。在这些会员国中，除巴基斯坦外，皆由领导人亲自与会。莫迪在会上倡议建立新冠肺炎疫情应急基金，印度率先投入一千万美元。未与会的阿富汗总统阿什拉夫·加尼·艾哈迈德扎伊也表示，印度不仅是南亚区域合作联盟的成员国，也是上海合作组织的成员国，而上合组织和中国在这次抗疫中经验丰富，他呼吁加强与上合组织和中国的合作，学习中国的抗疫经验。

疫情的冲击让很多国家的不平等加剧，同时也给贫困人口带来了重创。在南亚，贫困人口基数巨大，该地区经济已出现大幅滑坡。2023年，南盟地区人口为19.36亿，占全球人口的24.1%。然而，其国内生产总值仅为4.491万亿美元，约占世界总值的4.3%。

三、非盟

非盟是在非洲统一组织的基础上成立的。1963年5月22日至26日，31个非洲独立国家在埃塞俄比亚首都亚的斯亚贝巴举行首脑会议。5月25日，会议通过了《非洲统一组织宪章》，决定成立“非洲统一组织”（简称“非统组织”或“非统”），确定5月25日为“非洲解放日”。在2001年的首脑会议上，“非洲统一组织”改名为“非洲联盟”，有53个国家参加，秘书处设在亚的斯亚贝巴。

非洲统一组织的宗旨是促进非洲国家的统一与团结，协调并加强非洲国家之间政治、外交、经济、文教、卫生、科技、防务和安全等方面的合作，努力改善非洲各国人民的生活，保卫各国的主权、领土完整，根除一切形式的殖民主义，在给予《联合国宪章》与《世界人权宣言》应有的尊重的情况下促进国际合作。

在1999年9月召开的非统第四次特别首脑会议上，非洲国家在利比亚领导人卡扎非的倡议下决定成立非洲联盟。2001年7月9日至11日，非统第三十七届首脑会议在赞比亚首都卢萨卡召开。53个非统成员国，除科摩罗外，全部派代表团出席，代表中有38位国家元首，联合国秘书长安南、南非前总统曼德拉、赞比亚前总统卡翁达等应邀与会。这次会议正式决定非统向非洲联盟过渡，过渡期为一年，可视情况延长。

2001年3月，非统召开第五次特别首脑会议，正式宣布非洲联盟成立。当时批准非盟章程的国家仅32个，未达到非盟章程生效所需的36国法定数目，因此非盟暂时无法启动。到2001年5月26日，非盟章程的批准国达到法定数目，非盟正式生效。

在这次特别首脑会议上，南非、尼日利亚和阿尔及利亚三国提出了“非洲千年复兴计划”，塞内加尔总统瓦德起草了“欧米茄计划”。在这两个文件的基础上，非盟通过了“新非洲倡议”，即“非洲发展新伙伴计划”。“新非洲倡议”的主要内容是：突出非洲国家对该计划的主导权；确定以消除贫困和实现可持续发展为目标，以基础设施建设、人力资源开发、农业生产、环境保护和科技发展为重点发展领域的长期战略，争取今后15年内全非地区生产总值年均增长7%以上、贫困人口减半；重视与国际社会，特别是西方发达国家建立平等互惠的新型伙伴关系，努力向西方争取更多资金和援助。该计划成为未来非洲国家发展与复兴的指针。

这次会议还密切关注了非洲地区冲突、贫困和艾滋病等问题，并为解决这些问题做出了积极努力。与会各国一致认为，非洲国家只有彻底消除战乱和冲突、实现和解与合作，才能实现经济、社会发展和非洲复兴。会议强烈谴责中非军事政变，一致决定对科摩罗政权继续实行制裁，敦促卷入刚果（金）战争、布隆迪冲突的有关国家领导人密切合作，共同寻求结束冲突、恢复和平的有效途径。

21世纪以来，非洲的时代主题已由20世纪的“求独立，求解放”转变成“求和平，求发展”。为顺应这一时代要求，非盟致力于实现非洲大陆的政治稳定与经济振兴。2010年2月2日，在埃塞俄比亚首都亚的斯亚贝巴举行的第十四届非盟首脑会议，把2010年定为“和平安全年”，要求非盟成员国携手解决非洲地区的冲突和危机，力争早日在非洲实现真正的和平与稳定。此后，非盟为建设“团结合作的非洲”而努力，到2019年，在维护地区安全、调解地区战乱和冲突方面采取了积极行动，参与调解了布隆迪、刚果（金）、利比里亚、索马里、科特迪瓦和苏丹等国的冲突，有效避免了这些国家安全局势进一步恶化。

21世纪以来，非洲仍然不时发生内战和动乱，致使经济发展缓慢，产生许多民生问题。其中，粮食短缺与饥饿是非洲面临的最大问题。2008年全球金融危机爆发后，非洲受到强烈的冲击。发达国家以本国受到金融危机冲击为由，减少或停止对非洲国家的粮食援助，使饥饿和疾病困扰着非洲，不少非洲国家的人民面临生存危机。

2020年，全球新冠疫情暴发，给非洲带来了新的苦难。2月14日，埃及发现非洲首例新冠肺炎确诊病例。2月22日，非洲联盟召开应对新冠肺炎疫情的部长级会议，商讨、交流非洲应对疫情的举措。2月23日，已有28个非洲国家报告共发现211例疑似病例。此后，非洲各国先后出现了确诊病例，到3月中下旬，确诊病例开始显著增长。4月15日，非洲仅剩科摩罗和莱索托两个国家尚未报告确诊病例。

为了避免疫情迅速传播，许多非洲国家都采取了紧急应对行动，如关闭边境，严格限制旅行和公众聚集，陆续宣布宵禁、紧急状态，以及封城等限制性措施。尼日利亚于2020年3月30日宣布其首都阿布贾和非洲最大海港城市拉各斯封城两周，其他一些州也先后宣布封城。在封城期间，只有食品店和卫生设施可开放。两周期满后，尼日利亚政府又于4月14日宣布把阿布贾、拉各斯及奥贡州封城措施延长14天。纳米比亚3月30日宣布封城，后延长14天至5月4日，并将封城范围扩大至全国；乌干达也进行了封城，并延长21天至5月5日；马拉维宣布从5月18日起在全国实施封城措施，为期21天；南非政府也跟着宣布了封城令。其他国家也采取了类似行动。

尽管如此，疫情还是在非洲迅速蔓延开来。2020年6月10日，西非国家加纳报告新冠肺炎确诊病例破万例。当日累计确诊病例数超1万例的非洲国家达到5个，其他4个国家为南非、埃及、尼日利亚、阿尔及利亚，非洲地区确诊病例逼近21万。到6月11日，非洲地区54个国家累计报告新冠肺炎确诊209 438例，死亡5678例，95 273人康复。

疫情影响了非洲人民的生活。在非洲中低收入国家中，服务业往往在国内生产总值中占有很大比重，一般都超过50%，有的国家甚至达到60%～70%。此外，大量就业集中在非正式经济部门也是中低收入国家的共性。非正式就业人口大多数在服务业中拿着日薪或者周薪。在封城的情况下，很多服务业不能运行，非正式就业机会也基本消失，导致了严重的失业问题。非正式就业人口没有收入，连每天的食物都没有了保证。因此，大多数非洲中低收入国家都无法承担封城的代价。只要疫情一有好转，这些国家就会解除封锁。由于其他措施没有跟上，解除封锁后疫情时有反弹。根据非洲疾控中心的数据，截至2020年8月22日，非洲大陆确诊病例达110余万例，死亡病例攀升至近3万例，康复病例为近90万例。到9月份，非洲新冠肺炎确诊人数更达到100万。因检测机制不完善，实际感染者人数更多。不过，因非洲90%的人口都是不到50岁的中青年人，新冠肺炎患者死亡率并不高。

疫情给非洲经济造成了沉重打击。由于社会基础薄弱，随着疫情长期持续，非洲国家陷入了经济困境。为恢复经济发展，非洲多国出台了经济刺激计划。如乌干达6月8日下调基准利率100个基点至7%；肯尼亚总统肯雅塔提出537亿肯先令的经济刺激计划，这是肯尼亚政府自疫情发生以来提出的金额最大的经济刺激计划。其中包括：拨付50亿肯先令雇用本地劳动力，购买本地建筑材料修建公路桥梁；拨付65亿肯先令聘请1万名教师和1 000名信息通信技术实习生，支持数字化学习，改善学校基础设施；拨付资金支持旅游设施翻新、业务重组、野生动物保护等，向培训学校提供资金，保证酒店从业人员供应稳定。各国政府采取的紧急抗疫措施以及经济复苏计划持续消耗了财政收入，特别是税收收入受到巨大影响，使很多非洲国家已然岌岌可危的财政状况进一步恶化。

非洲联盟委员会非常注意抗疫斗争与恢复经济之间的平衡，于2020年8月20日发出名为“非洲抗疫：拯救生命、经济和民生”的倡议，希望非洲各国在疫情防控和恢复经济活动、保障民生安全之间寻找一个平衡点。

幸运的是，在疫情中，非盟与中国和世卫组织进行了密切的合作。2020年1月，中国暴发新冠肺炎疫情，非洲给予了中国力所能及的帮助与支持。与此同时，为了预防新冠肺炎病毒在非洲出现，中国对非盟进行了相关医疗援助。其中一个重点是通过资金和技术援助等形式，提升非盟对可能暴发的新冠肺炎疫情的应对能力。当月，中国疾控中心和世界卫生组织就帮助非洲疾控中心成立了新冠肺炎病毒非洲工作队，迅速在非洲大陆开展预防工作。该工作队对非盟各成员国的准备工作和反应水平进行评估，多次培训专家和医务人员，帮助其建立病毒检测能力。短短3周内，非洲由只有两个国家配备病毒检测实验室，发展为有26个国家具备检测能力，到2月底非洲全部47个国家都具备一定的疫情应对能力。此后，中国和世卫组织不断给予非盟抗疫支持，谱写了团结合作、共建人类卫生命运共同体的新篇章。

非盟的发展潜力巨大，现有55个成员国，领土约占全球的20%，是世界上人口第三多的地区，仅次于中国和印度，GDP总量是3.757万亿美元。目前全球人口日益老龄化，但非洲却是年轻人口居多。到2050年，非洲的年轻人口预计将翻一番，这表明非洲劳动力潜力巨大。而且非洲自然资源丰富，拥有全球60%的可再生能源资产和30%的低碳技术所需矿产。这些因素使非洲成为全球经济中的新兴力量。

四、美洲国家组织和拉丁美洲经济体系

美洲国家组织是由美国和拉丁美洲国家组成的区域性国际组织，成立于1890年，原名为“美洲共和国国际联盟”，总部设在美国华盛顿。1948年改用现名。该组织有34个成员国，先后有58个欧美及亚非国家或地区在该组织派驻观察员。此外，美洲国家还建立了其他一些地区性组织。其中，中美洲共同市场成立于1962年；安第斯条约组织成立于1969年；加勒比共同体和共同市场成立于1973年；亚马逊合作条约组织成立于1978年。20世纪80年代，哥伦比亚、墨西哥、委内瑞拉、巴拿马组成孔塔多拉集团；秘鲁、乌拉圭、巴西、阿根廷组成利马集团，1986年12月孔塔多拉集团与利马集团合并组成了里约集团。

墨西哥总统埃切维里亚于1974年7月提出了建立拉美经济合作和协调机构的设想。1975年3月，埃切维里亚总统和委内瑞拉总统发表联合公报并致函拉美各国首脑，正式倡议成立“拉丁美洲经济体系”。1975年10月17日，拉美23国政府代表签署《巴拿马协议》，宣告成立拉丁美洲经济体系，1976年6月7日协议正式生效。官方语言为西班牙语、英语、法语和葡萄牙语，秘书处设在委内瑞拉首都加拉加斯。

拉丁美洲经济体系的宗旨是促进地区性合作，支持地区一体化进程，推动制定和实施经济、社会发展规划，协调拉美各国有关经济和社会问题的立场与战略。行动准则是平等、主权、独立、团结、互不干涉内政、互相尊重各国政治和经济及社会制度差异，

切实维护拉美国家的合法权益，为建立公正、合理的国际经济新秩序而努力。

20世纪90年代，拉美地区性经济组织又有了进一步发展。1991年，巴西、阿根廷、乌拉圭和巴拉圭四国组成南方共同市场。这是拉美一个重要的区域性经济组织，成员国之间的贸易总额从1990年的40亿美元增加到1996年的160亿美元。南方共同市场在自由贸易、政治协商和政策协调等方面都取得了实质性进展。里约集团、安第斯集团、加勒比国家联盟等地区组织的政治协调能力都有了明显提高，对外政策逐渐统一。例如美国为了自己的利益，提出在2005年前建立美洲自由贸易区，而南方共同市场则从各国自身利益出发，反对美国提出的时间表。

20世纪90年代，拉美国家日益团结，地区一体化步伐明显加快，在政治、经济及外交等方面都取得了令人瞩目的成就。1995年12月，拉美国家首脑会议批准了2000年前的行动纲领，规定在五年内取消非关税限制。区域性组织拉丁美洲经济体系得到了发展。

到2001年，拉丁美洲经济体系成员国发展到28个，包括阿根廷、巴巴多斯、巴哈马、巴拉圭、巴拿马、伯利兹、巴西、秘鲁、玻利维亚、多米尼加、厄瓜多尔、哥伦比亚、哥斯达黎加、格林纳达、古巴、圭亚那、海地、洪都拉斯、墨西哥、尼加拉瓜、萨尔瓦多、苏里南、特立尼达和多巴哥、危地马拉、委内瑞拉、乌拉圭、牙买加以及智利。此外，有50多个拉美、欧洲和联合国的政治、经济和社会组织成为该体系的观察员。

拉丁美洲经济体系反对美国与欧共体对美洲其他国家不合理的政治经济政策，在维护拉美国家合法权益方面做了大量工作。同时，拉丁美洲经济体系在努力推动拉美各区域一体化、促进社会发展方面也做了许多工作。拉丁美洲经济体系将消除贫困和就业政策联系起来，在保证经济持续增长的同时，减少社会不公平现象。拉丁美洲经济体系还在消除金融危机影响和建立经济新秩序方面采取了许多措施。

21世纪初，拉丁美洲经济发展较快。从2003年到2008年上半年，其经济持续增长。2008年下半年美国爆发的次贷危机演变成全球金融危机后，拉丁美洲的经济增长就陷入了停滞。

在全球金融危机冲击下，股市和汇市暴跌，进而引起了拉美国家的金融动荡。拉美股市与汇市的暴跌涉及巴西、墨西哥、阿根廷、秘鲁、智利、哥伦比亚和委内瑞拉等国，七大股市的企业总市值从2007年底的2.09万亿美元，下降到2008年底的1.092万亿美元，缩水近一半。在这种情况下，拉美各国货币迅速贬值。

为了维持货币的稳定，拉美各国都采取措施进行了国家干预，动用了大量外汇储备来支持本国货币。经过上述努力，拉美经济总体回升，但各国经济发展情况并不一样。经济基础雄厚、干预力度大的国家收效明显，而其余国家则收效甚微。在拉美经济复苏中发展很不平衡，南美国家经济增速最快，中南美增长次之，而加勒比地区的经济增长速度较慢。

2008年，在拉美33个国家中，8个国家的经济好于2007年，其中有5个国家是南美国家。比如，乌拉圭经济增长率高达11.4%；秘鲁在2007年实现8.9%高速增长的基础上，2008年达到9.4%的高增长率；巴西则连续第二年保持5%的中速增长，而且增长率略高出2007年0.2%。中美洲国家的经济增速在3%～3.8%之间，而加勒比地区的经济增长率仅为2.4%。2008年拉美经济增长率低于2%的6个国家有5个就在加勒比地区。提高中美洲国家经济发展速度、帮助加勒比地区发展经济，是拉丁美洲经济体系的重要任务。

2010年6月6日晚，第四十届美洲国家组织大会在秘鲁首都利马开幕，32个来自美洲国家组织的成员国外长或代表参加了大会。虽然拉美各国内部分歧严重、挑战依然严峻，但会议围绕“美洲和平、安全与合作”展开讨论，与会代表强调加强地区合作、共同推进建立互信、和平、安全的美洲。这次会议，是美洲地区一体化进程中一次重要的会议。

美洲国家组织围绕美洲国家和全球面对的问题与挑战，每年召开一次大会，讨论应对方案。例如，2012年6月，在玻利维亚科恰班巴省召开了美洲国家第四十二届大会，主题为“粮食安全”；2013年6月，在危地马拉安提瓜城举行了美洲国家组织第四十三届大会，主题是“美洲国家采取全面政策应对世界毒品问题”等。

美国是美洲国家组织成员国，长期以来在“泛美合作”和“共同防御”等虚伪口号的掩盖下，通过美洲国家组织实现其对拉丁美洲的经济渗透、政治控制、军事扩张，并实施“拉丁美洲人打拉丁美洲人”的阴谋。这使得美洲国家组织出现了分裂。

例如，古巴革命后，在美国的压力下，古巴于1962年被中止成员国资格。2009年美洲国家组织第三十九届大会一致通过了废除中止古巴成员国资格的决议，但美国并没有改变反对古巴的立场，因此古巴拒绝重返该组织。

又如，美国利用美洲国家组织制造动乱和人道主义危机，并在民主和人权的幌子下，企图颠覆一些美洲国家的政权。委内瑞拉政府不屈从美国压力，奉行独立的外交政策，因此美国企图推翻委内瑞拉政府，长期对其进行制裁。在美国操纵下，美洲国家组织频繁干涉委内瑞拉内政。委内瑞拉政府对此坚决反对，但多次抗议无果，于是在2017年4月27日正式启动了退出该组织的程序。根据相关规定，完全退出该组织需要24个月。2018年6月，美国国务卿蓬佩奥在华盛顿举行的第四十八届美洲国家组织大会上，还呼吁美洲国家进一步制裁委内瑞拉，暂停其成员国资格。2019年1月23日，蓬佩奥又呼吁美洲国家组织所有成员国反对由选举产生的委内瑞拉合法总统马杜罗，而支持其反对派颠覆马杜罗政府。鉴于此，委内瑞拉政府于2019年4月9日发布公告，重申将于2019年4月27日退出美洲国家组织。4月27日，委内瑞拉完成退出美洲国家组织的所有规定程序。古巴、委内瑞拉等国退出美洲国家组织，标志着美洲国家组织的一体化进程遭受挫折。

2020年全球新冠肺炎疫情暴发，美洲国家组织各成员国遭受了沉重打击。1月22日，哥伦比亚和巴西各通报了1例疑似病例。1月23日，墨西哥出现首例新冠肺炎病毒携带者。3月7日，墨西哥一名64岁男子因感染新冠肺炎当天去世。这是拉美首例新冠肺炎死亡病例。此后，新冠肺炎疫情在拉丁美洲和加勒比地区愈演愈烈，呈燎原之势。根据美国约翰·霍普金斯大学全球新冠肺炎疫情数据中心的统计，截至4月13日，拉美和加勒比共报告新冠肺炎确诊病例已逼近6万。

拉美地区疫情最严重的国家是巴西。2020年5月5日，巴西累计确诊20 727例；其次是厄瓜多尔7 446例、智利7 213例。确诊人数超过100例的还有秘鲁5 897例、墨西哥 4 661 例、巴拿马 2 974 例、哥伦比亚 2 776 例、多米尼加 2 620 例、阿根廷 2 208 例。尼加拉瓜死亡率高达 20%、巴哈马 19%、伯利兹 15.3%、圭亚那 13.3%、洪都拉斯 8.21%。巴西死于新冠肺炎的患者高达 1 124 人，成为拉美地区首个死亡人数过千的国家。

在接下来的几个月，拉美地区疫情日趋严重。6 月 24 日，巴西累计确诊人数达到 1 113 606 例，死亡人数达到 51 407 人。拉丁美洲人口占全球人口不到 10%，因新冠肺炎死亡的人数却占全球三分之一。在死亡人数和确诊病例数方面，巴西仅次于美国，位居世界第二。哥伦比亚、智利、秘鲁和墨西哥也受到重创。

疫情使全球经济活动放缓，贸易受损，大宗商品需求和价格双双下降，严重依赖铜、大豆等大宗商品出口的拉美国家受到明显冲击。油价暴跌、美股连续熔断等因素加剧了拉美地区金融市场的动荡，主要股指全线暴跌，市场避险情绪上升。多国货币对美元汇率大幅下调，2020 年 3 月，墨西哥比索对美元汇率较年初累计跌幅超过 30%，哥伦比亚比索、巴西雷亚尔、智利比索等都大幅贬值。据国际航空运输协会的统计，2020 年第一季度，拉美地区航空业需求同比下降 41%，航空公司收入减少 150 亿美元。这次疫情沉重打击了拉美经济，使拉美和加勒比地区经济陷入史上最严重衰退期，国际货币基金组织预测，2020 年拉美经济受疫情打击将萎缩 9.4%。

经济衰退使拉美社会陷入贫困之中。21 世纪前 20 年，拉丁美洲通过发展大宗商品对外贸易，取得了突破性发展，民众生活得到改善，正在圆其中产阶级之梦。从 2003 年到 2019 年，拉美贫穷人口占其整体人口比率从 45%减少至 30%，数百万人摆脱贫穷生活跨过了中产阶级门槛，可以坐飞机旅行、自己买房子和支付子女的大学学费。新冠肺炎疫情暴发导致拉美数十万商家倒闭，经济下滑和失业率上升冲击家庭收入，使贫穷人数大幅攀升。

疫情对拉美社会产生了巨大影响，部分国家产生了"疫情+暴乱"的叠加现象。疫情暴发后，拉美国家政府和民众的关系普遍比较紧张，官民互不信任乃至对立现象十分严重。智利在 2020 年 3 月爆发了几次反政府游行，皮涅拉总统的公信力跌入谷底；玻利维亚临时总统阿涅斯忙于和反对派相互攻击，无法提出应对疫情的有效举措；厄瓜多尔应对疫情明显不力，导致人民死伤惨重；巴西博索纳罗政府应对措施不到位，导致疫情不断蔓延。

拉美国家为了应对新冠肺炎疫情、稳定社会，纷纷出台了包括隔离、减少出行在内的限制措施。为了应对恶化的经济形势，各国政府做了一系列工作。首先，进行债务重组谈判。拉丁美洲公共债务与国内生产总值的比例中位数接近 60%。因此，各国决定推迟偿还公共债务。例如，阿根廷政府宣布推迟偿还总额约 100 亿美元的公共债务。其次，出台金融政策，刺激经济发展。多国央行向市场注入流动资金、降低基准利率。秘鲁央行将基准利率从 1.25%大幅降至 0.25%；墨西哥央行宣布将基准利率下调 0.5 个百分点至 6.5%，并与美联储建立 600 亿美元的掉期额度用于墨西哥信贷机构进行以美元计价的信贷拍卖；巴西央行宣布了总金额为 1.2 万亿雷亚尔（约合 1.56 万亿元人民币）的财政和货币刺激方案等。

为了帮助民众渡过难关，政府努力确保疫情防控方面的支出落实到位，通过工资补贴和税收减免等方式帮助受影响的家庭和企业应对暂时的生产停摆。拉美各国政府还努力降低医疗卫生成本，并向贫困家庭提供最低收入补贴。为了保障就业和保护小型企业，各国都投入了救市资金。例如，智利政府宣布了一项170亿美元的紧急措施；巴西政府向中小企业提供为期两个月、共400亿雷亚尔（约合534亿元人民币）的救助贷款，用于支付企业员工不超过最低工资两倍的薪水，使140万家企业和1 220万人受益；墨西哥采取增加民生工程、直接扩大补助群体规模等措施，创造约200万个就业岗位；秘鲁政府推出900亿索尔（约合1 875亿元人民币）的刺激计划，相当于该国国内生产总值的12%；拉美开发银行也向成员国提供共计25亿美元的紧急信贷额度，帮助其购置医疗设备，促进企业持续经营。在这些措施的刺激下，拉美经济缓慢复苏。

值得一提的是，尽管新冠肺炎疫情给拉美国家带来了挑战，但也带来了机遇。其中最大的机遇是为拉美数字经济的发展提供了契机。由于隔离等限制性措施的实施，拉美居民的消费习惯被迫有所改变，逐渐习惯远程办公、享受远程服务、依赖网络消费等。拉美地区网购、电子支付、远程教育、在线服务、农业数字化、电商物流配送等数字经济产业迅猛发展，起到了稳定和推动地区经济复苏的作用。2020年前5个月，拉美地区进行网购和在线支付的消费者用户增加1 300万，累计达到1.66亿人次。在线消费已占到该地区消费活动的六成以上，网购人群已增至该地区消费者总量的20%，电商销售量增长了40%以上，在低迷的地区经济中一枝独秀。3月到5月，拉美最大电商平台“自由市场”（Mercado Libre）的在线购物和电子支付两项综合交易量同比增长超过300%。其中墨西哥增幅超过500%，哥伦比亚和阿根廷增幅约100%，巴西增幅近60%。仅就在线购物交易量而言，墨西哥、智利和哥伦比亚同比增长100%，阿根廷和巴西则分别同比增长52%和39%。

随着网络消费井喷式增长，拉美地区的电商平台发展迅速。1999年成立于阿根廷的“自由市场”电商平台业务已覆盖拉美十余个国家和地区。2020年6月，该平台成功跻身疫情后全球发展最快的百强企业，位列第37名。到8月5日，该平台在美国纳斯达克的股价市值突破607亿美元，超越许多大型能源和金融企业，成为拉美地区市值最高的上市公司。为发展数字经济，巴西、阿根廷、智利等拉美国家已经出台了相关扶持政策，力图让数字经济真正成为后疫情时代拉美经济增长的新亮点。

虽然各国在疫情期间推出的刺激措施和数字经济的兴起在短期内缓解了经济困难，但拉美地区经济已连续多年低速增长，长期困扰拉美国家经济的结构性问题仍然存在。因此，拉美各国实现长期发展目标仍有赖于推进改革。

拉美在抗击疫情的斗争中加强了与中国的合作，得到了中国极大的帮助。新冠肺炎疫情在拉美地区刚进入暴发期时，中国就加大了对拉美国家医疗援助的力度。2020年3月29日，中国向委内瑞拉提供了55吨物资的人道主义援助，帮助委内瑞拉控制和预防新冠肺炎疫情，此外还提供了首批50万份快速检测剂用于病毒的大规模检测，还派遣了抗疫医疗专家组。2020年5月，中国医疗队圆满完成援助委内瑞拉抗疫的任务。在中国援助下，拉美其他国家的疫情也有所缓解。

疫情得到控制以后，拉美经济持续发展。2023年拉美国家的贫困率已降至1990年来的最低水平。2024年，拉美地区政治局势总体保持稳定，经济增长呈现复苏态势。在百年未有之大变局下，拉美国家不断改革，积极探索符合自身国情的现代化道路。在经济全球化日益深入的情况下，拉美国家开始更加注重与亚太地区的发展对接，尤其是深化与中国之间的供应链和产业链整合，中拉全面合作成为拉美国家提升全球竞争力的关键所在。

五、欧亚经济联盟

欧亚经济联盟，是全球区域一体化组织中的新成员，苏联解体后在独联体的基础上逐步发展起来，经历了关税联盟、欧亚经济共同体到欧亚经济联盟三个阶段。

苏联解体后，为了协调利益，有关国家成立了独立国家联合体（简称“独联体”）。独联体以主权平等为基础，其宗旨是为各成员国进一步发展和加强友好、睦邻、信任、谅解和互利合作服务；为各成员国在国际安全、裁军、军备监督和军队建设方面协调政策。独联体在协调地区经济发展上起过作用，但是由于其任务宽泛，不能专注于经济领域，各国需要一种新的发展模式来促进该地区的经济一体化。为此，哈萨克斯坦总统纳扎尔巴耶夫1994年3月在莫斯科国立大学发表演讲时，提出建立一个“集中关注经济事务的欧亚联盟”的一体化新范式。此后20年，相关国家开始了建立欧亚联盟的漫长历程。

1996年，俄罗斯、白俄罗斯、哈萨克斯坦和吉尔吉斯斯坦为了协调四国的经济改革，成立了关税联盟。1999年2月，塔吉克斯坦加入该联盟。2000年10月，俄、白、哈、吉、塔五国签署条约，决定将关税联盟改组为欧亚经济共同体，亚美尼亚、乌克兰和摩尔多瓦为观察员国。

2001年1月1日，关税联盟正式解散。2001年5月31日，欧亚经济共同体跨国委员会第一次会议在白俄罗斯首都明斯克举行，会议宣布欧亚经济共同体正式成立。会议发表的联合声明指出，关于成立欧亚经济共同体的条约从即日起正式生效，五国将继续遵守以前签署的有关建立关税联盟和统一经济空间的各项协议，在兼顾国家利益和共同利益的基础上，共同体的优先任务是为深化成员国在经贸、社会人文以及法律领域的合作创造必要条件。

2005年10月，乌兹别克斯坦申请加入欧亚经济共同体，并于2006年正式加入。欧亚经济共同体成立后成为俄罗斯、白俄罗斯和中亚统一的组织，独联体形同虚设。

2012年，欧亚经济共同体在莫斯科举行会议，探讨进一步推进区域一体化的进程。与会各国达成协议，同意成立欧亚经济联盟。成立这个组织的目的有两点：第一，帮助其成员国巩固区域内部经济纽带，使其国民经济走向现代化。第二，创造一个有利于提高成员国国际竞争能力的环境，形成商品、服务、资本和劳动力的单一市场。此外，还将创立欧亚经济联盟法院、欧亚开发银行和欧亚稳定与发展基金等一系列一体化机构。

2014年5月29日，俄罗斯总统普京、白俄罗斯总统卢卡申科、哈萨克斯坦总统纳扎尔巴耶夫在哈萨克斯坦首都阿斯塔纳召开的欧亚经济委员会最高理事会会议上，正式签署了《欧亚经济联盟条约》，规定条约从2015年1月1日起生效。2014年10月10日，各成员国在明斯克签署了关于撤销欧亚经济共同体的协议，并决定从2015年1月1日起停止欧亚经济共同体所有机构的活动。联盟建立后，保障商品、服务、资本和劳动力在三国境内自由流通，并推行协调一致的经济政策。其终极目标是建立类似于欧盟的经济联盟，形成一个拥有1.7亿人口的统一市场。

2015年1月，欧亚经济联盟如期成立。随后，亚美尼亚和吉尔吉斯斯坦相继入盟。欧亚经济联盟由俄罗斯主导，以白俄罗斯、哈萨克斯坦为主力，亚美尼亚、吉尔吉斯斯坦参与其中，是继独联体、欧亚经济共同体后欧亚中心地带形成的新型区域经济一体化机制。欧亚经济联盟的目标是争取在2025年前实现联盟内部商品、服务、资本和劳动力资源的流动，并推行协调一致的经济政策。为实现这一目标，联盟加强与中国和“一带一路”国家的合作。2015年5月，俄罗斯与中国签署了《关于丝绸之路经济带建设和欧亚经济联盟建设对接合作的联合声明》，之后几年双方合作成绩显著。

欧亚经济联盟的最高权力机构是超国家的“欧亚经济委员会”，其执行机构是欧亚经济委员会理事会。该理事会由10名部长级成员组成，每个成员国派出2名部长参加理事会。2019年12月20日，欧亚经济委员会最高理事会在圣彼得堡举行会议，会议确认白俄罗斯国民会议共和国院（议会上院）主席、前总理米亚斯尼科维奇为下一任欧亚经济委员会执委会主席。此外，欧亚经济联盟成立了其他重要机构并运转良好。欧亚经济联盟法院这个专门的司法机构，有权裁决联盟框架内各国缔结的国际条约在执行过程中出现的争端，例如有权对海关关税问题等进行裁决等。欧亚开发银行和欧亚稳定与发展基金等也在顺利运转。欧亚经济联盟的建立是全球经济区域一体化的新发展，形成了一个拥有1.83亿人口的共同市场，截至2017年底，其名义国内生产总值的总额约1.76万亿美元，按购买力平价计算的国内生产总值为4.715万亿美元。

2020年，欧亚经济联盟遭遇新冠肺炎疫情的考验，表现出了空前的团结。3月初，吉尔吉斯斯坦等国陆续报告发现新冠肺炎患者。欧亚经济联盟非常重视疫情的防控，3月17日，五国总理在白俄罗斯首都明斯克举行欧亚政府间理事会会议，研究共同防控措施。会上批准了居民保健与卫生防疫等领域的综合计划，强调各国要加强卫生系统合作，共同防控新冠肺炎疫情。同日，欧亚经济委员会理事会还审议了亚美尼亚和吉尔吉斯斯坦提出的针对新冠肺炎疫情传播态势采取协同措施的提案，决定免除或降低部分用于预防和抗击疫情传播的医疗用品的进口关税。3月31日，欧亚经济委员会决定在6月30日前禁止从欧亚经济联盟地区出口荞麦、黑麦、大米、葵花籽等一系列粮食作物。同时，对2020年3月16日至9月30日进口到欧亚经济联盟的医疗物资实行零关税政策，包括呼吸器、口罩、护目镜、注射器、注射针头、采血和输血系统、运输担架、疫苗、听诊器、绷带、纱布、药棉、消毒剂、医用手套及其他相关商品。

这些措施取得了较好效果。2020年3月，欧亚经济联盟的疫情非常轻微。例如俄罗斯疫情防控工作做得很好，病患少且很快实现病例清零。进入4月之后，俄罗斯疫情突然紧张起来，新增病例不少。俄罗斯、白俄罗斯、哈萨克斯坦、吉尔吉斯斯坦、亚美尼亚等5个欧亚经济联盟成员国共有3 991例新冠肺炎确诊病例。出现上述情况的原因主要有二：一是俄罗斯等国地域广阔，防控难度大；二是新冠病毒在全球蔓延，俄罗斯等国虽然严密防控，但总有疏漏之处，难以独善其身。

此后，欧亚经济联盟各国疫情不断恶化。新冠肺炎疫情对欧亚经济联盟各国经济造成严重影响，一方面，外部经济环境恶化，联盟内各国出口需求减弱。出口价格下跌导致出口收入减少、侨汇减少、商业信心恶化、本币贬值、金融条件收紧；另一方面，各国为防控疫情采取的限制性措施导致主要经济领域生产指标下降，首先是服务业。为此，各国采取一系列税收和金融支持政策消除疫情造成的负面影响。欧亚经济联盟为应对新冠病毒团结一致、同舟共济、相互协调的精神值得夸赞。

欧亚经济联盟成立以来，其内部政策协调和共同市场建设取得初步成效，对外经济联系不断扩大。2022年成员国间相互贸易额增长14%，贸易总额达约1万亿美元，其中本币结算占比超过90%。与2015年相比，内部贸易额从445亿美元增至833亿美元。2022年2月俄乌冲突爆发后，美国和西方制裁俄罗斯，欧亚经济联盟通过贸易多元化和内部整合，同时加强与南方市场的联系，缓解了西方制裁的冲击。

六、东亚经济共同体

20世纪60年代，东亚在欧洲一体化的影响下产生了两种关于经济合作的构想：一是日本提倡在环太平洋发达工业国家之间建立自由贸易区；二是东盟一些国家提出建立包括日本在内的东亚经济合作圈。由于日本设想的“环太平洋经济合作方案”涉及面太广，而且容易受到美国等环太平洋国家的政治干预，实现起来非常困难，于是出现了一种把上述两种构想融合起来的方案，即启动亚太经济与合作组织方案。1989年11月，由日本、澳大利亚、美国和韩国等国发起，举办了首届亚太经济与合作组织部长级会议。虽然亚太经合组织的创立为后来亚太与东亚区域合作奠定了基础，但由于仍然包含美国等环太平洋国家，并不是专门为东亚区域经济合作设计的组织，马来西亚总理马哈蒂尔在1990年倡议建立“东亚经济核心论坛”，成员国应由东盟加上中、日、韩三国组成。这个方案强调东盟主导东亚国家的经济合作，不符合日本的利益，日本构想的东亚共同体是由日本主导的。因此，日本对马哈蒂尔提出的东亚合作持消极态度。到20世纪90年代中期，日本提出了建立包括东亚各国与地区、澳大利亚和新西兰在内的东亚区域合作方案，这一方案将确保日本在东亚的领袖地位。方案之所以包括澳大利亚和新西兰，是因为日本希望得到美国和其他西方国家的支持。然而，东亚各国对日本的这一方案缺乏热情。

1997年亚洲金融危机发生后，东亚经济合作有了实质性进展。1997年12月15日，东盟10国与中、日、韩三国首脑在马来西亚举行首次“10＋3”会议，就21世纪东亚地区的前景、发展和合作交换了意见。这次会议是东亚合作正式启动的一次重要会议。此后，“10＋3”峰会每年轮流在东盟国家召开。中、日、韩三国积极参与了这些会议，并就共同推动东亚经济合作达成了共识。进入21世纪后，三国达成尽快签署并实施区域全面经济伙伴关系协定的共识，同时加快了《中日韩自由贸易协定》的谈判进程，东亚经济共同体建设的步伐加快。

然而东亚经济共同体建立的过程困难重重，仍然有漫长的路要走。第一，由于历史和现实原因，东亚各国在安全合作方面缺乏互信。各国执行不同的安全政策，严重阻碍了东亚共同体的建设。第二，东亚各国缺乏共同的意识形态，国家制度不相同，在许多问题上难以达成共识。第三，由谁来主导东亚经济共同体的建设？20世纪80年代前，日本在东亚处于经济领先地位，一直企图主导东亚经济共同体。然而从20世纪末开始，日本经济发展速度放慢，而中国经济强劲增长，形成了中日“两强”并立局面。两国在许多问题，特别是安全领域上的分歧很明显。东亚经济共同体的建设需要两国达成共识，而中国目前是世界第二大经济体，是世界经济复苏的引擎，东亚经济共同体的建设离不开中国。同时，经济力量较为强大的韩国也想充当东亚经济共同体的领头人。因此，是由日本“单引擎”，还是“中日双引擎”，或是“中日韩三套马车”，作为推动东亚经济共同体建设的动力，成了一个突出问题。没有中日之间的合作，东亚经济共同体不可能取得实质性进展。没有韩国的配合，东亚经济共同体建设也不会顺利。中日韩三国在政治体制、经济实力和意识形态上存在很大差异，而且受到历史与领土问题、冷战遗留问题和域外势力，特别是美国干涉等因素的影响。战后美国一直推行霸权主义政策，企图长期主导东亚的政治经济发展，因此对东亚经济共同体建设持反对态度。东亚经济共同体的建立，需要处理好中日韩三国的关系，以及东亚与美国的关系。

总的来说，东亚经济共同体建设的步伐虽然缓慢，但在逐步推进。2019年12月22日，第十二届中日韩三国经贸部长会议在北京举行。三国部长重申积极推动在2020年签订《区域全面经济伙伴关系协定》，并在此基础上共同推进《中日韩自由贸易协定》谈判。这是东亚经济共同体建设迈出的重要一步。在当今国际格局发生深刻变化、各国合作共建人类命运共同体的历史潮流下，东亚经济合作是一个不可逆转的必然趋势。面对诸多挑战，中国高举人类命运共同体旗帜，携手周边国家共创美好未来。中国积极推动在上海合作组织、东亚合作、亚太经合组织等框架下合作，搭建多层次、跨领域合作平台，携手周边国家践行真正的多边主义，建设东亚经济共同体。

推荐阅读书目

陈漓高，杨新房，赵晓晨．世界经济概论．北京：首都经济贸易大学出版社，2006.

郑佳节．俄罗斯总统——梅德韦杰夫．北京：现代教育出版社，2008.

林承节．独立后的印度史．北京：北京大学出版社，2005.

姚海，刘长江．当代俄国．贵阳：贵州人民出版社，2000.

傅菊辉，等．当代世界政治经济与国际关系．湘潭：湘潭大学出版社，2008.

亚·维·菲利波夫．俄罗斯现代史（1945—2006）．吴恩远，等译．北京：中国社会科学出版社，2009.

约翰·奈斯比特．世界大趋势：正确观察世界的11个思维模式．魏平，译．北京：中信出版社，2010.

金熙德．21世纪的中日关系．重庆：重庆出版社，2007.

Peter Jackson. Yearbook of the United Nations 2005，Vol. 59. New York：Department of Public Information United Nations，2008.

第十八章

团结合作 共建人类命运共同体

第一节 影响21世纪和平与发展的因素

一、非传统安全因素与美国霸权主义国际安全观

冷战结束后，两极格局终结，世界处于大变革、大调整和大发展的激烈变化时期：世界格局多极化、经济全球化深入发展，科学技术日新月异，求和平、谋发展、促合作成为不可阻挡的历史潮流。

事物的发展并不是一帆风顺的，在和平、发展与合作的道路上充满了艰难与曲折。

冷战结束后，世界安全形势发生了显著的变化。安全的核心要素，如政治安全、军事安全等内涵和外延都发生了变化，安全范围逐渐扩大，既包括经济安全、金融安全、生态环境安全、信息安全、资源安全等传统安全因素，也包括恐怖主义、武器扩散、疾病蔓延、跨国犯罪、走私贩毒、非法移民、海盗、洗钱等非传统安全因素，这些因素影响着各国的对外政策。

冷战结束，苏联解体，两个超级大国对峙和威胁国际安全的局面消失，大国之间发生军事对抗的可能性减弱，而冷战时期被美苏争霸掩盖的各种矛盾凸显出来，民族矛盾、宗教矛盾、地区性冲突和战争等各种非传统安全因素威胁着各国，安全环境发生了巨大变化。

“非传统安全因素”或称“新兴安全问题”，是相对传统安全问题而言的。它指国家主权、领土完整、军事、军备等传统安全以外的安全问题，如环境保护、国际有组织犯罪、恐怖主义、走私、非法移民、贩毒等日益严峻的国际问题及其对国际社会和国际安全与稳定产生的影响。

美国和一些西方国家为了自己的利益，打着捍卫“国际安全”的旗号，以实用主义的态度，不提或者反对不利于美国和西方的安全观点，奉行霸权主义“国际安全观”，鼓吹新现实安全主义理论、新自由主义理论以及建构主义理论，到处扩张、干涉他国内政、使用军事和非军事手段企图颠覆他国政权。

在这些理论中，比较重要的有“历史终结论”、“文明冲突论”和“霸权稳定论”等。“历史终结论”鼓吹冷战结束是民主和自由市场的胜利，是“历史的终结”。它认定自由主义必胜、全球市场必胜。在这种思维下，又衍生出“民主和平论”，鼓吹“民主国家”之间很少或是不倾向于相互开战，而是通过自我克制、劝说和妥协等和平方式有效解决彼此之间的矛盾和冲突。

美国前总统老布什、克林顿、小布什以及一批美国学者大肆鼓吹发达国家之间的“冲突终结论”或“战争终结论”。他们鼓吹民主国家没有冲突，并且企图在“国际安全”的幌子下使全世界“民主化”，公开宣扬“民主化”是美国的外交任务。

塞缪尔·亨廷顿提出了“文明冲突论”。他宣称，冷战后存在的冲突，是不同“文明”的冲突，特别是基督教文明与伊斯兰教文明、儒教文明的冲突等。

“霸权稳定论”则认为霸权是维护国家秩序最根本的原则。霸权国以强大的经济和军事力量为后盾，向整个国际提供安全、秩序、稳定等，并容忍其盟国的“搭便车行为”。因此，霸权国的势力越大，世界和平就越容易得到保证。而当霸权国实力开始衰退时，冲突和争斗就会随之而至。

在“霸权稳定论”指导下，克林顿政府实行“合作安全战略”（Cooperative Security Strategy）。这一战略是指，美国认为世界上任何国家和地区发生动乱与冲突都会影响到美国的国家安全，因此美国都有责任进行干涉。而干涉的最好方式是大国合作采取多边行动，大国的干涉建立在西方的民主人权价值观基础上。在索马里、波黑、海地，美国都是采取这种做法。

小布什政府更进一步，实行“先发制人战略”（Primacy Strategy）。这一战略取向的目标是长期保持美国唯一的超级大国地位，奉行霸权主义和强权政治更为露骨的国际安全政策。在其第一个任期内，已经完全去掉了任何掩饰，提出赤裸裸的进攻性霸权原则，即“先发制人”“单边主义”。2005 年，在其第二个任期的就职演说中，布什又提出了新的安全政策，即人们所称的“新布什主义”。布什宣称：“自由在美国能否继续存在下去，越来越多地取决于自由能否在其他国家取得成功。”“寻求和支持民主运动和民主制度在各个国家和各种文化下的发展，成为美国的政策，其最终目标是结束世界上的暴政。”布什在 2005 年 2 月 2 日的国情咨文中，又对上述主义引申扩展，要在全球“推进自由”和“铲除暴政”。布什称，长远来看，只有铲除滋生极端主义和以屠杀为目的的意识形态的土壤才能赢得美国所寻求的和平。美国的目标是建立和维护自由独立的国家组成的共同体，政府向人民负责，并体现各自的文化。他声称：“由于民主国家尊重本国人民和邻国，自由的前进就必然导致和平。”

2006 年 3 月初，布什签署了《国家安全战略》报告，强调过去四年来，反恐战争和促进民主是美国始终主导的政策，他声称美国的目标是“塑造”世界而不是让世界“塑造”美国。布什明确美国的国家安全战略建立在两个支柱上：“推行民主”和“结束暴政”，其目标是建立一个由美国主导、由“民主国家”组成的世界。

为此，他提出了四点措施：

第一，为了防止冷战后出现威胁美国霸权地位的挑战性大国，确保“一超”的优势地位，在军事上，美国将俄罗斯和中国作为重点对付。为防止俄罗斯东山再起，美国进一步挤压其发展空间。为了制约中国，1996年，美国与日本签署了《日美安全保障条约联合宣言》，继续冷战时期的军事同盟关系，并与韩国、澳大利亚建立起冷战后的军事同盟，企图拼凑亚洲的“小北约”。美国为了确保其在欧亚大陆的主导地位，继续保持在欧洲和亚洲驻军，保持冷战时期军事基地的存在。

第二，继续增强军事实力，确保美国军事优势。美国大大增加军事预算，其2002年和2003年的军事预算分别高达3 180亿美元和3 790亿美元。布什政府还积极推动建设导弹防御系统、正式退出《反导条约》，表现出咄咄逼人的战略动向。

第三，针对冷战后威胁的多样性和不确定性，美国强调从总体上塑造一种有利于美国的国际安全环境，以应付来自其他大国的威胁、地区性冲突与核扩散的威胁。这一战略要求美国在国际事务中发挥领导作用，将战略重点从“核威慑”转向“预防性防务”，更加重视和平时期用常规军事力量到处进行干预的能力。

第四，对核战略进行调整。美国继续把核武器作为国家安全的基石和有效打击手段。在保持核威慑的同时，把一些发展中国家列为核打击对象；促成核禁试；完善导弹防御体系。在2002年美国的《核态势评估报告》中，美国将中国、俄罗斯等7个国家列为对美国有威胁而可能遭到美国核打击的国家。报告还大大放松了核武器使用限制，同时将核武器精良化、小型化和战术化，直接针对某些国家运用于某些小型战场。

奥巴马上台后，由于经济危机依然严重、国内反对伊拉克战争的呼声高涨，政府执行了不同于小布什政府的对外政策，主张放弃单边主义外交，放弃通过军事手段先发制人在一些所谓“非民主”国家进行政权变更的做法，以恢复美国在世界上的领导地位。他希望通过对联合国等国际机构进行有利于美国的改革，在由美国制定的国际框架下行动，以此达到自己的目的。奥巴马政府采取了积极的中东政策，努力帮助以色列和巴勒斯坦达成协议、支持土耳其外交部长倡议的叙利亚和以色列之间的谈判。

在开展国际合作、共同应对人类面临的重大挑战上，奥巴马政府的立场比小布什政府有所进步，例如奥巴马政府改变了小布什政府不重视气候变化问题的做法，开始与其他国家一起合作，应对这一威胁人类生存的共同问题。

在关于如何保持美国的世界领导地位上，奥巴马政府主张不仅要应用硬实力，而且要重视软实力。在应用硬实力上，奥巴马政府特别强调依靠硬实力中的军事力量，特别是依靠北约来实现其对外政策和应对国际恐怖主义等人类面临的共同安全威胁。与此同时，奥巴马政府企图通过美国的软实力，例如美国民主基金会和建立其他新的机构，对不同社会制度的国家进行意识形态渗透，进行颜色革命，达到其“帮助、解救和重建非洲、亚洲和中东等地的失败国家”的目的。在对华政策上，出于对美国国家利益的考虑，奥巴马政府为了遏制中国的发展，制定了“亚太再平衡”战略，将军队从中东撤出，部署到太平洋地区。但总的来说，奥巴马政府的对华政策比较务实，希望在美中关系中找到一个平衡点，发展两国关系，而不主张恶化与中国的关系。

二、国际恐怖主义、民族极端主义与分裂主义

在非传统安全因素中，影响和平与发展的最危险的因素是国际恐怖主义、民族极端主义与分裂主义。

国际恐怖主义，从某种意义上说是美国霸权主义的产物之一。美国霸权主义，激化了世界上许多矛盾，影响了世界的和平与发展。由于美国在中东奉行侵略政策，遭到中东人民的反对，美国对以色列的包庇纵容更激起中东人民的愤恨。冷战结束后，中东出现了各种反美组织和活动。在这些反美组织中，就产生了有影响的国际恐怖组织，其中最著名的是“基地”组织。“基地”组织是美国在苏联军队入侵阿富汗时期训练和支持的反苏骨干，由本·拉登所创建，是一个恐怖主义军事组织。

2001年9月11日，“基地”组织发动了对美国本土的“9·11”恐怖袭击。美国东部时间2001年9月11日上午8：40，四架美国国内民航班机几乎同时被劫持，其中两架撞击了位于纽约曼哈顿的世界贸易中心，一架袭击了首都华盛顿美国国防部所在地——五角大楼，而第四架被劫持的飞机在宾夕法尼亚州坠毁，其撞击目标是美国国会山或白宫。

纽约世界贸易中心的两幢110层摩天大楼在遭到攻击后相继倒塌，世贸中心附近5幢建筑物也因受震而坍塌损毁；五角大楼遭到局部破坏，部分结构坍塌。袭击事件发生后，美国曼哈顿岛上空布满尘烟。

由于恐怖主义伤及无辜、手段恶劣，遭到了全世界人民的反对。“9·11”事件发生后，联合国安理会立即做出反应，并于9月12日签署一项决议。在该决议中，安理会呼吁所有国家共同努力惩罚这些恐怖主义袭击的行为人、组织者和支持者，并不断通过合作全面执行有关反恐的国际公约和决议，努力防止和惩治恐怖主义行为。继该决议后，2001年9月28日，根据《联合国宪章》第七章的宗旨，安理会通过了惩治恐怖主义犯罪行为更为详尽的1373号决议，并因此确定恐怖主义犯罪是对和平的威胁、破坏或者侵略行为。

“9·11”事件后，为确保国家安全，美国政府开始了大规模的反恐运动，制定了一系列法律，采取了一系列措施，全面打击恐怖主义。同时，美国在“反恐”名义下，发动了阿富汗战争和伊拉克战争，这两场战争严重恶化了中东局势和世界安全局势。至今，由于美国坚持霸权主义，阿富汗局势仍然紧张，中东和平遥遥无期。而且由于不公正、不合理的国际秩序依然存在，恐怖主义活动仍十分猖狂。消除国际恐怖主义，需要从根本上解决问题，即要铲除霸权主义产生的根源、消除引起恐怖主义的其他原因，特别要反对霸权主义和改革不公正、不合理的国际秩序。

民族极端主义与分裂主义也是影响21世纪世界和平与发展的主要因素。冷战结束后，被两极矛盾掩盖的民族矛盾、宗教矛盾和其他矛盾暴露出来。而许多矛盾是第二次世界大战结束后、殖民主义崩溃时，欧洲殖民主义者和美国帝国主义者制造和遗留下来的问题所引起的。民族极端主义和分裂主义影响着许多国家的安全、和平与发展。冷战后，许多国家和地区爆发了战争，而美国和西方一些国家也利用发展中国家存在的民族极端主义和分裂主义干预其内政，甚至进行颠覆和破坏，搞颜色革命，引起了“阿拉伯

之春”，使中东内乱不止、地区局势恶化。在中东乱局中，叙利亚内战是21世纪威胁地区和平的重大事件。

叙利亚位于中东地区的中心地带，具有重要的战略地位。由于叙利亚政府反对美国自伊拉克战争以来的中东政策，美将其视为该地区强硬的反美政权，支持叙利亚反对派，企图颠覆叙利亚政府、建立亲美政权。

“阿拉伯之春”爆发后，叙利亚反对派要求总统巴沙尔·阿萨德下台。阿萨德被迫妥协，同意通过和谈解决叙利亚国内矛盾，但仍遭叙利亚反对派拒绝。在美国的支持下，叙利亚反对派在全国各地发动了对叙利亚武装部队及亲政府民兵组织的恐怖袭击，激化了叙利亚的社会矛盾、民族矛盾和宗教矛盾等。2011年3月，叙利亚反对派在南部边境城市德拉举行了反政府示威游行，示威者与警方发生冲突并造成人员伤亡，在叙利亚境内其他地区引发了连锁反应。随后，反政府示威游行演变为武装冲突，叙利亚内战爆发。

叙利亚内战爆发后，以美国主导的“国际联盟”向反政府军提供武器装备和财政支持，并直接参与了打击叙利亚政府军的行动。所谓“国际联盟”，即美国、英国、法国、德国，逊尼派阿拉伯国家沙特阿拉伯、利比亚、卡塔尔、科威特，以及以色列、土耳其等反对叙利亚的国家。俄罗斯反对外部势力干预叙利亚内战，中国主张通过联合国和平解决问题，但是美国等国坚持干涉叙利亚内战。叙利亚内战扩大了叙利亚国内种族矛盾、教派裂痕，导致“圣战”势力坐大、难民外溢、地缘政治角逐、暴力冲突。而俄罗斯、伊朗和黎巴嫩真主党出于对各自利益的考虑，给予叙利亚政府军事援助，政府军得以平叛。

在叙利亚战争中，恐怖主义势力迅速发展，“基地”组织势力壮大，极端组织“伊斯兰国”（IS）迅速占领伊拉克和叙利亚大片土地。2014年9月，美国主导的国际联盟（包括欧盟国家）被迫将消灭“伊斯兰国”作为核心目标，同时继续进行反对叙利亚政府军的战争。

2015年9月30日，为打击“伊斯兰国”等恐怖组织、捍卫俄罗斯在叙利亚利益，俄罗斯宣布派兵进入叙利亚帮助政府军战斗。在俄罗斯帮助下，叙利亚政府军取得阶段性胜利。2020年2月9日，叙利亚政府军已经收复了北部伊德利卜省和阿勒颇省超过600平方公里土地，“伊斯兰国”大势已去。而美国等国支持的反政府军失去了大量地盘，力量大大削弱。叙利亚战争接近尾声。

“伊斯兰国”的前身是阿富汗的“基地”组织“一神论与圣战组织”。2003年美国发动伊拉克战争后，该组织在阿富汗的生存空间受到挤压并极度萎缩，被迫迁入伊拉克并加入了“基地”组织伊拉克分支机构，而后以“基地”组织伊拉克分支机构的名义进行活动。2006年10月，该组织宣布在伊拉克建立“伊拉克伊斯兰国”（简称“伊斯兰国”）。“伊斯兰国”的目标是建立一个“大叙利亚”酋长国，其范围包括叙利亚、黎巴嫩、约旦、以色列和巴勒斯坦。“伊斯兰国”的头目是阿布·奥马尔·巴格达迪。2010年巴格达迪被打死后，胡塞尼·库赖什被推举为新头目，不过库赖什和此后该组织的历任头目仍然都被称为巴格达迪。

2011年叙利亚内战爆发，该组织趁机进入叙伊交界地区发展。2013年4月9日，“伊斯兰国”头目与叙利亚反对派武装组织“胜利阵线”联合，极端组织改名为“伊拉克和黎凡特伊斯兰国”（ISIL），即“伊拉克和大叙利亚伊斯兰国”（Islamic State of Iraq and al Shams，ISIS）。

“胜利阵线”是叙利亚反对派武装和政府军作战最为强悍的一支力量。自2011年11月以来，“胜利阵线”在叙利亚首都大马士革和北部城市阿勒颇制造多起爆炸袭击，将反政府活动扩展至叙利亚全国，并夺取了叙北部、南部和东部大片土地。“伊拉克和大叙利亚伊斯兰国”的发展，遭到国际社会的反对。自2014年起，一些国家的军队也陆续介入叙利亚内战，分别在叙利亚和伊拉克境内打击“伊拉克和大叙利亚伊斯兰国”的军事力量。在叙利亚政府军、反对派以及多国军事力量的打击下，“伊拉克和大叙利亚伊斯兰国”的实际控制范围、人员和资金数量不断萎缩。

2017年7月9日，伊拉克政府军全面解放摩苏尔。11月3日，叙利亚政府军从极端组织“伊斯兰国”手中完全收复了代尔祖尔省首府代尔祖尔市。2017年10月17日，由库尔德武装主导的“叙利亚民主军”完全夺取了极端组织在叙利亚的大本营拉卡。2018年11月19日，叙利亚军方发表声明，宣布已完全消灭叙南部的极端组织武装。至此，极端组织的军事力量基本被消灭，许多残余分子逃到伊拉克、阿富汗、土耳其等地，恐怖活动的规模和次数减少。

2020年新冠肺炎疫情肆虐全球后，伊斯兰国的恐怖袭击活动又有增多趋势。疫情在伊拉克暴发后，从2020年3月开始，伊拉克政府打击极端组织的安全人员大幅度减少，残余分子乘机发动袭击。据统计，4月极端组织在伊拉克发动的袭击是3月的3倍多。到5月5日，伊拉克新冠肺炎患者累计确诊已达2 431例。由于忙于应对疫情，加上伊拉克政府更迭、政府内关于油价和库尔德地区预算等问题发生争执，伊拉克政府打击伊斯兰国的行动不得不暂时搁置。于是，残余分子的袭击就又增多起来。5月1日，极端组织残余分子在伊拉克东北部迪亚拉省发动了多起恐怖袭击。5月2日，又在伊拉克北部萨拉赫丁省发动袭击。5月3日，迪亚拉省再次发生多起恐怖袭击事件。

其他各种恐怖组织也在积极活动，尼日利亚极端组织“博科圣地”的恐怖活动引人注目。“博科圣地”成立于2002年。美国发动伊拉克战争后，该组织开始发展壮大，被称为“尼日利亚的塔利班”。该组织在乍得湖地区频繁袭击平民和政府军，对尼日尔、尼日利亚、乍得、喀麦隆等国构成安全威胁。“博科圣地”的袭击，已在该地区造成200万难民。

2016年7月，尼日尔、尼日利亚、乍得、喀麦隆等国开始对“博科圣地”进行联合打击。2020年新冠肺炎疫情暴发后，“博科圣地”的袭击增多，迫使各国联军加大了打击力度。2020年5月3日，一支尼日尔和尼日利亚联军在迪发省穆尔村附近拦截了20辆“博科圣地”武装分子的车辆，击毙至少50名武装人员。但是“博科圣地”的活动还在继续，至今未剿灭。

三、巴以冲突

巴以冲突是影响中东和平的一个重大问题。2001年以来，美国在中东进行了“反恐”战争。“反恐”战争恶化了中东的和平环境，使阿以冲突增加了解决难度。

2000年9月底，巴以爆发大规模流血冲突，和谈陷入困境。为了促使巴以双方早日结束冲突、重归和谈轨道，在国际社会的斡旋下，10月，中东问题多边首脑会议在埃及沙姆沙伊赫举行。会议决定成立国际调查委员会，调查巴以暴力冲突的起因。巴以双方应立即无条件停止暴力冲突，共同创造一个缓和期，逐步重建相互信任。巴方民族权力机构应努力打击恐怖主义；以方政府必须冻结在巴控区内的犹太人定居点建设，取消对巴方城镇的轰炸和封锁；双方重新恢复安全方面的合作。由于以色列政府采取强硬政策，以及巴以暴力冲突愈演愈烈，上述措施一直未能得到落实。

此后，联合国和有关国际组织通过了一系列解决阿以冲突的计划。如2001年6月5日通过了关于中东问题的“特尼特停火计划”；2002年3月28日通过了“阿拉伯和平倡议”等。这些计划和倡议要求以色列撤出1967年以来占领的所有阿拉伯领土，接受建立享有独立主权、以东耶路撒冷为首都的巴勒斯坦国，公正解决巴难民问题。在此前提下，阿拉伯国家应承认以色列的存在，保证其安全并实现关系正常化。由于以色列政府的顽固态度和美国对以色列的偏袒，这些计划和倡议并没有付诸实施。

2003年5月30日，由美国主导的“中东和平‘路线图’计划”诞生。这项计划为永久解决巴以冲突问题提出了建立独立的巴勒斯坦国、巴以两国和平共处的构想。按照这个“路线图”，结束巴以冲突将分为三个阶段：第一阶段，巴以双方实现停火；巴方打击恐怖活动，进行全面的政治改革；以方撤离2000年9月28日后占领的巴方领土，冻结定居点建设，拆除2001年3月以后建立的定居点，并采取一切必要措施使巴勒斯坦人的生活恢复正常。第二阶段是一个很短的过渡期，重点是建立一个有临时边界和主权象征的巴勒斯坦国，中东问题斡旋四方（联合国、美国、欧盟和俄罗斯）将为此召开国际会议。此后的两年为第三阶段，巴以双方将就最终地位进行谈判，并在2005年达成协议，最终结束双方的冲突，中东问题斡旋四方将就此召开第二次国际会议。

对于巴以双方来说，几十年的战争与对抗解决不了问题，只有和平才是唯一的出路。在国际社会的调解下，巴以政府曾签订过不少和平协议，但总是在谈判的最后阶段因为耶路撒冷的归属、犹太人定居点、巴勒斯坦难民回归、巴以边界划定等棘手问题分歧太大，至今也没有达成永久性和平协议，而且各个调解方案和协议都因为以色列历届政府的有意拖延而不了了之。

“9·11”事件后，美国国内亲以的强硬派势力明显增强，在巴以问题上更加偏袒以色列。美国公开支持以对巴激进组织的袭击采取报复行动，将巴激进组织定性为“恐怖组织”，要求巴更换领导人，默许以软禁巴领导人阿拉法特。布什先后7次邀请以色列总理阿里埃勒·沙龙访美，但却没有与巴领导人举行过任何形式的会晤。美国的做法不仅没有使以色列从“呵护”中得到好处，反而使巴以冲突愈演愈烈。

引起巴以冲突的原因很多，其中耶路撒冷地位、巴以边界划分、巴难民回归、犹太人定居点和水资源分配等问题，是最为重要的几个因素，也是缓解巴以冲突需要解决的难题。

第一，耶路撒冷地位问题。按照联合国大会1947年决议，耶路撒冷归联合国管理。但以色列在1967年第三次中东战争中占领东耶路撒冷，并于1980年宣布耶路撒冷为以色列永久首都。巴勒斯坦坚决反对，重申耶路撒冷是巴勒斯坦的领土，并于1988年宣布建国，正式宣布耶路撒冷为巴勒斯坦国首都。于是，耶路撒冷问题成为巴以冲突中的难题。

第二，巴以边界划分问题。这一问题是以色列侵占巴勒斯坦领土所造成的。巴勒斯坦地区的土地有 2.7 万平方公里。联大第 181 号决议规定巴以分治，建立一个“犹太国”和一个“阿拉伯国”。其中，“犹太国”占地约 1.49 万平方公里，“阿拉伯国”占地约 1.15 万平方公里。但以色列并没有遵守联大的决定，在 1948 年建国后，通过几次战争逐步占领了包括东耶路撒冷在内的全部“阿拉伯国”领土。这种公然违背联大决定的行径，遭到了阿拉伯人民和联合国的反对。联合国安理会先后通过第 242 号和第 338 号决议，要求以色列撤出其所占领的领土，但以色列拒不执行，只同意在 1967 年战争爆发前的边界内建立独立的巴勒斯坦国。以政府还提出，未来以巴的边界不能回到 1967 年战争前的状态。以色列企图永远把 1967 年战争后所占领的巴勒斯坦领土据为己有。这一侵略行径遭到巴勒斯坦国的坚决反对，要求两个边界应依联合国安理会的决议来划分。双方在这个问题上互不妥协，边界问题成为巴以冲突中的难题之一。

第三，犹太人定居点问题。为了永久占领从巴勒斯坦侵占的土地，1967 年第三次中东战争结束后，以色列开始在巴勒斯坦被占领土上修建犹太人定居点。在巴勒斯坦人民的抗议以及国际舆论的压力下，以色列不得已于 2005 年 8 月在实施其单边新计划时，撤出了位于加沙地带的全部 21 个定居点和 4 个位于约旦河西岸北部的定居点。但以色列此后仍不断在其侵占的巴勒斯坦土地上修建定居点。从一开始，巴勒斯坦就坚决要求以色列拆除全部犹太人定居点。但以色列坚持违反联合国决议，继续修建犹太人定居点。

第四，难民问题。难民问题主要是以色列在几次中东战争中掠夺巴勒斯坦土地造成的。例如，在第一次中东战争和第三次中东战争中，以色列侵占了巴勒斯坦大片土地，先后迫使 100 多万巴勒斯坦难民离开故土。目前，巴勒斯坦难民已超过 470 万，除居住在约旦河西岸和加沙地带外，主要分布在黎巴嫩和叙利亚等国。为了解决难民问题，联合国通过了第 194 号文件，强调“难民具有回归权”。但在巴以和谈中，以色列坚持让巴勒斯坦难民就地安置，反对他们回归巴勒斯坦；而巴勒斯坦坚持难民有权回归祖国。双方立场坚定，难以调和。

第五，水资源分配问题。巴以地区是干旱和半干旱地区，以色列占有和消耗了当地全部水资源的 80%，巴勒斯坦只得到剩余的 20%。水资源分配，不仅是以色列要把侵占的水资源归还巴勒斯坦的问题，还涉及边界划分和犹太人定居点的前途等问题。因此，以色列主张两国共同管理，反对与巴勒斯坦进行水资源的再分配。而巴勒斯坦坚决要求收回所有在加沙地区和约旦河西岸的水利设施，拒绝接受以色列提出的巴以共同管理水资源的方案。

特朗普上台后，把美国传统的扶持以色列的政策彻底转变为无条件支持以色列的政策，于 2017 年宣布承认耶路撒冷为以色列首都。在 2018 年以色列建国 70 周年之际，美国又将驻以使馆正式迁往耶路撒冷。2018 年 9 月 10 日，美国政府还决定关闭巴勒斯坦解放组织（巴解组织）驻华盛顿办事处。

2020 年 1 月 28 日，特朗普政府公布了“新中东和平计划”，即所谓“世纪协议”。该计划承认耶路撒冷为以色列“不可分割的首都”，仅把东耶路撒冷“部分地区”“分配”

给巴勒斯坦，作为未来巴勒斯坦国的首都。在边界划分问题上，协议包含的未来巴以两国“概念地图”将巴方被占领土约旦河西岸的部分地区，包括战略要地约旦河谷的大部分划归以方。在犹太人定居点问题上，协议承认以方在约旦河西岸定居点的“主权”，仅要求以方在未来 4 年停止扩建定居点，并在此期间与巴方谈判。协议尽管认可建立独立的巴勒斯坦国，但要求其实现“非军事化”；尽管将巴勒斯坦国领土面积扩大至目前巴方实际控制面积的两倍，但“分给”巴方的领土在以色列与埃及西奈半岛交界的内盖夫沙漠中，十分贫瘠。这样，该计划中的巴勒斯坦国是“一个被以色列完全包围，处于被截断状态的国家”，其领土上分布着约 200 个犹太人定居点。以色列负责全面安全，并控制谁可以进入和离开巴勒斯坦国。由此，巴勒斯坦虽然建国，但不是一个能行使主权的国家，而是一个支离破碎的、被以色列控制的地区。

这一协议公布后，遭到了巴勒斯坦、世界上主持正义的国家和联合国的反对。联合国秘书长古特雷斯于 2020 年 2 月 4 日举行记者会议，重申联合国的一贯立场，表示联合国致力于依据“两国方案”解决巴以冲突，支持巴勒斯坦和以色列基于国际法、安理会和联大相关决议以及 1967 年边界启动和平进程。联合国安理会更于 2020 年 2 月 25 日重申了对巴以“两国方案”的支持和对特朗普政府新计划的反对。

然而美国和以色列不顾世界各国态度和联合国声明，我行我素。在新计划推出后，美国和以色列立即着手联合绘制将约旦河西岸部分地区纳入以色列版图的新地图。2020 年 2 月 25 日，以色列总理内塔尼亚胡表示，以美两国联合绘图工作将“尽快完成”，纳入以色列版图的约旦河西岸部分地区将“适用以色列法律和主权”并“获得美国承认”。他扬言，绘图工作一旦完成，以色列将立即对相关区域“行使主权”。与此同时，以色列加快了扩建犹太人定居点的步伐。这就激起了巴勒斯坦的坚决反对，巴勒斯坦总统府发言人鲁代纳发表声明，谴责美以两国政府联合绘制地图的行为违反联合国决议。巴方“唯一接受的地图”是以 1967 年边界为基础、以东耶路撒冷为首都、拥有完全主权的巴勒斯坦国地图。鲁代纳警告，美以双方针对巴勒斯坦采取的“危险升级行为”，将导致在联合国决议基础上实现公正和全面和平的机会丧失殆尽，加剧地区紧张局势。

自美国的新计划公布后，巴以局势恶化。巴以用火箭弹和导弹等武器互相攻击，巴勒斯坦向以色列发射了 100 多枚火箭弹和近百个爆炸装置，而以色列国防军向加沙地区发射了 100 多枚导弹，打死 7 名巴勒斯坦人，打伤 206 人。如果巴以双方不能达成协议，巴以之间将陷入无休无止的矛盾和斗争中。只有回归共识、按照联合国有关决议办事，才可能实现巴以之间的持久和平。

四、伊朗核问题

伊朗核问题是中东和平的一个关键问题。美国在制裁伊朗的同时，不断扬言进行军事准备，言外之意是要对伊朗进行军事打击。以色列则扬言要对伊朗进行先发制人的打击，以阻止伊朗发展核武器。伊朗核问题使得中东地区很不安宁，中东各国甚至到了剑拔弩张的地步。

伊朗的核计划开始于 20 世纪 50 年代后期，核技术大部分从当时与伊朗关系密切的美国及西方国家引进。1979 年，伊朗伊斯兰革命后，由于美国的制裁，其核能项目陷于停滞状态。此后，伊朗声称有和平利用核能的权利，并准备重启核项目。

伊朗和平利用核能的权利得到了俄罗斯的支持。90 年代初，伊朗开始与俄罗斯商谈恢复修建核电站的问题，并与俄签署《和平利用核能协议》。

伊朗发展核武器不符合美国的国家利益，因此美国千方百计加以制止。1980 年，与伊朗断交的美国对伊俄核合作十分不满，曾多次指责伊朗以“和平利用核能”为掩护秘密发展核武器，并一直对其采取“遏制”政策。“9·11”事件之后，美国将伊朗视为支持恐怖主义的国家和“邪恶轴心”国家之一，更加强了对伊朗的制裁。

2003 年 2 月，伊朗宣布发现并提炼出铀之后，其核计划立即遭到美国的“严重质疑”，美国坚决反对伊朗发展核武器。此后，美国和伊朗在核问题上的斗争就没有停止过。伊朗坚持强硬立场，捍卫其和平利用核能的权利。美国一再施压，但并没有收到什么效果。

伊朗核问题非常复杂，美国实际上并没有能力单独解决这个问题。奥巴马上台后试图修改其对伊朗的强硬政策，因为美国已经陷入阿富汗和伊拉克战争的泥潭中，发动对伊朗的战争是奥巴马所不愿意的。同时，美国在处理中东热点问题上需要伊朗的协助。因此，奥巴马政府在伊朗问题上不再采取一味施加压力的做法，而是采取更加圆滑的方式与伊朗对话，即玩弄“巧实力”花招。

美国与伊朗关系的改善，存在一些有利因素。在萨达姆统治时期，包括伊拉克总理马利基在内的一些伊拉克什叶派领导人都曾在伊朗生活，因此伊朗可以通过这层关系在伊拉克问题上发挥作用。而伊朗长期与阿富汗塔利班和“基地”组织不和，并曾向阿富汗北方两派提供武器反对塔利班，还支持阿富汗领导人卡尔扎伊，也希望铲除危害全球的阿富汗鸦片生产。这些都是美国希望看到的，因此双方在阿富汗问题上有合作基础。从 2009 年 4 月开始，美国表示要与伊朗改善关系，提出将不带任何附加条件地“全面参与”与伊朗的谈判。

但是美伊对话也存在严重的障碍，这个障碍就是伊朗核问题。在谈判中，美国坚持不允许伊朗发展核武器。伊朗方面则强调拥有和平利用核能的权利，同时要求美国在对待以色列的态度上要有转变。事实上，只要美国不摘掉伊朗“邪恶轴心”的帽子，不改变对以色列的偏袒态度，双方的谈判就难以取得实质性成果。

在伊朗核问题上，美伊双方都有自己的底线。美国要求伊朗停止铀浓缩活动，更不允许伊朗拥有核武器，但是伊朗在这个问题上并不让步。同时，由于以色列不断扬言，如果伊朗在核问题上的态度不改变，就要对伊朗进行打击。以色列的态度，给美伊谈判增加了紧张气氛。上述问题不解决，美伊谈判不过是浪费时间，双方关系的改善也无从说起。

伊朗坚持自己有和平发展核能的权利。2010 年 2 月 16 日，伊朗总统艾哈迈迪-内贾德表示，伊朗完成了新一代离心机的试验，新一代离心机将在不久后投入使用。对此，美国表示坚决反对。在美国的推动下，2010 年 6 月，安理会通过了“史上最严厉”的伊朗制裁方案。但伊朗并不屈服，仍然坚持自己的立场。同时，2013 年 10 月 16 日，伊朗与中、美、法、英、德、俄六国进行的谈判取得进展，提出了解决伊核问题的新方案，包括时间表，以换取西方取消经济制裁。此后双方进行了艰苦的谈判，到2015年7月14日，伊朗核问题最后阶段谈判终于达成了历史性的全面协议。7月20日，联合国安理会通过决议支持伊朗核问题的协议。这个协议实施后，将取消美国和西方对伊朗进行的长达10年的制裁。协议规定，若伊朗在未来10年内违反协议，联合国将重新对其进行制裁。

该协议通过后，国际社会曾认为伊核问题有了一个圆满的结局。但是特朗普担任美国总统后，拒不履行伊核协议的内容，并重新制裁伊朗。2018年5月8日，特朗普在白宫宣布美国退出伊核协议，引起伊朗的强烈抗议。作为反制，2019年5月8日，伊朗总统鲁哈尼向伊核协议其他签字国递交了关于伊朗对美国单方面退出伊核协议的反制措施信函，并开始分阶段减少履行伊核协议的承诺。签字的中、法、英、德、俄等国均希望挽救伊核协议，并为此做了大量工作。伊朗希望各方履行伊核协议，表示美国单方面退出给其他协议方履行承诺造成了许多困难，但是只要其他协议方能够履行相应义务，伊朗就将履行承诺。然而，美国坚持制裁伊朗的立场，英、法、德等国最终会服从美国意志，挽救伊核协议的努力很难收到效果。例如，为了挽救伊核协议，2020年1月14日，英、法和德三国外长在巴黎发表联合声明，宣布启动伊核协议争端解决机制。按照这一机制，伊核问题有可能被提交联合国安理会，并可能最终导致联合国对伊朗的制裁自动恢复。伊朗外长扎里夫立即回应，如果欧洲国家将伊核问题提交联合国安理会讨论，伊朗将退出核不扩散条约。

在军事上，特朗普政府加紧打击伊朗的部署工作，对其进行战争威胁。2018年12月21日，美国“斯坦尼斯”号航空母舰进入波斯湾，这是美国退出伊核协议后首艘驶入波斯湾的航母。后来，“杜鲁门”号核动力航母也被派往波斯湾。美国防部还宣布将派“林肯”号航母进入波斯湾。面对美国的战争威胁，伊朗毫不退让，坚决反击。2019年5月12日，伊朗警告美国，声称自己具有摧毁美国航空母舰的秘密武器。由于没有把握消灭伊朗的海防力量，美国不敢贸然发动战争。5月22日美国国防部宣布“林肯”号航母战斗群暂停驶往波斯湾。5月28日，在伊朗亮出两枚“波斯湾”型反舰导弹（西方称之为“霍尔木兹-2”型反舰导弹）后，美军的2艘航母战斗群立即迅速撤出波斯湾海域。波斯湾局势有所缓和。

但是美国没有放弃打击伊朗的政策。为保卫自身安全，伊朗也不得不有所准备。2020年4月16日，伊朗海军司令侯赛因·汉扎迪甚至表示，伊朗海军正计划建造核舰艇和更大的常规舰艇。显而易见，如果美国向伊朗动武，不仅将给伊朗人民带来灾难，使中东局势更趋动荡，而且将使美国陷入可怕的、长期的战争，将承受比20世纪70年代越南战争更惨重的损失。此外，整个欧洲的安全都将受到影响，紧跟美国的英、法、德等国的利益亦将受到巨大损害。

五、朝核问题

朝核问题开始于20世纪90年代初，到21世纪变得尖锐。美国总统布什曾于2002年初把朝鲜与伊朗、伊拉克一起称为“邪恶轴心”国，务要除之而后快。

为了阻止朝鲜发展核武器，布什政府加大了反对朝鲜核计划的行动力度。2002 年 10 月，美国指控朝鲜正在开发核武器。同年 12 月，美国以朝鲜违反《朝美核框架协议》为由停止向朝提供重油。作为反击，朝鲜宣布解除核冻结，拆除国际原子能机构在朝鲜核设施上安装的监控设备，重新启动用于电力生产的核设施。这使朝核问题尖锐化。由于美国坚持对朝鲜的敌视立场，朝鲜政府于 2003 年 1 月 10 日发表声明，再次宣布退出《防止核扩散条约》，朝鲜核危机正式爆发。

为使朝核问题和平解决，实现朝鲜半岛无核化，中国政府积极斡旋，于 2003 年 4 月促成了由朝鲜、中国、美国参加的朝核问题三方会谈。2003 年 8 月，中国在北京举行了由中国、朝鲜、韩国、美国、日本、俄罗斯参加的朝核问题六方会谈。与会各方认真、全面地阐述了各自的原则、立场和方案设想，并达成重要共识，即确认了朝核问题应通过对话以和平方式解决的原则。在这次会谈中，还确立了通过谈判和平解决朝核问题的原则。

由于中国的努力，从 2003 年到 2009 年，朝核问题六方会谈多次召开，在一些问题上取得了积极成果。但是美国在韩国保持驻军，并不断与韩国进行联合军事演习，使朝鲜对美国产生了不信任感。这使双方不能达成协议，朝核问题没有取得令人满意的结果。

美国坚持朝鲜半岛无核化。朝鲜认为，朝鲜核问题是由美国敌视朝鲜的政策造成的，要解决核问题首先需要美国转变对朝政策。朝鲜重申，只要美国不放弃敌视朝鲜政策，朝鲜也就不能放弃核遏制力。由于朝鲜半岛自朝鲜战争结束以来一直存在着军事对峙，朝核问题实际上是冷战对抗的延续。因此，朝鲜指控美国对其国家安全构成最大威胁是不无道理的。

为解决问题，朝鲜一直要求与美国进行直接对话，并多次提议与美国签订互不侵犯条约，但美国则要求朝鲜先放弃核计划，并坚持认为处理朝核问题的恰当方式是多边对话。这些做法，促使朝鲜发展自己的核力量，以保卫国家的安全。

朝鲜于 2006 年 10 月进行了地下核试验，2009 年 4 月 5 日宣布成功发射了“光明星 2 号”试验通信卫星，2009 年 4 月 14 日宣布退出朝核问题六方会谈，并将按原状恢复已去功能化的核设施。朝鲜还声称，将“继续根据国际法行使自主的宇宙利用权利”。2009 年 5 月 25 日，朝鲜再次实施地下核试验。这次试验取得成功，核爆炸威力“比前一次更大”，朝鲜明确宣布，这些试验的目的是增强朝鲜自卫性核威慑能力。

面对朝鲜的行为，美国国务卿希拉里·克林顿只能表示，鉴于朝鲜再次进行核试验和导弹发射，美国正在考虑将朝鲜重新列入“支持恐怖主义的国家”名单。希拉里说，美国正在查找朝鲜支持国际恐怖主义的证据。显然这只是一种试图挽回面子的做法，美国对朝鲜事实上无可奈何。朝鲜既然已经早就被美国定位为“邪恶轴心”国之一，并不断受到美国的威胁和制裁，希拉里的说辞自然也吓不倒朝鲜政府，无益于朝核问题的解决。

为了对朝鲜施加压力，奥巴马政府考虑冻结朝鲜的海外银行账户。此前，小布什政府的类似行动曾激怒朝鲜，导致核会谈中断。奥巴马也想通过朝核问题六方会谈机制或者直接形式与朝鲜举行会谈，但朝鲜方面拒绝了奥巴马政府的几次努力。

2009 年 6 月 13 日，朝鲜表示，如遭美国封锁，将采取军事行动反抗，并且声称已经启动了铀浓缩活动，且已将所掌握的钚全部武器化，已对三分之一以上使用过的核燃料棒进行了处理。上述事态的发展，使朝核问题的解决变得非常困难。

后经中国等国的努力，朝鲜态度有所缓和。2010年1月11日，朝鲜外务省发表声明表示，愿意在六方会谈框架内与《朝鲜停战协定》当事国举行会谈，讨论签订和平协定，但要求先谈和平协定，再启六方会谈。美国政府当天就拒绝了朝鲜方面的提议，要求朝鲜必须先履行弃核承诺，然后才能开始谈判和平协定问题。1月19日，美国又要求先重启六方会谈，在六方会谈框架内讨论缔结和平协定的问题。但朝鲜坚持声明，美国不停止对朝鲜的武力威胁，朝鲜就不会去核。此后，朝美进行过数次高级别对话。在这些对话结束后，尽管双方都表示会谈取得了"进展"，但并没有取得实质性突破，朝美谈判基本陷入僵局。

朝鲜继续进行国防建设。2012年4月13日，朝鲜发射了首颗应用卫星"光明星3号"，但这颗地球观测卫星没有进入预定轨道。2013年2月12日，朝鲜在北部地下核试验场进行了第三次核试验。此次核试验爆炸威力大，使用了小型化和轻型化原子弹。2016年3月2日，联合国安理会一致通过决议，决定实施一系列制裁措施遏制朝鲜的核导开发计划，并呼吁恢复六方会谈。中国从维护半岛及东北亚地区和平稳定的角度出发，坚持朝鲜半岛无核化的立场，呼吁朝核各方共同努力、相向而行，全面均衡解决各方关切，为重启六方会谈创造条件。无论朝核问题如何发展，中国政府的底线是：第一，在朝鲜半岛，无论南方还是北方，无论自己制造还是引进部署，都不允许有核武器；第二，不能武力解决问题，因为那将使半岛生战和生乱；第三，中国正当的国家安全利益必须得到有效维护和保障，中国坚决反对借用半岛核问题侵害中国正当权益。中国的态度使朝核问题的谈判得以继续进行。

2016年特朗普担任美国总统后，朝美关系似乎有所转机。2018年6月，朝鲜国务委员会委员长金正恩与美国总统特朗普在新加坡举行两国在任领导人史上首次会晤，双方会后签署了联合声明，表示美国与朝鲜将致力于建立新型美朝关系，并在朝鲜半岛建立一个持久、稳定、和平的机制，为之后的美朝对话定下了基调。但那只是表面现象，美朝双方立场并无改变，谈判毫无成效。2019年2月，美朝首脑在河内举行会晤，由于双方未能就解除制裁达成共识，谈判破裂。6月30日，特朗普戏剧性地前往板门店与金正恩举行会晤，成为首位踏入朝鲜领土的美国在任总统。两国领导人对会晤表示满意，双方同意重启无核化谈判。10月初，双方代表在瑞典斯德哥尔摩举行工作会谈，结果不欢而散，朝核问题又陷入僵局。朝方认为，2019年谈判陷入僵局无法推进的一个主要原因是美国对朝鲜做出的积极努力始终未予回报。朝方多次谴责美韩举行联合军演，敦促美国在2019年年底前拿出有诚意的、切实可行的谈判条件。为了增加谈判的筹码，朝鲜在5月至10月进行了10次短程弹道导弹试射。12月，朝鲜又连续两次进行了疑似与洲际弹道导弹发动机有关的"重大试验"。作为回应，美国加大了对朝鲜的制裁和压力，朝核问题再次陷入僵局。

六、美国霸权主义、单边主义是威胁国际安全的最危险因素

在影响21世纪世界和平与发展的诸多不稳定因素中，美国霸权主义是最危险的因

素。冷战结束后，美国成为世界上独一无二的超级大国。由于苏联解体，没有力量抗衡美国的全球扩张，大国之间大规模军事冲突的可能性降低，美国以其强大的实力为所欲为，构成了对国际安全一种难以遏制的威胁，“顺我者昌，逆我者亡”，任何国家要“安全”，就得听美国摆布，否则就要受到制裁。

从表面看，民族矛盾、地区冲突、局部战争以及“9·11”事件等，都与非传统安全因素有关。但是从本质看，非传统安全因素的产生有其深刻的历史与社会原因，其中大部分是美国势力插手、策划和干预的结果。从全球安全形势来看，霸权主义、强权政治和不公正、不合理的国际政治经济秩序，才是当前世界面临的各种威胁的主要根源。

例如，南斯拉夫的解体，就是美国干涉其内政的结果。由于南斯拉夫在东欧剧变后仍然坚持不同于西方的社会制度，没有进入西方国家轨道之中，美国必欲消灭这个国家而后快。在美国和西方其他国家支持下，20 世纪 90 年代初，南斯拉夫的六个加盟共和国中，有四个先后宣布独立，只有塞尔维亚和黑山没有独立，南斯拉夫被严重肢解。2003 年 2 月 4 日，南斯拉夫改国名为塞尔维亚和黑山共和国。到 2006 年 6 月 3 日，黑山宣布独立，同月 5 日塞尔维亚亦宣布独立，南斯拉夫正式宣告解体。另外，塞尔维亚南部的科索沃地区自 1999 年科索沃战争结束以来就脱离了塞尔维亚的实际管辖，并且成了联合国的保护地。2008 年 2 月 18 日，塞尔维亚自治省科索沃单方面宣布独立。至此，美国达成了肢解南斯拉夫的阴谋，在世界人民面前暴露了其“世界宪兵”的面目。

同时，美国还发动了对阿富汗的战争和对伊拉克的战争。2001 年 10 月 7 日，美国和英国军队开始对阿富汗进行军事轰炸，接着，反塔利班政权的北方联盟军队于 11 月 13 日攻占了喀布尔。

布什政府借口伊拉克拥有大规模毁灭性武器，于 2003 年 3 月 20 日对伊拉克发动了战争，并于 2003 年 5 月 1 日控制了巴格达，推翻了萨达姆·侯赛因政权。战后，美国不得不承认所谓“伊拉克拥有大规模杀伤性武器”只是一个发动战争的借口。2005 年 12 月 14 日，布什承认：“许多原先的情报的确被证实是错误的了。”不过，他依然坚持这场战争是必须进行的。他宣称，即使当初已得知这个事实，依然会发动战争。美国在伊拉克的野心成为布什外交政策的主轴，他希望以此促成民主，击退恐怖分子，铲除“独裁”政权、促进经济和社会发展。

伊拉克战争之后，美国称霸全球的野心更大。布什总统在第二个任期就职演说中，提出了在“全球传播民主、结束世界上的暴政”的战略目标。美国政府随即拨款 3 000 万美元支持伊朗反对派，接着美国国务卿赖斯又在接见立陶宛和白俄罗斯反对派时，公然表示支持他们推翻白俄罗斯政权。不久，美国国家情报委员会秘密拟定了 25 个所谓“不稳定国家”的名单，作为今后可能进行干预的目标。

当今世界出现的许多问题，是冷战遗留的问题。民族问题引起的冲突、地区性战争等，根源都是美国和西方在幕后多年直接或间接策划的后果，都与冷战有关。不能把这些问题完全归罪于苏联、南斯拉夫，或归罪于伊拉克前总统萨达姆、非洲的一些领导人等。中东乱局的根源，应当从美国的中东政策去找。

美国和西方发动的颜色革命，则引起东欧地缘政治的紧张和地区冲突。

2013 年 11 月至 2014 年 2 月，美国和欧盟在乌克兰策划了橙色革命，推翻了亲俄的政府，建立了亲美的新政府。乌克兰橙色革命激化了乌克兰国内的民族矛盾，导致了乌克兰东部内战。同时，乌克兰新政府要求加入北约，激化了地区矛盾，威胁到俄罗斯的安全，恶化了乌克兰与俄罗斯的关系，导致2022年2月俄乌冲突的爆发。俄乌冲突爆发后，美国、英国和欧盟等西方国家，全面制裁俄罗斯，向乌克兰提供巨额军事和经济援助，拱火加油，企图借俄乌冲突削弱俄罗斯。美国和西方国家的做法，使俄乌冲突不断升级。

俄乌冲突影响非常巨大，不仅对地区政治与安全，而且对世界经济复苏、全球减贫、粮食和能源安全、生态环境等诸多方面带来严重负面冲击。

俄乌冲突爆发后，中国始终站在和平一边、站在对话一边，坚持劝和促谈的立场。2023年2月26日，中国还正式发布了《关于政治解决乌克兰危机的中国立场》文件。这份文件全面阐述了中方原则立场。文件强调，单边制裁、极限施压不仅解决不了问题，而且会制造出新的问题。这份解决俄乌冲突的“中国立场”文件，展现了中国作为负责任的大国的责任与担当，体现了中国为解决乌克兰危机、尽早实现和平积极发挥建设性作用的一贯立场，得到全球人民的认同。他们期待早日结束俄乌冲突，恢复该地区的和平和发展。

至于环境污染、跨国犯罪、传染病等非传统安全问题，并不是冷战后才产生的，而是早就存在。冷战期间，联合国就在努力解决这些问题，各国也在寻求解决办法。但是由于世界分为两个阵营，解决这些问题就比较困难。冷战结束后，两个阵营消失，非传统安全因素凸显，对国际安全环境构成了直接的威胁。国际社会在解决非传统安全问题上进行了合作，并且取得了一定成绩。例如在打击索马里海盗的斗争中，各国携手，成效显著。但是在许多问题上，由于美国奉行霸权主义和自私自利的对外政策，损害了一些国家的主权，影响了国际社会应对非传统安全因素的努力。

当今世界发展的趋势是多极化。在当代历史发展进程中，新兴市场经济体崛起，极大地改变了国际力量的对比。金砖五国以及欧盟等，在国际事务中的影响日益增大。中国和其他发展中国家坚决反对霸权主义和强权政治，主张建立互信、互利、平等、协作的新型安全架构。为此，中国与俄罗斯在2005年7月签订了《中华人民共和国和俄罗斯联邦关于21世纪国际秩序的联合声明》，表明新型安全架构应以公认的国际关系准则为政治基础，以互利合作和共同繁荣为经济基础，应建立在尊重各国平等安全权利的基础上。这一国际安全的新概念，已成为中俄两国与中亚国家建立的上海合作组织的共识，并在探索建立和平稳定的地区新秩序方面起到了推动作用，将成为构建公平正义的国际安全体系的基础。

各地区和次地区合作组织在国际安全中起着越来越重要的作用。2004年，非洲联盟成立了泛非议会与安全理事会等机构。在亚洲，各种地区、次地区组织以及跨地区组织，如亚欧会议、上海合作组织、东盟、南盟及已经拥有22个成员的亚洲合作对话机制等都得到了进一步发展与加强，成为捍卫国际安全的重要力量。然而，21世纪第2个10年到来时，由于美国继续推行霸权主义、单边主义和贸易保护主义，恶化了国际形势、破坏了中美关系，使世界面临百年未有之大变局。

第二节 团结合作，共建美好的未来世界

一、世界面临百年未有之大变局

21 世纪初期，国际格局仍呈“一超多强”之势。美国作为“一超”，优势明显，主导着国际关系的发展。但进入 21 世纪第 2 个 10 年后，国际形势发生了前所未有的大变化，在新的历史时期，美国衰落、西方沉沦、中国和其他新兴经济体正在崛起，国际格局改变，世界处在百年未有之大变局中。

2007 年次贷危机爆发后，美国经济受到沉重打击，优势逐步下降，这迫使美国从全球战略扩张转向战略收缩。到 21 世纪第 2 个 10 年，美国的实力与地位进一步下降，“一超”的地位动摇，而中国、日本、印度、俄罗斯等“多强”的实力上升，旧的国际格局开始松动。

2016 年特朗普上台，为了保持美国的世界霸权地位，特朗普政府调整了对外战略，推行“美国优先”的政策，退出了许多国际机构和协议，不再履行一些美国作为世界大国应尽的国际义务，客观上削弱了其世界领导地位。同时，美国利用北约加紧了对俄罗斯的战略围堵，大力推行遏制中国的“印太战略”。在中东，美国被迫进行战略收缩，但并不甘心退出，于是加大了对伊朗的制裁；支持叙利亚反政府军，企图推翻阿萨德政府；在阿以冲突中袒护以色列等。美国的这些政策遭到有关国家的强烈反对，并迫使其采取反制措施。美国的霸权主义政策，不仅毁坏了美国的世界形象，而且分散了美国军事力量，使之处处受敌，日子极不好过。

在西方阵营内部，美国与欧盟及其盟友日本之间不断出现分歧。美国推行的单边主义和贸易保护主义，使其与西方各国之间的贸易和利益纷争不断，致使民粹主义抬头。而民粹主义进一步扩大了西方国家的矛盾，使西方阵营的分裂加剧。英国脱欧，是欧洲民粹主义在英国的一种表现。英国脱欧后，欧洲一体化面临新问题、新危机。欧洲作为旧国际格局中重要的一极，往日风光不再。而日本、韩国等美国的盟友，在贸易问题、美军驻日和驻韩问题以及事关各国利益的一些问题上摩擦不断，相互关系并不协调。2020 年全球新冠肺炎疫情大流行后，欧盟、英国、日本、韩国等美国盟友自顾不暇，与美国的关系进一步疏远。

在美国和欧盟实力和地位不断下降的同时，新兴市场国家和发展中国家不断崛起。据统计，新兴市场国家和发展中国家的经济总量目前已接近世界经济总量的 40%，按照这种速度，10 年后将接近世界经济总量的一半。其中，中国发展迅速，成为世界第二大经济体，国际影响日益扩大。东西方力量对比发生的这些巨大变化，对现有国际格局造成了巨大冲击。

特朗普政府不遵守原有国际规则，接连宣布退出一系列国际条约和协议，并威胁退出举动还会继续。2017 年 1 月 23 日，美国退出了跨太平洋伙伴关系协定；2017 年 6 月 1 日，退出了 2015 年达成的有关气候变化的《巴黎协定》；2017 年 10 月 12 日，退出了联

合国教科文组织；2017年12月2日，退出了《全球移民协议》；2018年6月19日，退出了联合国人权理事会；2018年10月3日，退出了《维也纳外交关系公约》；2018年10月17日，退出了万国邮政联盟。美国还威胁要退出2012年签署的《美韩自贸协定》、1992年8月12日与加拿大和墨西哥签署的《北美自由贸易协议》；甚至威胁要退出世界贸易组织。

在全球安全体系方面，美国也不断"退群"。2018年5月8日，美国退出《伊朗核协议》；2019年，美国终止了与俄罗斯达成的《中导条约》。2020年5月21日，特朗普政府启动了退出美俄《开放天空条约》的程序，迈出了瓦解全球安全体系的又一步。《开放天空条约》签订于1992年，2002年生效。参加该条约的有俄罗斯、美国以及大部分北约成员国组成的34个缔约国。这一条约对成员国开放领空，增加军事透明度，以确保欧洲大西洋地区的透明性和安全性，维护该地区的和平。特朗普还威胁要退出美俄两国2010年签署的《新削减战略武器条约》，该条约旨在限制各自部署的核弹头和运载工具数量。《中导条约》失效后，《新削减战略武器条约》是美俄两国之间唯一的军控条约。如果美俄在2021年2月到期前不能"续约"，全球安全体系将危如累卵。

美国的上述做法，严重破坏了现有国际秩序，危害国际安全，破坏了世界的和平与发展。在百年未遇的大变局中，世界秩序的重塑需要智慧。站在时代潮头的中国，勇于抓住机遇、迎接挑战，适时提出了适应时代发展的新的国家安全观，即"总体国家安全观"。

冷战结束后，由于苏联解体和东欧剧变，屹立在世界东方的中国成为美国和平演变的最主要的目标。美国《纽约时报》在1991年9月10日载文说："中国已经成为美国主要的意识形态对手和美国人在很大程度上讨厌的象征。"美国把欧盟、俄罗斯、日本、印度都称为"民主共同体国家"，而把中国排斥于"民主大家庭"之外。美国历届领导人都把和平演变中国当成首要任务来抓。为了应对美国的和平演变，确保中国安全和世界安全，中国提出了新的安全观。

1995年，中国在东盟地区论坛上首次提出了关于维护本国安全和促进世界共同安全的"新安全观"。2009年9月23日中国国家主席胡锦涛在联合国强调，中国坚持互信、互利、平等、协作的新安全观，这既维护本国安全，又尊重世界其他国家的安全，能促进人类共同安全。

中国的这种国家安全观，合乎世界和平发展的潮流，合乎国际关系准则。实践证明，中国的"新安全观"问世后，既保障了中国的国家安全，又为对外开放营造了和平环境，促进了世界的共同安全。但是中国的崛起及其全球影响力的扩大引起了美国的恐惧。美国反华势力不断加强对中国的"遏制"，严重影响了中国的国家安全，危害了世界安全。中美之间关系恶化，双方在气候变化、核不扩散、经济稳定、能源安全、走私等问题上的分歧加剧，合作出现危机。

2014年，中国国家主席习近平审时度势、高屋建瓴，适时提出了"总体国家安全观"。习近平主席提出的总体国家安全观，包括了政治安全、国土安全、军事安全、文化安全、社会安全、科技安全、信息安全、生态安全、资源安全和核安全等内容。他强调安全的整体意识，特别是建立一个确保国家整体安全的国家安全体系的重要性和世界意义。中国的总体国家安全观，回应了当前错综复杂的各类安全挑战，是顺应时代潮流的理论创新。

二、共创美好未来世界的新倡议和新理念

中国在提出“总体国家安全观”后，又进一步提出了团结合作、同舟共济，共建人类美好家园的新倡议和新理念，这就是举世闻名的“一带一路”倡议和构建“人类命运共同体”的理念。

2013年，中国提出了“丝绸之路经济带”和“21世纪海上丝绸之路”的构想，简称“一带一路”倡议。“一带一路”倡议不是一个新的机制，而是合作发展的倡议，是中国国家主席习近平在“丝绸之路”经济、人文、商贸千年传承的基础上提出的倡议。“一带一路”倡议依靠中国与有关国家既有的双多边机制，陆续推出基建、交通互联互通及贸易投资便利化等措施，是中国和世界团结合作，实现互利共赢、共同发展的好办法。“一带一路”倡议的顺利实施，给中国和“一带一路”沿线国家带来了实惠，得到这些国家的积极响应。

除此之外，习近平主席2013年又提出了共建“人类命运共同体”的理念。为了建设“人类命运共同体”，习近平主席提出中国智慧：坚持各国相互尊重、平等相待；坚持合作共赢、共同发展；坚持实现共同、综合、合作、可持续的安全；坚持不同文明兼容并蓄、交流互鉴。2015年9月，习近平在纽约联合国总部发表重要讲话时再次强调：“当今世界，各国相互依存、休戚与共。我们要继承和弘扬联合国宪章的宗旨和原则，构建以合作共赢为核心的新型国际关系，打造人类命运共同体。”

习近平主席关于构建“人类命运共同体”的理念，反映了当代人类社会状况和未来发展趋势，是一条有利于全球人民共同发展的道路。这是因为，人类只有一个地球，而各国共处一个世界。在经济全球化进程中，国际社会日益成为一个你中有我、我中有你的“命运共同体”。面对世界经济的复杂形势和全球性问题，任何国家都不可能独善其身，而需要合作团结、同舟共济、共同应对。

长期以来，中国积极推进联合国的改革，强调要继续维护并加强联合国在现行国际体系中的核心地位，并进行国际政治经济改革，建立公正合理的国际新秩序。中国在联合国维护正义、维护发展中国家的利益，同时开展大国外交，改善与美国、欧洲和日本的关系。中国特别注意改善周边的安全环境，相关政策已经取得了积极成果，为地区的和平与安全做出了贡献。

中国积极组织并参与了上海合作组织。上海合作组织的前身是1996年4月26日中国、俄罗斯、哈萨克斯坦、吉尔吉斯斯坦、塔吉克斯坦五国元首在上海举行首次会晤时建立的“上海五国机制”。乌兹别克斯坦以完全平等的身份于2001年6月14日加入。次日，六国元首举行首次会晤，并签署《上海合作组织成立宣言》。该宣言的签署，标志着上海合作组织正式成立。在这次会议上，六国元首还签署了《打击恐怖主义、分裂主义和极端主义上海公约》。2001年9月，上海合作组织成员国总理在阿拉木图举行首次会晤。六国总理在会晤中一致决定启动六国多边经贸合作进程，宣布正式建立上海合作组

织框架内的总理定期会晤机制。中亚五国除土库曼斯坦外，均加入了上海合作组织。上海合作组织成员国总面积约3 018.9万平方公里，占亚欧大陆面积的五分之三；人口15亿，占世界总人口的四分之一。上海合作组织的成立具有深远的历史意义，它不仅是冷战结束后维护地区安全的新组织，也是经济全球化进程中处理地区国家关系的新尝试，适应了和平、发展与合作的时代潮流。

上海合作组织成立后到2020年，已经召开了20次峰会，就地区和国际问题进行了卓有成效的磋商和合作，维护了地区安全和稳定。同时，六国还在合作中增加了经济、交通运输、能源、环保等方面的议题，特别加强了人文领域的合作。合作领域的扩大为今后六国合作进程的延续奠定了坚实的基础。

中国不仅积极参加上海合作组织，还参加了其他地区各种组织的活动，已经成为推动世界和平与发展的主要动力之一，为解决人类面临的全球性问题做出了巨大贡献。例如，为消除一些国家人民的贫穷、疾病与饥饿，中国对其增加了援助；中国与世界各国进行了禁毒、反恐、反走私、反腐败合作，并且在2009年向海盗猖狂的亚丁湾索马里海域派出了海军护航编队等。

又如，在联合国第二十七届特别会议讨论儿童问题时，中国提出国际社会应加强合作、采取措施，实现共同和平衡发展，缩小地区和国家间的差异，使所有儿童都得益于经济全球化和技术进步，为儿童的生存与发展创造有利、公正和公平的外部环境。这既是世界儿童的愿望，也是各国的责任和义务。国际社会，尤其是各国领导人，有责任为全世界20亿儿童创建一个更健康、和平的生活环境。

再如，中国努力促成全球合作应对气候变暖问题。由于地球气候持续变暖、自然灾害频发，21世纪第1个10年，气候问题成为国际社会最为关心的问题之一。气候问题与各国碳的排放量有关，涉及各国利益，各国在这个问题上互相指责，很难达成一致。为了在气候变化问题上达成共识，2009年12月18日，192个国家参加了在丹麦哥本哈根召开的世界气候大会。中国充分利用这个机会，发挥了建设性作用。这次气候大会充满了斗争，但是中国坚持与世界各国合作，团结了印度、巴西、南非等发展中国家，并得到美国的助力，使大会取得了重要而积极的成果。

大会最终形成的协议规定：要把全球升温幅度控制在2摄氏度内，发达国家承担强制性减排目标，发展中国家进行自主减排行动。协议内容还包括：发达国家于2010年至2012年向发展中国家提供每年100亿美元的资金援助，此后至2020年提供每年1 000亿美元的资金援助。这些规定受到许多国家的称赞。

哥本哈根气候峰会为世界各国在气候问题上的合作奠定了良好基础，维护了发展中国家的利益，推动发达国家为解决全球气候变暖问题进行努力。同时表明，团结合作是走向和平与发展的必要途径。中国的外交政策，始终把维护国家主权、安全和发展利益放在第一位，坚持在和平共处五项原则的基础上同世界所有国家发展友好合作关系，实现互利共赢、共同发展。

“一带一路”倡议和构建“人类命运共同体”的理念，是中国外交政策的结晶和升华，也是从当代国际关系发展史中得出的科学倡议和理念，必将促进人类社会团结合作、携手共进，建设更加美好的未来世界。

"一带一路"倡议实施后，得到了沿线国家的积极响应，促进了世界经济的发展。构建"人类命运共同体"的理念提出后，得到了世界人民的认同，形成了一种全球共识。2020年新冠肺炎疫情全球大流行，给人类团结合作、同舟共济、建设"人类卫生命运共同体"提供了一次实践的机会。

2020年全球暴发了突如其来的新冠肺炎疫情，给人类带来了巨大灾难，造成了大量患者死亡、财产损失、全球经济衰退等负面影响。据统计，截至2020年5月18日第七十三届世界卫生大会视频会议召开，新冠肺炎疫情已经波及210个国家和地区，影响70多亿人口，夺走了30余万人的宝贵生命。

面对汹涌而至的疫情，中国立即行动、沉着应对，经过艰苦卓绝的努力，付出了巨大代价，在短期内控制了疫情。同时，中国积极推动国际抗疫合作，第一时间向世卫组织通报了疫情，提供了相关数据和科研成果；还向全球许多国家派出医疗专家，提供防疫经验和大量防疫物质，有效帮助其控制了疫情。在国际合作抗疫斗争中，中国以实际行动深刻诠释了人类命运共同体理念，体现了大国责任与担当。仅从3月1日到5月14日，中国就向世界提供了海量的医疗物资，其中有：1.5亿份新冠肺炎病毒检测试剂盒、2.02亿件防护服、10.2亿双外科手套、479亿只口罩……中国在有效防控疫情的同时，有序进行复工复产，不仅保持了本国产业链和供应链的畅通，而且保障了国际疫情防控物资的输送，为全球经济复苏做出了贡献。中国和国际社会在抗疫斗争中勇敢前行、守望相助、风雨同舟的合作，聚集起同疫情斗争的磅礴之力，展现了人间大爱，用行动构建着"人类卫生命运共同体"。

在这次疫情中，中日韩三国的团结合作是构建人类卫生命运共同体的典范。疫情暴发后，三国政府采取一致措施、三国人民高度配合，形成了防控合力，有效遏制了新冠肺炎病毒在东亚地区的传播。三国人民守望相助，谱写了"山川异域，风月同天""道不远人，人无异国"的友谊赞歌。

而全球新冠肺炎疫情暴发后，奉行霸权主义和单边主义的美国，却是另一番景象。在中国全力抗击疫情的关键时刻，美国政府并没有重视美国本土的疫情问题，错过了防控的最佳窗口期。到2020年3月初，美国疫情已经蔓延开来，难以控制。3月13日，美国被迫进入紧急状态。5月底，美国新冠肺炎感染者已达170多万，死亡超过10万。疫情使美国经济急剧衰退，股市暴跌20%，多次出现熔断。

为了推卸责任，美国政客向中国"甩锅"，编造了许多针对中国的谎言，处心积虑地借新冠肺炎疫情之机"污名化"中国，将病毒溯源政治化，炒作新冠肺炎病毒与中国武汉病毒研究所有关，声称要展开所谓的独立调查，甚至要向中国追责、索赔等。而一些政治势力也在绑架中美关系，试图将中美关系推向所谓"新冷战"。美国政客还攻击世卫组织"偏袒"中国，试图把疫情防控不力的责任推卸给世卫组织，并终止了对世卫组织的经费援助。2020年5月29日下午，特朗普在白宫宣布美国退出世卫组织，并把向该组织缴纳的会费调配至别处。

美国政客"甩锅"的做法，既不能洗清政府抗疫不利的罪责，也不能损害中国形象。于是，美国政客企图把中美关系拉回昔日的"冷战"状态。美国的做法，损害了中国利益，也将损害美国利益，还会破坏世界的和平与安宁。因此，发动"新冷战"必将遭到包括美国人民在内的全世界人民的反对。而中国从中美两国人民的根本和长远利益考虑、为人类的未来谋福祉，坚决反对“新冷战”，希望找到一条不同社会制度、不同文化背景的国家和平共存、互利共赢的相处之道，改善中美关系，推动世界向包容和普惠的方向发展。

美国政府发动“新冷战”，只会加快美国的衰落进程。曾经成功预言柏林墙倒塌和苏联崩溃的挪威学者约翰·加尔通，在2013年预言美国将于2020年崩溃。他认为美国人口只占全球人口的6%，却消耗了全球资源的35%。美国为掠夺全球紧缺资源，必然产生难以克服的矛盾，最终将导致美国的崩溃。加尔通的预言虽不准确，但揭示了美国衰落的现实。2020年美国疫情严重、经济衰退，但并没有崩溃。不过，推行霸权主义和单边主义的美国，是自己孤立自己，将失去越来越多的朋友。事实证明，霸权主义、单边主义、贸易保护主义不仅使美国持续衰落，而且会阻碍人类社会的共同发展。

2020年新冠肺炎疫情对世界的冲击是严重的，催生了一些混乱思潮，如美国和西方出现的“有限全球化”思潮。所谓“有限全球化”思潮，是指美国和西方国家希望回到20世纪80年代前经济全球化的状态。那时，虽然技术和资本都在各国之间流动，但程度和范围远不及今日，每个国家都掌握着自己的“经济主权”。例如，20世纪80年代前，欧盟各国政府和央行有自己的货币政策，但是21世纪20年代，一些欧盟国家的政府和央行已经失去了本国货币话语权。又如，20世纪80年代以前，美国的资本与技术主要在西方发达国家内部流动，而不像今天这样供应链遍布全球。美国和西方认为，是深层次经济全球化给其带来了问题。例如，在新冠肺炎疫情期间，由于20世纪80年代以来全球产业链的转移，口罩、洗手液、防护服和呼吸机等医疗物资的生产大量集中在中国等发展中国家，而欧美国家自身的生产能力大幅降低，导致了医疗物资严重缺乏。在这场疫情中，美国和西方国家感染者死亡人数惊人，经济损失巨大。因此，美国和西方反对经济全球化的思潮涌动。除了遏制中国发展，还出于保护自己的考虑。美国和西方国家无论从国民生命安全还是经济安全角度，都设法催促一些产业回流本国，想把经济主权掌握在自己手里。为此，美国和西方国家力促经济全球化转变为经济“有限全球化”。

美国和西方的“有限全球化”思潮，使充满危机的全球经济环境雪上加霜。在21世纪第2个10年，世界经济增长动能不足，贫富分化日益严重，地区热点问题此起彼伏，恐怖主义、网络安全、重大传染性疾病、气候变化等非传统安全威胁持续蔓延，霸权主义、单边主义和贸易保护主义势力壮大。“有限全球化”思潮的泛滥使世界面临的不稳定性、不确定性增加，问题增多，并将影响人类历史的发展。

联合国曾于2000年提出了“千禧计划”，在贫困、气候变化、环保与维和议题上，制定了可持续发展目标。2015年，又制定了2015年至2030年的可持续发展目标，旨在在此期间以综合方式彻底解决社会、经济和环境三个维度的发展问题，转向可持续发展道路。但是，实现这些目标的道路并不平坦。2020年9月22日，联合国秘书长古特雷斯在联合国成立75周年纪念大会上指出，当今世界面临五大挑战：地缘紧张局势、气候危机、全球互不信任、数字世界黑暗面及新冠肺炎疫情全球大流行。他表示，世界不仅需要避免“热”冲突，而且必须避免新冷战，通过制定新社会契约、改善全球治理，共同应对挑战。中国国家主席习近平在 2020 年 9 月 23 日与古特雷斯进行视频会见时明确回应，中国将致力于五大领域：在全球抗疫中发挥中流砥柱作用、支持安理会集体安全机制、为后疫情时期经济和民生的恢复筑起安全岛、倡导绿色发展之路、主张改进和完善全球治理，带头践行联合国宗旨，推动构建人类命运共同体，为新冠肺炎疫情背景下世界的和平与发展注入了强大的中国动力。中国将在联合国框架下发挥大国作用，承担大国责任，展现大国担当，倡导各国超越国家、民族、文化、意识形态，站在全人类高度，把构建人类命运共同体的事业推向新阶段。

中国在上述五大领域的坚定承诺，给全世界爱好和平、渴求发展的人民提供了坚实的保证，鼓舞了他们的信心。历史已经证明，经济全球化的时代潮流任何力量也阻挡不住，单边主义和贸易保护主义行不通。中国有决心和能力践行自己的诺言。美国和日本等国从中国撤回一些企业，在短期内会对中国经济产生一定负面影响，但是其影响有限。因为撤出需要时间，不可能短期完成，而且这些企业也不可能全部撤离。原因之一是，美国和日本等国在中国已经形成了完整的产业链，不可能把整个产业链撤出中国；原因之二是，美国、日本和西方等国需要中国市场。如果把企业完全撤出中国，中国本土的企业将迅速取而代之，占有国内市场，美国、日本等国就会失去中国市场。更重要的是，中国将继续奉行和扩大对外开放政策，不断优化经济结构，临危不乱，从容应对，将吸引更多的外资企业到中国落户，有效应对美国、日本和西方等国的部分企业撤出中国带来的危机与挑战。虽然美国处处打压中国，但今日之中国已经是世界第二大经济体，实力强大，不是轻易可以被威胁的。如果美国全面发动“新冷战”，必将遭受巨大损失。中国从和平发展的大局考虑，反对“新冷战”，希望中美双方找到一条合作的道路，共同发展。中国的对外政策很有吸引力，赢得了世界人民的尊重。在中美关系的发展中，美国在打压中国发展的同时，为了自己的利益，不得不在一些领域寻求与中国合作。2021 年 1 月，拜登担任美国总统。在他担任总统的 4 年内，中美关系虽然经历了不少风风雨雨，但双方努力相向而行，实现了中美关系总体的稳定。然而，2025 年 1 月，特朗普再次上台后，美国对华政策走向的不确定性增加。一方面，特朗普政府可能会延续其“美国优先”的政策理念，在贸易、移民、外交等领域采取一系列强硬措施，试图重塑美国的国际地位和影响力。这种政策取向可能会给中美关系带来新的挑战，特别是在贸易领域，特朗普政府可能会再次挥舞贸易保护主义大棒，对中国发起贸易制裁，这将对中美经贸关系造成严重冲击。另一方面，特朗普也可能会在一定程度上调整美国的对外政策，寻求与中国的合作机会，以应对全球性挑战和维护美国的利益。例如，在气候变化、反恐、朝核、地缘政治紧张、俄乌冲突结束等问题上，美国可能需要与中国加强沟通与协调，共同寻求解决方案。中国将会密切关注特朗普政府的政策动向，做好应对各种风险和挑战的准备，保持战略定力，以不变应万变。未来，无论美国政府如何更迭，中国都将坚定地走自己的发展道路，同时积极推动中美关系健康稳定发展，始终站在世界和平发展的时代潮头，引领人类历史的发展方向。目前虽然世界面临的不稳定性、不确定性增加，问题增多，但是无论国际风云如何变幻，世界人民都渴望和平与发展，大多数国家和人民将会继续响应中国“一带一路”倡议和构建“人类命运共同体”的理念，团结合作、守望相助、同舟共济，共创美好的未来世界。

推荐阅读书目

徐宏绘，卢孟来，孙范姣. 美国不开心. 呼伦贝尔：内蒙古文化出版社，2009.

徐万胜，等. 冷战后的日美同盟与中国周边安全. 北京：社会科学文献出版社，2009.

仪名海. 联合国大会特别会议. 北京：世界知识出版社，2009.

托马斯·弗里德曼. 世界和平的21世纪简史. 何帆，肖莹莹，郝正非，译. 长沙：湖南科学技术出版社，2008.

约翰·奈斯比特. 世界大趋势：正确观察世界的11个思维模式. 魏平，译. 北京：中信出版社，2010.

约翰·加尔通. 美帝国的崩溃：过去、现在与未来. 阮岳湘，译. 北京：人民出版社，2013.

Camp David. The Tragedy of Errors. The New York Review of Books，August 9，2001.

David Cole，James X. Dempsey. Terrorism and the Constitution：Sacrificing Civil Liberties in the Name of National Security. New York：The New Press，2006.

John Newhouse. Imperial America：The Bush Assault on the World Order. New York：Alfred A. Knopf Inc，2003.

Peter Jackson. Yearbook of the United Nations 2005，Vol. 59. New York：Department of Public Information United Nations，2008.

第 1 版后记

当代历史学家能否成功地、科学地再现世界当代史的面貌？虽然当代史学家生活在当代，对当代生活与历史的发展有切身体会，但是客观地、忠实地和批判地向读者描述世界当代史，却并非一个容易的任务。

在世界当代史的编写中，存在一个有分歧的问题，即世界当代史是否应当包括当代的全部往事？有的人由于强调历史的整体性而主张包罗万象。然而由于世界当代史内容的复杂和丰富，要写出极其宏大的巨著才能达到包罗万象的目的。而要使一本数十万字的世界当代史书面面俱到，则难于上青天。

20 世纪 50 年代法国著名的年鉴学派代表人物 F. 布罗代尔曾认为，历史学家的最高任务是撰写“包罗万象”的“综合历史”，这种历史应当包括人在空间和时间中一切活动的一切方面。以年鉴学派为代表的新史学学派突破了传统史学重视写政治史的局限，提倡研究人类社会生活的一切方面，强调历史的综合研究。这在史学理论中引起了革命，推动了历史研究的发展。但是实践证明，在历史书籍的编写中，不能忽视政治史的重要作用。因此，70 年代以后强调写政治史的方法又开始受到重视。年鉴学派新一代的代表们调整了自己的观点，吸收了旧史学的这一合理成分。

按照史学的这一发展趋势，作为教材的世界当代史在编写时更不能面面俱到，必须有所取舍。它应当是建立在当代世界各国历史发展基础上的整体世界当代史：既要写出超越国家层次的内容，又应着力描绘当代世界各国的历史；在详写有影响的当代大国历史的同时，也应该从宏观上简略地考查当代世界各小国的历史。

更为重要的是，在描述当代世界历史时，要重点突出，反映时代特点，再现当代历史面貌，揭示当代历史发展规律。当代是和平、发展与合作的时代，这一特点决定了在叙述当代史时，不能忽视政治、经济的发展，更不能忽视大国关系的发展。本书就以此为线索安排文章结构、选择内容，强调政治、经济、军事、外交等方面，对其他方面，例如社会、科学技术和文化艺术等，则只给予适当的篇幅。

在本书的写作过程中，承蒙著名历史学家齐世荣教授的鼓励与指导。齐世荣教授还赠给笔者一些宝贵的参考资料，其中包括由他任总主编的《当代世界史资料选辑》第一分册至第三分册，以及一些20世纪五六十年代出版的外文书籍，使本书的材料来源极其丰富。著名教授程秋原先生对本书的出版也十分关心，英国伯明翰大学历史系主任约翰·格林威尔教授和英国伯明翰大学历史系教授理查德·西蒙斯对本书的编写大纲提出了中肯的意见。

中国人民大学出版社刘仰东同志对本书的出版给予了极大帮助，周文柏、刘仰东、孟超等同志先后对本书的初稿提出了详细的修改意见。在本书出版之际，谨向他们表示衷心的感谢。

李世安

1998年8月

第 2 版后记

当代史与当代人的关系密切，发挥着重要的社会服务功能，在公民素质教育中占有非常重要的地位。正因为如此，虽然中国有“当代人不写当代史”的传统，但是当代史的撰写还是受到了学术界的高度重视。

本书所说的世界当代史，指第二次世界大战结束以来的世界历史。第二次世界大战给人类带来了巨大的灾难，战后世界人民面临的最实际问题是国家的重建和国民经济的恢复发展，人们最大的愿望是持久的世界和平。因此，战后的时代潮流和总趋势，应该是和平与发展。

然而，和平与发展的时代潮流并不是立即就能实现的，而是历经了艰难和曲折。战后初期，盟国之间由于利益的冲突和矛盾的激化，很快就开始分裂并发展为冷战。因此，战后世界出现了颇为奇怪的现象：世界在进入战后经济恢复和重建的同时，也经历着激烈的对抗和冲突；虽然世界的恢复与重建取得了令人瞩目的成就，但在冷战时期，和平与发展的问题，一个也没有解决。

冷战的结束使美苏对抗的两极格局消失，世界处于大变革、大调整和大发展的激烈变化时期，世界人民要和平、求发展、谋合作，推动着世界向进步、光明和美好的未来前进，和平与发展成为时代潮流。

本书第 1 版，就是力图反映上述时代的历史内容。第 1 版出版的时间是 1998 年，内容只是从战后初期写到 1998 年。当人类社会进入 21 世纪后，世界多极化、经济全球化深入发展，科学技术进步日新月异，全球金融危机影响深远，和平、发展与合作更成为不可逆转的时代潮流。本书第 1 版的内容，就不能反映发展了的世界历史，需要进行补充。为此，笔者对本书进行了修订。

本书的修订，保留了第 1 版的特色，但笔者用新的眼光，重新审视了第二次世界大战后的世界历史，在第 1 版的基础上，增加了 21 世纪的最新历史内容，增加了大量新的资料，并对全书结构进行了调整。

在内容上，笔者认为在世界当代史上，科学、技术和经济的发展意义重大，必须给予充分反映。因此，这次修订对这些内容进行了补充。与此同时，笔者也认为，作为一本史书，政治、社会和国际关系的内容也不应被忽视，应该占有一定的比重，因此这些内容在书中也被赋予了恰当的篇幅。

为了使本书方便教学，在这次修订中，笔者在对历史事件进行分析的同时，也留给了教师相当大的自由和空间。

为了增加可读性和直观效果，本书结合各章节内容，选配了少许精彩的原始材料（文献、档案或史论），以“知识链接”的形式呈现；同时，本书也增加了一些图片，力图做到图文并茂。

本书的图片，分别引自有关书籍和图片集，其中有：《20世纪美国：梦想与荣耀——美国国家档案馆展出最新解密图片集》（[美] 布鲁斯·巴斯塔德著，社会科学文献出版社，2001）；《剑桥插图德国史》（[加拿大] 马丁·基钦著，世界知识出版社，2005）；《切·格瓦拉》（[阿根廷] 费尔南多·迪耶哥·加尔西亚、奥斯卡·索拉编著，北京出版社，1998）；《美国人眼中的朝鲜战争》（[美] 莫里斯·艾泽曼著，当代中国出版社，2005）；《20世纪看得见的历史》（[英] 特里·布劳斯主编，中国社会科学出版社，2006）；《喧嚣时代：20世纪全球史》（[美] 迈克·亚达斯、彼得·斯蒂恩、斯图亚特·史瓦兹著，三联书店，2005）；《世界解密档案》（李晓主编，广东旅游出版社，2003）；《20世纪军事秘密——欧洲的火药桶：20世纪的巴尔干战争》（[俄] A.F. 扎多欣、A.IO. 尼佐夫斯基，东方出版社，2004）；*Atlas of Global Strategy*（Lawrence Freedman，Macmillan，1985），以及百度百科和谷歌图片。除图片外，本书还引用了上述书籍和图片集中的文字资料，特别是百度百科上的文字资料。此外，本书引用了新华网和搜狐财经等网上资料。

在本书修订过程中，笔者再次得到著名历史学家齐世荣教授的鼓励与指导。齐世荣教授又赠给笔者一些宝贵的参考资料。本书的修订，得到中国人民大学出版社谭徐锋同志、王琬莹同志的帮助。其中，王琬莹同志特别认真，不仅指出了本书草稿中的一些问题，而且提出了宝贵建议。在他们的帮助下，本书得以以新的面貌问世。在此，谨向他们表示衷心的感谢。

李世安

2010年8月

第3版后记

进入21世纪第2个10年后，经济全球化深入发展，世界面临百年未有之大变局。2020年，世界突发了新冠肺炎疫情，2022年以来又爆发了俄乌冲突等地区冲突。变局、疫情与俄乌冲突等叠加，对世界政治、经济、社会及其他各领域产生了不可估量的影响，使21世纪的历史发展更加复杂多变。

为反映上述时代的变化，本书在此次修订时，除保留了原有特色和主要内容外，着力于详细叙述21世纪波澜壮阔的世界历史。书中叙述了美国的相对衰落，中国和新兴市场国家的兴起，各国的发展，中国智慧和中国方案对疫情防控、疫后全球经济发展、实现联合国千年发展目标和2030年发展目标的贡献，突出了中国在促进中美关系健康发展中的作用，以及中国对于引领世界和平发展的贡献等。其中特别增加了对当代中国历史的描述，力图呈现近年来中国学术研究中提出的新理论、新概念、新观点等，以增强中国当代史这一新兴学科在世界上的话语权。本书对第十六章、第十七章和第十八章的结构进行了调整。此外，鉴于世界当代史是人类社会发展史，是断代史，不是专门史，本书将叙述重点放在当代人类社会的发展史上，而不是放在科学技术史、环境史或其他专门史上。本书也非常重视一些与现实密切联系、在过去处于边缘地位的研究领域，例如增加了对生态环境、突发公共卫生事件等问题的叙述，但叙述重点不是这些问题本身的历史，而是它们对社会历史发展的影响。为增强说服力，本书还增加了大量新资料，其中包括《人民日报》《光明日报》《北京日报》等报刊的相关资料，以及百度百科、新华网、搜狐财经等网上的文字资料，使本书具有了信息量大的特点。

本书的修订得到了中国人民大学出版社王琬莹同志的帮助，王琬莹同志和陈一凡同志指出了书稿中的一些问题，而且提出了有益的修改建议。在她们和出版社其他同志的帮助下，本书得以问世。在此，谨向他们表示衷心的感谢。

李世安

2025年4月

图书在版编目（CIP）数据

世界当代史 / 李世安著. -- 3 版. -- 北京：中国人民大学出版社，2025.6. --（新编 21 世纪史学系列教材）. -- ISBN 978-7-300-33795-1

Ⅰ. K15

中国国家版本馆 CIP 数据核字第 20254K5J00 号

新编 21 世纪史学系列教材

世界当代史（第 3 版）

李世安　著

Shijie Dangdai Shi

出版发行	中国人民大学出版社		
社　　址	北京中关村大街 31 号	**邮政编码**	100080
电　　话	010－62511242（总编室）		010－62511770（质管部）
	010－82501766（邮购部）		010－62514148（门市部）
	010－62511173（发行公司）		010－62515275（盗版举报）
网　　址	http://www.crup.com.cn		
经　　销	新华书店		
印　　刷	北京市鑫霸印务有限公司	**版　　次**	1998 年 9 月第 1 版
开　　本	787 mm×1092 mm　1/16		2025 年 6 月第 3 版
印　　张	27.5 插页 1	**印　　次**	2025 年 6 月第 1 次印刷
字　　数	627 000	**定　　价**	68.00 元

关联课程教材推荐

ISBN	书名	作者	单价(元)
978-7-300-12701-9	中国近代史(1840—1949)(第2版)	王先明	79.00
978-7-300-28884-0	中国史学史(第2版)	乔治忠	59.00
978-7-300-27823-0	中国历史文献学(第2版)	黄爱平	59.00
978-7-300-27963-3	中国历史文选	李晓菊	99.00
978-7-300-28245-9	世界上古史(第2版)	晏绍祥	49.00
978-7-300-28911-3	世界中世纪史(第2版)	孟广林	59.00
978-7-300-32238-4	西方文明史	孟广林 等	49.00
978-7-300-32291-9	考古学概论(第3版)	马利清	59.00
978-7-300-33664-4	史学论文写作教程(第2版)	田澍 等	59.00
978-7-300-27627-4	《资治通鉴》二十讲(第2版)	刘后滨 等	45.00

配套教学资源下载说明

尊敬的老师：

衷心感谢您选择人大版教材！相关的配套教学资源，请到中国人民大学出版社官网(www.crup.com.cn)下载。部分教学资源需要验证教师身份后下载。请您登录出版社官网，点右上角“注册”，填写“会员中心”的“我的教师认证”项目，等待后台审核。我们将尽快为您开通下载权限。

如您急需教学资源或教材样书，也可以直接与我们的编辑联系。

联系人：刘静　　电话：010－62513587　　电子邮箱：12918646@qq.com

群名称：全国历史学专业教师群
群　号：565494899

俯仰天地　心系人文

www.crup.com.cn

欢迎您加入全国历史学专业教师群，

开展学术讨论，交流教学心得。

QQ群号：565494899